ARCHIVES HISTORIQUES

DU POITOU

XXVII

POITIERS

TYPOGRAPHIE OUDIN ET Cie

4, RUE DE L'ÉPERON, 4

1896

SOCIÉTÉ

DES

ARCHIVES HISTORIQUES

DU POITOU

LISTE GÉNÉRALE

DES MEMBRES

DE LA SOCIÉTÉ DES ARCHIVES HISTORIQUES DU POITOU

ANNÉE 1895.

Membres titulaires :

MM.

ARNAULDET (TH.), ancien bibliothécaire de la ville de Niort, à Paris.

BARBAUD, archiviste de la Vendée, à la Roche-sur-Yon.

BARDET (V.), attaché à l'Inspection du chemin de fer d'Orléans, à Poitiers.

BARTHÉLEMY (A. DE), membre de l'Institut, à Paris.

BEAUCHET-FILLEAU (Paul), à Chef-Boutonne.

BLANCHARD (R.), membre de la Société des bibliophiles bretons, à Nantes.

BONNET (E.), professeur à la Faculté de Droit, conseiller général des Deux-Sèvres, à Poitiers.

BONVALLET (A.), agent supérieur du chemin de fer d'Orléans, ancien président de la Société des Antiquaires de l'Ouest, à Poitiers.

BOURALIÈRE (A. DE LA), ancien président de la Société des Antiquaires de l'Ouest, à Poitiers.

CESBRON (E.), ancien notaire, à Poitiers.

MM.

CHASTEIGNER (Cte A. DE), membre de plusieurs Sociétés savantes, à Ingrande (Vienne).

DELISLE (L.), membre de l'Institut, à Paris.

DESAIVRE, docteur en médecine, ancien conseiller général des Deux-Sèvres, à Niort.

DROUAULT (R.), receveur de l'enregistrement à Saint-Pardoux-la-Rivière (Dordogne).

FRAPPIER (P.), ancien secrétaire de la Société de Statistique des Deux-Sèvres, à Niort.

GINOT (Émile), bibliothécaire adjoint, à Poitiers.

LEDAIN, membre de l'Institut des provinces, à Poitiers.

LELONG, archiviste aux Archives Nationales, à Paris.

LIÈVRE, bibliothécaire de la ville, à Poitiers.

MARQUE (G. DE LA), à La Baron (Vienne).

MÉNARDIÈRE (DE LA), professeur à la Faculté de Droit, à Poitiers.

MUSSET (G.), bibliothécaire de la ville, à La Rochelle

RICHARD (A.), archiviste de la Vienne, à Poitiers.

RICHEMOND (L. DE), archiviste de la Charente-Inférieure, à La Rochelle.

SAUZÉ (Charles), juge à Montmorillon.

TRANCHANT (Charles), ancien conseiller d'État, ancien conseiller général de la Vienne, à Paris.

Membres honoraires :

MM.

BABINET DE RENCOGNE, à Angoulême.

BEAUREGARD (H. DE), au Deffend (Deux-Sèvres).

BOURLOTON (E.), à Paris.

CARS (Duc DES), à Sourches (Sarthe).

CLISSON (l'abbé DE), à Poitiers.

CORBIÈRE (Mis DE LA), à Poitiers.

DESMIER DE CHENON (Mis), à Domezac (Charente).

MM.

Dubeugnon, professeur à la Faculté de Droit, à Poitiers.

Ducrocq (Th.), doyen honoraire, professeur à la Faculté de Droit de Paris, correspondant de l'Institut, à Paris.

Ferand, inspecteur général honoraire des ponts et chaussées, à Poitiers.

Guérin (Paul), chef du secrétariat aux Archives Nationales, à Paris.

Horric de la Motte Saint-Genis (Mis), à Goursac (Charente).

Labbé (A.), banquier, à Châtellerault.

Laizer (Cte de), à Poitiers.

La Lande Lavau Saint-Étienne (Vte de), à Neuvillars (Haute-Vienne).

Le Charpentier (G.), ancien conseiller général des Deux-Sèvres, à Saint-Maixent.

Lecointre (Arsène), à Poitiers.

Moranvillé (H.), à Paris.

Orfeuille (Cte R. d'), membre de la Société des Antiquaires de l'Ouest, à Versailles.

Oudin (Paul), éditeur, à Poitiers.

Paulze d'Ivoy (J.), à la Motte de Croutelle (Vienne).

Rochebrochard (H. de la), à Boissoudan (Deux-Sèvres).

Rochejaquelein (Mis de la), député des Deux-Sèvres, à Clisson (Deux-Sèvres).

Sorbier de Pougnadoresse (de), ancien sous-préfet, à Poitiers.

Surgères (Mis de), à Nantes.

Trémoille (Duc de la), à Paris.

Tribert (L.), sénateur, à Champdeniers.

Vernou-Bonneuil (Mis de), capitaine breveté au 18e dragons, à Meaux (Seine-et-Marne).

Bureau :

MM.

Richard, président.

Ledain, secrétaire.

MM.

Bonnet, trésorier.
de Chasteigner, membre du Comité
Desaivre, id.
de la Bouralière, id.
de la Ménardière, id.

EXTRAIT

DES PROCÈS-VERBAUX DES SÉANCES DE LA SOCIÉTÉ DES ARCHIVES

PENDANT L'ANNÉE 1895.

Dans le cours de l'année 1895, la Société s'est réunie les 17 janvier, 9 mai et 21 novembre.

Elle a perdu deux de ses membres titulaires : M. Beauchet-Filleau et M. de Montaiglon. Ces deux savants, entrés l'un et l'autre dans la Société lors de sa fondation, n'ont pu, à raison de leurs multiples occupations, lui apporter un concours aussi efficace qu'elle était en droit de l'espérer, mais ils n'ont cessé d'être dévoués à son œuvre, et l'on n'a jamais eu recours en vain à leur obligeance.

Elle a reçu comme membres titulaires : M. R. Blanchard, membre de la Société des bibliophiles bretons et éditeur des Mandements de Jean V, duc de Bretagne, à Nantes ; M. Paul Beauchet-Filleau, qui continue à Chef-Boutonne la nouvelle édition du *Dictionnaire des familles de l'ancien Poitou*, œuvre magistrale de son père, et M. Roger Drouault, de Loudun, receveur de l'enregistrement à Saint-Pardoux-la-Rivière (Dordogne).

Subvention. — La Société a reçu de M. le Ministre de l'Instruction publique une subvention de mille francs pour l'aider à continuer la publication des Registres du Trésor des Chartes.

Communications. — Par M. Cesbron : Rôles originaux des garnisons protestantes de l'ouest et du sud de la France en 1598 et 1599, qui font partie de sa riche collection d'autographes.

Par M. de Richemond : Lettres adressées en 1592 à René de Meschinet, sénéchal de Bressuire, relativement à un litige entre la duchesse d'Uzès et le duc de la Trémoille, copiées dans les archives du duc de la Trémoille.

Par M. Richard : Lettre de Louis XIII, de 1614, adressée à Jacques de Lescours, sr des Oulmes, autorisant le détournement du grand chemin de Verteuil. Cette pièce sera jointe à la visite des chemins du Poitou de même époque, précédemment communiquée par M. Labbé.

Par M. Desaivre : Douze lettres de l'amiral de Joyeuse à Marie de Bastarnay, sa mère, relatives à sa campagne de 1587 en Poitou, copiées à la Bibliothèque Nationale, et neuf lettres de François de Rochechouart, sgr de Champdenier, provenant du même dépôt.

Décisions. — La composition du tome XXVII des *Archives* a été définitivement fixée ainsi qu'il suit :

1° Correspondance de M. du Lude, gouverneur du Poitou (nouvelle série faisant suite à celles parues dans les tomes XII et XIV), par M. Ledain ;

2° Correspondance de M. de Malicorne, gouverneur du Poitou à la fin du xvi° siècle, par M. Desaivre ;

3° Lettres de Catherine de Médicis pendant son séjour en Poitou, par M. Sauzé ;

4° Lettres de Joyeuse à Marie de Bastarnay, sa mère, en 1587, par M. Desaivre ;

5° Rôles des garnisons protestantes du Poitou, Saintonge, Angoumois, Guyenne et Languedoc, en 1598 et 1599, par M. Cesbron.

M. Blanchard acceptant d'éditer le cartulaire de Rais, dont le manuscrit original a été si obligeamment communiqué à la Société par M. le duc de la Trémoille, il est décidé que les tomes XXVIII et XXIX seront affectés à cette publication. M. Blanchard est invité à hâter la préparation de son introduction, afin de ne pas retarder la mise sous presse du volume XXVIII.

Publications. — Au mois de mai a été distribué le tome XXV des *Archives*, contenant les cartulaires de l'Absie, et l'enquête faite en 1247 en Poitou et en Saintonge par ordre de saint Louis, publiés par M. Ledain ; les Journaux de Pierre de Sayvre (1523-1589) et de Simon Robert (1621-1654), publiés par M. Desaivre.

Travaux en cours d'exécution. — Par M. Guérin : le tome XXVI, contenant la suite du Recueil des documents concernant le Poitou contenus dans les registres de la Chancellerie de France (1403-1430), tome VII de la série.

Renouvellement du Bureau. — A la séance du 21 novembre, ont été élus : MM. RICHARD, président ; LEDAIN, secrétaire ; BONNET, trésorier ; DE CHASTEIGNER, DESAIVRE, DE LA BOURALIÈRE, DE LA MÉNARDIÈRE, membres du Conseil.

LETTRES
DU COMTE DU LUDE
ET AUTRES PERSONNAGES

RELATIVES A L'ADMINISTRATION DU POITOU DE 1559 A 1580

PUBLIÉES

Par M. Bélisaire LEDAIN

INTRODUCTION

La correspondance de Guy de Daillon, comte du Lude, gouverneur du Poitou de 1557 à 1585, publiée autrefois par nos soins dans les t. XII et XIV des *Archives historiques du Poitou*, contenait plusieurs lacunes dont nous avions constaté avec regret l'existence. Les nouvelles lettres et pièces diverses, s'élevant au nombre de 178, que nous avons recueillies depuis lors, ont pour but d'en combler quelques-unes. Parmi elles, trente-sept émanent du comte du Lude et vingt-huit lui sont adressées. Les autres sont des lettres des rois Charles IX et Henri III, de la reine Catherine de Médicis, de François Aubert, président du présidial de Poitiers ; de M. de Montpezat, sénéchal de Poitou ; de M. d'Estissac, des officiers du siège de Niort, du sénéchal de Fontenay-le-Comte, de M. de Burie, de M. de la Roche-Pozay, du maréchal de Thermes, de l'évêque de Luçon, des officiers du présidial de Poitiers, de M. de Villars, de M. de la Trémouille, du corps de ville de Poitiers, de M. de la Breille, du maréchal de Saint-André, de M. de la Messeliere, de M. de Sanzay, du curé de Chiré, de MM. de Bourgneuf et de Masparault, du duc de Montpensier, de l'église réformée de Poitiers et de celle de Châtellerault, de M. de Ruffec, de M. de la Frézeliere, du maréchal de Cossé, de René de Rohan, etc., etc.

Tous ces documents inégalement répartis entre ces divers personnages et embrassant d'une manière aussi inégale la période qui s'étend de 1559 à 1585, jettent un certain jour sur ces temps si troublés, surtout en les rapprochant de la correspondance du comte du Lude citée plus haut et des lettres des rois de France adressées à la commune de Poitiers, publiées par nous dans le t. IV des *Archives historiques du Poitou*.

Ils éclairent d'une manière nouvelle et détaillée les troubles religieux de Poitiers, de Niort et du Bas-Poitou en 1559 et 1560, et révèlent les violences exercées à Poitiers par les huguenots en 1561. Ils racontent principalement d'une manière complète les graves événements dont la ville de Poitiers fut le théâtre et la victime du mois de mai au mois d'août 1562. On y trouve d'utiles renseignements sur l'attitude des huguenots du Bas-Poitou en 1562 et 1563, les difficultés de l'application de la paix de 1563, les guerres civiles de 1567, 1568, 1569, la mission pacificatrice du maréchal de Cossé en 1571, les nouveaux troubles de 1574 et le siège de Lusignan par le duc de Montpensier, les complots de La Haye en 1575, les débuts de la Ligue en Poitou en 1576-1577, la situation de Poitiers en 1579, le siège, la reddition et le démantellement de Montaigu en 1580-1581.

Notre nouveau recueil n'est pas complètement inédit. Sur les 178 pièces dont il se compose, cinquante-quatre ont été déjà publiées. Mais les divers ouvrages où elles se trouvent étant peu répandus, il nous a semblé indispensable de les réunir aux lettres inédites. On possédera de la sorte un ensemble plus utile et plus commode à consulter. Observons ici que le rapport anonyme de juin 1579, publié p. 212, sans indication certaine du destinataire, est adressé au duc de Nevers, pair de France. (Fonds franç. 3159, p. 193.)

Beaucoup de lettres du comte du Lude et des personnages qui ont coopéré avec lui à l'administration du Poitou demeurent encore inconnues, et plusieurs sont peut-être même absolument perdues. M. de la Fontenelle de Vaudoré, dans ses *Chroniques Fontenaisiennes*, p. 57, a dit qu'il connaissait une collection de lettres inédites de du Lude, mais sans indiquer où elles se trouvaient. En attendant que des découvertes permettent d'en composer un autre recueil, nous offrons celui-ci aux lecteurs des *Archives du Poitou*. S'ils veulent bien le rapprocher des documents contenus dans les t. IV, XII et XIV, ils y trouveront des éléments suffisants pour la connaissance et l'appréciation des événements qui se passèrent en Poitou au XVIe siècle.

- Poitiers, juillet 1895.

B. LEDAIN.

LETTRES

DU COMTE DU LUDE ET AUTRES PERSONNAGES

RELATIVES A L'ADMINISTRATION DU POITOU DE 1559 A 1580.

---

1. — 27 mars 1559. — Lettre de François Aubert, président du présidial de Poitiers, au roi Henri II. (Fonds fr. 15871, p. 247.)

Syre, Cejourdhuy en la prédication faicte on couvent des Jacobins de ceste ville est advenu ung tumulte et scandalle si grand, par le moyen de quelques ungs mal sentans, de la foy et sédicieulx, que le pauvre peuple et la commune y estans assemblé en grande dévotion a prins six hommes qui ont esté blessez et renfermez en une chambre du couvent où incontinant j'ay esté avec le seigneur de la Guierche et en sa présence ay commancé à interroger l'ung des dits prisonniers, et en y proceddant est survenu on dict couvent grand nombre de gens qui y sont entrez par force et en icelluy rompu les portes et vitraulx, abattu les ymaiges et démoly tout ce qui leur a esté possible et le tout transporté avec les dicts prisonniers où bon leur a semblé, tellement que pour éviter au dangier de ma personne j'ay esté contrainct évader ceste furie, et par fortune me suys trouvé en ceste ville seul de voz officiers, et pour estre secouru j'ay faict assembler par le maire de la ville le conseil, et oultre usant de votre auctorité ay faict publyer à son de trompe que tous habitans eussent à fournir promptement chacun d'ung homme armé ; mays pour tout cela je n'ay peu trouver force qui peust résister à la émotion populaire estant assemblé en grande furie on dit couvent. Et ont tousiours continué dès l'heure de deux heures apres mydy jusques à neuf heures du soir. Au moyen de quoy, Syre, je me suis advisé d'escripre à monsieur de Montpezat votre seneschal en Poictou que j'ay adverti de ce que dessus, et le prye venir en ceste ville pour la craincte que j'ay, Syre, que autre plus grand sédition n'advienne par les héréticques et scismatiques et qui sont à présent si audacieulx et eslevez que ne pourrions riens faire et exécuter à l'encontre d'eulx, ainsi que j'ay escript cy devant avec aultres vos officiers à monseigneur le cardinal de Sens, vous supplians, Syre, tres humblement avoir pitié de votre pauvre peuple et nous donner secours et ayde ; autrement, Syre, le tout s'en va perdre et ne sera possible y pouvoir résister.

Syre, je prie le Créateur vous donner bonne prospérité et en sancté très heureuse vye. A Poictiers ce lundy, de nuict, xxvii de mars 1559.

Votre très humble et très obéissant serviteur et subject. François Aubert, lieutenant général en Poictou et président à Poictiers.

Au Roy notre souverain seigneur.

---

2. — 28 mars 1559. — Lettre de M. de Montpezat, sénéchal de Poitou, au duc de Guise. (Fonds fr. 15872, f° 67.)

Monseigneur le duc de Guise,

Monseigneur, Je vous ay cidevant escript le doubte que j'avoys que aucuns faus prescheurs fussent occasion de quelque sédition populaire, laquelle advint hyer à Poictiers. Le président m'en a adverti ceste nuict et me mande qu'il faict son procès verbal ; je vous envoye le double de sa lettre avec autres doubles de luy et autres officiers du roy en ceste province, par où pourrés veoir qu'on en est en penne en plus d'ung lieu. Le dit président a faict une dépesche au roy que je viens de laisser partir et vous foys ceste cy après sans vous mander autre chose du dit Poictiers, parce que, par la despesche du dit président que je tiens pour ung bon serviteur du roy, vous verrés ce qui cy est passé. Il me prioit par sa lettre de aller en diligence à Poictiers, ce que je n'ay faict et lui ay mandé ne pouvoir faire, d'autant que je n'ay forces pour régir ung tel peuple que je croy peu apres s'estre eslevé, s'estre apaisé et prest à une autrefoys s'esmouvoir plus aisément et que j'en advertirois le roy. S'il vous plaist, Monseigneur, vous le lui ferés entendre et ferés que Sa Magesté m'en tienne deschargé. Je suis jà acheminé pour aller vers Sa Magesté où j'yrois en poste, sans que ne suis bien fortifié d'une maladie que j'ay eue. Jusques icy j'ay tousiours faict entendre que j'avois mandement exprès du roy pour assembler gens où besoin seroit et chastier les rebelles; cella par avanture a servy à retenir aucuns, mais asteure je n'ose assembler sans commandement exprès du roy et peut estre que tous ceulx qu'on y pourroit et devroit appeller ne seroient bien obéissans, et aussi que le roy a bon moyen et loisir de chastier tels meschans; ce qui requiert la plus grande diligence; à mon oppinion est la fause doctrine qu'ils sément qui guastent beaucoup de consciences avec si bonne intention que la fin l'a monstré, tuant, saccagent ung couvent et rebellion contre le roy. Ilz s'appellent évangelistes, mais cella n'est pas de l'évangile. Le lieutenant de ceste ville part pour aller coucher à Poictiers, d'autant que la commission des emprunts s'adresse au dit président et à luy, et tous deux ensemble pour tout Poictou. J'ay doute que ce tumulte sera occasion que le dit président ne pourra abandonner. J'ay prié le dit lieutenant dès ce soir qu'il sera à Poictiers de faire une despesche au roy de ce dessus avec le dit président. Je m'asseure que le dit lieutenant, pour la dextérité de son entendement et parfaite affection qu'on a peu connoistre qu'il a au service du roy, il fera donner ordre, luy estant adrivé au dit Poictiers, de faire contenir le peuple aussi bien qu'il feit envers ceulx qui s'éleverent contre le maire, lors de la derniere émotion de Guyene, luy estant conservateur à Poictiers.

Monseigneur, il vous plaira me commander vos bons plaisirs que je acompliray à mon pouvoir, et prie Dieu qu'il vous doint en bonne santé longue et eureuse vye. Faict à Chastelleraut le 28 mars 1559.

Votre très humble et très obeissant serviteur. MONTPEZAT.

---

3. — 31 mars 1559. — Lettre de François Aubert, président du présidial de Poitiers, au roi. (*Antoine de Bourbon et Jeanne d'Albret*, par de Ruble, I, 425, d'après Fonds fr. 15872, p. 69.)

Syre, Vostre Majesté a peu estre advertye par ma lettre du xxvii de ce moys de ce qui avoit esté faict au couvent de Saint Dominique de vostre ville de Poictiers. Et certainement, Syre, y advint scandalle auquel impossible fust résister si promptement, que ce ne fust sur l'heure de neuf heures du soir. Et le lendemain je fus si bien accompagné que les officiers, majors, eschevins et bourgeois de la dite ville et tous les habitans d'icelle, voire les gentilshommes, qui pour lors y estoient, se trouverent en armes, si bien que la force vous est demeurée. Aussi que despuis ne s'est trouvé aucune résistance; et ay esté si bien secouru que mesmes ceux qui sont impuissans de porter armes m'ont toujours assisté par la ville pour aller ès lieulx où besoing estoit; tellement, Syre, que, par la grâce de Dieu, toutes choses sont si bien remises qu'il n'y a homme qui n'obéisse.

J'ay faict l'inquisition pour entendre d'où cette malheureuse fortune procéderoit. Et ay trouvé que le peuple estant assemblé au dit couvent pour oyr la prédication, comme l'heure d'une heure, la dite xxviiᵉ jour de ce mois, lendemain de Pasques, y eust un homme loing du prédicateur, qui estoit dedans le cloistre, qui dist en monstrant ung autre qui s'en alloit que c'estoit un luthérien. Et aussitost quelques ungs accoururent et ne trouverent riens. Et cependant quelques ungs de la commune s'adresserent à ung des assistans, disans que c'estoit luy qui avoit ung pistollet et qu'il vouloit tuer le prédicateur. Et sur ce la commune le print et autres, jusques au nombre de cinq qui le voulloient deffendre et furent fort blessés. Et pour les saulver qu'ils ne feussent tués, aucuns de la dite commune les menerent en une chambre du dit couvent jusques à ce que je feusse arrivé sur le lieu où je fus incontinent avec le seigneur de la Guibeche [1], en présence duquel je commencé à interroger l'ung des blessés. Et cependant arriverent au dit couvent nombre de gens, artisans et méchaniques, qui ont recouvré les cinq hommes blessez, que je fus contrainct de laisser pour obvier à leur furie. Et lesquels abattirent et mirent hors des gons avec groz leviers les deux grandes portes du dit couvent, rompirent le guichet de la grande porte de l'église, casserent et briserent les victraulx, jectoient les ymaiges par terre et aultres excès.

J'ay faict telle poursuite contre eulx, Syre, qu'il y en a d'exécutés à mort, nonobstant leurs appellations, et contre les aultres je foys par chacun jour sommairement leur procès. Et ne cesseray jusques à ce que j'en aye trouvé la fin. Je vous puis asseurer, Syre, que jusques à présent je n'ay trouvé homme chargé de ceste commotion que pasticiers, cordonniers, savetiers, menuisiers, tixerans et autres méchaniques et estrangers qui se jettent ès villes, et non aucun qui soit d'appartenance ny de qualité. Dont, Syre, j'ai bien voullu incontinent advertir Vostre Majesté,

---

1. La Guerche.

suyvant ce que je vous avois escript, pour entendre en quel estat estoit vostre pauvre ville de Poictiers. Et vous envoie le porteur de la présente exprès.

Sire, je prie le Créateur vous donner en santé très bonne et longue vie.

Escript en vostre ville de Poictiers, ce dernier jour de mars 1559.

Vostre très humble et très obéissant serviteur et subject. FRANÇOIS AUBERT, lieutenant général en Poitou et président à Poictiers.

---

4. — 26 mai 1559. — Rapport fait par les officiers du siège de Niort et par ordre de M. d'Estissac, lieutenant du roi en Saintonge, sur les troubles religieux arrivés récemment dans la ville de Niort. (Fonds fr. 15872, p. 91.)

Pour satisffaire au commandement de hault et puissant messire Lois d'Estissac chevalier seigneur du dict lieu, gentilhomme de la chambre du roy et son lieutenant en Saintonge, ville et gouvernement de la Rochelle en l'absance du roy de Navarre, contenu par sa missive du vingtiesme de ce moys présentée par maistre Phelipes Berland acesseur en la ville et siège de Nyord, le vingt troisiesme du dit mois, et verballement réitéré le lendemain estant en son chasteau de Coullonges où nous estions transportez pour entendre de luy la volonté du roy sur le contenu en la dite lectre.

Nous Cristofle Laguillier lieutenant et Besnard Berland procureur du roy au dit siège de Nyord, avons rédigé sommerement par escript ce qui est survenu en la dite ville et ès environs on ressort d'icelle, consernant le faict de la Relligion, de ce que nous sommes peu informer par les inquisitions sur ce faictes et dont avons peu avoir advertissement comme s'ensuict :

Frère Valentin Marquet, religieulx augustin, et Jacques

Pynaud ont esté députtez et commis par Jehan Hugueteau maire de la dite ville de Nyord, le dit Marquet pour prescher l'Advent et caresme derniers en la dite ville et le dit Pynaud pour régenter ès escolles ordinaires d'icelles.

Durant les sermons du dit Marquet vient ung bruict en la dicte ville que le dit Marquet auroit esté poursuivy pour avoir dogmatizé au lieu de la Chastegneraie et qu'il estoit defféré d'hérésie, qui est le moien qui se latite et deporte de prescher bien quinze jours sans apparoir en la dite ville jusques au XXIIe febvrier jour de la feste de la Chaire saint Pierre.

Lequel jour aucuns des officiers du roy estans à oyr messe au couvent des Cordelliers, le dit maire estant accompaigné d'aulcuns des eschevins et bourgeois d'icelle, du sergent roial bailliagier en la dite ville et autres en grand nombre et tumulte, s'adroisse aus dits officiers du roy et faict signiffier par le dit sergent roial bailliagier qui se disoit clerc thonsuré certain acte .... du dit Marquet, en date du vingtiesme de ce dit mois de febvrier.

Par lequel acte l'official de Monsr l'évesque de Maillezais luy bailloit délay de comparoir par devant luy pour se purger de l'accusation contre luy intentée pour avoir dogmatizé et presché propositions héréticques et scandaleuzes au dit lieu de la Chasteneraye et on diocèse de Maillezais, et suspendoict le dit decret de prinse de corps et sentence d'exécution pour ce contre lui donnez, à effect de la dite comparution seullement, et ce soubz prétexte d'une maladie par icelluy Marquet contre vérité supposée et atestée par médecins et autres de la dite ville, voullant par là inférer d'hérésie décret et sentence.

Auquel tumulte auroit esté dict aus dits officiers du roy que s'ilz voulloient prandre le dit Marquet qu'il estoit en la halle acompaigné de sept à huict cens personnes où il preschoit, comme à la vérité il y estoit, et en furent lors certiffiez les dits officiers.

Par quoy, voyans le tumulte des dits maire, sergent royal et autres susdits et entendans l'assemblée estant en la dite halle, furent contrainctz pour esvyter à sédition soy contenir on dict couvent deux ou trois heures.

Ayant esté informé de ce que dessus à la requeste du procureur du roy est décerné prinse de corps à l'encontre du dit sergent et enjoinct au dit maire de pourveoir d'autre prescheur, et luy est baillé en garde le dit Marquet par luy comme pour le représanter à la justice du dit s^r évesque de Maillezais suyvant l'ordonnance du roy.

Lequel maire, en lieu de ce faire, faict une assemblée de quinze ou vingtz de ceulx du corps du cent de la maison commune de la dite ville et, pour avoir moien de continuer le dit Marquet en ses sermons, dyvertir et empescher l'inquisition qui se faisoit par les dits officiers, faict intergecter une appellation et droisse plusieurs récusations contre les dits officiers.

Despuis, les dits officiers du roy, ayans recouvert par compulsoire les dits décret et sentence d'exécution, ne peuvent trouver sergent qui vielle exécuter le dit decret ne leur obéyr, pour la craincte du peuple, comme disoient les dits sergents ; au moyen de quoy, apres avoir usé de commenations et suspantion contre ceulx des dits sergens qui estoient désobeyssans et entendu les excuses de ceulx qui comparessoient, les dits officiers, congnoissans qu'il y auroit, pour l'anemosité du peuple appuyée sur l'auctorité des dessus dits, dangier tout évidant de commotion et que ne seroient les plus forts s'ilz mectoient la main à prandre le dit Marquet, ilz avoient de rechef aus dits maire et bourgeois qui ont les clefz, garde et force de la ville de tenir main forte pour la capture d'icelluy Marquet, de craincte qu'il survint quelque plus grand scandalle à la feste de Pasques lors instante, ainsi qu'il est advenu en autres lieux.

Sy auroient les grands vicaires de Monsr l'évesque de

Poitiers, à la poursuitte des dits officiers, envoyé signiffier ès dits maire, eschevins et bourgeois, manans et habitans et au dict Marquet sa révocquation qu'ilz avoient faicte du congé de prescher par eulx auparavant baillé à icelluy Marquet et interdiction à luy faicte de non plus prescher jusques à ce qu'il feust purgé des dites accusations et sentence,

Et les dits officiers du roy faict publier par les curez et vicaires des paroisses les dits décret et sentence, à ce que nul n'en prétendist cause d'ignorance et que l'on n'eust à fréquanter les sermons du dit Marquet ne le suffrir prescher.

Touteffois il a tousjours contynué ses sermons en grande afluanse et assemblée de peuple, soubz l'auctorité du dit maire et autres sus dits, sans que les officiers du roy eussent ozé aprocher; et y assistoient les sergens et gaigiers du dit maire pour faire sillence jusques à emprisonner ceulx qui y faisoient bruict, ce qui a esté continué jusques ès....... de Pasques que le dit Marquet, moyennant le dit support, s'est évaddé hors de la dite ville.

Quant au dit Pynaud, régant, il s'est trouvé chargé d'avoir presché et dogmatizé propositions éronées et hérétiques au lieu de Chaurray et en la dite ville de Nyord en grande afluance de peuple, à raison de quoy a esté déserné décret de prinse de corps et ajournement à trois briefs jours par les officiers du roy, et, parce que n'a peu estre aprehandé, a esté constumace.

Pendant ce que dessus est advenu que de nuyct l'on a rompu à coups de pierre les vitraulx de l'une des églises paroichialles de la dite ville; les autheurs duquel maléfice faict de nuyct, comme dict est, n'ont peu encores estre descouverts ne congneuz, d'autant que la dite église est séparée de maisons, fors deux ou trois, contre les fenestres desquelles en mesme instant ilz envoyoient des pierres de peur d'estre recongneuz par les habitans d'icelles.

Aussy, un nommé Denys des Regnaudiere, homme sécullier, se trouve avoir dogmatizé et adverty le peuple de l'obeissance de l'église en la paroisse d'Enseigné, distant du dict Nyort de six à sept lieues, au moien de quoy l'on a décerné commission contre luy de prinse de corps et adjournement à trois briefs jours, et contre aucuns particuliers chargez de l'avoir supporté adjournement personnel, et, parce que le dit Denis s'est absanté, a esté semblablement constumace, et au regard des dits particulliers se sont renduz appelans du décret par juge incompectant.

Quant à autres assemblées n'ont sceu qui s'en face en la dite ville et ressort que puis peu de jours ilz ont entendu quelque bruict sans aucteur certain qu'il se faict quelques conventiculles de nuyct en la dite ville dont ils n'ont peu avoir preuve ne congnoissance et sont après avec toute dilligence à eulx possible pour le descouvrir.

Faict le 26 jour de may l'an 1559, au dit lieu de Coullonges. ESTISSAC[1].

---

5. — Juin 1559. — Mémoire du sénéchal de Fontenay-le-Comte sur la poursuite ordonnée contre le maire de Niort. (Fonds fr. 15872, p. 128.)

Suyvant les lectres patentes du roy du VIII juing dernier addressantes au séneschal de Fontenay le Comte[2], le dit séneschal s'est transporté en la ville de Nyort pour prendre et saisir au corps Jean Hugueteau naguieres maire de la dicte ville, luy faire son procès et de ses alliez et complices, selon qu'il est mandé par les dites lectres, auquel lieu de Nyort a le dit séneschal esté adverty que le dit Hugueteau n'estoit en la dite ville et qu'il y avoit quinze jours qu'il

---

1. Louis d'Estissac, qui fit construire le château de Coulonges-les-Royaux, dont il était seigneur, fut gouverneur de la Rochelle.
2. Le sénéchal de Fontenay-le-Comte était alors Michel Tiraqueau, fils du célèbre jurisconsulte.

n'y s'y estoit apparu, au moyen de quoy le dit sénéschal se seroit retiré jusques à ung autre temps, espérant de prendre et faire prendre le dit Hugueteau, et, à faulte de ce, faire procedder contre luy par adjournement à troys briefs jours et autres voyes, suivant les dites lettres; et, parce que le dit Hugueteau et ses complices tiennent en procès, pour raison du fait qui s'offre, le procureur du roy à Nyort et l'ont prins à partie en l'appellant qu'ilz ont interjectée, est besoing et nécessaire de commectre quelque personnaige noctable et dilligent pour procureur du roy en ceste partye et de ce en avoir brevet du dit seigneur contenant aussi mandement au receveur du domaine de Poictou de fournir et délivrer deniers pour les frais qu'il conviendra faire en la dite cause suivant la taxe qui en sera faite par le dit seneschal, parce que par les pièces qui ont été communiquées au dit sénéschal il a trouvé plusieurs autres chargés du dit fait esquelz il sera besoing faire leurs procès comme au dit Hugueteau [1].

6. — 13 juillet 1559. — Lettre de M. d'Estissac au roi. (Fonds fr. 15872, p. 124.)

Syre, J'ay ci devant baillé au séneschal de Fontenay le Conte la commission que m'avyés envoyée touchant le maire de Nyort pour icelle exécuter, dont pour ce faire il se seroit transporté au dit lieu où il a entendu que le dit maire se seroit absenté au moyen de l'advertissement qu'il auroit eu de la dité commission estant sur le seau par ung nommé Léon Jamet, compaignon de feu Clémens Marot, qui est à votre suytte, ainsi qu'il a esté veu par une lectre.

Sire, les lieutenant et procureur de Nyort m'ont monstré ung roolle de plusieurs personnes contre lesquelz ilz ont

---

[1]. Suit la minute des lettres du roi Henri commettant Louis Frouart, procureur du roi en la sénéchaussée de Fontenay-le-Comte, pour la poursuite du procès contre le maire de Niort, Jehan Hugueteau.

puis naguieres fait informer, m'ayant asseuré qu'il s'est faict en la dicte ville des assemblées de nuict, aussi des mariages et baptesmes des enffans sans aller à l'église, de sorte que, s'il est vray ce que l'on dict, il y a peu de villes où l'on ne face le semblable. Le dit seneschal de Fontenay vous envoye quelques mémoires à quoy vous donnerez tel ordre qu'il vous plaira.

Sire, je vous ay ci-devant escript que pour empescher toutes les assemblées et sermons qui se font la nuict il seroit bon d'escripre à voz officiers et aux maires et eschevins des villes de ne souffrir prescher de jour ne de nuict choses scandaleuses sur peyne de s'en prendre à eulx, parceque les dits officiers qui sont les principaulx et plus riches des villes, lorsqu'ilz congnoistront votre commandement estre rigoureux, ils ne fauldront de y donner ordre pour la craincte de vous désobéir, et, s'il vous plaist de leur mander que vous en prenderez aussi tost à eulx comme aux prédicans, cela leur donnera plus grande craincte, et, s'il en est chastié aucuns, les autres y prendront exemple. Et quant à ceulx qui preschent publicquement par les parroisses, il y sera bien donné ordre quant il vous plaira.

Sire, je supplie Dieu vous donner en parfaicte santé très heureuse et très longue vye. De Coullonges, ce xiii° jour de juillet 1559.

Votre très humble et très obéissant subject et servyteur.
Estissac.

Au Roy mon souverain seigneur.

---

7. — 20 octobre 1559. — Lettre de M. d'Estissac au roi. (Fonds fr. 15872, f° 207.)

AU ROY MON SOUVERAIN SEIGNEUR.

Sire, J'ay demouré quelque temps sans vous escripre parce qu'il ne se seroit offert par deçà aucune chose digne de vous faire entendre, sinon que le prévost des mareschaulx en Poictou m'a faict plaincte d'une assemblée en armes que la pluspart de voz habitans de la ville de Melle auroient cy devant faicte pour le saccager en la dicte ville où il estoit depuis peu de jours, ainsi qu'il m'a certifié par mémoire signé de sa main que je vous envoye, affin, Sire, que sur icelluy il vous plaise ordonner ce que congnoistrez y estre nécessaire pour maintenir en obéissance voz subjectz, vous asseurant en oultre qu'il n'y a rien plus certain que partie des dits habitans de Melle en grand nombre seroient venuz à l'abbaye de Selles, mentionnée par le dit mémoire, où ilz ont essayé fairé beaucoup de follies, car je l'ay entendu au vray de l'abbé qui est mon frère, lequel en a fait informer, et sera bon, sauf votre commandement, Sire, d'y donner ordre de bonne heure pour éviter que plus grand inconvénient n'en puisse arriver.

Sire, je supplie Dieu vous donner en parfaicte santé et prospérité très longue et très heureuse vye. De Coullonges, ce xx jour d'octobre 1559.

Votre très humble et très obéissant subject et serviteur.
Estissac.

---

8. — 20 octobre 1559. — Lettre de M. d'Estissac au duc de Guise.
(Fonds fr. 15872, f° 209.)

Monseigneur le duc de Guise.

Monseigneur, J'escriptz présentement au roy touchant quelques assemblées séditieuses que les habitans de la ville de Melle ont faicte en armes depuis peu de jours, ainsi que m'a certiffié le prévost des mareschaux en Poictou par ung mémoire signé de sa main que j'envoye au dit seigneur, lequel il vous plaira veoir pour sur ce donner l'ordre qui y est requis affin d'empescher telles émotions populaires dont je ne puys au vray descouvrir les autheurs, pour ce que je suys suspect envers tel peuple plus que nul autre. Au surplus, Monseigneur, j'ay esté adverty par l'ung des principaulx de la ville de Bragerac que cy devant ung bon nombre des habitans de la dite ville estans assemblez seroient allez au chasteau qui est au roy où sont les prisons du dit lieu et là par force, sans respect d'aucune justice, après avoir rompu cinq ou six portes, auroient tiré d'icelles ung prisonnier héréticque et icelluy mis en liberté, qui est l'endroict,

Monseigneur, où je suplie Dieu, après m'estre très humblement recommandé à votre bonne grâce, vous donner en parfaicte santé très heureuse et très longue vye. De Coullonges, ce xx jour d'octobre 1559.

Monseigneur, je ne me puis garder de vous dire qu'il se couve en ce païs beaucoup de choses dont les œufz ne vauldront rien à l'advenir.

Votre très humble et très obeissant serviteur. Estissac.

9. — 25 avril 1560. — Lettre de M. de Burie au duc de Guise.
(Fonds fr. 15871, p. 187.)

Monseigneur, Je vous escriviz par la poste, le xviii de ce moys, de l'assemblée qui s'estoit faicte des nobles de ce pais de Poictou lesquelz s'estoient venuz présenter à moy pour le service du roy; et despuys, Monseigneur, n'est rien survenu de nouveau, car, graces à Dieu, jusques icy tout se porte bien, sinon moy, Monseigneur, qui m'asseure que me trouverez importun, de quoy je suis bien marry, car par ma foy je ne l'ay pas acoustumé, et le seroys encores moings que jamais sy à présent je m'en pouvois passer. A ceste cause je vous supplie très humblement, Monseigneur, ne trouver mauvais ce que je vous en escriptz qui est qu'il vous plaise me faire payer de l'estat que le roy me donne en Guyenne pour quatre moys qui sont jà escheuz, et vous sçavez mieux que nul autre sy despuys quinze ou vingt jours devant Nouel j'ai demeuré en tout trois sepmaines à ma maison, qui me faict vous supplier très humblement, Monseigneur, faire entendre à ung de mes gens que j'ay à la court la voullunté du roy sur ce, à celle fin que je ne m'y attande plus, car je n'ay de tous coustez que despence; et, pour ce qu'on tient pour vray icy que Sa Majesté s'en retourne dans peu de jours à Paris, je vous supplie très humblement, Monseigneur, estre moyen que Sa dite Majesté me permecte que j'aille pour quatre ou cinq jours luy baiser la main cependant qu'elle est près d'icy, car doresnavant je ne seray guieres aise pour aller par pays, et aussy que je luy vouldrois bien rendre compte et à vous, Monseigneur, de ce que j'ay aprins de par deça. Il vous plaira me faire tant de bien et honneur que de me faire responce à ceste lectre.

Monseigneur, il vous plaira me commander voz bons plaisirs pour iceulx accomplir moienant l'aide de Dieu, lequel je supplye, Monseigneur, vous donner en très bonne santé très heureuse et très longue vye. De Poictiers, ce xxve apvril 1560.

Votre très humble et très obéissant serviteur. BURYE.

A Monseigneur le duc de Guyse, pair, grand maistre et grand chambellan de France.

---

10. — 3 mai 1560. — Lettre de M. de Burie au roi. (Fonds fr. 15871, p. 181.)

Sire, Suivant ce qu'il vous pleust me commander pour la réception du conte de Ferye [1] en ceste ville, je y ay faict au myeulx qu'il m'a esté possible pour le service de Votre Majesté, de sorte, Sire, que à mon advis il s'en est allé comp-

---

1. Le comte de Féria, ambassadeur de Philippe II.

tant, et fut son partement mercredi après disner, comme Mons\(^r\) d'Auzance[1] vous aura peu, Sire, plus amplement faire entendre, et luy ay donné pour l'accompaigner jusques à Bourdeaulx le baron de Myrambeau, guidon de ma compaignée, aiant auparavant, Sire, faict entendre au roy de Navarre par la voye de la poste le temps que le dit conte pourroit estre au dit Bourdeaulx affin que, selon votre voulloir et intention, Sire, il y envoiast ung gentilhomme pour l'accompaigner jusques sur la frontiere. Et voiant, Sire, que toutes choses sont à présent de par deça en bonne paix et tranquillité et qu'il n'y est rien survenu de nouveau, je vous supplie très humblement, Sire, me faire tant d'honneur et de bien que de me donner congé d'aller baiser la main de Votre Majesté lorsque serez à Chinon, et je vous rendray compte, Sire, comme toutes choses ont passé en ce pays despuys que je y suis, et aussi, Sire, que je vouldrois bien sçavoir ce qu'il vous plaira me commander que je face cy après pour le service de Votre Majesté, d'aultant, Sire, que, à ce que j'ay entendu, vous esloignez bientost de ce pays et que mes années ne portent pas, puisqu'il plaist à Dieu, de faire longs voiages doresnavant.

Sire, Il vous plaira me commander vos bons plaisirs pour iceulx accomplir toute ma vie, moienant l'aide de Dieu, lequel je supplie, Sire, vous donner en très bonne santé très heureuse et très longue vye. De Poictiers, ce IIIe may 1560.

Votre très humble et très obéissant subjet et serviteur,
Burye.

Au Roy.

---

11. — 8 septembre 1560. — Lettre de M. du Lude au duc de Guise
(Fonds fr. 15871, p. 148.)

Monseigneur, J'ay présentement reçeue la lectre qu'il vous a pleu m'escrire du XXIIIe du passé par laquelle me

---

[1]. Jacques de Monberon, s^r d'Auzances.

mandez que j'advise au lieu où je commande de tenter tous les moyens de doulceur pour séparer les assemblées qui se pourroient faire, tant par remontrance que exortations, chose que j'ay faicte et feray tant qu'il me sera possible et ne faudray d'y procéder selon et en ensuivant ce qu'il vous plaist me faire cest honneur de m'advertir, vous asseurant, Monseigneur, qu'il n'y a province en France où il y ait moins de prédicans et assemblées que en ceste cy, et y faiz telles recherches et visitation que je congnois de plus en plus le peuple se renger à obéissance et subjection, espérant, avec l'ayde de Dieu et le devoir auquel Monsr de Luçon mon frère s'employe journellement de son costé, que le roy et vous congnoistrés de combien nous sommes affectionnez à son service. Touteffoys je ne pourray, suyvant votre dite lectre, m'ayder à l'extrémité de si grande force comme si j'avois secours de ma compaignée laquelle le roy me commande par une lectre du premier jour de ce moys assembler et envoyer à Loches dedans le xx d'icelluy, ce qui me sera trop difficile attendu que le commissaire desclaira en plaine monstre que nulz n'estoient tenuz à la garnison sinon jusques à la fin du mois d'aougst dernier, ce qui a esté cause que icelluy expiré se sont retirez en leurs maisons desquelles y en a de Daulphiné et de Gascongne, si estes que je feray telle diligence que la rendray ès environs de Loches au plustost qu'il sçaroit estre possible, estans d'advis soubz votre bon commandement de retenir avec moy deux hommes d'armes et troys archers, pour le doubte que je fais de n'avoir pas grand secours des gentilzhommes de ce pays cy en qui j'aye fiance, si ce n'est en mons^r de Bazauges lequel je m'asseure estre des plus fidelles serviteurs que le roy ayt en ce pays et lequel je vous supplie très humblement excuser pour aultant qu'il est de la maison du roy et mandé comme les aultres, car j'espère que luy et ses amys feront aultant de service au roy par deça comme là part où il est mandé, et vous puis asseurer que ce sera le service de Sa Majesté, s'il vous plaist qu'il demeure en ce pays.

Monseigneur, apres m'estre très humblement recommandé à voz bonnes graces, je supplie le Créateur vous donner en très bonne et heureuse santé longue vye. De Nyort, ce VIII jour de septembre 1560.

Votre très humble et très obéissant serviteur. Guy Daillon.

A Monseigneur le duc de Guyse.

12. — Octobre 1560. — Instruction du roi pour M. de Montpezat allant devers M. le mareschal de Termes. (Colbert, t. 27, f° 3. — Négociations sous le règne de François II, dans *Doc. inéd. sur l'hist. de France.*)

Le roy apres avoir eu une infinité d'adviz de plusieurs endroicts de la conspiration qui se traictoit par aucuns de ses subjetz au préjudice de son authorité et contre la seureté de son royaume et finalement estant adverty, comme sçait très bien Monsr le mareschal de Thermes[1] par personne qualifiée et digne de foi, que l'entreprinse de ses ennemis estoit en plus forts termes que jamais et que leur desseing estoit de venir à Poictiers et là faire la masse de leurs gens pour, avec une bonne et grosse trouppe qu'ilz espéroient assembler, marcher et le venir trouver, advise de dépescher devers luy le s^r

pour luy faire entendre qu'après que le dit seigneur a mis en délibération ce qu'en telle nécessité il debvoit et pouvoit faire pour conserver sa couronne, rompre et empescher les desseings de ses ennemis, il a esté conseillé de faire toutes choses pour les prévenir et, par la mesme célérité avecques laquelle ils pensent venir à bout de leur entreprinse, vaincre et confondre leurs délibérations.

Et pour ce que le lieu de leur masse est Poictiers où toutes les trouppes se doibvent rendre, qu'il debvoit tascher d'y

---

1. Paul de la Barthe, maréchal de Thermes.

mectre si bonnes et si gaillardes forces qu'il ne feust en leur puissance de y entrer, espérant que, se trouvans deceuz à ce commencement de ce fondement qu'ils avoient faict, ilz en seroient d'aultant retardez. A ceste cause il désire que mon dit s^r le maréchal incontinent face faire une levée de quinze cens ou deux mil hommes de pied là où il est et ès environs, luy estans envoyé présentement argent pour ce faire, avec laquelle trouppe et ce qu'il vouldra choisir de la gendarmerie qui est avec luy, s'acheminera droict au dit Poictiers pour s'en saisir avant, s'il est possible, que les autres y arrivent, et, afin qu'estant là il ayt plus de forces de la noblesse, le roy lui envoye le qui a moyen par delà et beaucoup de gentilzhommes ses parens et amis et qui estant homme qui a le sens et l'entendement bon et la volunté de faire service de mesme, pourra beaucoup servir en une telle saison. Il a aussi commandé aux s^{rs} du Vigen et de la Rochepouzay de l'aller trouver, qui sont aussi fort bien apparentez et aimez de beaucoup de gentils hommes de ce pays là, et, pour ce que M. de la Trimoille est grand seigneur en ces quartiers là et qui a beaucoup de gentils hommes ses parens, amis et vassaux, il a semblé au dit seigneur qu'il ne pourroit que beaucoup luy servir en une telle occasion. Oultre cela, luy sont envoyées une douzaine de lettres en blanc pour les principaulx gentils hommes du pays à qui il les adressera pour s'en servir tant pour le fait de la levée des hommes qu'il assemblera que pour toute autre occasion qui se présentera.

S'estant saisy de Poitiers et y ayant pourveu des forces tant de gens de pied que de la gendarmerie qu'il jugera nécessaire, il deppartera le reste de sa gendarmerie à Loches, Chastellerault et autres telz lieux qu'il advisera plus à propos et en tel nombre qu'il jugera estre de besoing par l'heure de la nécessité.

Et au demeurant, pour ce qu'il est certain qu'il y a beaucoup de gens dans Poictiers de la faction des séditieux, le dit s^r maréchal fera apporter toutes les armes qui seront en la ville en quelque lieu où elles pourront estre en seureté et les ostera à tous bourgeois et autres demeurans en la dite ville, de quelque qualité et condition qu'ils puissent estre, comme il fera faire le semblable en toutes les villes où il aura forces.

Si estant en la dite ville, le roy de Navarre et mons^r le prince son frere viennent à y passer avec leurs maisons et trains ordinaires sans aucune apparence de remuement ni eslevation quelconque et qu'ilz ayent envie de continuer leur chemin, le dit s^r maréchal les confortera en ceste volunté le plus qu'il pourra comme la chose du monde dont plus de bien leur peult advenir et plus de mal faisant le contraire. Et ne lairra pourtant de prendre bien garde à soy afin de ne se laisser surprendre, et de ce qu'il aura congneu de leurs propoz et intencion il ne fauldra d'advertir Sa Majesté en toute dilligence.

Si aussi avant que partir de là où il est il entendoit que les dits s^{rs} eussent passé Poictiers et s'en vinssent à bonnes journées sans apparence quelconque d'eslévation, il advisera passans à Loches de leur tenir le mesme langaige et ne passera plus oultre ny ne poursuivra la levée des gens de pied, ains se contentera de la gendarmerie qu'il a pour asseurer ce pais là et empescher qu'il n'y advienne quelque émotion.

Et au demeurant mettra peine d'envoyer gens ordinairement là où seront les dits s^{rs} pour en sçavoir des nouvelles d'heure à autre et de tout ce qu'ils feront pour en donner jour par jour advis à Sa Majesté.

Et ne fauldra le dit   luy faire entendre la déliberation que le roy a prinse de s'acheminer au premier jour droict à Orléans avec de bonnes et grandes forces de gendarmerie, vingt une enseignes de vieilles bandes et ung autre bon nombre d'autres gens de pied qu'il se délibere faire lever en toute dilligence, et l'ordre qu'il a donné pour avoir quatre mille suisses et aultant de lansquenets, afin, si les affaires alloient en longueur, de pouvoir estre secouru d'un si bon et gros renfort comme cestuy là, car Sa Majesté est délibéré d'y mectre à ce coup une fin et ne vivre plus en peine et perplexité comme il faict ordinairement.

---

13. — 15 octobre 1560. — Lettre de M. de la Roche-Pozay au duc de Guise. (Fonds fr. 15871, p. 21.)

Monseigneur, Il n'est ryen survenu de nouveau pour vous escripre, quelque diligence que j'aye peu mectre à le sçavoyr, et ne se passera rien de certain qui soyt d'importance de quoy vous ne soyez adverty ; aussy sans bonne occasion je ne vous donneray peyne de lire mes lectres. Je panse que monsr le maréchal de Termes vous escript ce que monsr de Montpezat a faict où il alla hyer dont il est cejourdhuy de retour. Mays pour cella mondit sr le maréchal ne veult laysser de commancer quelque chouse en la levée que m'avez commandé, et dès aujourdhuy avons despesché quelques capitaines pour lever gens soubz main sans batre le tabourin ne en faire grand bruict jusques à ce que nous sachions de vous le temps qu'il vous plaira ordonner qu'ilz commencent d'estre payez affin de ne perdre poinct le crédit et houster le cueur des soldatz qui se plaignent desjà beaucoup qu'ilz ont esté employez assez de foys, mays qu'ilz sont tousjours demourez sans paye, et vous promectz, Monseigneur, que pour telle occasion ilz sont bien mallaysez et cappitaines et soldatz de se mectre en avant, si n'est quelques grandes promesses qu'on leur faict que vous servirez d'eux pour le moings quelque temps, à quoy je vous supplie très humblement avoir esgard et en mander à monsʳ le maréchal de Termes votre voullunté résolue et moyen pour ce faire.

Monseigneur, je vous supplie me tenir pour votre très humble serviteur toute ma vie et je voys prier Dieu vous donner en très bonne santé très heureuse et longue vie. A Poictiers, ce xv jour d'octobre (1560). Votre très humble et très obéissant serviteur. Roc CHASTAGNER sʳ de la Roche Pozay [1].

A Monseigneur le duc de Guyse, payr et grand maistre de France.

---

14. — 19 octobre 1560. — Lettre du maréchal de Termes au duc de Guise. (*Antoine de Bourbon et Jeanne d'Albret*, par de Ruble, t. II, p. 482, d'après le fonds Colbert, 27, f. 68.)

Monseigneur, Je vous ay ce matin escript que j'allois trouver le roy de Navarre à deux lieues d'ici. Despuys, il est ce soir arrivé en ceste ville où il m'a dict ne vouloir sesjourner que ceste nuict pour partir demain de bon matin et s'en aller coucher à Chastellerault pour de là suivre son chemin droict trouver le roy sans s'arrester en aucun lieu, à ce qu'il m'a dist, lequel monstre estre fort joyeulx et ayse d'avoir passé par icy, et s'en va, à ce que j'ay peu comprendre par ses propoz, bien délibéré et avec quelque contentement. Je ne sçay s'il changera d'opinion entre cy et demain, mais de ce qui en sera je ne fauldray de vous en donner adviz. Et ce pendant je suplye Dieu vous donner, Monseigneur, en parfaicte santé très heureuse et longue vie. De Poictiers, le xixᵉ jour d'octobre 1560.

Despuys la présente escripte le dit sʳ roy m'a dict qu'il

---

[1]. Roch Chasteigner, sʳ de Touffou, né à Touffou en 1527, capitaine de cent chevau-légers, s'illustra dans les guerres d'Italie et mourut en 1562 au siège de Bourges. (*Hist. de la maison des Chasteigners*, par Du Chesne.)

veult courir le cerf à Chastelerault, de sorte qu'il pourra sesjourner tout le lundi là. Au demeurant, Monseigneur, Messrs la Rochepozay père et fils sont icy avec quatre vingt ou cent gentilshommes qu'ils ont faict venir et en eussent faict venir davantaige n'estoit que je leur ay dict qu'il n'en estoit besoing de plus ; ilz font une grosse despence à l'entretenement et voyant cela j'ay faict bailler trois cens livres, non pas en forme d'estat parce que je ne sçay ce que le roy et vous lui voullez ordonner, sur quoy et sur la levée que nous faisons faire il vous plaira, Monseigneur, me faire entendre pour veoir s'il sera besoing qu'elle se paracheve, estans le roy de Navarre passé. Votre très humble et très obéissant serviteur. PAULE DE TERMES.

Monseigneur le duc de Guise, pair, grand maitre, grand chambellan et lieutenant général du roy.

---

15. — 20 octobre 1560. — Lettre du maréchal de Termes au roi. (Colbert, 27, f° 72.)

Sire, Je receuz le xviiie de ce mois qui feut vendredy dernier la lettre qu'il a pleu à Votre Majesté m'escripre par le gentilhomme que le roy de Navarre avoit despêché devers vous, et quant à celle qu'il vous pleust m'escripre le jour précédent elle ne me fut rendue que hier seullement, ainsi que j'estois sur le poinct de monter à cheval pour aller au devant du dit s^r roy, par où je viz l'instruction qu'il plaisoit à Votre Majesté me donner pour me gouverner en son endroict, en quoy je n'ay failly d'ensuyvre votre commandement et celluy qu'il vous pleust me faire prenant congé de Votre Majesté, sans m'estandre davantaige sur aucune particularité concernant son faict. Et, suivant ce que je luy ay dict de votre part et la dépesche qu'il receut de Votre Majesté par le dit gentilhomme, il monstre s'en aller bien contans, estans ce matin party de ceste ville où luy avons faict tout l'honneur qu'il nous a semblé lui appartenir, pour s'en aller disner à la Tricherye et coucher à Chastelerault où il m'a dict qu'il séjournera demain pour courir le cerf et s'en partir le lendemain poursuivre son voaige jusques à vous sans s'arrester en aucun lieu, dont j'en ay voulu advertir Votre Majesté par mon nepveu de Bellegarde présent porteur que je dépesche exprès, luy ayant donné charge, oultre ce que dessus, d'informer Votre Majesté de ce que j'ay peu recueillir des responces du dit s^r roy de Navarre et des autres particularités qu'il m'a semblé vous debvoir informer, lequel il vous plaira, Sire, vouloir croire et me commander vos bons plaisirs pour les obéir d'aussi bonne volunté que je supplie le Créateur vous donner, Sire, en prospérité très heureuse... De Poictiers, le xxe jour d'octobre 1560. Votre très humble et très obéissant serviteur et subject. PAULE DE TERMES.

---

16. — 20 octobre 1560. — Lettre de M. de Montpezat au duc de Guise. (*Antoine de Bourbon et Jeanne d'Albret,* par de Ruble, II, 485, d'après Colbert, t. 27, p. 80.)

Monseigneur, Je receus hyer la lettre qu'il vous a pleu m'escripre d'Artenay ; à laquelle j'ay desja satisfaict en partie par celle que vous escripvis mercredy dernier : asteure il ne m'est possible, pour les raisons que vous dira ce gentilhomme présent porteur, ensemble la pene là où je suys. Le roy de Navarre dit que la reyne mère du roy lui a escript ne m'avoir dit ny seulement jamays pensé ce qu'elle me commanda luy dire, estant dans sa chambre, le roy présent, où elle nous appela, ce que je ne puys croire ; aussi ne m'a-il jamays voulu montrer la lectre, me disant qu'il n'avoit non plus d'occasion de me croyre, ne luy montrant nul escript que j'avois; et que, si je luy voulois luy montrer mes instructions, il me montreroit la lectre;

ce que je n'ay voulu faire, d'autant que les instructions me semblent pour l'irriter, que ce que je luy baillay par escript ; dont j'é desja envoyé ung double à la royne mère du roy, et vous en envoye ung autre. S'il vous plaist me faire tant d'honneur de le veoir, vous le trouverés véritable, et ne puys croyre que la royne mère du roy l'ait désavoué : ce seroit ung mauvais commancement de première récompense pour moy qui m'asseure avoir aussi bien servy les rois, de ma vie et de mon bien, que je n'ay occasion d'en porter envye à nul gentilhomme de mon eage ; de mon honneur, Monseigneur, je ne servis jamays personne et aymeroys mieulx n'estre jamays né, que si on m'y pouvoit attribuer, tant petit fust-il, le reproche. Vous supliant très humblement, Monseigneur, vous qui m'avés dit tousjours et outre faict profession d'aymer et favoriser la vérité et qui sçavez ceste ci, la vouloir ayder à la faire connoistre, m'asseurant tant de la vertu et bonté de la royne mere qu'elle mesme favorisera assez la justice de ma cause.

Monseigneur, il vous plaira me commander vos bons plaisirs.

Fait au Fou, le 20 d'octobre 1560. Vostre très humble et très obéissant serviteur. Montpezat.

---

17. — 20 octobre 1560. — Déclaration de M. de Montpezat au roi de Navarre. (*Antoine de Bourbon et Jeanne d'Albret*, par de Ruble, d'après Arch. des Basses-Pyrénées, E. 582.)

Je sous siné recertifie au roy de Navarre que ce que je luy ay dit de par la royne mère du roy est vray, dont je luy ay baillé un mémoire escript et siné de ma main, où, si les propres mots ne sont, c'est la vraye sustance, mesmement en ce qui concerne de passer dans la ville de Poitiers ; et ne croye point que la royne mère le désavoue, car elle me l'a dit de sa propre bouche, et je luy rementerray quand il luy plaira me faire tant d'honneur de m'écouter.

Faict à la Tricherie, le 20 octobre 1560. MONTPEZAT.

---

18. — 23 octobre 1560. — Lettre du maréchal de Termes au duc de Guise. (*Antoine de Bourbon et Jeanne d'Albret*, par de Ruble, II, 487, d'après Colbert, t. 27, p. 76.)

Instruction de ce que haura à dire Hugues de Thermes de la part de monseigneur le mareschal de Thermes à monseigneur de Guise.

De dire à monseigneur de Guise ce qui est survenu despuis le partement du seigneur de Bellegarde, et que ce jour mesme l'hoste du cappitaine Montestruc le vint trover et luy dict qu'il lui vouloit dire quelque chose de conséquence. Et apres l'avoir entendu, le dict cappitaine Montestruc, yl lui sembla de le mener vers le dict s^r maréchal, ce qu'il fit ; et mostra avoir faict ung contract avecque un gentilhomme de la suite du roi de Navarre ; lequel contract est envoié présentement à monseigneur de Guise, et par là il pourra voir, s'il lui plait, se ilz ont ancor bonne intension de exécuter leur entreprinse.

Le dict s^r maréchal ha ordonné au marchant de continuer son entreprinse, si bon semble à mon dict seigneur de Guise, pour voir sy on les pourroit atraper sur le fait, ancor que ce sont choses dangereuses de les laisser venir sy avant. Il remetra cela au prudent jugement de mon dict seigneur de Guise.

Il semble au dict sieur le maréchal que le roy ne se doibt point deffaire de ses forces, mais au contraire il luy semble qu'il doibt envoier forces par tous les gouvernementz de son roiaulme et chastier ceulx lesquels ont usé de la forse et sédition, autrement Sa Majesté ne sera ne craint ne hobbéi et sera toujours en dangé de sa personne et de son estat.

Et cependant qu'il ha ses forces ensemble il doibt chastier ceulx qui ne lui sont point fidelles ; et que Sa Majesté s'aseure que ceulx ici hont intelligence avèques les estrangers ; et s'il i provoit à bonne heure, cependant qu'il a ses forses ensemble, il leur rompra toutes leurs entreprises.

Faict à Poictiers, ce 23ᵉ de octobre 1560. PAULE DE TERMES.

---

19. — 23 octobre 1560. — Requête présentée au roi par ceux de la religion prétendue réformée de Châtellerault, pour avoir le libre exercice de leur religion et n'être point persécutés. (Cabinet historique, t. 19.)

Au Roy, nostre souverain prince et seigneur, en ses Etats généraux de France.

Supplie très humblement vos pauvres subjectz de l'eglise reformée du gouvernement de Chastellerault, disant qu'ilz rendent grâces à Dieu de ce qu'il lui a pleu vous donner, Sire, le zelle et saincte affection de vouloir maintenant ouïr les plaintes et clameurs des supplians vos plus humbles subjectz, lesquelz se présentent devant Vostre Majesté, vous suppliant que puisqu'il est icy question du salut éternel des hommes, plus précieux que toutes les haultesses de ce monde, il vous plaise leur prester d'aultant plus grande attention et soucieuse audience ez humble requeste qu'ilz vous font ; cependant considérez que ce n'a point esté par témérité que les fidelles des églises réformées se sont réglez à la discipline qu'ilz tiennent, puisque l'Evangile n'avoit plus de lieu, ne par ainsy la vraye religion.

Que ce n'a point esté par audace, puisque c'est l'esprit de Dieu qui contrainct les siens à l'honorer purement, selon sa parolle, soubz quelque danger que ce soit.

Considérez aussy qu'il y a ung merveilleux nombre de telles églises et fidelles qui se sont rangez à ceste réformation suyvant l'Evangile, comme ilz croient et s'asseurent.

Et parce qu'ilz y sont tourmentez et empeschez, ils supplient Vostre Majesté d'y pourvoir par vostre résolution, affin que Dieu soit honoré de tous, vous recongneu comme nostre prince et naturel seigneur, et obvier aux aultres maulx qui en pourront advenir.

Et affin, Sire, qu'il soit notoire quelles doctrines nous tenons, sommes prestz avec toutes les dictes églises de les soustenir devant tous juges compétents; et si, par l'Evangile, est monstré qu'il y ayt erreur, nous en despartir: et à ceste fin, présentons à Vostre Majesté nostre confession de foy, avec l'estat de la police et discipline que nous tenons.

Et pour ce fait demandons seur accez, demeure et retour pour touttes personnes, mesmes de porter tous livres, de quelques pays que ce soit, et pour ceulx du royaume qui sont contrainctz d'estre absentz pour la mesme cause, ostages estre donnez, affin de ne se voir en danger et inconvéniens de Jehan Huss et Jerosme de Prague, au concile de Constance; que ceste asseurance soit faicte par votre édict, Sire, publiée en la présente assemblée des Estatz, et aprez partout votre royaume d'une mesme teneur, affin de ne nous veoir frustrez du bénéfice de Vostre Majesté par ceulx desquels nous nous craignons, comme a esté faict puis naguères par les édictz en si grand nombre et si contraires en si peu de jours, avec lettres de cachet et créances contraires aux ecdictz; et néanmoings apportez à vos officiers par mesmes messagers, tellement que la délibération que les dictz supplians et aultres de leur confession avoient de se présenter, après l'édict du 17° mars dernier, qui promectent sureté, dattées en parolle de roy, leur fust soudain empesché par les dictes contrariettez, dont s'en suit grand inconvénient que un peuple ne se puisse asseurer aux promesses de son prince. Et par ce, Sire, que les adversaires appellent nos assembleez, illicites, et la doctrine, sédition et mutinerie, demandons telles choses ne nous estre imputéez, parce que véritablement ce ne sont que pures calomnies, desquelz se sont servis les Juifs et payens contre Jésus-Christ et ses apostres.

Nous supplions aussy Vostre Majesté, Sire, que pour estre informé du tout, et affin que les adversaires ne la tourmentent plus pour l'irriter contre nous par calomnieuses mensonges, et affin aussy copper la voye à tous accidens, il luy playse appeler messieurs les princes, les connestable et admiral, pour assister avec elle, pour l'honneur de Dieu, à toutte la proposition, discours, dispute et résolution de l'affaire, et apporter le livre de la sainte Bible, nommer juges compétans pour la descision du faict, suivant icelle saincte Bible, sauf toutesfois les récusations particulières à l'une et à l'autre des parties ; et affin que chascun entende la substance de la doctrine, réquérant que toutte la dispute soit en langue française, comme générallement congneue à toutte l'assemblée, et que pour le moings, qui alléguera aultre langue, l'interprétera en françoys.

Et pour congnoistre les parties, il est nécessaire les nommer ; il est donc ainsy, qu'aujourd'huy en France, la religion consiste en deux manières de gens, assavoir les papistes et évangélistes. Les papistes tiennent pour parties, persécutent et poursuivent à ruiner tous ceulx qui suivent l'Evangile, et comme ils s'asseurent sont rangez aux églises réformeez. Les évangélistes tiennent pour parties en ceste affaire, et convient à amendement le pape, tous cardinaulx, patriarches, archevesques, évesques, moynes, prebtres, docteurs, scolasticques et tous aultres qu'ils appellent improprement comme il nous semble ; ils les tiennent pour parties, d'aultant que leur oysiveté deppend de soustenir la papauté.

Et puisque Dieu a faict veoir tant de preuves que ce n'est sans cause notoire qu'il y a controverse en la religion, et mesme que sans l'esprit de Dieu Vostre Majesté n'auroit esté esmeue à entendre la cause au concile pendant, et la décision s'attend, il soit pardonné par elle et les dictz Estats : que pour la religion nul ne soit persécuté, ains soit libre de persévérer suivant nostre dite confession et estat de police, nous soubzmettant tousjours aussy volontairement que raisonnablement en toutes aultres choses à la correction de vous, Sire, vos magistrats et officiers.

La fin, Sire, sera de faire veoir, avec la doctrine l'honneur de Dieu et dilection du prochain, une sy notoire réfutation des calomnies que l'on nous impose, que comme nous avons et tenons l'instruction du magistrat, vous debvons civils (*sic*) et aultre chose de la police civile, que nos adversaires ont voulu faire accroire que nous rejetons, affin de nous faire hayr par telles impostures : aussy tant s'en fault que nous en serons trouvez seulz observateurs, rendant à Dieu seul noz consciences, et à vous, nostre prince et souverain magistrat, ordonné de luy corps et biens pour vostre service, voire que sy Vostre Majesté n'est satisfaicte de ce qu'elle prend de noz biens, elle en preigne à sa discrétion. Et ce faisant, Sire, nous continuerons à prier nostre Dieu et Père qu'il vous doint, avec l'accroissement de vostre aage, plénitude de sagesse, de prudence et vertu pour continuer toutte vostre vye et vostre prospérité à jamais cette monarchie soubz l'obéissance de vostre sceptre royal.

Signé Maroteau, comme ayant charge et procuration des dictz requérans.

Et depuis, au dessoubz, signé T. Canche.

20. — 23 octobre 1560. — Lettre de M. de Montpezat à M. le cardinal de Lorraine, lui envoyant la requête précédente de ceux de la religion de Châtellerault. (Cabinet historique, t. 19, p. 58.)

Monseigneur, de ce que j'ay peu apprendre depuis que je suis en ce pays, j'en ay donné tousjours advis à monseigneur vostre frère, m'assurant que c'estoit aultant que le vous escripre, sans vous ennuyer de mes lettres. La présente sera pour vous dire que samedy dernier, estant assemblez les Estatz de Chastellerault pour adviser d'envoyer aux Estatz de Poictou, le 28ᵉ de ce moys, à Poictiers, il y eust un fou du duché qui vint présenter une requeste de laquelle je vous envoye un double, et croy que peu de gens l'advoueront : sy est ce que je ne l'ay voulu mettre en cette peine, craignant qu'il y en eust plus que je ne pense ; je ne sceuz que hier quelle eust esté présentée, qui est l'occasion que je ne la vous ay envoiée plus tost ; et parce que je me délibère de tenir les Estatz de Poictou, je vous suplie très humblement me commander ce que nous aurons à faire de ce faict et sy l'on fera présenter la dicte requeste.

Monseigneur, il vous plaira me commander voz bons plaisirs que je accompliray à mon pouvoir, et prie Dieu qu'il vous doinct en très bonne santé heureuse et longue vie.

Faict au Fou, le 23ᵉ d'octobre 1560. Vostre très humble et très obéissant serviteur. MONTPEZAT.

Et en la suscription est escript : A Monseigneur, Monseigneur le cardinal de Lorraine.

---

21. — Réponse de la reine, mère du roi, à la lettre dudit sieur de Montpezat. (Cabinet historique, t. 19, p. 59.)

Monsieur de Montpezat, J'ay receu vostre lettre avecques l'honneste requeste que vous m'avez envoyée, laquelle je vous advise que le roy seroit bien marry d'avoir sceu quelle eust esté leue aux Estatz de Poictiers, mais il désire bien que vous donniez ordre de faire, s'il est possible, attrapper celuy qui la vous a présentée pour le faire loger et mettre en lieu où vous luy en peussiez respondre, en vous asseurant que vous ne luy sçauriez faire plus grand service, et de tenir la main ausdits Estatz qu'il ne se face chose de scandalle où le remedde ne soit aussy tost applicqué, et de tout nous faire part; priant Dieu, Monsieur de Montpezat, vous donner ce que plus désirez, etc.

---

22. — 4 novembre 1560. — Lettre de l'évêque de Luçon, René de Daillon, au cardinal de Lorraine. (Fonds fr. 15871, p. 87.)

Monseigneur, Je suis bien fort marry n'avoir aultre subject de vous escrire sinon celluy que me donnent les habitans de l'ouzauges et Mouilleron continuans leur maulvaise vye et faisans de mal en pis, combien que depuis que me feistes cest honneur de m'escripre je n'aye rien obmis de mon debvoir, ains suivy le mieulx qu'il m'a esté possible les sainctes amonitions qu'il vous plaisoit me faire par votre lectre, et encores n'y a que huict jours qu'assistant à mon cène et n'y comparaissant les curez des dictes parroisses, j'ay sceu par leurs voysins curez et vicaires que les habitans des lieux les avoient gardez d'y venir et de telle façon intimidez qu'ilz n'ausoient partir de leurs villes ; et encores pour faire plus de démonstration de leur maulvaise voulunté ilz ont envoyé à Monsr le président de Poictiers des articles pour estre leux aux Estats de Poictiers [1], si estranges que ledit président pour l'énormité d'iceulx n'en a voulu permettre la lecture. A ceste

---

1. Les Etats du Poitou s'étaient réunis le 28 octobre précédent, pour la nomination des députés aux Etats généraux. (*Journal* de Jean de Brilhac.)

cause je vous supplie très humblement, Monseigneur, commander l'ordre y estre donné tel que si apres ilz n'ayent occasion de persévérer, n'ayans excuse du monde sur le peu de debvoir qu'y ayt faict leur évesque, car je vous asseure que je y ay faict entièrement mon debvoir dont tout le pays de Poictou vous en pourra rendre ce mesme tesmoignage.

Monseigneur, je supplie le Créateur vous donner en parfaicte santé très heureuse et longue vye. De Saincte Gemme, ce iiiie jour de novembre 1560. Votre très humble et très obéissant serviteur. RENÉ DE DAILLON, é. de Luçon.

A Monseigneur le cardinal de Lorraine.

---

23. — 11 novembre 1560. — Lettre de M. du Lude au roi. (Fonds fr. 15871, p. 92.)

Sire, J'ay sceu par monsieur le mareschal de Termes qu'il a pleu à Votre Majesté luy commander se retirer de ce pays de Poictou pour aller en Périgort, et pour aultant que par la derniere lectre qu'il vous a pleu m'escrire me commandez de faire ce que mon dit s^r le mareschal m'ordonnera pour votre service, je n'ay voulu faillir vous supplier tres humblement que (luy absent) je ne demeure icy seul et sans forces et ordonner que quelques compaignées me demeurent et entre aultres la mienne en qui je me fye pour avoir plus de moyen d'exécuter les commandemens qu'il plaira à Votre Majesté me faire; et aussi, Sire, que derrierement à Nyort est advenu trois ou quatre scandales dont j'advertiz bien au long monseigneur de Guyse, à quoy ceulx de la justice sont fort négligens y donner ordre. Ilz ont aussi en leurs prisons ung gallant qui portoit publicquement vendre des placarts diffamatoires, dont je vous supplie me faire cest honneur de me commander ce qu'il vous plaist qu'il en soit faict.

Sire, je supplie le Créateur vous donner en parfaicte santé tres heureuse et longue vye. De Poictiers, ce xɪ^e jour de novembre 1560. Votre très humble et très obéissant sujet et serviteur. Guy de Daillon.

---

24. — 11 novembre 1560. — Lettre de M. du Lude au duc de Guise. (Colbert, 27, f° 162.)

A Monsieur le duc de Guise.

Monseigneur, Vous verrez par la lettre que j'escriptz au roy ce que j'ay entendu de mons^r le maréchal de Termes lequel s'en va en Perigort avec la gendarmerie qui estoit en ce pays, qui est cause que je vous supplie très humblement commander que quelques compaignies me demeurent et entre aultres la mienne, affin que s'il survient quelque affaire pour le service de Sa Majesté je ne me trouve seul. Ne voulant faillir à vous advertir du maulvais ordre de la justice de Nyort lesquelz ont ung homme en leurs prisons qui vendoit publiquement des placartz diffamatoires tant contre le roy que ceulx qui sont les plus près de sa personne, et n'en font aulcune justice, dont les mayre et eschevins de la ville et aultres gens de bien se pleignent fort, qui me faict vous supplier très humblement, Monseigneur, me commander ce qu'il vous plaist que je y face et aussi si je prends quelque prédicant ou aultre qui ne valle pas mieulx, ce qu'il vous plaist qu'il en soit faict, vous asseurant, Monseigneur, que en tout ce qui concernera le service du roy et le vostre je n'espargneray jamais ny ma vie ny mes biens pour l'exécution d'icellui. Ceulx du dit Nyort ont bien des voysins fort scandaleux, ainsi que j'ay entendu ce jourd'huy, à quoy je ne puis toucher jusques à ce qu'il vous ayt pleu me faire cest honneur me le commander.

Monseigneur, après m'estre tres humblement recommandé à voz bonnes graces, je supplie le Créateur vous donner en tres bonne et heureuse santé longue vie. De Poictiers, ce xɪ^e jour de novembre 1560.

Monseigneur, depuis ma lettre escripte j'ay esté adverty que à Nyort ont faict depuis deux jours ung grand scandale, car portant ung corps en terre il fut osté aux prebtres par aucuns, lesquelz en moins d'une heure furent cause qu'il s'assembla huict ou neuf cens hommes en armes, de façon qu'estants les plus forts enterrerent le corps à la mode de Genefve et publicquement jusques à sonner le tocsin. Vostre très humble et très obéissant serviteur. Guy de Daillon.

---

25. — 18 novembre 1560. — Lettre de M. Chasteigner de la Roche-Pozay au duc de Guise. (Colbert, 27, f° 186.)

Monseigneur, Le jour mesme que je receuz la lettre qu'il vous pleut m'escripre qui fut mercredy dernier pour l'assemblée et veoiaige que le s^r d'Auzance et moy avons à faire, je vous escripviz que chacun donneroit ordre de son costé à lever ses gens le plus promptement qu'il seroit possible, ainsi que je m'asseure que de sa part il aura faict. Ce jour-d'huy je partiray pour m'acheminer vers Partenay et Nyort où je seray mercredi prochain et y auray de ses nouvelles, vous asseurant que nous ferons la meilleure et plus honneste dilligence que nous pourrons pour estre bien tost aupres de vous, et pense que nous serons si bonne trouppe et qu'il y aura de si gens de bien qu'il sera malaisé de nous faire ung maulvais tour duquel aussy nous nous garderons à notre puissance, y aiant l'œil et regardant bien sougneusement.

Monseigneur le maréchal de Termes a ordonné les compaignies de Messrs de la Trémoille, Sansac et Randan pour venir avec nous et nous trouver samedy à Chisay qui n'est que à sept ou huict lieues de Jarnac de là où nous isrons au devant de mons‍ʳ de Jarnac pour recepvoir de luy ce que nous avez commandé, et tiendrons après le chemin qui est escript cy dessoulz pour vous aller trouver jusques à ce que nous aions de voz nouvelles pour sçavoir si le trouverez bon ou que voulliez que en prenions ung autre. Dès que nous aurons gaigné les postes à Chastelerault, je vous despescheray ung gentilhomme pour vous faire entendre comme les choses seront et qu'elles auront passé jusques là, et vous supplie, Monseigneur, ce pendant nous advertir de votre volonté tant pour cela que pour la despence qu'avez envie de faire en cecy, car quinze cens livres que mons‍ʳ le maréchal m'a faict bailler n'est pas pour mener bien loing telle compagnie et faire la despence du personnaige qu'il fault traicter ainsi que le commandez, me résolvant aussy par votre première de ce qu'il vous plaira que je dye aux soldatz, soit qu'ilz recepvent quelque argent ou qu'ils facent monstre et où ils la feroient, afin que je ne leur dye point une chose de laquelle il ne soit puis après rien, et les aiant tous assemblez et veuz je ne feray faulte de vous mander au vray quel nombre il y aura et vous supplie très humblement d'envoier gens pour les veoir et leur faire faire monstre, ne pensant pas, s'il vous plaist, que ce que je vous en supplie tant soit pour autre chose que afin que le roy en soit mieulx servy, tant à ceste heure que pour une autre fois, ny que j'en vueille faire mon propre cas sans l'exprès commandement que vous m'en avez faict, à quoy je n'espargneray jamais ny peine ny despence, j'eusse mys peine de m'en excuser vers vous et seray plus aize qu'ils facent la monstre soulbz le nom d'un autre que de moy, ce que je vous advertiray quant je les auray veuz ensemble qui sera le plus propre pour le faire.

Monseigneur, en cest endroict je supplieray le Créateur qu'il vous doint très bonne santé, très heureuse et longue vie. De Poictiers, le xviiiᵉ jour de novembre.

Le chemin pour notre retour, ainsi que je me suis informé pour le plus aizé et meilleur, toutes les couchées en villettes fermées et la plus loing de cinq ou six lieues.

De Jarnac à Chissay ; de Chissay à Nyort ; de Nyort à Partenay, à la Ferriere, à Mirebeau, à Chastelerault, à la Haye, à la Selle Guenaut, Chastillon sur Indre, Nouan ou à Esculley, Saint Aignan, Montrichard.

Ou qui vouldroit aller à Orléans fauldra prendre de Saint Aignan à Pont de Sauldre, Romorantin, Chaulmont le Potier, Orléans.

Votre très humble et très obéissant serviteur. Roc Castagner.

A Monseigneur le duc de Guise.

---

26. — 28 novembre 1560. — Lettre de M. du Lude au duc de Guise. (Colbert, 27, f° 211.)

Monseigneur, Vous verrés par la lettre que j'escripts au roy ce que le s^r de la Marcousse, lieutenant de ma compaignée, a faict en la prinse de deux prédicans desquelz j'espère avec justice en faire tel exemple que ceulx qu'ilz ont séduictz auront occasion de retourner au bon et droict chemin de l'Eglise, ce que je prie à Dieu voulloir permecre et que j'espère il fera. J'ay aussi trouvé les habitans de Nyort en telle controversye que, pour mieulx faire et ouyr les ungs et les aultres, je leur ay assigné jour à mardy prochain, afin que, en ce qui sera en ma puissance, je y remédie, et de ce qui sera besoing advertir Sa Majesté et vous il vous plaise me commander ce que voulez y estre faict. Nous sommes après le procès de ces scandaleux, lesquelz faictz, je y procéderay en telle justice qu'il en sera exemple aux aultres.

Monseigneur, j'espère, avec l'ayde de Dieu, chastier si bien les prédicans qui tomberont entre mes mains que, suivant la lettre du roy et la vostre, j'en vuyderay le pays, que je croy sera ung œuvre aultant bonne que j'en sçaurois faire pour estre occasion de cesser beaucoup de scandales qu'ilz ont plantez partout où ils ont presché.

Monseigneur, je supplie le Créateur vous donner en très bonne et heureuse santé longue vie. De Nyort, ce xxviiie jour de novembre 1560. Vostre très humble et très obéissant serviteur. GUY DE DAILLON.

A Monseigneur le duc de Guise.

---

27. — 28 novembre 1560. — Lettre de MM. Chasteigner et d'Auzances au roi. (Colbert, 27, f° 209.)

Sire, Suivant le commandement qu'il a pleu à Votre Majesté nous faire de prandre et recepvoir des mains de monsieur de Jarnac, le chancelier Bouchard [1] pour le mener et conduire là part où sera Votre Majesté, nous y avons faict la plus grande dilligence qu'il nous a esté possible, de façon que aujourdhuy nous l'avons en ce lieu de Briou, deux journées du lieu de Jarnac, où n'oublions à tenir l'ordre qu'il vous a pleu, Sire, nous commander et tel que vous pourra dire ce gentilhomme, s^r de la Breiche, présent porteur, selon lequel nous espérons de vous rendre le dit chancelier là part où sera Votre dite Majesté, à votre désir et le plus tost que nous pourrons, suppliant Dieu, Sire, qu'il vous doient très heureuse, très longue, prospère et très contente vie. Escript à Briou, le xxviiie jour de novembre 1560. Voz très humbles et très obéissans subjectz et serviteurs. ROC CASTAGNER. AUSANCES [2].

---

1. Amaury Bouchard, chancelier du roi de Navarre.
2. Jacques de Monberon, seigneur d'Auzances, gentilhomme de la chambre du roi.

28. — 3 octobre 1561. — Lettre du président du présidial de Poitiers au roi Charles IX. (Fonds fr. 15875, p. 317.)

Sire, Présentement le ministre a presché en la nef de l'église et couvent des Jacobins de ceste ville, que nous avons trouvé estre de grande conséquence pour l'entreprinse faicte contre l'autorité du roy et de ses édictz, et pour la conséquence avons advisé d'escripre présentement à la royne et à vous, Sire, affin qu'il plaise à Votre Majesté y pourveoir et nous commander ce qu'il vous plaira y estre faict, car quant à nous, n'avons puissance d'y résister, aussi que craindrions une émotion dont pourrions estre blasmés. Monsieur de Montpezat, sénéchal de Poictou, auquel nous en avons escript, vous en pourra faire plus long discours.

Sire, nous prions le Créateur vous donner en très bonne santé longue et heureuse vye. De Poictiers, ce IIIe jour d'octobre 1561. Vos très humbles et très obéissans serviteurs. François Aubert, président, Jehan de Brilhac, lieutenant criminel à Poictiers.

---

29. — 21 octobre 1561. — Lettre des officiers du présidial de Poitiers à la reine Catherine de Médicis. (Fonds fr. 15875, p. 356.)

Madame, Votre Majesté a peu entendre par la lettre que vous avons escripte de l'entreprinse faicte par les fidèles qui avoient faict prescher leur ministre en l'église du couvent des Jacobins de ceste ville dès le cinquiesme de ce moys, ce qui auroit esté trouvé mauvays par des plus apparens de la dite ville. Depuys, Madame, pour adviser de ce que y devions faire, après que eusmes sur ce tous délibéré, pour obvier à la sédition, aucuns de nous parlerent en privé et familiairement tant au ministre que à ceulx que nous congnoissons estre leurs principaulx conducteurs qui les favorisent et furent exhortez de ne plus entrer on dict couvent ne autre temple, et de faict, Madame, ilz s'estoient contenuz jusques à sabmedy dernier, xiii de ce mois, lesquelx pour l'indisposition du temps envoyerent par devers aucuns de nous leur ministre, remonstrant qu'il estoit contrainct par plusieurs de la Religion nous requérir ung temple et qu'ilz avoient le cerveau si bouillant qu'il ne pourroit plus les contenir au dangier d'user de force, mesmement que les temples de ceste ville estoient tous fermez et se faisoit le service divin les portes fermées, et finablement après plusieurs remonstrances faictes au dict ministre, entre aultres que c'estoit une désobéissance par tropt grande contre l'auctorité du roy et de l'édict du dernier jour d'aougst, luy fut faicte responce absolue qu'il n'en auroit aucune permission, et ainsi se retira disant que l'évangille debvoit estre presché au temple nonobstant le dit édict qu'il disoit estre nul. Le landemain, jour de dymanche, grand nombre des dits complices s'assemblèrent devant le couvent des Augustins de ceste ville où par aucuns estoit usé de telle force qu'ilz rompirent partie de l'une des portes du devant appellant à haulte voix les religieulx moynes : Ouvrez voz portes. Les autres estoient à la porte de derriere du dit couvent appelée la porte chartiere, lesquelx ayans des leviers et groz marteaulx rompirent la dicte grande porte et entrerent aux cloistres, ouvrirent les portes du devant, se saisirent des clefz du dict couvent qu'ilz prindrent d'entre les mains d'ung des ditz religieulx, lesquelx se retirerent en leurs chambres sans autrement les offenser et feirent prescher leur dit ministre le dymanche au matin et apres disner. Et est vériffié, Madame, par l'inquisition sur ce faicte que aucuns de ceulx qui ont faict la principalle force estoient déguisez et leurs faces couvertes de toille crespe et la pluspart gens incongneuz, et avoit l'ung d'iceulx ung pistollet qu'il présenta à l'ung des dits religieulx. Le landemain, jour de lundi vingtiesme de ce dit moys, le dit ministre prescha on dit couvent dedans lequel ilz ont tousjours tenu gens pour eulx tant de jour que de nuict. Et fut advisé au conseil de maison de ville où aucuns de nous estions avec les maire et eschevins que, pour la conséquence de ce faict, l'on ne pouvoit mieulx que de soy enquérir et informer contre les aucteurs de ceste entreprinse pour y pourveoir en l'advenir, ainsi qu'il plaira à Votre Majesté ordonner ; et le mesme jour nous assemblasmes pour délibérer et fust nostre conclusion que devions advertir Votre Majesté de tout ce que dessus et que pour le présent ne devions user de forces ne exécution sur les dictz aucteurs, craignans une sédition, mesmes que le dict ministre s'accorde bien qu'il y en a plusieurs libertins ; aussi, Madame, que nos forces sont si petites qu'elles ne sont suffisantes, et qui piz est nous pourrions prandre pour nous ayder ceulx qui nous trahiroient. Madame, il est besoing d'y donner quelque ordre et de brief et metre fin à ces divisions, car le peuple comance fort à se plaindre et doubtons qu'il en adviene fortune grande en ceste ville.

Madame, pour avoir résolution de ce que nous avons à faire, nous avons advisé envoyer homme exprès par devers Votre Majesté et du roy de Navarre auquel nous en escripvons et à monsieur de Montpezat, seneschal de Poictou, vous suppliant très humblement nous commander pour obéyr à voz commandemens jusques à noz vyes.

Madame, nous prions le Créateur vous donner en santé très bonne longue et heureuse vye. De Poictiers, ce mardi xxi d'octobre 1561. Voz très humbles et très obéissans serviteurs, les officiers du roy au siège présidial de Poictiers. AUBERT, président, DE LA HAYE, lieut. général, DE BRILHAC, lieut. criminel.

30. — 21 octobre 1561. — Lettre des officiers du présidial de Poitiers au roi de Navarre. (Fonds fr. 15875, p. 355.)

Sire, Vous avez peu entendre par la lettre que aucuns de nous avons escripte à la royne et à Votre Majesté comme les fidèles ont entreprins ès temple des Jacobins de ceste ville dès le cinquiesme de ce moys, lequel ilz avoyent depuys laissé et jusques à sabmedy dernier qu'ils se sont emparez du couvent des Augustins où ilz ont presché et preschent ordinairement, gardant les clefs du dit couvent, à quoy ne pouvons résister sans le daugier d'une sédition. Nous avons informé contre les aucteurs et principaulx de leurs entreprinses et creignons qu'il advienne plus grande fortune, ainsi que escripvons à la royne, qui nous a meu envoyer homme exprès par devers Votre Majesté, vous suppliant, Sire, nous faire certains de ce qu'il vous plaira nous commander.

Sire, nous prions le Créateur vous donner en santé très bonne longue et heureuse vie. A Poictiers, ce xxi d'octobre 1561. Voz très humbles et très obéissans serviteurs, les officiers du roy au siège présidial de Poictiers. AUBERT, président, DE LA HAYE, lieutenant général, DE BRILHAC, lieutenant criminel.

Au Roy de Navarre.

---

31. — 30 octobre 1561. — Instructions du roi pour MM. du Lude et de Montpezat à Poitiers. (Fonds fr. 15875, p. 369.)

Après que le roy a entendu, par les lettres que ses officiers de la ville de Poictiers luy ont escriptes du xxi de ce mois, le désordre et scandalle advenu et commis en la dite ville par aucuns de ceulx qui se disent de l'église refformée qui auroient esté si téméraires et mal advisés que de saisir et prandre par force l'église des Augustins de la dite ville, rompant et brisant les portes d'icelle et y establissant gardes et gens armez pour la maintenir à leur dévotion, et davantaige s'estant une partie de ceulx qui ont entreprins telle chose desguizés et couverts le visaige de masquez, Sa Majesté désirant d'obvier à telz et semblables scandalles et se faisant rendre l'obéissance qui luy est deue chastier ceulx qui y contreviendront, a pour ceste occasion, par l'advis de la royne sa mère, de son oncle le roy de Navarre et des princes et seigneurs de son conseil, advisé de dépescher présentement au dict Poictiers les s^{rs} conte du Ludde, lieutenant au gouvernement de Poictou en l'absence du dit seigneur roy de Navarre, et de Montpezat seneschal du dict Poictou, ausquelz elle a commandé et enjoinct que arrivant au dict Poictiers, si d'avanture ilz trouvent encores la dite église des Augustins ès mains de ceulx de la dite église refformée, qu'ilz aient à leur faire très exprès commandement de par Sa dite Majesté d'en vuyder et sortir incontinant et sans délay, sur peyne là où ilz ne vouldroient obéir et entendre à ce commandement, d'estre au même instant déclairez rebelles, désobeissans et crimineulx de leze majesté, et d'estre contre eulx proceddé comme l'on a accoustume de faire contre gens attainctz et convaincuz de telz crimes, leur remonstrant là dessus mesmes à leur ministre et principaulx d'antre eulx que ceste façon de faire ne peult aucunement estre trouvée bonne ni approuvée par Sa dite Majesté, quelque excuse ou prétexte qu'ilz puissent alléguer, puisqu'en sortant de l'obéissance qu'ilz doivent à leur prince ilz vont tanter et chercher le chemyn de la force, osans pour cest effect prandre les armes, se desguiser et masquer et qui pis rompre et briser les huis et portes des temples qui ne leur ont esté baillés ny aucunement accordez par Sa dite Majesté. Au moyen de quoy les dits sieurs conte du Ludde et de Montpezat les conseilleront et leur commanderont de ne continuer plus telles choses, mais que plus tost, attendant ung chacun d'iceulx à son estat et vaccation, ilz se départent d'une telle et si dangereuse entreprinse, afin de rentrer par ce moyen en la bonne grâce de Sa dite Majesté qu'ilz ne doivent espérer et attendre que par ce seul moyen, l'aiant comme ilz l'ont offencée griefvement par la saisie du dit temple.

Cela faict, les dits s^rs conte du Ludde et de Montpezat verront incontinant ce qu'ilz devront espérer de la restitution du dit temple, laquelle advenant ilz le feront remettre ès mains des dits Augustins ou de leurs gens et par mesme moien commanderont à ceulx de la dite église refformée de faire réparer à leurs propre coustz et despens tous les desbris et desmolitions qui se trouveront avoir esté faictes en la dite église, enjoignant et ordonnant aux officiers du dit Poictiers de les sommer et contraindre par toutes voies et manières deues et accoustumées à la réparation des dites choses.

Et advenant qu'ilz ne voulussent sortir du dit temple ny rendre l'obéissance qu'ilz doivent à Sa dite Majesté et à ses commandemens, en ce cas les dits s^rs conte du Ludde et de Montpezat, suyvant la charge qu'ilz ont en cest endroict de Sa dite Majesté et le besoing aussi qu'ilz congnoistront en avoir, adviseront de convocquer et faire venir à eulx tant du ban et arrière ban du dit païs que des garnisons plus prochaines de la dite ville, telles forces et en tel nombre qui leur sembleront estre nécessaires pour faire restituer le dit temple seullement et rendre à Sa dite Majesté l'obéissance qu'elle demande ; en quoy touteffois ilz prandront tousjours garde de procedder le plus modestement qu'il leur sera possible et de ne venir poinct à ce moyen que pour le dernier remedde, avant lequel ilz essaieront aussi à chercher tous les aultres afin de n'allumer par delà le feu plus grand qu'il n'est et d'éviter à toute occasion de sédition et division entre les subjectz de la dicte ville, estant beaucoup plus expédient d'essayer à contenir les ungs en leur devoir et subjection et à retirer les aultres de leurs folles entreprinses par toutes les saiges et prudentes remonstrances dont les dits s^rs du Ludde et de Montpezat se pourront adviser, prenant en cecy l'exemple de ce qui a esté faict et exécuté ces jours passez et par ceste voye et chemyn ès villes d'Orléans, Blois et Tours, lequel apres avoir esté par eulx suyvi et tenu, si l'on veoit qu'il ne profite et que les dits de l'église refformée demeurent obstinez en leur entreprinse, il faut dès alors, comme dict est cy dessus, venir au dit dernier remedde de la force.

Et pour ce que ceulx qui sont allez à la prinse du dit temple ainsy masquez et desguisez, comme les dits officiers l'escrivent, ne peuvent estre aultres que purs libertins et amateurs de sédition dont mesmes leur ministre se plainct y avoir bon nombre en leur église, qu'il est pour ceste occasion nécessaire en purger et nectoier, à ceste cause les dits s^rs du Ludde et de Montpezat essaieront par ensemble à les descouvrir dextrement, et faisant attrapper quelques ungs d'entre eulx des plus fameux et renommez, les mectront ès mains des officiers du dict Poictiers pour estre pugnis et chastiez, selon que telles faultes et sédition par eux commises le méritent, ausquelx officiers Sa dite Majesté, la Royne sa mère et son oncle le roy de Navarre escrivent et commandent qu'ils aient à obéir et entendre en toutes choses concernans son service aus dits s^rs du Ludde et de Montpezat qui sur tout leur ordonneront de faire non seullement publier la derniere ordonnance à eulx envoyée puis peu de jours pour le regard de telles choses, mais aussi icelle garder et entretenir inviolablement, comme est l'intention de Sa dite Majesté qui, aiant dict le surplus de sa volunté à bouche aus dits s^rs du Ludde et de Montpezat, s'en remect pour l'exécution sur leur prudence et discrétion.

Fait à Saint Germain en Laye, le xxxe jour d'octobre 1561.
Charles. Robertet.

32. — Vers juin 1562. — Rapport du comte du Lude sur la situation du Poitou. (Fonds fr. 15877, f° 209.)

Estat du pays de Poictou.

Depuis que le sieur de Belleville et sa trouppe passerent par Poictiers pour aller à Orléans, monsieur le conte du Lude avoit tellement maintenu le peuple du dit pays en patience qu'il ne s'estoit eslevé aulcun et vivoient en paix sans aulcune sédition.

Toutteffoys depuis quelque temps sont sortiz du dit Orléans environ soixante ou quatre vingtz gentilzhommes du païs de bas Poictou, lesquelz ont à leur arrivée faict assembler les ministres des églises nouvelles du dit païs pour sçavoir par leurs rolles combien ilz auroient d'hommes de deffence, et, ce faict, ont eslevé les ditz hommes avec environ deux cens chevaulx des gentilshommes qui estoient demourez au pays. Et sont les ditz hommes et de cheval et de pied en la campaigne qui rompent et fouldroient touttes les églises des éveschez, des abbayes et des petites parroisses et ont mandé à monsieur le comte qu'il se retirast hors le Poictou dedans huit jours, aultrement ilz luy coupperoient la gorge.

Ilz veulent avoir ce peu de deniers que mon dit s^r le comte a mis en seureté dedans le chasteau de Nyort, qui est en somme trente sept mille francs que les receveurs de Niort et Fontenay luy ont mis entre les mains. Le surplus des deniers montant six vingt mil frans est au chasteau de Poictiers entre les mains du receveur général nommé Pineau [1] qui en faict bonne et seure garde et dict qu'il en respondra sur sa vye et que papistes ny huguenots ne les

---

[1]. François Pineau, receveur général du Poitou, réussit à se maintenir au château de Poitiers, durant l'occupation des protestants, et joua un rôle important, le 1er août 1562, lors de la reprise de la ville par le maréchal de Saint-André.

auront que l'on ne soit d'accord, pour aultant que l'on ne sçayt à quoy adjouster foy, car il vient d'Orléans des lettres aultant bien dépeschées, cachetées et scellées, comme de la part du roi.

Le général de la charge nommé des Prunes [1] a mandé à mon dit s^r le comte du Lude qu'il eust à vuyder ses mains des xxxvii^m frans et qu'il les feroit bien garder et plus seurement que luy.

Et par ce que mon dit s^r le comte congnoist le dit général estre grand huguenot séditieux et de maulvaise foy, il ne les luy a voulu envoyer, chose qui a esté cause que le dit général a suspendu de leurs offices les dits receveurs de Nyort et de Fontenay et a faict faire deffences de ne leur plus délivrer ung seul denier.

Pourquoy est nécessaire que le roy face dépescher une patente pour advouer les dits receveurs et les maintenir en leurs estatz, aultrement ilz ayderont aus dits séditieux à recouvrer les ditz deniers.

Est besoing aussi que par la dite patente soit donné puissance à mons^r le comte de faire sonner le tocsin, faire porter armes à la commune, aux prebtres et lever deniers de gré à gré sur les gens d'église qui s'y sont offertz ; et pour ce qu'il y a des gentilzhommes ès villes de bas Poictou qui sont venuz d'Orléans lesquelz commandent de par le roy, ne fault obmettre en la dite patente de faire déclaration que tous les commandemens qui se feront de par le roy, par aultres que par mon dit s^r le comte ou ceulx qu'il commectra, sont nulz et que le roy ne les advoue.

Est besoing aussi qu'il plaise au roy déclarer où mons^r le comte prandra deniers pour faire la monstre de la compaignée des cent harquebuziers à cheval dont il a baillé la commission au jeune Bourdeille et laquelle com-

---

1. Etienne Chevalier, seigneur d'Esprunes, général des finances. Voir sa lettre du 12 mai 1562, au Corps de ville de Poitiers. (*Arch. hist. du Poit.*, IV, 328.)

paignée se lève avec touttes les difficultés du monde, d'aultant que les soldatz sont tous dévalizés passant par les villes et passaiges qui tiennent leurs portes avec grande garde et disent que c'est pour le roy et obéissent plus tost aux dépesches qui viennent d'Orléans que à celles du roy, et disent que ce sont dépesches de monsieur de Guise et que le sʳ roy ne la royne n'en sçavent rien.

Il n'a esté possible à mon dit sʳ le comte faire plus tost entendre ce que dessus, pour aultant qu'il ne sçait qu'est devenu celuy qu'il avoit envoyé par deça pour cest effect, et a esté adverty que ses lettres ont esté portées à Orléans, dont les dits gentilshommes du pays ont conceu si grande haine contre luy qu'ilz n'usent d'aultres menasses sinon de luy coupper la gorge.

Quant à l'arrière ban de Poictou il ne s'est pas trouvé vingt cinq gentilshommes qui ayent voulu prester le serment pour aller pour le service du roy là part où mon dit sʳ le comte leur commanderoit.

Aulcuns des dits gentilshommes de Poictou ont déclaré qu'ilz estoient à Orléans pour le service du roy.

Les aultres ont déclaré qu'ilz n'avoient affaire de la querelle de M. le prince de Condé et de M. de Guise et que le roy n'avoit point de guerre.

Les aultres ont presté le serment conditionné que, si c'est pour aller contre la religion, qu'ilz n'iront point et ne contribueront point, tellement que le nombre qui est avec mon dit sʳ le comte est bien petit.

---

33. — 23 juin 1562. — Mémoire de Louis de Bourbon, duc de Montpensier. (Fonds fr. 15876, f⁰ 128.)

Mémoire au sʳ Desplatz d'avertir le roy de Navarre, messieurs de Guise et connestable de ce que s'ensuit :... que Mʳ le duc de Montpensier ne peut se départir de ce pays sans remettre premierement Saumur et Chinon en l'obéissance du roi, autrement cette ville d'Angers ne demeureroit en sureté ni tout le pays d'Anjou, Touraine et du Maine, parce que à la faveur de ces deux villes là, de celle du Mans et de quelques châteaux et villes circonvoisines, comme Cran, Rochefort, Bressuire, Thouars, Lodun et Chatellerault, il se ferait un monde d'entreprises et assemblées qui acheveroit de ruiner tout... Au partir d'ici il s'en va droit à Saumur et de là à Chinon... Fait à Angers, le 23 juin 1562. LOYS DE BOURBON.

34. — 14 juillet 1562. — Lettre de M. de Villars au roi de Navarre.
(Fonds fr. 15876, f° 251.)

AU ROY DE NAVARRE.

Sire, Depuis mon arrivée à Loches il n'estoit survenu chose qui méritast vous en advertir, fors hier que je fus à la Haye où j'entendis que ceulx de Tours et des environs qui c'estoient mis sur les champs pour eulx retirer à Poictiers passerent le jour précédant que je y arrivasse, vous asseurant, Sire, que si j'eusse eu ma despêche ung jour plus tost comme je pensois, je les eusse trouvez se retirans en désordre. J'ay eu grant regret que par faulte d'ung jour seullement je n'aye trouvé ung tel rencontre. Je doubte que ceulx du dit Poictiers depuis que s'y sont retirés ne facent si bonne responce comme auparavant ils eussent faict se sentans fortz d'eulx. Toutesfois je leur ay cejourdhuy envoyé ung trompete avecques charge de leur faire si bonnes remonstrances qu'ilz adviseront bien, à mon advis, de ne respondre chose qui soit contrevenant à la volunté de Vos Majestez. Je ne feray faulte, incontinant apres avoir entendu leurs intentions, vous en advertir promptement pour cy apres m'y gouverner tout ainsi que vostre plaisir sera le me commander. Je suis présentement arrivé en ceste ville où tout le peuple d'icelle a rendu si bonne obéissance à Sa dicte Majesté que autre ville où j'aye esté encore, avecques promesses et asseurance de continuer tousjours doresnavant. Tous les gentilshommes d'icy alentour n'en ont pas moings faict et, s'estans retirés avecques moy, se sont offers de bon cœur à faire très humble service à Vos dites Majestez, quant besoing sera. J'ay entendu que Monsr de la Rochefoucauld est à Chavigny qui s'en va devers eux avec trois enseignes et cinq ou six cens chevaulx. Si je le puis sçavoir au vray, je feray dilligence de les pouvoir trouver séparez, car vous sçavez, Sire, les forces que j'ay. Je feray toutes dilligences d'en sçavoir la vérité pour vous advertir du tout et faire en sorte que vous en ayez contentement, aydant Dieu, lequel je supplie vous donner,

Sire, en très bonne santé très heureuse et très longue vye. A Chastellerauld, ce xiiii juillet 1562. Voustre très humble et très obéissant serviteur. Villars[1].

---

35. — 16 juillet 1562. — Lettre de M. de Montpezat au roi. (*Arch. hist. de la Gironde*, XVII, 270, d'après les man. de la Bibl. de Saint-Pétersbourg.)

Sire, Despuys que M. le comte de Villars a prins ceste ville, j'ay presque tousjours esté dehors pour essayer de persuader ceux de Poitiers à se remettre en l'obéissance du roy, à quoy la plus part des principales personnes disent avoir bonne opinion et s'excusent que les autres moindres de qualité, plus grands de nombre et fortifiés des estrangiers, les empeschent; il ne s'i fera rien de bon pour nous si Votre Majesté ne renforce bien tost M. de Villars, lequel vous en escript bien au long, qui me fera dire à Votre Majesté seulement que la lettre qu'il vous a pleu me bailler pour le receveur Pineau ne lui a esté baillée

---

(1) Honorat de Savoie, comte de Villars.

pour crainte qu'elle ne se perdist, mais bien luy en ay envoié ung double. Votre Majesté pourra veoir par la responce qu'il a faicte à M. de Villars, ce qui se peut espérer de luy et combien l'argent qu'il a en la ville sont importans pour le service du roy et pour vostre entreprinse, qui me fera laisser ce propos et supplier..... Chatelerault, ce 16 juillet 1562. Montpezat.

36. — 19 juillet 1562. — Lettre de M. de la Trémouille au roi de Navarre. (Fonds fr. 15876, f° 290.)

Au roy de Navarre.

Sire, Je n'ay voulu faire faulte vous advertir après avoyr faict laisser les armes à mes subjectz de ceste ville, lesqueulx se sont rendus et soubzmis en toute obéissance pour le service du roy, j'ay faict prendre et mectre en mes prisons le ministre et sa femme et n'en ay voullu faire faire punition ne d'aultres que premier n'aye receu le commandement du roy et le vostre, et vous supplye très humblement me faire entendre par ce porteur votre vollonté, vous asseurant, Sire, que si tost que l'auroy receu avec une commission, s'il vous plaist, je feray faire si bonne justice de ceulx que je trouveray avoir esté séditieux qu'elle sera exemplaire pour tous et que le roy et vous aurez occasion estre contens.

Et n'eust esté que de si long temps je suys détenu de maladie, n'eusse falli mectre nombre d'hommes par deça pour le service du roy, atendant cest heur de recepvoir de vos nouvelles.

Je vous présenteray mes très humbles recommandations et prye Dieu, Sire, vous donner en très bonne et parfaite santé très heureuse et très longue vie. De Thouars, ce xix° jour de juillet. Votre très humble et très obéissant cousin et serviteur. De la Trémoille.

37. — 22 juillet 1562. — Réponse faite par les maire et échevins de Poitiers au héraut envoyé par le roi de Navarre. (Fonds fr. 15876, f° 315.)

A l'assemblée et convocation faite en la maison de l'échevinage de Poitiers, par commandement de M^r le maire et capitaine de la ville du dit Poitiers, des pairs et échevins, bourgeois, manans et habitans de la dite ville, à laquelle ont assisté pour traiter des affaires du roy et de la dite ville, le mercredi 22 jour de juillet l'an 1562, pairs et échevins : Jacques Herbert, maire, Antoine Duval, Nicoles Fumé, Philippe Arembert ; bourgeois : Maurice Maignen, Nicolas Audebert, Antoine Bouchet et 5 autres ; manans et habitans n'étans pas du corps de ville : Méry Dreux, enquesteur, Jean Melot, marchand, Louis Petit, procureur, Mery Busseau, procureur, P. Joubert, marchand, Claude Brunet, procureur, Et. Gaultereau, marchand, Et. Martin, avocat, Bart. Vynet, procureur, Simon Jallais, conseiller, Bonav. Aubert, conseiller et official, Hel. Clabat, écolier, Fr. Vincent, procureur, P. Chesnay, bancquier, Nicolas Barillet marchand libraire, Jean Papavoyne, maître d'école. — Le maire a exposé qu'il a reçu par un hérault ayant avec lui un trompette du s^r comte de Villars, ce jourd'hui trois heures, une lettre de créance du roi de Navarre, du 16 juillet 1562, dont teneur : « A messieurs les officiers, échevins, manans et habitans de Poitiers, J'envoie ce hérault du roi monseigneur par devers vous qui vous fera entendre l'occasion de sa venue et la charge qu'il a de vous dire de ma part à quoi je vous prie vous vouloir accommoder et le vous conseille d'autant que je vous aime et ai toujours aimé, prévoyant que, si me croyez, il vous en adviendra un grand bien et à toute votre ville, et, si vous en usez autrement, un très grand malheur et dommage, pour ce que à mon très grand regret je serai contraint de vous faire à bon escient connaître votre faute, sur quoi attendant de vos nouvelles, je prie Dieu, Messieurs, qu'il vous ait en sa garde. Du camp de Blois, ce 16 juillet 1562. Soussigné : Vostre bon amy, Anthoine. » A laquelle assemblée, à six ou sept heures du soir, s'est présenté le dit hérault nommé Engoulême et le dit trompette, lequel hérault a informé de son mandement ou légation telle qu'il s'en suit : « Honneur et joie. Messieurs les maire et échevins, manans et habitans de la ville de Poitiers et tous autres gouverneurs, capitaines et gens portans armes en la dite ville. Suivant le commandement verbal et instruction signée de la main et à moi baillée de très haut prince Antoine par la grace de Dieu roi de Navarre, lieutenant général de très haut prince Charles IXe de ce nom par la grace de Dieu roi de France, je Engouleme roi d'armes de France me présente devant vous comme envoyé exprès pour vous déclarer ce qui s'ensuit : premièrement, étant arrivé le dit roi de Navarre en la ville de Blois où les rebelles au roi ont été traités et chatiés comme leur désobeissance méritait, le roi de Navarre a avisé d'envoyer M^r le comte de Villars, avec bonnes et grandes forces en Poitou pour essayer de réduire en l'obéissance du roi, tant votre ville de Poitiers que le reste du pays, lequel comte de Villars ayant envoyé devers vous pour vous sommer du devoir et obéissance que vous devez au roi, le dit de Villars a trouvé en vous une bonne partie des manans et habitans de votre ville d'une bonne et prompte volonté d'obéir, toutefois elle a été empêchée par quelques-uns ayans les armes à la main sous l'autorité de très haut prince de Condé frére du dit roi de Navarre, et que pour cette cause le dit roi de Navarre désirant vous faire connaître bon vouloir et intention, il a bien voulu m'envoyer devers vous pour vous dire que là où vous voudrez lui témoigner l'obéissance que bons sujets du roi doivent porter à ses commandements en recevant mon dit s^r le comte de Villars député de par lui en votre ville et la remettant en l'obéissance du roi entre ses mains et licentiant et envoyant les gens de guerre et autres étrangers portans armes étans en votre ville, la remettant en son ancienne liberté et généralement faisant tout ce que bons sujets doivent faire, le dit s^r roi de Navarre m'a donné charge de vous promettre tout le bon, doux et gracieux traitement que vous pouvez espérer d'un prince doux et clément qui désire votre bien et conservation. Et là où vous serez refusans de ce faire il m'a donné charge de vous dire que de cette heure il vous déclare rebelles, pour procéder contre vous avec toute la rigueur que personnes ayans commis un tel crime peuvent attendre... Et pour ce qu'il y a entre vous autres un nommé Sainte Gemme et quelques autres qui ont les armes et disent les avoir par commandement du dit prince de Condé, je vous déclare, de par le roi de Navarre, qu'il est lieutenant général du roi à qui le prince de Condé et tous autres doivent obéir et que pour cette cause le prince de Condé n'a nulle puissance du roi ni du roi de Navarre de commander au dit Sainte Gemme ni à autres, afin que ne soyez si abusés à obéir aux commandements de lui ni d'autres que celui qui vous sera fait de par le roi et du roi de Navarre, qui est que vous ayez incontinent à poser les armes et de vous retirer, ou autrement que le roi de Navarre marchera vers vous avec si bonnes forces que vous sentirez dans peu de jours la menace que le dit roi de Navarre vous fait présentement. Fait au camp de Blois, le 16 juillet 1562. Ainsi signé : Anthoine. »

Et au dessous est écrit : « Le mercredi 22 juillet 1562 environ 6 heures du soir, étant à Poitiers en l'hotel de ville où étoient assemblés les maire, échevins, bourgeois et autres habitans et officiers de la ville et en l'absence de Lancelot du Bouchet s^r de Sainte Gemme, j'ai fait entendre le contenu ci-dessus, lesquels m'ont prié leur donner délai de communiquer plus amplement ma légation, tant au s^r de Sainte Gemme que autres, ce que leur ai accordé jusqu'à demain huit heures du matin. Ainsi signé, Engoulesme. » Lequel, ce fait, s'est retiré avec le dit trompette. Ce fait, les assistans à la dite assemblée ont d'un commun avis dit qu'ils vouloient vivre en l'obéissance du roi, mais que les forces qui sont en cette ville les ont jusques ici empêchés et empêchent qu'ils n'aient envoyé présenter les clefs de la ville en signe de leur obéissance, et lesquelles clefs le dit s^r de Sainte Gemme détient, et que par la délibération des Mois et Conseils a été avisé que le dit s^r de Sainte Gemme seroit sommé rendre la dite ville de Poitiers en l'obéissance du roi, laquelle sommation lui avoit été faite à laquelle il n'avoit voulu entendre, et que, par ce, le dit s^r de Sainte Gemme doit être de rechef sommé, selon le mandement du roi de Navarre de vider la ville avec les étrangers y étans et qui, portent armes... et que, pour cet effet, le s^r maire se doit transporter avec les assistans à la présente convocation vers le s^r de Sainte Gemme. Suivant laquelle délibération sont les dessus dits allés au même instant environ sept heures du soir à l'hôtel du s^r de Sainte Gemme qui est puis six jours en ça en l'hôtel de Montgauguier appartenant au grand prieur d'Aquitaine, en la cour duquel hôtel le dit maire accompagné comme dit est a trouvé cinq ou six personnes ayans épées et dagues qu'il a interrogées si le dit s^r de Sainte Gemme étoit au dit hôtel, qui lui ont fait réponse que non. Et le dit maire s'étant retiré en un jardin du dit hôtel pour attendre le dit s^r de Sainte Gemme, bientot après est survenu l'un des serviteurs du dit s^r qui se seroit adressé au dit maire et icelui asseuré que le dit s^r n'étoit au dit hôtel et qu'il ne viendroit des sentinelles et fait la ronde ; au moyen de quoi le maire se seroit retiré avec les dessus dits sans pouvoir faire entendre au dit s^r le mandement du roi de Navarre. Et ont les dessus dits tous protesté, comme dessus, obéir au roi et au roi de Navarre son lieutenant et gouverneur de Poitou et Guyenne. Et la dite assemblée continuée à demain au dit hôtel de ville six heures du matin ; à laquelle heure se seroit le dit maire transporté au dit hôtel de ville en la compagnie de Jean Estivalle, Antoine Duval, Nicolas Fumé, échevins; Louis Guyvreau, Maignen, Bouchet, Goupilleau, bourgeois, et 41 autres habitans. A laquelle convocation le maire a dit que ce jourd'hui à cinq heures du matin il s'est encore transporté au logis du s^r de Sainte Gemme, lequel il a dit n'avoir trouvé. A cette cause, le maire a prié les assistants de donner avis sur tout ce que dessus. Tous lesquels ont été d'avis de la réponse arrêtée hier et derechef déclaré qu'ils veulent vivre et mourir sous l'obéissance du roi et n'avoir pris les armes et ne veulent les prendre fors pour le service et par commandement du roi, et que jusques à présent ils ont toujours été et sont détenus plus que captifs et en telle subjétion qu'ils ne peuvent sortir de la ville sans prendre congé du s^r de Sainte Gemme qui ne le veut permettre indifféremment, suppliant le roi de Navarre par sa clémence avoir pitié des habitans ; et sont tous d'avis que l'on doit encore aller signifier tout ce que dessus au s^r de Sainte Gemme. Suivant laquelle délibération le maire avec aucuns du dit Mois à ce députés sont allés au logis du s^r de Sainte Gemme et, l'ayant attendu demie heure en un jardin, s'est présenté M. l'abbé de Valence qui a dit au maire que le s^r de Sainte Gemme n'étoit en cette ville et que dès hier soir il étoit allé aux champs quérir des forces. Le maire a déclaré au dit abbé de Valence [1] qu'il étoit venu faire entendre au dit de Sainte Gemme le commandement du roi de Navarre envoyé à la ville, duquel il a présenté copie au dit abbé, et pour faire les sommations au dit s^r d'obéir au dit commandement. Lequel abbé a répondu qu'il n'avoit charge aucune du s^r de Sainte Gemme et

---

1. Ponthus de Saint-George, abbé commendataire de Valence.

qu'il n'avoit laissé aucun lieutenant pour lui en cette ville. Au moyen de quoi, le maire s'est retiré à l'hôtel de ville où s'est trouvé le hérault avec le trompette auxquels le dit maire a fait entendre ce que dessus. Le hérault dit qu'il voulait aller en personne au logis de Sainte Gemme avec le maire et autres que bon lui semblera. Et au même instant, environ neuf heures, sont allés au logis de Sainte Gemme ; et en voulant sortir de l'hôtel de ville est survenu un trompette du roi qui a dit qu'il est en cette ville dès mardi dernier, mais qu'il a toujours été détenu par le s^r de Sainte Gemme, au logis du s^r de la Sayette jusqu'à présent, sans pouvoir exécuter sa légation qu'il a présentée au dit s^r maire en une feuille de papier commençant : Encores que le roi de Navarre... en date du 18 de ce mois, signée Anthoine, donnée au camp de Blois. Pour laquelle communiquer au s^r de Sainte Gemme sont allés à son logis le dit maire et autres avec le dit hérault et trompette, auquel logis ils n'ont trouvé le dit s^r et se sont enquis avec plusieurs étans en la cour, où il était, qui ont tous répondu qu'ils n'en savoient rien. A cette cause, apres avoir attendu demie heure, chacun des dessus dits s'est retiré en son logis avec les protestations susdites ; et a le dit trompette laissé copie de la dite lettre à la dite maison de ville, dont lui a été baillée quittance par moy BOUCHET, par commandement de mes dits s^{rs} et l'office de secrétaire vacant.

---

38. — 23 juillet 1562. — Réponse de la ville de Poitiers au héraut du roi. (Fonds fr. 15876, f° 323.)

Aujourd'hui 23 juillet 1562, messieurs les maire, échevins et bourgeois, officiers et habitans de Poitiers étans en la maison de ville pour déclarer au hérault du roi la réponse par eux faite à ce qu'il avoit plu au roi de Navarre nous commander par le dit hérault, est survenu Hiéronime Morain, trompette du roi, qui nous a présenté un écrit du 18 du présent mois, signé Antoine, auquel tous les assistans ont répondu qu'ils étoient et vouloient toujours demeurer fidèles subjets du roi et que oncques ils n'ont mis aucune pièce d'artillerie contre le chasteau, ains, si aucunes avoient été mises, ce auroit été pour force par ceux qui sont en la ville en armes et y commandent, auxquels les dits pauvres habitants demeurés en petit nombre en la ville ne pourroient résister, suppliant Sa Majesté et le roi de Navarre avoir pitié des dits pauvres habitants prets de leur obéir en tout et partout. Et duquel écrit est demeuré copie à la dite ville. Et a le dit Morrain dit être arrivé en cette ville dès mardi dernier et n'avoir pu parler à mes dits s^{rs}, parce qu'il a été retenu au logis du s^r de la Sayete par commandement du s^r de Sainte Gemme auquel il n'a pu parler, combien qu'il ait été à son logis avec mes dits s^{rs}. BOUCHET, par commandement de mes dits s^{rs}, l'office de secrétaire vacant.

---

39. — 29 juillet 1562. — Lettre de M. de la Breille au roi (*Arch. hist. de la Gironde*, XVII, 270.)

Sire, Suivant le commandement que j'ay heu cest honneur recepvoir de Votre Majesté, je suis venu trouver M. le comte de Villars qui est arrivé à ce matin environ dix heures avec son camp devant Poitiers où il c'est dressé une escarmouche du costé du chasteau, durant laquelle le chevalier de Batresse et moy avons parlé au receveur Pineau, ce que a aussi incontinant après mon dit sieur de Villars; et l'avons trové en fort bonne voullonté de satisfaire au contenu de ma légation, comme Votre Majesté entendra plus amplement par la despaiche que vous en envoie mon dit sieur comte, et panse, Sire, vous en porter meilleures nouvelles en peu de jours. Toutesfois ils sont en plus grand nombre de gens de pied dans la ville que nous ne sommes en tout dehors, si les advertissemens que l'on m'a faict sont véritables, et craignons que ce ne soit auccasion de nous faire faire plus ung séjour icy sans autre secours de gens et d'artillerie, or l'espérance que nous avons au dit Pineau ; si esse que je vous puis faire certain, Sire, avoir veu tomber des leurs que vos arquebuziers ont tiré sur les murailles ou hors la ville pour le moins une vingtaine, et de votre cousté seullement ung ou deux blessés.

Je supplie..... Au camp, à Busserolles près Poitiers, 29 juillet 1562. DE BREILLE.

40. — 7 août 1562. — Lettre du maréchal de Saint-André à la reine. (Fonds fr. 15876, f° 361.)

A LA ROYNE MA SOUVERAINE DAME.

Madame, Despuys ce que j'ey ce matin escript à Vostre Magesté par Camille, j'ey sceu, par ce que m'a escript M. de Sansac[1] et par ce porteur, lieutenant de monsieur de Gonnort, que ceulx d'Angoulesme, sur la sommation que je leur ey faict fère par ung trompette, hont habandonné la ville et le chasteau et est maintenant le tout en l'obéissance du roy et de vous et le chemyn de la Guyenne sur et ouvert jusques à Bordeaulx. Votre Magesté entandra de ce dit porteur que la prise de ceste ville a tellement estonné tout le pays que les rebelles et désobéissans à Voz Magestez comansent à cognoystre leur faulte, et y en a desja qui demandent grace et entre aultres ceulx de Sainct Séverin, beausfreres de ce dit porteur, sur lequel, Madame, je remettrey le surplus dez novelles de ce pays et ne vous ennuyrez de plus longue lettre que pour dire à Votre Magesté qu'estant de toutz coustés les choses en si bon chemyn j'espère, avec l'ayde de Notre Seigneur et le bon service de tous vos bons et fidelles serviteurs, que la Magesté du roy et la vôtre seront bientost en repotz et avec aultant

---

1. Louis Prévost, chev., sgr de Sansac.

d'obéissance que vous l'avez veue randre aux feus roys voz beau père et seigneur, et lors, Madame, Votre Magesté cognoystra ceulx qui n'ont jamays heu devant les yeux que l'honneur de Dieu, l'obéissance du roy et la conservation de votre aucthorité ; et pour ce, Madame, que Dieu m'a faict de ce nombre et des plus fidelles et affectionnés à votre service, je suplirey Votre Magesté, pour la plus grande faveur et bien que je puysse désirer, qu'il luy plaise me conserver et continuer en sa bonne grace ; et je suplirey le Créateur, Madame, donner à Votre Magesté parfaicte santé et très longue vye. A Poictiers, ce viie jour d'aoust. Vostre très humble et très obéissant subject et serviteur. SAINCT ANDRÉ.

---

41. — 8 août 1562. — Ordonnance de prise de corps décernée par le présidial contre plusieurs habitants de Poitiers, en vertu d'une ordonnance du maréchal de Saint-André.(*Journal* de Simon Jallais[1].)

Aujourd'hui 8 août 1562, ce requérant le procureur du roi, avons enjoint au premier sergent royal sur ce requis de prendre au corps et admener prisonniers en la cour de céans, suivant l'ordonnance de M. le maréchal de Saint André, les nommés : 1, le s^r de Sainte Gemme ; 2, Saint Martin de la Couldre ; 3, la Bourdelliere et 4, son frère ; 5, Lymdemiere ; 6, Mézanchiere ; 7, La Court de Chyré ; 8, Saulx ; 9, du Lizon ; 10, Fontfroide ; 11, Minguetiere ; 12, Corneille ; 13, Tigny ; 14, du Plessis ; 15, Lagueygne ; 16, les enfants du 17 s^r de Vérac ; 18, Sainte Marthe procureur du roy à Lodun ; 19, abbé de Valence ; 20, curé de Chyré ; 21, Jehan Beaulcé ; 22, s^r du Maignou Me François Crouzille ; 23, Sainte Jasmes conseiller ; 24, son frere le capi-

---

1. Le manuscrit original de ce *Journal* appartient à notre confrère M. Emile Ginot, qui se propose de le publier dans les *Archives du Poitou* et qui a bien voulu nous le communiquer.

taine ; 25, Simon Jallays assesseur conseiller ; 26, M⁰ Christophe le Sueur receveur du taillon ; 27, le prieur de Nyeuil ; 28, Mʳᵉ Michel Brochard ; 29, Mᵉ Jehan Allonneau ; 30, Marc Aymond orfèvre ; 31, Zacharie orfèvre ; 32, Jehan du Liège libraire imprimeur ; 33, le gendre de l'hoste Saint Michel ; 34, le fils aîné du grand Jehan Frappier ; 35, Mathurin Grihard ; 36, Mʳᵉ Jehan Gervain ; 37, l'hoste de Saint André ; 38, un nommé du Puy fils du feu abbé d'Orbestier ; 39, Fronteneau ; 40, Mʳᵉ Méry Dreux enquêteur ; 41, Mʳᵉ François Pandin ; 42, Mʳᵉ Pierre Chenay banquier ; 43, Mʳᵉ Pierre Clabat sʳ de la Route ; 44, Landoys sʳ Durceay ; 45, Jacques Dehors ; 46, Mʳᵉ Claude France sʳ de la Pillardiere ; 47, Saint Mathieu ; 48, Royer apʳᵉ demeurant près des Trois Pilliers ; 49, le Ranger hoste du Chapeau Vert ; 50, La Royere ; 51, Mᵉ François, gendre du Drac ; 52, nommé Nicolas Pelletier [1], si appréhendez peuvent estre, sinon les adjourner à trois briefs jours à comparoir en personne en la dite cour pour répondre à toutes particulières conclusions que contre eux voudra prendre le dit procureur du roi ; et néanmoins cependant avons et saisis tous et chacuns de leurs biens tant meubles que immeubles et sur iceux establis bons et suffisants commissaires pour en rendre bon compte quant et à qui il appartiendra. Et néanmoins avons ordonné que inventaire sera fait en cette ville de Poitiers de tous les meubles, tant ustencilles, blés, vins qu'autres étans ès maisons des absents de cette ville pour, le dit inventaire fait, être ordonné ce qu'il appartiendra ; et oultre qu'il sera d'abondant informé diligemment et secrétement à l'encontre des dessus nommés et autres personnes quelconques sur les sédicions, perturbacions du public et port d'armes faits

---

[1]. La plupart de ces personnages avaient participé au pillage des églises de Poitiers, opéré par les protestants au mois de mai précédent. (Voir les dépositions des témoins dans les *Doc. pour l'hist. de Saint-Hilaire* publiés par M. Rédet, II, p. 157.)

contre le roy, pratiques et monopoles faites à ceste fin, leurs circonstances et dépendances ; et pour faire les dits inventaires, inquisitions et informations susdites, commis au premier des conseillers et enquêteurs de la cour de céans pour, le tout fait, être ordonné ce qu'il appartiendra. Donné et fait en la cour ordinaire, les jour et an que dessus.

---

42. — 9 août 1562. — Ordonnance du maréchal de Saint-André.
(*Journal* de Jallais.)

De par le roy et monsieur le maréchal de Saint André, marquis de Fronsac, lieutenant général en son armée à Poictiers.

Il est enjoint à tous manans et habitans de ceste ville de Poictiers et faubourgs d'icelle, de quelque qualité et condition qu'ils soient, sans nul excepter, de représenter par devers le s^r comte du Lude, dedans vingt quatre heures après la publication de ces présentes, toutes et chacunes les armes qu'ilz ont par devers eux sans aucunes excepter, sur peine de la hard, fors la dague et l'espée que les dits habitans pourront porter hors la ville seulement. Aussi est enjoint à tous les maistres et artisans d'eux saisir des armes de leurs enfants, serviteurs et autres demeurant en leurs maisons. Aussi les meubles des séditieux et rebelles qui seront en nature et n'auront été vendus par les soldats seront vendus au plus offrant, sans toutefois les transporter hors la dite ville, pour les deniers être employés à la nécessité à l... et médicaments des soldats blessés ; et à cette fin seront les deniers procédans de ladite vente mis entre les mains de quelque homme notable personne de la dite ville, selon qu'il sera advisé par le s^r comte du Lude.

Enjoint au sénéchal de Poictou ou son lieutenant d'informer à procédure extraordinaire contre ceux qui faussement et contre vérité se sont dits être de l'armée étant au dit Poictiers et qui ont, sous ce prétexte, pillé les maisons, tant en cette ville qu'aux champs, et faire rendre ce qui auroit par eux été prins et dérobé à qui il appartiendra, selon qu'il sera ordonné par justice.

Seront semblablement les immeubles des séditieux et rebelles saisis et gouvernés par bons et suffisants commissaires qui seront établis par autorité de justice et leurs fruits employés aux dépenses des églises et récompense de ceux qui pour le service du roi ont été offensés et ruinés, tant en leurs personnes qu'en leurs biens, suivant l'arrêt de la cour de Parlement.

Défenses sont faites, sur les mêmes peines que dessus, à tous capitaines, soldats et autres gens de guerre de ne prendre les meubles, gerbes, vins et autres fruits des maisons, tant de cette dite ville que du pays de Poictou, sans commandement exprès de nous ou du s^r comte du Lude, ni semblablement retenir aucuns des habitants de la dite ville comme prisonniers en maisons privées, ains de les admener incontinant par devers nous ou le dit s^r comte pour y être ordonné ce qu'il appartiendra. Ainsi signé, de saint André, le neuvième jour d'août 1562.

Henry Robelay, sergent royal en Poitou, certifie avoir proclamé à son de trompe par tous les carrefours et faubourgs de Poitiers les édits et ordonnances ci-dessus.

Monsieur Lugely, secrétaire de M^r le comte.

---

43. — 11 août 1562 — Lettre du maréchal de Saint-André au roi de Navarre. (Fonds fr. 15876, f° 392.)

AU ROY DE NAVARRE,

Sire, Ce jourdhuy deux des habitants de la ville de la Rochelle me sont venuz trouver de la part de tous ceulx de la dite ville, lesquels, pour responce d'une lettre que je leur avois cy devant escripte, m'en ont envoié une autre que je n'ay voulu faillir de vous faire incontinant tenir, affin que par icelle Votre Majesté voye la bonne et continuelle volunté en quoy ilz sont et l'offre qu'ilz font de rendre au roy la fidélité et obéissance qu'ilz luy doibvent ; et par ce, Sire, que vous entendrez par la dite lettre en quelle disposition est maintenant la dite ville et que vous pouvez, comme j'estime, demeurer en repoz de ce costé là, je ne vous feray ceste cy plus longue que pour présenter mes très humbles recommandations à votre bonne grâce et suplier le Créateur, Sire, vous donner en parfaicte santé très bonne et très longue vye. De Poictiers, ce xie jour d'aoust 1562.

Sire, je vous envoie des lettres que mons^r de Jarnac escript au roy, à la royne et à vous et aussi le double d'une autre que le dit s^r de Jarnac m'escript. Vostre très humble et très obéissant serviteur. SAINCT ANDRÉ.

---

44. — Août 1562. — Etat des garnisons établies en Poitou par le maréchal de Saint-André. (Fonds fr. 15877, f° 82.)

Villes et places fortes de Poictou où, par l'advis de monsieur le mareschal de Sainct André lors y estant, a esté mis gens de guerre et depuys confirmé par monseigneur le duc de Montpencier.

Au chasteau de Partenay	50 hommes, 30 à pied et 20 à cheval.
Au chasteau de Saint Maixent	50 h. 30 à pied et 20 à cheval.
Au chasteau de Nyort	40 h. 20 à pied et 20 à cheval.
Au chasteau de Fontenay	50 h. 30 à cheval et 20 à pied.
Au chasteau de Couhé	40 h. 20 à ch., 20 à pied.
Au chasteau de Luzignen	60 h. 30 à ch. et 30 à pied.
Au chasteau de Chauvigny	40 h. 20 à pied, 20 à cheval.

avec l'ayde de Saint Savin

Au chasteau de Poictiers	30 hommes de pied avec ung lieutenant.
Au chasteau de Melle	30 h. 15 à pied, 15 à cheval.
Au chasteau de Montagu	40 h. 20 à pied, 20 à cheval.
Au chasteau du Blanc en Berry	20 h. 10 à pied, 10 à cheval.
A Chastellerault	10 hommes de pied et le prévost des mareschaulx luy unziesme.
Au chasteau de Cyvray	40 h. 20 à pied, 20 à cheval.
Au chasteau de Ruffec	60 h. 30 à cheval, 30 à pied.
Au chasteau d'Aulnay	20 h. 10 à cheval, 10 à pied.
Au chasteau de Chisé	20 h. 10 à cheval, 10 à pied.
Au chasteau de Thifauges	30 h. 15 à cheval et 15 à pied.
Au chasteau de Pouzauges	20 h. 10 à cheval, 10 à pied.

Les cappitaines des dits chasteaux auront 25 francs par moys et les soldats à cheval 14 et ceulx de pied six. L'un des gens de cheval qui sera nommé par le cappitaine et qui tiendra son lieu en son absence aura 18 francs par moys.

---

45. — 19 août 1562. — Lettre de M. du Lude au roi de Navarre.
(Fonds fr. 15876, f° 444.)

AU ROY DE NAVARRE.

Sire, Mectant ordre à ce que je cognois estre requis pour le bien et service du roy ès pays de dezà et me faisant enquérir des plus principaulx séditieux d'icelluy, il se trouve entre aultres ung nommé frère Françoys Boutault, abbé de Saincte Croix de Talmont, lequel n'estant content avoyr mis hors son abbaye tous ses religieux, rompu, brisé et saccagé son église, vendu et dissipé les joyaulx d'icelle, renoncé à la profession de son ordre et faict prescher contre l'institution d'icelle et notre religion, mais a davantaige prins les armes et faict assembler pour piller et saccaiger les aultres d'autour, mesmes celle de Luçon, qui est occasion vous en avoir escript et vous supplier très humblement,

Sire, où le roy pourvoyroit aux bénéfices de ceulx de ceste qualité, vouloir en ma faveur faire tumber cestuy ci entre les mains d'ung archidiacre de l'église de Luçon, nommé M⁰ Guillaume Cathus, homme docte, bien vivant et digne de ceste charge, ne réputant rien moings ce bien faict en luy que si c'estoit pour moy mesme que j'estimeré toute ma vye aultant comme il me peult estre grant pour vous en rendre le très humble service que je vous doibz où je n'esperneré jamais ny ma vye ne ce qui dépend de ma puissance et pouvoir. En ceste voulanté, je supplie Dieu vous donner, Sire, en très bonne santé très longue et très heureuse vye. De Poictiers, ce xix⁰ jour d'aoust 1562. Votre très humble et très obéissant serviteur. GUY DE DAILLON.

---

46. — 25 août 1562. — Requête des abbé et religieux de Saint-Cyprien de Poitiers au comte du Lude. (*Mém. de la Soc. des Antiq. de l'Ouest*, 2ᵉ série, XIV, p. 208, d'après D. Fonteneau, t. LVI, 795.)

A Monseigneur le comte du Lude, capitaine de cinquante hommes d'armes et gouverneur pour le roy en Poictou et ville de Poictiers en l'absence du roy de Navarre.

Supplient humblement les abbé et religieux de Sainct Cyprien près cette ville de Poictiers, comme pour la craincte, menasses, saccagemens et excès des séditieux qui se sont eslevez contre la Majesté divine et humaine, tant de cette ville, faulxbourgs que d'ailleurs, les dits supplians ayant esté contraincts fuyre et eulx absenter de leur abbaye et laisser le divin service pour la grande fureur et crainte des dits séditieux et leurs complices, qui de jour en jour se ventoyent de les faire mourir, saccager et bruler eux et leur monastère, en lesquels en accomplissant leur mauvais vouloir et intention, n'ayant rien de la craincte du roy, nostre sire, ni la justice, se seroyent, dès le mois de juillet dernier passé et auparavant, transportez à plusieurs et diverses fois en la dite abbaye où ils auroient prins, ravy et par force et violence ousté au portier de la dite abbaye les clefs, et, en icelle entrés, pillé et vollé tout ce qu'ils auroyent voulu, et après mis le feu, en sorte qu'elle est du tout bruslée, saccagée, tant l'église, monastère, aumosnerie que les autres maisons particulières des officiers d'icelle, tellement qu'il n'y a lieu où de présent on puysse se retirer ne faire demeure pour le service divin deu et acoustumé estre dict et célébré, et ne sçavent les dits supplians où se retirer, si ce n'est par le moyen de vostre bonne grâce et seigneurie comme estant le chef et gouverneur du dit pays pour leur remède, affin que le service divin se puisse faire et que les supplians puyssent vivre.

Ce considéré, Monseigneur, il vous plaise de votre bonne grâce donner aux dits supplians remède convenable, ainsi que verrez estre à faire, et cependant octroyer aus dits supplians vostre commission adressante à l'ung des conseillers magistrats de la cour présidiale establye pour le roy en ceste ville, ou autre qu'il vous plaira, pour informer contre ceulx qui ont faict les dites pilleries, voleries, saccagemens, bouttefeux, force, violence, tant lors du saccagement que firent les Gascons qui passerent soubs la charge du seigneur de Grandmond, que de ceulx qui ont saccagé, mys le feu, osté les clefs par force pour entrer en la dite abbaye, qui ont donné conseil, confort et ayde, recellement, et sur les faicts qui plus amplement seront baillés par les dits supplians, par escript, et permettre de faire visiter toutes les maisons qui peuvent avoir et détiennent des meubles de la dite abbaye, et pour cognoistre la vérité de la désolation et saccagement de la dite abbaye, vous suppliant, de rechef, les dits supplians vous transporter jusques au dit lieu pour voir la dite désolation, saccagement et pauvreté de la dite abbaye, et vous ferez charité et aulmosne, et en ce faisant seront les dits supplians tenus à prier Dieu pour vostre prospérité.

Il est permis aux supplians et au procureur du roy d'informer du contenu en la dite requête par le premier des conseillers ou enquesteur au siège présidial de la ville de Poitiers, pour, l'information faite et rapportée et mise entre les mains du lieutenant criminel, estre pourvue de telle provision que de raison. Faict à Poictiers, le 25ᵉ jour d'aoust 1562. Ainsi signé : de Daillon.

---

47. — 17 septembre 1562. — Lettre de M. de Montpezat à la reine.
(Fonds fr. 15877, fᵒ 78.)

A LA ROYNE.

Madame, J'ay receu la lettre qu'il a pleu à la Majesté du roy m'escripre avec l'acte de sa majorité déclarée en sa court de parlement de Rouen, lequel, suyvant son commandement, je feiz incontinant publier à Chastellerauld ; et auparavant par plusieurs foys avois faict faire injonctions de poser les armes et envoyay amples mémoires au cappitaine de la ville et officiers de la façon qu'ilz se y debvoient gouverner, mais ilz trouvoient tousjours quelque difficulté, quelquesfoys sur le dangier, quelquefois sur la négligence de ceulx qu'ilz y avoient commis ; à la fin le cappitaine qui est escossois et se tient en Bourguoigne s'en est allé chez luy, de sorte que hier que je fuz à la ville pour entendre ce qu'ilz avoient faict selon le dernier commandement qui leur avoit esté faict, leur faisant entendre l'intention du roy et déclaration de sa majorité, ilz se excuserent à moy que, n'ayant trouvé personne pour le cappitaine qui print leurs armes, que cella les avoit gardés de les bailler et qu'ilz estoient tous prestz d'obéir à l'intention du roy, en l'absance du cappitaine. J'ay commis deux marchans, ung de chacune religion, pour les recepvoir et troys de chacune des dictes religions pour les advertir et faire recherche pour sçavoir s'il y auroit rien de caché. Quelques ungs m'ont dict, Madame, que je y en pouray trouver et qu'il y en a qui en ont retiré pour armer beaucoup de gens et bien cachées. Cella se fera par adventure en beaucoup d'endroictz de ce roiaulme. S'il plaisoit à Votre Majesté faire donner ung arrest de la pugnition que voullez qu'on leur fasse sur le champ les trouvant saisiz, sans y appeller aultres juges, car s'il les fault mettre entre les mains de la justice, cela demoura impugny et tant d'impugnitez font mespriser les édictz et gardent de les observer. Madame, nous avons ung général de par deça qui de sa teste seulle prend congnoissance de tous les affaires publicques, et ad ce que j'en puis congnoistre, ce n'est tant pour y donner remède que pour mectre toutes choses en confusion; et entre aultres choses il ne veult despescher attache au prévost des mareschaux pour le payement de luy et de ses archers, et après que par plusieurs foys j'ay envoyay par devers luy pour en sçavoir la raison, enfin il m'a mandé qu'il l'a escript à monsieur le chancellier. Il me semble, Madame, que, puisqu'il plaist au roy et à vous que j'aye la charge de ce pays, qu'il me debvroit dire ses raisons, affin que, si elles estoient bonnes, que je y adhérasse. Je vous ay par plusieurs fois escript sa qualité qui est, Madame, qu'il ne sert que pour nous donner troubles de par deça. J'en escriptz à monsieur le chancellier; je vous supplie tres humblement luy commander de y mectre remède. J'ay esté despuys six ou sept jours en Bas Poictou où j'ay trouvé en plusieurs paroisses que la messe n'a poinct esté remise, nonobstant qu'il y ait beaucoup de gens qui la désirent, car comme mon prebstre l'a dicte il y en a beaucoup qui y ont assisté. J'en ay adverty monsieur du Lude, ensemble du moyen qu'il me semble qui est bon pour y remédier. Madame, s'il vous plaist sçavoir des menues nouvelles du pays, le curé de Chiré est marié à une damoiselle vefve de bonne maison et de telle renommée qu'il y a cent gentilshommes en ce pays qui ont porté trois ou quatre ans le harnoys pour le si ou le non de sa preudhomye. Il y a eu grand compaignie et force cérémonye le matin aux espousailles; l'après disnée il prescha, et au partir du presche se joua une moralité de troys personnaiges, le pappe, Rabelays et Calvyn, et après avoir bien disputé Calvyn fut approuvé là le meilleur théologien.

Madame, il plaira à Votre Majesté me commander voz bons plaisirs que j'accompliray de tout mon pouvoir et prie Dieu qu'il vous doint en très bonne santé très longue et heureuse vie. De Précigny, ce xviie jour de septembre 1562.

Madame, je viens de recevoir la lettre qu'il a pleu à Votre Majesté m'escripre et loue Dieu et vous mercye très humblement de la bonne opinion qu'il vous plaist avoir de moy que j'espère ne vous donner occasion de changer. Il me semble, Madame, que ne pouviés mieux faire que de commander qu'on portast les informations de ceulx de Chateleraut au Conseil; l'on m'a dict qu'il se dresse force querelles pour récuser les tesmoins par là. Votre très humble et très obéissant suget et serviteur. MONTPEZAT.

---

48. — 13 octobre 1562. — Lettre de M. de la Messelière à la reine.
(Fonds fr. 15877, f° 219.)

A LA ROYNE.

Madame, Je n'ay voulu faillyr vous advertyr que mons[r] de la Rochefoucaud assiégea dès vandredy au soir Sainct Jehan d'Angely et ha faict coupper la rivière du costé de Taillebourg et ha quelques petites pièces dont il faict batterie du dit costé. S'il parvient à son intention, j'ay advertissement qu'il veult venir en ce lieu où il sera bien recueilly et n'y aura faulte que je ne face tel devoyr que Votre Magesté en recepvra contentement ; si j'usse heu ce que ceulx que j'ay despesché il y a longtemps pour aller vers Votre Majesté ont charge, j'usse heu meilleur moyen que je n'ay de retirer plus grand nombre d'hommes que je n'ay et de les contanter, d'autant que tout ce que j'ay en ce lieu est tout soubz mon crédit, sans avoyr saccagé ungne seulle maison, mays seullement prins prizonniers ceulx que j'ay peu et faict saisir leurs biens. Il plaira à Votre Magesté pourvoyr promptement au tout, suyvant vostre acoustumée vigilance et bénignité. Aussy il ha passé ungne trouppe de cinq à six cens hommes revenant d'Orléans, laquelle, ne pouvant entrer en la ville de Montmorillon, ha saccagé l'abbaye de la Maison Dieu et massacré les prebtres du dit lieu, sont venus loger en ma terre où ilz ont faict beau mesnage et bruslé mon églize. Ilz n'ont entré en ma maison parce qu'elle est forte et que despuys Pasques j'ay heu tousjours guarnizon dedans. Ilz sont passés on ung prieuré de relligieuzes lesquelles ilz ont laissées en cothe et saccagé le reste et tué ce qu'ilz ont peu de prebtres à Usson, Chateau Garnier et Cyvray. Ilz sont maintenant arrestés dedans la dite ville et tiennent ceulx de la guarnizon du dit lieu assiégés dedans le chasteau, partie desquelz furent prins à l'entrée par surprinse. Le bon cappitaine et curé de Chyré, Fonfroide et aultres séditieux font des levées de par deça que j'ai empesché le plus qu'il m'a esté possible et çontinueré sans en perdre ungne seulle occasion, car tout mon désir est d'estre si heureulx d'avoir le moyen de faire le service que je doibtz à la Majesté du roy vostre filz et à la vostre, à quoy ma vye ne sera espargnée ny des myens, aydant Nostre Seigneur, auquel je supply vous donner, Madame, en toute prospérité et très bonne santé très heureuse et longue vye. De Luzignan, ce xiii d'octobre 1562. Votre très obéissant et très fidelle subject et serviteur. MAISSELLIERE.

---

49. — 17 octobre 1562. — Lettre de M. de la Messelière à la reine
(Fonds fr. 15877, f° 236.)

A LA ROYNE.

Madame, Je n'ay voulu faillyr vous advertyr que mercredi dernier le seigneur de la Rochefoucaud leva le siège devant Sainct Jehan où il ha perdu beaucoup d'hommes. Le capitaine Richelieu et sa trouppe y ont très bien faict leur devoyr. Le dit s^r de la Roche alla le dit jour à Matha avecques ungne partie de ce qu'il avoit peu retirer du dit Sainct Jehan ; le reste s'est retiré ès isles et les aultres desbandez ayant heu nouvelles de la bataille que mons^r de Burie a guagné contre le s^r de Duras lequel est dedans la ville de Sainctes avecques ce qu'il a peu rassembler des reliques de sa perte. La dite bataille les ha fort estonnés et non sans cause, comme aussi faict la venue de monseigneur le duc de Montpancier. Le dit s^r de la Roche faict courir le bruict qu'il se joindra ès environs de ce lieu avecques le seigneur de Grandmont pour attaquer ce chasteau qui leur seroit fort sortable pour les hyverner, mays il me coustera la vye et cent mille, si je les avoys, ou je rompré leur desseing de ce costé. Hier matin mons^r de Briansson, frère de mons^r le compte du Ludde, leva ceulx qui avoient assiégé le chasteau de Coué et laissa de mes soldats dedans, lesquels l'avoient accompagné pour exécuter son entreprise. Je suys après pour les retirer si tost que mon dit s^r du Ludde y aura pourveu, pour en avoyr bien affaire si les séditieux voisins de ce lieu attrayct sellon leur intention les susditz. Ilz m'ont tenu fort en cervelle despuys huyt jours à donner force alarmes. Je les ay assays bien guardé de dormir, vous assurant que j'ay des soldats qui désirent fort faire leur devoyr pour le service de la Magesté du roy votre filz et la vôtre. Ilz supplient tous Votre Magesté et moy aussy avoyr esguard que, despuys le premier jour d'aoust que je suis en ce lieu, nous n'avons heu ung seul moyen que ce que j'ay peu finer pour les entretenyr et ay fornys d'armes et toutes munitions la présente place, à mes despens. J'ay envoyé gens exprès par devers Votre Magesté ; je vous ay escript par cinq ou six foys par les postes et n'ay sceu aulcunes nouvelles, qui me faict craindre que il y en ayt de dévalizés. Cependant j'ay enguagé ce que j'ay peu de mon byen pour entretenyr le tout et pour lever gens de nouveau, veu les advertissemens que j'ay, affin que le service de Voz Magestez ne seoyt en riens retardé, à quoy je n'espargneré ne ma vye ne tout ce que j'ay en ce monde, aydant Notre Seigneur, auquel je supplye vous donner, Madame, en toute prospérité et très bonne santé très heureuse et longue vye et l'accomplissement de voz desyrs. De Luzignan, ce xviie jour d'octobre 1562. Votre très obéissant et très fidelle subgect et serviteur. MAISSELLIERE.

---

50. — 4 février 1563. — Lettre de M. de Sanzay à la reine.
(Fonds fr. 15879, f° 36.)

Madame, Encores que, lors du partement de mons^r le conte du Lude, je eusse résolu ne bouger de Poictiers pour le service du roy et le votre, attendans ce qu'il plairoit à Votre Majesté me commander, si est ce que se présentant ung commancement de ligue et associacion, soubz prétexte de querelles particullieres, près la ville de Pousoge, je y suis venu et, Dieu mercy, ay le tout accordé. Et comme me voullois retirer à Poictiers, autres plaintes me sont venues des habitans d'Argenton, petite et assez mutine ville de ce païs, qui ont tué deux prebtres et faict plusieurs autres viollances, à quoy j'espère donner ordre avec la plus grand doulceur qu'il me sera possible, ne pouvant autre chose entreprendre sans en avoir exprès commandement de Votre Majesté que je puis assurer qu'il y a cent paroisses en ce païs où il y a plus de deux ans qu'il ne ce y faict service divin. Et à présent, voians aucuns de la religion réformée estre forcés par vos commandements laisser les églises et bénéfices aux curez et eclésiastiquez, ilz les permutent et rescompensent, espérans que les bénéficiers titulaires estans de leur religion ne seront contrainctz recepvoir autres pour faire exercice de la religion que de la leur. Je ferois procedder, suivant les ordonnances de Sa Majesté, à désarmer ung nombre de petites villes et bourgades du plat païs plus séditieuses que n'est le reste du païs, n'estoit qu'elles sont si eslongnées des chasteaux et maisons appartenans à Sa Majesté qu'il seroit malaizé, de grand peine et de trop grand coust, d'y transporter et mettre en garde les dites armes suivant voz commandemens, et me semble qu'il suffiroit de les mettre en garde dans les chasteaux et maisons fortes de vos bons serviteurs, attendant qu'il plairoit à Votre Majesté autrement en ordonner, vous supplians très humblement qu'il plaise à Votre Majesté croire que, oultre que vous suis nay subject, je vous seray pour jamais particullier très humble serviteur et n'espargneray ma vie et biens pour votre service, supplians Dieu, Madame, donner à Votre Majesté très bonne, très longue et très heureuse vie. De Argenton ce IIII febvrier 1563.

Votre très humble et très obéissant subject et serviteur.
DE SANSAY [1].

A la Royne.

---

1. René de Sanzay, conseiller du roi, capitaine et colonel-général des bans et arrière-bans de France en 1567.

51. — 9 février 1563. — Lettre de M. de Sanzay à la reine.
(Fonds fr. 15879, f° 38.)

Madame, Depuis la dernière lettre que je escripvis à Votre Majesté il n'est rien survenu en ce païs de Poictou sinon quelques préparatifs entre ceulx de la religion réformée pour faire ung sinode, et mesmes se sont jà assemblez vingt huict ministres le jour de la Chandeleur à Bourg Nouveau au bas païs de Poictou, et y estoient quelques gentilz hommes en assez petit nombre de paeur de me donner congnoissance de telle assemblée, et, ad ce que j'ay peu entendre, ilz continuent faire leurs sermens accoustumez qui n'est autre chose que une association, et ont proposé plusieurs choses sur l'arrivée de monsieur le cardinal de Lorraine et sur l'entreténement de ce qui a esté résolu au consile. Ilz ne eurent le loisir de résoudre aucune chose, aians entendu que je me acheminois de ceste part, et remirent leur entreprinse et à tenir leur sinode chez un gentilhomme se tenant près de la Rochelle hors de ce gouvernement, et, encores qu'ilz soient en assez grand nombre, si est ce que je ne treuve difficille de leur donner la loy faisant garder les ordonnances de Sa Majesté, à quoy je ne puis donner ordre sans exprès commandement de Votre Majesté que je supplie très humblement croire que pour voz services je exposeray tousjours voullontairement et vie et biens, suppliant Dieu, Madame, donner à Votre Majesté très bonne, très longue et très heureuse vie. De Thouars ce ix febvrier 1563.

Votre très humble et très obéissant subject et serviteur.
DE SANSAY.

A la Royne.

52. — 17 mars 1563. — Lettre de M. de Sanzay à la reine.
(Fonds fr. 15879, f° 130.)

Madame, Je viens de présentement arriver du bas païs de Poictou pour faire entendre à mons.ʳ le conte du Lude l'estat des affaires qui sont telles que j'ay assisté aux convoccations des clergers et gens d'église des diocèses de Luçon et Maillezais pour entendre leurs doléances et leur dire l'intantion de Votre Majesté qui est qu'ils vivent en paix, faisans le service divin en sureté de leur personne et jouissance de leurs biens, sans riens esmouvoir ny donner occasion de scandalle, ce qu'ils m'ont promis faire, me faisans plusieurs doléances que en plus de cinquante paroisses ilz ne ozent résider ny se présenter en leurs charges et debvoirs pour la craincte qu'ils ont de leurs paroissiens qui les ont persécutez et intimident encores chacun jour, à quoy j'ay pourveu le mieulx qu'il m'a esté possible; ensemble à des presches et exercices de la religion réformée qui se faisoient en plusieurs lieux et endroicts contre les édicts du roy. Mais le mal est, ad ce que je ay entendu depuis que en suis party, qu'ilz oublient aysément ce que je leur avois dict et ce qu'ilz m'avoient promis. Ils ont tenu ung sinode au Puy Béliard, en ce dit païs, auquel ont assisté gentilzhommes et grand nombre de ministres des païs de Guyenne, Thouraine et Anjou. J'ay parlé aux ministres de ce païs et à tous ceulx qui se sont présentez de l'une et de l'autre religion qui m'ont fort respecté pour l'honneur de Votre Majesté et font démonstration de me vouloir croire. Il y a des abbayes, prieurés et cures si désolées et ruinées qu'elles sont désertes et inhabitables, et en aucuns endroictz les dits bénéfices sont tenus et possédez par force et la pluspart ne veullent paier les subvantions et décimes deues à Sa Majesté, et en quelques paroisses les tailles et subsides ordinaires ne se paient aucunement, de sorte que je y ay envoié des contrainctes par ung prévost des mareschaulx et y fusse allé pour en faire faire pugnition exemplaire sinon que je désirois trouver le dit sʳ conte du Lude pour entendre des nouvelles de votre Majesté, lequel vous escript de ce qui a esté faict par le cappitaine Gitonniere à Souldin en la maison du sʳ de Boissec frère du sʳ de Vérac, desquelz les plainctes sont plus grandes que n'est l'occasion. Je n'en diray encores autre chose à Votre Majesté que je supplie très humblement croire que l'on a faict en ce païs provisions d'armes et chevaulx et samble qu'il y ait advertissement d'entreprinse ou que ils se doubtent d'estre recharchez; je les ay assurez le mieulx que j'ay peu et ne pense avoir riens obmis de ce que j'ay pensé importer votre service comme en tous endroicts je y exposeray voullontairement ma vie et tout ce que Dieu m'a donné que je supplie,

Madame, conserver Votre Majesté en très bonne santé, très longue et très heureuse vie. De Poictiers ce xvii mars 1563.

Madame, je supplie très humblement Votre Majesté me mander si je demeureray encores en ce païs pour votre service ou si je iray trouver Votre Majesté.

Votre très humble et très obéissant subject et serviteur.
Sansay.
A la Royne.

---

53. — 17 mars 1563. — Lettre de M. du Lude à la reine.
(Fonds fr. 15879.)

Madame, Suivant les lettres qu'il a pleu au Roy et à vous m'escripre le xxviii du passé, je me suys informé du remuement et amaz d'armes et chevaulx que l'on a faict entendre à Voz Majestez qui se faisoient en ce pays de

Poictou, et sceu que pendant mon voiage de la court, il s'est faict ung sinode au lieu de Puybéliart en bas Poictou où s'assembla jusques au nombre de soixante ministres ou plus. Depuys, les gentilshommes de la religion dicte refformée se sont par assemblées visitez les ungs les aultres et ne craignent vendre leur propre bien pour achapter à non prix armes et chevaulx plus que de coustume, qui me mect en soupson de penser qu'ilz se veulent remuer. J'espère m'acheminer demain pour aller par tout le pays. Si je puys plus appertement descouvrir quelque chose de leur entreprinse je ne feray faulte vous en advertir. Cependant ie vous asseureray, Madame, qu'ilz ne veulent en rien obéyr aux édictz du Roy et cognois bien qu'ilz tentent par tous moyens pouvoir oster ce peu de forces qui sont en ce pays, afin de plus facilement vivre en leur liberté et parvenir à leurs desseings, lesquelz je m'aperçoys plus tendre à émotion qu'à tranquilité et repoz publicq, mais j'espère n'y rien espergner pour y donner le meilleur ordre qu'il me sera possible, ne voulant vous céler, Madame, qu'entre l'ung des frères du s^r de Vérat et le cappitaine des cent harquebouziers à cheval ordonné en ce pays pour le service de Vos Majestez, y a eu quelques parolles sans aultre chose que j'aye au vray encores entendue, dont je ne doubte point qu'on n'aye essayé vous faire trouver le faict plus maulvays qu'il n'est, de quoy je vous supplie très humblement, Madame, n'en vouloir croyre aulcune chose que premièrement ne m'aiez faict cest honneur que m'en advertir à ce que je vous rende asseurée de la vérité du faict lequel tant de l'une que de l'autre partye je mecteray peyne entendre, et, s'il se trouve le dit cappitaine avoir délinqué, je le feray si bien chastier qu'il servira d'exemple aux aultres, aussi, si calomnieusement il se trouve accusé, je regarderay à son innocence, considéré mesmement l'affection en laquelle je le veoy s'employer au service de Vos Majestez, vous suppliant très humblement, Madame, croyre que, si je cognoissoys en luy chose digne de repréhension, je ne vouldrois le souffrir en faczon du monde ; attendant ce qu'il vous plaira sur ce me commander pour le service de Voz Majestez, je supplie Dieu vous donner, Madame, en parfaicte santé très longue et très heureuse vye. De Poictiers ce xvii jour de mars 1563.

Votre très humble et très obéissant subject et serviteur.
Guy de Daillon.

---

54. — 22 mars 1563. — Lettre de Charles IX à M. du Lude.
(*Journal* de Simon Jallais.)

Monsieur le comte, Je vous envoie une proclamation que je veux et entends être publiée par toutes les villes de mon royaume et pour ceste cause vous ne fauldrez de la faire publier en ma ville de Poictiers et par tout le reste du territoire et juridiction de Poictou où vous avez puissance de commander, afin que nul n'en prétende cause d'ignorance, vous priant au reste la faire si bien estroictement et inviolablement entretenir, garder et observer en faisant chastier les infracteurs et contempteurs d'icelle que je n'aye plus cy après occasion de vous en escripre davantaige, d'autant que c'est chose que je désire infiniment être observée et que de là aussi dépend l'entier soulagement, repos et tranquillité de mes subjectz que je m'asseure, pour m'estre si affectionné serviteur que vous êtes, vous estre en autant grand recommandation que vous cognoissez le besoing en estre très grand. Dont pour cette occasion je ne vous en feray la présente plus longue, priant Dieu, monsieur le comte, qu'il vous ait en sa sainte garde. Escript à Amboyse le vingt deuxiesme jour de mars mil cinq cens soixante deux. Signé : Charles, et plus bas : Robertet. Suscription : A Monsr le comte du Lude mon lieutenant général en Poictou.

Les dites lettres ont été lues, publiées et enregistrées en la cour ordinaire et présidiale de Poictiers le 26ᵉ de mars 1563 et publiées à son de trompe et cri public à Poictiers ès lieux accoutumés à faire cris en la dite ville par Mathurin Mesnier sergent ordinaire au dit siège les jour et an susdits.

---

55. — 30 mars 1563. — Lettre de Catherine de Médicis aux sénéchal et officiers de la sénéchaussée de Poitou. (*Journal* de Simon Jallais.)

A Messieurs les sénéchal de Poictou ou son lieutenant et aultres officiers du Roy, Monsieur mon fils, en la dicte sénéchaussée. Messieurs, afin que vous sachiez mieux et plus particulièrement ce qui a esté accordé par le Roy, Monsieur mon filz, par l'advis des princes de son sang et gens de son conseil, pour la paix, repos et tranquillité de ce roiaulme et de ses subjectz, je vous envoie la copie des lettres patentes qui en ont esté expédiées, leues et publiées en sa cour de Parlement, à l'entretènement et observation desquelles je vous prie et ordonne tenir main et donner tel ordre en votre ressort et juridiction qu'il n'y puisse surseoir chose qui attente le bien qui s'en espère, et prendrez contre les contrevenans de telles et si équitable justice que le repos y puisse demeurer tel que nous le désirons. Priant Dieu, Messieurs, qu'il vous ait en sa garde. Escript au camp près Orléans, le trentiesme jour de mars mil cincq cens soixante deux. Signé : Catherine, et au dessoubz : de Laubespine.

56. — 12 avril 1563. — Publication faite à Poitiers, par ordre de M. du Lude, d'une déclaration du roi, du 7 avril, sur l'exercice de la religion prétendue réformée en Poitou. (*Journal* de Simon Jallais.)

De par le Roy. C'est la déclaration faicte par le Roy en son conseil privé tenu à Amboise le septiesme jour de ce présent moys, des villes aux fauxbourgs desquelles il a pleu à Sa Majesté ordonner que l'exercice de la religion que l'on prétend réformée se pourra librement faire en ce pays et gouvernement de Poictou suivant le contenu en aultre déclaration faicte par Sa Majesté le dix neufviesme jour de mars dernier sur le fait de la pacification des troubles de ce roiaulme, pour estre publiée tant en ceste ville de Poictiers que par tous les lieux et endroicts du dit pays acoustumez à faire criz et proclamations.

Premièrement aux faulxbourgs de la ville de Chatellairault pour la sénéchaussée de Poitou. Aux faulxbourgs de Montmorillon pour la sénéchaussée du dit lieu. Aux faulxbourgs de Fontenay le Comte pour la sénéchaussée du dit lieu. Aux faulxbourgs d'Aulnay pour la sénéchaussée de Cyvray. Et oultre est fait commandement très exprès de par la dite Majesté que toutes personnes non habituées, domiciliées et vagabondz aient à sortir et eulx retraire dedans vingt quatre heures après la publication de ces présentes, sur peine de prison, en ce non comprins les serviteurs des habitants et artisans de ceste ville, lesquels ils pourront retenir, à la charge que si les dits serviteurs font aulcun tumulte, les maitres seront tenus les représenter à justice pour estre puniz selon leur démérite.

Sont deffendues toutes injures et reproches du passé et offenses de fait et de parolle, débatz et disputes contentieuses pour le fait de la religion, et très expressément commandé d'observer la déclaration sur ce faicte par Sa dicte Majesté, sur peine de la vie à celuy ou ceulx qui contreviendront, ce que Sa dite Majesté veult et entend estre sommairement et rigoureusement exécuté par les magistrats de sa justice, sans aulcune exception de personne, longueur ne formalité de procès, attendu la nécessité du temps pour contenir tous séditieux.

Seront remiz tous ecclésiastiques ès leurs églises et maisons pour librement y faire et continuer le service divin et acoustumé, sans opposition, offense ny empeschement, sans aussi ne permettre que ceulx de la dicte religion que l'on prétend réformée puissent retenir ne user d'aulcuns de leurs temples, églises et maisons, sur peine d'estre chastiez sommairement.

Et est enjoint à toutes personnes, sans nul excepter, de vivre en paix, union et concorde, en manière que toute occasion de riotte et querelle cesse et que la pacification et tranquillité puisse retourner entre eulx telle qu'elle a cy devant esté à l'honneur de Dieu, service de Sa dite Majesté, bien et repos commun de ses villes et habitantz d'icelles. Signé : Guy de Daillon. Et au dessoubz : Rousseau.

Le lundi douziesme d'apvril l'an mil cinq cens soixante troys, le contenu cy dessus a esté leu et publié à son de trompe et cry public ès quarrefours, lieux et endroictz acoustumez à faire cris et proclamations en ceste ville de Poictiers par moy Pierre Beaupeau, sergent royal ordinaire en Poictou, aiant avec moy Richard Vermillon, trompète du dit Poictiers. Signé : Beaupeau.

---

57. — 24 avril 1563. — Ordonnance de M. du Lude. (Fonds fr. 15879, p. 208.)

De par le Roy et monseigneur le compte du Lude, chevalier de l'ordre du dit seigneur, gouverneur et lieutenant général pour Sa Majesté de ce pays et conté de Poictou.

Il est inhibé et deffendu à toutes personnes de quelque estat, qualité et condiction qu'ilz soient, sans nul en exempter, porter harquebouzes, pistolles et pistolletz et aultres armes prohibées et deffendues par les ordonnances du Roy fors l'espée, et dague seullement, allans par les champs, sur peyne à ceulx qui en seront trouvez saisiz, estre pendus et estranglez sans figure de procès.

Aussi est deffendu à tous qui se disent ministres de l'église que l'on prétend estre retformée faire presches ne administrations de sacremens ailleurs que ès lieux ordonnez par le Roy en ses pays et compté de Poictou et à tous d'assister aux dits presches ailleurs que ès dits lieux, sans aulcunes armes de quelque espèce que ce soit, sur les mesmes peynes que dessus.

Pareillement est deffendu à tous habitans de ceste ville, chefs de maisons, serviteurs ne aultres sans en excepter, chanter psaulmes ès ruhes, ès bouticques, ny faire pour cest effect aulcunes assemblées, sur peyne d'estre penduz et estranglez sur le champ sans aulcune forme de procès.

Semblablement est deffendu à toutes personnes de quelque qualité et condicion qu'ilz soient porter aultres acoustremens si non celluy qui est propice et dessent à son estat et qualité, sur peyne de prison et admende arbitraire, et permys à tous où il s'en trouvera aulcun en habit dissimulé et portant aultre que celluy qui est décent à son dit estat, le prendre et saisir au corps et le mener ès plus propres prisons du lieu où ilz sera prins, aux geolliers et gardes desquelles est enjoinct d'en faire songneusement garde, sur peyne du fouhet et d'estre privez de leur charge.

Faict à Poictiers le vingt quatriesme avril mil cincq cens soixante et trois. Ainsy signé : Guy de Daillon.

58. — 3 mai 1563. — Lettre du curé de Chiré à M. du Lude.
(Fonds fr. 15879, p. 253.)

Monsieur, J'ay esté cejourdhuy adverty qu'il a esté faict ung cry à Poictiers, de par le Roy et vous, que aulcun n'eust à prescher soubz la peyne de la hard qui n'en eust permission par l'édict du Roy. Je vous supplie, Monsieur, me faire tant de bien et de faveur de m'instruire si vous entendez m'y comprendre, comme si en preschant j'alloys contre l'édict du Roy, je ne vouldrois pour chose du monde y contrevenir et n'ay pencé en preschant le faire et ce par deux raisons, la première que l'exercice de la religion a esté continué en ce lieu jusques au vii de mars par presches fréquens, baptesmes administrez, cêne faicte et mariaiges célébrez ou par moy ou par aultre, comme je feray apparoir par plusieurs tels actes. Secondement que l'édict ne deffend point aux curez de prescher en leurs cures et ne parle que aux ministres qui n'ont point ce tiltre, mais par les édicts des roys précédens mesmes du roy Henry deuxiesme de louable mémoire, il est enjoinct ausdits curez de prescher en leurs cures, lequel n'est point révocqué. Toutesfoys, Monsieur, si vous estes en doubte de la voulunté du Roy auquel il appartient d'interpréter, je vous supplie très humblement vous en enquérir, de ma part je n'ay rien faict en cela sans en avoir communiqué à monseigneur le prince de Condé qui m'a respondu que je pouvoys prescher, ainsi que j'avois acoustumé, et m'a commandé de le faire et depuis le m'a encore mandé par monsieur le conte de la Rochefoucault lequel j'avoys supplié luy en communicquer derechief. Je vous prie, Monsieur, croire que je n'allégueray tels autheurs s'il n'estoit vray et si je ne m'asseuroys d'estre advoué d'eulx. Néantmoings, Monsieur, si cela ne vous suffist, ce que je ne pence, il vous plaira en sçavoir la voulunté du Roy, laquelle me faisant entendre et vous prie me faire cest honneur d'en prendre la peyne, je vous promectz que sans délay j'obéiray de poinct en poinct à Sa Majesté, comme très humble subject et serviteur d'icelle. Cependant, Monsieur, je vous supplie ne trouver maulvais que je face mon devoir en ma charge, ce que j'espère d'aultant plus que je ne vous donnay jamais occasion de vous aigrir contre moy mais toujours ay désiré, ma conscience saulve, vous faire service, qui sera cause que derechief je vous supplieray ne me mectre en peyne et vous soulaiger aussi de la présente en cest endroict.

Monsieur, je sallueray de mes très humbles recommandations vos bonnes grâces et prieray Dieu vous donner et acroistre les siennes. De la Court de Chiré [1], le III may 1563.

---

59. — 4 mai 1563. — Lettre de M. du Lude au curé de Chiré.
(Fonds fr. 15879, p. 254.)

Monsieur de Chiré, J'ay receu votre lettre par laquelle me mandez avoir esté cryé à Poictiers que aulcun n'eust à prescher qu'il n'eust permission de par le Roy, et, pour ce que le cry en a esté faict suyvant mon ordonnance, je vous diray qu'il y a ung moys que le Roy m'a envoyé le nom des villes et lieulx où il veult et entend qu'il y ait presches et exercice de la relligion qu'on appelle refformée, oultre lesquels le dit sr m'a commandé très exprès tenir la main qu'il ne se feist aulcune aultre assemblée publicque, bien qu'il entendoit que chacun vesquit en sa maison en la liberté de sa conscience et sans estre cherché de l'intérieur, qui me faict vous prier, attendant qu'aiez eu moyen me faire commander par le Roy vous laisser prescher et

---

1. Pierre des Prés, sieur de la Cour de Chiré, curé de Chiré et Montreuil (Voy. *Arch. hist. du Poitou*, t. XII, p. 99, 136).

faire aultres exercices publicques qui dépendent de la relligion qu'on dict refformée, vous en vouloir déporter, et vous en prie derechief pour le bien du service du Roy et repos publicq que j'ay, comme devez aussi avoir en singulière recommandation, vous asseurant que, si le Roy me le commande et qu'on vous y vueille troubler, je me mecteray de vostre costé pour le faire obéyr. Cependant le Roy seroit mal servy de moy si je ne mectoys peine faire suyvre et entretenir ses édictz, vous priant pour la fin de ma letre que nous gouvernions si saigement les ungs avec les aultres que le Roy en ayt contentement et que nos passions particulières ne nous commandent point tant que nous n'ayons regard à extrême pauvreté où est ce jourdhuy réduict le peuple qui pourroit encore pâtir si le Roy entend que ses éditz et ordonnances soient enfraints. Sur ce me recommandant.... De Dissay ce IIIe jour de may 1563.

---

60. — 6 août 1563. — Lettre de MM. de Bourgneuf et de Masparault au chancelier de France. (Fonds fr. 15878, f° 96.)

A Monseigneur le Chancellier.

Monseigneur, Nous avons commencé à procéder au faict de la commission pour laquelle il a pleu au Roy nous envoyer en ces pays de Poictou dès la ville de Chastellerault auquel lieu avons séjourné huict jours pour donner ordres aux affaires que nous y avons trouvées plus grandes que ne nous promettoit, pour raison que en la dicte ville auroient esté ordonnez les presches et aultres exercices de la religion pour la séneschaucée de Poictou. Nous avons en cela entièrement exécuté l'édit de paix et, suivant la nomination faicte par le roy, avons establi deux lieux aux faulbourgs du dit Chastellerault, l'ung publicq et l'aultre privé, pour y estre librement faict tout exercice de la dicte religion : à la délivrance dudit lieu publicq, parce que anciennement ce avoit esté ung cimetiere lequel à présent estoit du tout tunbillé, avons faict intervenir le consentement de M. de Monpezac, gouverneur de la dite ville, celuy de tous les officiers, celluy de tous les manans et habitans et pareillement celluy de tous les curez et recteurs; quant au lieu privé, nous l'avons permis tant et si longuement que le propriétaire y donneroit consentement duquel il nous auroit apparu. Nous avons veu tous et chascuns les prisonniers detenuz ès prisons de la dite ville sur lesquels avons donné particuliers appoinctements pour advancer l'instruction de leurs procès avec injonctions aux juges de y besogner en toute diligence. Entre iceulx prisonniers nous n'en avons trouvé aucun détenu pour le faict de la religion, sinon un gentilhomme qui se disoit de la compagnie de M. le comte de la Rochefoucault, pour lequel aurions ordonné que les prisons luy seroient ouvertes en ce que touchoit le faict de la religion, et pour quelques aultres charges qui estoient contre luy l'avons renvoyé par devant les juges ordinaires. Il y avoit aussi aux prisons quelques pauvres gens de la ville pour une émotion advenue despuys deux mois entre ceulx de l'une et l'aultre religion desquels nous eussions jugé le procès, sinon que aulcuns d'entre eulx sont chargez d'avoir dict quelques paroles injurieuses contre la personne du Roy, dont M. de Montpezac qui est sénéchal et gouverneur de la dite ville nous a escript qu'il en avoit adverty Sa Majesté, qui a esté cause de nous faire différer, de quoy n'avons voulu faillir, Monseigneur, à vous advertir, affin qu'il vous plaise mander aux juges ou à nous ce que il vous plaist en estre faict.

(Sera mandé aux commissaires s'ilz sont encore là et aux juges d'envoier au roy les charges et informations.)

Aussi, Monseigneur, nous avons faict commandement aux habitans du dit Chastellerault de porter leurs armes au chasteau ou maison commune de la dite ville, à quoy ilz n'ont aucunement obéy, dont nous aurions adverty le dit s^r de Montpezac qui en auroit escript au cappitaine de la ville et mandé d'exécuter les derniers édicts. Toutes-foys nous voyons bien que en cela ilz usent de dissimulation, tellement que, s'il n'y est aultrement pourveu, il ne s'en fera rien, pour la deffiance qui est entre ceulx de l'une et l'aultre religion. Quant à tout le plat pays d'allentour, il est en tranquillité et repoz.

(Faut mander au s^r de Montpezac et au capitaine qu'ils leur facent poser les armes, suivant l'édit et même l'ordonnance dernièrement à Roan.)

Oultre ce qui est de notre commission, nous ont ésté faictes au dit Chastellerault grandes plainctes, tant par les habitans de la ville que des pauvres gens des champs, de quelques compagnies de gendarmerie qui tient les champs il y a plus de deux mois et de village en aultre vivent à discrétion sans rien payer, dont ceux du pays souffrent plus de dommages et pertes qu'ilz n'ont faict du temps de la guerre, à quoy, Monseigneur, il est nécessaire de remédier, aultrement le peuple sera si griefvement foullé qu'il sera impossible qu'il porte les tailles et aultres charges ordinaires.

(Il en faut écrire au gouverneur et au sénéchal pour les faire déloger.)

Monseigneur, nous présenterons nos très humbles recommandations à vos bonnes grâces, suppliant Dieu vous donner en santé très longue et heureuse vie. A Poictiers ce vi^e jour de aoust mil v^e LXIII.

Vos très humbles et très obéissants serviteurs. De Bourgneuf. De Masparrault.

61. — 18 août 1563. — Lettre de MM. de Bourgneuf et de Masparault à la reine. (Fonds fr. 15878, f° 110.)

A LA ROYNE.

Madame, Ayans passé la ville de Chastellerault et estans ung peu entrez avant en ce pays de Poictou pour mettre en exécution la commission laquelle il a pleu au Roy et à vous nous décerner, plusieurs personnes se sont commencées à esmouvoir pour divers effectz, les ungs, assavoir ceux de la religion réformée se proposans que du tout nous fussions venus à leur faveur et confusion des aultres, nous ont présenté une infinité de requestes se plaignans avoir esté pillés et oultragés par ceulx du parti contraire. D'aultre part, ceux de la religion romaine, craignans que les menasses des aultres sortissent effect par notre moyen, commençoient à faire des conseils à part et assemblées lesquelles eussent peu tourner à quelque grande conséquence, si, Madame, nous ne eussions suivi quelque moyen en ceste affaire, parlant doulcement aux ungs et aux aultres, leur remonstrant la volonté du Roy et la vôtre que voz subjectz vivent en paix et qu'ilz oublient leurs inimitiés passées. A quelques ungs des plus opiniastres avons permis informer des faits contenus en leurs requestes pour l'information estre rapportée par devers nous, estre par nous décidé si les dits cas contenus ès dites informations sont remis et abolis par l'édict. Aux aultres avons desnyé du tout de faire information, leur déclarant que ce dont ils se plaignoient estoit pardonné et aboli. Aucuns d'iceux, après nous avoir oui, se sont contentés et apaisés, les aultres ont protesté d'en appeler au Conseil privé. Nous avons faict en cela, Madame, ainsi qu'il a pleu au Roy et à vous nous commander et selon le deu de nos estats et consciences. Quant il vous plaira le commander, nous vous rendrons raison de nos appoinctemens et jugemens. Ceste façon d'y procéder, Madame, a esté cause que les choses se sont adoulcies, tant d'une part que d'aultre, et que maintenant ilz ne présentent pas si indifféremment des requestes, comme ils souloient, remettans une partie de leurs vengeances et l'espoir d'y parvenir par le moyen de notre commission, sachans bien que nous ne les y recepvrions pas, si ce n'estoit pour des choses qui n'eussent point esté remises par l'édict de pacification. Nous avons aussi esté fort pressés par ceulx de l'église réformée de Poictiers de leur bailler et assigner lieu pour faire presches et exercices de la religion en la ville et faulbourgs, de quoy nous avons communiqué avec monsieur le conte du Lude, gouverneur pour le Roy en ce pays, suivant ce qu'il nous est mandé par notre commission, lequel seigneur conte a prins résolution avec nous de vous en advertir devant que d'y toucher aucunement et pour cest effect a dépesché ce porteur chargé des raisons d'une part et d'aultre, homme non affectionné ni partial à l'ung parti plus que à l'aultre, sinon au repos et tranquilité publique et fort bon serviteur du Roy, pour sur le tout, Madame, recepvoir les commandements du Roy et les vôtres.

Nous penserions faillir, Madame, si nous oublions à vous advertir de la bonne diligence que le dit s^r conte mect au faict de son gouvernement, tant à se comporter doulcement envers les ungs et les aultres, que à entretenir pareillement ceux de l'une et l'aultre religion ez libertez lesquelles il a pleu au Roy et à vous leur donner par l'édict de pacification.

Madame, nous présenterons... De St Maixent ce XVIII aoust.

Vos très humbles et très obéissans serviteurs. DE BOURGNEUF. DE MASPARRAULT.

62. — 20 août 1563. — Lettre de M. de Montpezat à la reine.
(Fonds fr. 15878, f° 114.)

A la Royne.

Madame, Par une lettre que m'a escripte le gentilhomme que j'ay envoyay vers Votre Majesté, j'ay entendu que vous n'estez contente de quoy je n'ay promptement faict punir ceulx qui sont accusés par l'information dont j'ay envoyay aulcuns articles à Votre Majesté. Je vous supplie très humblement, Madame, entendre les raisons. La première, j'ay trouvé la justice ordinaire de Chastellerault saisie du faict, laquelle est composée d'un lieutenant, ung accesseur, ung procureur du roy et par ung conseiller dont fault appeler les advocatz, ou l'expérance m'a faict congnoistre que, soit par menasses faictes soubz main, ou par aultre occasion, ceulx de l'ancienne religion se tiennent tousjours récusés où il est question de juger crime faict par ceux de la nouvelle, et le faisant juger à ceulx de leur religion c'est aultant que les absouldre ; mon pouvoir n'est que de tenir main forte à la justice; toutesfois, pour ne veoir une telle meschanceté impugnie, j'ay faict différer le jugement et adverty Votre Majesté, afin qu'elle y pourveust comme elle verroit estre bon. D'aultre, Madame, c'est que pour n'avoir congneu le peuple si mal ne qu'il conçoive de telles opinions et s'enhardie de les dire si elles ne leurs sont baillées de quelques malins et séditieulx, il me sembloit, comme il faict encore, que gens depputez de Votre Majesté seroient plus propres pour entendre ce faict et y mettre fin que ceulx qui ayant imprimées nouvelles oppinions pourroient juger chacun selon la leur. La troisiesme, Madame, je croy qu'il souvient à Votre Majesté que peu après votre partement d'Amboise m'escripvistes comme despuis que j'avois passé à Chastellerauld et estois venù de par deça vous auriez entendu que les subjectz du Roy ne pouvoient jouir de ce qui leur estoit permis par l'édict et qu'ilz disoient que j'en estois cause ; Madame, votre lettre parloit bien à moy comme je l'ay despuis dict à Votre Majesté. Cela, Madame, m'a tousjours despuis faict tenir la bride fort à la main encores que du par avant je ne panse en rien avoir excédé et aux articles que j'ay envoyés à Votre Majesté. Oultre ce que aurez peu veoir qu'ilz parlent de la Majesté du Roy, généralement de ceulx qui ont le maniement de ses affaires, particulièrement de monseigneur de Montpancier et de moy qui ne suis qu'un simple gentilhomme. Ceste cause, Madame, si j'eusse en rien passé l'ordinaire, eust admené belle occasion de crier contre moy. Madame, j'ay les coupables dans les prisons du roy, le procès en estat de juger. J'attends le commandement qu'il plaira à Votre Majesté me faire pour auquel satisfaire ma vie et mes biens seront employés et congnoistrez aux effects que le Roy et vous n'avez ung plus affectionné et très humble subject et serviteur. S'il vous plaist entendre mon moyen pour la force, ma compaignie est en garnison en Guyenne où il y a vingt lieues de Chastellerauld, et, parce que ne sommes payés, tous les gendarmes sont en leurs maisons ; et au contraire, Madame, le presche est à Chastellerauld. Madame, je supplie très humblement Votre Majesté de considérer que, si ne voullez croyre que ceulx à qui vous donnez la charge dans le pays congnoissent les humeurs des officiers d'ou ilz se tiennent, et cella les contrainct quelquefois, pour ne se pouvoir fier entre tous, de recourre au remède que j'ay faict, et, si Votre Majesté ne prend cella en bonne part, elle nous apprendra à laisser courir les choses par l'ordre dont les actions du passé vous font congnoistre s'il sera bon ou non.

Madame, je prie Dieu..... Faict à Précigny ce xxe aougst 1563.

Votre très humble... MONTPEZAT.

63. — 3 novembre 1563. — Lettre de MM. de Bourgneuf et de Masparault au chancelier. (Fonds fr. 15878, f° 239.)

A Monseigneur le Chancellier.

Monseigneur, Nous avons receu par le contrerolleur général des finances en Poictou les responses qu'il a pleu au Roy faire sur les articles que mons^r du Lude et nous avions envoyés par devers Sa Majesté, qui contiennent ample déclaration de tous les doubtes ausquels nous estions, ce que peu à peu avecq l'ayde des forces que le Roy baille à mons^r du Lude et par quelques autres moyens que vous ferons bientost entendre nous espérons entiérement exécuter et régler si bien tout le pays que les édicts y seront gardez et entretenuz. Pour commencer à y procéder, mons^r du Lude et nous devons aller à la Saint Martin prochaine à Poictiers pour recevoir les serments en la forme que le Roy nous a envoyée et après faire le semblable en tous les autres sièges du gouvernement de Poictou. Quant à la Xainctonge, il y a des gens principallement des habitans de St Jehan d'Angely, qui, pour couvrir les crimes dont ils sont accusés, se font faire des frayeurs et estonnemens pour faire entendre que les armes qu'ils ont pour empescher l'exécution de nos décrets, comme vous avons par cy devant escript, sont contre les entreprinses qu'ils disent que ceulx de la religion qu'on dict refformée veullent faire contre eulx, comme vous congnoistrez évidemment par ce que l'ung de nous a descouvert et vérifié avecq mons^r de Burie mesme.

Monseigneur... De Saint Maixant ce 3e jour de novembre 1563. De Bourgneuf. De Masparrault.

64. — Extrait d'un article du rôle du conseil du XXIII° jour de novembre 1563. (Fonds fr. 15878, f° 271.)

Le conseiller Masparault a esté oui sur le fait de sa commission de Poictou, Xainctonge et la Rochelle, a esté ordonné que Mallet substitut du procureur général du roy à Bourdeaulx soit adjourné à comparoir en personne ; et sera adverty mons^r de Fresnes d'escripre à mons^r du Lude qu'il ayt à prendre autres lieuxtenans au lieu des trois qu'il a commis en Poictou.

---

65. — 23 décembre 1563. — Instruction du roi à M. de Sanzay allant en Poitou, du 23 décembre 1563. (Fonds fr. 15878, f° 316.)

Les continuelles plainctes que le Roy a qu'en son pays de Poictou son édict n'est point observé pour les désobéissances qui s'y commectent par une infinité de personnes sont cause qu'il envoye là le s^r de Sanzay, gentilhomme de sa chambre, devers mons^r du Lude, son lieutenant au gouvernement de Poictou, pour sçavoir d'où proceddent telles désobéissances.

Lequel estant là fera entendre au dit conte du Lude comme Sa Majesté luy ayant par la dépesche que luy porta le contrerolleur général satisfaict à ce qu'il demandoit, a donné cent harquebuziers à cheval, laquelle force estoit jugé nécessaire pour l'establissement de la paix et le chastiment des mutins et désobéissans, il estimoit qu'avec cela, sa compaignie et les amis qu'il a par delà et aultres bons serviteurs de Sa dite Majesté, il eust continué pourveoyr à l'entière observation de l'édict, faisant procedder contre ceulx qui y contreviendroient ou par la justice ou par la force. Mais, à ce qu'il peult veoir, les choses sont aussi eslongnées de cela qu'elles estoient il y a deux moys.

Pour lequel effect le Roy veult et entend qu'il assemble les dits cent harquebusiers, sa compaignie et les aultres qui sont en son gouvernement qu'il a ordonné estre payés et qu'avec ceste force il courre sus à ceulx qui font violence à ses édicts, contre lesquels il fera procéder par les commissaires et, avec la force qu'il a, fera exécuter leurs ordonnances, sans plus icy renvoyer ni se remettre de Caïphe à Pilaste. Et, affin qu'il ayt plus de moyen de ce faire, le conseiller Masparault luy sera redespesché, bien instruit de ce qu'il aura à faire pour le du de sa charge.

Que le Roy ayant entendu ce qu'il luy mande de ceulx de Vérac, escript une lettre au s^r de Vérac et à l'abbé de Valence pour le venir trouver, durant l'absence desquels plus aysément les affaires se pourront accommoder.

De luy spécifier ce qu'il fault faire il est malaysé, sinon regarder tous les chefs contenus en l'édict et regarder de les faire observer l'ung apres l'aultre, sans en obmettre ung seul, comme de requérir les presches et les establir aux lieux ordonnés, remectre les gens d'église en leurs bénéfices et les y maintenir, leur faire payer ce qu'il leur appartient, contraindre d'en vuyder tous ceulx qui sont dedans, comme conserver tous les subjectz du Roy esgallement et sans se monstrer partial d'une part et d'aultre, faire raison à ung chacun, courre sus et poursuivre par mer et par terre tous volleurs, pillars et telle canaille qui ne servent que de assasiner et brigander et troubler le repos de tous les gens de bien, à quoy le Roy pense qu'il n'y a gens de bien d'une religion ou d'aultre qui ne tienne la main et ne s'amploient.

Ayant le dit s^r de Sanzay faict entendre tout ce que dessus au dit s^r c^{te} du Lude, il s'enquerra en quel estat sont toutes choses et, s'il est besoing, luy mesme ira devers ceulx de qui l'on se plaindra, leur disant comme le Roy l'a envoyé l'a expressément prié sçavoir à qui il tient que son édict n'est observé et dire quelle la désobéissance laquelle il est résolu de chastier et ne la laisser longuement impunie.

S'il y a quelque chose dont il se.... qu'il le luy dira ou si ne la veult entendre pour y pourveoir, n'ayant rien tant à cœur, que de bien traicter ses subjects lesquels aussi il veult se comporter comme bons et loyaulx subjectz... mesme plus délibéré à souffrir ce qui s'est faict par le passé, car, Dieu mercy, il a atteint l'age à lequel il peult librement amander. Il a la volonté de se faire obéir..... de qui que ce soit. Leur remonstrera qu'ils ont ung édict qui leur permet ce qu'ils ont demandé et que pour la nécessité du temps l'on leur a plus accordé qu'ilz s'en doibvent atendre, que le Roy veult que ce qu'il a promis leur soit entretenu, pourveu que par leurs maulvais déportemens et trop effrénée licence ilz ne le contraignent de les priver de la grâce qu'il leur a faicte.

Il sçaura et entendra ce qu'ils demandent, quelle raison ilz ont et s'enquerra d'où procedde le mal, dont il advertira Sa Majesté et mectra peine avant que partir de veoir si l'on............ que le Roy puisse.......

Et d'aultant que Sa Majesté a entendu que le dit comte du Lude a donné charge de..... à des personnes qui sont..... et merveilleusement haïs et qui, ou pour leur particulière passion, ou pour la haine que l'on leur porte, ne sçauroient rien apporter de bon à Sa Majesté..... elle veult qu'il les casse incontinent et en mette d'autres en leur place qui soient personnes paisibles et propres pour ne rien aigrir davantage.

Luy baillera la déclaration faite par le Roy sur l'édict de la pacification, afin qu'il la face publier par tout le gouvernement de Poictou à ce qu'elle soit inviolablement entretenue, car il en est besoing et que toutes les aultres qui concernent la religion n'ont..... et ceste cy seulle observée. Fait à Paris le xxiiie jour de décembre 1563.

---

66. — 25 avril 1564. — Lettres patentes du roi Charles IX mandant d'ajourner à son conseil privé le comte du Lude, gouverneur du

Poitou, pour voir déclarer nulle la saisie des abbayes de Valence, de Bonnevau et de la Réau, qu'il a fait opérer sur M⁰ˢ Ponthus de Saint-Georges, Guichard de Saint-Georges et François Authort. (Fonds fr. 15881, f° 125.)

Charles, par la grâce de Dieu, roy de France. Au premier nostre huissier ou sergent sur ce requis, salut. Maitres Ponthus de Sᵗ Georges, abbé de l'abbaye de Vallence[1], Guischard de Sᵗ Georges, abbé de Bonnevau et François Authort, abbé de la Réau, nous ont faict remonstrer qu'ils ont tousjours faict résidances continuelles, comme ils font encores en leurs abbayes et en icelles faict le debvoyr de leur charge. Néantmoings le sʳ du Lude, nostre lieutenant en Poictou, en absence de nostre très cher et très amé frère le prince de Navarre, le xxɪᵉ jour de mars dernier passé, décerna commission soubz son nom et tiltre par laquelle il ordonna que les abbayes des exposans et quelques autres seroyent saisies et les fruictz d'icelles régiz par commissaires, et pour scandaliser les exposans faict publier la dite commission par les carrefours de la ville de Poictiers à cry publicq et son de trompe, et icelle réallement faict exécuter, et establir commissaires au régime des fruictz des abbayes des exposans[2] lesquelz ont appellé et appellent par ces présentes de l'octroy de la dite commission, publication et exécution d'icelle comme décernée comme non ayant pouvoir, scandaleuse et injurieuse et autres tors et griefz, nous supplyant et requérant que nostre bon plaisir fust leur pourveoir. Nous, par l'advis de nostre conseil, te mandons et commectons par ces présentes que ledit sʳ du Lude, qui a décerné la dite commission,

---

1. Pontus de Saint-Georges, frère de Gabriel de Saint-Georges, sʳ de Vérac et de Couhé, appartenait à la religion protestante et avait été l'un des pillards de Poitiers en mai 1562.
2. M. du Lude déclara plus tard, le 11 juin 1564, qu'il avait saisi les abbayes de Valence, Bonnevau et la Réau parce que les titulaires, au lieu de faire continuer le culte catholique, y avaient établi le prêche protestant. (Voir *Arch. hist. du Poitou*, XII, 163, note.)

le sergent qui l'a publyée en la dicte ville de Poictiers et qui a procédé à l'exécution et à l'establissement des commissaires aux abbayes des exposans, tu adjournes à comparoir à certain et compétans jour par devant nous, en nostre privé conseil, pour venir veoir déclarer la dite commission nulle et abusive, casser et annuller, soubstenir et deffendre les tors et griefz. Et autrement ester pour raison de ce peuvent, ainsi qu'il appartiendra par raison, leur inthimant et à chacun d'eulx qu'ils soyent et comparent au dit jour en nostre conseil, s'ilz veoyent que bon soyt, et que ceste cause en matière d'appel leur touche et appartiennent en aucune manière, leur faisant expresses inhibitions et deffences, de par nous, sur certaines et grands peynes à nous à applicquer, que, pendant et durant la dite cause en matiere d'appel, contre ne au préjudice d'icelle ne des exposans, ilz n'attentent ne movent, facent ou souffrent de les attempter ou inover en aulcune maniere, ains, si aulcune chose estoyt faicte ou attentée au contraire, la cassent et mettent incontinant et sans délay au premier état et dheu. Et mandant au sénéchal de Poictou ou son lieutenant, premier des conseillers de la dite séneschaussée et siège présidial que, si appellé ceulx qu'il appartient, il lui appert sommairement et sans figures de procès que les dites abbayes ayent esté saysies sans nostre ordonnance ou de juge ayant pouvoir et que la dite saysie ayt esté décernée sans cause, en ce cas face aux exposans et chacun d'eulx plaine et entière levée des ditz fruictz et contraigne les commissaires establiz au régime et gouvernement d'iceulx en rendre compte et reliqua aux exposans et chacun d'eulx, et ce comme dépositaires de justice, et aultres voyes dhues et raisonnables, nonobstant oppositions et appellations quelzconques et sans préjudice d'icelles pour lesquelles ne voullons l'exécution de ces présentes estre différée ne retardée. Et néantmoings faictz exprès commandement, de par nous, au sergent qui a publyé la dite commission par les carrefours de la ville de Poictiers, bailler et délivrer aux exposans la coppie de ladite commission et de son procès verbal contenant la dite publication pour servir et valloyr aux exposans et s'en ayder, ainsi qu'il appartiendra ; et en cas de reffuz ou délay l'adjourne à comparoir au jour ou autre certain compétant en nostre dit privé conseil pour dire les causes de son reffuz ou délay et aultrement procéder comme de raison. Et pour ce que comme les exposans nous ont fait entendre qu'ilz n'ont cy davant trouvé ne trouve aulcun sergent qui veuille signiffier noz lettres patentes ne faire aulcuns exploitz contre le dit s^r du Lude et autres personnes du pays, nous mandons au dit sénéchal ou son dit lieutenaut contraindre les sergens de la dite séneschaussée signiffier de par nous au dit s^r du Lude ces dites présentes et faire les adjournemens et autres choses y contenues, par suspention et privation de leurs offices et aultres voyes dhues et raisonnables, nonobstant comme dessus, inhibant et deffendant au dit s^r du Lude et tous autres ne donner ne faire donner aulcun empeschement ne desplaisir aux sergens qui feront les dites significations, exploitz et exécutions, à peine d'en répondre en leur propre et privé nom. De ce faire avons au dit sénéchal ou son dit lieutenant, conseilliers, huissiers ou sergens donné et donnons plain pouvoir, puissance, auctorité, commission et mandement spécial par ces présentes, car tel est nostre plaisir, nonobstant quelzconques ordonnances, restrinctions, mandement, deffences et lettres à ce contraires ; mandons et commandons à tous nos justiciers, officiers et subjectz que à toy en ce faisant, sans pour ce demander *pareatis*, obéissent et entendent diligemment, prestent et donnent conseil, confort et ayde, provision et main forte se mestier est et requis en sont. Donné à Chaslons le xxve jour d'apvril l'an de grace mil v^c LXIIII et de nostre règne le quatriesme. Ainsi signé : de Lomenie, et scellé de cire jaulne.

Le jeudy xxv⁰ jour de may l'an mil v⁰ LXIIII, à la requeste de nobles hommes Mᵉˢ Ponthus de Sᵗ Georges abbé de Valence, Guischard de Sᵗ Georges abbé de Bonnevau et François Authort abbé de la Réau, les lettres patentes contenant relief d'appel dont la coppie est cy dessus escripte, esté signifiées à noble homme maistre Jehan Palustre advocat pour le Roy en Poictou, parlant à sa personne au pallays, à Poictiers, à telle fin que de raison, et lui ay oultre à la dite requeste baillé adjournement et assignation à comparoir par davant monsieur le sénechal de Poictou ou monsieur son lieutenant, à sa cour et siége ordinaire au dit pallays à Poictiers, à demain heure de none, pour déclarer s'il veult et entend soubstenir la saisye des dites abbayes de Vallence, Bonnevau et la Réau et empescher la main levée d'icelle et dire oultre contre les dites lettres ce que bon luy semblera. Faict par moy Hillaire Raymond sergent royal ordinaire en Poictou, présens Mᵉˢ René Carré et Françoys Vincent procureurs au dit Poictiers, les jours et an que dessus. Ainsi signé : Raymond.

---

67. — 1ᵉʳ juin 1565. — Lettre de M. de Montpezat à la reine. (F. fr. 15881, f° 152.)

Madame, Estant venu en ceste ville pour faire la montre de ma compagnie, j'ay sceu que plusieurs passans portent pistolets contre l'ordonnance du Roy, et m'enquérant aus aultres officiers du Roy pourquoy ils ne les faisoient arester et chastier, disent qu'ils n'en sont advertis à l'heure du passage, qu'ils n'ont personne pour mettre en garde aus portes et peu à tenir escorte s'il en failloit ; cella m'a faict faire une ordonnance pour contraindre les hostes d'en advertir à temps les dits officiers ou de payer pour chàscune foys cinquante frans d'amende et tenir prison jusques à parfaict paiement. Madame, j'ay sceu aussi que plusieurs estrangiers de ceste sénéchaucée y viennent batizer leurs enfans aus ministres et faire leurs cènes et grandes assemblées, chose contre les éditz du Roy, qui m'a faict faire venir les ministres à mon logis et leur remonstrer qu'ilz fussent plus soigneus à observer les édits de Sa Majesté, mesmement ou administrer les sacremens que à ceux de ce ressort. Ilz m'ont asseuré que le plus grand désir qu'ilz aient est d'estre très humbles observateurs des éditz du Roy, rendre toute obéissance aus magistras de Sa Majesté, mais que de faire difficulté de bailler les sacremens à personne, de quelque lieu qu'il fust, que leur conscience leur jugeoit de ne le pouvoir faire et aus choses de la conscience qu'ilz vouloient plus tost obéir à Dieu que aus hommes. Je leur ay remonstré ce que j'ai peu de leur devoir, la charge que ont les commissaires que Sa Majesté a envoyés en Xaintonge et en Périguord contre ceux qui auront faict le semblable, sur quoy je les ai trouvés en leur premier propos et opinion qui m'a faict leur dire que je les trouvois mal conseillés et qu'ils y pensassent d'icy à demain, que je leur montreray les édits, leur aiant bien asseuré que si après ils ne les observent que je les sçauray bien chastier. Monsr des Bordes est passé allant trouver la Majesté du Roy, qui y a esté présent et vous pourra dire leurs fassons. Vous suppliant très humblement me commander, s'ilz outrepassent les éditz, si je les doy chastier et de quelle punition, par ce que les éditz ne disent que aus penes indictes, sans en déclérer aucune, ou si sera assez de les menasser, attendant que la Majesté du Roy et vôtre soiez par decza, ausquelles je désire que Dieu me fasse la grâce de faire très humble service. J'ay voulu sçavoir des ditz ministres s'ilz avoient occasion de se douloir de quelques ungs et que je leur ferois raison; ilz m'ont faict quelques plaintes, mais quant je leur ay demandé leur dire par escript, siné et tesmoins, ilz m'ont dict que pour l'honneur de Dieu ilz pardonnoient tout, qui me fait croire que leur plainte estoit mal fondée, la principale est d'ung mari et une femme l'ung catolique et l'autre huguenot aiant ung fils, le huguenot le porte au ministre, estant de retour le catolique le porte au curé, le fait rebatizer, ilz se deulent de quoy il est rebatizé, demandent entre gens mariés de diverses religions qui doit estre creu pour les enfans conduire, le mari ou la femme, et tout cecy entre paisans de village. Il y a quelques bruitz que on faict courir parmy les sugetz du Roy à cachetes qu'ilz semble soit pour en esmouvoir aucuns ; je suis après pour essayer d'en tirer quelque tesmoignage ; si je le sais, Votre Majesté en sera incontinent advertie. J'ay écript à mons^r le conte de Villars ce que j'en ay aprins sur ouy dire.

Madame, je prie Dieu qu'il vous doint en très bonne santé très heureuse et très longue vie. Faict à Chatelerault le premier de juin 1565.

Votre très humble et très obéissant sujet et serviteur.
MONTPEZAT.

---

68. — 15 juillet 1565. — Lettre du roi à M. du Lude. (F. fr. 15881. f° 194.)

Monsr du Lude, Ce porteur mon vallet de chambre vous dira le lieu de là où il vient, ce qu'il y a faict et la charge qu'il a de vous aller trouver afin que vous ne faciez incontinent faulte d'assembler une bonne trouppe tant de votre compaignie que d'aultre noblesse en qui vous fierez pour aller au lieu là où il vous dira pour recevoir le s^r de Chastellier Portault que je y ay faict arrester prisonnier, afin de le faire conduire si seurement en ma ville de Poictiers et là le mettre en tel lieu de seureté qu'il n'en puisse arriver inconvénient, car vous ne doubtez point combien il est porté et qu'il n'y auroit pas faulte de gens qui seroient bien aise, s'il estoit mal accompaigné, de le recourre ou lui donner moyen de se saulver, et vous n'ignorez point aussy combien il importe pour mon service qu'il se face ung exemple d'ung meurtre si malheureusement commis, si près de ma personne[1]. En cela je vous prie vous conduire discrétement affin que vous soyez plus tost là où vous vouldray aller que non en ayt advis, affin que cela ne mecte le monde en alarme que voyez estre assez prompt de la prandre sans grande occasion. Bien sera il bon que, quant vous vouldrez partir, vous envoyer quelqu'un devers la dame de Siron le s^r de Soubize là où il sera pour luy faire entendre que vous allez là par mon commandement pour ceste occasion, affin que vous estant là il ne face difficulté de le vous consigner incontinant entre les mains, et, s'il en faisoit difficulté, vous luy monstrerez la présente laquelle veue je m'asseure qu'il ne fera faulte d'y satisfaire ; et de ce que vous en aurez faict ne faillez de m'en donner en toute diligence advis, afin que je vous advertisse incontinant de ce que je vouldroy qu'on en face, qui est tout ce que je vous diray, priant Dieu, Monsieur du Lude.....

---

69. — 22 septembre 1567. — Ordonnance de la cour des Grands-Jours de Poitiers. (*Les Grands-Jours de Poitou*, par H. Imbert, 1878, p. 76.)

22 septembre. Sur ce que Dufour, pour le procureur général du roy, a remonstré à la cour des Grands-Jours séant à Poictiers que, ce matin, un des secrétaires du sgr conte de Lude gouverneur pour le roy au pays de Poictou, luy a apporté ung lectre missive soubzcripte

---

1. Le s^r du Chatellier-Portau avait tué Charry, maître de camp de la garde du roi. (*Arch. hist. du Poitou*, XII, 122 note.)

Michel Brochard [1], procureur en ceste ville de Poictiers, en date du 9ᵉ de ce moys, adressant à ung nommé Brochard, recepveur des tailles à Chastellerault [2], et que la dicte lectre contenoit, entre aultres choses, que les ennemys faisoyent du pis qu'ilz pouvoyent, à laquelle lectre estoit attaché un petit billet, auquel plusieurs personnes, que l'on dict estre de la relligion prétendue réformée, estoient taxez pour payer quelques deniers, et parce que telles lectres et billets importoyent contre le repoz public, auroict requis en estre informé, tant en ceste ville que à Chastellerault, et les papiers concernans les dictes lectres et billets qui se trouveroient ès maison du dit Brochard et aultres estre saisiz et mis par inventaire, et que ceulx qui s'en trouveroient saisiz fussent arrestez pour estre contre eulx proceddé comme de raison.

A esté mandé René Rousseau secrétaire du dit sgr conte du Lude, qui auroict apporté les dites lectre et billet. Oyz aulcuns des officiers de ceste ville de Poictiers pour ce mandez en la dite cour, sur la recongnoissance de l'escripture des dites lectre et billet, les partyes retirées, la matière mise en délibération ;

La dite court a ordonné et ordonne que le dit Mᵉ Michel Brochard sera prins au corps et amené prisonnier ès prisons de la consiergerye du pallais à Poictiers, pour ester à droict, et que Mᵉ Gabriel Myron, conseiller en la dite court, appellé avec Mᵉ Jacques Leberruyer, se transportera au logis du dit Brochard, pour seeller, veoir et visiter ses pappiers, et saisir et faire inventaire de ce qu'ils trouveront appartenir et concerner la dite lectre ; et en-

---

1. Ce Michel Brochard avait été compris naguère dans l'ordonnance de prise de corps décernée le 8 août 1562 par le maréchal de Saint-André. (Voir plus haut.)
2. Pierre Brochard, sʳ du Petit-Marigny, receveur des tailles à Châtellerault dès 1565. (*Dict. hist. des familles du Poitou*, 2ᵉ édit., t. II, 8.)

joinct la dite court au lieutenant de Chastellerault de se transporter présentement à Chastellerault et informer du contenu en la dicte lectre et billet, et, si aulcuns s'en trouvent chargez, se saisir de leurs personnes et les interroger, faire seeller en leurs maisons et faire inventaire des pappiers qui concernent la dicte lettre, si aulcuns s'en trouvent ;

La court ordonne que Habert, clerc au greffe criminel d'ycelle et Nicolas Cordelle huissier en la dite court, se transporteront au dit lieu de Chastellerault, pour escripre et faire les commandemens nécessaires pour l'exécution de ce présent arrest.

---

70. — 28 septembre 1567. — Lettre de la reine Catherine de Médicis à M. du Lude. (Coll. d'autographes de M Cesbron.)

Mon cousin, Je ne puis rien adjouster à la lettre que le Roy, monsieur mon fils, vous escript présentement [1], si n'est que vous jugerez assez en quels termes nous sommes et combien il est besoing que vous ayez l'euil ouvert à la conservation de ce dont vous avez la charge, ne s'estant pas commencé ce jeu là, sans que ceulx qui l'entreprennent ayent beaucoup d'intelligences partout, et mesmes de votre costé. A quoy je vous prie bien fort prendre garde de bien près, n'y allant de rien moings que de la perte de cet estat et du danger de nos vyes. En congnoissant de quelle affection, vous vous employerez à rompre tels et si malheureux desseings, je ne vous en diray rien davantage, priant Dieu, mon cousin, vous donner ce que plus désirez. Escript à Meaulx le vingt huitiesme jour de septembre

---

1. Voir cette lettre dans le tome XII des *Arch. hist. du Poitou*, p. 175.

1567. Signé : Votre bonne cousine, CATERINE. Et plus bas : GATHET.

Au dos est écrit : A mon cousin le conte du Lude, chevalier de l'ordre du Roy, Monsieur mon fils, et son lieutenant général en Poictou.

---

71. — 4 octobre 1567. — Ordonnance de la cour des Grands-Jours de Poitiers. (*Les Grands-Jours de Poitou*, par H. Imbert, 1878, p. 88.)

4 octobre. Sur ce qu'il a esté proposé à la court pour la tuition et défense de la ville de Poictiers et obvyer aux entreprinses que pourroient faire les sédicieulx qui se sont eslevez en ce royaulme, qu'il sera faict levée par commission du sgr conte du Lude, gouverneur, de troys cens hommes de pied, soubz la conduicte de troys cappitaines, par luy nommez et choisiz, avec six cens hommes voluntaires des habitans de ceste ville qui seroient enrollez soubz la charge et conduicte des dits troys cappitaines, qui seront par ce moyen troys enseignes complectes et fournyes de troys cens hommes pour chascune enseigne ; d'aultant que, pour la soulde des dits troys cens hommes de guerre, il est requis et nécessaire trouver deniers ; oy sur ce le procureur général du roy et la matière mise en délibération ;

La dite court a ordonné et ordonne que la somme de 4,000 livres tournois sera prinse des deniers qui sont en mains du recepveur de la royne douairière d'Escosse et mise ès mains du recepveur des deniers communs de la dite ville de Poictiers, pour estre employez tant au paiement de la soulde des dits troys cens hommes de guerre que aultres frays qu'il conviendra faire, durant ce présent moys, pour ayder à la garde de la ville ; de laquelle somme de 4,000 livres tournois les maire, esche-

vins et gouverneur de ceste dite ville de Poictiers feront leur debte et en passeront obligation au dit receveur de la dite royne douairière d'ycelle somme luy rendre et payer ; et afin de donner moyen aus dits maire et eschevins de ceste dite ville de rembourser la dite somme plustost que faire se pourra, la dite court leur à permis et permect lever sur les habitans de ceste dite ville, de quelque estat et quallité qu'ils soyent, et sans excepter privilegiez et non privillegiez, la dite somme de 4,000 livres tournois par forme de taille, ainsy qu'il est accoustumé en semblables faictz, et, pour faire le département, eulx assembler, commectre et députer telles personnes qu'ilz verront estre à faire ; à la charge que la dite somme sera distribuée et employée par les ordonnances des dits maire et eschevins à l'effect que dessus, suyvant lesquelles ordonnances le dit recepveur à ce député et commis, en fera les payemens et en sera tenu quicte et deschargé, rapportant les dites ordonnances et quictances des partyes.
BAILLET. DUDRAC.

---

72. — 7 octobre 1567. — Lettre de M. du Lude à M de la Trémoille. (*Lettres missives du* XVI*e siècle*, par M. Marchegay, d'après les archives de M. le duc de la Trémoille.)

Monsieur, A soir retourna en ce lieu ung gentilhomme que j'avoie envoyé à la cour, qui m'a rapporté l'intention du roy estre que l'on courre sus à tous ceulx qui ont prins les armes, et où ilz seront rencontrez qu'on les taille en pièces comme à ennemys de sa couronne ; et au contrere à ceulx qui sont demeurez en leurs maisons, y vivans patiamment et sans leur esmouvoir, encores qu'ilz soient de la religion réformée, qu'on les traicte de toutes les gracieusetés qu'on pourra. De quoy je vous ay bien voulu advertir, et aussi comme leurs trouppes se renforcent de jour en jour à Lezignen[1] et autour, n'ayant au vray sceu ce qu'ilz ont délibéré ni desseigné. Qui est tout ce que vous en puys dire pour cest heure, sinon me recommander bien humblement à voz bonnes grâces et suppliant Dieu vous donner, Monsieur, en bonne santé longue vie.

De Poictiers ce VII octobre 1567.

Vostre humble et obéissant cousin. GUY DE DAILLON.

---

73. — 8 octobre 1567. — Ordonnance de la cour des Grands-Jours de Poitiers. (*Les Grands-Jours de Poitou*, par H. Imbert, 1878, p. 95.)

8 octobre. Sur la remonstrance faicte à la court des Grands-Jours séant à Poictiers, par le sgr conte du Lude, pour le service des deniers appartenans au Roy, actendu les esmotions et troubles estans de présent en ce royaulme;

A ordonné et ordonne que les recepveurs et commis à la recepte des deniers appartenans au Roy, soyt des tailles, aydes, deniers ecclésiastiques et aultres, seront portés en une chambre commode du chasteau de ceste ville de Poictiers, chascun ung coffre duquel ilz auront la clef, et aura l'un d'eux la clef de la dite chambre, en chascun desquelz coffres ils mectront les deniers de leurs charges qu'ilz ont de présent et ceulx qu'ils recepvront par cy-après, durant les troubles qui sont en ce royaulme; a enjoinct et enjoinct la dite court ausdits recepveurs, d'obéyr incontinant à ceste présente ordonnance, sur telles peines que de raison. BAILLET. MYRON.

---

1. Lusignan avait été pris sans résistance sur François du Fou, sr du Vigean, son gouverneur, par une armée protestante venant du Limousin et qui allait rejoindre celle du prince de Condé, du côté de Paris. (*La vraie et entière histoire des troubles*, par La Popelinière, Basle, 1572, liv. III, p. 86.)

74. — 24 octobre 1567. — Ordonnance de M. du Lude. — De par le Roy et monseigneur le conte du Lude chevallier de l'ordre dudict seigneur, gouverneur et lieutenant général pour Sa Majesté en Poictou il est ordonné que toutes personnes obéiront au contenu en ceste présente sur peine d'estre penduz et étranglez et porteront croix blanche en la forme y contenue.

A Poictiers par Bertrand Noscereau, imprimeur ordinaire de la dicte ville. M. D. LXVII,

Par commandement.

De par le Roy et monseigneur le conte du Lude chevallier de l'ordre du dict seigneur, gouverneur et lieutenant général pour Sa Majesté en Poictou.

Il est ordonné et commandé aux quarteniers de ceste ville, bailler par escript chacun jour au matin entre les mains de celluy qui est constitué pour ouvrir les portes de la ville ainsi qu'il les vouldra ouvrir et auparavant les avoir ouvertes, les noms de tous ceulx qui seront constituez pour la garde du jour, et au soir ainsi et auparavant que l'on fermèra les dictes portes, tous les noms de ceulx qui seront constituez pour la garde de la nuict, et est inhibé et deffendu à toutes personnes de quelque qualité et condition qu'ilz soient constituez en garde soit de jour ou de nuict en déplacer sur peine d'estre pendu et estranglé ; est aussi enjoinct ausdicts quarteniers leur informer de leurs centeniers, cinquanteniers et dixainiers, de ceulx qui auront defailly et bailler par escript leurs noms à celluy qui est constitué pour ouvrir les dictes portes, sçavoir ceulx qui auront deffailly la nuict à l'ouverture des dictes portes et ceulx qui auront deffailly le jour lors et ainsi que l'on fermera icelles portes, ausquels centeniers, cinquanteniers et dixainiers est commandé sur les peynes que dessus, ne faire faulte aux heures susdictes porter par escript à leurs dictz quarteniers les noms des dictz deffaillans ; aussi est commandé à tous indifféremment de quelque qualité qu'ilz soyent estans en volonté de faire service au roy contre tous ceulx qui se sont eslevez et prins les armes contre Sa Majesté, porter à leurs chappeaulx, bonnetz ou devant l'estoumac une croix blanche sur peyne à ceulx qui ne le vouldront faire ou en seront dédaignans de vuyder la ville avec pugnition corporelle; et d'aultant que le dict seigneur est adverty qu'aulcuns de ceste dicte ville qui s'en estoient absentez pour suyvre les bandes allans contre le Roy, se seroient retirez au moyen de la publication qui a esté faicte des lettres patentes contenant abolition du mesfaict et déclaration n'en estre jamais recherchez, est ordonné et commandé à tous ceulx qui soubz ceste occasion se sont retirez en ceste dicte ville ayent à se présenter dans demain midy par devant le seneschal de Poictou ou son lieutenant à Poictiers pour enregistrer les noms, qualitez et demourances, affin d'estre asseurez de leurs personnes recongneuz et traictez comme les aultres subjectz de Sa Majesté, scelon l'intention d'icelle, et à faulte qu'ilz feront de ce faire et le dit jour et heure passez où ilz y seront trouvez seront penduz et estranglez.

Faict à Poictiers le vingt quatriesme jour d'octobre mil cinq cens soixante sept.

Ainsi signé : GUY DE DAILLON.

Le vingt quatriesme jour d'octobre mil cinq cens soixante sept, certiffie avoir publié à son de trompe et cry publicq tant en la salle du palays royal de Poictiers, que ès places et quantons acoutumez à faire criz en ceste ville de Poictiers l'ordonnance cy dessus incérée, estant avecques moy Richard Vermeillon trompette de ceste ville de Poictiers, par moy Henry Robellay sergent royal ordinaire en Poictou et siège présidial. A Poictiers les jour et an susdict.
H. ROBELLAY.

75. — 27 octobre 1567. — Ordonnance de la cour des Grand-Jours de Poitiers. (*Les Grands-Jours de Poitou*, par H. Imbert, 1878, p. 114, 115.)

27 octobre. La court, en délibérant avec le conte du Lude, lieutenant pour le gouvernement de Poictou, en l'absence du prince de Navarre et séneschal du pays..... sur l'estat et seureté de la ville de Saulmur, pour aulcunes bonnes et justes causes... la mouvans, a ordonné et ordonne que M° Bourneau, lieutenant au dit Saulmur, sera mandé par le dit conte du Lude et arresté au chasteau de Poictiers, pour y demeurer jusques à ce que aultrement par le Roy aict esté ordonné, et où il ne vouldroit obéyr et venir par devers le conte du Lude, le dit conte le fera prendre et amener au dit chasteau de Poictiers. BAILLET. BRIÇONNET.

---

76. — 27 octobre 1567. — Ordonnance de la cour des Grands-Jours de Poitiers. (*Les Grands-Jours de Poitou*, par H. Imbert, 1878, p. 116.)

27 octobre. Sur les remonstrances envoyées à la court par le conte du Lude, lieutenant pour le roy, des troubles qui se préparent à Fontenay-le-Conte...,

La dite court a ordonné et ordonne que le dit s^r conte du Lude pourveoira à la seureté de la dite ville et aultres de son gouvernement et envoira en chascune d'icelles des gentilzhommes, chefz pour commander ès dites villes et les faire seurement garder en la subjection et obéïssance du Roy, et, pour ce faire, lever gens qui seront soldoyés aux despens des dites villes et villaiges circonvoisins, et, pour ce faire, feront assiette et collecte des deniers jusques à telle somme qui sera nécessaire pour la tuition, garde et défense des dites villes, et fera oster les armes à tous ceulx de la relligion prétendue réformée et porter en lieu seur ou pour s'en aider, ainsi que cellui ou ceulx qui seront commis ès dites villes..... estre à faire pour le service du Roy et..... se trouvast aulcunes personnes... de faire quelques esmotions ès dites villes, a permis et permect de les faire prendre et constituer prisonniers, et les chasser d'icelles villes, ainsi qu'il verra pour le mieulx, le tout par provision et jusques à ce que aultrement par le Roy en aict esté ordonné. BAILLET. BRIÇONNET.

77. — 6 novembre 1567. — Ordonnance du comte du Lude. (Plaquette imprimée à Poitiers, chez Noscereau en 1567. Coll. de M. Alfred Richard.)

De par le Roy et monseigneur le conte du Lude, chevalier de l'ordre, gouverneur et lieutenant général pour Sa Majesté, en ses pays et conté de Poictou. Il est permis à tous gentils-hommes, justiciers et autres exécuter le contenu en ces présentes.

De par le Roy,

Guy de Daillon conte du Lude, chevalier de l'ordre du Roy, gouverneur et lieutenant général pour Sa Majesté en ses pays et conté de Poictou, cappitaine de cinquante hommes d'armes des ordonnances du dict seigneur et séneschal d'Anjou. A tous ceux qui ces présentes verront, salut.

Comme le Roy tant par ces patentes que lettres closes publiées par ce dict pays de Poictou, usant de sa bénignité et clémence vers ses subjectz, les a par diverses foys admonestez, exhortez, enjoinct et commandé s'employer de leurs forces et biens, de le servir aux affaires et nécessitez qui se sont présentées; et parce que aucuns s'estoyent laissez précipiter par persuasion et soubz faulce cause, tellement qu'ils s'estoyent eslevez en troupes en plusieurs endroictz, avoit néantmoins voulu mettre en oubly telles faultes pourveu qu'ils se retirassent des dites troupes avecques protestation, promesse et serment faict par devant le lieutement de la province de s'employer au service de Sa dicte Majesté dès lors en l'advenir : à quoy nul d'eulx quoy que soyt bien peu n'auroyent obéy, ains au contraire continuant leur mauvaise entreprinse, auroyent saccagé, pillé, proditoyrement meurdry et tué inhumainement plusieurs personnes, tant marchans, personnes ecclésiastiques, que autres, avecques infiniz exécrables maux, brulans et embrasans maisons, églises, portes des villes, de telle sorte que nul n'a sceu par quelque temps se dire lieu de seur accès ; et, pour continuer ces misérables et damnées exécutions, s'estans leur trouppe retirez de ce dict pays, se trouvent aucuns de leurs factions et intelligences qui se préparent et proposent tenir lieux et places fortes et là faire retraite pour plus facilement courir et gaster le pays, retirer leurs complices et resserrer leurs pillages et biens du pauvre peuple. A quoy pour le service du Roy, repos du publicq, avons résolu pourveoir en toute diligence et en ce faisant rompre toutes les forces des chasteaux, tours et places qui se trouveroyent estre de la dicte conspiration, les dévestir, désarmer et tellement ouvrir de toutes partz que nul puisse, tel qu'il soit, y prendre ne faire retraicte, qui ne pourra se exécuter sans mener et conduyre avec nous partie des forces qu'il a pleu au Roy nous ordonner pour la garde de son dict pays qui sera tousjours, à nostre grand regret, avecques plus grand foulle du pauvre peuple. Toutesfois estant plus nécessaire pâtir et supporter quelque oppression pour une fois que perpétuellement laisser le dict peuple suject à telles volleries, pilleries et saccagemens, seront nos dictes délibérations en ce regard exécutées sans plus différer ne dissimuler, sinon que par les gens des lieux où seroyent les dictes retraictes, manans et habitans d'iceux soit donné opposition ou empeschement à telles entreprinses, rompant par eulx ou empeschans les fortifications et assemblées qui s'y pourroyent faire contre la volonté du Roy.

A ces causes, nous mandons, enjoygnons et commandons de par le Roy et Sa dicte Majesté, et sur peyne d'estre déclairez désobéissans à icelle, fauteurs et deffenseurs des dictz perturbateurs et séditieux, pugniz de mesme peyne qu'eulx, à tous les juges et officiers où se feroyent les dictes forces, retraicte et assemblée d'hommes oultre leur train ordinaire, de faire assavoir à son de trompe et cry publicq et particulièrement aux chef et principaulx des dictz lieux la teneur de ces présentes et faire par eulx rompre et empescher leurs dictes fortifications et assemblées qui se feroient plus grande qu'ils n'avoyent cy devant accoustumé et d'autres que leurs serviteurs et domestiques ordinaires, leur dénier, vivres, logis et commoditez, plus tost souffrir perte de leurs biens par violence que leur en distribuer volontairement, eux assembler pour les rompre et dissiper avecques les bons et notables gentilzhommes du pays et autres qui seroyent sur les dictz lieux, ausquelz mandons et donnons exprès pouvoir et mandement de s'y employer en leur pouvoir et à ceste fin faire tel amaz et assemblée qu'ilz verront estre nécessaire, autrement et à faulte de ce, sera, comme dict est, par nous conduict, mené ou envoyé telles forces ès dictz lieux pour rompre les dictz malheureux desseings que la furie et abordée d'iceux ne pourra rapporter que une grande et misérable perte des lieux où les faultes seront commises, sans la rigoureuse pugnition qui s'en suyvra à l'encontre de ceux qui auront favorisé, soustenu et aydé les dictz perturbateurs. Enjoygnons néantmoins aus dictz juges maintenir, favoriser, entretenir et garder les autres bons et loyaux subjectz et serviteurs de la dicte Majesté en ce qu'il luy a pleu leur accorder et octroyer par ces dictes lettres et édictz, et iceux prendre et garder soubs sa protection, suyvant sa volonté, n'estans trouvez coulpables de telles faultes, ne favorisans à icelles.

Donné à Poictiers, le sixiesme jour de novembre, l'an mil cinq cens soixante sept. GUY DE DAILLON.

Le jeudy treziesme jour de novembre l'an mil cinq cens soixante sept, par commandement de monseigneur le conte du Lude, gouverneur et lieutenant général pour le Roy nostre sire en ses pays et conté de Poictou, la commission de l'autre part contenue a esté leue et publiée à son de trompe et cry publicq par tous les cantons et places et endroictz accoustumez à faire cryz et publications en ceste ville de Poictiers, par moy Hylaire Raymond sergent ordinaire pour la Majesté du dict seigneur au dict pays, appellé avec moy François Pillet, Bastien du Vaucries et Richard Vermillon, trompette de la dicte ville, les jour et an susdictz. H. RAYMOND.

78. — 14 janvier 1568. — Commission du comte du Lude aux officiers de Thiffauges. (*Affiches du Poitou*, 1781, p. 181.)

Guy de Daillon comte du Lude, chevalier de l'ordre du Roi, gouverneur et lieutenant général pour Sa Majesté en ses pays et comté de Poitou, capitaine de cinquante hommes d'armes des ordonnances du dit seigneur et sénéchal d'Anjou, aux juges et officiers de Thiffauges, salut. Nous, en considération des frais et autres dépenses faites pour le service du roi par les manans et habitans de la paroisse des Herbiers et par aucunes autres raisonnables considérations que ne voulons pour bonne occasion autrement déclarer, avons iceux paroissiens déchargé et déchargeons, par ces présentes, pour l'avenir, de la taxe de la somme de trente livres tournois pour leur part de la soulde des gens de guerre étant au chateau du dit Thiffauges pour la garde d'icelui ; contribution du magasin pour les gens de guerre à cheval étant au dit lieu sous la garde du seigneur du Bois de Chollet,-à commencer le sixième jour du présent mois, à la charge que les dits habitans payeront ce qu'ils pouroient devoir du passé jusqu'au dit jour, ensemble tout ce à quoi ils ont été cottisés pour la munition du château du dit lieu, pour la nourriture des gens de guerre y étant en cas d'assiégement et au lieu de la dite paroisse des Herbiers que nous avons pour les causes susdites déchargé et déchargeons ; vous mandons cottisiez, asseyez et imposiez la dite somme de trente livres tournois sur les manans et habitans des paroisses de S¹ Michon de Montmarcus, et le Chastellier de la chatellenie de Chateaumur, et les contraindre au paiement d'icelle depuis le dit jour sixieme du dit présent mois à l'avenir, tant et si longuement que la nécessité le requerra, et pareillement la munition de foin, paille et aveine pour la munition et nourriture des chevaux des dits gens de guerre étant dans la dite ville sous la charge du dit seigneur du Bois de Chollet, en ce qui reste à payer seulement de la quotité en laquelle la dite paroisse des Herbiers auroit par vous été taxée, et le tout faites lever et au paiement contraignez les cottisés par les rigueurs portées par la commission qui vous en fut par nous expédiée dès le sixieme jour de décembre dernier passé ; de ce faire, en vertu du pouvoir à nous donné par le dit seigneur, vous avons donné et donnons puissance, pouvoir, autorité et commission et mandement spécial par ces présentes auxquelles avons fait mettre notre scel et signées de notre main. A Niort, le 14 janvier 1568. Signé, GUY DE DAILLON, et scellé de cire rouge ; par commandement de M. le comte, Rousseau et Bérelle, pour copie.

79. — 23 février 1568. — Lettre du comte du Lude au prince dauphin[1]. (Fonds français, 15544.)

Monsieur, Dès le cinquiesme de cestuy le Roy m'escript votre partement de Paris avec bonnes forces pour donner ordre aux affaires de votre gouvernement où ayant pourvu de nous secourir de desça ; cependant j'ay advisé vous en mander des nouvelles, et comme les Rocheloys se fortiffient d'hommes, munitions de guerre et remparent à toute oultrance délibérant tenir fort[2] ; j'ay envoyé vers M. de Montluc[3] pour sçavoir ses forces, quel nombre de pièces d'artyllerie il fait amener et quant il partira pour y venir ; j'en attends des nouvelles. M. de Ponts[4] est à Sainct Jehan d'Angely qui a avec lui deux compagnies de gens de pied, sa compagnie de cens ou deux cens harquebusiers à cheval. Quant à moy, j'ay de prest quatre compaignies de harquebuziers à cheval, quatre compagnies de gens de pied et ma compaygnie. Je faicts, oultre cela, lever sept compaignyes de gens de pied et deux compaignyes de chevaulx légers avec les arrier bans de ce pays. Leurs maistres m'escripvent que M. de Sanzay nous amenera celles d'Anjou, Touraine et autres dont il a charge ; je lui escript et prie m'en mander nouvelles. Cependant je faictz ce que je puys pour les empescher d'avoir des vivres et secours d'hommes ; il y a dix jours que j'en trouvay troys cens y allant que je deffis et en demeura sur la place de huict à neuf vingts[5] ; le reste

---

1. François de Bourbon, prince dauphin d'Auvergne, gouverneur de Normandie.
2. Voir sur la révolte de la Rochelle l'histoire de cette ville par le P. Arcère, I, p. 356 et s.
3. Montluc avait reçu l'ordre, au commencement de février, d'assiéger la Rochelle.
4. Antoine de Pons, s^r de Mirambeau.
5. Il s'agit là, sans doute, du combat du Poiré, près Fontenay, le 10 février 1568, dans lequel plusieurs chefs protestants allant à la Rochelle perdirent sept vingt hommes. (*Journal de Généroux, notaire à Parthenay*, publié par M. Ledain, p. 16.)

se saulverent dans les marayz. Depuis ils sont sortis quatre mil hommes de pied et quatre cens chevaux et sont entrez dans Lusson [1], où j'envoyai seulement troys cens chevaux que j'avoys qui deffirent à leur nez deux de leurs cornettes, sans qu'ilz ozassent décocher pour les secourir [2]. Si j'avoys ung peu plus de force je feroys au Roy de bons et grans services. Je vous supplie, Monsieur, si avez le moyen, de m'en secourir à tout le moings de deux ou troys compaignyes de cavallerye, afin que les puisse faire réserver et empescher qu'ilz n'entrent plus avant en compaignye. J'espère que vostre venue sera cause de hâter le siège, et qu'en viendront à bout, pourveu qu'il ne leur vienne d'ailleurs trop grand secours ; et où il passeroyt près de vous, je vous supplie, si ne les pouvez rompre, me le mander en dilligence afin que leur empesche le passage, s'il m'est possible. Ilz s'eslèvent en divers lieux de deçà et tout ce que je puys faire c'est de distribuer ce que j'ay de forces sà et là pour les rompre. Espérant, Monsieur, que me ferez cest honneur de me départir de vos nouvelles comme à celuy qui désire employer sa vie et moyens pour vostre service, je feray à la présente fin par mes très humbles recommandations à vostre bonne grâce, et supplie Dieu vous donner, Monsieur, en parfaite santé longue et heureuse vye. De Niort ce xxiiie jour de février 1568.

Votre humble serviteur. GUY DE DAILLON.

---

80. — 26 février 1568. — Lettre de François de Bourbon, prince

---

1. Le 18 février 1568, les protestants de la Rochelle prirent et saccagèrent Luçon. (*Chronique du Langon*, publiée par M. de la Fontenelle, p. 101-104.)
2. Il s'agit là du combat de Sainte-Gemme, près Luçon, donné le 20 février 1568, dans lequel une bande de protestants qui brûlaient l'église, perdirent 25 hommes. (*Journal de Généroux*, p. 17, 18.)

dauphin, au duc d'Anjou. (Orig., collect. de la maison Gabriel Charavay, catal. déc. 1895.)

Monseigneur, Ung peu après que j'euz dépesché de Chartres monsʳ de la Rivière avecques cinq compaignyes du régiment du cappitaine Thilladet pour se venir mectre en ceste ville, comme il feist par une dilligence incroiable, je me mis à le suyvre à mes journées en intention d'y envoier plus grand secours si j'entendois en estre nécessité. Toutesfois je sceuz à une journée près de ceste ville que noz ennemys s'estoient retirez de devant Montrichard après l'avoir tenu assiégé sept jours et perdu devant beaucoup d'hommes et qu'ilz avoient prins le chemin de Bloys et de là à Orléans. Cela m'a donné le loisir de m'arrester deux jours en ceste dite ville que j'ay emploié à pourveoir à la conservation de toutes les places qui sont demourées par deçà en l'obéissance du roy et les asseurer de quelque menée ou surprinse. Et pour aultant que j'ay quelque soupçon de la ville et chasteau de Saumur et que je craindrois y envoyant quelque ung que cela donnast occasion à ceulx qui y sont de faire une follye qui ne seroit pas aizée à réparer et que ceste place, pour petite qu'elle soit, est à l'occasion de son assiette et des troubles qui sont de présent en Poictou d'aussi grande importance que aultre de ce quartier, j'ay résolu de partir moy mesme dès demain pour y aller remédier et par mesme moyen donner si bon ordre au pont de Sey et à la ville d'Angers que tout s'en portera mieulx par cy après. Je ne failliray à vous tenir adverty de ce que j'y auray faict. S'il vous plaist aussy, vous me ferez tant de faveur de tenir la main à ce que les compaignyes de gens de cheval et de pied qui m'ont esté baillés puissent faire monstres et recevoir argent, affin que j'aye moyen de les mieulx policer et que elles ne soyent de foulle et descharge au pauvre peuple pour le bien et seureté duquel elles ont esté envoyées par deçà. Si je puys y faire quelque chose conforme à l'affection que je porte au très humble service de Leurs Majestez et de vous et dont vous puissiez recevoir contantement, je m'estimeray le plus heureux du monde. Pour le moings je ose bien vous asseurer que je en chercheray tous les moyens et avecques toute la dilligence qu'il me sera possible, comme au semblable je feray tousjours pour vous faire paroistre combien est et veulx demeurer

Vostre très humble et très obéissant serviteur. FRANÇOIS DE BOURBON.

De Tours ce xxvie jour de febvrier 1568.

---

81. — 10 mars 1568. — Certificat du comte du Lude en faveur de Baptiste Tiercelin, évêque de Luçon. (*Histoire du monastère et des évêques de Luçon*, par de La Fontenelle de Vaudoré, t. I, p. 288.)

Gui de Daillon, c^{te} du Lude... certifions que... au lieu de Luçon, sont puis un mois en çà entrés les ennemis du roi [1], sortis de la ville de la Rochelle, lesquels ont forcé les chanoines du dit lieu, prins aucuns prestres et chanoines et en auroyent pendu et estranglé l'ung et ung autre qu'ilz auroyent tué au lieu de Ste Gemme, distant du dit Luçon d'une lieue environ, courent le pays du dit Luçonnoys auquel ils auroient bruslé plusieurs esglises et monastères, comme ont fait leurs semblables par tout ce pays de Poitou; ils auroyent donné si grande crainte et fait telle peur au peuple et entre aultres aux gens d'église, que plusieurs d'iceux auroyent abandonné leurs maisons et biens, dont ce révérend messire Baptiste Tiercelin évesque et baron du dit Luçon et seigneur de la Roche du Maine, nous a

---

1. Luçon fut pris et saccagé par les protestants du 18 au 27 février 1568. (*Chronique du Langon*, p. 102-104.)

requis la présente certification. Faict à Niort le x° jour de mars 1568 [1].

---

82. — Vers juin 1568. — Lettre des protestants de Poitiers à la reine Catherine de Médicis (*Arch. hist. de la Saint. et de l'Aunis*, IV, 309, d'après les man. de la Bibl. de Saint-Pétersbourg.)

A la Reyne. Madame, vos humbles, obéissens et fidelles subjectz de la religion réformée de vostre ville de Poictiers, qui sont de sept à huit mille personnes pour le moins, et la plus grand part gens honorables de qualité et condiction, remontrent à V. M. que, suivant vos édictz de pacifficcation et de déclaration et interprétation sur iceluy, et les lettres patentes du roy par deux fois réhitérées et mandé tant aux commissaires qui pour lors estoient en Poictou que depuis à M. du Lude, gouverneur au dict païs, n'avoient esté pourveus de lieu commode pour l'exercice de leur religion, ains comme en dérision d'icelle et afin que les dicts supplyens n'ussent aulcun moien de s'asembler pour prier Dieu pour le roy et pour vous, les auroient envoiés à cinq grandes lieues du dict Poictiers, qui est Lusignen, siége royal, ressortissant nuement et sens moien en vostre court de Parlement à Paris, auquel dict lieu de Lusignen seroit du tout impossible aux dicts supplyens (composés d'infinies vieilles personnes décrépies, vallétudinaires, femmes grosses, petits enfans, povres artisans qui n'ont besoin de dépendre) y aller ; tent pour le denier du chemin par lequel convient passer ; lesquels des moynes

---

1. Quelques jours après, le 17 mars 1568, le roi manda au sr de Montluc de bien conduire son entreprise sur la Rochelle, que le capitaine Aspymon qui lui apportait ses lettres et mémoires a été fait prisonnier, mais qu'il a reçu celles qui lui avaient été envoyées par un paysan ; que les vaisseaux de Bordeaux sont envoyés pour servir à l'entreprise ; qu'on ne craint rien du côté de l'Angleterre ; qu'il a ordonné au sr de la Bourdaisière de lui fournir des munitions de guerre. (Fonds français 15545, p. 68.)

auroient couru sus et offensé passant par là plusieurs de nostre relligion, tellement que décret de prinse de corps auroit esté donné à l'encontre d'eux. Pour ces causes, Madame, et d'autant que les dicts supplyens ne pouroient vivre sens l'exercice de leur religion, et que les commissaires ni gouverneur ne les ont pourveus amiablement de lieu commode suivant vos édicts et lettres patentes, ont recours à vostre grande et infinie bonté, implorent et supplyent au nom de Dieu Votre Majesté qui en aient pitié d'eux et des povres personnes ci dessus spécifiées, qui tous désirent demourer en la perpétuelle obeyssence de la majesté du Roy et de la vostre. Et afin qu'ils soient contenus les ungs avec les aultres par la prédication de la parole de Dieu, il vous playse et de vostre grâce spéciale leur afiner ou faire afiner par vostre conseil quelque grange ou aultre place en la paroysse de Saint Sernin ou village de Mobernage-lès-Poictiers, ou en la paroisse de Biart ou de Bucerolles à une lieue du dict Poictiers ou environ, ou en quelque aultre village ou paroysse où les supplyens puissent commodément aller et venir en une matinée; et ils priront à jamais Dieu pour la prospérité du Roy et de la vostre [1]. Boyceau [2], pour les dicts supplyens.

---

83. — 26 juillet 1568. — Lettre du comte du Lude au roi. (*Arch. hist. de la Saintonge et de l'Aunis*, IV, p. 295, d'après les man. de la Bibl. de Saint-Pétersbourg.)

Sire, Depuys que les Rochelois ont sceu que Votre Majesté leur envoyoyt M^r le maréchal de Vieilleville pour leur

---

1. Voir dans les *Arch. hist. du Poitou*, t. XII, p. 197, 198, la lettre de la reine Catherine de Médicis à M. du Lude, du 5 juillet 1568, lui donnant sur ces remontrances sa réponse et ses instructions.
2. Jean Boiceau, seigneur de la Borderie, avocat et jurisconsulte au présidial de Poitiers.

faire entendre l'intention d'icelle et leur commander d'y obéir, le sieur de la Rochefoucauld y est entré, et ayant séjourné deux jours, s'en est retourné ; et y est demeuré le sieur de Saint Cyr [1] et Chatellier Portaulx, comme aura peu entendre Votre Majesté par Le Vau, eschevin de la dicte ville, qui m'a asseuré aller trouver Votre Majesté. Depuys, Rommegou, frère de feu Bourdet, a pris Taillebourg de nuit, par escallade, quy est ung chasteau fort où y a deux canons et trois à quatre pièces de campagne et aultres menues pièces, et ont pillé, saccaigé et thué tous les prestres qu'ils y ont trouvés ; ayant projecté mectre à leur dévotion la ville de Saint Jehan d'Angély, ce qu'ils eussent faict, ne fust l'ordre que M. de Tulles et moi avons mis de les en chasser; et affin que, suivant les instructions qu'il a pleu à Votre Majesté m'envoyer, je puisse courir sus à ceulx qui vouldroient ou me venir assaillir ou se mectre à la campagne pour les tailler en pièces, attendant du secours et plus grandes forces, j'ay mandé MM. de Lussac, Bateresse et aultres gentilshommes d'icy autour, catholiques et affectionnés serviteur à Vostre dicte Majesté, lesquels, je pence, seront icy dans peu de jours, où la trouvera M. le maréchal de Vieilleville, qui m'a escript qu'il y sera en brief pour adviser à tout ce qui sera nécessaire pour le bien de vostre service, attendant la venue duquel je luy ay supplié avancer, par une dépesche que luy ay faicte. J'ay advisé donner à Votre Majesté cest advertissement avec mon advis qui est, veu ce qu'ils font en Xaintonge, se saisissant des villes et chasteaux, se remuant et prenant les armes partout, d'y donner, plus tost que plus tard et sans trop temporizer, l'ordre qui y est nécessaire. Cependant je mecteray ensemble le plus grand nombre de forces qu'il me sera possible, tant des compaignies qui sont ordonnées tenir garnison en ce païs

---

1. Tanneguy du Bouchet, sr de Puygreffier, dit Saint-Cyr.

que des gentilshommes d'iceluy afectionnés au bien de vostre service, le nombre desquels je suis encore incertain que n'en puys asseurer Votre Majesté pour la satisfaire au commandement que j'en ay receu d'elle, ce que j'espère faire en brief, la supliant, etc... Nyort, 26 juillet 1568. Guy de Daillon.

---

84. — Août 1568. — Avis depuis le 4 jusqu'au 7 août, touchant les forces et munitions de guerre de ceux de la Rochelle et de leur parti, et des levées qui se font par ceux de la religion en Poitou, Saintonge et lieux circonvoisins. (Fonds français 15547, f° 372)[1].

Advertissementz depuis le 4e jusqu'au 7e jour d'aoust sur le faict de ceulx de la Rochelle, que le viii° dudit mois ceulx de la religion en Poictou et autres lieux circonvoisins se doivent assembler pour communiquer de la prinse et lévation des armes et adviser du mot et rendez-vous et le se faire sçavoir les uns aux autres.

Que le capitaine Forteau, puis quatre ou cinq jours, a été praticqué par monsieur de la Rochefoucaud pour y aller, ce qu'il a promis de faire et y mener (en oultre) trois compagnies de gens de pied qui doivent entrer par la chesne entre les deux grosses tours de ladite ville.

Que en ladite Rochelle les capitaines qui y estoient durant la guerre habitantz de la dite ville sont levez, assemblent et dressent leurs compaignies où y a grand nombre d'artisans extrangers et plusieurs autres ramassés qu'ilz ont fait puis naguères entrer secrètement en la dite ville.

Que l'on y fait recherche de toutes les armes des habitantz et nombre d'hommes qui sont en chacune maison.

---

1. Le nom de l'agent auteur de cet avis est demeuré inconnu.

Que le capitaine Campagnac[1] y a faict entrer deux charrettes chargées d'armes qu'il a robé des marchantz allantz à la foire de Fontenay le Comte. Qu'ils ont faict monter leur artillerie et feict mettre aux tours et sur les murailles et remparts de la dite ville.

Qu'ilz se munissent de vivres et en font magazins, avancent fort leurs ouvrages et fortifications lesquelles sont visitées souvent par le s^r de St Cire. Que l'on avoit cidevant avisé d'y lesser entrer monsieur le mareschal de Vieilleville avec sa maison seulement, mais à présent on a changé d'advis et résolu de ne luy lesser entrer aucunement. Et disent que, s'il y entroit, plusieurs gentilzhommes papistes le y pourroient aller voir avec leur suite, ensemble les catholicques et autres absentz de la dite ville qui sont en grand nombre s'y retireroient, et que par la venue de tant de gens leurs ennemis, ilz pourroient estre surprins, ou bien le lessant entrer avec sa maison seulement y auront toujours autant de gentilzhommes de la religion qu'ilz verront estre requis pour les empescher de surprinse. Que en tous cas leur intention est de se révolter et lever les armes sy on leur veult donner garnison, que toutesfois ilz attendent le commandement de monsieur le prince de Condé amplement que ce fere sinon qu'ilz y soient contrainctz par la présentation des dites garnizons. Que schachant l'approche de monsieur le maréchal, la noblesse de Poitou, Saintonge et des autres pays circonvoisins se saisira de tous les passages et advenues du gouvernement de la

---

1. Bernard de Gontaut-Saint-Geniès, s^r de Campagnac ou Champagnac, moine renégat, s'était déjà signalé par ses excès. Il avait pris part au pillage de Poitiers, où Sainte-Gemme l'avait introduit en mai 1562. Il faisait partie de l'armée protestante de la Rochefoucauld qui s'empara de Confolens, puis de Lusignan, vers la fin de septembre 1567. Il surprit le château de Parthenay vers la fin d'octobre 1567, grâce à la complicité de quelques traîtres. Il fut tué au siège de Saint-Michel-en-l'Herm, à la fin de décembre 1568. (*Histoire des troubles*, par la Popelinière. — *Journal de Généroux.* — *Histoire universelle*, par d'Aubigné, éd. de Ruble, II, 253, 254.)

Rochelle pour empescher l'entrée de monsieur le mareschal et de ses forces et garnisons si aucunes le suivoient pour aller ou s'approcher de la Rochelle.

Qu'ils disent n'avoir que ce mois d'aougt mauvais duquel l'hyver est prochain, et que l'hiver venu ilz ne craignent point les forces du Roy, pour le mauvais temps que l'hiver amenera, par lequel le canon ne pourra approcher pour les assiéger et qu'attendant l'hiver ilz tiendront bon, ayantz plus de vivres qu'il ne leur en fault pour le passer.

Que pour leur secours à lever le siège de devant la Rochelle sont prestes les forces d'Anjou, Touraine et basse Normandie dont le rendez vous est à la ville de Laval, et mesme sont prestes celles de Provence, Gascongne, Guienne, Saintonge et du hault Poitou dont le rendez-vous est à Verteil et ez environs.

Que monsieur de la Rochefoucault leur a promis tenir la campaigne avec grand nombre de chevaulx et huict ou dix mille hommes de pied sous la conduicte des capitaines Pilles et Perdillan pour empescher le dit siège et que toutes les dites forces sont prestes.

Qu'ils s'empareront des biens des absentz de la dite ville qui se disent bons serviteurs du Roy et qu'ilz en chastiront si bien ceux qu'ilz pourront appréhender qu'il ne sera jamais mémoire d'eulx, et pour donner couleur à ce faict disent que à Lymoges les catholicques ont tué grand nombre de ceulx de la religion et que les autres se sont absentés et que les catholicques se sont emparés de leurs biens.

Que en ayne de cela les ditz de la Rochelle ne veullent souffrir les Lymosins y traficquer et se saisissent de leurs marchandises, ce qui a esté dit à Nyort par un marchand lymosin venant de la Rochelle qui s'en est fuy d'effray le plus secrétement qu'il a peu pour sauver sa personne que l'on voloit arrester.

Qu'ils se sont fort estonnés et prennent garde de eux

plus que jamais depuis vendredy dernier qu'ils ont entendu que la compaignie de M. de Boisy venoit en garnison à Fontenay le Comte. Que aussy depuis qu'ilz ont été advertis de la défaite des gueux en Flandres et de celle de Coqueville en Picardie, reddition de Dourlan et Roussi le Chasteau, se sont semblablement fort faschés, que toutes fois ils disent estre bien forts tant d'armes que d'amis.

Que en la dite ville sont cinquante ou soixante de bonne volonté qui ont quelque moien de faire service au Roy, lesquelz sont persuadés et persuadent le peuple de recevoir les garnisons qu'il plaira à Sa dite Majesté y envoier, ce que le peuple suivra volontiers ; mais, à l'occasion que les forces et autorité sont entre les mains et puissance des séditieux, ne peuvent mettre leurs volontés à exéqution.

Plus, est bruict commun que les ditz de la Rochelle qui y tiennent à présent la mainforte ont délibéré avec la noblesse et autres leurs voisins de la quantonner comme Genève, et qu'à ceste fin les ministres s'y rendent en grand nombre et en déduisent les moiens par lesquelz, avec l'intelligence de ceux de la Guienne et autres leurs voisins, leur semble que la force du Roy ne les en sçauroit empescher.

---

85. — 16 novembre 1568. — Mandement du duc d'Anjou à Jean de la Haye, lieutenant général de la sénéchaussée de Poitou. (*Revue de l'Aunis, Saintonge et Poitou*, t. VII, p. 119.)

Henry, filz et frère de roy, duc d'Anjou et de Bourbonnoys, pair de France, lieutenant général de Sa Majesté, représentant sa personne par tout son royaume, païs, terres et seigneuries de son obéissance ; à nostre amé et féal maistre Jehan de la Haye, conseiller du Roy notre très honoré seigneur et frère, son lieutenant général en la sénéchaussée de Poictou et commissaire général des vivres de son camp et armée ; et à nos chers et bien amés les esleus et contrerolleur des aydes et tailles en l'élection de Poictiers, salut. Comme depuis qu'il auroict pleu à Sa Majesté nous faire chef et conducteur d'icelle armée naguères mis sus pour son service, affin de repoulser et rompre les forces de ses ennemys perturbateurs du repos public et estat de son roïaume, lesquels ont reprins les armes depuis son dernier édict de paciffication, nous les avons poursuivis comme encore faisons de présent, et ce faisant amené la dite armée jusques en ce païs de Poictou, où prévoians les mauvais chemins d'icellui et de tout aultre où nous la pourrions doresenavant mener et conduire à cause de ceste saison d'iver ; et aussi que pour essaier à leur coupper chemyn pour plustot les rencontrer, nous avons esté contrainct faire de grandes traictes et journées extraordinaires, et quelques fois advenues en lieux mal pourveus et munis de vivres spécialement pour chevaulx, à cause des courses et dégastz que les ditz ennemys y ont faict, au moyen de quoy les chevaulx de charroy de la dite armée et principallement ceulx des vivres ont esté excessivement travaillés, mal nourris et logés et souvent envoyés fort à l'escart pour la grande estandue des logis et quartiers de la gendarmerie, de maniere qu'il est plus que nécessaire faire une nouvelle levée, tant pour mectre au lieu et place de ceulx qu'il fault laisser, pour y en avoir plusieurs mallades et invallides de faire service sans un long séjour, que aussi pour redoubler et renforcer les aestellaiges, actendu la difficulté des dits chemins en ceste saison d'iver et qu'il fault de présent faire venir les dits vivres de divers lieux tous loingtains. A ceste cause et sachant comme vous n'avez encores satisfaict au contenu des lettres patentes de Sa dite Majesté à vous adressées sur la levée de cent chevaulx d'artillerie, ains en auriez seullement fourny et envoié vingt quatre, nous vous mandons et néantmoins en vertu du pouvoir à nous donné, commandons et enjoignons incontinant les présentes receues et en la plus grande et extrême dilligence que faire ce pourra, vous ayez à lever en vostre dite ellection sur tous les contribuables aux tailles le nombre de soixante seize colliers pour faire service au charroy des dits vivres, qui sera pour le parfait des dits cent chevaulx ainsi à vous cy devant demandés pour l'artillerie, lesquels vous envoirez garnis, dix neuf... de limons équippés chacun d'une bonne selette et colliers bien embourrés, couverts d'une peau de mouton ou de chien avec le poil, bride, chesnettes, soubsventrieres et fourreau de cuyr, chevilles, atellouers et équippaige appartenant à ung limonier ; et les cinquante sept aultres de traict, garnis chacun d'un collier bien enbourray couvert aussi d'une bonne peau de mouton ou de chien avec le poil, d'une couverture..... bride, chenestes, lesses, soubsventrieres, fourreau et cordeau pour les conduire, et aussi d'une bonne paire de traictz de chanvre, poisant chacun cinq à six livres, et d'une saccoche de toile à chacun contenant ung boisseau d'avoyne, avec dix neuf charrettes et dix neuf chartiers pour les conduire, ausquels baillerez à chacun ung sac de toile contenant six boisseaulx. Lesquelles charrettes auront leurs ridelles, garnyes chacune de deux bonnes lienses de corde aiant toutes neuf pieds de charge pour le moings. Et après avoir faict monstre d'iceulx chevaulx, vous les baillerez à chascun des dits chartiers qui seront expers au mestier pour les amener ensemble les dites charrettes, avec l'un de vous, là part que nous serons, dedans le vingt cinquième jour du présent mois de novembre. Et affin que plus promptement puissiés dilligenter et accellérer ce faict et négoce tant nécessiteux et important au bien public, vous ferez prendre au dedans de vostre ville et dehors tous chevaulx de charroi et équippaiges qui leur seront propres, utiles et commodes, sans nul en excepter ne réserver de quelque estat, quallité ou condicion qu'il soit. Et celui de vous qui les aura amenés les présentera aux commissaires généraulx des vivres de ce dit camp et armée, ou ceulx qui pour ce seront par eulx nommez et depputez, et ce nonobstant les dites patentes ainsi par vous cy devant reçeues de faire la dite levée et équippaige d'artillerie, actendu le grand besoing et nécessité que nous en avons pour servir au faict des dits vivres, par ce aussi que en nostre partement de vostre dicte ville de Poictiers [1], nous avons faict laisser certaines pièces et charrettes de l'équippaige de nostre artillerie, à l'occasion de quoy ne sera plus besoing de si grand nombre de chevaulx. Et affin qu'il ne soit faict aulcun abbus à la dicte levée, nous voulons que par mesme moyen vous envoiyez ung vidimus de ces présentes signé de votre greffier, avec ung roolle signé de vous et de votre dit greffier contenant les poils, aages, marques, harnoys, équippaiges de chevaulx, ensemble des noms et surnoms des dits chartiers et conducteurs d'iceulx deuement cautionnés de les vous ramener au retour du voyage et serment, affin de les faire rendre et restituer au peuple ou pour estre par vous publicquement vendus, les solennités en tels cas requises gardées et les deniers provenant de la dite vente estre mis ès mains du receveur des tailles de votre dite ellection pour iceulx estre rabbatus au dit peuple au prochain quartier de la taille eschéant après la dite vente ou sur la taille de l'année prochaine, ainsi que par vous sera advisé pour le meilleur et pour la commodité du dit peuple s'il en advenoit quelque fortune aus dits chevaulx au service de nostre dit seigneur et frère, auquel cas ilz seront tenus vous en rapporter bonne et suffisante certiffication des dits commissaires généraulx ou leurs dits commis ou depputez. Pour la nourriture desquels

---

[1]. Le duc d Anjou était parti de Poitiers la veille, 15 novembre 1568. (*Journal de Généroux*, p. 38.)

chevaulx et chartiers nous ferons fournir les deniers qu'il appartiendra, à commencer la dite nourriture du jour de la monstre et réception d'iceulx faicte par les dits commissaires généraulx ou leurs dits commis, lequel paiement nous leur ferons continuer tant et si longuement qu'ilz seront et demeureront au dit service. Et en ce faictes tel debvoir et dilligence que les dits chartiers, charrettes et chevaulx garnis et équippés, comme dit est, soient par vous ou l'un de vous rendus là part que nous serons dedans le dit xxv° jour de novembre prochain au plus tard [1], et ce sur peine de nous en prandre à vous en vos propres personnes. Pendant lequel acheminement vous les ferez vivre, loger et payer leurs vivres à la moindre foulle du peuple que faire se pourra. Et au regard des deniers qu'il fauldra fournir tant pour l'achat et recouvrement des dits chevaulx, charrettes, équippaiges d'iceulx que pour les frais et vacations de cellui de vous que vous envoirez par devers iceulx commissaires généraulx ou leurs dits commis pour en faire la présentation et pour la despence que feront les dits chartiers et chevaulx depuis le jour de la levée jusqu'au jour de la réception, vous les imposerez et en ferez assiette sur tous les contribuables aux tailles de votre dite ellection. Et à ce faire et souffrir contraignez et faictes contraindre réaulment et de faict tous ceulx qu'il appartiendra comme pour les propres deniers et affaires de Sa dite Majesté, nonobstant opposicions et appellacions quelsconques pour lesquelles, actendu la conséquence d'iceulx affaires, ne voullons estre aulcunement différé. De ce faire nous avons donné et donnons pouvoir et mandement spécial par ces dictes présentes, mandons et commandons

---

1. Le 17 novembre, il y eut un combat sans résultat à Jazeneuil entre l'armée du duc d'Anjou et celle du prince de Condé. (*Journal de Généroux*, p. 38.) Le duc d'Anjou et son armée repassèrent ensuite à Poitiers, d'où ils allèrent vers Loudun et Chinon. (*Arch. hist. du Poitou*, XII.)

à tous justiciers et officiers que à vous en ce faisant soit obéy, donnent et prestent conseil, confort, ayde et prisons, si mestier est et requis en sont, car tel est nostre plaisir. Donné au camp de Montreuil-Bonyn ce XVI° jour de novembre l'an mil cinq cens soixante huict. HENRY.

Par mondit seigneur. Yves.

---

86. — 23 février 1569. — Lettre du duc d'Anjou à M. du Lude.
(D'après l'original.)

Monsieur le conte, Ayant par cy devant faict expédier une saulvegarde pour la maison et terres du s^r de la Salle Vounan [1], j'ay entendu que, nonobstant icelle, aulcuns soldatz du régiment du conte de Brissac [2] se veulent ingérer de le molester en ses biens et loger en la maison qu'il a à Poitiers. A ceste cause je vous ay dépesché la présente pour vous faire entendre que je trouve fort mauvais que plusieurs cappitaines et soldats sans aulcunement respecter mes dites saulvegardes ne tiennent compte d'icelles et avec ung grand mespris et contennement ne laissent de loger, piller et fourrager ès maisons et fermes exemptées par mes dites saulvegardes. A quoy je vous prie de donner tel ordre et faire tellement chastier tous les contempteurs de mes dites saulvegardes qui sont en votre gouvernement que cela serve d'une punition exemplaire à tous les autres, advertissant de ma part le cappitaine Honoux qu'il face mieulx policer et gouverner ses soldats, sans les laisser ainsy loger et contrevenir à mes dites saulvegardes, et que je n'entende plus de telles plainctes s'il ne me veult donner occasion d'y pourvoir par autre moyen et en commander moy mesmes une très rigoureuse punition, priant Dieu,

---

1. Vounan, commune de Vivonne.
2. Timoléon de Cossé, comte de Brissac, colonel de l'infanterie française, fut tué au mois de mai 1569 au siège de Mucidan.

Monsieur le conte, vous tenir en sa sainte et digne garde. Escript au camp de Vertueil le xxiiie jour de février 1569.

Vostre bon amy. HENRY.

A Monsr le conte du Lude, chevalier de l'ordre du Roy monseigneur et frère, cappitaine de cinquante lances de ses ordonnances, gouverneur et son lieutenant général en Poictou.

---

87. — 6 mai 1569. — Lettre du duc d'Anjou à M. du Lude. (D'après l'original.)

Monsieur le conte, Encores que je vous aye amplement escript par mon aultre lettre, toutteffois je n'ay voullu laisser aller ce présent porteur sans vous donner advis de la réception de la vôtre du iie de ce mois, par laquelle vous me mandez que nos ennemys se renforcent d'infanterie ; et pource que je désire grandement sçavoir de quel costé leur peult venir se renfort, et de quel nombre il peust estre, je vous prie envoier gentz d'entendement sur les lieux, affin d'en sçavoir la vérité et m'advertir le plus souvent qu'il vous sera possible de tout ce que vous pourez apprendre, priant Dieu, Monsieur le conte, vous tenir en sa sainte garde. Escript au camp de Javerlac le vi^e jour de may 1569.

Vostre bon amy. HENRY.

A Monsieur le conte du Lude, chevalier de l'ordre du Roy monseigneur et frère, cappitaine de cinquante lances de ses ordonnances, gouverneur et son lieutenant général en Poictou.

---

88. — 10 mai 1569. — Lettre du comte du Lude aux officiers de justice, maire et échevins de Poitiers. (*Le siège de Poitiers*, par Liberge, édité par Beauchet-Filleau, p. 206.)

Messieurs, J'ay par plusieurs foys receu lettres de Monseigneur par lesquelles me commande faire au plustost parachever les fortifications de votre ville; mais à ce que je puys entendre, elles sont aussi avancées comme lors que j'en suys party, quy est cause que vous en ay escript la présente, afin que icelle receue, et suyvant l'intention de mon dit seigneur, aussi qu'il est question en cela du service du Roy et du votre particulier, vous donnez ordre de faire travailler en toute dilligence ausdites réparations, de façzon que, par faulte d'icelles, il ne puisse advenir inconvénient en la ville; et s'il n'y a deniers en nature pour ce faire, en prendre et recouvrer des habitants d'icelle, de sorte que faulte d'iceulx les dites réparations ne puissent estre retardées, comme je m'asseure que ne serons et que y ferez tout debvoir. Ne vous en diray aultre chose pour me recommander de bon cœur à vos bonnes graces et prie Dieu vous donner, Messieurs, en bonne santé longue vie.

De Saint-Maixant ce x^e jour de may 1569. Votre antièrement bon amy. GUY DE DAILLON.

La suscription est: A Messieurs les officiers de la justice, maire et eschevins de la ville de Poictiers.

---

89. — 15 mai 1569. — Lettre du duc d'Anjou à M. du Lude.
(D'après l'original.)

Monsieur le conte, Pour ce que j'ay advisé qu'il estoit expédient pour le service du Roy, et pour ne laisser rien auprès de vous qui peust donner occasion de malcontentement à vous ne à aucun des cappitaines estantz près de vous, j'ay advisé de faire venir le cappitaine Corbon [1] par

---

1. Ce capitaine périt dans un assaut au siège de Niort, le 1er juillet 1569. (*Journal de Denis Généroux*, p. 50.) Il appartenait, paraît-il, à la famille Courbon de la Rochecourbon, comte de Blénac en Saintonge. (*Le siège de Poitiers*, par Liberge, p. 16, 203, 204.)

deça avec sa compaignée, au lieu duquel j'ay ordonné que la compaignée du cappitaine Cossart[1] demeurera près de vous pour vous en servir. A ceste cause je vous prye m'envoyer le dit Corbon avec la sienne et retenir celle du dit Cossart, luy faisant pareil traictement que aux autres qui sont près de vous, priant Dieu, Monsieur le conte, vous tenir en sa sainte garde. Escript au camp de la Rochefoucault le xve jour de may 1569.

Vostre bon amy. HENRY.

A Monsieur le conte du Lude, chevalier de l'ordre du Roy monseigneur et frère, cappitaine de cinquante lances de ses ordonnances, gouverneur et son lieutenant général en Poictou.

---

90. — 18 mai 1569. — Lettre du comte du Lude aux officiers de justice de Poitiers. (*Le siège de Poitiers*, par Liberge, p. 208.)

Messieurs, Vous ne ignorez poinct que l'avancement des fortifications de Poictiers qu'a ordonné et commandé Monseigneur, ne soyent autant pour votre profict et intérest particulier que pour le général du service de Sa Majesté, et par ce comme affectionnés qu'avez tousjours estés et debvez estres, je ne vous feray aultre particulière recommendacion en ce faict, sinon génerallement je vous prye tenir la main et faire en sorte que les dictes réparations soyent parachevées en telle dilligence, qu'il soyt faict mesmement les plus nécessaires dans quinze jours, sellon que les fera conduire le s^r Sarrason. Vous y employrez de vostre part de personnes, de bien et de tous moyens

---

1. Christophe Cossart, éc., s^r d'Espille en Picardie, capitaine du régiment de d'Aunoux, était à la prise de Saint-Maixent le 26 mars 1569 et prit part à la défense de Poïtiers. (*Journal de Généroux*, p. 43. — *Le siège de Poitiers*, p. 131.)

à vous possibles, ne rescentants et ne voullant fayre ung petit de despences et perte pour laquelle une ruyne beaucoup plus grande debvroy estre à craindre. Je ne vous en feray aultre plus grande recommendacion, synom de assister, faire bailler et délivrer au dict Sarrasson [1] tout ce qui luy sera nécessaire et vous demandera, et ne vous faisant la présente pour aultre cause, et m'asseurant que en ce sujet il ne vous fault aultre sollicitation, je feray fin me recommandant à votre bonnes graces, priant Dieu, Messieurs, vous donner en santé bonne et longue vye.

De Saint Maixent le xviii may 1569. Votre bien bon amy.
Guy de Daillon.

Au dos est écrit : Messieurs les officiers de la justice, à Poictiers.

---

91. — 18 mai 1569. — Lettre du comte du Lude à M. Moreau, receveur de Poitou, à Poitiers. (*Le siège de Poitiers*, par Liberge, p 207.)

Monsieur le recepveur, N'estant survenu aultre occasion pour vous escripre, synom pour les fortifications de Poictiers, que Monseigneur entend estre advancées en toute dilligence, et à ceste fin envoye par delà le sieur Anthoine Sarrason, présent porteur, et parce que en cella il est besoing d'une extrême dilligence, et mesmes pour achever ce qui est commencé à la porte de la Tranchée, où il n'y a de despences que pour les massons, car le surplus se fera par les pyonniers, je vous prie, Monsieur le recepveur, faire mectre à ceste besongne le plus d'ouvriers massons qu'il vous sera possible, et faire en cella tel debvoyr et dilli-

---

1. Le capitaine Antoine Sarrason, d'origine romaine, ingénieur du duc d'Anjou, dirigea les travaux de défense de Poitiers, et fut tué pendant le siège à la batterie construite près du couvent des Carmes, le 10 août 1569. (*Le siège de Poitiers*, par Liberge, p. 59.)

gence, que ce qui se doit faire en quatre moys soit faict en quinze jours, à quoy je m'asseure que ne ferez faulte. Ne faisant la présente pour aultre occasion, je feray fin me recommandant à vous de bon cœur, priant Dieu, Monsieur le recepveur, vous donner bonne et longue vye. Je vous prye encores une foys tenyr la main et faire de nécessité vertu pour parachever les dictes réparations.

De Saint Maixent ce xviii° may 1569.

Votre bon amy. GUY DE DAILLON.

Au dos est écrit : Monsieur Moreau recepveur ordinaire en Poictou, Poictiers[1].

---

92. — 6 juillet 1569. — Mandement du comte du Lude au maire de Poitiers. (Reg. 42 des délib., p. 248.)

Guy de Daillon comte du Lude chevalier de l'ordre du Roy, gouverneur et lieutenant général pour Sa Majesté on pays et conté de Poictou. Nous, pour le service du Roy et utilité publicque, donnons en mandement au mayre de la ville de Poictiers d'envoyer dilligemment dedans ce jourdhuy jusques en la ville de Saint Maixant par devers le capitaine Daunoux[2] cent picz et piardes de la maison commune de la ville, comme aussi auparavant avons donné en mandement au dit maire d'envoyer à Myrebeau pour la prinse faicte par nous de la ville vingt des dits picqz et piardes avecques cinq mousquetz et harquebouzes à crocq, ce que le dit maire obéissant à nos ditz mandementz avoyt

---

1. Voir dans les *Arch. hist. du Poitou*, IV, 339, une autre lettre de M. du Lude, du Vendredi Saint 1569, datée aussi de Saint-Maixent et adressée au maire de Poitiers, le pressant de lever des deniers, outre 1200 livres prêtées par le receveur Moreau, pour les fortifications.
2. Antoine de Saint-Jean, sr d'Aunoux, maître de camp d'un régiment, se distingua en maintes circonstances, et notamment à la défense de Poitiers assiégé par Coligny. Il y fut tué glorieusement sur la brèche du Pré-l'Abbesse, le 22 août 1569. (*Le siège de Poitiers*, par Liberge, édité par Beauchet-Filleau, 1846.)

faict, auquel pour décharge envers la dite ville avons signé ces présentes le vi[e] jour de juillet l'an mil v[c] LXIX. Signé : GUY DE DAILLON.

---

93. — 31 août 1569. — Lettre de MM. de Masparault et de Bourgneuf, commissaires pour l'exécution de l'édit, à Catherine de Médicis. (*Arch. historiques de la Saintonge et de l'Aunis*, IV, p. 296, d'après les orig. de la bibl. de Saint-Pétersbourg.)

… L'édict n'est nullement entretenu en faveur de ceulx de la religion romaine. Ains au contraire, ceulx de la religion réformée jouissent de toutes les libertés qui a pleu au roy et à vous, Madame, leur accorder par l'édict sans aucune contravention ; et nonobstant ils n'observent aucunement l'édict de leur part. Il n'y a nul prestre qui soit en seureté de sa vye s'il s'offre à faire le service divin ; il n'y a bénéficier qui jouisse plainement de son bénéfice. Quelques gentils hommes se sont entretués despuis peu de jours à qui léverait la gerbe des dicts bénéfices. Les prestres et curés sont contrainctz de aller desguisés en paysans parmy les champs ; aultrement ils ne seroient en seureté. Desquelles choses toutesfois les juges qui sont sur les lieux n'auroient ausé ou voulu informer, qui auroit esté cause que n'aurions peu promptement pourveoir au dict désordre. Voilà, Madame, en brief, l'estat de ce pays du Bas-Poitou, auquel est besoing de donner ordre avant que les licences soient plus grandes. Madame, une des principalles raisons qui engendre le scandale procède de plusieurs abbés, prieurs et curés, lesquels jouissent des biens de l'églize et font fort bien payer au peuple leurs redebvances ; ce nonobstant, ils ont ung ministre en leur église et bien eux mesmes le sont et preschent eux mesmes selon l'église réformée, qui est du tout contre l'édict, et le reste du peuple de leurs paroisses qui ne sont de leur opinion demourent sans loi ni religion, et mesme les dicts bénéficiers les veulent forcer d'aller au ministre, dont vient une grande clameur par tout le pays... Ils demandent que le comte du Lude ait bonne et forte compagnie pour intervenir utilement. Fontenay 31 aout 1569. De Masparault, de Bourgneuf, commissaires députés par le roy pour l'exécution de l'édit.

---

94. — 9 octobre 1569. — Lettre du duc d'Anjou à M. du Lude.
(D'après l'original.)

Monsieur du Ludde, Affin de donner moien à la compaignye de mon cousin le s[r] de la Trimouille [1], qui est dans Poictiers de s'aller ung peu rafreschir et mectre en estat de faire meilleur service au Roy, monseigneur et frère, ès occasions qui se pourront présenter cy après, je luy ay donné congé de ce faire, et pour ce je vous prye de la laisser sortir de la dite ville de Poictiers avec leurs armes et chevaulx ; et ne vous faisant la présente pour autre effect, je priray Dieu, Monsieur du Ludde, vous avoir en sa garde. Escript au camp à Chandenier le ixe jour d'octobre 1569.

Vostre bon amy. Henry.

A Monsieur le conte du Ludde, chevalier de l'ordre du Roy monseigneur et frère, gouverneur et son lieutenant général en Poictou.

---

95. — 9 octobre 1569. — Lettre de Guillaume Pastureau, ancien maire de Niort, au duc d'Anjou. (Fonds français 15550, f° 65.)

Monseigneur, J'ay receu vostre lectre laquelle je ne fauldray de faire tenir au seigneur de Sainct Horme, par le

---

1. Louis III de la Trimouille, duc de Thouars, avait pris part à la défense de Poitiers un mois auparavant. (*Le siège de Poitiers*, par Liberge, p. 125.)

moien de laquelle les pauvres habitans de la ville (de Niort) seront tenuz à jamays prier Dieu pour l'augmentation de vostre prospérité et grandeur. L'ennemy qui estoyt en la ville partit arsoyr environ huict heures [1], et n'est demouré en la dite ville ny gouverneur ny maire, et n'y a à présent aulcun soldat, tellement que je prins les clefz des portes que je suys prest de mettre en voz mains ou de celluy qu'il vous plaira commander, et n'y a de présent que les bons et loyaulx serviteurs du Roy tenans la dite ville soubz l'obéissance de Sa Majesté et la vostre. Vous priant, Monseigneur, que ayez pitié des pauvres habitans de ladite ville, qui s'asseurent en vostre grande bonté et clémence, priant Dieu, Monseigneur, qu'il vous maintienne en sa garde et donner longue et heureuse vie. De ladite ville, le ix° jour de octobre l'an 1569.

Vostre très humble et obéyssant serviteur. GUILLAUME PASTUREAU, mayre l'an passé [2].

---

96. — 17 octobre 1569. — Lettre de Charles IX à la duchesse de la Trémoille. (*Lettres missives du* XVI° *siècle*, publiées par Marchegay et Imbert, p. 211, 212.)

A MA COUSINE LA DUCHESSE DE LA TRÉMOILLE.

Ma cousine, J'ay commandé au sieur de Villaines, lequel a la garde du chasteau de Mirebeau, d'aller quérir deux (cents) mousquetz, les moindres de tous ceulx qui furent prins à la bataille de Montcontour [3]. Et d'aultant que c'est chose qui importe pour mon service et pour la conserva-

---

1. C'était l'armée de Coligny qui, battue à Moncontour le 3 octobre, se retirait en Saintonge.
2. Guillaume Pastureau, sr de Charay et de la Grange, maire de Niort en 1550 et 1568, juge président de la cour consulaire en 1583. (*Armorial et liste des maires de Niort*, par Alfred Bonneau.)
3. La bataille de Moncontour avait eu lieu le 3 octobre précédent.

tion du dit Mirebeau, je vous prye de les lui faire bailler incontinant; et quant aux autres pièces qui restent, les faire retirer en quelque lieu où elles soient seurement, et avoir l'œil pour les faire conserver et garder le plus entières qu'il sera possible. Priant Dieu, ma cousine, qu'il vous ayt en sa garde. Escript à Saint Loup [1], le xviie jour d'octobre 1569. CHARLES. DE LAUBESPINE.

---

97. — 22 octobre 1569. — Lettre du duc d'Anjou à M. du Lude.
(D'après l'original.)

Monsieur du Lude, D'autant que le s^r de Belleville est ordinairement prez de moy, faisant service au Roy, monseigneur et frère, je luy avois donné une saulvegarde pour ses terres de Belleville et autres, de laquelle les cappitaines et soldats qui sont passez par là et autres qui sont dedans les places prochaines de ses dites terres n'ont pas tenu grand compte, n'ayans pour icelle laissé de luy faire beaucoup de dommage, et d'autant que la plus grande partie des terres du dit s^r de Belleville sont en votre gouvernement, les unes voisines de Fontenay le Conte et les autres de Montagu et de la Grève, je vous prye de tenir la main à ce que le dit Belleville ne soit foullé ny grevé et escrire aux s^{rs} de Montsoreau et de Landereau et aux cappitaines La Rabustellerie et Bois de Chollet qu'ils ayent à y tenir pareillement la main et qu'ilz ne contraignent les terres du dit Belleville aux contributions de leurs garnisons, car puisqu'il fait service au Roy, monseigneur et frère et qu'il y despend le sien, il n'est pas raisonnable qu'il fasse aultrement une autre despence. Les noms de ses places sont Belleville, Sigournay, Puybliard, Chantoné, Beaulieu,

---

1. Charles IX passait à Saint-Loup, se rendant au siège de Saint-Jean-d'Angély.

Saincte Flève, Bois-Boucher, assises au bas Poictou, vous priant de rechef de faire qu'il soit par cy aprez mieux traitté qu'il n'a esté cy devant. Priant Dieu vous donner, Monsieur du Lude, en santé sa sainte grâce. Escript à Saint Jehan d'Angeli ce xxii° octobre 1569.

Vostre bon amy. HENRY.

A Monsieur du Lude, chevalier de l'ordre du Roy, monseigneur et frère et son lieutenant général en Poictou.

---

98. — 27 octobre 1569. — Lettre de M. de Ruffec au duc d'Anjou.
(Fonds français 15550, f° 84.)

Monseigneur, J'ay receu les lettres qu'il vous a pleu m'escryre, du vingtiesme de ce moys, par lesquelles j'ay veu qu'on vous a fait entendre troys choses de moy, si esloingnées de la vérité que j'ay honte pour le faux raporteur qui vous en a faict la plainte, car en premier lieu, Monseigneur, ceux qui conduisent les chevaux de la monition ne soroyent dire qu'on leur a rendue l'entrée de ceste ville difficille que une seule foys que estans chargés et venant de Parthenay ils voulurent loger dans ceste ville, ce que je ne leur voulus souffrir par ce que je savoys biens qu'ilz c'estoyent esloingnés de leur chemin pour expressément venir frommager et fourrager en ceste ville, leur ayant enseigné deux bons villages à mille pas des portes de ceste dite ville qui sont pour loger mille chevaux, où personne n'avoit encore logé, pensant les avancer de faire leur debvoyr et aussy pour y estre leurs chevaux et mullets sans comparaison mieux qu'ilz n'eussent été dedans la ville, et vous promets sus mon honneurs que les gendarmes qu'on vous a dit tenir les logis ne les ont oncques tenus, car je n'ay jamais heu que troys gentilshommes des miens avec moy qui n'ont heu qu'ung seul logis du rebut de ceux qui y ont entrés avant moy, et ne fault point que messieurs des vivres se plaignent de cela, car l'entrée et le couvert a toujours été à leur commandement, mais je croys qu'ilz sont marrys de coy on les regardoyt ung peu de près; pour résolusion, Monseigneur, ne l'entrée, ne la nourryture des chevaux, ne les logis que tenoyent lors les gens d'armes n'ont en rien retardé le cervice du Roy ne le vostre; je ne dis pas que ce dernier pouint ne soit ancores aussy peu véritables, qui est que j'ay empesché les monytionnaires de se saisir des bleds des huguenots de ceste ville, sy je l'ay fait ce a été pour avoyr quelque pot de vin pour me récompanser de mes pertes, ou pour l'amitié que je porte à ceste vermine là. Dieu ne m'a point voulu jusques icy tant voulu pugnir que de me faire oublier du debvoyr que je doibs au cervice de Sa Majesté et au vostre, mais quiconque vous ayt fait ce rapport, est ung des grands forcheurs de menteryes qui soit au monde, car il ne se trouvera aucune ordonnance de cela et aussy peu de preuves. Bien est vray qu'ung matin, avant l'arrivée de monsieur le mareschal de Cossé en ceste ville, estant avec ceux de la maison d'icelle où estoit le commissaire qu'il vous a plu y lesser, me fut en sa présence remonstré pour ne desgarnir la dite ville de bleds que je voulusse trouver bon qu'on se servist des bleds venans de dehors et où ils ne pourroient suffire que l'on s'ayderoit des aultres, sans faire aucune restriction des catolicques ne huguenots; voyla, Monseigneur, à la vérité tout ce qui s'y est fait ou ordonné du temps qu'il vous en avoit pleu m'en donner la charge, vous remertiant très humblement de ce qu'il vous a pleu me donner congé de m'aller ung peu rafreschir, et suys très marry que ce ne peult estre en ma maison, comme vous mandé, mais elle est en sy piteux estat qu'il n'y a aucunes nouvelles de rafreschissement et aussy peu de sureté, qui me fera aller chercher ma bonne adventure en attendant les commandemens du Roy et de vous ; cependant je supplye le Créateur, Monseigneur, vous donner en très parfaicte santé très longue et très heureuze vie. De Niort ce xxvıı^e d'octobre 1569.

Vostre très humble et très obéissant serviteur. Ruffec.

---

99. — 29 octobre 1569. — Lettre de M. du Lude au duc d'Anjou.
(Fonds fr. 15550, f° 91.)

Monseygneur, Suyvant les lettres qu'il vous a pleu le xxve de cestuy[1] escripre et commandemens que me faites par icelles donner ordre au parachévement des fortiffications de ceste ville, pareillement d'escripre aux habitans de Poictiers faire provision de bledz, vins et autres vivres et comoditez nécessaires pour ung an, je ferai au plustost et en la plus grande diligence qu'il me sera possible travailler au parachèvement desdites fortiffications et suyvray les desseins de ceulx qui les ont commencées, ayant quant à Poictiers jà escript satisfaire aux commandemens que leur faictes par les lettres qu'il vous plaist me faire entendre leur avoir escriptes à ceste mesme fin. Sur ce, Monseigneur, je supplie Dieu vous donner en parfaicte santé, très longue et très heureuse vie. De Nyort, ce xxıx^e jour d'octobre 1569.

Vostre très humble et très obéissant serviteur. Guy de Daillon.

---

100. — 20 novembre 1569. — Lettre de M. du Lude au duc d'Anjou.
(Fonds fr. 15550, f° 138.)

Monseigneur, J'ai receu la lettre qu'il vous a pleu m'escripre le xve du présent, me commandant par icelles amasser dans la ville de Nyort et villes circonvoisines le

---

1. Voir cette lettre du duc d'Anjou dans le tome XII des *Archives historiques du Poitou*, p. 261.

plus de balles de laines qui s'y pourront trouver. Sur quoy le sʳ de la Frézellière que j'ay laissé au dit Nyort m'a mandé avoir envoyé à Fontenay-le-Comte et à Saint Maixant pour sçavoir le nombre qu'il s'y en pourroit trouver, dont je n'avoys eu responce, est que dans Nyort il y en avoit environ de deux cens ; je luy ai mandé en faire faire encore les recherches requises pour après vous faire entendre le nombre duquel il se pourra faire estat, m'asseurant bien qu'il y fera bon debvoir et, en tout ce, qu'il aura cest honneur recepvoir vos commandemens. Je ne veulx faillir vous advertir, Monseigneur, comme aujourd'huy cest isle de Marans a esté mise en l'obéissance du Roy[1] et vous puys asseurer que les sieurs de la Rivyere et de Puygaillard y ont bien faict leur debvoir, ayant, l'ung donné d'un costé l'autre de l'autre, comme plus particuliérement ce gentilhomme présent porteur vous pourra faire entendre qui l'a veu, et ne se peult myeulx faire que ce que y ont faict les cappitaines, souldatz et le cappitaine Boysregnault qui s'en va vous trouver ; et les Suysses ne m'ont jamays refuzé venir avec moy par les marays et estroictz chemyns, tant de jour que de nuict. J'avoys résolu combattre avec eulx la cavallerye qui estoit dans le dit Marans parce qu'il estoyt impossible y en faire entrer ; ilz n'ont pas attendu cela, car, estant le dit sieur de la Rivyère entré dans l'isle avec les trouppes qu'il menoyt, il a été chargé et y a eu des cappitaines portez par terre et blessez à coups de lances, mais au partir de là ilz ont tous gaigné le passaige de la Rochelle. Il vous plaira, Monseigneur, me faire entendre ce qu'il plaît au Roy et à vous que deviennent les forces qui sont icy, et si Sa Majesté avoyt délibéré assiéger la Rochelle et qu'elle et vous le trouvast bon, je les logerois entre cy et là dans de bons bourgs, lesquelz

---

1. Marans fut, en effet, pris par le comte du Lude le 20 novembre 1569. (*Chronique du Langon*, p. 137, 138.)

ceulx du dit la Rochelle pourroit brusler, s'ilz sont advertis dudit siège. Aussy, Monseigneur, je vous supplie très humblement commander à Monsieur de Sanzay et aux aultres trouppes qui sont au bas Poitou vous aller trouver, car il n'est plus besoing qu'il y en demeure; en estant hors de là ce sera conserver des vivres pour subvenir à vostre armée et soulaiger le pays qui en a bon besoing. Attendant vos commandemens je supplie Dieu vous donner, Monseigneur, en parfaicte santé, très longue et très heureuse vye. De Marans ce xx° novembre 1569.

Vostre très humble et très obéissant serviteur. GUY DE DAILLON.

---

101. — 4 mars 1570. — Lettre de M. de la Frézelière au roi Charles IX. (Fonds fr. 15551, f° 60.)

Sire, J'ay receu la lettre qu'il a pleu à Vostre Majesté m'escripre du xxviii° de février dernier. Quant aux forces qui sont sorties de la Rochelle, ils ont comme j'en ay adverty Vostre dite Majesté prins Marans [1] et ont environ de deux mil hommes de pied et six cens chevaux; il n'est encore rien sorty de Angoulesme, Couignac et de Taillebourg, et ne sont que les forces qui estoyent à la Rochelle; il n'y est demeuré ung seul homme que les habitants; ilz font bien courir le bruict entre eulx que leurs forces des ditz lieux d'Angoulesme, Couignac et Taillebourg se doibvent joindre avecq eulx pour conquérir et remettre tout ce pays en leur obéissance. Il est impossible, Sire, sans un grand nombre de cavalerye pouvoir conserver vostre plat pays ne recepvoir ung seul denier de voz tailles, outre le mal qu'ilz y feront à voz bons et loyaulx subjectz, vous

---

1. Marans fut, en effet, repris le 27 février 1570 par François de la Noue. (*Chronique du Langon*, p. 141. — *Journal de Généroux*, p. 69.)

suppliant très humblement, Sire, voulloir commander y en venir le plus promptement possible ; en attendant voz commandemens je priray Dieu, Sire, vous donner et maintenir en parfaicte santé très longue et très heureuse vye. De Nyort ce iiiie mars 1570.

Vostre très humble et très obéissant sujet et serviteur.
Frézelière.

---

102. — 28 juin 1570. — Lettre de Catherine de Médicis à M. de Puygaillard. (*Lettres de Catherine de Médicis*, par M. de la Ferrière, t. III, p. 319.)

Monsieur de Puygaillard, Le Roy, monsieur mon filz, faict si ample response à vos lectres du xviie de ce moys que je n'y sçauroys adjouster, sinon que, comme l'on vous a desjà mandé, il a dépesché en grande diligence vers le s[r] d'Escars, pour envoyer le régiment du s[r] de Sarlabos en Poictou pour vous secourir, et du costé de deçà il a dépesché incontinent deulx compagnyes de gens d'armes dont il vous envoye la liste et leur a mandé que, en la grande diligence qu'il sera possible, elles aillent trouver le comte du Lude qu'il a requis par delà; de sorte que j'espère que vous serez bientost secouru et que vous aurez moyen de combattre nos ennemys ou les faire retirer. Cependant je vous prie regarder à conserver les places et donner ordre qu'ilz ne puissent faire récolte, ce que je m'asseure que vous sçaurez très bien faire. Priant Dieu, Monsieur de Puygaillard, vous tenir en sa saincte et digne garde.

Escript au Pont de l'Arche, le xxviiie jour de juin 1570.
Caterine.

---

103. — 26 décembre 1570. — Lettre du maréchal de Cossé au roi Charles IX. (Fonds fr. 15552, f° 325.)

Sire, le cappitaine Arzac vous est allé trouver affin qu'il

vous plaize de pourvoir au payement des troys compagnyes qu'avez ordonné en ceste ville, toutesfoys je n'y ay trouvé que celle dudit Arsac, si délibérés de les y entretenir, car de les tenir sans les paier, n'est possible que les habitans d'icelle y puissent fournir, lesquelz ce qui y reste seront contrainctz de désabiter, comme la pluspart est desjà, n'y ayant aucun bestial pour labourer et cultiver les terres ny pour faire les autres mesnus négosses, ainsy que plus au long vous escript monsieur le comte du Ludde, ne s'estant levé en ceste année que la quarte partie de vos tailles à cause de la désabitation du pays ; et parceque dans six jours au plus tard j'espère vous envoyer le s^r de Quinsé de la Rochelle où j'espère arriver jeudy prochain [1], je ne vous la feray plus longue parce que il vous dira toutes choses tant de ce faict que autres, sinon qu'il a esté brizé et rompu ung navire de sept cens thonneaulx près St Gilles en Poictou retournant de la conduicte de la reyne d'Espagne dans lequel avoit deux cens hommes de guerre et ung cent mariniers, le cappitaine desquelz m'a envoyé son lieutenant pour lui donner passage de saufconduict pour s'en aller en Flandres par terre, ce que j'ay fait, et faict prendre le chemin d'Angers au Mans par Meaulx, Beauvais et Péronne ; aussi, parce que le reste des lansquenetz que avoient de ce cousté messieurs les princes jusques au nombre de troys ou quatre cens qui mangoient et ruinoient le peuple, j'ay tant faict qu'ils ont été licentiés et partis pour eulx en retourner en leur pays, ausquelz pour les conduyre j'ay baillé deux archers de mon prévost. Je vous envoye des lettres que vous escript le cappitaine et gouverneur de la ville de St Jehan d'Angely laquelle est si pauvre et en si pitieux estat qu'il n'est possible de plus, presque du tout abandonné, de façon que les gens de

---

1. Le maréchal de Cossé, envoyé par le roi pour faire observer la paix, arriva, en effet, à la Rochelle à cette date. (*Chronique du Langon*, p. 153.)

guerre n'y peuvent vivre ; de quoy de toutes autres choses de deça ledit Quinzé vous rendra bon compte par son voiage ; il se dict qu'il y a longtemps qu'il ne s'est veu un tel tourment sur la mer qu'il y a eu. Sur ce je supplie Nostre Seigneur vous donner, Sire, en parfaicte santé très bonne et très longue vye. De Nyort ce xxiie jour de décembre 1570.

Vostre très humble et très obéissant subject et serviteur à toujours. A. DE COSSÉ.

---

104. — 25 février 1571. — Lettre du maréchal de Cossé au roi Charles IX. (Fonds fr. 15553, f° 37.)

Sire, Monsieur du Ludde et moy avons veu ce qu'il a pleu à Vostre Majesté ordonner pour ce pays et mesmement de mectre une compagnie de gens de pied dedans la ville de Nyort ; sur quoy, il nous a semblé que la seureté n'en sera guère plus grande, d'aultant que ladite ville est de grande garde, et que les habitans se croyent trop chargez avec les dommages et pertes qu'ilz ont receuz cy devant ; car si cette compagnye n'estoit payée, comme il seroit malaizé si voz finances n'augmentent, il seroit à craindre que cella admenast un tel mescontentement entre les soldatz et les ditz habitans qu'il en advinst inconvényant. Ledit sieur du Lude estoit d'advis, si Vostre Majesté le trouvoit bon, que l'on départit le nombre des soldatz d'icelle compagnye pour les mettre dedans les chasteaulx dont il vous envoye le mémoire, lesquelles servyroient bien autant pour le moings pour la seureté de ce dit pays que de les tenir dedans ledit Nyort ; car, sy en quelque endroit sa justice a besoing d'estre auctorizée, ils se trouveroient prest pour tenir la main. Aussy, Sire, ledit sieur comte m'a prié vous escripre et supplyer très humblement qu'il vous plaise lui permectre d'aller un tour jusques en sa maison et dellà vers Vostre dite Majesté ; et cependant, si le trouviez bon, il laisseroit le sieur de la Freizelière qui estoit son lieutenant, gentilhomme sage et bien advisé qui iroit de ville en ville pour favoriser à la justice, comme il est bien nécessaire, pourveu qu'il pleust à Vostre Majesté lui ordonner quelque chose pour s'entretenir, en vous faisant service.

En cest endroit je supplie le Créateur, Sire, donner à Vostre Majesté, en très parfaicte santé très longue et très heureuse vye. De Bressuyre, ce xxv° février 1571.

Vostre très humble et très obéissant seubjet et serviteur à jamais. A. DE COSSÉ.

---

105. — 27 février 1571. — Lettre du maréchal de Cossé au roi Charles IX. (Fonds fr. 15553, f° 39.)

Sire, Ayant été chargé monsieur de Théligny de la réponse que font messieurs les princes aux articles que leur a apportées le s^r de Quinsé et pareillement du reste de ce qui les concernoit en sa despeche, je ne vous direy autre chose synon que de ma part j'eusse bien été advis qu'il n'étoit pas grand besoing d'entrer d'une part ne d'aultre en telles recherches et disputtes du passé et encore moings du présent sans bonnes preuves de ce que l'on mectoit en avant, car en telles choses le discours le plus court venant simplement aux poinctz dont on se veult doulloir est tousjours le meilleur ; et d'autant que pour tout cella je ne voys pas que nous soyons assez bien. Je n'en adjousterè icy autre chose pour vous dire que l'asseurance qu'ilz ont particulièrement eue par ledit Quinsé de vostre sincère intention et vollonté à l'entretènement de vostre édict, joingt que leurs depputez leur ont mandé ce que Vostre Majesté leur en a dict en sa présence, les a tellement remyz et rasseurez que je ne voy aucun doubte avec ce qu'on y a adjousté dont mainctenant on doibve entrer en aucune deffience s'il ne seurvyent quelque chose de nouveau. Il me reste doncques ce qui concerne la promesse que Vostre Majesté a faicte aux subjectz de la royne de Navarre qui allèguent inffiniz raisons pour se deffendre à l'encontre d'eulx de ce dont ilz vous recherchent, lesquelles avec beaucoup d'autres choses je réserve à les vous dire lorsque j'auray cest heur de vous voir. Ce pendant vous verrez par ces lettres qu'elle leur accorde en vostre faveur de rentrer librement en leurs biens, estatz et honneurs ; et, quant à leur exercice de religion, elle s'en remect à la joincte générale qui se fera incontinant qu'elle sera de retour en son pays, sans laquelle il luy est impossible, à ce qu'elle dit, vous pouvoir rien promettre d'asseuré, estant en toutes choses subjectte d'entreteny ce qui se détermine par ses étatz où ilz seront pour l'honneur de vous favorisez de son authorité en tout ce qu'il lui sera possible ; et quant à l'artillerye, qu'elle n'a jamais eu intention de faire trophées de ce qui vous appartient, mais bien de l'honneur et obéissance qu'elle vous doibt, estant preste de la remectre et dellivrer à qui il vous plaira commander de la prendre. Je m'achemyne aux plus grandes journées que je puys en Anjou ; y estant arrivé, Vostre Majesté sera advertye de ce qui s'y présentera et que je verrai les affaires bien disposées, j'acoursirey mon voyage, affin de vous rendre compte moy même de beaucoup de choses importantes à vostre service que je ne puys remectre, pour vous les faire entendre, à aultre qu'à moy, qui sur ce supplye le Créateur, Sire, donner à Vostre Majesté en très parfaicte santé très longue et très heureuse vye. De la Chassée [1], ce xxvii° jour de febvrier 1571.

Vostre très humble et très obéissant serviteur à tousjours. A. DE COSSÉ.

---

1. La Chassée, commune des Aubiers (Deux-Sèvres).

106. — 27 février 1571. — Lettre du maréchal de Cossé à la reine Catherine de Médicis. (Fonds fr. 15553, f° 41.)

Madame, J'ay bien entendeu par Quinsé ce qu'il vous a pleu me mander, tant de ce qui conserne la royne de Navarre que monsieur l'admiral, à quoy j'ay satisffaict estant à la Rochelle, au plus près de vostre intention qu'il m'a été possible, s'estant aussi le dict Quinsé acquitté en leur endroict de ce qu'il vous avoit pleu lui commander en sa créance, voyant par la négotiation de son retour les choses assez bien disposées, vous asseurant, Madame, qu'il estoit bien nécessaire d'y mettre la main, ainsy que j'espère moy même vous faire entendre, remectant le tout à le vous dire lorsque j'auray cest heur de vous revoir. Cependant je vous direy qu'ils ont trouvé les responses qui ont été faictes à leurs articles un peu aigres en quelques choses, à quoy aussy ilz font responce par le sieur de Thelligny, comme vous aurez veu, estant bien d'advis cy après de n'entrer en tous ses longs discours, mais seullement faire instance ou répondre sur ce qui se présentera d'une part ou d'aultre et venyr au poinct dont il sera question, sans s'arrester à autre chose ; car, Madame, la plus courte et succinte contestation en ces affaires est la plus louable et certayne, et, si l'on s'en pouvoit passer du tout, ce seroyt encores le meilleur. Vous verrés aussy par les lettres que vous escript la royne de Navarre, ce qu'elle accorde pour ses subjectz. J'eusse bien voulu gaigner quelque chose davantaige sur elle, ce qui ne m'a esté possible. De tout le reste je ne voys rien qui ne soit assez bien pour ceste heure. Je m'en voys en Anjou aux plus grandes journées que je pourrey et pourveoiré à ce qui se présentera ; et, sellon que je trouveray les affaires bien disposées, je me rendrey au plustost qu'il me sera possible où seront Voz Majestez, affin de vous dire beaucoup de choses de telle importance que je ne puys commectre à ung aultre qu'à moy. Cependant je vous pourrey bien envoier le dit Quinsé encores ung coup d'Angers ou du Mans, qui me gardera d'adjouster autre chose à la présente, supplyant en cest endroit le Créateur, Madame, donner à Vostre Majesté en très parfaicte santé très longue et très heureuse vie. De la Chassée, ce xxvii_e febvrier 1571.

Vostre très humble et très obéissant serviteur à tousjours. A. DE COSSÉ.

---

107. — 5 mars 1571. — Lettre du roi de Navarre au roi Charles IX. (*Lettres missives de Henri IV*, VIII, 49, 50.)

Monseigneur, Je vous escripvis, ces jours passés, une lettre par laquelle je vous faisoy plaincte du peu de respect et obéissance que me portoit le s^r du Lude, voulant s'ingérer, comme j'avoy entendu, de mectre quelque compaignie de gens de pied pour garnison en la ville de Nyort, sans m'en avoir adverty, qui estoit desdaigner et mespriser l'auctorité de la charge et dignité dont il a pleu à Vostre Majesté m'honnorer ; et vous supplyoy, Monseigneur, de la me voulloir conserver et m'y mainctenir pour le bien de vostre service. J'escripvis par mesme moyen ung mot au dict s^r du Lude comme je trouvoy ceste entremise ung petit estrange, me persuadant que Vostre Majesté ne luy en avoit faict aucun commandement exprès. Touteffois, Monseigneur, par la responce qu'il m'a faicte, il m'a mandé que luy commandiez par Quinsey de dresser ung estat à monsieur le mareschal de Cossé de ce qui deppendoyt de sa charge, et que aviez nommément ordonné que la compaignie du cappitaine Savaillan demourast en garnison au dict Nyort, et que au reste luy aviez escript licencier et casser toutes autres compaignies qui sont dans le pais de Poictou. Je seroy tousjours tres ayse, Monseigneur, que tout ce qui se deppend du bien de vostre service soyt incontinant exécuté; mais, estant honnoré de Vostre Majesté de ceste dignité de gouverneur et vostre lieutenant général en vostre pays de Guyenne, je desireroy bien aussy qu'il vous pleust me faire adresse de toutes les choses qui concernent le faict de ma charge, pour vous y prester la prompte exécution et obéissance qui vous y est deue; et vous supplie très humblement, Monseigneur, voulloir commander m'en estre désormais faict adresse, espérant tellement m'employer en l'exécution de vos commandemens, que vous en aurez contentement et satisfaction. Et, sur l'asseurance que je sçay que vous en avez, je n'ennuyeray Vostre Majesté de plus longs propos et feray fin, priant Dieu vous donner, Monseigneur, en parfaicte santé très heureuse et longue vye. De la Rochelle, ce v^e jour de mars 1571.

Vostre très humble et très obéissant subject et serviteur.
HENRY.

---

108. — 20 septembre 1572. — Mandement du comte du Lude mettant sous sa sauvegarde et exemptant du logement des gens de guerre Fabien Salviati, verrier, et sa maison d'Argentières. (*Poitou et Vendée*, par Benjamin Fillon, t. I.)

A touz capitaines, chiefs et conducteurs de gens de guerre au gouvernement de Poictou, leurs lieutenans, enseignes, mareschaulx des logis, fourriers et autres qu'il appartiendra, salut. Voulant gratiffier, favoriser et bien traicter Fabian Salviate escuyer, gentilhomme de Myrane, païs de Venize, venuz lui et sa famille en ce païs de Poictou pour praticquer l'art de verrerie, en faveur de la recommandation qui nous a esté faicte par le sieur de Salles, à ces causes nous vous mandons et très expressément commandons que vous n'aiez à loger ne souffriez estre logez aulcuns gens de guerre en sa mayson de l'Argentiere ; laquelle mayson nous avons exempté et exemptons par ces présentes de toute garnison, et le dict Salviate et les siens et serviteurs avons pris et mis, prenons et mectons sous nostre protection et saulvegarde, et affin que n'en prétendiez cause d'ignorance, et, pour plus d'asseurance de ceste nostre bienveillance, nous luy avons permis et permectons mectre sur le pourtaut de sa dicte mayson noz armes et pannonceaulx ; en tesmoing de quoy nous avons signé ces dictes présentes et faict sceller du scel de noz armes. A Sainct Maixent le vingtiesme jour de septembre l'an mil cincq cens soixante et douze. Du Lude.

Par mon dict seigneur. Chabot.

---

109. — 28 septembre 1572. — Lettre de M. du Lude au roi Charles IX.(*Arch. hist. de la Saintonge et de l'Aunis*, IV, 298, d'après l'orig. de la bibl. de Saint-Pétersbourg.)

Sire, Je ne doubte point que Monsieur de Byron n'ait bien au long tenue advertye Vostre Majesté de l'estat de son voiage, et comme les Rochelays ne luy ont si librement voulu permettre l'entrée de la ville qu'il pensoit. Et pour ce que peult estre n'en sçayt au vray l'occasion, et l'ayant descouverte par gens qui en sont sortis puys deux jours, je n'ay voulu faillir envoyant vers Vostre Majesté ce gentilhomme pour luy faire entendre l'estat des affaires du païs de Poictou, par mesme moien la tenir advertye de la mauvaise intencion des Rochelays, leurs comportemens, l'estat de la ville, et comme elle est composée et disposée plustost à rebellion que obéissance, ce que j'ay tousjours estimé qu'elle feroit. Par quoy, me semble, Sire, que la temporisation vous estant, comme il est, de périlleuse conséquence qu'on la doibt borner pour cest hyver, et selon le langaige qu'ilz parleront vous la pourrez traicter soit par doulceur, ou par rigueur ; ayant à ce gentilhomme porteur donné quelques mémoires contenant plus amplement mon advys là dessus, je n'en feré à Votre Majesté ceste cy plus longue si n'est pour supplier Dieu, etc.

Nyort, ce 28ᵉ septembre 1572 [1]. Guy de Daillon.

---

110. — 3 novembre 1572. — Marché passé, en présence du comte du Lude, entre le sʳ de Beaulieu, général des vivres et munitions, et Amaury Bourguignon, pour l'approvisionnement du camp et armée du roi devant la Rochelle. (Fonds fr. 4554, f° 102.)

Articles des conditions et accordz faitz et passez soubz le bon plaisir du Roy, en la présence de monsieur le comte du Ludde, lieutenant général pour Sa Majesté en Poittou, du sieur de la Frézeliere, chevalier de l'ordre, lieutenant dudit sieur comte du Ludde, du sieur de la Haye, lieutenant général sur le fait de la justice en la sénéchaussée de Poittou, de monsieur Jacques Laurens sieur de la Chaignaie, lieutenant général de la justice au siège de Nyort, entre le sieur de Beaulieu, chevalier, conseiller du Roy et général des vivres et munitions de son royaume, assisté du sieur de Brinay, monsieur Michel Charles aussi conseiller dudit sieur et contrerolleur général des vivres et munitions de ses camps et armées, d'une part ; Et Amaulry Bourguignon sieur de la Barberie [2] demourant à Sevreau près ledit Nyort, et Jehan de la Porte, marchant, demourant en la ville de Sᵗ Maixent, d'autre.

Premièrement :

Que lesdits Bourguignon et de la Porte ont promis et

---

1. Voir la réponse du roi à M. du Lude, en date du 4 octobre 1572, dans les *Arch. hist. du Poitou*, XII, 317.
2. Amaury Bourguignon, maire de Niort en 1565 et 1584, fut munitionnaire général de l'armée royale en 1569, 1572 et 1579. (*Dict. hist. des fam. du Poitou*, 2ᵉ éd., I, 696.)

promettent fournir durant six mois à commencer quinze jours après la réception des deniers qui leur seront baillez par advance ou tel autre jour subséquent qui leur sera ordonné n'estant plus brief que de quinze jours, la quantité de trente mil pains entre bis et blanc composé par tiers esgaulx de froment, seigle et orge, du poix de quatorze onces en paste et de douze onces cuyt et rassis.

Trente pipes de vin contenant chacune trois cens soixante pintes, mesure de Nyort qui est un peu plus grande que celle de Paris. Vingt mille livres de chair de bœuf. Le tout par chacun jour durant les dits six moys. Et seront tenuz les randre et restituer dans le camp et armée de Sa Majesté, près de quatre lieues alentour de la Rochelle, et non ailleurs, à prendre lesdites quatre lieues du lieu de Marans sans que Sa Majesté soit tenue d'autres frais ne déchetz que de l'assistance des clercz des vivres pour leur faire délivrer les récépicez du prévost et des sergens de bandes ausquelz ilz auront délivré leurs vivres de munition.

Et où, par abondance de marchans volontaires ou quelque autre occasion que ce soit, icelluy sieur général des vivres leur ordonneroict par quelques jours ou par quelque temps ne fournir pas la quantité cy dessus, lesditz marchans seront tenus faire compensation de ce qu'ils auront moins fourny, s'il leur est ordonné par ledit sieur général, en les advertissant six jours devant de l'augmentation qu'il demandera, sans toutefois qu'ils puissent prétendre aucuns dommages et interestz pour n'avoir pas durant ledit terme de six mois délivré tout ce qui leur est cy dessus ordonné par chacun jour. Et, moyennant ce que dessus, icelluy sieur de Beaulieu, général, leur a promis, soubz le bon plaisir de Sa dite Majesté, que, en baillant par eux lesditz vivres aux prévostz ou sergens de bande, l'un de ses clercz ou commis leur fera délivrer par chacun desditz prévost ou sergens ung récépicé de la délivrance de leur munition signé d'eulx ou d'icelluy commis pour celluy d'eulx qui ne pourra signer ou pour leur reffuz ou difficulté que feront lesdits sergens de signer. Et le lendemain iceulx sergens ou prévost seront tenus apporter l'argent et payer en deniers comptans entre les mains desdits marchans ou leurs facteurs les sommes contenues en leurs récépicez avant que leur soit délivré autre munition,

Assavoir :

Pour chacun pain du poix cy dessus, neuf deniers tournois, et pour chacune livre de chair de bœuf poix de marc, deux solz. Et pour pinte de vin dixhuicts deniers tournois, sans toutesfois que iceulx marchans ne leurs facteurs soient tenuz de débiter le vin pinte à pinte ne la chair livré à livre, ains seullement ausditz prévostz ou sergens la pipe de vin en pièce entière bien remplye qui sera prinse pour ladite quantité de trois cens soixante pintes, l'essay préalablement fait pour le mesurage d'une pour toutes qui sera choisye par ledit sieur général ou lesditz prévostz ou sergens avec l'un desditz commis dudit sieur général, et le bœuf par quartiers ou piece entière contenant la quantité qui leur sera ordonné fournir pour chacune compagnie par l'estat dudit sieur général, et desquelles fournitures et distributions qui leur sera faites lesditz clercz en bailleront par chacun jour audit contrerolleur estat pour en estre par luy faict et tenu registre général, affin d'y avoir recours quand il en sera de besoing pour, après l'affaire cessé et la retraicte de l'armée, le présenter à messieurs du trésor et icelluy veu le porter et mettre en la chambre des comptes à Paris ainsi qu'il est accoustumé. Pour raison de quoy et en considération de la diligence et labeur desditz prévost et sergens et de la distribution plus particulière qu'ils en feront et pour en faire les deniers bons et rapporter iceulx le lendemain en la forme susdite, leur sera payé par iceulx marchans pour tous droictz les quatre deniers comme il est accoustumé. Et pour coupper chemin aux difficultez qui pourroient tumber sur les subsides, droits ou impositions que toutes personnes quelles qu'elles soient pourroient prétendre et demander sur la fourniture desditz marchans, soict pour leurs peaulx de bœuf qu'ilz feront tuer pour leur munition ou quelque autre droictz que ce soict, ilz ne seront tenuz d'aucuns autres droictz que lesditz quatre pour cens cy dessus, ains par le présent contract ils en sont du tout deschargez, mesme de l'imposition de quinze solz pour tonneau dont, en tant que besoing seroict, leur sera baillé déclaration particullière. Sera en outre déduict et alloué ausditz marchans entreprenans la perte qui se pourroict faire de leur munition, soict par violence de guerre soict par mer ou par terre, pourveu que auparavant leur entreprise de descente par mer ilz en ayent advisez ledit sieur général pour leur faire bailler escorte, selon qu'il advisera estre nécessaire, ou leur faire autre déclaration que la nécessitez de la guerre apportera, sans toutesfois que pour telles pertes ou reffuz de descentes, pour l'incommodité qui en pourroict estre alors, la fourniture cy dessus promise puisse estre différée ne retardée.

Fera ledit sieur général ordonner ung prévost ou son lieutenant avec huict ou dix archers pour leur tenir main forte et assister en ce qui leur sera nécessaire pour l'exécution de leur dite charge, aux fraiz et dépens du Roy.

Davantage, pour donner ausditz marchans le moyen de pouvoir satisffaire à leur entreprinse, selon les pris accordez cy dessus, leur sera permis de pouvoir dès à ceste heure prendre des bledz et des vins quelque part qu'ils en puissent recouvrer, au pris des cours des présens marchez, pourveu qu'ils les acheptent dedans six sepmaines, et, icelles passées, les prendront au pris commung des deux précédans et derniers marchez qu'ils achapteront lesditz blez et vins, réservé toutefois la nécessité des familles ; et, quant aux bœufs, ils les pourront prendre semblablement à pris raisonnable et de gré à gré où ils en trouveroient, sans toucher aux bœufs nécessaires pour le labourage.

Pour l'exécution desquelz amas et fournitures de vivres, charroy et voiture, mélange et cuisson leur seront délivrez toutes commissions et contrainctes requises par le Roy, s'il est besoing; et cependant par lesditz sieur comte et les dessus nommez en toutes les assistances dont ils auront besoing. Pourront cepandant iceulx marchans et leursditz commis, par vertu de la commission généralle dudit sieur comte, attendant celle du Roy, user de saisine et arrest et faire assembler lesditz bledz, vins et bœuf ès lieux qui leur seront les plus commodes, selon l'ordre et en la forme et maniere que dessus est dict.

Et pour éviter aux abus qui se pourroient faire en plus grande levée de munition que la quantité qui est ordonnée pour ladite fourniture dont il adviendroict nécessité au pays, attandu la stérillité de l'année, pour le proffict particullier du marchant qui auroict permission et pouvoir d'en faire assembler soubz telle coulleur pour le revendre bien chèrement, puis après, lesditz marchans seront tenuz bailler audit sieur général tous les moys ung estat au vray de la quantité qu'ils auront levée contenant les noms des personnes et lieux auxquelz ils l'auront prinse, sur les peines ordonnées pour la concussion, en cas qu'ilz se trouvent y avoir abuzé. Et affin que la nourriture desdictz gens de guerre soit toujours certaine et asseurée dans les magazins et n'en puissent avoir nécessité, iceulx marchands munitionnaires seront tenuz représenter audit sieur général ses commis ou le contrerolleur, dès le premier jour de leur fourniture, les vivres nécessaires de chacune espèce pour la nourriture de ladite armée durant ung moys entier et de continuer tous les quinze jours pareille monstre et représentation pour ung moys entier lors ensuivant.

Feront aussy le semblable pour les chevaulx de charge, de charroy, batteaulx et équipage requis et nécessaire pour le transport et voycture des vivres qui seront menez et distribuez ausditz gens de guerre par chacun jour.

Et d'autant qu'il seroict malaizé ausditz marchans de faire assembler et asseurance de toute la quantité requize et nécessaire pour ladite fourniture et entreprinse sans bailler erres et avances à ceulx desquelz ils prendront lesditz vivres, icelluy sieur général leur a promis au nom que dessus de leur faire fournir par avance la somme de quarante mille livres tournois et icelle rendre et restituer au Roy ung mois après les six mois de leur administration ou de les précompter sur leur fourniture, s'il leur estoict demouré quelque chose en restat et debet, pourveu que lesditz restat ou debet ne soit par leur faute ou négligence. Seront aussy lesditz Bourguignon et Laporte, leurs commis et facteurs ordonnez à l'exercice de leur charge exemptz de tous loyers ou contributions de gens d'armes et autres charges publicques pour le temps qu'ilz y vaqueront; seront leurs dites maisons, biens et familles mis en la protection et sauvegarde du Roy, et à ceste fin leur en seront baillées lettres nécessaire avec permission d'y mettre les panonceaulx ès portes principalles entrées de leurs maisons, avec pouvoir auxditz marchans et commis de porter armes pour la seureté de leurs personnes, à la charge qu'ilz seront responsables de leursditz commis.

Le tout faict, convenu et accordé soubz le bon vouloir et plaisir du Roy, comme dict est, ce que ayant pour agréable et après la ratification dernière faite et expédiée lesditz Bourguignon et de La Porte ont promis et promettent, lorsque la délivrance et payement de la dite somme de quarante mille livres tournois leur sera faict, bailler bonnes et suffisantes caultions et certifications par devant les lieutenants et officiers de la justice au dit Nyort, tant pour la restitution de la dite somme de quarante mille livres en fin des dits six moys, que pour l'accomplissement et entretènement des clauses et conditions portées et déclarées cy-dessus. Lesquels articles cy dessus ont esté leuz et accordez par les ditz sieur général au dit nom, les ditz Bourguignon et de La Porte, en présence des mes ditz seigneurs le comte du Ludde, de la Frézellière contrerolleur, de La Haye conseiller du Roy et lieutenant général en Poittou, Laurens lieutenant au siège de Nyort, lesquelz ditz sieur général au dit nom, Bourguignon et La Porte pour ce présens et personnellement establiz en droict en la cour du scel estably aux contractz à Nyort pour le Roy nostre sire et reyne d'Escosse douairière de France, ont promis iceulx entretenir et observer de poinct en poinct sans y contrevenir et ce faire garder et accomplir inviolablement ; les ditz Bourguignon et de La Porte chacun d'eulx seul et pour le tout, renonçant au bénéfice de division, de discution et d'ordre, ont obligé tous et chacuns leurs biens présens et futurs quelsconques et outre leur personne à tenir prison, renonçant comme dessus et à toutes autres choses à ce contraires ; et le dit sieur général promet l'entretenir sous le bon plaisir du Roy, ce que les dites parties respectivement ont gréé, stipulé et accepté, dont de leur consentement et à leurs requestes elles ont été jugées et comdempnées par le jugement et condamnation de la dite cour par nous Laurens Gorrin et Mathurin Jamart, notaires tabellions royaux jurez d'icelle. Fait et passé à Nyort le lundi troiziesme jour de novambre l'an mil cinq cens soixante et douze. Signé en la minutte, Guy de Daillon, Philippe Frézeau, Charles Bourguignon et de La Porte. Signé Gorrin et Jamart.

111. — 12 décembre 1572. — Lettre du duc d'Anjou à M. du Lude.
(D'après l'original.)

Monsieur le conte, Le Roy monseigneur et frère a receu très grand plaisir d'entendre que aiez si heureusement exécuté l'entreprinse de Marans[1] et du bon debvoir que y ont faict les six compaignies que vous avez, lesquelles pour ceste occasion il s'est deslibéré entretenir et faire paier de ce qui leur peult estre deu. Il s'asseure que, puis que avez si bien commancé, il aura souvent de voz nouvelles, vous congnoissant si affectionné au bien de son service que ne laisserez passer aucune occasion sans employer les forces que vous avez, en attendant que toute l'armée se puisse rendre par de là, priant Dieu, Monsieur le conte, vous avoir en sa sainte garde. Escript à Paris le xiie jour de décembre 1572.

Vostre bon amy. HENRY.

A Monsieur le conte du Lude, chevalier de l'ordre du Roy monseigneur, conseiller en son conseil privé, gouverneur et son lieutenant en Poictou.

---

112. — 15 mai 1573. — Lettre du duc de Montpensier au duc d'Anjou. (*Documents inédits sur l'hist. du Languedoc et de la Rochelle après la Saint-Barthélemy*, par Loutchitzki, p. 61.)

Champigny 15 may 1573.

AU DUC D'ANJOU.

Monseigneur, M'ayant depuis mon arrivée en ce lieu esté rapporté que, nonobstant le commandement qu'il vous avoyt pleu faire aux officiers de Chastellerault d'informer des presches et conventicules de la nouvelle opinion faites en la dicte ville et ressort d'icelle depuis les deffenses que le Roy en a faict publier et procéder à l'encontre des auteurs d'icelles, sellon qu'il est porté par ses ordonnances,

---

1. Dans les premiers jours de décembre 1572, le comte du Lude, de concert avec Biron, avait occupé Marans et quelques autres petits châteaux, investissant peu à peu la Rochelle dont on allait entreprendre le siège. (*Histoire universelle*, par d'Aubigné, éditée par de Ruble, t. III, p. 377.)

ils permettoient non seullement de les faire, mais aussi y prestoient faveur et consentement, je m'estoys despesché de leur en escripre de façon qu'ils ont assez peu juger que je n'estoys pour endurer si près de moy ung tel mépris des volontés et intentions de Sa Majesté et de vous, m'asseurant que j'en seroys bien advoué et de l'ung et de l'autre. Mais ils sont venus et en particulier le lieutenent, accompagné des eschevins qui m'ont monstré un procès verbal et information de la dite recherche où il ne se trouve aulcune chose de contenu en une accusation, et oultre protesté qu'ils ne le vouldroient nullement du monde permetre, mais au contraire empescher de tout leur pouvoir, avec promesse de tenir tres estroictement la main (comme je les en ay priés) de remédier à telles et telles entreprises, si quelques ungs s'advancent tant que de les faire, qui me font croire qu'il n'est rien du dit rapport, de quoy je n'ay voullu faillir à vous advertir tant pour mon debvoir que pour la descharge des dits officiers. Et m'asseurant qu'il vous plaira bien m'en croire, je supplieray en cest endroict Nostre Seigneur vous donner, etc.

Vostre très humble et très obéissant subject et serviteur. Montpensier.

---

113. — 18 mars 1574. — Lettre des maire et échevins de Poitiers au roi Charles IX. (Fonds fr. 15559, f° 17.)

Sire,

Le seigneur de Chamonceaulx nous a présenté vostre commission du iiiie du présent pour commander au chasteau de ceste vostre ville de Poictiers, fondée sur ce que celluy qui y estoit auparavant [1], en avoit esté desmis pour son mauvais devoir et qu'il n'y avoit aucun chef ny capi-

---

1. C'était le s^r de la Ménardière. (*Arch. hist. du Poitou*, XII, 348, 349.)

taine, combien que dès le xxviii⁰ de novembre dernier monseigneur de Montpensier, pour quelques assemblées et intelligences secrettes qui avoient été remarquées en vostre ditte ville de Poictiers, auroit pris occasion de s'y transporter pour pourvoir à ce que les dites intelligences ne tournassent contre le bien du service de Vostre dite Majesté et repoz de voz bons subjectz. Et cognoissant que l'exécution des dites entreprises ne se pouvoient mieulx empescher que d'asseurer le chateau de la dite ville à la dévotion des habitans d'icelle, nous auroit commis la garde du dit chasteau, attendant que par Vostre dite Majesté ou monsieur le comte du Lude vostre lieutenant général en ce comté de Poictou, en fust aultrement ordonné ; que despuis, le dit comte du Ludde, par l'advis et commung accord de nous tous, auroit commis à la garde de la dite place le sʳ de Courcelles avecques bon nombre de soldats, lequel se seroit si bien et si fidellement comporté à la conservation d'icelle qu'il l'auroit bien et soigneusement gardée contre ceulx qui s'en seroient voulu emparer[1]. Et encores despuis ces derniers remuemens aurions renforcé la garde du dit chasteau de l'un de nos eschevins et de quinze hommes des habitans de vostre ville, choisiz et esleuz, le tout entretenu à noz fraiz et despens jusques à présent. Aussy, Sire, il vous plairra considérer que oudit chateau il y a un capitaine en chef ordonné par Vostre Majesté pour y commander qui est le sʳ de Vivreaux d'Alègre[2], lequel auroit déclaré au sʳ comte du Lude et à nous qu'il auroit pour agréable celui qui seroit ordonné et estably par le dit sʳ comte du Lude, par nostre advis et volunté, pour la nécessité qui se présente, vous suppliant, Sire, très humblement vouloir maintenir en la dite place le dit

---

1. Il est fait ici allusion à la tentative avortée de la Haye sur le château de Poitiers, dans la nuit du 24 février 1574. (*Arch. hist. du Poitou*, XII, 355.)
2. Gaspard d'Alègre sénéchal de Poitou en 1574.

sʳ de Courcelles, et luy bailler et aux soldatz moyens d'eux entretenir pour la conserver, n'ayant de nostre part aulcun pouvoir d'y satisfaire, pour les pertes et calamitez qu'avons souffertes et souffrons à l'ocasion des troubles, suppliant le Créateur, Sire, maintenir Vostre Majesté en perpétuelle félicité. De vostre ville de Poictiers, ce xvɪɪɪᵉ mars 1574.

Vos très humbles et très obéissants subjectz et serviteur. Les maire et eschevins de Poitiers.

---

114. — 11 avril 1574. — Lettre du duc de Montpensier à M. du Lude (*La Gâtine historique et monumentale*, par B. Ledain, p. 260, d'après l'original de sa collection.)

Mon cousin, A ce que je veoy par votre avertissement, le groz des trouppes de noz ennemys n'est pas si près de nous comme j'avoys pensé, qui me faict croire, puisqu'ilz m'ont donné tant de loisir, que bientost je seray si près d'eulx que j'auray moyen de les combatre. Les forces que j'attandoys tous les jours pour cest effect se sont desja si bien avancées que je puys surement marcher droit à eulx dedans deux jours. Il est vray que j'eusse esté très aise d'avoir premièrement communiqué avecq vous, car, non seullement mon chemyn en pouroyt estre myeulx et avantageusement dressé, mais aussi nous donnerions ordre d'empescher ceulx qui tiennent Fontenay et Luzignen de ne s'estandre pas sur le plat pays, comme ilz font. Je ne vous en veulx plus presser pour l'assurance que j'ay que vous viendrez au plus tost qui vous sera possible. Cependant je ne veulx faillir de vous dire que j'ay chargé le capitaine Guymeniere qui est icy avecq cent harquebuziers (comme il m'a asseuré) de vous aller dès demain trouver, et que messʳˢ de Lavauguyon, Bourdeilles, Ponpadour et le jeune des Cars ont telle et si bonne intelligence avecq moy qu'ilz se trouveront à point nommé au lieu où je leur manderay.

Nous avons de deux jours en deux jours nouvelles les ungz des aultres. Priant Dieu vous donner, mon cousin, l'accomplissement de vos desirs. De Partenay, ce jour de Pasques au soir xi⁰ jour d'avril 1574.

Voustre plus affectionné cousin et parfait amy. Loys de Bourbon.

Mon cousin monsʳ le conte du Lude, chevalier de l'ordre du Roy, gouverneur et lieutenant général pour Sa Majesté en Poictou.

---

115. — 5 juillet 1574. — Lettre de René de Rohan à M. de Boisseguin. (Fonds fr. 20528, f⁰ 70.)

Monsieur de Boisseguin, Il me semble que puisque le seigneur de Gadaigne [1] vous a faict entendre la suspension d'armes [2] qu'il m'a bailhé en passant, soubs le seing de monsieur le comte du Lude, qu'elle devoit aussitost estre publiée en vostre ville comme elle a été en ceste cy, démontrant ainsy que nous faisons l'affection que chacun doibt porter à la tranquillité de ceste province. S'il y a entre vous quelque secrette intelligence eslongnée du reppoz que tous gens d'honneur serviteur de la couronne doibvent désirer, ceulx de la religion ne lairont pour cella de tendre tant qu'il nous sera possyble nos effectz conformez à toutes promesses qui sortiront de nous, et de ma part je tiendray tellement la main à l'entretènement de ladite suspension d'armes que chacun ira et viendra de ce coté aussy seurement et librement qu'il a faict auparavant la prinse d'icelle, vous asseurant bien que les vingtz beufz et bledz dont m'escripvés nous estre amenez en ceste ville [3]. Il y a

---

1. L'abbé Jean-Baptiste de Gadagne, chargé par Catherine de Médicis de négocier la paix avec les chefs protestants à la Rochelle.
2. Suspension d'armes de 12 jours, publiée le 2 juillet en plusieurs lieux. (Arch. hist. du Poitou, XII, 383.)
3. Lusignan, qui avait été surpris par les protestants le 24 février précédent.

eu telle vigilance depuis que je y suis et mesmement pour le bestail qu'il a été toujours rendu et le soldat pugny par bannissement et perte de ses armes. Mais jusques à ce qu'on ayt satisfait aux deniers promys par le sr de Gadaigne pour la paye d'aulcuns soldatz qui ne sont appoinctez, il sera malaisé de leur pouvoir empescher la recherche de leur vye. Voyla, Monsieur de Boisseguin, ce que je puis vous respondre pour ceste heure, me recommandant bien fort à vostre bonne grâce je vois supplier Dieu vous donner, Monsieur de Boisseguin, sa saincte et digne grâce. De Luzignen ce cinquiesme jour de juillet 1574.

Vostre entièrement plus affaictionné et serviable amy.
RENÉ DE ROHAN.

---

116. — 7 juillet 1574. — Lettre de René de Rohan à M. de Boisseguin. (Fonds fr. 20528, f° 71.)

Monsieur de Boisseguin, Depuis vous avoir ce matin escript comme j'avoys fait publier en ceste ville la surséance d'armes qui m'a esté envoyée sous le seing de monsieur le comte du Lude, j'ay entendu que samedy dernier aulcuns soldatz de vostre garnison tant de Poictiers que de Chasteau l'Achier ont dévalizé le sr de Puyras se retirant d'icy, suivant ladite surséance, pour aller en sa maison et luy ont hosté ung de ses chevaulx, deux cuirasses, ses pistollez et huict escuz, de quoy je vous ay bien voullu advertir et vous donner les noms et demeures desditz arquebuziers, affin que, si vous entendez que nous demeurions régletz soubz ladite surséance, vous faciez, comme je vous en prie bien affectueusement, rendre et faire renvoyer icy toute la perte dudit sieur de Puyrasou, sans mettre ses amys en peyne de rechercher des représailles sur tel qui n'aura peut estre commis le mal, vous asseurant bien, Monsieur de Boisseguin, que, si de vostre costé vous commancez à fère ceste restitution et chastier les troubleurs de reppoz, que, où il s'en trouvera du myen, je y pourvoieray de telle façon qu'il ne restera moyen à ceulx là de retourner au mal, car je les rendray sans puissance d'en pouvoir jamaiz fere. Cependant je desirerois bien sçavoir ceux qui ont prins le bestail, vin et blé que m'avez mandé, en quelle part le tout a été mené, comme il est bien aizé d'aprendre par les païzans qui ont conduict les charrettes, pour fere restituer ledit bestail, et partie du vin et blé, voire, le tout, s'yl m'est possible. Sur ce, je me recommanderay bien affectueusement à vostre bonne grâce, suppliant Dieu vous donner, Monsieur de Boisseguin, en saincte grâce bonne et longue vie. De Luzignen, ce viie juillet 1574.

Vostre plus affectionné et obéissant amy. RENÉ DE ROHAN.

---

117. — 27 juillet 1574. — Lettre des habitants de Civray à M. de Boisseguin. (Fonds fr. 20528, f° 84.)

Monseigneur, Nous sommes bien marriz que plustost n'avez peu mettre ordre à ce qu'il vous pleust dire à vostre procureur de mander à monsieur du Magnou ; mais sitost que ceulx qui tenoient ceste pauvre ville furent deslogez [1], qui fut hier à quatres, nous envoyasmes par devers ledit sieur de Magnou, qui incontynant s'achemina en ceste ville et vint jusques près Saint Père et fusmes d'advys de lui envoyer au devant parce que partie du bagage retourna et nous dirent ceux qui le conduysoient que la compagnie retournoit, qui nous myt encore en alarmes et effroy parce que presque tous nos concitoyens estoyent absent et ne s'estoyent vollu trouver à la deslogée ; ce qui estoit demeuré de nous a faict la garde toute la nuict et voyant qu'il ne retournoit point avons mandé le dit sieur, qui est

---

1. Il s'agit là sans doute de la surprise de Civray par les protestants, faite malgré la trêve, et dont parle le duc de Montpensier, dans sa lettre du 15 juillet 1574, à M. du Lude. (*Arch. hist. du Poitou*, XII, 388.)

avec nous auquel nous obeyrons en ce qui luy sera mandé et commandé et espérons faire si bien que sera oubliée la faulte qu'on nous impute qui ne vient de nous et n'y pensasmes oncques, comme avez peu estre adverti par vostre procureur et aultres. Ceulx qui ont faict ladite faute et quy nous ont presque ruynez s'en fussent bien passez et vous pouvez asseurer que ne leur voullons point de bien et espérons qu'il y estoit pourvu par vostre bon moyen et service, et vous supplions tous, Monseigneur, nous remettre en vos grandes grâces, faveur et amitié, comme estions cy devant, et en la protection et sauvegarde de Sa Majesté, et nous serons de plus en plus obligez à vous faire humble et obéissant service et à prier Dieu pour vostre prospérité et de tout qui dépend de vous et principallement de Madame laquelle nous sçavons fort courroussée et non sans cause, mais nous la supplions que son courroux ne s'estende que contre ceulx qui ont causé les malheurs par leur mallice et pensant estre plus fortz et soulagez, dont ilz ont bien congneu le contraire.

Mondit sieur Maignou vous escript de ce qui a esté levé qui se peult monter en tout bien dix huict cens livres tournois ; leur cause ne s'enrichira guères, car leurs soldatz ont eu presque tout.

Nous, faisons continuer la clousture [1], comme il vous en escript, mais nous ne pouvons plus aller, tant parce que nous n'avons plus d'argent que ne trouvera plus moyens d'en recevoyr ; si ferons nous tous tout ce que nostre petite puyssance pourra pourter, et, si pouvons avec quelque puyssance et mandement de lever quelques quatres ou cinq cens livres, nous paracheverons avec ce que nous pourrons faire nous mesmes. Nous nous remet-

---

1. Les habitants de Civray, par délibération du 4 juillet 1574, avaient décidé l'aliénation de certaines rentes pour l'achèvement de leurs fortifications. (*Notes historiques sur Civrai*, par Léon Faye, p. 453, 454.)

tons du tout à vostre provydance et suffizance, et en cest endroit saluons bien humblement vos bonnes grâces et celles de Madame, et pryons Dieu, Monseigneur, vous donner ce que désirez. De Civray ce mardi au soir 27ᵉ juillet (1574).

Voz très humbles et très obéissants serviteurs à jamais. Les habitans de Civray.

Monseigneur,

Monseigneur de Boisseguin [1], chevalier de l'ordre du Roy, lieutenant et gouverneur de Sa Majesté en la ville de Poitiers.

---

118. — 5 août 1574. — Lettre du duc de Montpensier aux maire et échevins de Poitiers. (Reg. 42 des délib. du corps de ville, p. 38.)

A MESSIEURS LES MAIRE ET ESCHEVINS DE LA VILLE DE POICTIERS.

Messieurs, Ayant besoing de m'aider promptement de trois canons qui sont en vostre ville, pour le moins de deux si le troisiesme est....., comme l'on m'a faict entendre, et recouvriraussi une paire de rouhes à canon pour remonter quelques ungs de ceulx que j'ay avec moy, j'ay advisé d'envoyer de par delà ce porteur, l'un des officiers de l'artillerye de ceste armée, pour y faire pourvoir et advancer le tout à la plus grande dilligence que faire se pourra, en quoy parce qu'il aura besoing de vostre secours, ayde et assistement, ensemble des artizans de vostre ville, je vous prie y tenir la main et employer de telle affection tous vos moyens qu'il n'en vienne aucun retardement au service de Sa Majesté. Donnez aussi ordre de faire provision jusques à

---

1. Jean Jay, sʳ de Boisseguin, gouverneur de Poitiers, devint sénéchal de Civray en 1583.

la quantité qu'il en fauldra pour faire cent mille pains, affin que lorsqu'il en sera besoing j'en puisse estre promptement fourni, attendant qu'il en soit recouver d'ailleurs. Vous cognoissez tous en général et particulier combien l'exécution de tout ce que dessus est important et nécessaire et en quel inconvéniant et désadvantage tomberont les affaires de Sa Majesté s'il n'estoit promptement et dilligemment satisfaict à tout ce que dessus. Voilà pourquoy je me tiens tout asseuré que vous y travaillerez tous de très bon courage, et néantmoings vous en prie comme de chose qui vous importe grandement et que j'espère qui réussira à vostre soulagement et repos, aydant Dieu que je supplie vous donner, Messieurs, sa saincte et digne grace. Du camp d'Oyrvault ce v° d'aoust 1574.

Le bien fort vostre. LOYS DE BOURBON.

---

119. — 8 août 1574. — Lettre du duc de Montpensier aux maire et échevins de Poitiers. (Reg. 42 des délib. du corps de ville, p. 39.)

A MESSIEURS LES MAIRE ET ESCHEVINS DE LA VILLE DE POICTIERS.

Messieurs, M'estant le receveur général Garrault venu trouver en ce lieu j'avois opinion qu'il me deust apporter nouvelles de l'estat auquel estoient les trois canons qui sont en vostre ville et le moyen qu'avez de les faire amener en ceste armée, comme je vous ay cy devant escript. Touteffois, à ce qu'il m'a dict, vous n'aviez pas encores receu mes lettres lors de son partement, tellement qu'il ne m'a sceu rendre raison de vostre volonté ne l'espérance que je doibtz prendre de vostre secours en cet endroict ; et pour aultant que c'est chose qui requiert une extresme dilligence et qu'oultre le dommage du pays le retardement de la dite armée qui ne peult marcher sans cela apporteroit beaucoup de dommage et préjudice aux affaires de Sa Majesté, j'ay advisé de le vous renvoyer tout incontinent et vous prie par luy, Messieurs, faire tant de devoir en tout ce qui regarde le radouer du charroy de l'artillerye que, quand je seray en ce lieu pour l'envoyer quérir, elle soit preste de partir à toute heure, aultrement, comme j'ay dict plus particulièrement à ce porteur, force me sera de séjourner en tel lieu que le dégast qui en seroit par les gens de guerre apporteroit ung incroyable dommage à tous iceulx de vostre ville, duquel désirant vous soulager je vous reprye encores ung coup, Messieurs, satisfaire promptement à ce que je vous ay mandé et me faire entendre au plustost de vos nouvelles, attendant lesquelles je voys prier Dieu vous donner l'accomplissement de vos désirs. Du camp d'Oyrvault ce viiie aoust 1574.

Vostre bien bon amy. Loys de Bourbon.

---

120. — 3 septembre 1574. — Lettre du duc de Montpensier aux officiers de justice, maire et échevins de Poitiers. (Reg. 42 des délib. du corps de ville, p. 56.)

A Messieurs les officiers de la justice, esleuz pour le Roy Monseigneur, le Maire et eschevins de la ville de Poitiers.

Messieurs, Voyant la grande difficulté en quoy j'estoys pour recouvrir les vivres nécessaires pour la nourriture de ceste armée, par faulte d'estre secouruz d'argent, et qu'à ceste occasion elle estoit sur le poinct de se rompre et débander premier que d'estre encores bien assemblée, j'ay esté contrainct de sommer par paroles et remonstrances aulcuns des principaulx habitans des villes de deçà me donner moyens et inventions pour l'entretenir, lesquelz ayant mis ce faict en délibération ont esté d'advis de faire et passer marché avec Amory Bourguignon s^r de la Barberye pour fournyr le pain et vin nécessaires pour la nourriture durant deux moys et demy, moyennant la somme de xviii^m ii^c lxxvii^l vi qui luy sera payée pour la plus valleur des dits pain et vin, outre ce que le soldat en paye, laquelle somme il a esté advisé par les seigneurs chevaliers et capitaines et conseil de ceste dite armée estre levée, à sçavoir ung tiers sur le clergé des éveschez de Poictiers, Angolesme, Xainctes, Maillezais et Lusson, et les deux aultres tiers sur les eslections du dict Poictiers, Angoulesmes, Xainctes, Sainct Jehan d'Angély, Nyort, Fontenay le Conte, Sainct Maixant, Thouars, Chatellerault, le Blanc, Bourganeuf, suyvant lequel advis il a esté faict département et par icelle vostre eslection cottizée à la somme de vii^m vi^c liv. laquelle je vous prie asseoir et esgaller en la plus grande dilligence que faire se pourra sur tous et chacuns les manans et habitans des villes et paroisses de vostre eslection, exemptz et non exemptz, privilégiez et non priviléglez, et ce suivant et en vertu de la commission que je vous envoye ; et m'asseurant que ne fauldrez d'y satisfaire incontinant comme de chose qui importe grandement le service de Sa Majesté, je ne vous feray plus longue lettre que de prier Dieu vous donner, Messieurs, sa saincte et digne grace. Du camp de Bousse près Fontenay le Conte, ce iiie septembre 1574.

Le bien fort vostre, Loys de Bourbon.

---

121. — 24 octobre 1574. — Lettre du duc de Montpensier aux prévôt et échevins de Paris. (Reg. du bureau de la ville de Paris, t. VII, p. 215.)

Messieurs,

Ayant assemblé jusques à environ soixante milliers de pouldres, tant de celles dont il vous avoit pleu me secourir que de tous les autres endroictz où j'avois peu en recouvrer, je pensois que cella seroit suffisant pour avoir la raison du chasteau de Luzignan que je tiens assiegé. Toutesfois, encores que je y aye faict tirer jusques à quatre ou cinq mil coups de canon, je ne congnois poinct qu'il y ait moyen de le pouvoir prendre d'assault, pour la grande forteresse dont il est composé et l'oppiniastreté de ceulx de dedans, si non qu'il y en soict encores tiré presque aultant.

Et pour ce que laditte place est de telle importance que de la reduction d'icelle deppend la liberté de toute ceste province, dont il ne fault pas aussy s'attendre de recevoir les deniers des tailles et autres subcides du Roy Monseigneur, qu'elle ne soit premierement mise en son obéissance, et que je suis résolu de ne lever ce siège que je ne l'y veoye réduitte : ce qui m'est impossible fere, sans ung nouveau secours desdittes pouldres, je n'ai sceu à qui m'adresser mieulx que à vous pour le recevoir.

A ceste cause, je vous prie, Messieurs, m'en voulloir encores faire ayder de trente ou quarente milliers, soye de celles de l'arcenac du Roy ou bien des magazins de vostre ville, ou de celles que Sa Majesté m'a mandé qu'elle me feroit venir de Picardye ; mais d'aultant qu'il n'y a rien sy requis en cecy que la dilligence ne aussy de plus préjudiciable que la longueur, tant par ce que ce pendant noz ennemis se pourront fortiffyer, que pour la foulle et oppression du pauvre peuple, je vous prie encores une foys, Messieurs, de toute la plus grande affection qu'il m'est possible, me voulloir fere et moyenner ce secours en toute la plus extrême dilligence que faire se pourra, envoyant ce pendant en mon gouvernement de Bretaigne pour en recouvrer pareille quantité, sy elle s'y peult trouver.

Je n'eusse tant demouré à vous remercier de celles que vous m'avez envoyées, sinon que j'espérois par mesme moyen vous mander quelzques bonnes nouvelles de l'exploict qu'elles auroient faict; néantmoings je n'ay failly de le fere savoir à Sa Majesté, affin qu'elle vous en saiche gré et face le remercyement que vous en méritez.

Et me voullant bien promettre que, pour la très singulliere affection que vous portez à son service et tout bien et repos de son Royaulme, vous ne me reffuserez de ma requeste, je voys pour fin d'icelle, après m'estre recommandé à voz bonnes graces, supplier Nostre Seigneur vous donner, Messieurs, sa trés saintte et digne grace.

Du camp devant Luzignan, ce xxiiiie jour d'octobre 1574.

Messieurs,

Je vous prie ne fere difficulté de me secourir du nombre de pouldres que je vous demande, et de les tirer de voz magazins par ce que vous mesme en ferez le remplacement de celles que le Roy m'envoye de Picardye et Champaigne, lesquelles ne peuvent passer ailleurs que par vostre ville.

Ainsi signé : Vostre plus affectionné meilleur amy. Loys de Bourbon.

Et au doz est escript :

A Messieurs les prévost des marchans et eschevins de la ville de Paris.

---

122. — 4 décembre 1574. — Lettre du duc de Montpensier aux prévôt et échevins de Paris. (Reg. du bureau de la ville de Paris, t. VII, p. 227.)

Messieurs,

Voullant Roger, vallet de chambre du Roy Monseigneur, s'en retourner à la Court, après sa négociation de la Rochelle, suyvant le commandement qu'il en avoit de Sa Majesté, je ne le luy ay voullu permettre ; mais luy ay commandé d'accompaigner les depputez de laditte Rochelle jusques à Paris, affin de prendre garde qu'ilz ne facent aulcune praticque par les chemyns. Et pour ce qu'il est bien requis d'en fere de mesmes tout le reste de leur voyage, je vous prie, Messieurs, voulloir pourvoir à ce que, à leur partement de Paris, il leur soit baillé quelque autre personne bien seurre et fidelle, pour les conduire jusques au lieu où ilz vont, ou à tout le moings jusques à Metz, pour la conséquence dont vous sçavez qu'il seroit de les laisser communicquer par tout à qui bon leur sembleroit.

Et me tenant certain que, trouvant mon advis et intention bonne en cela, vous aurez bien agréable de la suyvre et y satisffaire, je voys en ceste asseurance prier Dieu vous donner, Messieurs, sa saintte et digne grace.

Du camp devant Lusignan, ce IIIIe jour de décembre 1574.

Signé : Voustre affectionné, meilleur amy. Loys de Bourbon.

Et au doz est escript ce qui s'ensuict :

Messieurs les prévost des marchands et eschevins de la ville de Paris.

Apportées par ledict de Roger le dixiesme décembre l'an mil v^c soixante et quatorze.

---

123. — 3 janvier 1575. — Lettre du duc de Montpensier aux prévôt et échevins de Paris, au sujet du siège de Lusignan. (Reg. du bureau de la ville de Paris, t. VII, p. 232.)

Messieurs,

Ayant assemblé jusques à soixante milliers de pouldres, tant de celles qui m'ont esté dernièrement envoyées de Paris, que de ce que j'en ai peu recouvrer de mon gouvernement de Bretaigne, je feys le xxIII^e de ce moys commancer une batterye géneralle tant contre la ville que contre le chasteau de ceste place, et icelle continuer depuis ledict jour au matin jusques au lendemain, veille de Noël, à deux heures après midy, que je feys donner l'assault par trois endroicts et l'escallade par ung autre.

Mais pour l'extreme forteresse de laditte ville, qui est toutte faitte en précépice et inaccessible de nature, il ne feust possible, quelque bon voulloir que feissent noz soldatz, de gangnier synon le ravelyn dudict chasteau appellé les Vacheries ; lequel, encores qu'il feust deffendu par vingt gentilzhommes et envyron soixante soldatz, ce néantmoings feut forcé et eulx tous taillez en pieces, excepté trois ou quatre qui se sauverent, dont le chef, nommé le cappitaine Luché, est depuis mort d'ung coup de picque qu'il y receut, et environ aultant pris prisonniers, entre lesquelz sont le s^r de Cerey ayant un jarret couppé, et le jeune Montfermier. Mais monsieur de Lusse, qui feist ceste exécution, y fut attainct de deux harquebouzades au défault de sa cuyrasse à l'endroict du petit ventre, dont il décedda vingt-quatre heures après, au grand regret d'ung chascun, et particullièrement de moy, car c'estoit ung fort brave et vaillant gentilhomme [1].

J'eusse le landemain faict continuer ledict assault, sans la crainte que j'avois que les pouldres faillissent du tout, comme à la vérité elles eussent faict, car il ne nous en restoit qu'envyron quatre milliers. Depuis j'en ai envoyé chercher par toutes les villes et places d'icy, au tour de vingt lieues à la ronde, et mesmes ay faict amener ce qu'il y en avoit ès chasteaulx de Champigny et Mirebeau : néantmoings, tout cela n'en a peu fere qu'environ aultant. Et pour ce que je veult poinct recommancer un effort contre laditte place, que je ne soys asseuré de l'emporter du tout, comme il y en a grande apparence, estans nos

---

1. Charles c^{te} de Lusse en basse Navarre, époux de Claude de St-Gelais, fille de Louis de St-Gelais, s^r de Lansac, baron de la Mothe St-Héraye.

gens logez dedans les faulces brayes dudict chasteau et ès fossez de la ville, où je fays ce pendant user de mynes, sappes et de toute aultre industrye qu'il est possible pour facilliter ung peu les advenues des précépices, qui se sont trouvez à l'endroict des bresches et ont empesché noz gens d'y entrer, plus que la résistance de ceulx de dedans : j'ay avisé de despescher ce porteur exprès par devers vous, pour vous prier, comme je fays, Messieurs, de m'envoyer en toute la plus extrème dilligence que fere ce pourra, les vingt huict milliers de pouldres qui sont, ainsi qu'on m'a dict, venues de Pycardie pour l'effect de ceste guerre ; car encores qu'ilz ne soient tous employez à la réduction de ceste place, ilz seront bien nécessaires, veoyre plus grand nombre, pour celles des villes et places occupées par les rebelles ès païs de Saintonge et Angoulmoys, dont j'espére que nous aurons bon marché au pris de ceste cy, mesmes sy elle est prise de force, ce que ceulx de dedans craignent infinyment, et pour ceste raison ont bien fort demandé à parlementer. A quoy les ayans enfin receuz, ilz ont baillé leurs demandes par escript, qui sont sy iniques et déraisonnables, que je n'ai voullu leur y fere responce, ayant résolu plus tost que de leur en accorder aulcune chose, de ne partir jamais d'icy que je ne les aye forcez ou réduicz à se rendre à ma mercy : qui sera, comme j'espère, dans peu de temps, pourveu que je soys secourru desdittes pouldres.

Mais d'aultant que je l'ai esté sy mal de deniers que je me suis desjà engagé de plus de cent mil livres et n'ay eu aulcun moyen d'en faire bailler à ce porteur synon pour son voyage, je vous prye, Messieurs, faire en sorte que Messieurs des Finances pour Sa Majesté estant audict Paris fournissent argent pour les fraiz de la voiture d'icelles : ce qu'ils ne doibvent différer, car de xxvii^m livres dont ilz avoient commandement de me dresser et assigner, ilz ne m'en ont rien faict toucher que viii^m livres seullement ; et vous asseure que jamais prince ne lieutenant de Roy ne feust traitté de la façon que moy ne n'eut tant de peyne et travail que j'en supporte tous les jours à ceste occasion.

M'asseurant que, pour l'importance dont celle qui se présente maintenant est au service d'icelle Majesté, vous tiendrez bien volluntiers la main à ce que je sois satisffaict sur le contenu en ceste lettre, je veoys, pour fin d'icelle et après m'estre recommandé à vostre bonne grace, suplyer Nostre Seigneur vous donner, Messieurs, ce que désirez.

Du camp devant Luzignan, ce IIIme jour de janvier 1575.

Messieurs,

Encores qu'il ne se trouvast tant de pouldres venues de Picardye comme il est porté par la présente, je vous prie néantmoings ne laisser à m'en envoyer la quantité que je demande, de quelque nature qu'elles soyent. Et si le remplacement des vingt milliers dont vous m'avez cy devant aydé avoit esté ordonné là dessus, je vous prie attendre à une aultre fois ; et s'il avoit desjà esté faict, m'en accommoder de pareille quantité dont ledict remplacement se fera bien tousjours, et y tiendray la main aultant que je pourray.

Mais d'aultant que, sans ce secours, ceste entreprinse seroit demourée, je vous prie encores une fois, Messieurs, qu'il me soict faict en tout extresme dilligence.

Ainsy signé : Voustre plus affectionné et meilleur amy. Loys de Bourbon.

Et au doz est escript ce qui s'ensuict :

A Messieurs les prévost des marchans et eschevins de la ville de Paris.

124. — 14 janvier 1575. — Lettre du duc de Montpensier aux prévôt et échevins de Paris, au sujet du siège de Lusignan. (Reg. du bureau de la ville de Paris, VII, p. 234.)

Messieurs,

Quant il n'y auroit que les bons offices dont vous m'avez oblijez envers vous, depuis que je commande en ceste armée, pour me donner occasion de ne vous celler ce qui succedde de bien ès afferes du Roy Monseigneur par deçà, je serois assez convié à vous en faire part ; mais l'ancienne amytié que j'ay tousjours portée à l'endroict de vous et de vostre ville ne doict permettre que je m'en oublye comme je ne veulx faire.

Aussy ceste cy sera doncq pour vous dire qu'ayant sceu qu'il y avoit quelques trouppes de huguenotz et publicquains rebelles assemblez le long de la rivière de Charente, j'envoyay noz chevaulx légers avecq deux cornettes de reistres, sous la conduite du s^r de Montsoreau, pour les charger et combattre ; ce qu'ilz feirent sy à propos qu'ilz deffeirent entierement lesdictz publicquains, hormis quarente prisonniers, et envyron vingt cinq qui se sauverent à la fuitte, ainsi que vous pourrez veoir par le mémoire et discours qui en a esté dressé par ung qui estoit à ceste deffaite, dont il vous envoie ung double sur lequel me remets.

Je vous diray, quant aux nouvelles de ce siège, que il ne tient qu'accorder à ceulx de dechà ce qu'ilz demandent qu'ilz ne s'en aillent ; mais pour ce que je les veulx avoir à ma mercy ou à sy bonnes conditions que le Roy Monseigneur ayt occasion de s'en contanter et qu'il m'en demeure quelque honneur, cela demeure en suspendz ; et ce pendant, je faiz continuer les mines que j'ay faict commancer, pour estre impossible de pouvoir par autre moyen forcer la place, espérant dedans peu de jours en avoir la raison, ce qui me seroit beaulcoup plus facille, sy j'avois receu les pouldres que j'ay envoyé querir à Paris, lesquelles je vous prie faire advancer le plus tost qu'il sera possible.

Ce que me promettant vous vouldrez bien fere, je voys, pour fin de lettre, supplier Nostre Seigneur vous donner, Messieurs, l'accomplissement de voz bons désirs.

Du camp devant Luzignan, ce xiiiime jour de janvier 1575.

Ainsy signé : Voustre entièrement bon amy. Loys de Bourbon.

Et au doz est escript ce qui s'ensuict :

A Messieurs les prévost des marchans et eschevins de la ville de Paris.

---

125. — 17 janvier 1575. — Lettre du duc de Montpensier aux prévôt et échevins de Paris, au sujet du siège de Lusignan. (Reg. du bureau de la ville de Paris, VII, p. 235.)

Messieurs,

Estans les assiégez de ceste place de Luzignan asseurez de la résolution que j'avois faitte de ne partir jamais de devant que je ne l'eusse réduitte en l'obéissance du Roy Monseigneur, et se voyant d'ailleurs poursuiviz de si près qu'ilz n'avoient aucune relasche, avec ce qu'ils estoient désespérez de tout secours et sur le poinct de recevoir ung nouvel effort dont ilz craignoient l'événement, ilz se sont à la fin amoliz et ont tant faict par importunitez et requestes que, au bout de douze jours après qu'ilz ont demandé à parlementer, je le leur ay permis ; et s'estans soubzmis à des conditions d'hommes vaincuz, leur ay accordé de sortir, leurs vyes sauves, et de les faire conduire à la Rochelle où ilz se doibvent achemyner dedans quatre jours, et me remettre la ville et le chasteau entre les mains, y laissant à ma disposition toute l'artillerie, munitions et vivres, dont il y a si bonne quantité qu'ilz pouvoient encores tenir trois moys pour le moings ; et ce pendant m'ont baillé hostaiges des principaux d'entr'eulx.

De quoy je n'ay voullu faillir à vous advertir, m'asseurant que ces nouvelles vous seront bien agréables, affin aussy que vous en faciez rendre graces à Dieu, comme il est bien raisonnable. Vous pouvant dire que je n'ay jamais esté à siége de place plus forte et malaisée que ceste cy, ayant enduré près de dix mil coups de canon, et ne s'est peu y fere brèche raisonnable. Estimant que, pour l'avoir si opiniastrement battue et assaillie, les aultres y prandront exemple, et qu'avec le temps il y aura moyen de les reduyre en leur première obéissance et liberté.

Ce que je supplie Nostre Seigneur estre bien tost, et qu'il vous doinct, Messieurs, sa saintte et digne grace.

Du camp devant Luzignan, ce xvII^{me} jour de janvier 1575.

Ainsi signé : Voustre plus affectionné meilleur amy. Loys de Bourbon.

Et au doz est escript ce qui s'ensuict :

A Messieurs les prévost des marchans et eschevins de la ville de Paris.

---

126. — 27 mars 1575. — Lettre de M. du Lude à M. de Boisseguin.
(Fonds fr. 20528, f° 77.)

Monsieur de Boysseguin, Suivant la sauvegarde que le sieur de Civray [1] a obtenu du Roy, je lui en ay, à sa prière,

---

1. Il s'agit là sans doute d'un seigneur engagiste de Civray qui était une sénéchaussée royale. On sait que ce domaine fut plusieurs fois aliéné avec faculté de rachat, à cette époque, notamment en 1589 en faveur d'un sieur Chesne ; mais on ne connaît pas le nom de celui qui le possédait en 1575. (*Notes historiques sur Sivrai*, par Léon Faye.)

fet expédier une de moy pour sa personne et ses maisons et biens, estant en volonté vivre paisiblement sellon les édictz du Roy, et désirant, comme il fait, se retirer pour plus grande seureté de sa personne à Poictiers, selon qu'il m'a faict entendre et prié, je vous en ay bien voulu advertir et pryer par ceste cy ; si voiez que à son occasion il n'y ait poinct de soupson, murmure ou scandalle parmy les habitans, et que de vostre part aussy le trouviez bon lui vouloir maintenir et permettre y demeurer librement, et où il auroit affaire de vous ou de vostre authorité en quelque chose, lui en vouloir départir et favoriser à vostre possible ; et par les prémices mandez moy, je vous prye, ce qu'il vous en semble, et là dessus vostre oppinion, sellon que vous pourrez juger par le comportement des ditz habitans, me recommandant en cest endroict bien affectueusement à vostre bonne grâce et prye Dieu, Monsieur de Boysseguin, vous donner bonne et longue vye. De Niort, ce 27e mars 1575.

Vostre antièrement plus afaictionné amy. GUY DE DAILLON.

Monsieur, Monsieur de Boysseguin, chevalier de l'ordre du Roy, Poictiers.

---

127. — 18 juin 1575. — Lettre de Henri III aux maire et échevins de Poitiers. (Reg. 42 des délib. du corps de ville, p. 211, et publiée par Thibaudeau, *Hist. du Poitou*, éd. 1840, t. II, 376.)

Chers et bien amez, Nous avons entier contentement de vous et de voz déportemens ayans faict démonstration en toutes les occasions qui se sont offertes de votre fidélité et affection à nostre service, au moyen de quoy nous désirons le recognoistre envers vous et vous gratiffier en ce qu'il nous sera possible, vous asseurant que nous serions bien marrys d'ordonner aucune chose en faveur d'un particulier qui fust pour altérer le repos et préjudicier à la seureté de nostre ville de Poictiers en laquelle nous souhaittons la conservation aultant que nous debvons, vous priant de continuer et y faire tout bon debvoir. Donné à Paris le xviii jung v^c lxxv. Ainsi signé : Henry, et plus bas : De Neufville.

A noz chers et bien amez les maire, eschevins, manans et habitans de Poictiers.

---

128. — 18 juin 1575. — Lettre de Henri III à M. de Boisseguin, gouverneur de Poitiers. (Reg. 42 des délib. du corps de ville, p. 212, et publiée par Thibaudeau, *Hist. du Poitou*, éd. 1840, t. II, 377.)

Monsieur de Boisseguyn, J'escriptz aux habitans de ma ville de Poictiers avoir entier contantement d'eulx et de la fidélité qu'ils ont rendue à mon service, en laquelle je désire qu'ilz persévèrent. Je vous prie leur réitérer ce que dessus et au demeurant prendre guarde le plus dilligemment et soigneusement que vous n'avez faict à la conservation de la dite ville sur laquelle je suys adverty que ceulx qui portent les armes contre mon service pratiquent et mènent quelque entreprinse laquelle ilz se promectent exécuter dedans la fin de ce moys ou le commencement du prochain. Je vous prye de rechef y prendre guarde de sy près et y donner si bon ordre qu'ilz ne puissent mectre à effect leur desseing. Priant Dieu, Monsieur de Boysseguyn, vous avoir en sa saincte guarde. Escript à Paris le xviii de juing m v^c lxxv. Ainsi signé : Henry, et plus bas : De Neufville.

A Monsieur de Boisseguyn, chevalier de mon ordre et mon lieutenant au gouvernement de Poictiers.

129. — 29 juin 1575. — Lettre de Henri III à M. du Lude. (D'après l'original).

Monsieur du Ludde, Les maisons et terres qui appartiennent au sr de Surgères sont assizes en lieux si proches et voisins de la Rochelle et autres endroictz occupez par ceulx qui sont en armes contre mon service qu'elles en sont toutes ruynées et n'en a le dit sr de Surgères tiré aucun proffict ne revenu jusques icy, qu'il espère, par le moyen des gens de guerre qu'il a mis dedans par mon commandement et par ma permission, de les conserver et en ce faisant s'en prévalloir ung peu mieulx et pourveu que mes gens de guerre ne passent dans icelles ; et comme, Monsieur du Ludde, je sçay certainement combien il a faict de perte, ainsy auray je bien à plaisir de veoir maintenant qu'il ayt moyen de reprendre alayne et en ce faisant soullagé tant du passage des dits gens de guerre que de garnisons et logis d'iceulx, dont j'ay pensé de vous advertir en vous pryant et ordonnant, sur tant que vous désirez faire chose qui me soit agréable, deffendre à ceulx qui conduiront les dits gens de guerre qui seront de ma part de ne prendre leur chemin et passage par les dites terres et maisons du dit sr de Surgères et mesmes par la dite terre de Surgères mais par ailleurs, comme je veulx et entendz qu'ilz facent et que les dites maisons et terres en demourent exemptes et de toutes garnisons des dits gens de guerre et tenir à cella la main vifvement, de manière que le dit sr de Surgères n'aye occasion de se plaindre de ce qu'il se feroit contraire en cest endroict à ma vollunté. Or sus, m'asseurant que vous y satisferez, je ne vous en feray la présente plus expresse, priant Dieu, Monsieur du Lude, vous avoir en sa sainte garde. Escript à Paris le xxixe jour de juing 1575. HENRY ; DE NEUFVILLE.

A monsieur le conte du Ludde, chevalier de mon ordre, conseiller en mon conseil privé et mon lieutenant général en Poictou.

130. — 13 juillet 1575. — Lettre du comte du Lude aux maire et échevins de Poitiers. (Reg. 42, p. 235 des délib. du corps de ville, et Thibaudeau, *Hist. du Poitou*, éd. 1840, t. II, 379.)

A MESSIEURS LES MAIRE ET ESCHEVINS DE LA VILLE DE POICTIERS.

Messieurs, Je loue infiniment la façon dont a usé le s[r] Dupain à l'endroict de Bastardin [1] et la dextérité de sa capture portée par les lettres que m'avez escriptes, dont désirant fort sçavoyr et entendre qui sont les autheurs de ceste malheureuse entreprinse et combien il a dict que pourroient estre d'hommes pour exécuter avecq luy, d'où et quelz ilz sont, je vous prye que je sache ce que en avez peu apprendre et vous souvienne de ce coup failly, sans mespriser ceulx qui sont encores dressez, et vous rendre encores plus vigilans et dilligens à la garde de vostre ville jour et nuict pour l'advenir que n'avez faict le passé, et prendre garde tant à ceulx qui se disent serviteurs de Sa Majesté mescontans aultant pour le moins que de l'aultre parti, espérant avecq vostre loyal et soigneux debvoir qu'elle sera conservée en l'obéissance de Sa Majesté, me recommandant de bon cueur à vos bonnes graces et supplie le Créateur, Messieurs, vous donner en santé ce que plus désirez. De Nyort ce XIII[e] jour de juillet mil v[c] LXXV.

Vostre antièrement bon amy. GUY DE DAILLON.

---

1. Le capitaine Batardin, complice du célèbre Jean de la Haye, lieutenant général de la sénéchaussée, avait tenté en vain de s'emparer de Poitiers par surprise. Condamné à mort, il avait été exécuté le 11 juillet 1575. La Haye, également condamné par contumace, fut tué, le 24 juillet suivant, à la Bégaudière de Vouneuil-sous-Biard par les gens chargés d'opérer son arrestation. (Reg. 42 des délibérations du corps de ville.)

131. — 14 juillet 1575. — Lettre du procureur syndic de Parthenay aux maire et échevins de Poitiers. (*La Gâtine hist. et monum.*, par B. Ledain, d'après le reg. 42 des délib. du corps de ville, p. 236.)

Messieurs, Vous avez bien peu entendre l'ennuy auquel nous sommes de présent pour estre renfermez de circuit, dès le III° de ce moys, de trois à quatre compagnies du régiment de Monsieur Serriou, lesquelles ont tellement clos les advenues de ceste ville que aucuns des habitants n'en peuvent sortir, à tout le moins sans grand danger de sa personne, ce que les dites compagnies disent faire par le commandement de monsieur le conte du Lude, notre gouverneur et lieutenant général pour Sa Majesté en ces pays de Poictou, combien qu'ilz ne nous ayent monstré aucune commission pour ce faire. Et avons seulement receu de monsieur le conte lettres missives portans que eussions à recevoir la compagnie du capitaine Lussan, qu'avons différé de recevoir pour les exemptions qu'il avoit pleu à Sa Majesté et à monsieur le duc de Montpensier nous bailler en considération des services qu'avons faict et des grandes pertes, frays qu'aurions soufferts par le passé jusques à aujourd'hui, le tout pour subvenir aux armées de Sa Majesté. Et d'aultant que ne craignons rien plus que encourir l'indignation de mon dit sieur le conte qui n'avoit voulu recevoir nos plaintes, doléances et offres qui sont contenues par ung vidimus de lectres que vous envoyons, à ceste fin nous vous prions bien affectueusement estre intercesseurs pour nous envers monsieur le conte et qu'il luy plaise pour le présent nous exempter et descharger de la dite garnison et qu'il luy plaise accepter nos offres, parce que nous aymons mieulx souffrir toutes charges que résister par armes ausdites compagnies, encores que le puissions bien faire. Espérans qu'en escriprez d'affection à mon dit sieur le conte et que nous y ferez plaisir, et qu'en votre faveur mon dit sieur le conte aura esgard à vos remonstrances mieulx qu'aux nostres, ferons fin à ceste présente nous recommandans à voz bonnes grâces, priant Dieu, Messieurs, vous donner en très bonne santé, longue vie et généreuse. A Partenay, ce xiii juillet 1575. Vos obéissans serviteurs, les manans et habitans de Partenay. Marzelay, procureur sindic [1].

---

132. — 31 juillet 1576. — Lettre de Henri III à M. de Ruffec. (D'après l'original.)

Monsieur de Ruffec, J'ay ordonné que le régiment du s^r de Laverdin qui a esté conduict en voz quartiers par le commissaire Le Faure, viendra servir en Poictou près le s^r du Ludde et que celluy du s^r de Sarriou qui y est à présent en partira pour passer la rivière de Loyre à Gyen et se rendre en Champaigne et Bourgogne ; de quoy j'ay bien voullu vous advertir, mesmes que j'ay commandé au dit commissaire Le Faure de reconduire le dit régiment de Sarriou par deçà où est besoing de diligence ; j'eusse bien désiré qu'il eust aussi peu mener celluy du dit s^r de Laverdin, mais je considère qu'il sera malaisé pour ce, comme dict est, qu'il fault qu'il vienne promptement. Par quoy ce sera bien faict si vous choisissez et députez quelque homme propre pour le mener en Poictou. J'escritz aux capitaines qu'ilz n'y faillent et vous prie y tenir la main de tout votre pouvoir et vous me ferez très agréable plaisir et service, priant Dieu qu'il vous ayt, Monsieur de Ruffec [2], en sa sainte garde. Escrit à Paris le dernier jour de juillet 1575. Henry. Fizes.

A Monsieur de Ruffec, chevalier de mon ordre, capi-

---

1. Florent Marzellé, s^r de la Vrignonnière, demeurant à Parthenay, fils de feu Louis Marzelle, vivait encore en 1592. (Anciennes minutes de notaires de Parthenay.)
2. Philippe de Volvire, baron de Ruffec, époux d'Anne de Daillon, sœur du comte du Lude, gouverneur du Poitou.

taine de cinquante hommes d'armes, commandant pour mon service en Angoulmois.

---

133. — 3 août 1575. — Lettre de Henri III à M. du Lude.
(D'après l'original.)

Monsieur du Ludde, Je vous ay naguères escrit en faveur de ma cousine la duchesse de Longueville [1] et prié de soullaiger le plus que vous pourriez ses subgetz et habitans de Partenay et ordonné de les faire exempter de garnison affin qu'ilz jouissent de l'exemption que leur avois accordé, tant pour la recommandation de ma dite cousine qu'au moien des grandes foulles et oppressions que les dits habitans avoient souffertes, que aussy pour la fidélité qu'ilz ont tousjours rendue à ceste couronne et la conservation de la dite ville en mon obéissance. Et pour ce que madame ma cousine m'a fait entendre que depuis vous auriez envoié une compaignie de gens de pied pour tenir garnison en icelle, laquelle les dits habitans y ont receue après toutteffois quelque délay et retardement de ce faire [2], pour l'espérance seullement qu'ilz avoient de jouir du fruict de leur dite exemption et de mes dernières lettres, mais non pas pour la reffuser ny comme rebelles et désobéissans de vous obéyr, je vous faictz encore la présente pour vous prier, Monsieur du Ludde, me donner en cest endroict tout le contentement que vous pourrez et faire recepvoir à ma dite cousine et à ses dits subgetz le fruict de la bonne vollunté que je leur ay et que le requiert leur fidélité et les grandes foulles et oppressions

---

1. Marie de Bourbon, veuve de Léonor d'Orléans, duc de Longueville, s^r de Parthenay. (Voir *Journal de Denis Généroux*, p. 127.)
2. Voir, sur le refus des habitants de Parthenay en juillet 1575, le *Journal de Michel Le Riche*, p. 229, et la *Gâtine hist. et monum.*, par M. Ledain, p. 262, 263.

qu'ilz ont cy devant souffertes, les faisant, suivant mon intention, jouir de la dite exemption et les descharger de la dite garnison. Touteffois je ne vous en veux rien prescripre ne dire davantaige, sinon que me ferez service très agréable que de soullagier et faire aussy exempter de garnisons les dits habitans, pour la bonne vollunté que je leur porte à cause de ma dite cousine et pour les services que ceste couronne a receuz de feu mon dit cousin le duc de Longueville. Et pour le regard des officiers et habitans de la dite ville que vous auriez mandé venir vers vous à cause du retardement que la dicte ville avoit faict de recepvoir la dite compaignie pour les raisons susdites seullement, je vous prie et ordonne aussy de les faire remectre en liberté et renvoier en la dicte ville, priant Dieu, Monsieur du Ludde, qu'il vous ayt en sa garde. Escrit à Paris le IIIe jour de aoust 1575. Henry. De Neufville.

A Monsieur le conte du Ludde, chevalier de mon ordre, gouverneur et mon lieutenant général en Poictou.

---

134. — 7 août 1575. — Lettre de M. du Lude à M. de Boisseguin.
(Fonds fr. 20528, f° 69.)

Monsieur de Boysseguin, N'estoit que j'ay treze compaignyes de gens d'armes à loger pour lesquelles accommoder je suis bien fort empesché et suis contrainct en mettre par les villaiges, vous n'eussiés eu que faire de m'escripre deux foys pour tenir exempte la ville de Civray, car je désireroys faire beaucoup plus que cela pour l'amour de vous, mais je vous prie considérer qu'il faut beaucoup de villes pour mettre en seur accez tant de compaygnies et que, comme je vous ay jà escript, ce n'est pour y tenir garnison, ains seulement pour s'assembler; encores pencé-je que la compaignie que je y ay ordonné n'y entrera pas, et si elle y entre elle n'y sçauroit demeurer que huit jours qu'elle ne soyt mandée, car je ne faictz que attendre le retour de monsieur de la Frézellière, que j'ay envoyé à la court, pour estre résolu de ce que j'auray à faire. En cest endroict je me voys bien affectueusement recommander à vos bonnes grâces, je prie Dieu vous donner, Monsieur de Boysseguin, en bonne santé longue vye. De Nyort ce 7ᵉ jour d'aoust 1575.

Vostre antièrement plus afaictionné amy. GUY DE DAILLON.

Monsieur, Monsieur de Boysseguin, chevalier de l'ordre du Roy, Poictiers.

---

135. — 10 août 1575. — Lettre du comte du Lude aux officiers de justice, maire et échevins de Poitiers. (Reg. 42 des délib., p. 294.)

Messieurs, Le Roy désirant empescher ses ennemys et rebelles de la recollecte des fruitz et revenus de leurs biens, ensemble du sel, vignoble des isles du pays d'Aulnys dont ils pourroient faire de grands deniers pour subvenir aux guerres contre Sa Majesté, elle a advisé faire droisser une armée en ce pays de Poictou de laquelle luy a pleu me commectre la charge, et, pour ce que les deniers de ses finances sont maintenant courtz et que la dite armée est pour le bien et utilité du pays, elle désire que les revenuz des biens de ceulx qui ont prins et portent les armes contre Sa Majesté soyent saisys pour les deniers en tourner à la despence et frayz nécessaires en la dite armée, et cependant, pour ce qu'il est requis de promptement dresser la dite armée, elle ordonne que le corps de votre ville fournira ou advancera la somme de cinq mil livres pour subvenir aux frays d'icelle, comme verrez plus amplement par ses lettres patentes que je vous envoye, au contenu desquelles je vous prye satisfaire incontinant et en la plus grand dilligence que faire se pourra, tant de ce que touche la saisye des dits bien, que pour la dite advance, de sorte que par faulte de ce la dite armée ne soyt retardée et qu'il n'y ayt occasion d'excuse vers Sa dite Majesté, laquelle estant acertainé de vos bonnes volontez et affection au bien de son service, s'asseura et moy aussi que ne luy manquerez à ung si bon et si nécessiteux affaire, vous priant au plustost et incontinant la présente receue me faire ladessus responce et me fournyr la dite somme de v^m livres, suyvant le vouloir et intention de Sa Majesté, ce que attandant je me recommanderay de bon à voz bonnes grâces et prye Dieu vous donner, Messieurs, en bonne santé longue vye. De Nyort, ce x aoust 1575.

Vostre antièrement bon amy. GUY DE DAILLON.

---

136. — 12 septembre 1575. — Certificat du comte du Lude en faveur de René Petit, s^r de la Guierche. (Dom Fonteneau, IX, 455.)

Le comte du Lude, chevalier de l'ordre du Roi, conseiller en son privé conseil, capitaine de cinquante hommes d'armes de ses ordonnances, gouverneur et lieutenant général pour Sa Majesté en Poitou et armée conduite en icelui pays et aultres adjacens où il sera besoin d'être employée,

Nous certifions à tous qu'il appartiendra que René Petit, écuyer, sieur de la Roussiere et de la Guierche, nous est venu trouver monté, armé et en suffisant équipage pour faire service au roi, suivant la publication faite de la convocation de l'arrière ban de ce pays de Poitou, à fin de faire le service qu'il est tenu faire à Sa Majesté pour l'affranchissement de ses fiefs, terres et seigneuries sujettes au dit ban et arrière ban, nous ayant promis et juré nous assister sans aucunement nous abandonner pendant et durant que les présentes guerres et affaires dureront et continueront en ce pays et partout ailleurs où nous serons pour le service de Sa Majesté. Au moyen de quoi l'avons reçu et recevons, retenu et retenons pour faire le dit service en sa personne lui ayant enjoint résider et se tenir près de nous en l'équipage susdit, sans pour quelque occasion que ce soit il nous abandonne pendant les dites présentes guerres et affaires, ce qu'il nous a promis et juré faire pour le temps qu'il sera tenu par l'ordonnance de Sa dite Majesté faite sur le fait et service des dits ban et arrière ban, dont au dit Petit ce requérant avons octroyé la présente certification cet acte pour lui servir et valoir vers ce qu'il appartiendra ce que de raison, en mandant à tous officiers que, si pour raison du dit ban et arrière ban ses biens ou aulcune chose étoient saisis, les mettre à pure pleine et entière délivrance. Donné et fait à Niort le 12 septembre 1575. GUY DE DAILLON.

A la convocation du ban et arrière ban de Poitou s'est comparu maitre Jacques Busseau procureur de René Petit éc., s^r de la Roussiere et de la Guierche, demeurant à la Roussiere, lequel a dit que le dit Petit est allé trouver le comte du Lude monté et armé et qu'il a été retenu par le dit seigneur..., requérant être exempt de l'arrière ban... exemption accordée. Fait à Poitiers le samedi 24 septembre 1575. (Fonteneau, t. IX, p. 457.)

---

137. — 25 septembre 1575. — Lettre de Henri III à M. du Lude.
(D'après l'original.)

Monsieur du Lude, D'aultant que j'estime que la nouvelle que vous a portée le s^r de Chémerault aura entièrement changé les affaires de par delà, joinct que je suis contrainct faire venir auprès de moy une partye des forces qui y sont, je ne m'arresteray à respondre à votre dernière lettre du xvii⁰ de ce moys, tant seulement je vous diray que je trouve bien estrange que ceulx des villes ne vous veullent aucunement secourir par emprunt de si peu de deniers que l'on leur demande, et pour ce que je ne puis en sorte quelconque vous envoyer autre moyen, estant forcé que je mette par de çà toutes pièces en œuvre pour subvenir aux despenses qu'il fault que je face, je vous prye user de l'auctorité que je vous ay donnée par mes lettres dernières de contraincte que je vous ay envoyées envers ceulx qui ne vouldront fournir gratieusement leur cottisation, après touteffois leur avoir remonstré toutes les raisons qui les pourront induire à ce faire et pour lesquelles je suis contrainct, autant pour leur deffence et conservation comme pour mon service, de les presser de avancer les dits deniers lesquelz j'entends servir pour payer les gens de guerre qui demeureront en votre gouvernement, suivant l'ordonnance et deppartement que en fera mon cousin le duc de Montpensier, auquel faisant plus amplement entendre mon intention laquelle il vous communiquera, je prieray Dieu qu'il vous ayt, Monsieur du Lude, en sa sainte garde. Escrit à Paris le xxv⁰ jour de septembre 1575. HENRY. DE NEUFVILLE.

A Monsieur le conte du Ludde, chevalier de mon ordre, gouverneur et mon lieutenant général en Poictou.

---

138. — 30 octobre 1575. — Lettre de Henri III aux maire et échevins de Poitiers. (Reg. 42 des délib. du corps de ville, p. 346.)

A NOZ CHERS ET BIEN AMEZ, LES MAIRE ET ESCHEVINS, MANANS ET HABITANS DE NOSTRE VILLE DE POICTIERS.

De par le Roy,

Chers et bien amez, D'aultant que nous sommes advertiz que nostre frère le duc d'Alançon s'achemine de vostre costé avec toutes ses forces et qu'il a quelque desseing sur nostre ville de Poictiers, nous craignons grandement qu'il la veille mectre à exécution maintenant qu'il n'y a aucunes forces en icelle pour la deffendre, au moyen de quoy nous mandons en toute dilligence à nostre cher et bien amé le s^r du Lude de vous envoyer quatre compagnies de gens de pied du régiment du s^r de Beauvoys et au s^r de Chémerault vous mener sa compagnie de gendarmerye, vous priant et ordonnant de recevoyr incontinant les dites forces et les acomoder de logis et vivres le mieulx que vous pourrez, considérant le péril où vous serez si nostre dit frère vous alloyt assaillyr, estans desnuez de forces et moyens pour vous deffendre ; davantage vous serez deschargez d'icelles aussitost que l'on verra quelle routte prendra mon dit frère, ainsi que le dit s^r du Lude et le s^r de Boisseguyn vous feront plus amplement entendre de nostre part. Donné à Paris, le dernier jour d'octobre 1575. Signé : HENRY. Et plus bas : DE NEUFVILLE.

---

139. — 29 décembre 1575. — Lettre de Henri III aux maire et échevins de Poitiers. (Reg. 42 des délib. du corps de ville, p. 396.)

A NOZ CHERS ET BIEN AMEZ LES MAIRE, ESCHEVINS, BOURGEOYS DE NOSTRE BONNE VILLE DE POICTIERS.

De par le Roy,

Chers et bien amez, Nous avons faict expédier noz lettres de commission au général de noz finances en Poictou avec l'estat et département des enseignes des gens de guerre à pied qu'il nous convient entretenir pour la conservation de nostre royaulme et repos de noz bons subjectz, ensemble de la somme à quoy se monte le payement des dits gens de guerre pour quatre moys dont vostre ville pour sa part porte la somme de dix mil livres laquelle vous départirez et cottizerez le plus egallement que faire se pourra sur tous et chacuns les habitans de vostre dite ville et heu égard à leurs facultez et moyens et sans aucun en excepter ; et affin que nous soyons secouruz au temps et aussi que la nécessité de noz affaires le requiert et que on puisse éviter la vexation et travail que les dits gens de guerre ont jusques à présent faict à noz propres subjectz, à nostre grand regret, par faulte de payement, vous y procedderez incontinant et toutes affaires cessantz, en sorte que la dicte somme soyt levée dedans le xv du moys de febvrier prochain, avec ung sol pour livre pour employer aux frays, par celluy que vous aurez choysi et esleu pour la recepte entière et distribution de la dite levée de deniers par le même aux gens de guerre pour quatre moys et comptera devant vous de son maniment après avoyr vériffié son estat par devant le dit général ; à quoy vous tiendrez la main et ferez si bien que ne soyons frustrez du secours que nous attendons de vous pour si bonne occasion, continuant l'affection qu'avez tousiours monstrée au bien de noz affaires et service, et à ce ne faictes faulte, car tel est nostre plaisir. Donné à Paris le vingt neufviesme de décembre mil v^c soixante quinze. Ainsi signé : HENRY. Et plus bas : BRUSLARD.

---

140. — 17 mai 1576. — Lettre de Henri III aux maire, échevins et habitants de Poitiers. (Reg. 42 des délibér. du corps de ville, p. 471.)

AUX MAIRE, ECHEVINS, BOURGEOIS, MANANS ET HABITANS
DE LA VILLE DE POICTIERS.

De par le Roy.

Chers et bien amez, La compation que nous avons des misères et calamitez que noz bons subjectz ont souffert au moyen des troubles qui dès si longtemps les ont affligez nous a tellement touché au cœur avec le danger de plus grand mal que nous prévoyons se préparer, que pour y obvier et les restablyr en tranquilité et repos, postposant toutes considérations de notre particulier, nous avons conclud et arresté le reiglement que vous entendrez par nostre esdict de pacification sur ce faict, lequel nous avons faict publier en nostre court de parlement à Paris et envoyé pour mesme effect en toutes noz courtz et province de ce royaulme, désirant le contenu en icelluy soit entretenu, gardé et acomply, à quoy tous nos ditz subjectz se doibvent d'aultant plus volontiers ranger, oultre l'obéissance qu'ilz nous doibvent, qu'il est principallement pour le bien et conservation, et d'aultant que, oultre les choses portées par nostre dict esdict, nous avons trouvé bon et jugé l'un des meilleurs moyens de réconsilliation entre nos ditz subjectz que les principaulx des villes et communaultez jurent l'observation de ce qui est contenu et se preignent en garde les uns et les autres pour remectre l'intelligence et union qui y doibt estre. A ceste cause nous vous mandons et ordonnons que vous ayez pour vostre regard à y satisfaire et y obéyr en ce qui deppend de vous et à tout ce qui est contenu en nostre dit esdict, sans y contrevenir en quelque sorte que ce soyt, déposant toutes affections qui pourroient empescher la dite réconsiliation si nécessaire entre nos dits subjectz et le fruict qu'ilz peuvent recevoir de la dite pacification estant embrasser et observer d'un chacun, comme il appartient, à quoy nous estimons que de votre part vous ne vouldriez faillir, estant telle nostre intention et volonté. Donné à Paris le xviiᵉ jour de may l'an mil vᶜ LXXVI. Ainsi signé : HENRY. Et plus bas : DE NEUFVILLE.

141. — 2 juin 1576. — Lettre de Henri, roi de Navarre, aux officiers, maire et échevins de Poitiers. (Reg. 42 des délib. du corps de ville, p. 479.)

A Messieurs les officiers, maire, eschevins, manans et habitans de la ville de poictiers.

Messieurs, Puisqu'il a pleu à Dieu nous donner une paix par laquelle nous debvons espérer que ce pauvre royaulme si longuement et durement affligé recepvra ung bon et long repos, estant le vouloir et intention du Roy Monseigneur que sa bonté et compassion de tant de misères nous a moyenné de la faire estroictement garder et observer, c'est mon debvoir et de ma charge qui suys vostre gouverneur et son lieutenant général en ce pays de la faire establyr et tenir la main à l'observation d'icelle; à ceste cause et que je suys de présent sur les lieux pour y pourveoir, je vous ay bien voulu advertyr par ce gentilhomme que je vous envoye exprès, affin que vous ayez, tant d'une que d'autre relligion, de tous ordres et estatz, à vous assembler pour adviser s'il y a chose que vous ayez à me remonstrer et à depputer certains personnaiges d'entre vous pour me venir trouver et entendre pareillement ce que j'ay à vous commander, tant pour l'exécution de la dite paix, que entreténement et observation d'icelle, priant Dieu, Messieurs, vous avoir en sa saincte et digne garde. Escript à Saint Maixent le II° juing 1576.

Vostre bon amy. Henry.

J'ai depuis advisé vous envoyer le s' de Vérac lequel je vous prie croyre comme moy mesmes.

---

142. — 26 juillet 1576. — Lettre de Henri III à M. du Lude. (D'après l'original.)

Monsieur du Lude, Envoyant le s' de Chémerault devers mon cousin le prince de Condé, je luy ay donné charge vous confirmer ce que je vous ay cy devant escrit touchant ce que j'ay accordé à mon frère le roy de Navarre, c'est assavoir que je veulx qu'il commande en mon pays de Poictou, comme gouverneur, et vous y demeuriez comme son lieutenant, dont je luy ay faict dépescher mes lettres de déclaration; partant je vous prye ne faire aucune difficulté de le recongnoistre et obéyr comme tel, selon que le dit s^r de Chémerault vous fera plus amplement entendre de ma part, car, Monsieur du Lude, je veulx nourrir paix en mon royaulme, affin de ne revenir jamais plus à la guerre entre mes subgectz, s'il m'est possible, priant Dieu qu'il vous ayt, Monsieur du Lude, en sa sainte garde. Escrit à Paris le xxvie jour de juillet 1576. HENRY. DE NEUFVILLE.

A Monsieur le conte du Ludde, chevalier de mon ordre, gouverneur et mon lieutenant en Poictou en l'absence de mon frère le roy de Navarre.

---

143. — 22 octobre 1576. — Lettre de Henri III à M. du Ludé.
(D'après l'original.)

Monsieur le conte, J'ay entendu que en mon pays de Poictou aucuns dressent des ligues et associations avecq establissement de chef entre eulx, chose qui ne se peult faire sans entreprendre sur mon auctorité, actendu que mes subgectz ne peulvent avoir autre chef que moy qui suis leur roy et ceulx qui sont de ma part constituez en charge et gouvernement pour leur commander. A ceste cause, ne voullant souffrir telles entreprises ny que aucunes associations se facent sans mon commandement, je vous prye mectre peyne de descouvrir s'il y en a quelque commancement en votre province et empescher par tous moyens qu'il ne s'y en face, pour estre chose du tout contraire à mon intention et service, m'advertissant de ce que en aurez apris et de l'ordre que y aurez donné. Au reste je vous prye ne faillir, suivant ce que je vous ay desja escrit, de vous trouver au devant de la Royne, Madame ma mère à Poictiers [1] ou plus en ça, si elle vous mande, pour l'accompagner et faire aussy en toutes autres choses ce qu'elle vous ordonnera pour mon dit service, luy rendant compte à votre arrivée devers elle de ce que vous aurez faict pour rompre les dites associations dont pareillement vous me tiendrez adverty, pryant Dieu vous avoir, Monsieur le conte, en sa sainte garde. Escrit à Dolinville le XXIIe jour d'octobre 1576. HENRY. FIZES.

A Monsieur du Lude, chevalier de mon ordre, conseiller en mon conseil privé, capitaine de cinquante lances de mes ordonances et mon lieutenant général en Guyenne en l'absence du roy de Navarre.

---

144. — 31 janvier 1577. — Fragment d'une lettre de Henri III à M. de la Trémoïlle sur sa conduite à tenir comme chef de la Ligue en Poitou. (*Chartrier de Thouars*, par M. le duc de la Trémoïlle, Paris, 1877, p. 95.)

..... sse d'iceluy, vous unir et joindre entièrement aux forces de la dite association, pour exécuter ce que par ensemble vous congnoistrez utile à mon service, sans plus dilayer, comme il a esté faict jusques à present. Mais j'entends qu'il ne soict couru sus, sinon à ceulx qui portent actuellement les armes contre moy ; et ainsi je veulx et entendz que les autres qui se contiendront doulcement en leurs maisons, soubz l'observation de mes commandemens, soient maintenuz et conservez en toute seureté et qu'il ne

---

1. Voir la lettre de Catherine de Médicis, du 27 octobre, donnant rendez-vous à M. du Lude à Poitiers pour le 4 novembre. (*Arch. hist. du Poitou*, XIV, 74.)

leur soict faict aucun desplaisir et fascherie, ainsi que vous entendrez plus particullièrement par le dit s^r du Lude [1]. Et pour ce, mon cousin [2], que la charge que vous avez prise de la dicte association est telle et si importante que il ne seroict à propoz vous en charger d'une autre, je vous prie de vous contenter pour ceste heure de bien conduire et exploicter celle là, ainsi que je me prometz que vous ferez ; car c'est au commencement que il fault bien enfourner les choses pour en recevoir à l'advenir quelque commodité et service, ainsi que j'espère faire de la dite association par vostre prudence et le bon acheminement que vous y donnerez. Vous priant croire que je recongnoistray à jamais le service que vous me ferez en cest endroit et le colloqueray au rang de ceulx que ceste couronne a receuz de voz prédécesseurs pour, en temps et lieu, avoir souvenance de vous en récompensser. Priant Dieu qu'il vous ayt, mon cousin, en sa saincte garde. Escrit à Bloys le dernier jour de janvier 1577.

---

145. — 26 février 1577. — Lettre de Henri III à M. de la Trémoille. (*Chartrier de Thouars*, par M. le duc de la Trémoille, Paris, 1877, p. 96.)

A MON COUSIN LE S^r DE LA TRIMOILLE, CHEVALIER DE MON ORDRE ET CAPITAINE DE CINQUANTE HOMMES D'ARMES DE MES ORDONNANCES.

Mon cousin, Je vous ay cy devant mandé mon intencion estre que vous eussiez à assembler vostre compaignie de gensdarmes, ainsy que j'ay faict à d'autres ayans pareille

---

1. Le comte du Lude était à Poitiers depuis le 16 janvier. (*Journal de Le Riche*, p. 280.)
2. Louis III de la Trémoille, duc de Thouars, arriva à Poitiers le 1er février 1577. (*Journal de Le Riche*, p. 281.)

charge, pour vous joindre ensemble en mon pays de
Poictou ; ce que j'ay bien voulu vous escrire par la présente et advertir comme, en attendant que je m'achemine
par delà, j'ay délibéré y envoyer mon cousin le duc de
Mayenne, duquel vous sçaurez particullièrement mon
intention pour l'exécution de la charge que je luy ay
donnée. Cependant j'ay despesché le s^r de Puigaillart,
mareschal de camp, en Poictou [1] ; par quoy je désire et
vous prie que quand vous serez adverti, soit par le s^r du
Lude, gouverneur du pays, ou le dit s^r de Puigaillart, du
lieu où ils se joindront et assembleront, vous les joindrez
et assemblerez avec les autres, selon que j'ay dit et en
plus grant nombre possible, affin que le dit s^r de Puigaillart puisse savoir le nombre de ceux qui y pourront estre
et nous en donner incontinent advis. Je prie le Créateur
qu'il vous ayt, mon cousin, en sa saincte garde. Escript à
Bloys, le xxvie jour de febvrier 1577. HENRY. DE NEUFVILLE.

146. — Dernier jour de février 1577. — Lettre de Henri III à M. du
Lude.(*Dict. des fam. de l'ancien Poitou*, par Beauchet-Filleau, II, 674.)

Mr du Lude, Je ne vous diray point combien j'ai eu dé-
plaisir d'entendre la prise du s^r de la Sayette frère du
doyen de ma ville de Poitiers [2], pour le zèle et l'affection
que je sçay que tous deux portent à mon service, spécialement le dit doyen qui est ici près de moy et l'un des
députés du clergé en ceste assemblée d'Estatz, seulement
vous diray que pour aider au dit doyen d'y recouvrer son
dit frère par échange ou aultrement, ainsi qu'il pourra le
mieulx et plus commodément faire d'entre les mains de

---

1. Le s^r de Puygaillard était à Poitiers du 11 au 16 février. (*Journal
de Le Riche*, p. 282.)
2. Adrien Mareschal, alias la Sayette, doyen de l'église de Poitiers.
Son frère Antoine, qui fait l'objet de cette lettre, avait été fait prisonnier par les protestants en 1576.

ceulx qui le contiennent prisonnier, je lui ai accordé de lui donner et faire mettre entre les mains le s^r de la Chopiniere qui a naguères esté prins par les catholiques et emmené dans ma ville de Fontenay le Comte, et comme pour effectuer ceste mienne intention et faire délivrer le dit s^r de la Chopiniere entre les mains du dit doyen ou de celui qu'il envoira par delà pour faire le recouvrement de son dit frère, j'en ay escript au s^r des Roches Baritaud et à mes officiers de ma dicte ville, à quoy je m'asseure ils ne fauldront de m'y obéir, et pour ce que c'est chose que j'ai fort à cœur et désire surtout donner ce moien pour servir à la délivrance du dit de la Sayette, je vous faict aussi la présente tant pour vous advertir de ce que dessus, que pour vous prier croire que si jamais vous m'avez fait service agréable et donné contentement, vous me le ferez très grand que de tenir la main et faire en sorte que le dit s^r de la Chopiniere soit au plutot délivré et mis ès mains du dit doyen ou de celuy qu'il envoira pour le recouvrement de son dit frère; à quoy je vous prie aussi vous employer de tout votre pouvoir. Priant Dieu, Mr du Lude, vous avoir en sa garde. Escript à Bloys le dernier jour de février 1577. Signé Henry, et plus bas : De Neufville.

---

147. — 8 mars 1577. — Lettre de Henri III à M. de la Trémoille. (*Chartrier de Thouars,* par le duc de la Trémoille, p. 97.)

A mon cousin le s^r de la Trimouille, duc de Thouars.

Mon cousin, J'ay receu votre lettre du ve de ce moys, par laquelle j'ai sceu des nouvelles du prince de Condé et de ses trouppes [1], ensemble les beaux préparatifs que vous

---

1. Le prince de Condé, qui était à la Rochelle, se dirigea vers Thouars et Saumur dans les premiers jours de mars, puis revint vers Saint-Maixent et Melle dont il s'empara. (*Chronique du Langon,* p. 197, 198.)

aviez faictz en vostre ville de Thouars pour le recueillir, s'il vous y fust allé trouver. Je m'asseure, mon cousin, que partout où vous serez je y auray toujours un brave et fidèle serviteur ; vous advisant que je feray partir lundy prochain mon cousin le duc de Mayenne, pour s'acheminer en mon pays de Poictou [1], affin de assister ceux qui y sont de l'aide et bon conseil requis pour le bien de mon service. Vous pryant, mon cousin, tenir voz gens d'armes et autres trouppes touttes prestes pour, avec icelles et les aultres que vous pourrez mettre ensemble, vous joindre à mon dit cousin quant il sera arrivé [2]. Quant à l'interdiction de laquelle vous vous pleignez, j'ay commandé à ceulx de mon conseil d'y adviser, affin qu'il vous soict faict droict comme il est raisonnable. Priant Dieu, mon cousin, vous avoir en sa garde. Escript à Bloys, le VIIIe jour de mars 1577. HENRY.

---

148. — 19 juillet 1577. — Lettre de Henri III à M. du Lude. (D'après l'original.

Monsieur le conte, Voyant que mes subgetz rebelles continuent en leurs mauvais déportemens, mesmes les effortz qu'ilz s'atendent de faire contre moy et mon auctorité, j'ay mandé les compagnies de mes ordonnances et les ay départies ès gouvernementz et lieux déclarez par la publication que je faitz envoyer à tous mes baillifz et séneschaulx pour faire proclamer, laquelle je vous envoye aussi, affin que vous soiez averty de celles que j'ay députtées au gouvernement de Poitou et de ce que j'ordonne par icelle que je vous prie de faire entretenir à ce que

---

1. Le duc de Mayenne arriva à Poitiers le 14 mars. (*Journal de Le Riche*, p. 283.)
2. Louis III de la Trémoille, duc de Thouars, périt peu de jours après, le 25 mars, à la reprise de Melle sur les huguenots.

mon intention soyt en cela suyvie, de quoy m'asseurant je prie Dieu vous avoir, Monsieur le conte, en sa sainte et digne garde. Escript à Poitiers [1] le xixᵉ jour de juillet 1577. HENRY. FIZES.

A Monsieur le conte du Ludde, chevalier de mon ordre, conseiller en mon conseil privé, cappitaine de cinquante lances de mes ordonnances et mon lieutenant général en Poictou.

---

149. — 24 septembre 1577. — Commandement du maréchal de Cossé de courir sus à des compagnies qui ravagent le pays. (*Lettres missives du* XVIᵉ *siècle*, publiées par Marchegay et Imbert, p. 270.)

Le conte de Secondigny, marchal de France, au prévost des maréchaux de la ville de Thouars ou son lieutenant et tous aultres prévostz des dits sʳˢ maréchaulx à qui ces présentes seront monstrées, salut.

Ayant entendu les foulles et oppressions qu'a faicte sur le pauvre peuple le cappitaine Bonnevau et ses soldatz et lesquelles il continue faire de jour en jour, pour éviter à icelles, nous vous mandons et très expressément enjoignons à chacun de vous, en droict soy et sy comme à luy appartiendra, de sortir et courir sus le dit cappitaine Bonnevau et ses soldatz et l'apréhender au corps pour le faire respondre selon et sur les plainctes que nous en a faict le dict pauvre peuple; de quoy vous nous advertirés promptement.

Faict à Poictiers ce xxiiii septembre 1577. ARTUS DE COSSÉ.

Par commandement de mon dict seigneur le marchal. LAURENS.

Il est ordonné et commandé à tous habitans des

---

[1]. Le roi était arrivé à Poitiers le 4 juillet.

villes et aultres de donner secours, ayde et main forte ausditz prévost pour prendre le dit Bonneveau. Ledit jour.
LAURENS.

---

150. — 8 mars 1579. — Lettre de Henri III à M. du Lude.
(D'après l'original.)

Monsieur du Lude, Vous avez tres bien faict de vous estre esloigné de St Jehan pour oster toute occasion de jalousie à mon cousin le prince de Condé auquel, ne plus ne moins que à tous mes autres subgectz, je désire donner par effect toute assurance de ma bonne volunté à l'entreténement de mon édict de pacification, vous priant continuer à m'y servir selon mon intention et mectre peine de descouvrir dont procédent ces bruitz et remuementz qui tiennent en crainte les habitans des villes de par delà, affin que l'on y puisse remédier, ainsy qu'il appartient, pour la seureté d'icelles et le bien de mon service. Quant au payement de votre estat et des garnisons establyes aux villes et chateaux qui sont en l'estendue de vostre charge, ayant congneu en dressant l'estat général de mes finances, que je n'y pourrois fournir et satisffaire de mes deniers ordinaires, à cause du peu de fonds qui s'y trouve et des autres charges et despences qu'il me convient faire, j'ay arresté d'en continuer la levée sur le pays encores pour quelque temps, ayant à ceste fin commandé qu'il en soit expédié les lettres de commission nécessaires qui vous seront envoyées au premier jour pour les faire exécuter, en quoy j'auray bien agréable que vous teniez la main qu'il soit usé de façon que mon peuple congnoisse que ce que j'en faictz est plus nécessaire que pour envie que j'ay de leur continuer le faiz de ceste despensse. J'auray souvenance aussy d'employer votre compagnye de gens d'armes aux estatz qui se feront pour le payement de ma gendarmerye en ceste année, comme chose que je congnois estre plus que raisonnable. Et pour le regard du château de Fontenay, j'ay ordonné que les partyes comparoistront et seront oyes en mon conseil [1], affin d'y estre pourveu, ainsy que de raison, et que personne n'ayt occasion de se plaindre de ce qui s'en ensuivra, priant Dieu, Monsieur du Lude, vous maintenir en sa très saincte garde. Escript à Paris le viiie jour de mars 1579. HENRY. DE NEUFVILLE.

A Monsieur le conte du Ludde, chevalier de mon ordre, gouverneur et mon lieutenant général en Poictou.

---

151. — Vers juin 1579. — Rapport envoyé par un agent anonyme à un grand personnage non désigné sur la situation de Poitiers. (Ancien fonds fr. 3159, f° 193.) [2].

MÉMOIRE SUR LE DANGER ÉVIDENT DE LA VILLE DE POITIERS.

Monseigneur, Il y a environ quelques deux mois que revenant de Guienne, monsieur l'admiral [3] me commanda très expressément de advertir Sa Majesté de donner hordre ès afferes de la ville de Poytiers, par les menées de Ste Solenne [4] bonnement distraicte de l'obéissance de Sa ditte Majesté, ne luy estant après Paris de moindre consé-

---

1. Il s'agit là des conflits qui existaient depuis longtemps entre Philippe de Chateaubriant, s[r] des Roches-Baritaut, gouverneur de Fontenay, d'une part, et le comte du Lude et les habitants de cette ville, d'autre part. (*Recherches historiques sur Fontenay-le-Comte*, par Fillon.)
2. Le personnage auquel ce rapport est adressé est probablement René de Birague, chancelier, nommé cardinal en 1578 et l'un des confidents de Catherine de Médicis.
3. Honorat de Savoie, marquis de Villars, succéda à Blaise de Montluc dans la lieutenance de Guyenne en 1570, fut maréchal de France en 1571, amiral après la mort de Coligny, et mourut lui-même en 1580.
4. Joseph Doyneau, s[r] de Sainte-Soline et de la Jarraudière, fils de François Doyneau, lieutenant général de la sénéchaussée.

quence qu'aulcune d'ultre ville de son royaulme. Incontinent estre arrivé j'en fis mon raport, et, doubtant que les advertissementz que j'en ay journellement viennent bonnement tous de la part de ceulx qui feirent voir à Votre Grandeur leurs privilèges, qui baysent très humblement les mains d'icelle, j'ay bien voleu donner une coppie de leurs doléances à ycelle Vostre Grandeur, vous suppliant très humblement, Monseigneur, à leur nom, comme ils me prient de fère, de les avoir pour recommandés, de quoy ils hont une très sertayne asseurance, tant en considération de vostre naturelle bonté comme d'abondant pour estre leur seurté tellement joincte avec le service de Sa Majesté qu'ung chascung peult congnoistre, la ditte ville de Poitiers estant le milieu, le commencement et la fin de tout ce qui peult bonnement importer à l'estat despuis Orléans jusques en Bourdelois.

Le jour que le sieur de Quélus fut blessé[1], il s'estoit chargé, à la requeste de quelques uns des plus apparens de la ditte ville qui sont icy, d'asseurer Sa Majesté que le chasteau de la ditte ville avoit esté despuis peu de temps présanté à Monseigneur, de quoy j'ay esté despuis chargé pour l'incommodité du dit sieur de Quélus.

Le dict Ste Solenne a faict tant de démonstrations de vouloir courir la fortune du sieur de Bussy[2], perturbateur du repos de ce royaulme, que ceulx de la ditte ville qui s'estiont une fois délibérés de prier Sa Majesté de lui donner mein levée de son bien[3], en hont despuis prins contraire opignion, craignans son autorité dans la ditte ville qui commence desjà à passer en apparente tirannie,

---

1. Jacques de Lévis, comte de Quélus, mignon de Henri III, fut tué en duel en 1578 vers la fin de mai.
2. Louis de Clermont d'Amboise, baron de Bussy, gouverneur du château d'Angers, favori du duc d'Alençon, assassiné par ordre du comte de Montsoreau, dans un rendez-vous donné par la dame de Montsoreau, sa maîtresse, le 19 août 1579.
3. On voit que les biens de Doyneau avaient été saisis.

ayant usé de violence envers plusieurs officiers de Sa Majesté qui, par crainte, n'en hont ausé fayre aulcune démonstration, reprenant les mesmes erres du feu lyeutenant descédé [1].

Et quant à ce qu'il se vante d'avoir la ditte mein levée soubz la faveur de Monseigneur, ce ne sera tousjours que le joindre davantage au dit sieur de Bussy et distrayre l'authorité de l'Estat de son vray domicile.

Il ne fault point que Sa Majesté attende de pouvoir estre au vray adverty du mal de la ditte ville par moyen des habitans d'icelle, et ce, à cause que les ungs sont reteneus de ce fayre par craincte, plusieurs sont secrètement de la religion et aultres parens du dict Ste Solenne.

La dicte ville est flanquée à III lyeues, de Montrueil [2] d'ung cousté, place appartenante au sieur de la Noue [3], là où l'on faict le presche, et de l'aultre, à v lyeues, du chasteau de Cursé [4] que le dict Ste Solenne a mis entre les mains du sieur de St Gelais [5], es quelz lieux les rebelles peuvent fayre assemblée sans soupçon et ung matin venir guagner une porte du dict Poytiers avec l'intelligence de leurs associés qui sont dans la ditte ville, j'entens quant aux déclairés qui peuvent estre environ deux cens sinquante suffisans pour ung tel faict.

Le sieur de St Belin [6], par escange et menée de Bussy,

---

1. Jean de la Haye, sgr de la Haye et de Jarzé, baron des Cousteaux, lieutenant général de la sénéchaussée de Poitou, maire de Poitiers en 1562, après la prise de la ville par le maréchal de Saint-André et l'exécution de Jacques Herbert. Il lutta glorieusement lors du siège de 1569. On sait que sa vie ne fut plus ensuite qu'un long tissu d'intrigues. Il fut assailli et tué, sur l'ordre du roi, dans sa maison de la Bégaudière, près Poitiers, dans la nuit du 22 au 23 juillet 1575. La Haye avait épousé en secondes noces Marie Cathus, fille de Hardy Cathus, sgr des Granges-Cathus, et de Jeanne du Fouilloux, héritière de Jacques du Fouilloux, le célèbre veneur.
2. Montreuil-Bonnin.
3. François de la Noue dit Bras-de-Fer.
4. Canton de Lusignan.
5. Louis de Saint-Gelais-Lusignan, mort en 1592.
6. Geoffroy de Saint-Belin, évêque de Poitiers de 1577 à 1611.

a eu l'évesché de la ville despuis peu de temps, lequel est proche parent et toutallement affecté au susdict sieur de Bussy.

Et, d'aultant que le prêcheur Protasius gagé par son devantier évesque y rend les afféres de Sa Majesté grandement incommodes, ses salaires accostumés luy hont esté incontinent déniés par le dit évêque si présent establi [1].

Pour à quoy pourvoir, le sieur de la Vacherie [2] et aultres de la ditte ville s'estans mis en debvoir de faire quelque cuylete de deniers pour l'entretènement du dit Protasius prêcheur, le dit Ste Solenne et madame de la Trinité tante du dit sieur de Bussy [3] les ont querellés là-dessus.

Despuis la querelle du dit Ste Solenne et du descédé lyeutenant [4], les huguenaulx de la ditte ville luy estions fort mal affectionnés, pour à quoy remédier, il a faict venir diverses fois le sr de St Gelais [5] dans sa maison au dit Poytiers, qui a tout accommodé, estant souvent visité des dits rebelles, en dangier que tous ensemble n'ayent comploté quelque sinistre afféré.

La Coste Mésières se vient tenir en la maison du feu lyeutenant, au dict Poytiers. Il a espousé sa femme [6] pour fortifier les intentions du dict Ste Solenne raliant peu à peu soubz sa faction les amys du dit feu lyeutenant avec plusieurs aultres qu'il y a.

La nuict, La Salle Montmorillon qui a du bien d'amis et de parents dans la ditte ville, commence à y aller complotant de mesmes que les aultres.

Le dit Ste Solenne s'en va souvent par les boutiques

---

1. Porthaise avait sans doute été puni pour avoir prêché sans l'autorisation épiscopale. Il devint bientôt le favori de Saint-Belin qui le logea à l'évêché. (Ouvré, *La Ligue à Poitiers*.)
2. René Mouraud de la Vacherie, conseiller assesseur au présidial, maire en 1578-1579.
3. Françoise de Rohan.
4. Jean de la Haye.
5. Louis de Saint-Gelais-Lusignan.
6. Jean de la Rye, sgr de la Coste-Mésière, avait épousé Marie Cathus, veuve de Jean de la Haye.

du dit Poytiers marchander des estoffes, treuvant par là moyen de parler des douhannes des Ytaliens, disant que mon dit seigneur a bien délibéré de y donner hordre.

Le sieur de Bussy estant assuré d'Angiers [1] et de Bourges, le sieur de Drou [2] qui en est gouverneur en absence du sieur de la Chastre [3], tenant la ditte place à serment de luy et non du dit La Châtre, tâche de mesme par moyen du dit Ste Solenne, madame de la Trinité, sa tante [4], La Coste Mésières et La Salle Montmorillon, de s'asseurer aussy du dict Poytiers.

Et, à cause que sur ung commencement de guerre il y pourroit venir divers accidentz qui luy pourroient troubler l'entreprinse de la dicte ville, il a tâché sependent pour plus grande seurté de fère qu'en temps de nécessité, Sa ditte Majesté, par amour, par craincte ou par mescontentement, n'y treuve poinct ung homme à sa dévotion. Et quant au château de la dicte ville, les soldats qui y sont dépendent plus du visconte de la Guierche [5] que non poinct de son beau père le sieur de Boisseguin [6].

Le sieur de Puguilon qui est cappitaine en chef du chasteau de la ditte ville, congnoyssant le dangier d'icelle, y est allé exprès pour vandre la ditte capitainerie, laquelle est marchandée du sieur de Royan [7], on ne sait à quelle fin et de madame la duchesse de Rouhannois, pour son fils [8].

---

1. Gouverneur du château d'Angers.
2. Jean de Chamborant, écuyer, sgr de Droux, ligueur battu par Abain à Chauvigny vers le 11 juin 1585.
3. Claude de la Chastre, gouverneur du Berry.
4. Françoise de Rohan.
5. Georges de Villequier, gouverneur de la Marche, révoqué en mai 1589, gouverneur de Poitiers pour la Ligue, tué au passage de la Vienne près du château d'Ile en 1592.
6. Jean Jay, s[r] de Boisseguin, gouverneur de Poitiers depuis 1568 et du château depuis octobre 1577, mort le 8 octobre 1592.
7. Gilbert de la Trémoille, marquis de Royan, grand sénéchal du Poitou en 1586, mort en 1603, fils de Georges de la Trémoille, gouverneur du château de Poitiers, mort en 1584.
8. Louis Gouffier, duc de Roannez, fils de Gilbert duc de Roannez et de Jeanne de Cossé, né le 25 février 1575.

Ceste capitainerie comprend l'estat de sénéchal et metre des eaulx et forestz, ce qui doibt donner à pencer à Sa Majesté aux fins qu'elle ne tumbe en mein suspecte. La Coste Mésières, de nouveau, s'y est mis après.

La dicte ville n'est point de moindre pois que Lyon pour avoir ung gouverneur bien fiable qui fera beaucoup, quand ce ne sera que fere contrequarre à l'autorité du dit Ste Solenne qui n'a aulcun esgal, sy ce n'est que de bien loing, dans la ditte place. Il seroit besoing que Sa Majesté mit un gentilhomme bien fiable pour commander au dit chasteau en la place du sieur de Boisséguin qui, à cause de son eage et travail que luy donne le dit chasteau, sera bien ayse d'en retirer seulement la rente, sy mieulx ne luy semble le remettre ès meins des sitoyens, comme ils en font très instante requeste.

Le mayre de la ditte ville se fera dans peu de jours, sur quoy il importe grandement pour les afères de Sa Majesté que ce soit quelque homme de cœur bien affectionné à son service et ennemy du dit Ste Solenne, pour lequel faict, je luy en nomme trois, assavoir : Palustre, trésaurier de France [1], Vidar procureur de la ditte ville et La Brueille advocat [2]. Et quant à ces deux premiers, ilz sont en ceste ville [3].

---

1. Jean Palustre, s^r de Montifaut, trésorier de France de 1576 à 1594, maire de Poitiers en 1560 et en 1589 pour terminer l'année majorale de Joseph Le Bascle, décédé, et membre du conseil de la Ligue à Poitiers.
2. Jean Bernegoyau ou Bernegoue, écuyer, s^r de la Breuilhe, enquêteur en Poitou en 1562, échevin de Poitiers en 1564, gouverneur du château en 1575. (*Dict. hist. des fam. du Poitou*, 2e éd., I, 478.) C'est lui qui est l'auteur de la lettre au roi, du 29 juillet 1562, reproduite ci-dessus, p. 62. Plus tard, en mars 1580, il fut chargé d'une mission à Paris pour un procès entre la ville et le chapitre de Saint-Hilaire. (Reg. 42 des délib.)
3. On voit que Sainte-Soline est classé dans ce rapport, peu antérieur à l'élection de Scévole de Sainte-Marthe, le 1er juillet 1579, parmi les partisans du duc d'Alençon, les politiques ou malcontents, et ce fait pourrait bien n'être pas étranger à son arrestation le 29 novembre 1584.

152. — 18 octobre 1579. — Lettre de Henri III à M. du Lude.
(D'après l'original.)

Monsieur le conte, J'ay esté bien ayse de sçavoir votre arrivée à Poictiers par votre lettre du III de ce mois et semblablement d'entendre, par le rapport que m'en a faict le conseiller Brulart de la part de sa compaignye [1], la bonne assistance que vous leur avez offerte en l'exécution de leur commission [2], vous asseurant que vous ne me sçauriez faire service qui me soit plus utile et agréable que de vous y randre très soigneux et dilligent pour le bien et soullagement que j'espère que mes subgectz recevront de leur allée par delà, mesmement quand leurs ordonnances se verront embrassées et soubtenues par mes principaulx ministres et serviteurs et qu'en cela vous monstrerez l'exemple à ung chacun, car, encores que il semble que la force y feust très nécessaire pour mieulx faire exécuter leurs arrestz, touteffois celle qui accompaigne la justice administrée en toute sincérité est de telle vertu et efficace que je m'en puis promectre beaucoup de fruict, sans qu'elle apporte aucun meslange de jalousye et deffience, sinon à ceulx qui en redoubtent la lumière par leurs maléfices ; touteffois je n'ay laissé de commander à ceulx de mes finances de adviser au payement de votre compaignye affin que j'en puisse estre servy si l'occasion s'en présente et selon les commandemens que je vous en feray. Priant Dieu qu'il vous ayt, Monsieur le conte, en sa sainte garde. Escript à Paris le xviiiᵉ jour d'octobre 1579. Henry. De Neufville.

A Monsieur du Ludde, chevalier de mon ordre, gouverneur et mon lieutenant général en Poictou.

---

1. Nicolas Brulart de Sillery, conseiller au Parlement de Paris.
2. Les Grands Jours de Poitiers en septembre-décembre 1579.

153. — 5 novembre 1579. — Lettre du comte du Lude aux maire et échevins de Poitiers. (Reg. 42 des délib., p. 859.)

A Messieurs les maire et eschevins de la ville de Poictiers.

Messieurs, Il n'y a celluy de vous qui ne sache les volleryes, brigandaiges, assassinats et violances commises en tout ce pays qui ne juge le grand besoing que le pauvre peuple peult avoyr d'une bonne et ferme justice, laquelle ne se peult faire sans qu'elle soyt appuyée et fortiffyée d'hommes ordonnez et conduictz soubz l'auctorité de quelque personnage d'auctorité et valleur qui puisse vertueusement mectre la main à exécution et ses mandemens deubz et paréillement à ceulx esmanez, tant des juges et officiers constituez au pays, que autres souverains, dont pour cest effect j'ay eu divers advis de supplier le Roy ériger en ceste généralité ung visséneschal général avecques auctorité de commander aux prévostz de ce pays, lieutenans et archers, oultre lesquelz il fust acompagné de quelque nombre d'hommes suffisans pour les exploictz susdictz, stipendiés aux despens du peuple du dit pays qui, à mon advis, l'aura très agréable. Mais, considéré l'importance de cest affaire, je ne l'ay voulu entreprendre sans avoyr la vostre que me ferez entendre au plutost et selon que jugerez la nécessité des affaires présentes la requérir, espérant que, s'il plaist à Sa Majesté favoriser ce pays de telle érection, qu'il sera soulagé et rellevé d'infiniz meurtres, volleryes, brigandages qui règnent ordinairement en icelluy, à la ruyne et foule du pauvre peuple assassiné par la violante vye d'un grand nombre d'hommes résidans en icelluy, desquelz l'extirpassion est nécessaire pour y restablyr chacun en ce qui est sien et y veoir régner la piété et justice en sa première liberté[1]. Sur ce, attendant ung advis, je voys de bon cueur

---

1. Voir une lettre du roi à M. du Lude, du 25 nov. 1579, relative à la sûreté publique. (*Arch. hist. du Poitou*, XIV, p. 126.)

recommander à voz bonnes grâces et supplier Dieu vous donner, Messieurs, en bonne santé, heureuse et longue vye. De Poictiers ce v⁰ novembre 1579.

Vostre entièrement bon amy. Guy de Daillon.

---

154. — 16 février 1580. — Lettre de M. du Lude au roi Henri III.
(Fonds fr. 15562, f⁰ 120.)

Sire, Je ne feray faulte effectuer le commandement que Vostre Majesté me faict par celle qu'il luy a pleu m'escripre le 12 du présent ; et pour y commancer j'envoye monsieur de la Frézelière vers monsieur de Sᵗ Luc [1] et les capitaines estans en Brouaige, afin de sentir s'il et eulx satisfferont aux commandemens de Vostre Majesté ; à quoy le dit sieur de la Frézelière sçaura mieux persuader les ditz cappitaines que nul aultre, pour ce que, ès guerres dernières, il leur a commandé en ce pays pour vostre service ; et pendant qu'il fera ce négoce je m'avanceray pour, suyvant le rapport qu'il me fera, satisfaire entièrement aux commandemens de Vostre dite Majesté, laquelle je supplye très humblement me faire cest honneur de croyre que je n'y perderay ugne seule heure de temps pour lui rendre le très humble service et contentement qu'elle en désire, suppliant Dieu icelle maintenir et lui donner, Sire, en parfaicte santé très longue et très heureuse vye. De la Roussière près Coulonges les Royaulx, ce xvi° jour de febvrier 1580.

Vostre très humble et très obéissant suget et serviteur. Guy de Daillon.

---

1. Saint-Luc voulait conserver le commandement de Brouage, malgré la volonté du roi. Voir à ce sujet une autre lettre du roi à M. du Lude, du 8 février 1580. (*Arch. hist. du Poitou*, XIV.)

155. — 16 février 1580. — Lettre de M. du Lude à la reine Catherine de Médicis. (Fonds fr. 15562, f° 124.)

Madame, Je ne feray faulte satisffaire à mon possible aux commandemens que Voz Majestez me font par celles qu'il leur a pleu m'escripre le xii° du présent, mais je crainets bien que monsieur de S¹ Luc ne satisface à celles qu'elles leur font, pour ce que je suis adverty qu'il s'ayde de ceulx de la relligion et faict le plus d'amas d'hommes qu'il peult, occasion que j'envoye vers lui monsieur de la Frézelière afin de sentir s'il obéyra à vozdits commandemens et persuader les capitaines de satisffaire à ceulx qu'elles leur font, ce qu'il sçaura mieulx faire que nul autre pour leur avoir commandé en ce pays, ès guerres dernières ; et, selon le rapport qu'il me fera, je ne fauldray satisffaire entièrement aux commandements de Vos dites Majestez pour rendre à icelles le très humble service et contentement qu'elles en peulvent désirer, suppliant Dieu icelles maintenir et vous donner, Madame, en parfaicte santé très longue et très heureuse vie. De la Roussière près Coulonges les Royaulx, ce xvi° jour de février 1580.

Vostre très humble et très obéissant sujet et serviteur.
Guy de Daillon.

---

156. — 28 mars 1580. — Lettre de M. du Lude au roi Henri III. (Fonds fr. 15563, f° 22.)

Sire, Puis dix ou douze jours il y a eu quelque apparence de refroidissement à l'endroict de ceux de la nouvelle oppinion qui avoient prins les armes, tellement qu'on pensoit ceste soubdaine émotion s'estre endormie, laquelle s'est réveillée puis deux jours que ceux de Saint Jehan d'Angely sont sortis et failly la ville de Xainctes, là ou estoient en personnes les sieurs de Montgommery et

St Mesmes, lesquels rencontrèrent à leur retraitte le général Gourgues, de Bordeaux, qu'ilz ont print et mené prisonnier dans St Jehan et tué troys de sa compagnie. A la Rochelle font contenance de ne s'esmouvoir aucunement, y estant monsieur de Rohan qui a envoié quérir sa femme. Montaigu s'eschauffent fort, courent, pillent, rançonnent et exercent toute espèce de cruauté, se renforcent tellement que maintenant ilz sont devant et ont assiégé une maison forte nommée la Guyonnière, une lieue près dudit lieu, appartenant au beaufrère du sr du Landreau auquel j'envoye ce que j'ay peu mettre ensemble pour leur faire lever le siège; ilz ont de petites places fortes qui leur servent de retraites dans le païs, à la faveur desquelles ilz lèveront les tailles et en mesmes temps tireront du peuple par force grandes commoditez et de quoy faire la guerre, s'il n'y est bientost pourveu, estant rétablyes toutes leurs autres retraictes et desquelles maintenant se peuvent prévalloir seront tout à la mesme heure abandonnées. Et sur ce qu'il a pleu à Vostre Majesté me faire cest honneur me demander advis par ses lettres du xxviiie du passé, ce qu'il me semble debvoir estre fait pour le recouvrement d'icelles, je croys, sauf le sien meilleur et prudent conseil, que le plus prompt et meilleur remède c'est d'y employer la force et user de diligence, sans leur donner plus de loisir se renforcer davantaige, m'ayant esté dit que à Nantes qui n'est qu'à six lieues de là y a bon nombre d'artyllerie, poudres et boulletz et le pays fournit des pionniers, gens de travail et dont les mille font plus d'effect que deux mille françoys, lesquelz, à mon advis, ne feront difficulté d'y aller s'ils y sont commandés, leur estant une facheuse espine à leur pied. Supplyant très humblement Vostre dite Majesté me faire cest honneur me commander sur ce sa volonté et me renvoier mon homme que je lui ay dernièrement despéché, ne lui voullant point celler que beaucoup de gentilzhommes de ce pays affectionnez à son service s'i rengeront volontiers, mais ils désirent leurs chevaulx estre défraiez et leur estre distribué gratis foing, paille et avoyne, aultrement il n'en faut espérer grand secours ne service.

Sire, je supplie Dieu vouloir conserver et toujours maintenir Vostre Majesté et lui donner en parfaicte santé très longue et très heureuse vie. De Niort, ce xxviii° mars 1580.

Vostre très humble et très obéissant subject et serviteur.
Guy de Daillon.

---

157. — 26 avril 1580. — Lettre de Marbeuf, agent de Mme de la Trémoille, à ladite dame, au sujet de la surprise de Montaigu par les huguenots. (*Annuaire de la Société d'émulation de la Vendée*, 1857, p. 234.)

Madame, Vous avez sceu qu'il y a quinze jours que des gentilzhommes et gens de guerre se sont saysis de ceste place, soubz l'authorité et par le commandement du roy de Navarre, comme ilz asseurent; et dient ne vouloir courir ni molester personne sans que on leur baille occasion et n'entreprendre sur vos droictz, mais plustost les conserver à leur pouvoyr. Ilz m'ont humainement traicté, en faveur de vous, pour l'honneur que j'ay d'estre à vostre service, et n'ont deslibéré en faire moings à l'endroict de voz autres officiers et subjectz. Leur comportement est modeste, par le temps où nous sommes.

---

158. — 15 mai 1580. — Lettre de M. de Héreulles, chargé d'affaires de Mme de la Trémoille, à Paris, à la dite dame. (*Annuaire de la Soc. d'émul. de la Vendée*, 1857, p. 235.)

Présentement le messager de Montagu m'a apporté la lettre qu'il vous a pleu m'escrire. Je me suis enquis de luy comme les ceux qui ont surpris Montagu se gouvernent. Il m'a faict entendre la foulle et l'oppression qu'ils font à voz subjectz, et que ce sont mesmes de vos vassaux, ce que je trouve bien dur à supporter d'avoir la hardiesse de s'adresser à vous. Et seroit bon cependant, s'il vous plaist, qu'envoyassiés un gentilhomme d'honneur vers le roy de Navarre, sans que personne en sceut rien, afin que ceux de la dicte garnison ne prévinsent ; et par mesme moyen luy escrypvissiés, luy faisant entendre leurs déportements, et qu'ilz se vantent d'estre advoués de luy, ce que ne pouvés croyre parce que vous ny les vostres ne luy avés jamais donné occasion de vous pourchasser desplaisir ny dommaige. Il ne fauldra pas de vous escripre quelque honneste et gratieuse lettre et vous faire excuse de tout cela et de vous dire que ce n'est pas son commandement, encor qu'ainsy fust. Et cependant vous ferés informer de leur vye, de la pryse de vostre ville en temps de paix, et sans que depuis, après la prise de la dicte ville et chasteau, la guerre eust esté déclarée ny par le Roy ny par les huguenots. Cela fait, vous nous envoirés le tout, à cette fin que nous leur fassions faire leur procès ; et ne pouvés pas moings espérer qu'ils seront condampnés à avoir les testes tranchées et leurs biens à vous acquis et confisqués, comme ayant forfaict contre vous qui este leur dame.

---

159. — 20 août 1580. — Lettre de Henri III à M. du Lude.
(D'après l'original.)

Monsieur du Ludde, M'ayant remonstré le s[r] de Lanssac [1] chevalier de mes ordres, conseiller en mon conseil privé et d'estat, que son château de la Mothe-St Heraye en Poictou est fort et de grande importance pour mon ser-

---

1. Louis de Saint-Gelais-Lusignan, s[r] de Lansac, baron de la Mothe-Saint-Héraye.

vice et pour le repos du pays d'estre conservé en mon obéissance et que la garde d'icelluy luy est de grandz fraiz et despens, dont il ne s'est voulu plaindre jusques à présent, ne voulant charger le dit pays ne mes finances, mais voyant que cela luy dure trop, il m'a supplié de vous ordonner, comme je faiz par la présente, que vous advisiez à luy faire payer et entretenir jusques à huict soldatz soubz la charge et commandement du capitaine Rivau qui a la garde du dit château, à commancer la dite paye depuis le premier juillet dernier et continuer par cy après tant que la nécessité et que mon service le requerra, en faisant employer ce dit entretènement de soldatz sur l'estat des autres garnisons de votre gouvernement que je y ay ordonnées pour mon dit service et pour le bien du dit pays. Priant Dieu qu'il vous ayt, Monsieur du Ludde, en sa sainte et digne garde. Escrit à Sainct Maur des Fossez, le xxe jour d'aoust 1580. HENRY. DE NEUFVILLE.

A Monsieur le conte du Lude, chevalier de mon ordre, capitaine de cinquante hommes d'armes de mes ordonnances, et mon lieutenant général en Poictou.

---

160. — 28 août 1580. — Lettre de M. du Lude au roi Henri III.
(Fonds fr. 15563, f$_o$ 145.)

Sire, Ayant, par celle qu'il a pleu à Vostre Majesté m'escripre le xixe du présent, entendu sa volonté et résolution par elle prise de blocquer Montaigu, je feray tout mon possible pour l'en rendre satisfaicte et contente; et, à ceste fin y méneray le plustost que je pourrai le régiment du s^r de Lancosme duquel ayant tiré et établi sur le lieu le nombre suffisant pour cest effect j'adviseré sur le reste, s'il s'en trouve, d'envoyer à Montmorillon quelque nombre d'hommes au lieu des cent hommes que j'avois ordonné aux officiers dudit lieu de lever et mettre dans leur ville, et donneray semblablement ordre de faire vyder, s'il est possible, ceulx de St Savyn ; et pour donner commencement à l'œuvre, j'envoye présentement à messieurs de Mortemart et de Chémerault les lettres qu'il a pleu à Vostre Majesté leur escrire, lesquelles j'ay accompaignées des miennes en les priant instamment user de dilligence en l'assemblement de leurs compaigniès et envoy d'icelles, comme aussi ay-je dépesché vers le sieur de Lancosme à semblable fin pour les siennes que je le prie avancer le plus qu'il pourra, dont je tiens adverty monsieur de Montpensier et le sieur de la Hunauldaye et les supplie dilligenter lesdites compaignyes de gens d'armes et pareillement de la levée des deniers, tant pour le payement des gens de pieds, que de cheval, supplyant très humblement Vostre Majesté commander au trésorier de l'extraordinaire des guerres de venir ou envoyer l'un de ses commis pour en faire les payements nécessaires avant que d'entrer au service, estant bien certain qu'ils feront refuz de demeurer dans le bloquutz comme à l'attache, sans que premièrement ilz ayent reçuz argent pour vivre et avoir leurs nécessitez. Je dilligenteray à mon pouvoir la recepte de celuy qui se doibt lever sur ce pays, duquel, encores, selon que j'ay donné advis à Vostre Majesté, que les receveurs n'ayent grande oppinion, je metteray peyne de le faire recevoir, et ceulx qui s'y rendent les plus difficiles sont ceux des ville et ellection de Chastellerault, lesquelz n'en veulent ne de tous autres deniers extraordinaires payer aucune chose, soubz prétexte qu'ilz furent, y a environ de douze ou treize ans, exemptz de je ne sçay quelle levée extraordinaire que le feu roy Charles leur remist en faveur de feu monsieur le mareschal de Montmorency. S'il plaist à Vostre Majesté, elle commandera leur en estre expédiées telles lettres de jussion qu'il appartient en tel cas, comme chose dont, oultre le retardement qu'il apporte à vostre service, la conséquence en est fort périlleuse, comme aussy je la supplie très humblement voulloir expédier audit trésorier extraordinaire l'ordonnance qu'il lui a pleu m'accorder de pouvoir ordonner, comme il est très raisonnable, des deniers revenans bons des garnisons de ce pays qui servyront à infinyes corvées, menues despences et partyes inopinées qui chacun jour me surviennent sur les bras, ne pouvant y satisffaire, sinon de ce que je pourray mesnager desdits deniers, en quoy je puis asseurer Vostre Majesté qu'il ne sera commis aucun abus dont je me sçauroys bien prendre garde, et semblablement commander les lettres nécessaires pour la levée de l'augmentation qu'il a pleu à Vostre Majesté accorder au sieur de la Frézelière pour son entreténement, affin que ce moyen le puisse en partye relever des dépences qu'il fait pour le service de Vostre Majesté fort librement et de bonne volonté, la suppliant très humblement en oultre voulloir escrire au s^r de Rostain de haster sa compaignie à ce que, par faulte de suffisantes forces, il ne nous puisse rien mésadvenir, comme je croys qu'il ne fera, chacun faisant son debvoir; ce qu'espérant avec une bonne issue de cette entreprinse au contentement de Vostre Majesté, je la supplie très humblement croyre que les Rocheloys, quelque bonne myne qu'ilz facent, ne luy sont poinct meilleur serviteur que de coustume, ayant puis dix jours fourny à ceulx de Montagu aultant de pouldres et toutes espèces d'armes que leur ont demandés et icelle faict mener par mer et de nuict, descendre au plus prochain port dudit lieu de Montagu, ce que je n'ay voulu céler à Vostre Majesté, laquelle je supplye très humblement encore une fois faire avancer le dit trésorier extraordinaire des guerres, garny de ses mandemens, ordonnances et commissions, ce qu'attendant et tel autre commandement qu'il plaira à Vostre Majesté me faire, je supplie Dieu de la voulloir garder et maintenir et lui donner, Sire, en parfaicte santé, très longue et très heureuse vie. De Nyort, ce xxviii° jour d'aout 1580.

Vostre très humble et très obéissant subjet et serviteur.
Gui de Daillon.

161. — 25 septembre 1580. — Lettre de M. du Lude au roi. (*Arch. hist. de la Saint. et de l'Aunis*, IV, p. 304, d'après les man. de la Bibl. de Saint-Pétersbourg.)

Sire, Ayant bien considéré l'intention de Votre Majesté portée par les lettres qu'il luy a pleu m'escrire le 14° du présent [1], joinct sa déclaration qu'elle ne me peult pour ceste heure ayder d'aultres moyens que ceulx qu'elle m'a donnés, lesquels sont si maigres au respect de ce qui seroit nécessaire pour entreprendre de force une telle ville comme celle de Saint Jean d'Angély, j'ay donc incontinent résolu avec le sieur de Lancosme me rendre au plus tot que je pourray devant Montagu dont j'ai tenu MM. de Ruffec et de Belleme advertis, affin qu'ils donnent ordre de leur costé à ce qui se présentera pour le service de Votre Majesté, n'estimant pas que nous puissions faire myeux à Mortagne que de la bloquer pour cet heure, sinon que la Bretaigne voulust entrer dans la despence de l'artillery, vivres et pyonniers; ce que je sonderay estant sur les lieux et en conférerez avec M. de la Hunauldaye; et de ce que nous en résouldrons Votre Majesté en sera incontinent tenus advertie; laquelle je supplieray très humblement vouloir pourvoir de payement à deux compagnies du dict de Lancosme, n'ayant argent que pour huict, selon que j'ay cy devant tenu Votre Majesté advertye, et à l'augmentation de ce qu'il luy a plu ordonner au sieur de la Frézeliere, lequel ne peut qu'avec grande despence demeurer en ceste ville, là où je le laisse pour faire teste à ceulx de Saint Jehan, lesquels irrités ne faul-

---

[1]. Voir cette lettre du roi à du Lude dans les *Arch. hist. du Poitou*, XIV, 148.

dront pour lors que j'en seray parti luy faire chacun jour la guerre ; ne pouvant l'appoincter des deniers revenant, d'aultant que je suys contrainct en entretenir des soldats qui sont au fort de l'Abergement et de la Guyonniere que je fais payer au lieu de ceulx de Mortagne, et sans infinies allées et venues, là où se consomment tous les dicts deniers et sans lesquels je me trouveray fort court et empesché en affaires présentes. A quoy je supplye, etc. Niort, xxv septembre 1580. Guy de Daillon.

162. — 27 janvier 1581. — Lettre du duc d'Anjou à M. de Tilly, gouverneur d'Anjou. (*Notices et pièces historiques sur l'Anjou, l'Aunis, la Saintonge, la Bretagne et le Poitou*, par Marchegay, 1872, p. 135.)

Monsieur de Tilly, Ayant à recevoir en mes mains la ville et chasteau de Montaigu [1], suivant ce qui est contenu aux articles de la conférence de Flaix, et envoyant le roi de Navarre, mon frère, vers le sieur de la Boullaye [2], pour cest effect, j'ay pensé que je ne pouvois choisir nul des miens qui mieux s'acquitast de ceste charge que vous. Et partant je vous prye, incontinent la présente receue, vous y acheminer, vous envoyant à cest effect la commission qui vous est nécessaire, telle que vous verrez ; en vertu de laquelle vous recepvrez et acceptrez la dite place du dit sieur de la Boullaye, ou autre qui commandera en icelle pour le roi de Navarre mon dit frère, et incontinent que vous serez introduit et logé en icelle, vous prierez M[r] le conte du Lude de faire procéder incontinent au démantèlement de la dicte ville et chasteau, selon la commission du Roy, mon seigneur et frère, qui lui a esté envoyée ; que vous ferez faire et exécuter de sorte que sy

1. Montaigu, surpris par les protestants vers le 15 mars 1580, était assiégé par le comte du Lude depuis la fin de sept. 1580. (*Hist. univers.* de d'Aubigné.)
2. Charles Eschallart, s[r] de la Boulaye, l'un des défenseurs de Montaigu.

après nul s'y puisse loger en espérance de tenir fort, comme l'on a tant de fois cy devant faict, à la ruine, perte et dommage du pauvre peuple des environs du dit Montaigu. Et ayant exécuté le contenu en vostre dicte commission, vous vous retirerez à Angers où je vous donneray incontinent de mes nouvelles, me donnant néantmoings advis de ce que vous aurez faict et exécuté auparavant que vous partiez du dit lieu, où je vous prye avoir le service du Roy mon dit seigneur et frère, pour bien recommandé. Priant Dieu qu'il vous ayt, Monsieur de Tilly, en sa très saincte et digne garde. A Cadillac, le xxviie jour de janvier 1581.

Vostre bien bon amy. FRANÇOIS.

163. — 6 février 1581. — Lettre de Catherine de Médicis à Mme de la Trémoille. (*Chartrier de Thouars*, par M. le duc de la Trémoille, p. 101.)

A MA COUSINE MADAME DE LA TRIMOILLE.

Ma cousine, J'ay receu la lettre que m'avez escripte, avecq celle que mon fils le duc d'Anjou escript au Roy monsieur mon filz, son frère, pour Montesgu. Je luy feray incontinant tenir la response de mon dit filz, mais je ne laisseray de vous dire que desjà la commission a esté envoyée par le Roy mon dit seigneur et filz, et aussi par mon dit filz le duc d'Anjou, au s^r conte du Lude [1], pour satisfaire à ce qui a esté résolu et accordé en la conférence de Fleix pour le bien de la paix, à quoi il sera bien difficille de pouvoir rien changer. Toutesfoys je feray tousjours pour vous ce qui me sera possible pour

---

1. Voir la lettre du roi à M. du Lude et la commission du duc d'Anjou au même. toutes deux en date du 4 février 1581, relatives au démantellement de Montaigu et à l'exécution de la paix de Fleix. (*Arch. hist. du Poitou*, XIV, 164, 165 et s.) Montaigu appartenait à la maison de la Trémoille qui s'opposa vivement à son démantellement.

la récompense qui vous sera ordonnée, s'il s'y faict quelque chose à vostre préjudice. Priant Dieu, ma cousine, vous avoir en sa saincte et digne garde. Escript à Chenonceau, le vi⁰ jour de février 1581.

Vostre bonne cousine. CATERINE.

---

164. — 12 février 1581. — Lettre de Mme la comtesse du Lude à Mme de la Trémoille. (*Lettres missives du* XVI⁰ *siècle*, publiées par Marchegay et Imbert, p. 260.)

A MADAME DE LA TRÉMOILLE.

Madame, J'ay receu la lettre qu'il vous a pleu m'escripre par ce gentilhomme présent porteur, lequel je n'ay voulu laisser retourner sans l'accompaigner de la présente pour vous dire, comme, estant allée mardy dernier à Nyort, je seu comme vous estiés à Thouars. Ce qu'ayant, à mon retour, faict entendre à monsieur le conte du Lude, il se délibéra envoyer ung gentilhomme par devers vous et lequel il vouloit despescher à l'heure que cestuy est arrivé ; vous merciant de l'honneur qu'il vous plaist me faire de me tenir en votre souvenance et de la peine qu'avés prise me départir de voz nouvelles : vous asseurant que ne ferez jamais ce bien à personne de ce monde qui vous aye voué plus de service que moy, qui estimeré à bien grant heur quant je vous en pourré faire d'agréable. Sur ceste dévotion je vous supplie me rendre capable de vos bonnes grâces et me recevoir à vous baiser bien humblement les mains ; suppliant Nostre Seigneur vous donner, Madame, en parfaicte santé, longue et heureuse vye. De Fontenay, ce xII⁰ février 1581.

Vostre bien humble et affectionnée cousine à vous fere service. J. DE LA FAYETTE [1].

---

1. Jacqueline de la Fayette, épouse de Guy de Daillon, comte du Lude, gouverneur du Poitou.

165. — 5 avril 1581. — Lettre du duc d'Anjou, frère du roi, à M. de Tilly. (Fonds fr. 15564, f° 44.)

Monsieur de Thilly, Je vous ay cy devant escript de monsieur de la Pimodays pour procéder promptement au démantellement de Montagu, ce que je désireroys, mais, pour certaine considération que vous entendrey, il n'est pas besoing de rien haster que vous n'ayez de moy une autre recharge, dont je vous ay bien voulu advertir par ce lacquays qui est à vous, afin que vous ayez tant plus surement ceste lettre ; et quand à voz frais et despens, reposez vous en sur moy qu'il y sera donné si bon ordre que vous atanrez à tellement, comme je vous ay mandé par ma dite lettre. N'estant la présente à autre effect, je prie Dieu, Monsieur de Tilly, qu'il vous ayt en sa très saincte et digne garde. Escript à Coutras ce v^e jour d'avril 1581.

Vostre bon amy. FRANÇOIS.

Monsieur de Thilly, mon maistre d'hostel ordinaire et gouverneur d'Angiers et Montaigu.

Monsieur, il n'est pas besoing que personne saiche ce que Son Altesse vous mande, et fault que ce présentant quelcun à la démolition, vous temporisiez sans alléguer Sa dite Altesse. Cela est de son service que vous aymez trop sans le vous le recommander davantage. Je tiendray la main et ramentevray vos frais et despens. Je suys à vostre service. Je vous baise humblement les mains et prie Dieu, Monsieur, qu'il vous donne ce que désirez. A Coutras, ce v° de mars (avril) 1581.

Vostre très humble et très affectionné à vous faire service. QUINSÉ.

166. — 7 août 1581. — Lettre du duc d'Anjou au roi de Navarre.
(Nouv. acquis., vol. 1109, f° 1.)

Mon frère, Vous sçavez que lorsque j'estois en Guyenne, ma cousine madame de la Trimoille nous feist instante prière et requeste de faire et consentir que le démantellement du chateau de Montégu appartenant à ses enffans ne feust point exécuté, considérant quelle ny ses dits enfans n'estoient coulpables en sorte quelconque de ce qui estoit advenu à l'occasion dudit Montégu. Maintenant elle a obtenu du Roy, monseigneur et frère, que le dit Montégu ne soit démantelé, à tout le moings qu'il demeure en l'estat qu'il est, sans qu'on passe oultre audit démantellement. Ce que pour mon regard désirant la gratifier en tout et par tout, me conformant très volontiers au voulloir et intention de Sa Majesté pour ce regard et afin qu'elle ayt occasion de contentement, encore que la ruyne encommanciée audict chasteau soit grande qui ne se pourra réparer qu'avec grandz fraiz et difficulté, je vous veulx prier, mon frère, de vouloir consentir et accorder ce que le Roy, monseigneur et frère, et moy lui avons accordé de très bon cueur et permettre que je puisse librement lui faire remettre ledict chasteau et ville de Montégu entre les mains, comme à elle appartenant, avec promesse qu'elle nous faict d'y prendre garde de si près qu'il n'en adviendra aulcun inconvénient pour l'advenir, estant nécessaire d'envoier la responce que vous ferez de vostre consentement au Roy, mon dict seigneur, et frère, si tant est que vous soiez d'accort de lui faire ce plaisir, comme je vous en prie, d'une pareille à moy, affin que je puisse escripre au seigneur de Tilly ce qu'il aura à faire après la réception de vostre responce. Cependant je lui mande qu'en obtempérant à la volonté du Roy, mon dict seigneur et frère, il suppercéde et fasse cesser ledict démantélement, me promettant qu'ou il ne va de vostre intérest vous la voudrez bien ratifier en chose si juste et raisonnable, et dont je vous auray obligation particullière, comme si s'estoit pour moi même qui prie Dieu, mon frère, qu'il vous donne en santé longue et heureuse vie.

Au chasteau de Fère en Tardenoys le viie jour d'aoust 1581.

Vostre très affectionné frère. FRANÇOYS.

---

167. — 17 août 1581. — Lettre de M. du Lude au roi Henri III.
(Fonds fr. 15565, f° 46.)

Sire, Ayant sceu que le sieur de Gerbais s'estoit achemyné en Poictou en intention de se rendre au plus tost à Fontenay le Comte pour l'exécution du château du dit lieu, j'ay à mesme instant escript à monsieur de la Frézellière lui assister et faire déposer en ces mains le chasteau pour en estre fait ainsy qu'il plaira à Vostre Majesté ordonner, laquelle je ne veulx faillyr tenyr advertie que le sieur des Roches-Baritault fait estat d'y estre remis et y commander à l'advenir sans en sortir, et à ceste fin fait amas de soldatz, tellement qu'il semble se voulloir prévaloir de ceste place, contre ce qu'il a pleu à vostre dite Majesté ordonner, la suppliant très humblement ne permettre qu'ayons luy et moy aucune chose à desmeller pour l'advenir, car estant ses complections, humeurs et comportements du tout contraire aux myennes, seroit impossible pouvoir compatir ensemble, et seroit nous remettre pis que debvant. Je m'asseure que ce n'est nullement l'intention de Vostre dite Majesté, la promesse de laquelle je tiens pour asseurée et inviolable avec disposition en mon endroit de toute prompte obéissance à ses commandemens, lesquelz attendant je supplye Dieu,

Sire, vouloir maintenir et tousjours garder vostre dite Majesté en très bonne et parfaite santé et heureuse vie et longue. De Champchévrier ce 17 aout 1581.

Vostre très humble et très obéissant subjet et serviteur.
Guy de Daillon.

---

168 — Septembre 1581. — Lettre de M. de Tilly au roi Henri III.
(Fonds fr. 15565, f° 92.)

Sire,

Il pleut à Voz Majestez me faire cest honneur de m'escripre du treziesme du moys dernier, et par icelle Vostre dicte Majesté me faisoit commandement faire travailler au démantellement de ceste place et que aviez commandé à vostre conseil me faire dresser et payer des fraiz que j'avois présentez à vostre dite Majesté; et d'aultant que celuy que j'avois envoyé est de retour sans m'avoir apporté aulcunes despeches pour cest effect, j'ay redépéché par la voye de la poste, tant pour recevoir voz derniers commandementz sur le fait du démantellement, que pour supplier très humblement Vostre dite Majesté prendre pytié de moy et commander que je sois payé, ne pouvant sortir de ce lieu pour estre engagé et debvoir à tout le monde. J'ay fait entendre à Voz Majestez comme par cy davant j'avois receu lettres de Monseigneur conforme à vostre vollonté, accordant avecques vous au sieur de la Trémoille sa terre demourer en l'estat qu'elle estoit et que pour cest effect il en avoit escript au roy de Navarre pour y prester le consentement, car il croit que Sa dite Altesse n'a poinct entendu vostre dernière volonté pour la ruine de ce lieu, qui me faict supplyer très humblement voz Majestez me commander et faire commander par Monseigneur qui m'a mis en ceste place vos dernières vollontez, affin de vous y rendre le très obéissant et très fidel service que je vous doict, et estant remboursé de mes fraiz, Vostre dite Majesté connoistra que en quinze jours j'auray rendu la place en estat que vos subjectz pour l'advenir n'en recevront aucune foulle ne oppression ; suppliant Dieu, Syre, qu'il vous donne en prospère santé très heureuse et très longue vye. A Montaigu ce ..... de settembre 1581.

Vostre très humble, très obéissant et très fidelle serviteur et subject. Dubousquet Tilly.

---

169. — 11 octobre 1581. — Lettre de M. de la Frézelière au roi Henri III. (Fonds fr. 15565, f° 100.)

Sire,

Aiant receu la lettre qu'il a pleu à Vostre Majesté m'escrire le xxvi⁰ du mois passé, je despeschay incontinent ung gentilhomme devers le sr de Tilly par lequel je lui escrivy sur le suject d'icelle et lui envoiay aussi celles que Vostre Majesté et Monseigneur vostre frère lui escrivoient, desquelles je vous envoie sa responce avec un mémoire touchant les poudres qui sont dans ledit Montégu, de quoy je la supplie très humblement me commander sa volonté, ensemble ce qu'il luy plaist que je fasse, suivant ce que lui escrivy hier des compagnies de monsieur de Lancosme[1] desquelles j'ay encore ce jourd'huy reçu plaincte de la part du sieur de St Gélais[2] qui m'a envoié deux gentilshommes exprès avec lettres qu'il m'escript que j'envoie à Vostre Majesté, affin qu'elle cognoisse les effectz de ce que je lui ay cy devant escryt. Je lui ay mandé pour réponse que je le priay bien fort de patienter encores ung peu et de n'atenter rien contre eulx, m'assurant que Vostre Majesté

---

1. Jacques Savary de Lancosme, mestre de camp du régiment de Picardie.
2. Louis de Saint-Gelais-Lusignan, sr de Saint-Gelais, Cherveux, partisan du roi de Navarre et des huguenots.

y pourvoiroit dans peu de jours, ce dont je la supplie très humblement. Nous nous en allons cependant demain, le sieur de Gerbais et moy, à Fontenay pour les tenir le plus près que nous pourons de nous et les maintenir, attendant voz commandements, pour, incontinent leur avoir fait faire monstre et installé ausdites garnisons, m'acheminer de là à Montégu, lorsque je verray qu'il en sera besoing; suppliant très humblement Vostre Majesté, Sire, me faire cest honneur de croire que je ne m'espargneray jamais ma vie et mes moiens pour continuer toute ma vie le très humble et très fidelle service que lui sçauroit rendre son plus que très humble, très fidelle et très affectionné serviteur qui la supplie aussy très humblement de vouloir considérer les excessives et grandes dépenses que je suis contraint de faire en ceste charge pour sondit service et me donner le moien de les pouvoir supporter, comme j'en ay la ferme volonté. N'ayant seulement pu estre encore payé de l'estat qu'il a pleu à Vostre Majesté m'ordonner du commis du trésorier de l'extraordinaire des guerres en ce pays, par ce qu'il n'en a pas encore eu commandement du sieur de Chaulnes son maistre, ce que je la supplie très humblement vouloir faire commander. Et cependant attendant sur tout ce que dessus telz commandements dont il plaira à Vostre Majesté m'honorer pour son très humble service, je supplieray le Créateur, Sire, donner à icelle avec tout accroissement de prospérité et santé très heureuse et longue vie. A Amaillou [1] ce xi° d'octobre 1581.

Vostre très humble et très obéissant sujet et serviteur.
Frézelière.

---

1. Philippe Frézeau de la Frézelière était seigneur d'Amaillou châtellenie qui relevait de la baronnie d'Airvault (Deux-Sèvres).

170. — 27 août 1582. — Lettre de M. de la Frézelière à la reine Catherine de Médicis. (Fonds fr. 15566, f° 37.)

Madame, J'ay receu la lettre dont il vous a pleu me honorer du XVIII° de ce moys, par laquelle Vostre Majesté me commande d'envoier aulx Sables d'Olonne et autres portz de ce gouvernement pour faire arrester les vaisseaux qui s'y pourront rendre de l'armée de mer. J'ay donc incontinent despéché deux gentilzhommes pour y aller et satisffaire audit commandement de Vostre Majesté; et ne feray faulte, Madame, si j'en apprens nouvelles dignes d'en advertir Vostre Majesté, le faire en toute dilligence; et attendant telz autres commandements telz dont il plaira à icelle m'onorer pour son très humble service, je supplie Dieu, Madame, donner à Vostre Majesté en parfaicte santé très longue et très heureuse vie. De Niort, ce 27 aout 1582.

Vostre très humble et très obéissant subject et serviteur. Frézelière.

La Royne mère du Roy.

---

171. — 6 septembre 1582. — Lettre de M. de la Frézelière au roi Henri III. (Fonds fr. 15566, f° 40.)

Sire, J'ay receu la lettre qu'il a pleu à Vostre Majesté m'escripre du 27° du moys passé, par laquelle elle me commande luy donner advis quel chemin tiennent les troupes qui ont passé de ce gouvernement et ceux qui commandent les régimens. Je vous supplie très humblement, Sire, croire que je n'ay failly advertir Vostre dite Majesté de leur passage et ceux qui les commandent et le chemin qu'ils tiennent, et par mesme moien je supplie très humblement Vostre Majesté me commander ce que je y auroys à faire pour vostre très humble service. Or, ceux qui les commandent, Sire, sont les s^rs d'Argy, de Genessoie [1], et à présent Blanchard ; depuys a passé monsieur de la Rochefoucault avec sept ou huit vingt gentilzhommes et autant de harquebuziers à cheval ; et y a encore deux compaignies de gens de pied qui s'en viennent et tirent tout le chemin pour s'en aller en Flandres. C'est ce que j'en puys mander à Vostre Majesté, la suppliant très humblement me faire cest honneur de croire que je n'ay ni laisserez passer une seule occasion digne de vostre service dont je n'advertisse Vostre Majesté et que pour le bien de son service je emploierez toujours ma vie et moiens de telle affection que je supplie Dieu donner à Vostre Majesté, Sire, en parfaicte santé très longue et très heureuse vie. De Nyort, ce vi^e septembre 1582.

Vostre très humble et très obéissant sujet et très fidelle serviteur. FRÉZELIÈRE.

---

172. — 7 septembre 1582. — Lettre de M. de la Frézelière à la reine Catherine de Médicis. (Fonds fr. 15566, f° 42.)

MADAME,

J'ay receu celles qu'il a pleu à Vostre Majesté m'escrypre du premier jour de ce moys, par lesquelles me mandez avoir veu celles que j'ay escriptes à monsieur de Villeroy, où je lui mendois que l'on commensoit de lever icy hommes pour le roy de Navarre ; en ce païs se fut ung gentilhomme du bas Poitou, de la religion, qui avoit assemblé quelques hommes, dont je fus tout aussitost averty à Nyort ; j'envoié tout incontynant, chacung se retyra et ne se font aucune levée pour le jourd'huy en ce gouvernement. Je sup-

---

1. Il s'agit sans doute du s^r de Génissac dont le régiment, d'après Le Riche, avait commis beaucoup de dégats dans le pays de Saint-Maixent, au mois de juillet 1582. (*Journal de Le Riche*, p. 367.)

plie très humblement Vostre Majesté croire que je ne feray faulte exécuter les commandements dont il luy plaist m'onorer et qu'il ne se fera aucune levée en ce gouvernement que je ne l'empesche de tout mon pouvoir. En attendant telz autres commandements dont il plaira à icelle m'onorer pour son très humble service, je supplie Dieu donner à Vostre dite Majesté, Madame, en parfaicte santé très longue et très heureuse vie. A Amaillou, ce vii° jour de septembre 1582.

Vostre très humble et très obéissant sujet et très fidelle serviteur. Frézelière.

---

173. — 27 mars 1583. — Lettre de Henri III à M. du Lude.
(D'après l'original.)

Monsieur du Ludde, Encores que par plusieurs commandemens que je vous ay réiterez souventes fois vous aiez assez cogneu combien je désire que mon édict de pacifficacion faict en l'année mil v° soixante dix sept [1], ensemble les conférences de Nérac et de Flers [2] qui se sont depuis ensuivies soient soigneusement gardez et observez comme chose de laquelle deppend entiérement le bien et repos de mon royaume et la cessation des maulx qui l'ont, à mon grand regret, longuement affligez, ce néantmoins pour rendre tousjours plus cogneu et manifeste ceste mienne intention et tant mieulx disposer ung chacun à la suivre et s'y conformer, j'ay advisé qu'il n'estoit que bien à propos d'en escrire une lettre à tous mes baillifz et séneschaux et la teneur contenue en la coppie que je vous envoye présentement, affin que chacun en son regard soit plus soigneux et dilligent à observer iceluy édict et con-

---

1. Edit de Poitiers du 5 octobre 1577, ratifiant la paix de Bergerac.
2. Traité de Flaix-sur-Dordogne, négocié en juin 1580 par la reine-mère avec le roi de Navarre.

férance, de quoy j'ay voulu par mesme moien vous escripre et vous prier, Monsieur du Ludde, pour le plus agréable service que je sçaurois jamais recevoir de vous, que vous aiez à tenir soigneusement la main à ce que ma droicte et sincère intention soit suivie en cest endroict, si bien que, sans aucune acception de personne, ceulx qui contreviendront ausdits édict et conférance soient rigoureusement pugnis des peines qu'ilz auront méritées, qui est le seul et vray moien de maintenir parmy mes subgectz le repos et tranquilité que je leur ay voulu donner après tant de maulx et calamitez qu'ilz ont souffertes durant les troubles, dont ayant commancé jà à sentir le fruict et la doulceur en la pluspart de mes provinces par la grâce et bonté de Dieu, j'espère que ce bien accroistra tousjours quand vous et les autres gouverneurs vous emploirez, selon la fiance que j'ay en vous, avec tout soing et vigillance pour l'observation d'iceulx édict et conférance, comme je vous en prie de rechef avec toute l'affection qu'il m'est possible ; et me promettant que me contenterez en chose qui est si juste et tant conjoinct au bien général de mon dit royaume je ne vous en diray rien davantaige, priant Dieu, Monsieur du Lude, qu'il vous ayt en sa garde. Escript à Paris le xxviie jour de mars 1583. HENRY. DE NEUFVILLE.

A Monsieur du Ludde, chevalier de mon ordre, gouverneur et mon lieutenant général en Poictou.

---

174. — 28 mars 1583. — Lettre de M. de la Frézelière au roi Henri III. (Fonds fr. 15566, f° 88.)

SIRE,

J'ay receu la lettre dont il avoit pleu à Vostre Majesté m'honorer du neuviesme du présent par laquelle elle me faict cest honneur de voulloir accorder à mon fils la place de gentilhomme de la chambre dont il avoit pleu au feu Roy m'honorer, dont je la remercye très humblement. Ce nous est à lui et à moy continuer l'obligation en laquelle nous sommes nez de rendre à Vostre Majesté le très humble et très fidelle service que nous lui debvons, pour lequel nous sacrifierons noz vies et moyens de telle affection que le sçauriez désirer. Quant au second point de vostre lettre par laquelle Vostre Majesté me mande que Montaigu a failly estre surprins et que St Estienne estoit l'autheur de l'entreprise, je vous asseure, Sire, que je n'ay jamais sceu que le dit St Estienne se soit meslé de ce faict là, et n'est party de sa maison, ne autres gentilhommes ; je suis après pour essaier de faire prendre deux capitaines qui ont conduit des trouppes jusques audit lieu ; s'ils sont prins je ferai tout ce que je pourrai pour sçavoir d'eux qui leur a fait ce commandement, et ne fauldray en tenir Vostre Majesté advertye, ne voullant celler à icelle, comme puis peu de jours, j'ay veu ung gentilhomme de la religion prétendue, de mes amys, qui m'a dict qu'ils avoient résolu essaier à surprendre des places et que ung nommé Galvard qui est à monsieur le Prince d'Orange, lequel a apporté les nouvelles de ce qui s'est passé à Anvers [1] au roy de Navarre et à Monsieur le Prince de Condé et retourne de leur part vers ledit sieur Prince d'Orange ; que s'il plaisoit à Vostre Majesté qu'on essaiast le prendre à son retour l'on pourroit sçavoir de lui beaucoup de nouvelles important le bieng de vostre service. Attendant là dessus les commandements dont il plaira à Vostre Majesté m'honorer, je supplye Dieu lui donner, Sire, en parfaicte santé, très longue et très heureuse vie.

D'Amaillou, ce xxviiie jour de mars 1583.

---

1. Il s'agit là du désastre subi par l'expédition du duc d'Alençon en Flandre. Le Riche donne dans son *Journal* l'énumération des personnages notables qui furent massacrés à Anvers. (*Journal de Le Riche*, p. 374.)

Vostre très humble et très obéissant sujet et fidelle serviteur. FRÉZELIÈRE.

---

175. — **19 avril 1583.** — Lettre de Henri III à M. du Lude.
(D'après l'original.)

Monsieur du Lude, J'ay esté bien ayse d'entendre, par les lettres que j'ay reçeues de vous depuis le xviiiᵉ du moys passé, votre arrivée en mon païs de Poictou, asseuré que votre présence servira grandement à y contenir ung chacun en debvoir et obéissance et à advancer l'exécution du commandement que je vous ay faict par Desgouffiers, duquel je vous prie me faire recepvoir le contantement que je m'en suis promis, le vous commettant. J'ay bien considéré ce que vous m'avez représenté par votre lettre du ixᵉ de ce moys touchant les bruictz qu'aucuns ont pris prétexte de publier par delà sur l'occasion des compagnies de gens de pied que j'ai ordonné y estre levées, dont espérant que mes peuple et subgectz seront bientost esclarciz, tant par l'acheminement en ça des dites compagnies, lequel vous ferez accélérer le plus que vous pourrez, que par les effects qui s'en ensuivront, j'ay estimé n'estre à propoz publyer la déclaration de laquelle vostre lettre faict mention ; et m'avez faict service très agréable de faire courre sus à ces compagnies de gens de pied qui estoyent entrées en votre gouvernement par la mer, vous pryant traicter de mesmes touttes celles qui s'eslèveront cy après sans mes commissions et n'en espargner une seulle ny attendre aultre commandement de moy ; et, d'aultant que les deniers du taillon de la présente demye année sont entièrement consommez, j'adviserai, dressant l'estat du prochain quartier, s'il y aura moyen d'assigner votre compagnie d'une monstre comme chose que je sçay qui servira grandement au bien de mes affaires ; mais puisque les deniers nécessaires pour

payer les garnisons qui ont esté retranchées au commencement de l'année n'ont esté imposez ny levez, il faudra que les places esquelles elles estoyent establies s'en passent pour ceste foys, à la charge d'y remédier pour la prochaine, si besoing est, ne voyant pas encores se présenter rien qui me doibve donner grande alarme, encores qu'il n'y en ayt que trop qui s'ingèrent de faire plusieurs menées et praticques séditieuses sur lesquelles il suffira pour le présent d'avoir les yeulx ouvertz, affin de les descouvrir et préveoir à quoy elles tendent et pourroyent succéder, dont je vous prye faire votre debvoir comme avez accoustumé, estant nécessaire approfondir le faict de Poictiers [1], ainsy que je mande présentement aux officiers et habitans d'icelle, affin d'en sçavoir la vérité pour y pourveoir ainsy qu'il convient, à quoy vous tiendrez la main de vostre costé, pryant Dieu qu'il vous ayt, Monsieur du Lude, en sa très saincte garde. Escript le xixe jour d'apvril 1583.
HENRY. DE NEUFVILLE.

A Monsieur du Ludde, chevalier de mon ordre, gouverneur et mon lieutenant général en Poictou.

---

176. — 3 juillet 1583. — Lettre de Henri III à M. du Lude.
(D'après l'original.)

Monsieur le conte du Ludde, Comme mon intention est de recueillir le plus de fruict qu'il me sera possible de la visitation que j'ay faict faire par aucuns seigneurs de mon conseil des provinces de mon royaume, tant pour l'affermissement de la tranquilité publicque d'icelluy, que pour

---

[1]. Le 10 avril, à Poitiers, un maréchal demeurant près de la porte de la Tranchée, et gardien des clefs de ladite porte, s'était laissé gagner par quelques factieux inconnus dont un certain laquais, leur agent, était venu ce jour-là même lui demander si tout était prêt. Mais ayant été entendu et dénoncé au maire, celui-ci fit saisir les deux complices qui avouèrent. (*Journal de Le Riche*, p. 376.)

le soulagement de mon pauvre peuple qui gémist soubz le faix des foulles et charges qu'il supporte, j'ay commandé ausditz commissaires se retourner tous ensemble en ma ville de Paris, le xv° du mois de septembre, avec les procès verbaulx qu'ilz ont rapporté de leur dite visitation, affin de les veoir et examiner en la présence de la royne madame et mère, des princes de mon sang, autres princes et principaulx seigneurs de mon conseil lesquelz j'ay prié et... se retrouver pour en tirer par leur advis le plus d'utillité et proffict que faire se pourra et pareillement pour la descharge de mes subgectz, par où j'espère que Dieu me fera la grâce de faire paroistre par effect à tout le monde que j'ay beaucoup plus de soing d'eulx et de mon estat que n'ont publié ceulx qui les ont voullu, soubz prétexte des dites charges, desnouer de l'obéissance qu'ilz nous doibvent; et parce qu'il peult estre survenu plusieurs choses en l'estendue de votre charge depuis le passage des dits commissaires, lesquelles il sera besoing que je sçache et entende lorsque je vacqueray à ung si bon œuvre, je vous prie vous informer dilligemment de tout ce que vous estimerez y pouvoir estre utile et profitable, en dresser bons et amples mémoires et nous les envoyer lors avecq votre advis sur iceulx et cependant advertir mes ditz subgectz de ma deslibération, affin que, soubz ceste espérance, chacun ayt tant plus d'occasion se contenir en debvoir et obéissance. Priant Dieu vous avoir, Monsieur le conte du Ludde, en sa sainte garde. De Mesvres le III° jour de juillet 1583. HENRY. DE NEUFVILLE.

A Monsieur le conte du Ludde, chevalier de mon ordre, cappitaine de cinquante hommes d'armes de mes ordonnances, gouverneur et mon lieutenant général en Poictou.

177. — 16 novembre 1583. — Lettre de Henri III à M. du Lude.
(D'après l'original.)

Monsieur du Ludde, Mon frère le roi de Navarre et mes subjectz faisant profession de la relligion prétendue refformée m'ont faict présenter par le s^r de Clervaut ung cahier des remonstrances duquel j'ay advisé de vous envoyer le double, ensemble des responces et ordonnances que j'ay faictes sur chacun article d'icelluy, affin que vous soyez informé des plainctes et doléances qu'ilz m'ont faictes et sçaichiez aussy l'ordre que j'entendz y estre donné, lequel je vous prye et enjoinctz très expressément faire effectuer en l'étendue de votre gouvernement, à celle fin que mes dits subjectz jouissent paisiblement du bénéfice de mon édict de pacifficacion, comme je veulx qu'ilz facent en toute seureté et n'ayant occasion à l'advenir de recourir à plainctez devers moy pour les choses contenues au dit cahier ny autres qui deppendent de mes édictz de paix, m'advertissant pareillement de la provision qu'aurez donnée sur chacune d'icelles, à ce que je congnoisse le soing que vous aurez eu de me contanter en cest endroict et saiche aussi que respondre à mes dictz subjectz, s'il advient qu'ilz me adressent cy après semblables plaincte, comme ilz ont réitéré diverses foys depuis la publication de mes édictz, lesquels je vous déclare de rechef vouloir estre gardez très exactement. Vous communiquerez le dit cahier et la présente à mes officiers que besoing sera, affin qu'ilz en disposent et tiennent la main de leur part à l'exécution et accomplissement de mon voulloir et commandement sans y faire faulte. Pryant Dieu, Monsieur du Ludde, vous avoir en sa garde. Escript à St Germain en Laye le xvie jour de novembre 1583. Henry. De Neufville.

A Monsieur du Ludde, chevalier de mon ordre, gouverneur et mon lieutenant général en Poictou.

178. — 24 avril 1585. — Lettre de Henri III à M. du Lude.
(D'après l'original.)

Monsieur du Ludde, Faisant l'année dernière procéder au bail et adjudication de toutes mes grosses fermes en mon château du Louvre, celle des traictes domanialles des pais de Poictou, Xainctonge, Aulnix, ville et gouvernement de la Rochelle fut délivrée à Yves de la Lande pour six années à venir, moyennant le pris de dix mil cent escuz pour chacune d'icelles, en intention de le faire jouyr des droictz des dictes traictes, tant pour les transportz qui seroient faictz hors ce royaume, que de province en autre où les dictz droictz de traictes ne sont estabiz, touteffois, pour certaines bonnes causes, je feiz dépescher mes lettres patentes portant deffense de transporter aucuns bledz et légumes hors ce dit royaume, lesquelles ont esté publyées dans votre gouvernement, ne pouvant par ce moyen le dit de la Lande faire estat quelconque est transporté de province en autre jusques à ce que j'aye faict lever les dites deffences, ainsi que le portent deux mes lettres patentes que je lui ay faict expédier les neufviesme décembre aussi dernier passé et xviiie de ce présent mois, lesquelles il vous communiquera ; et, d'aultant qu'il est très requis pour le bien de mon service que les dites lettres soient promptément et exactement exécutées, je vous prye y tenir la main pour ce qui est de votre gouvernement et ne permettre que le dit de la Lande y soit en aucune chose empesché, comme aucuns se sont mis en debvoir de le faire, tant par voyes de faict que autrement, et vous me ferez en cela service que j'auray bien agréable. Par les dites lettres il est mandé au visénéschal de Fontenay le Conte d'informer des dites voyes de faict et pareillement contre aucuns qui ont indueument prins et exigé plusieurs sommes de deniers et autres choses des marchands traffiquans en bledz et autres marchandises en Poictou et Aulnix au préjudice du dit de la Lande et de procéder à l'encontre de telles manières de gens selon la rigueur de mes édictz et ordonnances, à quoy je vous prye aussi tenir la main de façon qu'il en soit faict justice exemplaire ; et me tenant certain de la bonne vollonté que vous avez tousjours portée au bien de mon service, n'estant la présente à autre fin, je prie Dieu, Monsieur du Lude, vous avoir en sa sainte et digne garde. A Paris ce xxiiii° jour d'apvril 1585. HENRY. BRULART.

A Monsieur le conte du Lude, chevalier de noz ordres, conseiller en nostre conseil d'Estat, gouverneur et notre lieutenant général en Poictou.

LETTRES MISSIVES

DE

JEHAN DE CHOURSES

SEIGNEUR DE MALICORNE

GOUVERNEUR DU POITOU DE 1585 A 1603

LETTRES MISSIVES A LUI ADRESSÉES

ET AUTRES DOCUMENTS RELATIFS A L'HISTOIRE DU POITOU
PENDANT CETTE PÉRIODE

PUBLIÉS

Par Léo DESAIVRE

INTRODUCTION

I

M. B. Ledain achève dans ce volume la publication de la correspondance de Jean et de Guy de Daillon, comtes du Lude, l'un après l'autre gouverneurs du Poitou. Elle résume l'histoire des guerres de religion dans cette province jusqu'au décès de Guy de Daillon, survenu le 11 juillet 1585. Après lui, Jean de Chourses, s[gr] de Malicorne, resta en charge jusqu'au 13 décembre 1603. Il a semblé à la *Société des Archives historiques* qu'il devait être fait pour Jean de Chourses des recherches analogues à celles dont ses deux prédécesseurs avaient été l'objet. Son but est de réunir un ensemble de documents embrassant toute la longue durée des troubles.

Les de Chourses [1], issus du Maine, furent de bonne heure possessionnés en Poitou. On trouve avant 1309 Payen de Chourses faisant foi et hommage à Louis II, roi de Jérusalem et de Sicile, pour la terre de Curzay relevant du château de Loudun [2]. Cent ans plus tard, cette famille, par ses alliances, acquérait de grands biens dans notre province. Dans les premières années du XVe siècle, un Guy de Chourses, s[gr] de Malicorne [3], épousait Marie de Beaumont et en avait un fils nommé Jean, s[gr] de Malicorne après son père. Ledit Guy de Chourses prit en secondes noces Andrée de Varèze, veuve de Jean de Vivonne, s[gr] des châtellenies d'Aubigny [4] et de Faye [5], et mère elle-même d'une fille, Marie de

---

1. Chourses, actuellement *Sourches*, est le nom d'une terre aujourd'hui située dans la commune de Saint-Symphorien, canton de Conlie (Sarthe).
2. D. Font. LXXXIII, 120.
3. Aujourd'hui chef-lieu de canton, arrondissement de la Flèche (Sarthe).
4. Commune d'Exireuil près Saint-Maixent (Deux-Sèvres), relevant autrefois de l'abbaye de Saint-Maixent et comptant un grand nombre d'arrière-fiefs.
5. Commune de Nanteuil près Saint-Maixent, cessa de relever de l'abbaye de Saint-Maixent après la révolte des Lusignan et la confiscation de saint Louis ; comptait une cinquantaine d'arrière-fiefs très disséminés. Faye et Aubigny réunis furent érigés en baronnie en faveur de René de Villequier, à la fin du XVIe siècle.

Vivonne, qui hérita de ces deux seigneuries. Marie de Vivonne s'unit, vers 1450, à Jean de Chourses, issu du second mari d'Andrée de Varèze, sa mère.

D'eux naquit André de Chourses, époux de Jeanne de Feschal, qui recueillit la terre de Malicorne dans la succession de son père, puis d'Aubigny et Faye du chef de sa mère. Il vivait encore en 1478.

Les trois seigneuries, toujours transmises de père en fils, passèrent ensuite à Pierre de Chourses, époux de Jaquine de la Chapelle, puis de Pierre à Félix de Chourses, époux de Madeleine de Baïf, et finalement à Jean de Chourses, plus tard gouverneur du Poitou.

Du second mariage de Guy de Chourses, s^{gr} de Malicorne, avec Andrée de Varèze, étaient issus :

1º Antoine de Chourses, s^{gr} de Magné, Saint-Maxire, Echiré, Sainte-Pezenne et du Breuil d'Aigonnay, favori de Louis XI qui lui donna les terres de Béthune, Antraigues et Donzenac.

Il avait épousé vers 1478 Catherine de Coëtivy, dame de Bros et de Champdoulant, seconde fille d'Olivier de Coëtivy, conseiller et chambellan du roi, sénéchal de Guyenne, et de Marie de Valois, fille elle-même de Charles VII et d'Agnès Sorel [1].

Antoine de Chourses fut gouverneur du château d'Angers ; il mourut en 1484, ne laissant qu'un fils unique, nommé aussi Antoine, décédé à 14 ans en 1494 et dont la riche succession passa en partie, après la mort de Catherine de Coëtivy survenue en 1527, aux descendants de la sœur de son père, qui suit.

2º Marie de Chourses, femme de Jean d'Illiers qui la rendit mère de Jeanne d'Illiers, épouse de Jacques de Daillon, baron du Lude et du Soultray, sénéchal d'Anjou, mort en 1532, dont elle eut Jean de Daillon comte du Lude, gouverneur du Poitou de 1543 à 1557, époux d'Anne de Bastarnay et père :

1º De Guy de Daillon comte du Lude, gouverneur lui-même du Poitou de 1560 au 11 juillet 1585 ;

2º De Françoise de Daillon du Lude, seconde femme de Jean de Chourses, s^{gr} de Malicorne, gouverneur du Poitou après la mort de son beau-frère, Guy de Daillon, auquel elle apporta la seigneurie du Bois-Preuilly, *alias* Marmande, vers Loudun [2] ;

---

1. Paul Marchegay, *Louis XI, M. de Taillebourg et M. de Maigné* (Bibl. de l'Ecole des Chartes, IVe série, t. Ier).
2. *Arch. hist. du P.*, XIV, 295.

3° De René de Daillon du Lude, évêque de Luçon et de Bayeux, abbé des Châteliers en Poitou ;

4° De François de Daillon du Lude, s^gr de Briançon, tué au siège de Poitiers ;

5° D'autre François, s^gr du Soultré ;

6° D'autre Françoise, épouse de Jacques de Matignon, maréchal de France ;

7° D'Anne, épouse de Philippe de Volvire, marquis de Ruffec, gouverneur d'Angoulême, Saintonge et Aunis.

II

Jean de Chourses, s^gr de Malicorne, était le seul enfant mâle issu du mariage de Félix de Chourses et de Madeleine de Baïf ; on lui connaît trois sœurs ;

1° Marguerite, mariée à Charles de Beaumanoir, s^gr de Lavardin, le 14 janvier 1545, mère de Jean de Beaumanoir, maréchal de France, pour lequel Henri IV érigea en marquisat la terre de Lavardin, en 1601 ;

2° Catherine, abbesse du Pré au Mans, morte à Malicorne le 11 septembre 1607 ;

3° Jeanne, mariée : 1° à Gilles, *alias* Louis de Bailleul, s^gr de Longpont, 2° à Claude du Breuil, maître des requêtes.

On ne sait où naquit Jean de Chourses, ni à quelle date, et son acte de décès se tait sur le nombre de ses années. Bien qu'il ne dût mourir qu'en 1609, d'Aubigné le considérait déjà comme « un vieillard » lorsqu'il fut obligé de rendre le château de Niort aux réformés, à la fin de décembre 1588. Son premier mariage avec Marie Auvé, dame de la Génetay, veuve de Madelon de Brie-Sérant, morte en 1577, sans enfants selon toute apparence, est du 15 septembre 1544, ce qui reporte sa naissance au moins vers 1524. Il paraît donc évident qu'il avait atteint la soixantaine à son avènement au gouvernement du Poitou en 1585. Jean de Chourses fut écuyer du roi Charles IX et capitaine de 50 hommes d'armes des ordonnances, dès 1560.

En 1561 il vend les seigneuries d'Aubigny et de Faye à Louis de Rochechouart, chev., s^gr de Montpipeau, gentilhomme ordinaire de la chambre du roi et chambellan du duc d'Orléans [1].

---

1. Reg. du Bureau des finances de Poitiers.

Après le massacre de Vassy, les protestants du Gâtinais Orléanais, hors d'état de tenir campagne, s'étaient retirés en grand nombre à Montargis, ville de l'apanage de Renée, duchesse de Ferrare, fille du feu roi Louis XII, espérant y trouver asile. Le duc de Guise, gendre de la duchesse, y envoya Malicorne avec quatre compagnies de cavalerie, en apparence pour mettre sa belle-mère à l'abri de toute révolte, mais en réalité pour s'emparer de la ville et du château.

Les habitants lui ouvrirent les portes et, encouragés par la présence des troupes catholiques, se mirent à maltraiter les huguenots qui se réfugièrent dans le château, où Malicorne voulut les poursuivre. La garnison refusa de se rendre, il dut se retirer devant la fière attitude de la fille de Louis XII [1].

En ladite année, Malicorne était gentilhomme ordinaire de la chambre du roi et Catherine de Médicis le chargeait d'aller au-devant de Don Diego qui conduisait en France les premières troupes envoyées par Philippe II au secours de Charles IX, avec mission de conduire le capitaine espagnol au camp du roi [2].

Le 16 septembre 1568, il prend part au combat des Rosiers, où la petite troupe de La Noue fut défaite par les catholiques sous les ordres du v^{te} de Martigues [3].

Le 13 mars 1569, à la bataille de Jarnac, Malicorne commande un escadron de lances catholiques [4].

En octobre 1570, il va en Espagne porter les compliments de son souverain à la nouvelle reine [5] que Philippe venait d'épouser après la mort d'Elisabeth de France. Chargé de renseigner Fourquevaux sur la situation des affaires, il paraît avoir fait un assez long séjour près de l'ambassadeur français car il est parlé, dans une missive de Catherine de Médicis du 22 février 1571, d'une lettre dudit Fourquevaux que Malicorne vient d'apporter.

Malicorne prit part à la quatrième guerre qui suivit la Saint-Barthélemy. Le 4 septembre 1572, Charles IX ordonne à Guy du Lude, gouverneur du Poitou, de courir sus aux protestants s'ils s'élèvent et de réunir à cet effet toutes les troupes qu'il lui sera

---

1. J.-A. de Thou, *Hist. univers.* Londres, 1734, t. IV, chap. XXX, 231-32.
2. Comte Hector de la Ferrière, *Lettres missives de Cath. de Médicis.* Lettre du 20 août 1562.
3. *Journal de Généroux*, Mém. de la Soc. de Stat. des Deux-Sèvres, 2e série, t. II, p. 28.
4. Davila, *Histoire des guerres civiles de France.*
5. Anne d'Autriche, sœur d'Isabelle, femme de Charles IX, filles de l'empereur Maximilien. Cette Anne d'Autriche fut la grand'mère d'Anne d'Autriche, femme de Louis XIII.

possible de rassembler. Les forces mises à sa disposition sont aux ordres de Lansac, La Fayette, Malicorne, Vassé, La Vauguyon, le c^te de Ventadour, etc.[1]. Le 11 octobre 1572, la compagnie de Malicorne fait montre en armes au pré de la Fuye, près Parthenay [2].

Le 31 janvier 1573, Malicorne passe à Saint-Maixent, se rendant au siège de la Rochelle, et y séjourne jusqu'au 3 février [3]. Malicorne accompagnait au camp de la Rochelle son beau-frère Guy du Lude et paraît y être resté jusqu'à la fin de la lutte. Il prit même part avec les c^tes de Suze, de Retz et de La Vauguyon, Montluc, Villecler et Biron, aux négociations qui amenèrent la paix. (D'Aubigné.) L'année suivante, au siège de Saint-Lô, il commande un corps de cavalerie avec La Meilleraie [4].

Le 22 septembre 1575, Henri III demande à Guy du Lude les troupes aux ordres de Malicorne, La Hunaudaye, Puygaillart, etc., pour les opposer au duc d'Alençon, qui réunit ses forces autour de Dreux [5]. A la même date, Malicorne, déjà averti par le duc de Nevers mis à la tête de l'armée royale, le prévient qu'il se dispose à se rendre près de lui avec ses amis, sans attendre sa compagnie que le roi a envoyée depuis deux mois en Poitou, près du c^te du Lude. La lettre écrite du château de Malicorne est la première de notre publication.

Les renseignements nous manquent depuis cette époque jusqu'à la mort de Guy du Lude, au service duquel son beau-frère semble avoir toujours été maintenu. Le rôle de Malicorne dut être fort analogue à celui que tiendra plus tard Lavardin près de son oncle devenu à son tour gouverneur du Poitou. En somme, malgré ses longs services, on accusait, non sans quelque raison, Malicorne de conduire la guerre avec mollesse, et il était loin d'inspirer la même crainte que son prédécesseur.

Ses secondes noces avec Françoise de Daillon du Lude sont de 1578 [6].

Il figure dans la première promotion des chevaliers de l'ordre du Saint-Esprit, en janvier 1579.

La date de ses lettres de commission pour le gouvernement du

---

1. *Lettres adressées à Guy du Lude.* Arch. hist. du Poitou, XII, 307.
2. *Journal de Généroux,* loc. cit. 95.
3. *Journal de Michel le Riche,* 128.
4. Davila, *Hist. des guerres civiles de France.*
5. *Lettres adressées à Guy du Lude.* Arch. hist. du Poitou, XIV, 316.
6. Le poète P. Goueslier, du Mans, composa en français, à l'occasion du second mariage de Malicorne, un chant nuptial ou épithalame de près de 600 vers, qui n'a point été imprimé. Il le présenta à Malicorne *en* 1578. (Hauréau, *Hist. litt. du Maine.*)

Poitou ne nous est pas connue. Elle doit être peu antérieure au 28 août 1585. Malicorne écrit alors du château du Lude au maire et aux habitants de Poitiers pour leur annoncer qu'il part pour prendre possession de sa charge. Le 7 septembre, nouvelle lettre de Parthenay. Le maire de Poitiers est prévenu qu'il se rendra dans sa ville le lendemain. Malicorne, accompagné de sa femme, fit effectivement son entrée dans la capitale de sa province le 8 septembre.

III

Les lettres *adressées à Malicorne*, soit originales, soit à l'état de copies, qui subsistent encore, sont en bien petit nombre. L'*Ancien fonds français* à la Bibliothèque nationale en a fourni 13 ; le *Fonds de Béthune*, 1 ; les *Mémoires de la Ligue*, 1 ; une autre a été publiée par André Duchesne dans l'*Histoire généalogique des Chasteigners*; une autre encore, donnée par Thibaudeau dans son *Abrégé de l'Histoire du Poitou*, a été reproduite par M. Berger de Xivrey dans les *Lettres missives d'Henri IV* ; une dernière enfin a été fournie par Moisgas aux *Affiches du Poitou*.

Il n'existe malheureusement pour cette correspondance aucune collection de copies analogue à celle que dom Housseau a laissée pour celles des deux du Lude.

Ces 18 lettres formaient un contingent insuffisant pour une publication. Nous y avons joint les lettres *émanant de Malicorne;* leur chiffre est heureusement un peu plus élevé. On en compte 19 dont les registres de délibérations de l'échevinage de la ville de Poitiers nous ont conservé la copie ; 16 dans l'*Ancien fonds français* à la Bibliothèque nationale ; 1 dans le *Fonds Godefroy* à la bibliothèque de l'Institut ; 1 publiée par André Duchesne [1] ; 1 par Thibaudeau [2] ; 1 par B. Fillon [3].

Une autre enfin a été suffisamment mentionnée dans une lettre publiée par Paul Marchegay [4] pour que l'analyse en ait pu être donnée ; total, 40.

Toutes les lettres originales sont signées *Malycorne*, et lorsque

---

1. *Loc. cit.*
2. *Loc. cit.*
3. *Revue des provinces de l'Ouest.*
4. *Lettres missives du XVI° siècle tirées des archives du duc de la Trémoille*. Mém. de la Soc. de Stat. des Deux-Sèvres, 2ᵉ série, t. XIX, Lettre 207.

ce nom est reproduit par les copistes, on trouve le plus souvent *Mallicorne* et quelquefois *Malicorne*.

La réunion de ces deux ordres de lettres missives dans une seule publication offre le grand avantage de mettre souvent sous les yeux du lecteur les demandes et les réponses. Ce rapprochement aide singulièrement à l'intelligence des faits. Nous avons cru y contribuer encore en reproduisant un certain nombre de documents inédits provenant en grande partie de l'*Ancien fonds français* à la Bibliothèque nationale et de la collection de dom Fonteneau à Poitiers, relatifs aux événements dont il est parlé dans les lettres ou qui suppléent à leur silence en comblant des lacunes regrettables.

On nous a enfin demandé l'indication de diverses plaquettes imprimées au temps où Malicorne était gouverneur du Poitou. Presque toutes sont des pamphlets de la Ligue, alors distribués à profusion par toute la France, devenus fort rares aujourd'hui. D'une valeur historique très contestable, ils témoignent de l'état des esprits et figurent utilement après les documents authentiques.

L'ordre chronologique a été scrupuleusement observé dans le classement général. Nous l'avons préféré à la répartition des documents suivant leur nature ou à un groupement pour chacun des faits auxquels ils se rapportent. Seul il peut rendre les recherches faciles en mettant, pour ainsi dire, tout bien à sa place.

A l'égard des lettres ou autres documents déjà publiés, nous nous sommes presque toujours contenté d'une simple mention et d'une courte analyse; la reproduction intégrale, sauf en de rares circonstances où il nous était impossible de faire autrement, n'a eu lieu que lorsqu'il s'est agi de Revues ou d'ouvrages peu accessibles aux travailleurs.

Quelques documents portent le sceau de Malicorne, petit cachet ovale, à ses armes, sans légende, ni timbre, ni supports. L'écu entouré du collier du Saint-Esprit est d'argent à cinq burelles de gueules. (P. Anselme.)

IV

Malicorne ne fit qu'un court séjour à Poitiers où le *Mois et cent* n'avait pas voulu voter l'entretien de sa garde personnelle et poussait même la mauvaise volonté jusqu'à refuser de lui donner le gîte. Le 14 septembre il arrivait à Saint-Maixent avec son beau-frère René de Daillon, abbé des Châteliers, François de Daillon, s^r de Briançon [1], son neveu, suivis de gentilshommes, de sa femme, de madame de Matignon, sa belle-sœur, et de plusieurs damoiselles ; le lendemain il en partait avec La Frezelière, gouverneur de Niort, pour se rendre dans cette ville dont il allait faire sa résidence ordinaire, à l'exemple de son prédécesseur [2].

Cette place située sur la limite du Haut et du Bas-Poitou, à proximité de la Saintonge et de l'Aunis, semblait bien choisie pour surveiller les menées des réformés. Déjà d'Aubigné et Saint-Gelais venaient jusqu'à Brioux batailler contre les bandes de la Ligue.

Mercœur, gouverneur de Bretagne, avait bien envoyé à Niort une petite garnison, mais elle était venue le rejoindre lorsqu'il avait envahi le Poitou. Condé, chef des protestants de l'ouest, allait à sa rencontre par Fors, Champdeniers et Coulonges, l'atteignait devant Fontenay et lui faisait subir une désastreuse retraite peu de jours avant l'arrivée du nouveau gouverneur [3]. Malicorne avait assez à faire de pourvoir à sa propre sûreté lorsqu'il reçut, le 28 septembre, l'ordre de diriger toutes ses forces disponibles sur Angers dont le château avait été occupé par surprise par les réformés. Les habitants étaient restés fidèles au roi, mais on craignait que les huguenots ne vinssent au secours de leurs frères, et l'on vit bientôt, en effet, Condé abandonner le siège de Brouage pour se diriger à marches forcées sur Angers. Lavardin partit en toute hâte.

Le 13 octobre, nouvelle lettre du roi enjoignant à Malicorne de se rendre lui-même à Angers avec la compagnie du comte du Lude et tout ce qu'il aura de troupes sous la main. Le château s'est déjà rendu, mais les conjurés refusent d'exécuter la capitulation, sur l'avis que de tous côtés on vient à leur appel. L'amiral Joyeuse est en route avec un régiment de Suisses et ce qu'il a pu recruter d'autres soldats. Pour en finir, Henri III demande des renforts à toutes les garnisons à proximité de l'Anjou.

Malicorne n'eut sans doute pas le temps de se mettre en route, car le 15 octobre il recevait une lettre du roi lui apprenant que le comte du Bouchage, gouverneur de l'Anjou, s'était décidé à

---

1. François de Daillon, comte du Lude, marquis d'Illiers, sgr de Pontgibault et de Briançon, conseiller d'État, sénéchal d'Anjou et lieutenant général en Auvergne, gouverneur de Gaston de France, mort en 1619, fils de Guy de Daillon du Lude, gouverneur du Poitou, et de Jacqueline Motier de La Fayette.
2. *Journal de Michel Le Riche*, p. 419.
3. Premiers jours de septembre 1585.

donner trois otages aux assiégés pour assurer l'évacuation du château, qu'il les avait déjà dirigés sur Niort, d'où Malicorne aurait à les faire escorter jusqu'à la Rochelle. Condé s'approchait et l'on n'était pas encore sans inquiétudes.

On sait que le château fut occupé le 20 octobre par le comte du Bouchage.

Le 12 novembre, Malicorne écrit de Niort au maire de Poitiers pour lui annoncer la prochaine venue de Mayenne conduisant une armée en Guyenne et en Saintonge. Lui-même se propose d'aller le rejoindre aussitôt qu'il connaîtra son arrivée et, désirant en finir avec la question du gîte, il invite le maire à faire préparer des logis pour lui et 25 ou 30 gentilshommes qu'il mènera à sa suite, « aultrement, ajoute-t-il, je m'en iray loger chez vous ».

Autre lettre au même, de Lusignan, le 25 novembre; il s'agit cette fois de faire préparer des logements en sus de ceux qui sont demandés dans la précédente lettre, pour la compagnie albanaise du capitaine Mercure et 30 arquebusiers de la garde du gouverneur.

Mayenne, arrivé le 23, n'avait amené qu'une suite peu nombreuse; sur les instances de la ville, il permit à l'échevinage d'en agir à sa guise avec le gouverneur; le maire ne laissa entrer que 60 ou 80 chevaux. Malicorne ne put faire que des protestations inutiles [1].

Les réformés, repoussés d'Angers et de Brouage, furent plus heureux dans une tentative sur Taillebourg, au commencement de décembre. Cette importante place appartenait aux La Trémoille. Claude de La Trémoille, duc de Thouars, avait, devant Brouage, réuni ses troupes à celles de Condé qui allait devenir son beau-frère l'année suivante [2]. Sa sœur, Catherine de La Trémoille, et leur mère, Jeanne de Montmorency, résidaient à Taillebourg occupé par les royalistes.

On ne saurait douter que la future épouse de Condé n'ait poussé les réformés à s'emparer de cette forteresse et ne leur en

---

1. Ouvré, *Essai sur l'histoire de la Ligue à Poitiers*. Mém. de la Soc. des Antiquaires de l'Ouest, 1re série, XXI (1854).
2. B. Fillon a publié dans son *Hist. de Fontenay*, t. I, 201, un curieux marché passé par Claude de La Trémoille, au nom du roi de Navarre, avec Jehan Richou de Thouars, le 13 juillet 1587, pour la fourniture de vivres du 1er juillet de ladite année à Pâques suivant. Le savant Fontenaisien fait observer que les prix sont exagérés à cause du danger et de la difficulté des chemins. B. Fillon avait encore dans sa collection un autre marché passé entre les mêmes, du mois de novembre 1587, pour le propre compte du duc de Thouars.

ait facilité les moyens, tandis que le rôle de la duchesse douairière a été fort diversement interprété. De Thou et beaucoup d'autres nous montrent Jeanne de Montmorency fort opposée aux sentiments de sa fille. Si l'on en croit les *Mémoires de la Ligue*, elle était au contraire restée à Taillebourg pour tenir tête à la Sainte Union. D'Aubigné va même jusqu'à dire qu'elle prit part à l'intrigue qui livra la ville aux huguenots [1]. Il serait difficile d'expliquer autrement la mesure rigoureuse dont elle fut l'objet.

Son arrestation n'avait guère été signalée jusqu'ici que par la *Chronique de la guerre des trois Henri* [2]. Il résulte d'une lettre de Malicorne adressée au maire et aux officiers de justice de Poitiers le 10 décembre, que le sieur de L'Aubray avait été chargé par lui de la conduire dans leur ville où elle devait arriver le vendredi suivant, 16 dudit mois.

Le gouverneur leur ordonnait de l'y garder avec soin, les en rendant responsables sur leurs vies, tout en se comportant si modestement qu'elle n'en pût porter plainte ni, s'il était possible, « recognoistre sa dettention. » Jeanne de Montmorency était encore retenue à Poitiers le 25 janvier 1586. A la fin de février, la détention avait pris fin, mais la défiance persistant, Malicorne se proposait de mettre une garnison dans le château de Thouars et n'y renonçait que sur la promesse formelle des habitants de se maintenir sous l'autorité du roi.

Nous ne saurions passer sous silence les lettres que cite à chaque instant Michel Le Riche dans son *Journal*, bien qu'il n'en reste plus autre trace.

Dès le 2 octobre 1585, Malicorne avertissait les habitants de Saint-Maixent de la présence de 3 ou 400 cavaliers ennemis. Il leur annonce, dans la nuit du 22 au 23 novembre, l'arrivée du comte de Laval à Villeneuve-la-Comtesse. Autre lettre du 6 janvier 1586, datée de Niort, dans laquelle il les invite à faire bonne garde et à lui donner avis de ce qui est utile pour pourvoir à la sûreté de Saint-Maixent menacé par les réformés qui veulent s'emparer de plusieurs villes de son gouvernement.

Le 17 février, une lettre adressée au sieur Romette le jeune, « qui contenait les moyens de prendre Saint-Maixent », est saisie et Romette arrêté. Malicorne, avisé du fait, ordonne de faire conduire Romette au château sous la garde du gouverneur Mauvissière.

Les réformés avaient assailli le château d'Aubigny et occupé

---

1. Thibaudeau partage cette opinion. Voy. *Hist. du P.* T. V, 90-91.
2. De la Fontenelle de Vaudoré, *Chroniques Fontenaisiennes*, p. 416.

Lusignan et la Mothe ; le gouverneur croit Saint-Maixent en danger ; le 22 et le 23, il écrit coup sur coup au lieutenant de la ville de se bien garder en attendant les compagnies de Villeluisant. Des précautions sont prises. Malicorne, le 25, félicite les habitants. Au mois de mars, il envoie l'ordre de remettre les clefs de la ville à Villeluisant survenu avec ses troupes le 28 février. Au mois d'avril, ordre d'emprunter 500 écus pour la solde de la garnison demande de l'état des blés et du vin étant au magasin. Les soldats commettent des désordres, la ville se plaint, leur nombre n'en est pas moins augmenté ; Malicorne prévient qu'ils seront maintenus dans la ville, qui aura à pourvoir à leur logement (21 avril).

Le 11 juin, lettre pour l'exécution de l'édit de réunion des sujets du roi à l'église catholique.

Villeluisant avait enfin quitté la ville avec ses compagnies le 9 juillet ; à la fin d'août, Malicorne demande qu'on lui envoie à Niort deux bourgeois avec lesquels il s'efforce en vain de négocier le retour de la garnison.

Le gouverneur n'avait point à compter sur l'armée de Mayenne dont tout l'effort se concentrait sur les bords de la Garonne. On lui avait laissé Lavardin avec quelques régiments à peine suffisants pour tenir en respect les bandes huguenotes, et dont la discipline n'était pas meilleure ailleurs qu'à Saint-Maixent. C'est ainsi que des soldats du régiment de Lamarque, commandés par le capitaine de Rieux, avaient envahi et pillé la maison de la Grossetière appartenant à Chandon, président au grand conseil, bien qu'il eût les sauvegardes du roi et du gouverneur. Henri III écrivait de Paris le 17 janvier 1586 pour requérir une punition exemplaire et la restitution de tout ce qui avait été enlevé.

Une autre lettre royale, du 28 dudit mois, confie au gouverneur une mission plus délicate. Il s'agit de décider celui qui commande à Montaigu, dont on n'a point d'ailleurs à se plaindre, à se démettre de sa charge et de le remplacer par un gouverneur déjà désigné.

Poitiers donne à Malicorne d'autres soucis. La Ligue y grandit aux dépens de l'autorité royale. Malicorne écrit de Niort au maire, le 14 février 1586, pour lui montrer qu'il est au courant des menées qui s'y pratiquent et l'engager à ne plus se fier qu'à ceux qu'il connaîtra pour être de longue date fidèles au roi, « sans reconnaître d'autres maîtres ». Autre lettre du 1er mai, toujours datée de Niort, qui, tout en ayant pour but de tenir le maire au courant des événements, ne manque pas de lui recommander encore de veiller avec soin et affection à la conservation de la ville et à la défense des droits du souverain légitime. Malicorne lui écrit encore le 7 mai. Les réformés étendaient leurs courses jusqu'à la frontière nord du Poitou, une garnison ne semblait pas inutile, le gouverneur demandait aux habitants d'ouvrir leurs portes à ses soldats et éprouvait un nouveau refus.

Camus de Pontcarré, conseiller au Parlement, était tombé aux mains des huguenots. Malicorne, chargé de négocier sa rançon, écrit au roi le 21 juin pour lui annoncer qu'il a été mis en liberté, sur ses instances, par le roi de Navarre.

Parthenay, toujours menacé, consentait à recevoir des troupes sous le commandement de Briaudière, premier chef des gentilshommes ligués du Poitou. Le 28 août, le gouverneur signait à Niort une ordonnance pour *régaler* entre les paroisses de plusieurs élections la solde de cette garnison.

Après une campagne heureusement menée en Poitou, le maréchal de Biron avait dû par ordre accorder à Marans une capitulation favorable aux huguenots et conclure avec eux, le 4 novembre, la trêve dite de Marans. Catherine de Médicis, fidèle à sa politique de bascule, jugeait à propos de l'arrêter et d'aller trouver le roi de Navarre pour traiter de paix. Le 11 novembre, la reine douairière arrivait à Saint-Maixent accompagnée du duc de Montpensier, de Malicorne et de plusieurs autres seigneurs. *L'escadron volant* était aussi du voyage. Le séjour se prolongea jusqu'au 2 décembre.

Le 18 novembre elle écrivait à Malicorne toujours à Niort ; il s'agissait de pourvoir à la fortification de Fontenay et surtout de diriger des troupes vers le Bas-Poitou pour y assurer la rentrée des tailles et autres subsides dus au roi que les réformés percevaient à leur profit depuis la prise de Saint-Michel-en-l'Herm et de Vouvent. Malicorne est invité à négocier l'échange de Rocquerolles, capitaine huguenot prisonnier, contre Saint-Michel-en-l'Herm, Vouvent et la Foye-Montjault. En dictant cette lettre, Catherine en recevait une autre du gouverneur l'avisant de la prise de Maillezais par les huguenots, en dépit de la trêve. Prenant elle-même la plume, elle donnait ordre à Malicorne « de dénicher de Maillezais ceulx qui s'en sont emparés ».

Le 19, tout en préparant l'expédition, Malicorne écrit à la reine et au duc de Nevers et charge son messager de donner des détails.

Le 20, Catherine confirme son premier ordre ; le soir du même jour, Malicorne annonce le succès de l'entreprise et confie sa lettre à Saint-Pompain qui a tout dirigé [1]. L'affaire avait été assez chaude. Saint-Pompain eut le commandement de la place conquise.

La reine voulait que l'on traitât les prisonniers avec humanité, pour ne pas nuire aux négociations projetées avec son gendre. Malicorne n'en avait pas moins fait pendre, après un jugement sommaire, le capitaine Baignolet, natif de Niort, dont on avait, paraît-il, beaucoup à se plaindre. Blâmé, il prie le duc de Nevers d'exposer les faits à la reine ; le 24 novembre tout est arrangé ; le gouverneur remercie Nevers d'avoir pris sa défense. Alors, il ne sait point encore si la trêve a bien été publiée à la Rochelle et à Saint-Jean-d'Angély, places aux mains des réformés. Le 9 décembre, il est toujours dans la même incertitude ; les réformés continuent à lever les deniers du roi, ils rançonnent et pillent les pauvres laboureurs ; trois jours auparavant, ils ont même tué le jeune La Roche, fils de La Frezelière, gouverneur de Niort.

Condé paraissait peu disposé à traiter ; le 2 décembre, la reine lui envoie une longue lettre pour lui expliquer les raisons qui avaient nécessité la démolition de la forteresse de Montaigu dont il semblait surtout se plaindre.

La conférence ne s'en ouvrait pas moins le 13 décembre à Saint-Bris, où Davila [2] dit à tort que Malicorne accompagna la reine. On ne voit pas, en effet, comment le gouverneur n'aurait alors connu que par son beau-frère, l'abbé des Châteliers, l'insuccès des pourparlers. De même, si Malicorne eût escorté Catherine de Médicis, elle n'aurait pas eu à lui écrire de Cognac le 22 décembre pour lui ordonner de faire observer la continuation de la trêve obtenue grâce à l'autorisation donnée aux protestants de lever comme ci-devant les deniers du roi. Enfin, la lettre du 22 décembre nous apprend encore que le contrôleur Château avait apporté à la reine des lettres de Malicorne, ce qui serait tout à fait inexplicable s'il se fût trouvé près d'elle.

Le 8 janvier 1587, Catherine, de retour à Cognac, annonce à Malicorne une prolongation de la trêve jusqu'au 21 dudit mois.

---

1. D'Aubigné dit que Malicorne portant lui-même à la reine, alors à Saint-Maixent, dans la nuit qui suivit la prise de Maillezais, les drapeaux conquis, n'échappa à une embuscade dans la garenne de Miséré que parce que les huguenots chargèrent inconsidérément son avant-garde, lui laissant ainsi le chemin libre. Ce récit ne concorde guère avec l'envoi de Saint-Pompain à Saint-Maixent.
2. *Hist. des guerres civiles de France.*

Il est difficile de savoir si, depuis le 4 novembre, les huguenots avaient été ou non en droit de reprendre les hostilités. Toujours est-il qu'ils s'étaient emparés de Charroux dans la nuit de Noël et qu'ils soutenaient qu'alors on était « entre les deux trefves ». Malicorne annonce à la reine et au duc de Nevers ce nouveau méfait dans ses lettres du 4 janvier. Alors les réformés continuent leurs courses et le « paouvre peuple » est toujours rançonné.

Une dernière lettre adressée de Cognac, le 9 février 1587, à Malicorne par Catherine de Médicis, est d'un ordre tout différent. Il s'agit d'une pauvre dame huguenote qui jusque-là n'a pu se conformer aux édits, vu son état de grossesse avancée. Le gouverneur est prié de lui donner un délai de trois mois.

Les pourparlers repris par Turenne à Fontenay au nom du roi de Navarre avaient été définitivement rompus à Niort. Il résulte d'une ordonnance de la reine-mère donnée à Niort, le 18 février 1587, que la conférence s'était tenue dans le château de cette ville. On avait percé le rempart et jeté un pont sur la douve pour faire communiquer le logis de Catherine de Médicis avec la forteresse dont la porte élevée sur des degrés était en outre fort étroite. Cette brèche subsistait encore lors de la prise de Niort par les protestants, en décembre 1588. Malicorne en signale même plusieurs autres ouvertes pour rendre les rondes plus faciles [1].

Le 5 mai, Malicorne transmet à Poitiers des nouvelles peu rassurantes. La Grange-Marronnière a rendu Talmond. La Gravelle, blessé et hors d'état de résister au canon, n'a pu tenir à Dampierre. Le roi de Navarre est à Fors, Condé assiège Chizé avec de l'artillerie, le gouverneur vient d'y envoyer le capitaine Cossard. Il s'efforce de réunir ses troupes dont les capitaines s'obstinent à rester à la cour, malgré ses ordres. Le roi, de son côté, n'envoie point les secours promis. Il a des craintes, bientôt justifiées, pour Saint-Maixent qui ne veut plus de garnison ; il croit fort à tort avoir dégagé Fontenay qui capitule le 1er juin et est pour toujours perdu pour les royalistes.

La première campagne [2] de l'amiral Joyeuse donne lieu à deux

---

1. Voy. ci-dessous.
2. Cette campagne s'ouvrit à la Mothe-Saint-Héraye où Malicorne rejoignit Joyeuse. Les protestants y éprouvèrent une sanglante défaite faute d'avoir occupé le château dont ils croyaient à tort le gouverneur gagné.
Cfr. *Discours de la deffaicte qu'a fait M. le duc de Joyeuse, et le sieur de Lauerdin, contre les ennemis du Roy et perturbateurs du repos public, à la Motte Sainct Eloy, près Sainct Maixent en Poictou, le vingt-uniesme jour de*

lettres de Malicorne au maire de Poitiers. Dans celle du 22 juillet, il demande une contribution en nature pour la cavalerie. Joyeuse, alors en Saintonge, se propose, à ce qu'il dit, d'attaquer Fontenay; le gouverneur réunit à Niort ce qui est nécessaire pour le siège. L'autre est du 30 juillet. Il s'agit de fournir 20.000 écus « pour que le bon commencement que M. de Joyeuse a apporté à la guerre ne demeure infructueux »[1].

La seconde campagne de 1587 n'a malheureusement pas laissé de trace dans la correspondance. La bataille de Coutras (20 octobre 1587) n'avait pas eu de lendemain. Guise battait à Vimory et à Auneau l'armée de secours venue d'Allemagne et l'obligeait à rétrograder. Malicorne pouvait donc avec quelque raison parler de « l'heureux avancement des affaires du roi » dans sa lettre aux habitants de Poitiers du 30 décembre, dans laquelle il demandait de nouvelles fournitures pour la cavalerie et annonçait sa prochaine arrivée.

On voit par une autre lettre du 15 janvier 1588 qu'il a été retenu à Niort par le voisinage du prince de Condé avec toutes ses forces, et la vieille question du logement revient encore. Comme on tarde à le pourvoir, bien qu'il ne doive plus amener avec lui que 12 ou 15 gentilshommes, il déclare au maire, le 4 février, qu'il s'est décidé à envoyer à Poitiers le sr de Hautefaye, avec lequel il aura à s'entendre à ce sujet. Une dernière

---

juin 1587. Paris, Vᵉ L. du Coudret, suyvant la coppie imprimée à Poictiers [1587], pièce in-8°.

Cat. de la Bibl. nat. Hist. de Fr. chap. 3 (Henri III), n° 354.

Ce fut Saint-Pompain qui signala la fausse situation des réformés à la Mothe-Saint-Héraye.

Joyeuse était encore à la Mothe le 23 juin.
On le trouve à Lusignan le 28,
à Jazeneuil le 3 juillet,
à Saint-Maixent du 10 au 14, la ville s'était rendue le 13,
à Boisragon le 17,
à Chizé le 19,
à Mauzé le 28,
à Saint-Maxire le 7 août,
à Benet le 11.

Cfr. encore sur la Iʳᵉ campagne de Joyeuse en Poitou en 1587 : 1° *La prinse de la ville de Saint Maixant, par Monseigneur le duc de Joyeuse, conducteur de l'armée pour le Roy, au pays de Poitou. Avec le nombre des mors et prisonniers qui ont été pris par le dict sieur*. Paris, P. Des Hayes, 1587, in-8°. Pièce. Cat. de la Bibl. nat. Hist. de Fr. chap. 3 (Henri III), n° 358, rééditée par M. Louis Lévesque dans le *Saint-Maixentais*, nᵒˢ des 24 mars et 7 avril 1894. — 2° *Le discours de la défaicte des Rochelois par M. le duc de Ioyeuse. Faict le premier iour d'aoust mil cinq cens quatre vingts et sept. Ensemble le nombre des Rochellois qui y ont esté prins prisonniers et tués*. Pièce. Paris, veuve L. du Coudray, 1587, in-8° ; 1587, Paris, P. Grisanlai, in-8°, pièce, ibidem 364.

1. Malicorne accompagnait Joyeuse à la reprise de Maillezais, où il reçut une grande arquebusade dans le corps. (D'Aubigné.)

lettre du 11 février nous apprend que l'affaire est enfin arrangée à la satisfaction du gouverneur [1].

Henri III, obligé de fuir de Paris le 13 mai, après les barricades, s'était refugié à Chartres, d'où il écrivit, le 17 mai, aux gouverneurs des villes et des provinces, ainsi qu'aux maires, pour flétrir l'insurrection, tandis que le duc de Guise leur envoyait, à la même date, une lettre personnelle pour la justifier.

Lavardin était à Poitiers. Malicorne y adressa le 20 un message pour encourager les habitants à rester fidèles et annoncer sa prochaine arrivée.

Le *Mois et cent* envoya un bourgeois au roi avec une lettre témoignant de son dévouement et de sa fidélité et blâma ouvertement la conduite du duc de Guise. Le feu cependant couvait sous la cendre; on murmurait contre le gouverneur qui, ne pouvant faire entrer ses troupes dans la ville, les avait logées dans les faubourgs, où elles se gardaient si mal que Charbonnière avait pu, au mois d'août, les charger et les rompre. Des troubles éclatèrent le 4 septembre, à l'occasion du passage de Miron, premier médecin du roi, chargé d'une mission à Angoulême. Malicorne eut à rendre le 18 une ordonnance pour régler le service intérieur de la place, en présence de l'agitation persistante. De retour à Niort, il adresse au maire de Poitiers, le 8 octobre, une lettre où il insiste encore pour qu'il ait à maintenir l'ordre et la bonne intelligence entre les habitants et à garder la ville sous l'autorité du roi. Il ne sait rien encore des desseins du roi de Navarre.

Le duc de Nevers, choisi comme lieutenant général de la nouvelle armée que l'on envoyait en Poitou, dès le 29 août, n'acceptait que fort tardivement sa commission (18 octobre), paraissant même y mettre pour condition une liberté d'action complète. Il entrait enfin en campagne au mois de novembre et s'efforçait de reprendre les places occupées par les réformés. Le 22 novembre, le roi lui adressait des félicitations méritées ; la lettre est datée

---

1. Cfr. sur les affaires au commencement de 1588 : *Le Discours de la Prinse subtille de la ville et chasteau de Maraine, à quatre lieüe près de la Rochelle, par M. de Lauerdin. Ensemble le nombre des morts et prisonniers, qui fut le vingt cinquiesme iour du moys de mars 1588*. Paris, F. le Feure (1588), in-8°. Pièce.

Le Discours de la prinse subtile de la ville et chateau de Maran. Paris, F. le Feure, in-8°. Pièce. Cat. Bibl. nat. Hist. de Fr. chap. 3 (Henri III), 452.

La Prinse du fort de la Chesne, de la Rochelle faicte par monsieur de Lauerdin, le dix-huictiesme de ce présent moys d'auril. Et comment on découurit l'espion qui pensoit aller trahir les habitans de Maran. Paris, sur l'exemplaire imprimé à Poitiers, 1588, in-8°. Pièce.

Ibid. 1588. *Paris, sur l'exemplaire imprimée à Poitiers*, in-8°. Pièce. Idem, 453.

de Blois où les Etats avaient ouvert leurs séances le 16 octobre. Les divisions des assiégés hâtèrent la capitulation de Montaigu qui se rendit le 2 décembre. La Garnache donna plus de peine; l'armée royale, déjà fatiguée par la mauvaise saison, finit de s'y épuiser. Il est fort douteux que la place eût été prise si Henri de Navarre ne fût tombé gravement malade au château de la Mothe-Freslon, en marchant à son secours. La Garnache était enfin occupée par les royalistes le 14 janvier 1589.

Ce fut la fin de la campagne, Nevers était rappelé près du roi. Pendant que le siège de la Garnache occupait toutes les forces catholiques, les réformés n'étaient pas restés inactifs. Dans la nuit du 27 au 28 décembre 1588, Saint-Gelais réussissait enfin à surprendre Niort. Malicorne n'avait dans le château, dont les brèches n'avaient point été bouchées depuis le passage de la reine-mère, qu'une garnison de 30 hommes et point de canons, ceux-ci ayant été mis à couvert sous les halles, d'après les ordres du capitaine Chanson, commissaire de l'artillerie, qui craignait qu'ils n'eussent à souffrir en plein air dans la basse-cour du château ; les poudres, enfin, données par le roi aux habitants étaient à l'hôtel de ville. Le gouverneur obtint une capitulation honorable et se retira à Parthenay, après avoir vu piller la ville [1].

Grâce à l'effroi qu'apportait le vent de Niort [2], Saint-Pompain rendait Maillezais sans combat. Pondevès, à Saint-Maixent, n'attendit pas le canon.

Nevers et Malicorne eurent une correspondance fort active pendant le siège de la Garnache. Deux lettres du gouverneur, 18 et 22 décembre, éclairent le lieutenant général sur les mouvements des réformés. On voit par la dernière que le dessein du roi de Navarre sur Niort lui est connu, mais, ose-t-il ajouter, « il espère bien lui rompre ».

---

1. D'Aubigné dit qu'on permit quelque pillage sur les dix heures du matin « avec une merveilleuse modestie », sans aucune insolence ni envers les femmes, ni envers les ecclésiastiques. La prise de Niort donna lieu à un pamphlet de la Ligue : *Discours pitoiable des execrables cruautés et inhumaines barbaries comises par les hereticque huguenotz et leurs complices contre les Catholicques de la villede Nyort en Poictou apres la prinse de la dite ville*. Lyon, J. Patrasson, 1589, in-8°. Cat. de la Bibl. nat. Hist. de Fr. chap. 3 (Henri III), n° 588. C'est sans doute le même qui a été réimprimé sous ce titre : *Les cruautéz execrables commises par les Hérétiques contre les Catholiques de la ville de Nyort en Poictou*, s. l. 1589, in-8°, pièce, et s. d. Paris, N. Giury, in-8°. [M. cat. n°718.] Sans nous arrêter aux exagérations de ce libelle, il y a lieu de se demander si les ecclésiastiques furent bien épargnés. Voy. Mémoire de Thibault de Boutteville, *L'Election de Niort au XVIII° siècle*. Mém. de la Soc. de Stat. des Deux-Sèvres, III° série, t. III, p. 207.

2. D'Aubigné.

Dès le 19 décembre, les officiers du roi, maire et échevins de Niort, avaient, de leur côté, écrit au duc de Nevers pour lui signaler l'approche de l'armée ennemie ; le 25, le duc les remerciait de leur diligence et les engageait à lui envoyer de fréquents messages. D'autres lettres de Nevers à Malicorne, du 23 au 25 décembre, lui renouvellent les mêmes recommandations. On ne voit point en tout cela percer de grandes inquiétudes pour Niort; Nevers n'en dit rien. Les habitants de Poitiers lui annoncent cependant, le 30 décembre, la prise de Niort, et signalent les précautions qu'ils prennent pour éviter un pareil malheur. Une lettre de Chemerault, du 29, accompagne leur envoi. Autre message des mêmes le 1er janvier 1589. Il s'agit cette fois de Saint-Maixent qui, suivant une lettre de Malicorne du 2 janvier, ne se rendit que le 1er janvier 1589 et non le 31 décembre 1588, comme on l'avait cru à Poitiers. On verra même que la capitulation de la ville et du château de Saint-Maixent ne fut en réalité signée que le 2 janvier 1589.

Dès le 28 décembre, on avait écrit de Saint-Maixent au duc de Nevers pour en avoir du secours ; une seconde demande fut expédiée le 30 décembre. A cette date, la ville avait déjà été sommée par un trompette du roi de Navarre, mais ce trompette n'avait en mains aucune pièce qui justifiât sa mission [1]. Dans cette urgence extrême, les habitants désiraient être renseignés sur ce qu'ils avaient à faire. Leur embarras se comprend d'autant mieux que Henri de Navarre déclarait *obéir au roi de France*. (Lettre de Malicorne au duc de Nevers du 2 janvier 1589.)

Henri III avait fait assassiner le duc de Guise le 23 décembre ; des messagers tenaient le duc de Nevers au cours des événements, le sr Dubuy lui fut député le 30 décembre pour lui apprendre la révolte d'Orléans et lui demander conseil.

Malicorne avait attendu à être en sûreté à Parthenay pour notifier au chef de l'armée catholique la perte de Niort et de Saint-Maixent. (Lettre du 2 janvier 1589.) Le lieutenant général s'était empressé de lui envoyer six compagnies que les habitants de Parthenay se refusaient d'héberger, « aimant mieux tout abandonner que de subir cette dépense ». La lettre où ces détails sont consignés est du 4 janvier. Le gouverneur a de grandes craintes pour le château de Saint-Maixent. On sait qu'il avait capitulé l'avant-veille en même temps que la ville.

---

[1] Ce fut sans doute une fausse interprétation de cette sommation qui fit croire que Saint-Maixent s'était déjà rendu.

Autre lettre de Malicorne le 5 janvier 1589. Quelques habitants ont déjà quitté Parthenay; deux compagnies seulement resteront dans cette ville, les autres seront logées à Bressuire et à Oyron.

Le 6 janvier, le gouverneur écrit à Poitiers et se montre reconnaissant des sentiments que l'échevinage et « quelques honnestes gens » lui ont témoignés dans sa détresse [1].

Autre lettre à Sagonne, colonel de la cavalerie légère du duc de Nevers, pour lui demander instamment de faire mettre en liberté deux capitaines ses prisonniers, que La Roussière-Culdebray s'est engagé à faire délivrer.

Le 7 janvier, le duc de Nevers écrit à La Courbe qui commande les six compagnies envoyées à Malicorne. La Garnache s'est rendue et doit être livrée le 13 janvier, si le roi de Navarre ne vient pas à son secours, aussi importe-t-il de tenir le lieutenant général au courant de ses mouvements.

Autre lettre, à la même date, de Nevers à Malicorne, en réponse à celle du 2 janvier, où il cherche à le consoler et lui promet d'aller promptement à son secours.

Troisième lettre du 7 janvier de Nevers aux habitants de Parthenay pour les décider à payer la garnison, sous la promesse que le roi ne tardera pas à les rembourser.

Le 7 janvier, Malicorne écrit de son côté au duc de Nevers. Les difficultés pour pourvoir à l'entretien de la garnison de Parthenay continuent. Briaudière, gouverneur de la ville, menace de partir s'il ne trouve « un bon établissement ».

Le 11, le duc de Nevers écrit au roi de Navarre qui, dans une lettre adressée du Champ-Saint-Père, le 9 janvier, avait encore déclaré *obéir au roi de France*. C'est à ce titre que Nevers lui demande de respecter l'ordre de Henri III, relativement à la capitulation de la Garnache.

Le 12, Malicorne écrit encore au lieutenant général. Il semble que la fidélité de Lavardin soit assez incertaine. Malicorne a reçu du roi l'ordre de se rendre à Poitiers, ce que les principaux habitants de Parthenay le supplient « d'exécuter » promptement, s'ils ne voient quelque règlement pour la garnison.

Le 13, le gouverneur se décide enfin à tenter près du roi l'apologie de sa conduite lors de la prise de Niort [2].

Le 15, dans une dernière lettre au duc de Nevers, les doléances

---

1. B. Ledain. *La Gâtine*, 271-72.
2. Ibid., 272-73.

sur la garnison continuent. Malicorne revient encore sur l'affaire de Niort et cherche à se disculper en invoquant le refus constant des habitants de recevoir garnison, les secours vainement demandés au roi, etc., etc. Il a appris avec beaucoup de peine que Chemerault fait circuler à Poitiers une lettre où le duc de Nevers lui-même le condamne [1].

Il a entendu Pondevès et le gouverneur du château de Saint-Maixent qui ne concordent pas dans leurs dires. Il les tient tous les deux à la disposition du lieutenant général. Pour ce qui est de Saint-Pompain, on ne sait ce qu'il est devenu.

Avant de quitter le Poitou pour se rendre à l'appel de Henri III, le duc de Nevers crut devoir rendre un compte fidèle de la situation de son armée décimée par la guerre, laissée sans vivres ni secours et diminuée de ses arquebusiers à cheval et de deux régiments envoyés au roi. Le reste était placé sous le commandement de Malicorne, obligé lui-même de partir pour Poitiers où le maire Le Bascle venait de mourir (18 janvier).

Le même jour, Henri III recommandait aux échevins d'honorer Malicorne dans son malheur et de vivre avec lui en bonne intelligence.

Le gouverneur, dès son arrivée, n'en devenait pas moins l'objet des défiances du corps de ville et de la haine du peuple. Les égards que le roi de Navarre lui avait témoignés lors de la prise de Niort, faisaient ouvertement accuser le malheureux vieillard d'intelligence avec les réformés : on le disait tout prêt à leur livrer la ville.

L'évêque Geoffroy de Saint-Belin, depuis longtemps dévoué aux Guises, allait bientôt prendre l'épée et la cuirasse. Boisseguin, gouverneur de la ville, était déjà fort ébranlé dans sa fidélité par les ambitieuses suggestions de son gendre, Georges de Villequier, vicomte de la Guierche, auquel Henri III dut enlever au mois de mai son gouvernement de la Marche.

Enfin un ligueur, Jean Palustre, était choisi le 27 janvier pour terminer l'année majorale.

En vain Henri III envoyait-il deux nouvelles lettres (24 et 27 février) pour engager les habitants à se mettre en garde con-

---

1. Il nous semble difficile de disculper Malicorne de s'être mal gardé. Au siècle suivant, Charles de Baudéan-Parabère, gouverneur de Niort, soutint deux sièges dans le château, toujours désemparé et sans artillerie, où s'étaient réfugiés « les gens qui levaient les deniers du roi », menacés d'être jetés à l'eau par les habitants. (Doc. inéd. sur l'hist. de Fr. *Correspondance administrative sous Louis XIV*, IV, 691. Lettres diverses, n° 20.)

tre les rapports et les artifices des factieux et leur recommander la bonne intelligence avec Boisseguin et Malicorne, chaque jour la Ligue gagnait du terrain et le gouverneur pouvait, non sans raison, avertir le roi que Poitiers « était en branle de se perdre et mesme d'attenter à sa personne ».

La ville poussait avec activité ses préparatifs de défense. Le service intérieur s'organisait ; le gouverneur rendait le 29 mars une ordonnance qui fut imprimée, publiée et affichée dans la ville.

La situation de Malicorne devenant de jour en jour plus difficile, le roi lui envoya le 17 avril, pour l'aider à apaiser d'incessants conflits, Aimeri de Barbezières, s^r de la Roche-Chemerault, grand maréchal des logis de sa maison, et François du Plessis de Richelieu, capitaine des gardes et grand prévôt de France.

L'agitation continuait, entretenue surtout par la présence de La Guierche à la tête d'une troupe de soldats, dans les environs de la ville. La publication de la trêve avec les huguenots, le 29 avril, vint encore augmenter l'irritation populaire. Les meneurs en vinrent jusqu'à provoquer une assemblée générale des délégués de toute la province. Malicorne répondit à cette bravade en faisant arrêter le 11 mai par sa garde quelques ligueurs des plus déterminés. Une émeute en fut la conséquence. Le gouverneur, qui n'avait pris aucune précaution, fut surpris jouant, dit-on, dans un tripot avec Richelieu [1]. La populace le saisit, voulut, la hallebarde à la gorge, lui faire prêter le serment à la Ligue, et sur son courageux refus, l'expulsa ignominieusement.

Malicorne revint à Parthenay, la seule ville du Poitou qu'il eût su garder, que Briaudière venait d'abandonner pour se joindre aux ligueurs de Poitiers.

Quoique le triomphe de la faction fût assuré par l'élection du nouveau maire Pierre Brochard, il y eut encore quelques négociations. Malicorne y mit fin par sa lettre du 17 juillet, où il déclarait qu'il ne reviendrait à Poitiers que si on lui donnait la libre disposition des canons, des munitions et des portes.

Le 25 juillet, on cria dans les rues : *Vive la Sainte Union !* Le 1er août Henri III était assassiné, le 14 le vicomte de La Guierche

---

1. Cette rencontre de Malicorne dans un tripot, si contraire à ce que l'on sait de son caractère, est loin d'être démontrée. Jusqu'ici, nous ne voyons qu'un pamphlet de la Ligue qui en fasse foi, c'est : *La grande Trahison descouverte en la ville de Poictiers, sur les entreprises de Richelieu, et Malicorne.* Paris, D. Binet, 1589, in-8°. Pièce. Cat. de la Bibl. nat. Hist. de Fr. chap. 3 (Henri III), n° 747.

faisait son entrée. Lavardin avait rejoint Mercœur en Bretagne.

Resté seul, le vieux gouverneur demeura fidèle au nouveau roi et n'eut pas un moment d'hésitation, bien qu'il eût à repousser les ligueurs de Poitiers qui s'efforçaient de surprendre Parthenay. Les conseillers fidèles du présidial l'y avaient suivi ; Henri IV ne les y trouvant pas en sûreté, les transféra à Niort. Le 2 septembre, Malicorne chargeait le capitaine de Combes de mettre garnison dans l'abbaye de la Réau.

Dès que Henri III fut mort, les Poitevins prirent Dissais, Nuaillé, Montreuil-Bonnin, et peu après Mirebeau, Airon et Faugeré. Le vicomte de La Guierche, devenu gouverneur du Poitou pour la Ligue, s'efforçait d'assurer ses communications avec Mercœur qui de Nantes se fortifiait dans Touffou, la Treille, Tiffauges, la Grève, la Seguinière et la Flocellière.

De Chouppes tenait pour le roi à Loudun, de Préau à Châtellerault, Saint-Gelais à Niort, d'Aubigné à Maillezais, La Boulaye à Fontenay. Le 14 juin 1590, Henri IV écrivait à La Trémoille, qu'il avait mandé près de lui, de différer son départ, de réunir ses troupes à celles de Malicorne et de veiller à la bonne intelligence de ceux qui avaient charge du roi. Louis Chasteigner, s^{gr} d'Abain et de la Rocheposay, avait remplacé le vicomte de La Guierche dans le gouvernement de la Marche. Henri IV devait bientôt le nommer en outre son lieutenant en Poitou au delà de la rivière de Vienne en l'absence de Malicorne, en récompense de ses services (fin de 1591). En attendant, d'Abain guerroyait avec ardeur sur les confins de la Marche. Fait prisonnier par La Guierche à Chauvigny, à peine a-t-il obtenu sa libération qu'il envoie un secours à la ville du Blanc. En juin 1590, il écrit à Malicorne pour lui faire part du triste résultat de l'expédition. Le capitaine La Guillotrie n'a pas voulu ouvrir les portes du château et Pasdeloup qui commandait les troupes royalistes, se trouvant pris dans la ville entre le château et les troupes des assiégeants, a été obligé de se rendre. Par contre, aidé de d'Arquien, il a pu faire lever le siège de la Rocheposay.

Malicorne lui répond le 19 juin en lui annonçant la venue prochaine du vicomte de Turenne avec toutes les forces de la Guyenne. Le 23 juin, Henri IV prévient plus sûrement d'Abain. Ce sera François de Bourbon, prince de Conti, qui ira combattre les rebelles du Poitou. Il doit arriver en juillet. Conti n'entra cependant en campagne que l'année suivante, après la réduction de Chartres (12 avril 1591).

Vers la mi-mars, Malicorne avait paru devant Poitiers avec des troupes et de l'artillerie, mais il eut encore le tort de se mal garder et de se laisser surprendre, de sorte que ce ne fut qu'avec peine qu'il échappa à la poursuite des Poitevins [1]. Thibaudeau place ces événements en 1593.

Les lettres deviennent de plus en plus rares. Nous n'en avons point pour 1591.

Le 15 avril 1591, Malicorne délivre une commission à Charles de Villedon, chevalier, s^{gr} de la Chevrelière et de Gournay, gouverneur de Civray au nom du roi, sur laquelle ledit de Villedon donne, le 28 avril, un ordre de prise de corps à François Guillon, éc., s^{gr} de Combourg, homme d'armes de la compagnie du feu comte de La Rochefoucauld, contre le nommé Berjonneau, de Gençay, ligueur qui recèle et retire en sa maison soldats et gens de guerre et butine avec eux, et rend une ordonnance de bonne prise contre ledit Berjonneau, le 3 mai.

Le 8 mars 1591, Henri IV avait fait publier en Parlement un édit d'après lequel les gentilshommes devaient lui prêter serment de fidélité. Ce serment devait être authentiqué par notaires. La formule que nous donnons fut envoyée en mai 1591 à Lidoire de Massougne, éc., s^{gr} de la Jarrie. Il est encore parlé de cette formalité dans une lettre de Henri IV au duc d'Elbœuf, du 18 octobre 1594 [2].

Le 21 juin 1592, Malicorne signe à Parthenay une attestation de bons services à Louis de Tusseau, s^r de Maisontier. Ce gentilhomme, après avoir suivi le prince de Conti l'année précédente, était allé se joindre aux troupes du gouverneur.

Le 1er septembre, il écrit de Vouzailles aux maire, échevins et bourgeois de Poitiers pour leur donner avis qu'il a blâmé la conduite du s^r de Préau qui s'était emparé de la maison de Furigné et qu'il lui a ordonné d'en sortir.

Le 25 septembre, il donne à Parhtenay un laisser-passer pour

---

1. Le désastre de Malicorne donna lieu à un pamphlet de la Ligue qui a eu au moins deux éditions :
La Routte et deffaite du Camp de Monsieur de Malicorne, devant la ville de Poitiers par les habitans de la dite ville. Avec le nombre des morts et les noms des prisonniers. Jouxte la coppie imprimée à Orleans pour Po. le vert, relieur, 1590, in-8. Pièce.
Cat. de la Bibl. nat. Hist. de Fr. chap. 3 (Henri IV), n° 229. Bibl. de la ville de Poitiers et bibl. de M. Alfred Richard.
Le pamphlet dit que l'artillerie fut prise, que d'Abain resta aux mains des gens de Poitiers et que Malicorne n'échappa qu'en se déguisant en paysan.

2. Voy. ci-après.

la dame de Mortagne qui part de Poitiers avec ses gens pour aller faire ses couches à Aunac.

A la fin de décembre, le gouverneur escorta à travers le Poitou Catherine de Navarre, sœur de Henri IV, qui allait rejoindre le roi à Saumur. La princesse passa par Niort et Parthenay.

En février 1593, le vicomte de La Guierche se noyait au passage de la Vienne, à l'affaire du château d'Ile.

En juin, Malicorne venait bloquer Poitiers. Il reçut un peu plus tard une lettre de Henri IV lui annonçant sans doute son abjuration qui avait eu lieu à Saint-Denis le 25 juillet. Le 31 juillet, une trêve de trois mois était conclue.

Boisséguin mourut le 8 octobre, au moment où Mayenne venait d'envoyer à Poitiers Brissac qui fut bientôt chassé par le duc d'Elbœuf, devenu ainsi par un coup de force gouverneur de la ville pour la Ligue.

Au mois de mars 1594, commença, sous les auspices de Scévole de Sainte-Marthe et malgré le duc d'Elbœuf et l'évêque de Saint-Belin, la négociation pour la réduction de Poitiers. Au mois de juin, une ambassade fut envoyée au roi, alors au siège de Laon, qui reçut le serment prêté au nom de la ville. Le 16, le roi adresse des lettres de félicitations à la ville, au présidial et au clergé [1]. L'édit, libellé ledit jour, était publié à Poitiers le 5 août.

Le 21 août, Henri IV annonce la reddition d'Amiens et l'arrivée des députés de Beauvais. Il profite de ces heureuses nouvelles pour engager les habitants de Poitiers à oublier le passé et à se réconcilier les uns avec les autres [2].

Le représentant du duc d'Elbœuf avait traité avec le roi, en même temps que ceux de la ville et du clergé, et obtenu pour son mandant la promesse d'être maintenu dans sa charge de gouverneur de Poitiers avec 30,000 livres de pension [3]. Cependant le duc, influencé par Mercœur qui tenait toujours en Bretagne, hésitait à se prononcer ouvertement. Ce ne fut qu'au commencement d'octobre qu'il se décida à écrire au roi.

Henri IV se montrait peu décidé à donner les lettres de commission avant d'être sûr de sa fidélité. Le 6 octobre, il le mandait à Paris et le priait de diriger son régiment sur Lyon [4].

---

1. Thibaudeau, V, 208-212.
2. Ibid., 212.
3. Cet accord devait être tenu secret pendant quelque temps, par ménagement pour Mayenne (Davila).
4. Thibaudeau, V, 214.

Malicorne voyait avec chagrin le ligueur qu'il avait si longtemps combattu appelé à la succession de Boisséguin. Il considérait que la présence du duc à Poitiers lui rendait impossible le retour dans la capitale de son gouvernement. D'Elbœuf pensait avec non moins de raison que la réaction royaliste lui fermerait les portes de Poitiers s'il éloignait et renvoyait ses troupes.

Le roi n'osait rompre avec son vieux serviteur soutenu par du Plessis-Mornay ; cette déplorable situation se prolongeait, non sans danger, Mercœur occupant toujours Mirebeau.

On voit par une autre lettre du roi au duc d'Elbœuf du 18 octobre que, sur ses ordres, Malicorne s'était rendu à la cour et qu'il voulait profiter de cette occasion pour régler avec eux ce qui serait de la charge de l'un et de l'autre. Le duc était prié une seconde fois de venir à Paris et de diriger son régiment sur la Bourgogne. Le roi a été averti qu'il y a encore à Poitiers plusieurs gentilshommes des plus affectionnés à la Ligue qui n'ont point prêté le serment de fidélité, ce à quoi d'Elbœuf est prié de donner ordre [1].

Le 19, Henri IV écrit aux habitants de Poitiers pour les engager à veiller à la sécurité de la ville, en l'absence du duc d'Elbœuf, et de faire retirer les gentilshommes qui se refuseraient à prêter le serment [2].

Le 14 décembre, le roi écrit à la fois au Lorrain et à Malicorne. Henri IV attend toujours le duc d'Elbœuf et se refuse à ajouter foi aux rapports qu'on fait sur sa conduite. Les ligueurs viennent de prendre le capitaine Pastagnière [3]. Malicorne aura à veiller à ce que personne ne soit reçu pour commander à Poitiers en l'absence du duc d'Elbœuf [4].

Malicorne paraît avoir toujours eu Parthenay pour résidence fixe de son expulsion de Poitiers à la fin de son séjour en Poitou. C'est à Parthenay qu'il signe, le 1ᵉʳ avril 1595, une ordonnance pour les corps de garde établis à Bressuire.

Le 7, Henri IV écrit de Paris aux habitants de Poitiers pour les prier encore de donner ordre à ce qu'aucun changement ne soit apporté dans le gouvernement de leur ville, en l'absence du duc d'Elbœuf [5]. Cette fois, Charles de Lorraine, ne trouvant

---

1. Thibaudeau, V, 217.
2. Ibid. V, 216.
3. Ou Portagnière. Thibaudeau, V, 220.
4. Thibaudeau, V, 219.
5. Ibid. V, 221.

plus la position tenable, s'était sérieusement décidé à se rendre près du roi, et le même jour Henri IV lui donnait rendez-vous à Fontainebleau à bref délai [1]. Le duc reçut enfin ses lettres de commission et la ville se porta avec empressement à sa rencontre, lorsqu'il revint au mois de septembre.

Une trêve avait été enfin conclue avec Mercœur. Malicorne ayant avisé Henri IV que le ligueur ne voulait s'y soumettre qu'à la condition de recevoir une somme plus forte, le roi écrivait le 4 juillet aux habitants de Poitiers qu'il était résolu à céder à ses exigences. Ils devaient en conséquence éviter toute hostilité pendant le temps de ladite trêve.

Celui qui devait être le père du grand Condé était alors un enfant de 8 ans. Il vint à Poitiers avec sa mère Charlotte-Catherine de la Trémoille, jadis accusée de l'empoisonnement de son mari, qu'Henri IV avait fait sortir de prison. Ils entrèrent par la porte de la Tranchée le 29 octobre et repartirent le lendemain, reçus et reconduits avec autant de pompe, ou peu s'en faut, que s'il se fût agi du roi. Ce passage princier mit un instant le gouverneur de la province et le gouverneur de la ville en présence au grand pont d'Auzances. Le duc d'Elbœuf y avait accompagné le prince que Malicorne et Parabère, gouverneur de Niort, venaient escorter à Châtellerault. Malicorne n'était pas entré dans la ville et n'y devait plus revenir.

Le 7 mars 1596, le duc d'Elbœuf écrit de Poitiers à Henri IV. Le connétable lui a appris que sa compagnie serait de service près du roi pendant le quartier d'avril. Il se met à sa disposition pendant le temps qui lui plaira et lui demande de faire payer deux quartiers à sa compagnie, déclarant qu'il lui serait impossible autrement de la mettre en bon équipage, à cause des grands frais et des pertes qu'il a subis.

Une lettre de la même année, adressée par Henri IV à Parabère, est relative à une mission confiée au président de Thou, dont le gouverneur de Niort est prié de favoriser l'exécution.

Au mois d'octobre, Schomberg est aussi délégué en Poitou. Malicorne reçoit du roi une lettre analogue.

La lutte continuait contre la Ligue. Le capitaine Champigny occupait le château de Tiffauges au nom de Mercœur ; Malicorne tenait la place assiégée. Un accord intervint le 30 octobre. Le gouverneur du Poitou devait faire retirer ses troupes et Champi-

---

1. Thibaudeau, V, 222.

gny quitter le château où il ne resterait que cinq hommes et leur chef pour toute garnison. La trêve serait maintenue jusqu'à la fin de l'année 1596 et la conférence, réunie à Chenonceaux près de Louise de Lorraine, veuve de Henri III et sœur de Mercœur, aurait à juger du différend. Ce fut pour les Bretons lettre morte. Champigny ne se retira qu'à l'approche de l'armée royale en 1598.

Le 11 et le 17 février 1597, Malicorne signale au roi la triste situation du Poitou. Mercœur n'observe point la trêve. En outre, plusieurs capitaines royalistes saccagent le pays. Les prévôts des maréchaux et les vice-sénéchaux ne se trouvent pas assez forts pour courir sus à ceux qui tiennent les champs. La noblesse, lasse de la guerre, refuse de servir. C'est en réponse à ces plaintes que Henri IV écrit à Malicorne vers la fin de mars. Amiens vient d'être pris par les Espagnols; il est à la frontière et a trop d'affaires sur les bras pour se rendre dans une province aussi éloignée que le Poitou.

Schomberg lui a fait connaître les prétextes qu'invoque Mercœur, qu'il considère comme des faux-fuyants. Le gouverneur aura à s'informer près de Schomberg de la véritable situation des belligérants. Le roi fera demander à Mercœur s'il veut ou non reprendre les hostilités. Malicorne fera cesser tout paiement des sommes promises jusqu'à ce qu'il se soit assuré que la trêve est continuée.

Brissac et Rochepot recevront l'ordre de rappeler les capitaines dont on a à se plaindre; si pareils désordres se renouvellent, le gouverneur devra agir énergiquement, et si la noblesse refuse de le suivre, il signalera au roi les défaillants. Il est enfin fait allusion à une exécution faite par le prévôt de Fontenay sur des soldats de la garnison de la Garnache, affaire pour laquelle tout renseignement nous fait défaut.

Ce fut sans doute à la suite de cette lettre que Malicorne convoqua une assemblée de la noblesse du Bas-Poitou pour mettre ce pays à l'abri des tentatives de Mercœur. La province fut divisée en sept cantons sous le commandement d'autant de gentilshommes choisis avec soin.[1]

Le 27 mars 1597, La Corbejolière et ses complices s'établissent par force dans la maison de la Belotière, paroisse de Saint-Michel-

---

1. Thibaudeau, V, 225.

Montmercure, appartenant à René Grignon, s^gr de la Pellissonnière, et n'en sortent que sur le commandement de Malicorne, le 8 mai[1].

De son côté, Mercœur requérait, le 6 juillet, le sieur de La Guierche de réunir des troupes pour se saisir de la Flocellière et lui faisait don, le 31 juillet, de tout ce qui avait été pris dans ladite place conquise par lui le 25[2].

Le 3 août, Malicorne donnait à son tour de Parthenay l'ordre à Jean de Beaudéan-Parabère, gouverneur de Niort et lieutenant général au gouvernement de Poitou en son absence, de faire conduire devant la Flocellière, dont il avait déjà commencé le siège, deux pièces de canon prises à Niort et à Fontenay, et de remettre au s^r de Certany, trésorier provincial des guerres en Poitou, l'argent nécessaire pour l'équipement et le transport de ces pièces.

Le 8, le lieutenant général remettait cette somme à Jacob Rayneteau, receveur des tailles à Fontenay, sur l'ordre de Malicorne[3]. Grâce à cette artillerie, la Flocellière fut bientôt reprise.

Mercœur avait fait au mois de juin une tentative sur Châtellerault où les députés des protestants étaient réunis sous la présidence de Claude de la Trémoille, duc de Thouars. Les deux principaux officiers de la garnison devaient tuer Hector de Préau, gouverneur de la ville, et la livrer ensuite aux ligueurs. La conjuration fut découverte et les deux officiers exécutés[4].

Henri IV, décidé à en finir avec la Bretagne, y porta ses armes. Le 22 janvier 1598[5], il demandait aux habitants de Poitiers une contribution en blé pour la subsistance de son armée. A son approche, Villebois rendit Mirebeau, Champigny[6] abandonna Tiffauges ; Mercœur entra en accommodement et ne tarda pas à se soumettre (avril 1598). Malicorne s'était joint à l'armée royale[7]. La contribution demandée à Poitiers devenant sans objet, Henri IV y renonça généreusement ; le 30 mars, il écrivait aux trésoriers de France pour leur ordonner d'en décharger les habitants[8].

En janvier 1598, des troupes destinées à agir contre les li-

---

1. Journal de René Grignon. *Annuaire de la Vendée*, 1860, 226, 227.
2. Ibidem, 230.
3. Fillon, *Hist. de Fontenay*, t. I, 235 note.
4. Thibaudeau, V, 226.
5. Ibidem.
6. *Alias* Champagnac.
7. Journal de René Grignon, *l. c.*, p. 235.
8. Thibaudeau, V, 230.

gueurs étaient cantonnées autour de Poitiers. Les habitants de cette ville, toujours désireux de se soustraire à une occupation militaire, avaient écrit au duc de Bouillon, alors à Châtellerault, de vouloir bien leur épargner cette charge. Turenne leur répondait le 1er février qu'il avait licencié les soldats levés par lui pour le service du roi et mettait un louable empressement à leur envoyer une lettre adressée aux chefs des corps cantonnés autour de Poitiers, pour leur faire connaître l'intention de Henri IV d'éviter à cette ville tout logement de gens de guerre.

Une bande sous le commandement d'un nommé La Crouzille, détachée de la garnison de Mirebeau, avait pendant plus d'une année répandu la terreur autour d'elle. Malicorne apprit qu'elle se retirait en la maison de la Renaudière. Il envoya contre ces picoreurs le capitaine Alexandre de Mondésir avec 30 arquebusiers à cheval. La Crouzille, surpris à la Renaudière, s'échappa, laissant trois chevaux que Malicorne crut plus tard devoir lui faire rendre. Comme l'expédition avait eu lieu en temps de trêve, le gouverneur, toujours à Parthenay, donnait décharge pour cette prise le 16 mars 1598.

L'édit de Nantes était publié le 13 avril 1598. Le 29 mai 1599, Henri IV notifiait aux habitants des villes du Poitou qu'il avait chargé Parabère, lieutenant général en Poitou, Langlois, conseiller d'Etat, et Malicorne, d'en assurer l'exécution, et ordonnait de se conformer à leurs décisions [1].

Nous n'avons plus à mentionner qu'une lettre adressée de Lyon le 21 juillet 1600, par Henri IV à Malicorne.

A cette date, le roi se dispose à entrer en campagne contre le duc de Savoie.

Il a décidé de ne point faire de nouvelles levées, « ains seulement des creues aux compagnies des anciens régimens ». Pour qu'elles soient amenées sans aucune foule de ses sujets, il ordonne qu'il y aura un commissaire par deux compagnies, chargé de les conduire. Ces commissaires ont reçu de l'argent qu'ils donneront aux soldats pour payer leurs dépenses de route.

Si, sous le prétexte de ces crues, il se faisait en Poitou d'autres levées, il est enjoint au gouverneur de les rompre et de faire châtier ceux qu'on saisira.

Henri IV traita avec la Savoie au commencement de 1601.

Bien que le roi soit venu à Poitiers en 1602, à l'occasion des

---

1. Thibaudeau, V, 231.

intrigues de Biron et de l'établissement de l'impôt du sou pour livre, et que le vieux gouverneur fût accablé par l'âge et les infirmités, il ne paraît pas avoir été pour lors question de son remplacement. Henri IV, l'année suivante, sur le conseil de Montpensier, du cardinal de Joyeuse et du duc d'Epernon, se décida à lui donner pour successeur Maximilien de Béthune, plus tard duc de Sully, huguenot dévoué à sa politique, mieux à même de traiter avec ses coreligionnaires toujours agités. Sully distribua un millier d'écus à ceux qui servaient de conseils à Malicorne et à Lavardin pourvu de la survivance ; ceux-ci consentirent à se démettre pour 20.000 écus. Lavardin avait alors le Perche et le Maine, il préféra conserver ce gouvernement plus à proximité de ses domaines et de ses intérêts, et le bâton de maréchal lui assura bientôt un large dédommagement.

Sully reçut la commission de gouverneur du Poitou, Châtelleraudais, Loudunais, etc., le 16 décembre 1603 ; le 22 juin 1604, il faisait à Poitiers son entrée solennelle.

Jean de Chourses se retira à son château patronymique.

En 1606, il rend aveu pour la terre de Malicorne et celle de Mangey qu'il déclare tenir du chef de Madeleine de Baïf, sa mère, et comparaît encore dans une transaction en 1607.

Son acte de décès a été reproduit dans l'*Inventaire sommaire des archives du département de la Sarthe* (canton de Malicorne, p. 405).

« Le vendredi 30ᵉ jour d'octobre 1609, sur les trois heures après midi est décédé haut et puissant sgr messire Jehan de Chourses, chev. des ordres du roi, conseiller en ses conseils d'Etat et privé, capitaine de 100 h. d'armes de ses ordonnances, gouverneur et lieutenant général pour Sa Majesté en ses pays et comté de Poitou, sgr de Malicorne, Mangé, la Ferrière, les Mézangères, Pinceloup, Vy, Conflans, la Cour-Dubois, etc.[1], et apporté en l'église de Malicorne, pour y estre inhumé le lendemain dernier jour du dit mois. »

Jean de Chourses avait eu deux enfants de Françoise de Daillon sa seconde femme :

1° Jean.

2° Péronnelle, mariée à Jean de Saint-Père[2].

Tous les deux doivent être morts avant leur père, car le château de Malicorne passa à sa sœur Marguerite de Chourses, épouse de Charles de Beaumanoir, sgr de Lavardin, mère du marquis de Lavardin.

---

1. Aucun de ces domaines n'est situé en Poitou.
2. Baron de Wismes, *Le Maine et l'Anjou*. (Article Malicorne.)

L'église paroissiale actuelle de Malicorne est celle de l'ancien prieuré. On y voit la chapelle dite des seigneurs, sous laquelle existe un caveau. Jean de Chourses, enterré tout d'abord dans l'église, fut plus tard déposé dans cette crypte.[1]. La sépulture a été violée dans les mauvais jours de la Révolution. On ouvrit encore cette crypte en novembre 1828. Pesche signale le tombeau monumental en pierre qui y fut découvert, restauré à cette époque par les soins de M. Lemonnier, propriétaire du château de Malicorne.

Il représente un guerrier gisant les mains jointes, ayant un chien couché à ses pieds, à gauche une riche épée, à droite un couteau de chasse. La tête, surmontée d'un dais délicatement sculpté, est sans barbe, les cheveux ras.

La base est décorée de bas-reliefs dont l'un représente une femme sortant d'une église.

Ce tombeau, évidemment autrefois dans l'église, est-il celui du gouverneur du Poitou ? Il pourrait aussi bien être attribué à son père Félix de Chourses, grand veneur du roi de Navarre.

Malicorne ne peut être mis en parallèle avec les du Lude. Soldat plein de courage, il n'eut point les talents de l'homme de guerre et manqua de prudence. Il s'est montré négociateur médiocre, parfois mal inspiré. Ce qu'il faut louer en lui, c'est une fidélité à toute épreuve et un profond sentiment du devoir. Abandonné des siens, sacrifié même à un ancien ennemi, en butte à mille opprobres, à des tracasseries sans fin, il n'a pas eu un moment de défaillance. Trop souvent oublié et laissé sans secours, le vieux gouverneur a su tenir tête à la Ligue. S'il a vécu sans gloire, une part lui revient dans l'œuvre si heureusement accomplie par le premier des Bourbons.

C'est avec un profond sentiment de reconnaissance que j'adresse à tous ceux qui sont venus à mon aide les remercîments les plus mérités. Notre savant collègue, M. Léopold Delisle, a bien voulu faciliter pour moi l'accès de la bibliothèque de l'Institut, où M. Ludovic Lalanne a mis un empressement dont je ne saurais trop lui savoir gré, à communiquer ses catalogues.

A la Bibliothèque nationale, M. Després a aidé dans les lectures difficiles. A l'Arsenal, M. Stein s'est livré avec une grande complaisance à des recherches malheureusement inutiles. J'ai

---

1. J.-R. Pesche, *Dict. top. et hist. de la Sarthe*, 1831, t. III, p. 109.

aussi beaucoup de gré à mon ami et collègue Bélisaire Ledain d'avoir laissé à ma disposition les copies et les notes prises dans les registres de délibérations de l'échevinage de Poitiers en prévision d'un travail personnel. Je ne saurais oublier encore mon excellent cousin Alfred Richard, archiviste de la Vienne ; M. Lièvre, bibliothécaire, et M. Ginot, sous-bibliothécaire de la ville de Poitiers ; M. Chotard, bibliothécaire de la ville de Niort, et M. Dupont, archiviste des Deux-Sèvres, dont le bienveillant concours m'a été aussi fort utile.

LETTRES MISSIVES

DE

JEAN DE CHOURSES

SEIGNEUR DE MALICORNE

GOUVERNEUR DU POITOU DE 1585 A 1603

ET AUTRES DOCUMENTS DE CETTE PÉRIODE RELATIFS AU POITOU

---

1. — 22 septembre 1575. — Lettre de M. de Malicorne au duc de Nevers. (Bibl. nat., mss. fr., anc. fonds 3323-363, f° 99.)

Monsieur, J'ay receu une lettre du roy ce jourdhuy par laquelle il me mande que je vous aille trouver avec le plus de forces qu'il me sera possible pour son service, qui est bien le plus grand heur et contentement qui m'eust pu arriver pour le désir que j'ay de luy en faire soubz vostre charge et à vous particulièrement, Monsieur, jusques au dernier souspir de ma vye. Mais d'aultant que ma compaignie est encores en Poictou avec monsieur le conte de Ludde où elle estoit allé il y a bien deux moys par le commandement de Sa Majesté, je ne lairray, sans attendre son retour par deçà, de vous aller trouver avec le plus grand nombre de mes amys que je pourray assembler, en la plus grand diligence qu'il me sera possible, la part qu'il vous plaira me mander que vous serez, dont je vous supply, me faicte ce bien de m'advertir, vous asseurant que vous n'aurez faulte de moy bientost après pour vous faire service par tout [ce] qu'il vous plaira me commander, et attendant cest heur je me recommanderay très humblement à voz bonnes grâces, priant Dieu vous donner,

Monsieur, en parfaicte santé, très longue et très heureuse vye. De Malycorne ce xx septembre 1575.

Votre très humble et très obéissant serviteur. MALYCORNE[1].

Au dos : Monseigneur, Monseigneur le duc de Nevers pair de France[2].

---

2. — 5 janvier 1585. — Commission au grand prévot pour faire amener de Poitiers à Paris le sieur de Sainte-Soline. (Bibl. nat., mss. fr., anc. fonds 3310-10, f° 4. Copie.)

Henry, etc. A nostre amé et féal le grand prévost de nostre hostel ou à nostre cher et bien amé   son lieutenant, salut. Nous avons cy devant pour certaines grandes occasions faict prendre et arrester prisonnier en

---

1. A la suite de la fuite du duc d'Alençon survenue dans la nuit du 14 au 15 septembre 1575, Henri III avait écrit à Guy du Lude, gouverneur du Poitou, à la date du 22 septembre, pour lui ordonner de lui envoyer en toute hâte les troupes aux ordres de Malicorne, La Hunaudaye, Puygaillard, etc., afin de les opposer au duc d'Alençon qui réunissait ses forces autour de Dreux. Cf. *Lettres adressées à Guy du Lude. Arch. hist. du Poitou*, XIV. Lettre 316, p. 35. On voit par la lettre que nous publions que Henri III avait prévenu, avant le 22 septembre, Malicorne et sans doute aussi les autres capitaines dont il mettait les troupes sous le commandement du duc de Nevers. Cette armée s'arrêta sur l'ordre de Catherine de Médicis, mais bientôt après on la reforma avec un corps d'infanterie commandé par Strozzi et des compagnies amenées de Poitou et de Languedoc par Montpensier et le duc d'Uzès, le tout sous les ordres du duc de Guise qui battit près de Château-Thierry un secours amené par Thoré au duc d'Alençon. Nous ignorons si Malicorne prit part à cette seconde expédition.

2. Louis de Gonzague, 3° fils du duc Frédéric II de Mantoue, né vers 1530, mort en 1595, devint duc de Nevers par son mariage avec Henriette de Clèves; plus tard ligueur, il se rallia à Henri IV qui l'envoya en ambassade à Rome pour négocier de sa réconciliation et l'opposa ensuite au duc de Parme en Picardie.

nostre ville de Poictiers le sieur de Ste Soulene lequel nous avons entendu avoir depuis esté mis et prins en la garde de nostre amé et féal M^e   Lesrat [1], conseiller en nostre conseil et président au siège présidial de Poitiers, et d'aultant que nostre intention est qu'il soit amené et conduit en toute seuretté en ceste nostre ditte ville de Paris pour estre oy sur les cas à luy imposez. A ces causes nous vous mandons et commecton's par ces présentes que vous avez à vous transporter en nostre dicte ville de Poictiers avec quatre de voz archers et la faire des exprès commandémens de par nous au dict président Lesrat de vous représenter et mettre incontinant en voz mains le dict de S^e Soulene, pour ce faict estre par vous amené et conduict en estat soubz bonne et seurre garde en ceste dicte ville de Paris, enjoignant à ceste fin très estroictement aux prévostz de noz amez et féaulx cousins les mareschaulx de France establiz à Poictiers, Tours et Orléans et autres qu'il appartiendra et à chacun d'eulx en droict soy et en sa charge et ressort de vous assister et accompaigner et prester ayde, secours et main forte à la conduite du dict St Soulene, sans y faire ny user d'aulcun reffuz, ny difficulté, sur peine de pugnicion corporelle et de privation de leurs estatz. De ce faire vous avons donné et donnons plain pouvoir, puissance, auctorité, commission et mandement spécial, mandons à tous noz justiciers, officiers et subjects que nous avons en ce faisant ilz obéissent, prestent et donnent conseil, confort, ayde ès prisons si mestier et requis en soit. Car, etc. Donné à Paris le ve janvier 1585 [2].

---

1. Pierre Rat ou Le Rat, maire en 1577, mort à Niort en 1593, fils de Jean Rat.
2. Joseph Doyneau, s^t de Sainte-Soline, relaxé un peu plus tôt, ne revint à Poitiers que le 29 nov. 1585. Il n'avait échappé qu'à grand'peine à la colère de Catherine de Médicis irritée de sa conduite à la bataille navale de Saint-Michel, et surtout de la mort de Strozzi jeté à la mer par les Espagnols après leur victoire (1582).

3. — 28 août 1585. — Lettre de Malicorne aux maire et échevins de Poitiers. (Arch. hôtel de ville de Poitiers. Reg. 45, p. 100.)

Messieurs, J'envoye vers vous le s^r des Tousches, commissaire de guerre, pour vous faire entendre comme je pars pour m'acheminer en mon gouvernement de Poictou et d'icelluy prendre possession, pour commancement de quoy je me rendray à Poictiers dans le temps qu'il vous dira, dont et de ce que je l'ai chergé de vous dire de ma part, je vous prie le croire et attendant je aye ce bien [de] vous veoir, ne vous la feray plus longue que pour me recommander de bien bon coeur à voz bonnes grâces, suppliant Dieu vous donner, en bonne santé, heureuse et longue vye. Du Lude, ce xxviiie jour d'aoust 1585. MALICORNE.

A Messieurs, Messieurs les maire, eschevains, manans et habitans de la ville de Poictiers.

---

4. — 7 septembre 1585. — Lettre de Malicorne aux officiers de justice, maire, échevins et habitants de Poitiers. (Arch. H. de V. de Poitiers. Reg. 45, p. 111.)

Messieurs, Je vous envoye des lectres du roy par lesquelles il vous faict particullièrement entendre son intention, suyvent laquelle suys délibéré me rendre demain en vostre ville de Poictiers et là adviser avecq vous à tout ce que pouray recoignoistre deppendre de ma cherge pour le bien du service de Sa Majesté et le vostre particullier où j'apporteray tousjours aultant d'affection que le sauriez

---

Sainte-Soline, fidèle à l'autorité royale, fut expulsé de Poitiers en avril 1589 pour avoir frappé le maire Jean Palustre, ligueur. Il y était revenu et habitait près de l'église Saint-Didier en janvier 1601. Voy. *Annuaire de la Vendée* 1860, *Journal* de René Gignon, p. 241.

désirer et que sur ce me recommande de bon cœur à voz bonnes grâces, priant Dieu vous donner, Messieurs, bienheureuse et longue vye.

A Partenay, ce septiesme septembre 1585[1].

Vostre entièrement bien bon amy. MALICORNE.

A Messieurs les officiers de la justice, maire, bourgeoys, eschevins, manans et habitans de la ville de Poictiers, à Poictiers.

---

5. — 28 septembre 1585. — Lettre du Roi à M. de Malicorne. (Bibl. nat., mss. fr., ancien fonds 3309-147, f° 38.)

Monsieur de Malicorne, J'ay eu advis comme un nommé le cappitaine Hallot et un autre le cappitaine Fresne[2], se sont saisiz de mon chasteau d'Angers ayant tué celluy qui y est ou demeure[3] soubz la charge du s[r] de Brissac[4] et que les habittans du dit lieu ont faict tel debvoir qu'ilz se sont saisiz de la personne du dit Hallot, et mectoient toutte la peine qu'ilz pouvoient pour reprendre le dit chasteau, qui m'est de telle importance que vous pouvez penser. Mais pour ce que je crains fort qu'ilz ne le puissent reprendre, je vous prie renvoyer incontinant quelqu'un de ceulx qui

---

1. Malicorne fit son entrée à Poitiers accompagné de Françoise de Daillon du Lude, sa femme, le lendemain 8 septembre 1585.
2. Le Fresne fut tué à l'entreprise sur le château d'Angers et Michel Bourronge, sieur du Hallot, rompu vif après jugement.
3. Dit le capitaine grec, originaire d'Angouri.
4. Charles, comte de Cossé-Brissac, ligueur, plus tard gouverneur de Poitiers, fut nommé gouverneur de Paris par Mayenne en 1594, rendit cette ville à Henri IV contre le bâton de maréchal, 200.000 écus et 20.000 livres de pension, et mourut au siège de Saint-Jean-d'Angély en 1621.
Brissac vint tout d'abord au secours des habitants de la ville d'Angers ; il fut suivi bientôt après par Henri de Joyeuse, comte de Bouchage, gouverneur de l'Anjou, auquel le château se rendit le 19 octobre 1585.
Enfin Anne de Joyeuse, amiral de France, envoyé par Henri III, prit part à la poursuite des troupes de Condé avec Lavardin.

sont auprès de vous, avec ce que vous verrez qu'il sera nécessaire des forces que vous avez à présent, pour faire en sorte que le dict chasteau puisse estre repris et empescher qu'il ne puisse estre secouru de ceulx de la nouvelle oppinion qui ont, à ce que j'entendz, leurs forces là autour. J'ay envoyé audit Angers en toutte dilligence, le cappitaine Mandelot exempt de noz gardes, au quel j'ay commandé faire avec les dits habittans d'Angers tout ce qu'il pourra en attendant que y puissiez envoyer comme je vous prie de faire le plustost que vous pourrez. Cependant je prie Dieu, etc.

Escript à Paris le xxviii septembre 1585.

---

6. — 13 octobre 1585. — Lettre du Roi à M. des Arpentilz. (Bibl. nat., mss. fr., ancien fonds 3309-184, f° 47.)

Monsieur des Arpentilz [1], Voyant que ceulx de la nouvelle relligion qui ont surprins et sont dedans mon chasteau d'Angers ne trouvant [2] la cappitullation qui avoit esté faicte avec eulx pour en sortir et le remectre en mon obéissance, ayant aussy advis que de touttes partz ceulx de la dicte nouvelle oppinion des païs de Normandye, de Meyne, le Perche, Anjou et des costéz de deçà s'assemblent et marchent pour aller secourir, j'ay pour ceste occasion advisé d'envoyer mon beau frère le duc de Joyeuse [3] devers le dict

---

1. Louis du Bois, sgr des Arpentilz, gouverneur de Touraine.
2. Pour « n'approuvant ».
3. Anne de Joyeuse, mignon de Henri III, qui lui avait fait épouser Marguerite de Lorraine-Vaudemont, sœur de la reine, en 1581. On sait que le roi paya les noces de son favori dont les frais s'élevèrent à 1.200.000 livres. Il remboursa aussi à Mayenne le coût de sa charge d'amiral de France dont il pourvut Joyeuse l'année suivante. Henri III le fit duc et pair; premier gentilhomme de sa chambre et gouverneur de Normandie. Il était né en 1561 de Guillaume, vicomte de Joyeuse, maréchal de France, et de Marie de Bastarnay. On le connut dans sa jeunesse sous le nom de baron d'Arques. Il fut tué à la bataille de Coutras, le 20 octobre 1587.

Angers avec le plus de forces que j'ay peu soudainement faire assembler et un régiment de mes Suisses que j'ay faict marcher et est jà en chemyn, afin non seulement d'empescher que le dict chasteau d'Angers ne soit secouru des dits de la nouvelle oppinion, mais aussy combattre ceulx de la dicte nouvelle oppinion qui se trouveront en camps[1] pour cest effect et nuire à mon service. Considérant aussy qu'il ne se pourroit présenter occasion où vous puissiez plus à propos faire paroistre vostre bonne affection et m'asseurant de la grande affection que vous avez au bien de mon dit service, j'ay advisé vous faire incontinant ce mot de lettre et vous prier de assembler promptemant le plus que vouz pourrez de vostre compagnye et de voz amys, et aller incontinant trouver mon beau frère le duc de Joyeuse qui partira de ce jourdhuy et se rendra au plustot vers le dit Angers pour l'occasion dessus dicte, en quoy j'espère un bon secours de vous et de la trouppe que y menerez, vous priant de rechef vous acheminer diligemment pour vous joindre à mon dit beau frère le duc de Joyeuse et croyez que vous me ferez chose qui me sera très aggréable et dont jay (sic) me souviendray comme de service qui me sera faict fort à propos. Priant Dieu, etc.. Escript à Paris le xiii° jour de octobre 1585.

Semblable a esté escripte à M. de Rochefort, à M. de Villequier, à M. d'Entraigues, à M. de la Chastre, à M. de Souvray, M. de Wassé, M. de Sourdis, M. le baron Devault, M. de Prye, M. de Malicorne à laquelle a esté changé ce qui sensuict[2] :

---

1. Champs ?
2. René de Rochefort, lieutenant général du comté de Blois; François d'Escoubleau, sgr de Sourdis, gouverneur de Melun; François de Balzac d'Entragues, gouverneur d'Orléans ; La Châtre, gouverneur du Berry ; Villequier, gouverneur de la Marche; Malicorne, gouverneur du Poitou, etc., etc. Entragues fut le père d'Henriette d'Entragues, maîtresse de Henri IV, qui conspira avec lui contre son ancien amant, lorsqu'il eut épousé Marie de Médicis.

Je vous prie suyvant ce que je vous ay escript aller vous mesmes joindre mon dict beau frère le duc de Joyeuse avec la compaignie du dit s^r comte de Lude, le plus que pourrez de la vostre et de vos amys, et aussy des aultres forces qui sont en vostre charge que pourrez promptement assembler.

---

7. — 15 octobre 1585. — Lettre du Roi à M. de Malicorne. (Bibl. nat., mss. fr., ancien fonds 3309-188, f° 48.)

Monsieur de Mallicorne, Le sieur du Bouchaige [1] a, entre aultres choses, esté contrainct d'accorder à ceulx qui sont dans mon chasteau d'Angers pour les en faire sortir que les trois hostaiges dont ilz sont d'accord, et que le dit s^r comte du Bouchaige a jà faict acheminer à Niort, seroient mis ès mains de ceulx de La Rochelle pour seureté et jusques à ce que tout ce qui est porté et leur a esté promis par la dicte cappitullation soit accomply, ce que je trouve bon puisqu'il ne s'est peu mieulx faire ; ayant esté très bien faict au dict s^r du Bouchaige d'avoir faict acheminer les dits trois hostaiges jusques au dit Niort en attendant que Roger présent porteur, l'un de nos valletz de chambre, que j'envoye expressément par de là suyvant la ditte cappitullation dont l'on vous envoyera l'extraict si jà ne vous a esté envoyé par icelluy sieur du Bouchaige, ait esté en la dicte ville de La Rochelle pour leur faire entendre la ditte cappitullation affin qu'ilz envoyent escorte au devant d'iceulx trois hostaiges et les recoipvent en la dicte ville en leur charge pendant qu'icelle cappitullation s'effectuera pour

---

1. Henri de Joyeuse, comte du Bouchage, alors gouverneur de l'Anjou, était entré tout d'abord dans le clergé séculier ; il se fit capucin sous le nom de frère Ange, à la mort de son frère Anne de Joyeuse, en 1587, fut plus tard un furieux ligueur et quitta encore le monde en 1600.

après les rendre et les ramener seurement au dict Niort, vous priant d'assister le dit Roger de voz lettres aux dits de La Rochelle, et tenir de vostre part la main, comme je m'asseure que ferez, que les dits de La Rochelle facilitent, ou pour le moins ne se rendent point disficilles pour ce que dessus. Ce me seroit un très grand bien et contentement comme nous peusions ravoir le dict chasteau suyvant la dicte cappitullation. Mais pour ce que je crains que ceulx qui sont dedans usent de telle longueur pour gagner le temps et attendant secours, j'ay donné ordre que bien tost il y aura de bonnes et grandes forces avec mon beau frère le duc de Joyeuse qui part présentement pour s'en aller au dict Angers affin non seulement d'empescher le dit secours, mais aussi empescher que les forces de mon cousin le prince de Condé ne passe la rivière et les combattre, vous priant suyvant ce que je vous ay escript, l'assister et le renforcer le plus que vous pourrez des forces qui sont en l'estandue de vostre charge et vous me ferez service très agréable. Priant Dieu, etc. Escript à Paris le xve jour d'octobre 1585.

---

8. — 12 novembre 1585. — Lettre de Malicorne au maire de Poitiers. (Arch. H. d. V. de P. Reg. 45, p. 206.)

Monsieur le Maire, J'ay délibéré m'acheminer à Poictiers, dedans deulx jours quoy que soict aussy tost que je auray sceu M. du Mainne [1] estre arrivé et parce que je sçay qu'il

---

1. Charles de Lorraine, duc de Mayenne, 2e fils de François de Guise, né en 1554, mort le 4 oct. 1611, amiral de France avant Joyeuse, avait figuré parmi les défenseurs de Poitiers en 1569 ; il combattit à Moncontour, au siège de La Rochelle et dans le Dauphiné. Chef de la Ligue et lieutenant général du royaume, il ne traita qu'en 1596 avec Henri IV qui lui donna 3.580.000 livres (ce qui représenterait aujourd'hui plus de 12 millions), avec le gouvernement de l'Ile-de-France.

aura beaucoup de train, je vous prie regarder à me faire accommoder ung logis et m'en retenyr pour vingt cinq à trante gentilzhommes que je meneray aveqz moy, aultrement je m'en iray loger chez vous, et n'estant la présante à aultre fin, ne l'estendray davantage que pour me recommander à vostre bonne grâce, priant Dieu, Monsieur le maire, qu'il vous tienne en sa grâce. De Nyort, ce xiie novembre 1585. Vostre bien bon amy. MALLICORNE.

Et sur la subscription : A Monsieur le Maire de Poictiers, à Poictiers.

---

9. — 25 novembre 1585. — Lettre de Malicorne au maire de Poitiers. (Arch. H. d. V. de P. Reg. 43, p. 215.)

Monsieur le Maire, Je vous envoye mon mareschal des logis pour adviser avecq vous de me loger et à accommoder les gentilzhommes que je mayne avecq moy, et je vous prie adviser ensemble à donner cartier au cappitaine Mercure et ses Albanoys [1] et oultre à trante harquebuziers de ma garde. Je me recommande à vostre bonne grâce, priant Dieu vous donner, Monsieur le Maire, bien longue et heureuse vie. De Luzignan, ce xxv novembre 1585.

Et au cousté de la lectre est escript : Je seroys fort mary de mener avecq moy d'honnestes gentilzhommes et les veoyr loger sur le pavé. Vostre bien bon amy. MALLICORNE.

---

1. Mercure, capitaine d'une compagnie d'Albanais. La longue résistance de Scanderbeg aux Turcs avait mis fort en honneur ces mercenaires.

10. — 10 décembre 1585. — Lettre de Malicorne aux officiers de justice, maire et échevins de la ville de Poitiers. (Arch. H. de V. de P. Reg. 45, p. 229).

Messieurs, J'ay suyvant le commandement que le roy m'a faict, donné ordre de faire conduire madame de La Trimoille [1] en vostre ville de Poictiers par le s^r de Laulbray qui la y doibt rendre dedans vendredy prochain et à ce que l'intention de Sa Majesté soict suyvie et jusques à tant qu'ayez aultre commendement d'icelle ; je vous pry d'aviser par entre vous à donner si bon ordre à la garde de la dicte dame de La Trimoille qu'elle ne se puisse retirer hors vostre dicte ville, de quoy je charge par la présente voz vies, biens et honneur, vous advisant toutesfoys qu'ayez aussy à vous comporter en sa garde si modestement qu'elle n'en puisse proposer plaincte ny, s'il est possible, recognoistre sa dettention non plus que je croy à elle faicte despuys que je l'ay laissée en charge au dit s^r de Laulbray, priant sur ce le Créateur, qu'il vous tienne en sa saincte et digne garde. Escript au camp à Scelle, ce xme jour de décembre 1585.

Votre bien bon amy. MALLICORNE.

Et au costé de la dicte lettre est inséré : J'ay chargé le visséneschal de Fontenay vous dire de ma part, oultre la présente, chose dont vous prie le croire.

Et sur l'intitulation : A Messieurs les officiers de la justice, maire et eschevains de la ville de Poictiers.

---

1. Jeanne de Montmorency, veuve de Louis III, duc de Thouars. La duchésse était encore retenue prisonnière à Poitiers le samedi 25 janvier 1586. (*Journal* de Michel Le Riche, 434.)

11. — 17 janvier 1586. — Lettre du Roi à M. de Malicorne. (Bibl. nat., mss. fr., ancien fonds 3310-134, f° 37.)

Monsieur de Mallicorne, J'ay entendu par le sʳ de Chandon, président en mon grand conseil [1], ce qui avoit esté faict en sa maison de la Grossetière [2], par aucuns cappitaines et soldatz au régiment de La Marque conduict lors par le sʳ de Rieux [3], que je trouve fort estrange, et désire que la justice en soit faicte telle qu'elle serve d'exemple à l'advenir, attendu le peu d'estat qu'ilz ont faict de ma sauvegarde et de la vostre et des excès et volleries qu'ilz ont commises en la dicte maison de la Grossetierre, par quoy vous adviserez à tenir la main et assisterez le dict sʳ de Chandon et les siens en ce qu'ilz vous requerront pour faire faire la dicte justice et luy faire restituer ce qui a esté enlevé de sa dicte maison désirant que vous affectionnez le contenu en ceste lettre et vous ferez chose qui me sera fort agréable. Priant Dieu, Monsʳ, etc. Escript à Paris le xvııᵉ jour de janvier 1586.

---

12. — 28 janvier 1586. — Instruction du Roi au sieur de Chemerault [4] allant trouver Mgr de Montpensier [5]. (Bibl. nat., mss. fr., anc. fonds 3310-140, f° 38 v°.)

Le Roy veoyant le long temps qu'il y a qu'il n'eut nou-

---

1. Au mois d'octobre 1588, Chandon, maître des requêtes ordinaires de l'hôtel du roi, fut arrêté à Blois à la demande des Etats et n'échappa qu'à grand'peine, grâce à la protection du duc de Nevers.
2. La Grossetière, paroisse de Pouzauges, maison seigneuriale qui avait remplacé celle de Boisménard et fut démolie par l'ordre de l'intendant Foucault en 1686, pour punir M. de Chavernay, huguenot émigré à la Révocation. On en vantait la belle perspective.
3. Guy de Rieux, plus tard lieutenant au gouvernement de Bretagne et gouverneur de Brest pour Henri IV.
4. Méry ou plutôt Aimery de Barbezières, sgr de la Roche-Chemerault, chargé plus tard d'une mission près de Malicorne avec Richelieu.
5. François de Bourbon-Montpensier, sgr de Champigny-sur-

velles de Monseigneur le duc de Montpensier, advise d'envoyer vers luy le sieur de Chemerault, chevallier du S¹ Esprit, conseiller en son conseil et grand mareschal de ses logis, affin de luy rapporter de ses bonnes nouvelles et l'asseurer de sa très bonne santé, grâces à Dieu, de celle de la royne, sa mère et aussy de la royne, sa femme, ayant aussy Sa ditte Majesté esté meue d'envoyer le dit sieur de Chemerault devers mon dit sieur de Montpensier sur ung bruict qui court, auquel néantmoins elle n'adjouxte poinct de foy, qui est que mon dit sieur de Montpensier faict amas et assemblée de gens de guerre pour cuider qu'il s'agist et est question en ses présens troubles de la conservation de la maison de Bourbon et du chef d'icelle, dont Sa dicte Majesté désire bien que le dit sieur de Chemerault se puisse dextrement esclaircir avec luy, luy faisant congnoistre la vérité du contraire, et le retenir tousjours en la bonne dévotion et affection qu'il a de tout temps démonstré au bien des affaires et service de Sa Majesté et conservation de la relligion cathollique, appostollicque et romaine, en laquelle Sa dicte Majesté désire réunir tous ses subjectz pour l'honneur et gloire de Dieu premièrement, et puis pour le commung bien et repos général de ce royaulme.

Et pour ce faire le dict sieur de Chemerault après luy avoir présenté ses lectres que Sa dicte Majesté luy escript, et dict de ses bonnes nouvelles et des dictes dames roynes et qu'il luy aura aussy faict entendre ce que dessus du désir qu'elle a de sçavoir des siennes pour le longtemps qu'il y a qu'elle n'en eut, viendra à luy dire à propos, comme il en sçaura bien prandre et choisir l'occazion, le bruict sus

---

Veude, duc de Châtellerault depuis le 26 novembre 1583, avait reçu, après son père, les fonctions de lieutenant général en Poitou, qu'il n'exerça guère de fait; il se montra parfois favorable aux réformés, mais resta le plus souvent spectateur impartial des événements dans son magnifique château de Champigny, se rallia définitivement à Henri IV à la mort de Henri III et mourut à Lisieux le 4 juin 1592.

dict qui court qu'il s'arme et faict amas de forces et provision d'argent par emprunct et de son revenu, en intencion de se joindre et mesler avec le roy de Navarre et monsieur le Prince de Condé, et qu'encores que l'on tienne ce que dessus pour chose certaine[1], touteffois Sa Majesté n'y a adjouxté aucune foy, pour la grande confiance qu'il a que mon dit seigneur de Montpensier porte tel honneur et respect à Sa dicte Majesté et sçait si bien la fidellité et obéyssance qu'il luy doibt rendre, qu'il ne fera et n'entreprendra jamais chose qui puisse blesser et offenser la repputation que feu monseigneur de Montpensier, son père, et luy ont acquise d'estre très affectionnez et très fidelles serviteurs de Sa ditte Majesté et si bien zellez à nostre relligion catholique, appostolicque et romaine.

Sy mon dit sieur de Montpensier se plainct et objecte quelques occasions de mescontentement, disant que l'on ne l'a honoré d'aucune charge digne de luy, mais seullement baillé ung pouvoir de lieutenant général en Poictou et ès aultres provinces portées par icelluy sans aucuns moiens de l'exécuter, le dit sieur de Chemerault luy dira et représentera les charges que Sa ditte Majesté luy a offertes pour le préférer comme Prince de son sang à beaucoup d'aultres, et mesmes qu'il luy a voullu bailler celle

---

1. Depuis plusieurs mois déjà, la conduite équivoque de Montpensier le rendait suspect aux royalistes. Accouru l'un des premiers au secours d'Angers, il avait dû se retirer, n'ayant pu rallier personne autour de lui.
La mission de Chémerault eut peut-être pour résultat l'envoi de son fils (Henri de Montpensier, marié plus tard à Henriette-Catherine, duchesse de Joyeuse) à Poitiers, d'où émanaient les avis parvenus au roi. Montpensier proteste énergiquement de son dévouement à la cause royaliste dans une lettre adressée aux habitants de cette ville, du 17 février 1586, que Thibaudeau nous a conservée (*Hist. du P.*, V, 92). Catherine de Médicis crut cependant devoir aller elle-même à Champigny en novembre 1586, avant la conférence de Saint-Bris.
La correspondance échangée entre Condé, le roi de Navarre et Montpensier, après la prise de Saint-Maixent par les réformés, l'année suivante, témoigne tout au moins de sentiments affectueux existant entre ces personnages, d'ailleurs parents.

de son lieutenant général en l'armée de Daulphiné, composée de bonnes et grandes forces, avec tous moyens compétans pour l'entretien et soustien d'icelle, mais qu'il a refuzé de l'accepter. Et au regard de celle de Poictou luy dira que s'estant l'armée que conduict monseigneur le duc de Mayenne trouvée toute portée sur les lieux, et monsieur le maréchal de Matignon venant pour s'y joindre, il se seroit servy de l'occasion qui s'offroict de secourir et faire lever le siège qui estoict devant Brouaige, comme chose qui deppendoit de la charge de Guyenne ne s'estant en ce faisant rien entreprins sur le pouvoir et auctorité de mon dit seigneur de Montpensier.

Et si mon dit sr de Montpensier veult entrer en discours et oppinion et mect en avant que ceste guerre est fondée et causée pour l'estat et la ruyne et destruction de ceulx de son nom et maison, mesme du chef d'icelle, le dit sieur de Chemerault lui dira que Sa Majesté est le vray chef de leur ditte maison, qui est le plus grand honneur qu'ilz puissent avoir et qu'il leur puisse faire qu'il n'y a personne qui ayct en plus spécialle recommandation la conservation des Princes de son sang que Sa dicte Majesté qui espère et attend dadventaige de la grâce de Dieu lignée masculline pour luy succéder à ceste coronne, mais luy aiant l'expérience des choses passées, faict congnoistre qu'il luy est impossible de vivre et régner paisiblement pendant qu'il y aura plus d'une religion en ce royaulme, elle s'est résolue de n'en souffrir exercice que de la religion cathollicque, appostollicque et romaine, dont Sa dicte Majesté et monsieur de Montpensier ont tousjours faict et font profession, et de faire tout son effort avec l'ayde de Dieu et le secours de ceulx qui luy sont bien affectionnéz d'y ramener et réunir tous ses subjectz. S'asseurant Sa dicte Majesté que de ceste union de religion s'ensuivra l'union des cœurs et vollontez de ses dicts subjectz, et que par ce moien la paix et tranquillité civille s'establira ferme en ce royaume selon l'intencion de Sa dicte Majesté, laquelle au demeurant n'a jamais esperé d'aucun de son royaume plus de secours, ayde et assistance en ce s^t œuvre que [de] mon dict sieur de Montpensier qui à l'exemple de feu mon dict s^r de Montpensier, son père, s'est tousjours comme dict est, monstré fort zellé et plain de dévotion pour la manutention de la foy et religion cathollicque, appostollicque et romaine contre laquelle Sa dicte Majesté ne veult ny peult croire qu'il se voullust frauder et opposer soubz ung simullé prétexte de la conservation de ceulx de sa dicte maison et nom.

Partant le dit sieur de Chemerault admonestera, exhortera et priera mon dit sieur de Montpensier de la part de Sa dicte Majesté de demourer tousjours ferme et constant en la fidellité et obéissance qu'il luy a cy-devant rendue, et dont l'exemple très beau et très louable luy à esté dellaissé par feu mon dit sieur de Montpensier, son père, d'ayder et assister Sa dicte Majesté à poursuivre ce qu'elle a commancé pour le bien et union de la ditte relligion cathollicque, avec asseurance qu'elle l'honnorera, gratiffiera et fera tousjours pour luy et son contantement ce qu'il luy sera possible selon le lieu et rang qu'il tient en ce royaulme et la proximité du sang dont il luy attouche la destre.

Faict à Paris le xxvııı^e jour de janvier mil cinq cens quatre vingt six.

---

13. — 28 janvier 1586. — Lettre du Roi à M. de Malicorne. (Bibl. nat., mss. fr., ancien fonds 3310-138, f° 38 v°.)

Monsieur de Mallicorne, Important comme vous sçavez que faict le chasteau de Montagu, non seullement à mon païs du bas Poictou, mais aussi à mon païs de Bretaigne, je désirerois bien que le sʳ de..... qui m'est fort affectionné et qui a beaucoup d'amis et de bons moiens, peust en avoir la charge et gouvernement pour commander au lieu du sʳ de..... qui est de ses amys, et qui sera bien content d'en accorder avec luy ad ce que l'on m'a faict entendre, vous en ayant bien voullu faire ce mot de lectre affin que s'il y a lieu que cela se puisse faire de m'en escrire et que j'en face expédier les provisions nécessaires du consentement du dit sʳ de..... qui m'y a fort bien servy, aussi en ay-je tout contantement comme l'en pourrez asseurer et que je vous ay cy devant escript, aussy ce que je désire en cecy n'est que avec son bon gré, car je le tiens très homme de bien, et qui m'a fort fidellement servy. Priant Dieu, etc. Escript à Paris le xxviiiᵐᵉ janvier 1586.

14. — 28 janvier 1586. — Lettres closes du Roi aux habitants de certaines villes du Poitou. (Bibl. nat., mss. fr., ancien fonds 3310-141, f⁰ 39.)

De par le Roy.

Chers et bien amez, Craignans que soubz prétexte du bien de nostre service ou aultrement aucuns se veullent saisir et rendre maistre de nostre ville de..... à nostre préjudice et de celuy de vostre repos, nous avons bien voullu vous faire la présente pour vous dire et commander que n'aiez à recevoir et admettre en nostre dicte ville aucun quel qu'il soict, qui y puisse estre le plus fort, sans avoir sur ce nostre commandement exprès ou passeport signé de nous et contresigné par l'ung de noz secrétaires d'estat ainsy que nous escrivons aussy au sieur de...., car tel est nostre plaisir. Donné à Paris le xxviiiᵉ jour de janvier 1586.

15. — 28 janvier 1586. — Lettre circulaire du Roi aux gouverneurs de certaines villes du Poitou. (Bibl. nat., mss. fr., ancien fonds 3340-142, f° 39.)

Monsieur, Craignant que soubz prétexte du bien de mon service ou aultrement aucuns se veullent saisir et rendre maistre de nostre ville de...... à mon préjudice et de celluy du repos des habbitans d'icelle, j'ay bien voullu vous faire la présente pour vous dire et mander que n'ayez à recevoir et admettre en ma ditte ville aucun quel qu'il soit, qui y puisse estre le plus fort, sans avoir sur ce mon exprès commandement ou passeport signé de moy ou de l'ung de mes secrétaires d'estat ainsy qu'escrivons à ceulx de ma ditte ville. Priant Dieu, Monsieur...... vous avoir en sa saincte et digne garde. Escript à Paris, le xxviii° jour de janvier 1586.

---

16. — 14 février 1586. — Lettre de Malicorne au maire de Poitiers. (Arch. H. de V. de P. Reg. 45, p. 292.)

Monsieur le maire, J'ay receu celle que m'avez escripte du dixiesme de ce présent moys et suys très aize qu'ayez receu bien à temps l'advertissement que avons donné charge au contrerolleur Meschinet vous faire passant par vostre ville dernièrement que l'envoiay à la court pour les affaires du Roy, mays ce n'est pas assez d'avoyr donné bon ordre jusques icy à la conservation de vostre dicte ville en l'obéissance de Sa Majesté, car il fault continuer et y avoyr pour l'advenyr l'oeil de plus près que jamays, vous advisant à ceste fin qu'aiez à délibérer avecq Messieurs tant de la justice, eschevains que vous aultres principaulx habitans affectionnez au service de Sa dicte Majesté, de renforcer et asseurer l'ordre de voz gardes, parce que j'ay sceu qu'il y en a en vostre dicte ville voyre qui y ont de l'authorité et bonne part, lesquelz praticquent ung moyen d'y faire quelque mal et y donner accès à ceulx qui à bon droict sont en ce temps très subzsonneulx d'embrasser le party contraire à Sa dicte Majesté, tellement que suys d'avys selon la prévoiance dont en userez et ce que par icelle pourez descouvrir de telles personnes, vous ayez à vous en saisyr et les emprisonner, en quoy ne fauldray vous donner tout secours et assistance tant pour l'authorité que Sa dicte Majesté m'a donnée dans ce pays que de ma particullière puissance, mesmes si besoing en avez, vous aller en personne tesmoigner l'affection que j'auray éternellement à ce qui importe à Sa dicte Majesté et vostre dicte ville pour la luy mainctenyr et pour ce faict me trouverez tousjours prest de monter à cheval, combien que je soye icy empêché ainsy que vous pouvez juger ayant tous les jours les ennemys sur les bras et à prévenir les dessaings de leurs entreprises sur les villes et chasteaulx de çà. Je vous prieray doncq et pour la fin de ma lectre n'en négliger le contenu et après m'estre sur ce affectueusement recommandé à voz bonnes grâces, je pry Dieu vous donner, Monsieur le Maire, en bonne santé, longue et heureuse vie. A Nyort, ce xiiie de febvrier 1586. Et par après :

Je vous pry encores une foys ne desdaigner mon advys et regarder à ne vous fier plus de personne que de ceulx que congnoistrés de tout temps estre affectionnez et fidellement vouez au service du Roy sans recongnoistre aultre maistre et si me voulez mander de bouche sur ce subject quelque chose que penssiez faindre m'escripre, veu le temps, ne craignez la faire entendre à monsieur le lieutenant de St Maixant pour le me le dire, car j'ay toute créance en sa fidellité au service de Sa dicte Majesté. S'il se trouvoict une carte de la description de ce pays de Poictou, plus résente, ample et véritable que celle du s^r de Migné, vous me ferez fort grand plaisir me l'envoyer et désiroys bien qu'elle fust collée par toille.

Votre bien bon amy. MALYCORNE.

---

17. — 24 avril 1586 — Lettres de sauvegarde, datées de Niort, données par Malicorne au s^r Moysen, s^r de la Guionnière. (Cabinet de M. E. Cesbron, à Poitiers.)

---

18. — (Fin de février 1586). — Lettre de Malicorne aux officiers et habitants de Thouars, mentionnée dans une lettre des susdits à la duchesse de Thouars [1], du 1er mars 1586. (P. Marchegay et H. Imbert, *Lettres missives du XVIe siècle, tirées des Arch. du duc de la Trémoille. Mém. de la Soc. de Stat. des Deux-Sèvres*, 2e s^ie, t. XIX. Lettre 207.) Diverses lettres de ce recueil sont à consulter, notamment celles qui portent les n°s 278, 279, 286.

Malicorne se proposait de mettre une garnison dans le château de Thouars et semble y avoir renoncé, sur l'assurance donnée par les habitants de se maintenir sous l'obéissance du roi.

---

19. — 10 mars 1586. — Lettres closes du Roi aux officiers de justice de Loudun. (Biblioth. nat., mss. fr., ancien fonds 3310-194, f° 50 v°.)

DE PAR LE ROY.

Nos amez et féaulx, Nous avons veu l'advis que nous avez donnez par les lectres que nous avez escriptes le deuxiesme jour de ce présent mois. A quoy nous vous dirons qu'il

---

1. Jeanne de Montmorency, veuve de Louis III, duc de Thouars.

fault que vous vous teniez sur voz gardes pour empescher que l'on ne vous puisse surprendre. Et vous nous ferez service agréable de descouvrir les aultres desseings et entreprinses qui se peuvent faire à nostre préjudice pour nous en advertir afin d'y pourveoyr selon que nous verrons estre à faire, vous continuerez au demourant à faire vostre debvoir en ce qui concerne le bien de la justice et distribution d'icelle à noz subjectz, car, etc. Donné à Paris le xme mars 1586.

---

20. — 1er mai 1586. — Lettre de Malicorne au maire de Poitiers. (Arch. H. de V. de P. Reg. 43, p. 368.)

Monsieur le Maire, Envoyant ce porteur à Poictiers, je vous ay bien voulu faire entendre des nouvelles de deçà et comme les ennemys n'y trament aultres choses que des menées et entreprinses qu'ilz s'essayent journellement d'effectuer sur les villes et places proches de celles qu'ils y occupent comme je m'asseure aurés de cest heure bien entendu de l'entreprinse qu'ilz ont voulu exécuter sur Partenay[1] où ilz n'ont rien gagné par la bonne vigilance des habitans catholicques et de la garnison que j'y ai establie ; il semble que leurs actions tendent mainctenant à pis faire, mais j'espère avecq l'ayde de Dieu de leur livrer deschance à mon rang et bientost ; j'estime qu'aurez aussy bien sceu la mort de monsieur Rouhen[2] qui me gardera

---

1. Dans la nuit du 29 avril 1586.
2. René de Rohan, comte de Porhoët, époux de Catherine de Parthenay, fille de Jean de Parthenay Larchevêque, sgr de Soubise, et d'Antoinette d'Aubeterre, et veuve sans enfants de Charles de Quellenec, baron du Pont en Bretagne, tué à la Saint-Barthélemy, contre lequel elle soutint un procès pour cause d'impuissance. Le comte de Porhoët s'était illustré par la défense de Lusignan contre le duc de Montpensier et n'avait rendu la ville qu'après plus de trois mois de siège. Il fut père de Henri, duc de Rohan, et de Benjamin, duc de Soubise.

de vous en dire aultre chose pour en cest endroict vous prier continuer le soing et affection qu'avez tousiours démontré au service du Roy et conservation de vostre ville en l'obéissance de Sa Majesté ce que je vous recommande sur toutes choses et en ay de fort bon cœur à vostre bonne grâce, priant Dieu vous donner, Monsieur le Maire, en bonne santé, longue et heureuse vie.

Nyort, ce premier jour de may 1586. Vostre bien bon amy. MALICORNE.

Et sur la subscription : A Monsieur, Monsieur le maire de Poictiers.

---

21. — 2 mai 1586. — Copie du pouvoir daté de Paris et donné par Henri III au maréchal de Biron pour le commandement de l'armée de Poitou. (Bibl. nat., ms. fr , anc. fonds 3612-22.)

---

22. — 3 mai 1586. — Estat de l'armée de M. le maréchal de Biron. (Bibl. nat., mss. fr., anc. fonds 3974-108, fol. 270. Copie.)

PREMIÉREMENT.

Chevaulx légers.

A deux cens hommes de guerre montéz et armez à la légère soubz quatre cornettes dont l'une de quatre vingt hommes de vi$_c$ xxx liv. par moys et chacune des aultres de cinquante, à raison de iiii^c xxx liv. chacune d'icelle.   xix^c xx liv.

Ensemble par fon.

Gens de pied.

A dix huit cens hommes de guerre à pied françoys soubz neuf enseignes de ii^c hommes chacune, à raison de vii^c xxxiii liv. chacune. . . . .   vi^m v^c iiii^{xx} xvii liv.
    Aux officiers. . . . .   cvi liv. ii tz.
    Ensemble vi^m vii^c iii liv. ii tz.

A deux mil hommes de guerre à pied françois soubz dix enseignes de ii^c hommes chacune, à la mesme raison. . . . .   vii^m iii^c xxx liv.
    Aux officiers. . . . .   cvi liv. ii tz.
    Ensemble vii^m iiii^c xxxvi liv. xl s.

A douze cens aultres hommes de guerre à pied françois soubz six enseignes de ii^c hommes chacune, à la mesme raison. . . . .   iii^m iii^c iiii^{xx} xviii liv.
    Aux officiers. . . . .   cvi liv. ii tz.
    Ensemble iiii^m v^c iiii liv. ii tz.

A trois mil hommes de guerre à pied lansquenetz soubz dix enseignes de iii^c hommes chacune comprins les estatz tant de luy et des officiers que de celluy qui a charge de les conduire.   xiii^m c liv.
    Ensemble par fon.

Harquebuziers à cheval.

A trente harquebuziers à cheval, par moys. . . . .   ii^c l liv.
    Ensemble par fon.

Commissaires et contrerolleurs.

A neuf commissaires et neuf contrerolleurs, par moys. . . . .   II^c x liv.
Ensemble par fon.

Estatz et appointemens.

A..... lieutenant général du Roy.   III^c xxxIII liv. I tz.
A..... mareschal de camp. . . .   c liv.
Au sieur de..... pareille somme
de. . . . .   c liv.
A..... mestre de camp de la caval-
lerie légère la somme de. . . . .   c liv.
A..... mareschal des logis de la ditte
cavallerie. . . . .   L liv.
A..... sergent de bataille. . . .   LXVI liv. II tz.
A..... intendant des finances. . .   VI^{xx} XIII liv. I tz.
A..... secrétaire du dit sieur lieute-
nant général. . . . .   xxxIII liv. I tz.
Au commis du contrerolleur géné-
ral des guerres. . . . .   xxxIII liv. I tz.
A ung ingénieur. . . . . . .   xxxIII liv. I tz.
A ung médecin. . . . . . .   xxxIII liv. I tz.
A ung apothicaire. . . . . .   xvI liv. II tz.
A ung chirurgien. . . . . .   xvI liv. II tz.
A ung chappelain. . . . . .   x liv.
A..... mareschal des logis du Roy.   L liv.
A deux fourriers chacun xx liv. .   XL liv.
A ung trompette. . . . . . .   x liv.
Au prévost, son lieutenant, ung gref-
fier et vingt archers. . . . . .   IX^{xx} XIII liv. II tz.
A..... chevaucheur d'escuirie. .   x liv.

A ung cappitaine et treize compai-
gnons sappeurs et mineurs. . . . . LIII liv. I tz.
    Ensemble XIII^c XVI liv. II tz.

Parties inopinées.

Pour les parties extraordinaires et
inopinées, par moys. . . . . . VIe liv.
    Ensemble par fon.

Vivres.

La despence des vivres monte par
moys. . . . . III^m liv.
    Ensemble par fon.

Artillerie.

Pour la despence de l'artillerie, par
moys. . . . . VI^m liv.
    Ensemble par fon.
    Total pour ung moys XLV^m CXLI liv. II tz.

Gendarmerie.

A treze compaignies de gendarmerie dont y a une double, pour ung
quartier. . . . . XXVIII^m XXV liv.

23. — 3 mai 1586. — Estat de la despence que le Roy veult et entend estre faicte par chascun moys pour l'armée que Sa Majesté faict dresser et conduire pour son service en Poictou par M. de Biron, mareschal de France, comme il s'ensuict. (Bibl. nat., mss. fr., anc. fonds 3974-82, f° 204.)

Chevaux legers.

A deux cens trente hommes de guerre montez et armez à la légère soubz quatre cornettes dont l'une de quatre vingt hommes à raison de vi^c xxx liv. par moys et chascune des autres troys de cinquante, à raison de iiii^c xxx liv. chascune d'icelles, la somme de. . . . xix^c xx liv.
Ensemble par fon.

Gens de pied.

A dix huict cens hommes de guerre à pied françoys soubz neuf enseignes de deux cens hommes chascune dont est mestre de camp le sieur de Villeluysant, à raison de vii^c xxxiii liv. chascune d'icelles par moys. . . . . vi^m v^c iiii^{xx} xvii liv.
Ensemble par fon.

Officiers du dit régiment.

Au sieur de Villeluysant pour son estat de mestre de camp. . . . . lxvi liv. ii tz.
Au mareschal des logis du dit régiment. . . . . xx liv.
A ung chappelain. . . . . . x liv.
A ung chirurgien. . . . . x liv.
Ensemble cvi liv. ii tz.

A deux mil hommes de guerre à pied françoys soubz dix enseignes de deux cens hommes chascune tant du régiment de Picardye que de Cambray, à la dicte raison de vii^c xxxiii liv. chascune d'icelles. . . . . vii^m iii^c xxx liv.

Aux officiers du dit régiment. . cvi liv. ii tz.

Ensemble vii^m iiii^c xxxvi liv. ii tz.

A douze cens hommes de guerre à pied françoys soubz six enseignes de deux cens hommes chascune, à la mesme raison de vii^c xxxiii liv. chascune d'icelles. . . . . . . iiii^m iii^c iiii^{xx} xviii liv.

Aux officiers du dit régiment. . cvi liv. ii tz.

Ensemble iiii^m v^c iiii liv. ii tz.

A troys mil hommes de guerre à pied lansquenetz soubz dix enseignes de troys cens hommes chascune dont est chef le collonel Cratz comprins les estatz tant de luy que des autres appointez au dict régiment et officiers de la justice la somme de. . . . . xiii^m liv.

Au sieur de la Chevallerie [1] ayant charge de conduire les ditz lansquenetz. . . . . c liv.

Ensemble xiii^m c liv.

Harquebuziers à cheval.

A trente harquebuziers à cheval ordonnez pour la garde du dit sieur mareschal comprins les estatz des cappitaines et porte cornette. . . . ii^c L liv.

Ensemble par fon.

---

1. N.... des Escotais, sgr de la Chevalerie au Maine.

Taxations des commissaires et controlleurs.

A neuf commissaires et neuf controlleurs qui feront les monstres et reveues des dictes gens de guerre à raison de xiii liv. i tz. pour commissaire et de xliv. pour contrerolleur, par moys. . . . iie x liv.

Ensemble par fon.

Estatz et appoinctemens.

Au dit sieur mareschal de Biron pour son estat. . . . . iiie xxxiii liv. i tz.

Au sieur de..... mareschal de camp. . c liv.

Au sieur de..... pour pareille somme. c liv.

Au sieur de Sagonne mestre de camp de la cavallerie légère. . . . . . . c liv.

A..... mareschal des logis de la ditte cavallerie légère. . . . . l liv.

A..... sergent de bataille. . . . . lxvi liv. ii tz.

A Messire Bernard de Girard, sieur du Haillan, secrétaire et intendant des finances. . . . . vi^{xx} xiii liv. i tz.

A..... secrétaire du dit s^r mareschal. xxxiii liv. i tz.

A..... commis du contrerolleur général des guerres. . . . . xxxiii liv. i tz.

A..... ingénieur. . . . . xxxiii liv. i tz.

A..... médecin. . . . . xxxiii liv. i tz.

A..... appoticaire. . . . . xvi liv. ii tz.

A..... chirurgien. . . . . xvi liv. ii tz.

A..... chappelain. . . . . x liv.

A. ... mareschal des logis. . . . . l liv.

A..... fourriers, chascun. . . . . xx liv.

A..... trompette. . . . . x liv.

A..... prévost de justice, ses lieutenant, greffier et vingt archers. . . . ix^{xx} xiii liv. i tz.

A..... chevaulcheur d'escurye. . . x liv.

A..... cappitaine de treize compai-
gnons sappeurs et mineurs. . . . .   LIII liv. I tz.
Ensemble XIII^c XVI liv. II tz.

Partyes inopinées.

Pour les partyes extraordinaires et
inopinées. . . . .   VI^c liv.
Ensemble par fon.

Vivres.

Pour la nourriture et entreténement
de neuf vingtz chevaulx de charroy
servans pour les voictures du pain
nécessaires à la dicte armée, à raison
de XX s. par jour pour cheval, compris la
despence et sallaires des charetiers la
somme de. . . . .   XVIII^c liv.

A ung cappitaine pour avoir l'oeil et
commandement sur les dits charroys à
raison de cent livres par moys, cy. .   XXXIII liv. I tz.

A deux lieutenans du dit cappitaine
pour assister à la conduicte des dits
charroys à raison de XX liv. pour chascun
d'eulx par moys. . . . . . .   XL liv.

A vingt ung clercs pour aller au recouvrement des dits vivres, les charger et
prendre en place d'iceulx et s'enployer
aux voyages et à toutes autres expéditions
pour ce nécessaires dont les troys principaulx seront payés à raison de XXX liv.
chascun d'eulx par moys, et les autres XVIII
à XX liv. aussy par moys la somme de.   IIII^c L liv.

A ung routier et son ayde, la somme

de xx liv. sçavoir xiii liv. i tz. pour le maistre et vii liv. pour son ayde, cy. . . xx liv.

A ung fourrier. . . . . xx liv.

Au trésorier et garde général des vivres meubles et ustancilles. . . . . LXVI liv. ii tz.

A ung mestre boullanger. . . . . xx liv.

A dix compaignons boullangers à raison de vi liv. par moys chascun. . LX liv.

Au commissaire général des vivres. c liv.

Au commis du contrerolleur général des vivres. . . . . xxxiii liv. xx s.

Pour les voictures extraordinaires des dits vivres tant par eau que par terre et des tentes, sacz, meubles et ustancilles. Aussy pour la construction des fours qui se pourront faire par chascun moys sellon l'occasion et le chemin que tiendra la ditte armée, et encores pour les parties inoppinées, voyages à faire en dilligence sur chevaulx de poste, messaigers à pied, guydes et autres par estimacion aussy par moys. . . . . . . iii^c vi liv.

Ensemble iii^m liv.

Artillerye.

Pour la despence de l'artillerye par moys. . . . . vi^m liv.

Ensemble par fon.

Totalle pour ung moys xlv^m cxli liv. xl s.

Gendarmerye.

Pour le payement de treize compaignies de gendarmerye dont celle du dit sieur mareschal est doublée pour ung quartier. . . . . XXVIII^m XXV liv.

Ensemble par fon.

Somme totale de la despence de cest estat LXXIII^m CLXVI liv. II tz.

Faict à Paris le IIIe jour de may mil v^c IIII^{xx} VI. Signé HENRY et au dessoubz DE NEUFVILLE.

---

24. — 3 mai 1586. — Extrait de l'estat et appoinctemens de l'état général de la despence de l'armée du Roy conduicte en Poictou par le maréchal de Biron. — Signé HENRY, et plus bas DE NEUFVILLE. (Bibl. nat., mss. fr., ancien fonds 3974-81, f° 203.)

Estatz et appoinctemens.

Au dit sieur mareschal de Biron pour son estat. . . . . III^c XXXIII liv. XX s.

Au sieur de..... mareschal de camp. C liv.

Au sieur de..... pareille somme de. . C liv.

Au sieur de Sagonne, mestre de camp de la cavallerie légère. . . . . . . C liv.

A..... mareschal des logis de la ditte cavallerie la somme de. . . . . . L liv.

A..... sergent de bataille. . . . . LVI liv. XL s.

A Messire Bernard de Girard, sieur du Haillan, secrétaire et intendant des finances. . . . . VI^{xx} XIII liv. XX s.

A..... secrétaire du dit sieur mareschal. . . . . XXXIII liv. XX s.

A..... commis du contrerolleur général des guerres. . . . . XXXIII liv. XX s.

A..... ingénieur. . . . . XXXIII liv. XX s.

A..... médecin. . . . . XXXIII liv. XX s.

A..... appoticaire. . . . . . . XVI liv. II tz.

A..... cirurgien. . . . . . . xvi liv. ii tz.
A..... chappelain. . . . . . . x liv.
A..... mareschal des logis du Roy. . l liv.
A..... fourriers, à chascun xx liv. . xl liv.
A..... trompette. . . . . . . x liv.
A..... prévost de justice, son lieutenant et vingt archiers. . . . . ix^{xx} xiii liv. xx s.
A..... chevaucheur d'escuirie. . . x liv.
A.... cappitaine et treize compaignons sappeurs et mineurs. . . . . . . liii liv. xx s.
Ensemble xiii^c xvi liv. xl s.

---

25. — 7 mai 1586. — Lettre de Malicorne aux officiers de justice, maire et échevins de Poitiers. (Arch. H. de V. de P. Reg. 45, p. 373.)

Messieurs, Si tost que j'ay eu moyen d'emploier les forces qu'il a pleu au Roy de m'ordonner pour résister aux entreprinses des ennemys de Sa Majesté, je n'ay poinct voulu temporiser à les assembler et moy mesme me mectre avecq elles aulx champs pour exécuter son intention en ce qui peult dépendre du debvoir de ma charge et sachant que leurs forces sont vers vous, je me délibère m'y acheminer avecq bonne trouppe pour aporter au service du Roy, au bien du pays et de vostre conservation particulière, tout ce qui pourra despandre de moy, vous priant adviser les lieulx les plus commodes où mes trouppes pourront loger et m'advertir promptement de ce que vous sçaurez mériter que je sçache et envoyer pour cest effect demain de grand matin le prévost La Fenestre au devant de moy, vous asseurant qu'en tout ce que j'auray moyen de vous faire cognoistre l'affection que j'ay au bien particullier de vostre ville que vous y recevrez de moy toute l'assistance que vous en sçaurez désirer et remettant le tout aux effectz que vous en cognoistrez, je feray fin en me recommandant bien affectueusement à voz bonnes grâces, priant Dieu vous donner, Messieurs, en bonne santé, longue et heureuse vie. A Partenay, ce 7 may 1586.

Vostre plus asseuré amy. MALICORNE.

Et sur la suscription : A Messieurs les officiers de la justice, maire et eschevins de la ville de Poictiers, à Poictiers.

26. — Mai 1586 [1]. — Lettre de Henri de Navarre à Louis Laurens, s^r de la Mort-Martin, maire de Niort [2].

Le Béarnais avait quitté Niort depuis un ou deux jours ; son départ fut sans doute assez précipité, car il oublia jusqu'à son *chiffre* qu'il demande au maire dont le fils [3] lui avait déjà rapporté au moins une autre pièce restée indéterminée.

Cette lettre n'est pas facile à dater. M. Guadet (en note) rappelle que le roi de Navarre était à Niort le 11 octobre 1586; qu'il s'y trouvait encore le 30 et le 31 déc. 1588 et qu'il y séjourna enfin du 1er au 5 janvier 1589 et du 25 au 27 du même mois. « La lettre, ajoute-t-il, ne peut guère être que de l'une de ces trois années. » B. Fillon est plus précis : « Elle doit être, dit-il, datée du 11 au 12 octobre 1586, époque où le roi de Navarre fit un court séjour à Niort. » Il reconnaît cependant que Louis Laurens n'était plus maire à cette époque. L'élection se faisait, en effet, le jour de la Saint-Barnabé (11 juin), et il avait été remplacé le 11 juin 1586 par Baptiste Chabot, si l'on s'en

---

1. Ou tout au moins du 11 juin 1585 au 10 juin 1586, durée de la mairie de Louis Laurens.

2. Publ. par Benj. Fillon. *Rev. des prov. de l'Ouest*, 1re année (1853), 2e partie, p. 199 ; par H. Ravan, *Notice sur les Archives des Deux-Sèvres*, 1856, p. 7; par M. Guadet, *Lettres missives de Henri IV*, p. 175.

La lettre originale, autrefois aux arch. des Deux-Sèvres, a figuré à l'exposition régionale de Niort en 1882.

3. Noé Laurens, s^r d'Ecuré.

rapporte à la liste donnée par Augier de la Terraudière dans le *Thrésor* de Niort. « Tout porte à croire, ajoute Fillon, que le maire de l'année précédente (c'est-à-dire Louis Laurens) suppléait momentanément son successeur. » Tout cela restant fort incertain, il sollicite les recherches des Niortais.

Nous pensons, pour notre part, qu'il faut s'en tenir à faire concorder cette lettre avec la mairie de Louis Laurens. Pendant cette mairie (juin 1585 à juin 1586), le roi de Navarre séjourna *à peu de distance de Niort*, du 19 mai 1586 à la fin dudit mois. Rien ne s'opposerait à ce qu'il se fût transporté de l'une des nombreuses localités où les itinéraires constatent sa présence, dans la ville de Niort, et qu'il y ait même couché chez Louis Laurens. Nous voyons Catherine de Médicis écrire à la même date de Cognac et de Niort, ce qui suppose un déplacement autrement sérieux chez une personne déjà âgée.

Enfin, en mai 1586, l'itinéraire est établi d'après les *Comptes*, qui se taisent lorsque le roi ne donne pas de dépenses à inscrire ; c'est le cas qui a dû se présenter lorsque le roi de Navarre était l'hôte de Louis Laurens. J'ai à ce sujet un rapprochement à faire ; lorsque Charles-Quint traversa la France en 1539, on ne trouve point trace de ses séjours à Bordeaux et à Poitiers dans le *Journal* de Vandenesse, parce qu'il n'eut à ces deux occasions aucune dépense à enregistrer. D'autre part, il ne faudrait pas croire que les itinéraires n'aient rien omis. C'est ainsi que le 3 mars 1582, le *Journal* de Michel Le Riche constate la présence du roi de Navarre au château de Fors, à l'occasion du mariage de la fille du seigneur dudit lieu (p. 353), et qu'en juin 1576, il fit un séjour plus long à Niort que ne l'indique ledit itinéraire.

Nous croyons finalement devoir dater cette lettre de mai 1586.

---

27. — 21 juin 1586. — Lettre de Malicorne au Roi. (Bib. de l'Institut, fonds Godefroy, vol. 261, fol. 85.)

Sire, Ayant il y a dix ou douze jours heu advis que le Roy de Navarre s'en venoit de La Rochelle à Marans et faisoit passer une partye de ses forces à Lusson[1] pour

---

1. Luçon (Vendée).

essaier de se prévalloir des deniers de vostre recepte de Fontenay qu'on avoit amassé au Bas Poictou, je m'en alloy au dict Fontenay pour luy rompre ce desseing comme j'ay faict. Et ayant receu celle qu'il a pleu à Vostre Majesté de m'escrire pour la délivrance de Monsieur de Pontcarré, j'envoyai aussy tost vers le Roy de Navarre à La Rochelle où il s'en estoit retourné, pour l'obtenir, ce que j'ay faict aussy heureusement que luy mesme pourra faire entendre à Vostre dicte Majesté et plus dignement touttes ces particularitez qui importent au service d'icelle que je ne le vous sçaurois représenter par mes lectres. Et m'en remectant sur sa suffisance, je vous diray que suivant le commandement qu'il avoit pleu à Vostre Majesté de me faire cy devant, j'ay retenu jusques icy le sieur de Norsay qui avoict esté pris chargé des mémoires touchant Loches que j'envoyeray à Vostre ditte Majesté. Et parce que je suis fort solicité de sa délivrance, il vous plaira, Sire, me commander sy vous entendez qu'il soit traicté comme prisonnier de guerre et mis en liberté en paiant ce qu'il a promis à ceux qui l'ont pris, que je désirerois bien qu'ilz ne perdissent poinct ceste commodité parce qu'ilz sont gens de méritte et de service, ou s'il vous plaist qu'il soit mis entre les mains des officiers de vostre justice, sytost que monsieur le mareschal de Biron aura mis ses forces ensemble, je ne fauldray, Sire, de le joindre pour le très humble service de Vostre Majesté, laquelle je prie Dieu la conserver,

Sire, très longuement et très heureusement en toutte prospérité. Faict à Nyort ce XXIe juing 1586.

Vostre très humble et très obéissant serviteur. MALYCORNE [1].

---

1. L'inventaire de la collection Godefroy par M. Lalanne ne mentionne que la lettre de Malicorne au Roy, du 21 juin 1586 ; il

28. — 28 août 1586. — Ordonnance de Malicorne aux officiers de justice et à l'élu de Parthenay pour la levée d'un subside destiné à l'entretien des 60 hommes dont la garnison de Parthenay est augmentée. (Arch. de M. Chaigneau, de Thoiré.)

Jean de Chourses seigneur de Malycorne, chevalier des deux ordres du Roy, conseiller en son conseil privé et d'Estat, capitaine de cent hommes d'armes de ses ordonnances, gouverneur et lieutenant général pour Sa Majesté en ses païs et comté de Poictou,

Aux officiers de la justice de Partenay et esleu particulier du dit lieu, salut.

Comme de votre part et des habitans de la dite ville et forbourgs du dit Partenay nous ayons esté requis augmanter la garnison de la ville et chasteau du dit Partenay du nombre de soixante soldats pour la garde et conservation de la dite ville et chasteau avecq offre de les soldoyer et paier, ainssy qu'il est porté par assemblées par vous faictes et délibérées des cinq et vingt deuxiesme jours de ce mois

---

renvoie à une longue lettre dudit de Pontcarré à Villeroy du 20 avril 1586, relatant sa prise par les huguenots. Cette lettre se trouve au fol. 72. On y voit que Pontcarré avait été arrêté près de la Gironde, en un lieu qu'il n'est pas facile de reconnaître, et conduit à Bergerac près du roi de Navarre, duquel, non sans peine, il put obtenir audience. La lettre à Villeroy rend en outre compte de leur entretien; elle fut confiée à un porteur jouissant du passeport des deux partis. Pontcarré cependant l'eût écrite en chiffres s'il en avait eu le temps; à défaut du langage secret, il use souvent de mots couverts difficiles à saisir.

Pontcarré profite de l'occasion pour exposer au Béarnais les propositions favorables de la cour, mais il a affaire à forte partie; le roi de Navarre comprenait de suite qu'on voulait l'empêcher de tirer secours de l'Allemagne et le détourner de tout armement. Il déclara qu'on lui avait proposé « de faire quelque poursuite à Rome pour le séparer d'avec sa femme pour faire le mariage avec madame la princesse de Lorraine », mais qu'il ne désespérait point encore d'avoir d'enfants. Cette lettre est fort curieuse, elle le serait davantage s'il était plus facile d'en suivre le sens. Il ne serait pas impossible que Pontcarré eût été envoyé en ambassade vers le roi de Navarre, sans que celui-ci en eût été prévenu, ou pour mieux dire, sans mandat régulier, ce qui expliquerait son aventure. Pontcarré voulait que l'on s'efforçât de rompre l'accord des princes du sang; l'entente du roi de Navarre avec Montpensier, notamment, ressort de ses propres aveux.

que nous avez à ceste fin représentées, laquelle requête nous vous aurions accordée et pour cest effet commis et depputé pour commander en la dite ville le sieur de la Briaudière et à luy ordonné le dit nombre de soixante soldats moictié à cheval et moictié à pied, tant pour la garde de la dite ville que pour empescher les courses et viollances que les ennemys de Sa Majesté font journellement sur le plat païs aultour icelle. A ces causes, nous vous mandons imposer, asseoir et lever chacun mois la somme de quatre cens escus avecq dix huit deniers par escu por les fraiz de la dite levée, à commancer du premier jour du moys prochain, sur tous et chacun les manans et habitans de la dite ville et forbourgs du Partenay et paroisses de la baronnye du dit lieu aultres que celles qui sont de [la] collection de ceste ville lesquelles contribuent par le magazin dressé en icelle au lieu desquelles emploirez les paroisses de la Chapelle Seguin, Fenerix, Sauray, Ardillé[1], Bouin et Traye, Vasles, Vausseroux, Benassay, Saint Martin du Fouilloux, Vautebis, Oyrvau, Clessé, Nevy, Saint Germain, Tessonnières, Amaillou, Saint Loup, Yray, Louyn, Maisontiers, Beaussay, Lospitau, Soulièvre, Jumeaux de Veluché, Bor sur Oyrvau, la Forest sur Saivre, Saint Jouyn de Millé, Courlé, Moncoutant, Chanteloup, Boymé, la Chapelle Saint Laurens, le Breuil de Puigny, Loge Fougereuse et Chiché, nonobstant qu'elles ne soient de votre jurisdiction et qu'elles soient des collections de Poictiers et Thouars ou de l'une d'icelles, le fort portant le faible, au fur de la taille ordinaire, le plus justement et esgallement que faire se pourra, et continuer la dicte levée par provision et tant que la nécessité le requerra et que par Sa Majesté ou en aultrement nous ayt esté ordonné, à laquelle somme de quatre cens escus monte et revient la solde, estat et appoinctement tant du dit sieur de la Briaudière,

---

1. Adillé.

son lieutenant, que des dits soixante hommes gens de guerre par chacun mois, à raison, sçavoir audit sieur de la Briaudière, la somme de trente-trois escus ung tiers, à son lieutenant seze escus deux tiers, à chacun des dits trente arquebuziers à cheval portans cuirasse huict escus ung tiers et à chacun desdits trente arquebuziers à pied troys escus ung tiers, et icelle somme faictes recepvoir par l'ung des officiers de la dite ville ou aultre habitant d'icelle solvable et qui sera par vous commis pour cest effect, et de par après les mectre ès mains du trésorier de l'extraordinaire des guerres provincial en ce païs de Poietou estant en exercice, par ses quictances qui l'en rendront comptable pour en faire les paiements aus dits sieur de la Briaudière, son lieutenant et soixante soldats par nos ordonnances et selon les roolles des monstres et relevés qui en seront faictes et acquits expédiés par les commissaires et contrerolleurs ordinaires des guerres et par ceux qui en leur absance seront par nous commis, contraignant et faisant par vous contraindre les cottiséz au paiement de leurs taxes par touttes voies deues et raisonnables, comme pour les propres deniers et affaires du Roy, nonobstant opposicions et appellations quelconques et sans préjudice d'icelles pour lesquelles, attendu la conséquence et qu'il est question du service de Sa Majesté très nécessaire et de la conservation commune de tous les dits habitans et païs d'aultour la dite ville, ne sera différé en aucune manière. De ce faire à vous dits officiers et esleu et aux sergens exécuteurs de vos mandemens, avons donné et donnons plain pouvoir, commission et mandement spécial par ces présentes signées de notre main et ausquelles avons faict mectre le cachet de nos armes.

Donné et faict à Nyort le vingt huictiesme d'aoust mil cinq cens quatre vingts six. MALYCORNE.

Par mon dit seigneur, LORRAND.

29. — 18 novembre 1586. — Lettre de la Reine mère [1] à M. de Malicorne. (Bibl. nat., mss. fr., ancien fonds 3301-52, fol. 29.)

Monsieur de Mallicorne, J'ay veu et entendu bien amplement avec les princes seigneurs du conseil du Roy Monsieur mon filz, qui sont icy ce que les maire eschevins et conseillers de Fontenay, et aussy les président, esleuz, et contrerolleurs sur le fait des aydes et tailles, m'ont escript par leurs depputez présents porteurs et les remonstrances qu'ilz m'ont presentées, de la peyne où ils se trouvent depuis la prinse de St Michel en Lair [2] et de Vouvent requerrans par leurs remonstrances trois poincts, l'ung pour empescher les courses et vexations que leur font ceulx qui sont ès dits lieux de St Michel et Vouvent et des aultres aussy qui partent de la Rochelle et de Maran, l'autre pour leur pourveuoir au recouvrement de III^m escuz qu'ils désiroient employer à la fortiffication de leur ditte ville de Fontenay, et l'aultre pour sçavoir ce qu'ilz auront affaire pour le faict des tailles et aultres [revenus] du Roy Monsieur mon filz que ceulx qui occupent les dits lieux lèvent et font porter à ceux de St Michel et de Vouvent où ilz ont establi leurs bureaux, sur quoy pour le regard du premier point je leur ay respondu que la compagnie du cappitaine Tillac [3] avoit esté pour vous envoyer vers

---

1. Catherine de Médicis était à Saint-Maixent depuis le 11 novembre ; elle y était accompagnée des ducs de Montpensier et de Nevers et de plusieurs autres seigneurs. Le maréchal de Biron vint la rejoindre le 26 dudit mois. On lit encore dans le *Journal* de Michel Le Riche qu'elle partit de Saint-Maixent pour Cognac le 3 décembre. Toujours est-il qu'elle adressa des lettres de Saint-Maixent et de Melle le 2 décembre. Elle serait alors revenue sur ses pas pour repartir par le même chemin, ce qui paraît peu probable.
2. Saint-Michel-en-Lherm.
3. Et non Tissac, comme a lu La Fontenelle de Vaudoré. (Voir *Mémoires* de Michel Le Riche.) Sa compagnie était alors commandée par François Le Riche, fils du chroniqueur saint-maixentais. Tillac avait fait campagne avec Mayenne en 1585 et commandait alors une troupe de ligueurs.

Maillezard¹ en ses quartiers là, et que le régiment du s^r de Villeluysant² s'en alloit à Mareuil expressément pour les favoriser, et pour empescher ceulx de mon filz le roy de Navarre en leurs mauvaises dellibérations, vous priant doncques les faire acheminer le plustost que vous pourrez et les faictes establir en telz lieux et endroicts que vous adviserez où ilz puissent non seullement empescher les desseings de ceulx de mon filz le roy de Navarre comme m'escrivez³ mais aussy couvrir et assister ceulx du dit Fontenay, que pour le regard de la ditte fortiffication j'y adviserois avec les dits sieurs du conseil et vous, après que l'on auroit faict veoir le dict Fontenay par ung ingénieur ; sy en avez quelqu'un près de vous je serois d'advis que l'y envoiassiez et quand à la levée des deniers, je leur en ay faict expédier une ordonnance de commandement que je leur faiz de différer pour quinze jours non seullement à faire et envoier le département de la taille pour l'année prochaine, mais aussy pour mander à tous les collecteurs des parroisses de ne porter, ne bailler aucuns deniers à ceux du dit Vouvent et St Michel et différer à faire la cueillette des deniers de ce présent quartier pour le dit temps de xv jours, espérant qu'entre cy et là, nous adviserons ce qui se pourra faire avec mon dict filz le Roy de Navarre, et quel moyen et ordre nous avons à tenir pour la conservation des dits deniers du roy Monsieur mon filz. Cependant je vous prie doncques faire acheminer la ditte compagnie de Tillac et le dit régiment aussy en ses quartiers là, et me donnez aussy vostre advis où l'on pourra prendre les dits iii^m escuz

---

1. Maillezais.
2. Le régiment de Villeluisant avait suivi Mayenne en 1585. Nous avons vu Villeluisant maitre de camp dans l'armée de Biron en cette même année 1586.
3. L'itinéraire publié dans les *Lettres missives* de Henri IV constate sa présence à Niort le 11 nov. 1586, circonstance assez difficile à expliquer. Peut-être le roi de Navarre se portait-il au-devant de sa belle-mère dont le voyage a pu être retardé.

pour la ditte fortification de Fontenay, car soit paix, soit guerre, il me semble qu'il est nécessaire, comme aussy sont d'advis les dits princes et seigneurs, de fortiffier le dit Fontenay. Je serois aussy d'advis si le prisonnier Rocquerolles peult faire rendre en le mettant en liberté lesdits S¹ Michel et Vouvent et aussy la Faie Monjot[1] comme vous me diziez ces jours-ci, que vous feissiez cela promptement, en cas touteffois que le Roy mon dit s' et filz aict promis de le mectre à rançon, car je trouve que sa dicte rançon soit bien employée à cela. Il est vray qu'aiant mon dit filz le roy de Navarre, donné ses sauvegardes au dit S¹ Michel en faveur de mon cousin le cardinal de Bourbon[2], et celle de Vouvent, en faveur de ma cousine la duchesse de Longueville[3], il les debvoict faire rendre et remettre au mesme estat qu'elles estoient quand on les a saisies, car il y va non seullement de son honneur et de sa réputation comme je luy ay cy devant escript, mais aussy du mespris que l'on a faict à ses sauvegardes, ce que je désirerois qu'il considérast si bien qu'il feist pugnir ceulx qui les ont viollées comme il debvroict, afin qu'ilz fussent chastiez de la faulte aussy qu'ilz ont faicte au préjudice du service du Roy mon dit s' et filz, priant Dieu, M. de Mallicorne, etc. Escript à S¹ Maixant, le xvin° jour de novembre 1586.

Postscript de la main de la Royne. Monsieur de Mallicorne, je viens de recevoir par ce porteur vostre lectre et vous diray que je vous prie dénicher de Maillezais ceulx

---

1. Lettres de commission par Henri, roi de Navarre, gouverneur et lieutenant-général pour le roi en Guyenne, au capitaine La Gautrie, pour commander en la place de la Foye-Mongeault. La Rochelle, 30 novembre 1586. (Bibl. nat., mss. fr., ancien fonds 3612-49.)

2. Charles de Bourbon, cardinal, qui devint le roi Charles X de la Ligue, 4ᵉ fils de Charles de Bourbon, duc de Vendôme, et frère puiné d'Antoine de Bourbon, père de Henri IV, mort à Fontenay-le-Comte en captivité à l'âge de 67 ans, en 1590.

3. Catherine de Gonzagues-Nevers, épouse de Henri d'Orléans, duc de Longueville, sgr de Parthenay et de Vouvent.

qui s'en sont saisiz [1] et leur faictes paroistre que nous ne sommes si foibles, que nous nous voullions laisser battre, puisqu'ilz font ainsy les mauvais garsons, pourquoy je vous envoye Mercure.

30. — 19 novembre 1586. — Lettre de M. de Malicorne à M. le duc de Nevers. (Bibl. nat., mss. fr., ancien fonds 3372-107, fol. 233.)

Monsieur, Pour ne retarder le partement de ce gentilhomme que j'envoie en dilligence à la Royne pour l'avertir avecq vérité de ce qui se passe à Maillezais [2], je l'ay chargé vous en dire bien amplement, vous supliant très humblement, Monsieur, croire que j'ay tant d'affection au service de Leurs Majestez, qu'il ne me peult arriver plus d'heur que d'y emploier ma propre vye comme feray fort volontiers pour le vostre particulier quand me vouldrez honorer de voz heureux commandementz. Brief je serai à jamais, Monsieur, vostre très humble serviteur. MALYCORNE.

A Nyort, le 19 novembre 1586.

31. — 20 novembre 1586. — Lettre de la reine Catherine de Médicis à M. de Malicorne. (Bibl. nat., mss. fr., ancien fonds 3301-52, fol. 30.)

Monsieur de Mallicorne, J'ay receu la lectre que m'escrivistes hier aiant veu par icelle, et entendu de ce gentilhomme, présent porteur, l'ordre que vous avez donné pour Maillezais, et vous diray suivant ce que je vous ay cy

---

1. On voit que la prise de Maillezais par les protestants est un peu antérieure au 18 novembre 1586.
2. Maillezais avait été pris quelques jours auparavant par les huguenots qui y avaient mis le régiment de Sorlu et de Neuvil pour y tenir garnison. Il fut repris par les catholiques le 20 novembre 1586. On verra ci-après que l'expédition était déjà ordonnée le 19 novembre.

devant escript et que vous fera aussy entendre de ma part ce dict porteur, qu'il fault faire en sorte que l'on puisse desloger celles qui y sont des trouppes de mon filz le roy de Navarre, à quoy je m'asseure que vous n'obmettrez rien [1], aussi n'estendray-je ceste cy d'advantage que pour prier Dieu, M. de Mallicorne, vous avoir en sa saincte et digne garde. Escript à S‍t Maixant, etc., ce xxe novembre 1586.

---

32. — 20 novembre 1586. — Lettre de M. de Malicorne à M. le duc de Nevers. (Bibl. nat., mss. fr., ancien fonds 3372-108, fol. 235.)

Monsieur, Je ne veux faire ce tort au s‍r de S‍t Pompin [2] présent porteur, de vous dire [autrement] que par son rapport ce qui c'est aujourd'hui passé contre ceulx qui avoient surpris l'isle de Maillezais [3], mais comme celuy duquel je me suis servy pour guide et advis de ceste entreprise pour satisfaire aux commandementz de la Royne et au debvoir de ma charge, je vous susplie très humblement, Monsieur, le voulloir recommander à Ses Majestez en sorte qu'il luy plaise luy en sçavoir gré et l'en faire recongnoisfre. Cependant demeureray s'il vous plaist pour jamès, Monsieur, vostre très humble et très obéyssant serviteur.
MALYCORNE.

A Nyort, ce jeudy au soir xxe novembre 1586.

---

1. Cette lettre a été évidemment écrite dans la matinée du 20 novembre 1586, puisque Catherine de Médicis ne connaissait pas encore la reprise de Maillezais par ses troupes, qui eut lieu le jour même.
2. François de Liniers, écuyer, s‍gr de Saint-Pompain, homme d'armes dans la compagnie du comte du Lude dès 1575, nommé gouverneur de Maillezais par Catherine de Médicis, était encore en charge en 1588 ; il concourut à la reprise de l'île et du château de Marans, avec Lavardin, vers le commencement d'avril de ladite année.
3. On savait déjà par le *Journal* de Michel Le Riche que Maillezais fut repris par les catholiques le 20 novembre 1586. La compagnie de Tillac aux ordres de François Le Riche, fils dudit Michel, prit part à l'expédition.

Croyez Monsieur que le capitaine Lestelle et La Tremblaye [1], avecq le capitaine de ma garde, ont bien fait. Le dit Lestelle est blessé d'une arquebuzade à l'oeil, en danger de le perdre, et le capitaine de ma garde, de deux arquebuzades, l'une au bras, et l'aultre à la cuisse.

---

33. — Vers le 22 novembre 1586. — Lettre de M. de Malicorne à M. le duc de Nevers. (Bibl. nat., mss. fr., ancien fonds 3372-114, fol. 248.)

Monsieur, Je suis très aise d'avoir veu par la lectre qu'il vous a pleu m'escrire que la Royne mère de Sa Majesté et vous aussy avez receu contentement de ce qui s'est passé dans l'isle de Maillezais où je crois véritablement que le bon Dieu a voulu seul mettre la main, pour chastier ces malheureux des villains et excécrables essectz qu'ilz y commectoient. Ung de leurs cappitaines nommé Baignollet, natif de ceste ville, me fut hier soir amené, lequel je mys à mesme heure ès main de la justice de ceste dicte ville qui l'ont suivy de sy près que pour ses meschanscetez et volleries du passé, ilz l'ont condampné d'estre pendu et faict exécuter ce matin. Il m'eust esté impossible luy praticquer quelque remède car tous les habitans de ce lieu avoient tant receu d'indignitez de ce brigand qu'ilz ne l'ont habandonné qu'au pendant de la potance ; et si d'avanture on le voulloit faire trouver mauvais à la royne, je vous supplye très humblement, Monsieur, l'asseurer que s'a esté sa justice qui y a mis la main et pour de ma part, suis sy

---

1. Le régiment de Verluisant ou plutôt Villeluisant comprenait quatre compagnies: celles de Verluisant, de Lestelle, de Cossart et de La Tremblaye. (Michel Le Riche, 458.) On verra plus loin que, le 29 août 1588, Lestelle était à la tête d'un regiment. La Tremblaye, alors capitaine d'une compagnie de chevau-légers, avait pris le château de Perdondalle près Parthenay, occupé par les huguenots, dans la nuit du 1er au 2 mars 1586. (B. Ledain, *La Gâtine*.) En 1585, il avait suivi Mayenne dans sa campagne du Poitou, avec une compagnie.

bon seoliciteur pour telles gens que je vouldrois tous ses semblables estre traictez de la [mesme] faczon. Je ne vous ennuiray d'une plus longue pour vous asseurer que seray éternellement, Monsieur, vostre très humble serviteur. MALICORNE.

---

34. — 24 novembre 1586. — Lettre de M. de Malicorne à M. le duc de Nevers. (Bibl. nat., mss. fr., ancien fonds 3372-109, fol. 237.)

Monsieur, Il fault que je vous remercye très humblement de la bonne affection de laquelle il vous a pleu embrasser la desfence des officiers du Roy en ceste ville auprès de la Royne mère de Sa Majesté sur ce qu'on luy a voulu faire trouver mauvais l'exécution faicte de ce coquin nommé Baignollet. En quoy m'asseure que vous confirmerez tousjours ce qui c'est passé comme chose faicte pour le service de Dieu et de Sa dicte Majesté. Ce gentilhomme vous fera entendre plus amplement touttes aultres particullaritez de deçà et que ne fauldray m'en retourner auprès de Sa dicte Majesté tost que j'auray sceu la tresve avoir esté publiée à La Rochelle et St Jehan encores que ne vueille fier en ses messieurs qui me fera pourveoir le mieux qu'il me sera possible à tout ce qui est de ma charge, cependant vous supplieray très humblement m'honnorer tant que de me tenir tousjours, Monsieur, vostre très humble et très obéyssant serviteur. MALYCORNE.

Nyort ce XXIIIIe novembre 1586.

---

35. — 2 décembre 1586. — Instruction donnée par Catherine de Médicis au sieur de La Roche, envoyé vers le prince de Condé [1]

---

1. Henri de Bourbon, prince de Condé, mort empoisonné à Saint-Jean-d'Angély, le 5 mai 1588.

pour expliquer les motifs de la démolition de la forteresse de Montaigu [1]. (Bibl. nat., mss. fr., anc. fonds 3974-101, f° 256.)

La Royne mère du Roy aiant entendu que Monseigneur le prince de Condé faisoit très grandes plaintes de la desmolition de la forteresse de Montégut et saichant la ditte dame Royne comme les choses se sont passées selon la vollonté et commandement exprès du Roy sans qu'il y ait eue aulcune passion particullièrement comme l'on a voulu persuader à mon dict seigneur le prince, ny auctorité privée en quelque façon que ce soit, elle a commandé au sieur de La Roche de faire entendre à mon dit seigneur ce qui s'ensuict :

Que depuis le commancement de ces derniers troubles, le Roy voiant les déportemens et le party qu'avoient prins Monsieur et Madame de la Trimoille [2], doubtant que le dit Montégut tombast en autres mains que en celles de Sa Majesté et considérant le dommaige qu'il eust apporté en sa frontière du bas Poitou et de la Bretaigne, bien mémoratif aussi de tant de remonstrances et instances plusieurs fois réytérées à Sa ditte Majesté par plusieurs députations faictes de la part de ceulx des dittes provinces de Bretaigne, bas Poitou et de celle d'Anjou aussi pour la desmolition du dit Montégut, lesquelles auroient esté occasion que par les dernières conférances faites à Flaie [3] pour les édictz de paix et repos du royaume, l'on auroit esté contrainct de faire et arrester ung article très complet par lequel il estoit porté que la dicte desmolition seroit faicte, et que l'on commenceroit d'exécuter par le moien de ceulx de la ville de Nantes, ausquels Sa ditte Majesté avoit commis et ordonné la charge de la ditte desmolition comme voisins plus propres

---

1. Montaigu (Vendée).
2. Jeanne de Montmorency, duchesse douairière, et Claude de la Trémoille, son fils.
3. Les conférences qui amenèrent la paix dite de Fleix eurent lieu du 17 au 26 décembre 1580.

et avec plus de commodité, lorsque ma ditte dame de la Trimoille obtint une surcéance de Sa Majesté pour différer la dicte desmolition soubz sermens et grandes obligacions qu'elle fit et presta à Sa Majesté que la ditte place et autres qu'elle tenoit qui pour lors appartenoit au dict sieur de la Trimoille, son fils, seroient remises ès mains de Sa ditte Majesté toutes les fois qu'elle en seroit requise, voulant y pourvoir à tousjours depuis les troubles commancez, faict regarder que celluy à qui auroit esté commise en garde la ditte place de Montégut par sa commission et que c'estoit à charge de la rendre aux condicions sus dites, la luy remist librement pour y commectre tel autre que bon luy sembleroit et qu'il luy plairoit choisir ce que Sa Majesté durant quelques mois a faict tenter par le sieur de Malicorne et depuis par monsieur le Mareschal de Biron, estant en Poictou, et aussi par ung gentilhomme breton nommé Boisrenault, qui tous tendoient d'en faire sortir le dict gouverneur pour y mectre personne à la dévotion de Sa Majesté après plusieurs et d'autres depêches envoiés pour cest effect par les sieurs de Biron et de Malicorne ausquelles le dit gouverneur avant y voulloir obéir auroit de sa propre auctorité luy mesme envoié devers le Roy pour luy remonstrer qu'il estoit en opinion que toutes ses diverses poursuictes qui se faisoient d'avoir la dicte place ne procédoient et ne luy sembloit de la vollonté pure de Sa Majesté, mais craignoit que ce feust pour deffiance que l'on donnast de sa personne et de sa fidélité à Sa Majesté et que pour ceste cause, il estoit résolu sur ceste seulle occasion renvoier par devers Sa ditte Majesté pour la supplier très humblement croire qu'il ne retardoit d'obéir à son commandement de remectre la dicte place pour désir qu'il eust d'y demeurer, car il ne le cherchoit et ne le désiroit plus, mais au contraire de la remectre sans contraincte aucune à celluy qui par Sa Majesté luy seroit commandé affin qu'il demeurast avec ce contentement d'en avoir fait congnoistre son entière fidélité à Sa ditte Majesté, à quoy le Roy respondit qu'il ne debvoit trouver estrange que jusques là il n'eust esté du tout asseuré de sa fidélité, d'aultant qu'il n'avoit cognoissance particulière de sa personne, mais une juste jallouzie de ce que aiant esté présenté pour ceste charge par ma ditte dame de la Trimoille et le dit sieur son filz, il eust toujours eu occasion d'en estre sollicité et pressé pour leur remectre la ditte place ce qu'il ne voulloit aucunement, mais puisqu'il délibéroit de satisfaire à sa vollonté qu'il désiroit qu'après avoir donné en la ditte place tel ordre qu'il en peust respondre pendant son absence il ne faillist d'aller trouver Sa Majesté pour en entendre d'elle mesme son intencion. Ceste depesche receue par le dit gouverneur, il s'achemina à Nantes et fut trouver monsieur de Raiz [1] qui lors y estoit pour le service du Roy et luy ayant faict entendre les particularitez que dessus, mesme faict apparoistre de la sus ditte et dernière dépesche de Sa Majesté portant le commandement au dit gouverneur de l'aller trouver, il requist mon dit sieur de Raiz qu'il peust passer seurement en sa compagnie pour s'aller présenter au Roy suivant le sus dit commandement, et aiant eu pour toute responce de mon dit sieur de Raiz qu'il n'estoit prest, comme le dit gouverneur pensoit de retourner devers le Roy, il luy conseilloit de donner ce contentement à Sa Majesté de luy obéir et l'aller trouver, mais le dit gouverneur ne s'estant voullu hazarder d'y passer seul craignant qu'il luy feust faict quelque desplaisir par les chemins, se résolut de redoubler par une autre depesche au Roy la difficulté qu'il faisoit d'entreprendre le dit voiage, comme il eust désiré, estant retenu de craincte, suppliant Sa ditte Majesté ou de luy permectre d'attendre que mon dit sieur de Raiz allast à la court pour passer plus seurement soubz sa suicte, ou bien de lui voulloir

---

1. Albert de Gondi, baron de Retz, maréchal, amiral de Bretagne.

commander que l'on le pressoit encores ce qu'il auroit à faire, avec asseurance que luy faisant délivrer jusques à mil escuz de ce qui estoit deub aux soldatz qu'il y avoit soubz sa charge, pour leur donner moien de paier ce qu'ilz y debvoient advant que d'en partir, il obéyroit sans aucun délay en voiant le commandement de la pure vollonté du Roy qui estoit son seul et dernier but, asseurant Sa ditte Majesté qu'il se consigneroit à Nantes cependant pour y attendre son commandement ainsi qu'il avoit prié mon dit sieur de Raiz luy tesmoigner.

Sur quoy Sa ditte Majesté qui lors partoit de Paris pour s'en aller aux bains, respondit au dit gouverneur que voiant l'affection que luy monstroit, il s'en voulloit asseurer et s'il la luy confirmoit remectant en effect la ditte place dont il luy envoiroit sa descharge, ès mains du dit sieur de Cambout qui estoit lors en charge au chasteau de Nantes pour estre le plus proche de là que aucun autre de ses serviteurs, qu'il luy feroit congnoistre par esfectz le contantement qu'il en auroit receu, et ordonna dès lors que pour donner moien aux soldatz qui debvoient sortir de la ditte place de paier ce qu'ilz y debvoient, il leur feust délivré la somme de mil escuz sur ce qui estoit deub au dit gouverneur pour leur solde, ce qui fut exécuté.

Avec la mesme depesche, en fut faicte une autre au dit sieur de Cambout et luy fut envoié commission pour recevoir la ditte place, et une autre en mesme temps à monsieur le duc de Mercure [1] et à mon dit sieur de Raiz et aussi aux habitans de Nantes, de tenir la main au contenu de sa vollonté, que la ditte place feust ainsi remise, et en particulier à ceulx de la ditte ville de Nantes de pourvoir avec tous les moiens qu'ilz avoient jà offertz, et mesme préparez, pour la desmolition dudit Montégut dès le temps que Sa Majesté l'avoit, il y a quelques années ordonné, et

---

1. Philippe-Emmanuel, duc de Mercœur, beau-frère de Henri III, **gouverneur de Bretagne depuis 1582**, le dernier des Ligueurs.

suivant le dit accord et article du sus dict traicté de paix, d'aultant que Sa Majesté voulloit que cella feust exécuté, mandant à mon dit sieur le duc de Mercure en particulier, de leur tenir la main forte en la ditte exécution, qu'il ordonnoit estre faicte par le dit sieur de Cambout par commission expresse qu'il en envoia dès lors à mon dit sieur de Raiz estant à Nantes durant l'absence de mon dit sieur le duc de Mercure qui tenoit les estatz en basse Bretaigne, avec commandement au dit sieur de Raiz d'excuser le dit sieur de Cambout de la garde du dit chasteau de Nantes et d'y pourvoir de quelque aultre en son absence. Le dit sieur de Mercure estant trois jours après de retour au dit Nantes receut la sus dite depesche du Roy sans que le dit sieur de Raiz à qui avoit esté adressées les sus dittes lettres par ceulx de la ville de Nantes et la commission de la ditte desmolition adressant au dit sieur de Cambout, la voulust aucunement signiffier, et bien que mon dit sieur de Mercure et luy en feussent avec très grande instance sollicitez et pressez par les habitans après plusieurs assemblées de la ville tendant à faire que la dicte desmolition feust faicte suivant les dicts articles de la paix dont ilz protestèrent contre messieurs de Mercure et de Rays, lequel en voulut monstrer la ditte commission quoiqu'il n'en feust faict remonstrance au Roy devers lequel estant jà mon dit sieur de Raiz party pour venir trouver la ditte dame à Chenonceau, les dits habitans depêchèrent en toute extrême dilligence, comme ilz feirent en mesme temps devers la ditte dame Royne[1], pour obtenir commandement de la ditte desmolition, laquelle desmolition par autres avis et itératifve commission fut très expressement enjoinct par le Roy qui trouva très mauvais que sa vollunté déclarée assez par la ditte première commission envoyée plus de troys sepmaines auparavant au dit Nantes n'eust

---

1. Catherine de Médicis.

esté exécutée et rapportèrent de la court les dits habitants la ditte dernière commission du Roy pour en faire l'exécution qui s'en est ensuyvie suivant le commandement et ordonnance du Roy ainsy qu'il appert assez par l'une (et l'autre des dittes commissions et qui sont èz mains du dit sieur de Cambout pour sa descharge, différantes en datte de plus de troys sepmaines estant ce que dessus la vraye vérité de ce faict comme il est passé. Faict à St Maixant le 11e jour de decembre 1586. Pinart.

36. — 9 décembre 1586. — Lettre de M. de Malicorne à M. le duc de Nevers. (Bib. nat., mss. fr., ancien fonds 3372-145, fol. 250.)

Monsieur, Je n'ay voulu envoier ce gentilhomme devers la Royne, sans le charger de vous donner advis de tout ce qui se passe maintenant en ce quartier ou ceulx de party du roy de Navarre ne nous ont poinct encores faict congnoistre qu'ilz voulussent entretenir la trefve et au contraire lèvent indifféremment par tout les deniers du Roy jusques aux portes de ceste ville, prennent les paovres laboureurs et paysans prisonniers, les rançonnent et pillent de leurs meubles et bestail, et davantage font leurs courses accoustumées, principallement au bas Poictou, où ilz ont depuis trois jours tué le jeune filz du s^r de La Frezeliere [1]. De quoy tout le général se sent fort offancé s'il ne plaist à Sa Majesté d'y pourveoir et faire avecq le dit s^r roy de Navarre que raison et justice en soit faicte, qui me faict vous supplier très humblement d'y tenir s'il vous plaist la main et je demeureray éternellement, Monsieur, vostre très humble serviteur. Malycorne.

Nyort, ce 9 décembre 1586.

---

1. M. de La Roche, fils aîné de Philippe Frezeau, s^r de La Frezelière, lieutenant du gouverneur du Poitou et aussi lieutenant de la compagnie du Lude et gouverneur de Niort.

37. — 22 décembre 1586. — Lettre de la reine Catherine de Médicis à M. de Malicorne. (Bibl. nat., mss. fr., ancien fonds 3301-86, fol. 38.)

Monsieur de Mallicorne, Je ne vous diray poinct les disputes et les difficultez où mon filz le roy de Navarre et moy nous sommes trouvez au troisiesme et dernier jour de nostre conférance, car je m'asseure bien que le sieur des Chastelliers[1], vostre beau frère, vous les a faict entendre et sera seullement ce petit mot pour accuser la réception de voz lectres par le contrerolleur Chateau, présent porteur, et pour vous envoyer par mesme moien l'extraict de ce que j'ay à vous dire. Vray esté contraincte d'accorder pour le faict de la levée des deniers, et pour avoir prollongation de la tresve, vous priant faire de vostre part en vostre gouvernement observer le contenu ès dits articles, lesquelz doibvent aussy estre observez de la part du roy de Navarre et ceulx de son party, vous priant ne les monstrer à personne, car nous ne sommes encores d'accord comment ou des villaiges sur lesquelz ilz prandront l'argent que j'ay esté contraincte leur accorder, affin que l'on puisse avoir plus aizément les deniers du premier quartier de janvier, febvrier et mars prochains. Priant

---

1. René de Daillon du Lude, abbé des Chastelliers, paroisse de Chantecorps, près Saint-Maixent. Il avait eu cette abbaye par échange contre l'évêché de Luçon avec Jean-Baptiste Tiercelin de Brosse, en 1563. René de Daillon fut appelé à l'évêché de Bayeux en 1591, en récompense des services rendus plutôt comme homme de guerre que comme homme d'église ; il mourut en 1601. Son abbaye fut brûlée par les protestants en 1568.
Cfr. *Relation de la Conférence de Saint-Brice entre Catherine de Médicis et le roi de Navarre*, adressée à P. Robert, notaire à Fontenay, par Léon Chabot, orfèvre et ancien de l'église réformée, réfugié à la Rochelle, avec la lettre d'envoi du 16 décembre 1586, document provenant de la collection B. Fillon, *Annuaire de la Soc. d'émulation de la Vendée*, 1891, 129-134. Pierre Mathieu a donné une autre version, *Hist de Fr.*, t. II, l. VIII, p. 518 et seq., reprod. dans les *Lettres missives de Henri IV*, t. II, 251-53 (note). Voy. aussi *ibid.* note de la p. 259.

Dieu, Monsieur de Mallicorne, etc. Escript à Coignac le xxii° jour de décembre 1586.

***

38. — 4 janvier 1587. — Lettre de M. de Malicorne à M. le duc de Nevers. (Bibl. nat., mss. fr., ancien fonds 3398-54, fol. 113.)

Monsieur, Ce porteur allant trouver la Royne, je l'ay chargé de ce mot par où, oultre ce qu'il vous fera plus particullièrement entendre ce qui se passe de deça, vous diray que j'avois ces jours passez escript au roy de Navarre touchant la prinse de Charroux lequel par la responce qu'il m'a faicte me mande que nous estions entre les deux tresves lors de la prinse qui fut la nuict de Nouel, je vous supplie très humblement faire instance à la Royne qu'elle le prie commander à celuy qui s'en est emparé d'en sortir. Je ne bouge d'ycy affin de prendre garde qu'ilz ne m'enlèvent une meilleure place que celle là, où je ne fay nulle doubte s'ilz pouvoient entreprendre, n'auroient esgard à rien. Ilz n'ont poinct discontynué leurs courses ordinaires et ranczonnent sur le paouvre peuple, lequel me faict sy grand pitié que cela me contrainct en importuner sy souvent Sa Majesté que je crains enfin qu'elle le trouve mauvais. Et pour ne vous ennuyer d'un si fâcheux discours, ne vous diray davantage pour vous supplier croire que seray éternnellement vostre très humble serviteur. MALYCORNE.

Nyort, ce iiii janvier 1587.

***

39. — 8 janvier 1587. — Lettre de la Reine mère du Roi à M. de Malicorne. (Bibl. nat., mss. fr., ancien fonds 4301-104, fol. 43.)

Monsieur de Mallicorne, Il y a desjà trois jours que le contrerolleur Chateau m'a rendu vostre lettre du iiii° de ce mois, mais j'ay attendu à vous y faire [response] jusques à ceste heure affin que je vous puisse envoier comme je faiz par mon aultre despêche, la continuation de la tresve jusques y comprins le xxi⁰ de ce mois, laquelle vous ferez publier, garder et observer. Mais pour cela vous ne dellaisserez d'avoir l'œil soigneusement ouvert à la conservation des places de vostre gouvernement, car vous veoyez bien que le roy de Navarre et ceulx de son parti ne tiennent pas aussi exactement qu'ilz debvroient ce qu'ilz promettent par leurs escriptz et l'ont bien monstré par l'entreprinse de Charoux pour laquelle vous avez bien faict de leur avoir escript et faict toute l'instance que vous avez peu, comme aussi j'ay chargé expressement mon cousin le mareschal de Biron [1] et les sieurs de Pontcarré [2] et président Brullart [3], de faire encores [4] et à mon cousin le prince de Condé et de leur déclarer franchement que s'ilz ne réparent cest attentat, je renvoierray des forces pour y faire pourveoir en ma présance. Et si leur ay mandé davantaige que s'ilz ne font retirer leurs gens de guerre qui sont autour d'Angoullesme y faisans tous les maux du monde, et s'ilz ne réparent aussi ces attentatz là que je seray pareillement contraincte d'y pourveoir. J'espère que le veoiage des dits sieurs de Biron et président Brullart, ne sera pas in-

---

1. Armand de Gontault, baron de Biron, né en 1524, mort au siège d'Epernay en 1592, maréchal de France en 1577, servit en Piémont sous le maréchal de Brissac, combattit dans les rangs catholiques à Dreux, Saint-Denis et Moncontour, grand maître de l'artillerie en 1569, fut chargé avec le président de Mesmes de conclure avec les huguenots la paix de Saint-Germain, commanda dans la Guyenne, dans les Pays-Bas et dans le Poitou, reconnut Henri IV à la mort de Henri III et le suivit jusqu'à sa mort.
2. Geoffroy Camus de Pontcarré, d'une famille bourguignonne, né en 1539, mort en 1636, conseiller au Parlement, accompagna Henri III aux Etats de Blois, tenta dès 1585 de rapprocher Henri III et Henri de Navarre, pacifia la Provence et fut nommé par Henri IV premier président du Parlement de Provence. On a vu qu'il avait été fait prisonnier par les huguenots en avril 1586.
3. Nicolas Brulart, marquis de Sillery, sgr de Puisieux, 1544-1624, alors maître des requêtes, passa à Henri IV, négocia la paix de Vervins, fut créé chancelier de France en 1607.
4. [Observer au roi de Navarre.]

fructueulx car comme ce que dessus, ilz ont aussy charge de moy, ayant eu comme j'ay l'intencion du Roy mon dict sieur et filz, sur les depesches que je lui avois faictes par les sieurs de Rembouillet [1] et de Pontcarré, d'adviser avec eulx où et quand nous nous pourrons rassembler pour regarder aux moiens du bon effect pour lequel je suis venue de par deçà qui est pour traicter une bonne paix, qui soit à l'honneur de Dieu premièrement, au contentement du Roy mon dict sieur et filz, et au repos général de ce royaume, et vous donneray advis de ce qu'ilz feront à leur dit veoiage. Cependant je vous sçay fort bon gré de ce que le dict Chasteau m'a dict de vostre part. Priant Dieu, Monsieur de Mallicorne, vous avoir en sa saincte et digne garde. Escript à Congnac, etc., ce VIIIe janvier 1587 [2].

40. — 29 janvier 1587. — Lettre de Catherine de Médicis à Madame la princesse de Condé [3]. (Bibl. nat., mss. fr., ancien fonds 3301-107, fol. 44 v°.)

Ma cousine, J'ay receu la lectre que m'avez escripte en

---

1. Sans doute François d'Angennes, sgr de Rambouillet.
2. Catherine de Médicis se transportait de Niort à Cognac avec une rapidité merveilleuse, car le 7 janvier 1587 elle date une lettre de Niort. On la retrouve encore le 18 et le 23 janvier à Niort, d'où elle repartit pour Cognac. Le 28 janvier, des lettres sont adressées à la fois de Cognac et de Niort. Le 8 février, elle écrit de Niort, le 9 de Cognac, qu'elle ne tarde pas à quitter définitivement; le 11 elle est de retour à Niort, le 29 elle se rend de Niort à Fontenay et séjourne dans cette dernière ville au moins jusqu'au 27. Le 7 et le 8 mars, ses lettres sont datées de Niort, le 12 mars elle apparaît à Châtellerault ; nous la quitterons enfin à Chenonceaux, le 13. Michel Le Riche s'est donc trompé d'un jour en la faisant arriver à Saint-Maixent le 7 mars et en repartir le 8.
La reine mère avait songé à revenir à la cour dès la fin de janvier, ainsi qu'en témoigne une lettre du 18 dudit mois adressée à Gabriel de Rechignevoisin, écuyer, sgr de Guron et des Loges, le priant de venir à Niort dans un délai de six jours avec ce qu'il pourra réunir de sa compagnie, pour l'escorter dans son voyage de retour. Ladite lettre a été publiée par Thibaudeau, *Hist. du Poitou*, V, 96 ; par Briquet, *Hist. de Niort*, I, 304, et par de La Fontenelle de Vaudoré, *Journal de Michel Le Riche*, 469.
3. Catherine de la Trémoille, femme d'Henri de Bourbon, prince de Condé.

faveur du sieur d'Avantigny¹, pour lequel selon vostre recommandation j'eusse bien désiré faire ce qu'il demande. Mais il ne se peult estant chose contraire à l'ordre du Roy Monsieur mon filz, et à la déclaration qu'il a dernierrement faicte, comme vous avez peu entendre, et croyez ma cousine que en toute autre chose en quoy je me pourray employer pour l'amour de vous je le feray tousjours d'aussi bon cœur que je prie Dieu vous avoir en sa saincte garde. Escript à Nyort, le xxix⁰ jour de janvier 1587.

---

41. — 9 février 1587. — Lettre de la reine mère du Roi à M. de Malicorne. (Bibl. nat., mss. fr., ancien fonds 3301-105, fol. 43)

Monsieur de Mallicorne, J'ay esté suppliée par madame de Fontaines de Challandray² que je congnois de longue main pour estre saige, très honneste et vertueuse et qui a esté nourrie au service de feue la royne Leonord³ et à présent l'une de mes dames, de vous faire ceste lectre pour vous dire que la dame de Vaudoré⁴ qui est niepce du sieur de Fontaines, son mari, est en une maison qu'elle a en Poittou, grosse et preste d'accoucher, et pour ce qu'elle crainct selon l'édict du Roy Monsieur mon filz, que pour n'avoir obéy encores, ny satisfaict à son dict édict, d'estre

---

1. Ledit sʳ d'Avantigny était fils de Louis d'Avantigny, sgr de La Brenallière, Montbernard, etc. Il devint en novembre 1588 gouverneur de Castres, poste que le duc de Montmorency lui enleva le mois suivant. On le trouve lieutenant-général en l'absence de Turenne en Quercy, Rouergue et Haut-Languedoc en 1589.
2. Héliette de Vivonne, mariée le 10 juillet 1580 à Louis de Montbron, sgr de Fontaine-Chalandray, morte en 1625.
3. Éléonore d'Autriche, sœur de Charles-Quint, seconde femme de François Iᵉʳ.
4. François de Brémond, capitaine calviniste, mort vers 1597, avait épousé en janvier 1559 Louise de la Forest, fille de Louis, sgr de Vaudoré, et de Marguerite de Montbron de Fontaine-Chalandray, dont il eut la terre de Vaudoré.

travaillée et mollestuée en sa dicte maison, ce qu'elle eust vollentiers faict n'eust esté quelques empeschemens qui luy sont survenus, mesme sa dicte grossesse. Ce que j'ay escript au Roy mon dict sʳ et filz, et l'ay prié de luy donner surcéance comme j'espère qu'il fera. Cependant je vous prie donner ordre que pour trois mois, il ne soit rien fait allencontre d'elle, et qu'elle puisse demeurer en sa maison pour faire sa couche, m'aiant esté asseuré qu'elle se comportera comme elle doibt sans que par elle, ny à son occasion, il ne soit rien faict au préjudice du service du Roy mon dict sieur et filz. N'estant la présente à autre fin, je prie Dieu, Monsieur de Mallicorne, etc. Escript à Coignac, le ixᵉ jour de fébvrier 1587.

---

42. — 18 février 1587. — Ordonnance de la reine mère du Roi pour le pont de Niort. (Bibl. nat., mss. fr., anc. fonds 3301-120, fol. 48)[1].

M. Laurens[2], conseiller du Roy nostre très cher seigneur et filz, lieutenant général civil et criminel au siège de Nyort.

Nous vous mandons et ordonnons par ces présentes que par[3]... commis à la recepte des deniers provenant de la vente des biens meubles et arréraiges des immeubles de ceulx

---

1. Ci-après on verra que les brèches faites dans le mur d'enceinte du château pour le passage de la reine mère, n'étaient pas encore bouchées lors de la prise de Niort par les protestants, 27-28 décembre 1588. Un ancien plan des archives de l'Hôtel-de-Ville de Niort, aujourd'hui perdu ou égaré, montrait même qu'une véritable porte subsista pendant longtemps au niveau du pont jeté sur la douve pour le passage de Catherine de Médicis, vis-à-vis de la rue du Mûrier. L'existence de cette porte permettant d'entrer de plain-pied dans la citadelle, s'explique d'ailleurs fort bien par l'étroitesse « et les degrés » de la véritable porte, située à l'angle nord-est, qui la rendaient mal commode pour le service.

2. Louis Laurens, écuyer, sgr de la Mortmartin et de Coulon, mort après le 10 avril 1606.

3. Mots en blanc dans le texte.

de la nouvelle oppinion qui n'ont obéy à l'édit du mois de juillet mil v^{c}iiii^{xx}v, pour la réunion de tous les subjects du Roy nostre très cher seigneur et filz, à l'église catholique, appostolique et Rommaine, vous faites payer, bailler et dellivrer comptant à M... ¹, maire de ceste dicte ville de Nyort, la somme de cinquante escuz pour son remboursement de semblable somme que nous luy avons commandé advancer pour la construction d'un pont de boys allant de nostre logis au chasteau de ceste ville avec quictance dudict ²... et en rapportant par le dict ²... ces dictes présentes et pour la réparation et fenestraiges de l'église dudict chasteau ladicte somme de L escuz sera passée et allouée en la despance de ses comptes par les gens des comptes et aultres commissaires à ce depputez par le Roy mon dict seigneur et filz, auxquels mandons en vertu de nostre pouvoir, ainsi le faire sans difficulté ³.

Donné à Nyort, le xviii° jour de febvrier 1587.

---

43. — 5 mai 1587. — Lettre de Malicorne aux maire et échevins de Poitiers. (Cette lettre a été publiée par Thibaudeau, *Histoire du Poitou*, V, 99-100, et reproduite encore par Briquet, *Histoire de Niort*, I, 309-310.)

Monsieur le maire, Envoyant ce présent porteur à Poictiers, je l'ai bien voulu accompagner de la présente, qui servira tant pour vous que messieurs de votre compagnie, pour vous prier tous de la continuation de votre bon et fidelle devoir accoutumé au service du roi, et à votre conservation. Je suis tousjours sous le faix, en attendant le

---

1, 2. Mots en blanc dans le texte.
Le maire était Baptiste Chabot, écuyer, sgr de Mairé. (Armorial Bonneau.)
3. Il semble résulter de cette ordonnance que les pourparlers sur la trêve, repris par Turenne au nom du roi de Navarre à Fontenay et définitivement rompus à Niort, eurent lieu dans cette dernière ville, au château.

secours duquel Sa Majesté m'a promis de m'assister, mais ce sera doresnavent si tard que les ennemis auront gagné beaucoup d'avantages et apporté de très grandes ruines au pauvre peuple. Le roy de Navarre est maintenant à Fors [1] et monsieur le Prince [2] devant le château de Chizé [3], avec le principal de leur armée et quatre pièces et deux autres qu'ils font venir de la Rochelle. J'ay accommodé, il y a plus de trois semaines, le capitaine Cossard qui commande dedans, de tout ce qui est requis et qu'il m'a demandé pour la deffense de la place, en espérance qu'il ne fasse, comme je crois qu'il ne fera, ce qu'a fait La Grange Marronnière, qu'il n'adviendra pas comme il a fait de Tallemont [4] et qu'ils consumeroient beaucoup là du temps et donneroient moyen à nos forces de s'assembler, lesquelles j'ay de toutes parts envoyées avancer, portant un indicible regret de me voir sans assistance de ceux qui ont les charges et compaignies de ce pays, qui aiment tant la cour qu'ils ne peuvent s'en distraire, quelque requête que j'aye fait à Sa Majesté de leur commander. Je leur ay rompu

---

1. Aujourd'hui commune du canton de Prahecq, près Niort, où les Poussard du Vigean possédaient alors un château magnifique.
2. Henri de Bourbon, prince de Condé, né en 1552, marié le 16 mars 1586 à Catherine de la Trémoille, mort en 1588. On accusa sa femme de l'avoir empoisonné. Le prince de Condé n'échappa à la Saint-Barthélemy qu'en abjurant. Il parvint à s'enfuir en 1574 et revint au protestantisme, puis il leva des troupes et s'unit au roi de Navarre. Il mit en déroute l'armée de Mercœur devant Fontenay, fit lui-même avec insuccès l'expédition d'Angers; réfugié en Angleterre, il en avait amené un important secours.
3. Aujourd'hui commune du canton de Brioux, arrondissement de Melle, possédait un château-fort pris par Duguesclin en 1373. Chizé ne tarda pas à tomber aux mains des réformés, qui l'abandonnèrent à l'approche de l'armée de Joyeuse et le reprirent bientôt après.
4. Le siège de Talmond avait été commencé par Claude de La Trémoille, duc de Thouars, avec Mignonville, Fouquerolles et Sully, bientôt soutenus par le roi de Navarre. Ce fut alors que Jean Jaillard, sr de La Grange-Marronnière, se décida à capituler. La Marronnière passa à la Ligue. Le 25 novembre 1595, René Grignon fait informer contre ledit Marronnière, qui, dans la nuit du 16 septembre, avait tenté de s'emparer de sa maison de La Belotrie, paroisse de Saint-Michel-Mont-Mercure, en perçant la muraille de la basse-cour. (Livre de comptes de René Grignon, sgr de La Pellissonnière. *Annuaire de la Vendée*, 7e année, 1860, p. 224.)

leur coup sur Fontenay et Maillezais, mais je crains la mauvaise créance de ceux de S¹ Maixent qui ne se veulent fortifier que d'eux mêmes, sçachant bien et étant par moy avertis de l'entreprise qui est sur eux [1]. Je vous prie, monsieur le maire, me mander des nouvelles de ce que sçaurez digne de m'avertir et vous assurer et tous messieurs de votre ville, que je suis votre bien bon ami.
MALLICORNE.

Je ne veux aussi oublier à vous dire que les dits ennemis ayant fait mener quatre pièces de canon devant Dampierre et n'étant cette place de résistance, joint que le capitaine La Gravelle qui y commandoit, avoit une cuisse cassée, ils furent contraints de se rendre hier.

A Nyort, le v° may 1587.

---

44. — 20 mai 1587. — Lettre de Henri de Bourbon [2] au duc de Montpensier [3]. Bibl. nat., mss. fr., ancien fonds 3406-7, fol. 11.)

Monsieur, J'estimeray tousjours pour grand heur de vous pouvoir témoigner l'affection que j'ay de m'employer en tout ce qui vous concerne, n'ayant rien voullu oublyer de ce que je vous doy d'amityé en vostre endroict et de Madame vostre sœur, ma cousine [4], pour laquelle j'ay espousé l'affaire pour lequel m'escrivez duquel elle aura une issue selon son désir. J'ay faict mectre le mémoyre de ses hardes ez mains du roy de Navarre affin qu'il ne soit réservé aucune chose comme je m'asseure que le dict seigneur l'ordonnera, vous supplyant de croire que vous

---

1. A quelques jours de là, Saint-Maixent se rendit à la vue du canon.
2. Prince de Condé, mort le 5 mai 1588.
3. François de Montpensier, duc de Châtellerault.
4. Jeanne de Bourbon, abbesse de la Règle de Limoges, devint abbesse de la Trinité de Poitiers le 29 octobre 1594, par permutation avec Françoise de Rohan, qui passa à la Règle.

n'aurez jamais parent plus dévotieux à la prospérité de voz affaires que moy et qui plus désire de demeurer à jamais,

Vostre bien humble et obéissant cousin à vous faire service. HENRY DE BOURBON.

De S¹ Mexan [1], ce xx⁰ may 1587 [2].

---

45. — Vers la fin de mai 1587. — Lettre du Roi à M. de Lavardin [3]. (Bibl. nat., mss. fr., anc. fonds 3310, fol. 77 v°.)

Monsieur de Lavardin, Je vous ay cy-devant asseuré lors qu'il a esté question de composer le différend d'entre vous et le sieur de Rendan combien j'avois en recommendation qu'il feust examiné curieusement et avec la conservation de vostre honneur comme je désire me rendre tousjours protecteur de celluy de mes serviteurs et subjectz de vostre quallité, mais ne s'estans les choses peu amener à tel poinct que chacun se soit accommodé et aict voullu suivre ce qui en avoit esté arresté par les princes officiers de ma couronne et autres seigneurs de mon conseil ausquelz j'en avois commis la charge, mon intention a esté que les déffenses teinssent que je vous avois faictes à l'ung et à

---

1. Saint-Maixent était tombé aux mains des réformés le 18 mai 1587.
2. Dès le lendemain, 21 mai 1587, Henri de Navarre écrivit à son tour à Montpensier pour lui dire que, conformément à ses désirs, il avait fait expédier à sa sœur les sauvegardes qu'elle demandait pour son abbaye. Relativement à ce qui vient de lui être pris, il envoie le mémoire de la vaisselle d'argent qu'on a pu retrouver et qu'il lui fera tenir. On recherchera le reste avec diligence. Il fait observer cependant que, grâce au désordre, bien d'autres que ses soldats ont pris part au pillage. Le Béarnais rend compte des prises de Sazay, Chizé, la Foye-Montjault, Dampierre et Saint-Maixent ; il n'a point couché dans son lit depuis quinze jours. (Bibl. nat. mss. fr., fonds de Béthune, ms. 8909, f° 13 r° ; Berger de X., *Lettres missives de Henri IV*, t. II, p. 286.)
3. Jean de Beaumanoir, plus tard marquis de Lavardin et maréchal de France, connu par ses nombreux changements politiques.

l'autre de vous rechercher par voye de faict, comme elle est encores. C'est pourquoy considérant que vous allez faire vostre estat de mareschal de camp en l'armée que va commander et exploicter mon beau frère le duc de Joyeuse, j'ay bien voullu... (Comme le reste de la précédente jusques à ceste merque.)

<small>La lettre du Roi à M. de Rendan [1] sur le même sujet, où se trouve aussi la marque dont il est parlé dans la lettre de M. de Lavardin, est au r° du ms. 3310-290.</small>

---

46. — 1ᵉʳ juin 1587. — Capitulation accordée aux habitants de Fontenay-le-Comte par Henry, roi de Navarre. (Bibl. nat., mss. fr., ancien fonds 3975-18, fol. 54.)

Le roy de Navarre, premier prince du sang et premier pair de France, gouverneur et lieutenant général pour le Roy en Guyenne et Poytou, ayant conduit et amené son armée devant la ville de Fontenay, tenue icelle assiégée durant unze jours, logé son artillerie en batterie, prins et forcé la pluspart de leurs boullevartz et rempartz, a esté très humblement supplyé par les officiers, maire [2], juratz et officiers d'icelle de ne permettre qu'elle fust exposée au sacq et pillaige des gens de guerre. Sur quoy le dit seigneur roy de Navarre, assisté de Monseigneur le prince de Condé, désirant la commune conservation des dits habitans et éviter de tout son pouvoir les excez et violances que apportent les armées, a voullu et ordonné que dans ce jour-d'huy la ville luy soit remise pour estre tenue en l'obéissance du Roy soubz son auctorité.

A promis et accordé, promect et accorde que l'exercice de la religion catholicque, apostolique et romaine, sera

---

<small>1. Jean-Louis de la Rochefoucauld, comte de Randan, ligueur, tué à l'assaut d'Issoire, le 14 mars 1590.
2. Hilaire Goguet, faisant fonctions de maire.</small>

continué en la ditte ville, faulxbourgs, esglises et maisons de la ditte religion et les ecclesiastiques conservez et maintenuz en toute liberté et jouissance de leurs biens et revenuz.

Que les habitans de la ditte ville et autres y reffugiez de l'une et de l'autre religion, pourront demeurer en icelle avec pleine jouissance de leur bien.

Que les officiers du Roy, son souverain seigneur, y exerceront leurs estatz, charges et functions avec honneurs, auctorités, prérogatives, prééminences, franchises, libertés et gages y apartenans, jouyront en particullier du privilleige portant exemption de leurs logis pour les gens de guerre, comme et aussy les maire, eschevins et conseilliers de la ditte ville.

Deffendant à toutes personnes de quelque quallité et condition qu'ilz soient, de rechercher, inquiéter, ny rien entreprendre sur les personnes et biens des dits habitans soubz prétexte de querelles et inimitiez particulières à peyne de la vie.

Les habitans de la ditte ville et autres reffugiez qui ne vouldront demourer en icelle se pourront retirer dans troys moys soubz les passeports du dit sieur roy de Navarre ou de celluy qui y commandera, laissant leur famille, meubles et vivres dans leurs maisons.

Tous prisonniers de guerre qui seront trouvez dans la ditte ville, seront mis en liberté et en particulier le sieur de Landebires [1] sera tenu quitte de sa foy et parolle donnée aux archiers du prévost de la ditte ville de Fontenay.

---

1. Landebires, Landevires ou Laudevires. B. Fillon a lu Laudebrie et croit cependant qu'il s'agit de Jehan Panchèvre, sgr de Lamberdière, secrétaire des finances de la couronne de Navarre, arrêté et retenu prisonnier par le prévôt. (*Hist. de Fontenay*, t. I, 193). Nous proposons le capitaine Laudebrix, qui prit part au siège de Mauléon en 1588.

Cette capitulation a été publiée par B. Fillon, *Hist. de Fontenay*, t. I, 191-193, d'après une copie vidimée conservée à la bibliothèque de Poitiers et une copie de sa collection qui lui a permis de donner

Artillerie, munitions de guerre et magazin de vivres demeureront en leur entier dans la ditte ville.

Que les gens de cheval et de pied establiz en garnison en icelle n'y pourront vivre à discrétion ains en payant de gré à gré.

Que pour le soullaigement des dits habitans et du plat païs, le dit seigneur roy de Navarre fera dès demain retirer son armée deux lieues hors des environs de la ditte ville.

Faict au camp devant la ditte ville de Fontenay aux faulxbourgs Ste Catherine, le premier de juing mil v^e quatre vingt sept, signé Henry et plus bas est escript : Par le roy de Navarre premier prince du sang, premier pair de France, gouverneur et lieutenant général pour le Roy en Guyenne et Poytou, signé de Vicose, et au costé scellé du cachet et armes du dit sieur roy de Navarre en placard de cire rouge.

---

47. — 22 juillet 1587. — Lettre de Malicorne au maire et aux échevins de Poitiers. (Arch. de l'H. de V. de P. Reg. 47, p. 33.)

Messieurs, vous avez assez esté advertiz de l'acheminement des estraugiers en ce royaulme à la dévotion des ennemys et ne voyant poinct le roy de Navarre disposé

---

les noms des Fontenaisiens qui signèrent la capitulation : Hilaire Goguet, Pierre Brisson, L. Frouard, André Gallier, Pierre Babin, Jehan Chasteau, Nicolas Chasteau, Paul Robert, Bernard Garipault, Lancelot Tiraqueau, Guillaume Joly, Nicolas Viète.
Henri de Navarre n'entra à Fontenay que le 2 juin et l'armée, au lieu de se retirer à deux lieues de la ville, resta quelque temps dans les faubourgs de Sainte-Catherine, d'Enfer, de Gourfailles et aux environs du lieu appelé depuis *Croix-du-Camp*. L'église Notre-Dame fut livrée aux protestants, et pour comble de malheur, la peste qui ravageait le Poitou, se déclara.
Charles Eschallard, sgr de la Boulaye, l'un des meilleurs officiers huguenots, fut nommé gouverneur de la ville. Quelques jours après, Maillezais fut pris ; Henri de Navarre y mit d'Availles, parent de la Boulaye, auquel il donna le capitaine Plenne avec ordre de se fortifier. (B. Fillon, *l. c.*)

d'abandonner ceste province, il donne occasion à Sa Majesté de penser qu'ils ayent intention de prandre de deçà leur accoustumée et antienne route comme ils ont tousjours faict, si Dieu ne luy faict la grâce de les en empescher par les forces qu'il leur veult opposer comme il est à espérer qu'il fera, toutesfoys il ne fault laisser de préparer les moyens d'empêcher si le dit sieur roy de Navarre les y appelle, [il] ne les y puisse attirer et que les villes mesmement la vostre qui est la lumière et l'exemple des aultres, advise à ce qui se peult prévoir pour leur suretté et conservation et du pays. Et parce que Sa dicte Majesté pense que l'un des plus requis est de faire quelque fons de foing, paille et advoyne pour à une nécessité en subvenyr à la cavallerye s'il estoict besoing d'entretenyr au pays. Je vous en ay bien voulu faire ceste-cy pour vous prier de regarder de bonne heure et sans attendre l'extrémitté les moiens plus propres et moins incommodes pour cela, soict sur les biens des adversaires et qui n'ont tenu compte de se conformer à la volonté et esdictz de Sa dicte Majesté ou aultrement et m'en donnerés vostre advys par les premiers affin que j'en rende Sa dicte Majesté cappable. J'escry sur ce mesme subject à monsieur de Boysseguin [1] qui me gardera d'en estandre ceste-cy davantaige, ayant trop de confiance en vostre fidellité et affection, que pour vous dire que M. de Joyeuse avecq ses forces a esté conduict par quelque certainne considération du costé de Xainctonge don j'atens son retour en peu de jours, estantz cependant demeuré en ceste ville pour pourveoir aux choses nécessaires pour le siège de Fontenay, vous sçavez bien ce qui y peult apporter

---

1. Jean Jay de Boisseguin avait pris part à l'expédition d'Ecosse en 1548, alors gouverneur de Poitiers pour le roi, plus tard ligueur, mort le 8 octobre 1592, beau-père de Georges de Villequier, vicomte de la Guierche, gouverneur de la Marche pour le roi jusqu'en mars 1589, puis gouverneur du Poitou pour la Ligue, mis en possession de l'abbaye de Saint-Maixent en 1572, noyé au passage de la Vienne, près du château d'Ile, en février 1592.

le plus de longueur et de difficulté que je travailleray le plus que je pouray à surmonter pour le désir que j'ay de la liberté du pays comme je l'auray tousjours très affectionné à tout ce qui vous touchera et d'aussi bon coeur que m'estans recommandé à voz bonnes grâces et prie Dieu vous donner, Messieurs, en toute santé heureuse et longue vie. De Nyort, ce xxiie juillet 1587.

Vostre entièrement et bien bon amy. MALLICORNE.

Et sur la subscription : A Messieurs les maire et eschevins de la ville de Poictiers à Poictiers.

---

48. — 30 juillet 1587. — Lettre de Malicorne au maire et aux échevins de Poitiers. (Arch. de l'H. de V. de P. Reg. 47, p. 60-61.)

Messieurs, La nécessité en laquelle le Roy se retrouve pour les grands affaires desquelz Sa Majesté est combattue en tous les pays de son royaulme et le désir qu'elle a que la redduction de ceste province en son obéissance puisse estre parachevée et que le bon commancement que y a apporté monsieur de Joyeuse [1], ne demeure infructueulx, l'a contrainct n'ayant autre moyen de supporter les excessives despances qu'il luy convient sur ce faire, d'avoyr recours à vous pour en estre secouru par prest de la somme de vingt mil escuz selon l'estat et roolle qui en a esté faict en son conseil, et parce que l'assignation de vostre rembourcement est si prompte et si certaine comme vous

---

1. Anne de Joyeuse, envoyé contre les huguenots du Poitou en 1587, forma son armée à Saumur, en partit vers la mi-juin, surprit deux régiments huguenots à la Mothe-Saint-Héraye, les fit passer au fil de l'épée, s'empara de Saint-Maixent (13 juillet), de Tonnay-Charente et de Maillezais, mais n'osa attaquer ni Fontenay, ni Marans, trouvant son armée insuffisante. On sait que sa retraite fut presque aussi désastreuse que celle de Mercœur. Au mois d'octobre, Joyeuse reparut en Poitou avec une brillante armée pour aller se faire battre et tuer à Coutras, 20 octobre 1587. Cfr. Villegomblain, *Voyage de M. le duc de Joyeuse en Poictou et sa mort en l'année 1587*, à la fin des *Mém. des troubles arrivés en France sous les règnes de Charles IX, Henri III et Henri IV*. Paris, René Guignard, 1667-68.

pouvez veoyr par la lectre que Sa Majesté vous en escript, je m'assure que la dévotion que vous avez tousjours heue au bien de son service et à la liberté du pays, vous sera suffisante occasion pour vous disposer à luy rendre les mesmes effectz de l'obéissance que vous lui debvez que vous avez toujours faict, dont je vous prie et admoneste de tout ce que je puys et n'oublie pas en une si portante occurance les antiennes marques de vostre accoustumée fidellité, et oultre le service qui en reviendra au Roy, se sera ung subject par lequel M. de Joyeuse en son particullier se sentira obligé pour s'employer pour vous comme vous sçavez qu'il y peult estre très utile, me recommandant sur ce bien affectueusement à voz bonnes grâces, je prie Dieu, Messieurs, vous avoyr en sa très saincte et digne garde. De Nyort, ce xxxme juillet 1587.

Votre entièrement bien bon amy. MALLICORNE.

Et sur la subscription : A Messieurs, Messieurs les maire et eschevins de la ville de Poictiers.

---

49. — 14 novembre 1587. — Lettres de sauvegarde données par Malicorne au sieur de Loubigny. (Cabinet de M. E. Cesbron, à Poitiers.)

---

50. — 30 décembre 1587. — Lettre de Malicorne aux officiers de justice, maire et échevins de Poitiers. (Arch. de l'H. de V. de P. Reg. 47, p. 307-308.)

Messieurs, Je suys bien marry que plus tost on ne m'a faict tenyr les lectres du Roy dont je vous envoye coppie affin que plus tost aussy vous peussiez participper au contentement et à la joye publicque que nous devons tous ressentyr de l'heureulx événement des affaires de Sa Majesté et dissipation des forces ennemyes, vous en aurez par là le tesmoignage beaucoup plus certain et plus sollide que celluy que avez faict publier sur des lectres particullières ; je m'assure que vous vous conformerez tous à l'exécution de sa volonté et de ses édictz, à quoy jusques icy il a esté un peu négligemment procéddé pour le regard de la saisye et baulx afferme des biens de ceulx de la nouvelle opinion de vostre ressort, je vous envoye aussy le double d'aultres lectres que Sa Majesté m'a escript par où vous congnoistrés que son intention est qu'il soit faict quelque magazin de foing, paille et avoyne ès villes de mon gouvernement selon ce que je jugeray estre nécessaire et parce qu'il fault que je me ressolve selon son commandement de m'en aller bien tost en vostre ville, je seroys bien ayse qu'il y en heust ung préparé pour les chevaulx de douze ou quinze gentilzhommes qui m'y accompaigneront, vous ferez publier la volonté du Roy suyvent les articles que je vous envoye et m'en envoirrez la certiffication afin que j'en advertisse Sa Majesté suyvent ce qu'elle me commende. Sur ce je priray Dieu, après m'estre affectueusement recommandé à vos bonnes grâces, vous donner, Messieurs, en santé, heureuse et longue vie. A Nyort, ce xxxme décembre 1587.

Vostre affectionné à jamays. MALLICORNE.

Et sur la subscription est escript : A Messieurs, messieurs les officiers de la Justice, maire et eschevins de la ville de Poictiers.

---

51. — Estat de la despense que le Roy veult et entant estre faicte par chascun mois de la présente année M V^c III^{xx} VIII pour l'entretènement des gens de guerre estans en garnison ès pays de Angoulmois, Xaintonge, Brouage et Poictou. Estatz et appoinctemens. (Bibl. nat., mss. fr., anc. fonds. Copie 3198-52, fol. 138.

PREMIEREMENT.

Angoulmois et Xaintonge.

A quatre vingtz hommes de guerre à pied françoys

estant en garnison au chasteau d'Angoulesme, par mois . . . . IIII$_c$ XXXIII liv. I tz.

A pareil nombre au chasteau de Xaintes, soubz la charge du s^r de St Gouart. III$_c$ XXXIII liv. I tz.

A cent hommes de guérre montez et armez à la légère soubz la charge du s^r de Tajan. . . . . VII^c LXVI liv. II tz. VI s. VIII d.

A cent autres aussy armez et équipez à la légère soubz la charge du s^r de Momont. VII$_c$ LXVI liv. II tz. VI s. VIII d.

A quatre vingt autres aussi montez et armez à la légère soubz la charge du cappitaine Lacroix. . . . . . . VI^c XXX liv.

A trente arquebusiers à cheval ordonnez pour demeurer prez la personne de monsieur de La Vallette et en son absence de monsieur de Tajan. II^c XVI liv. II tz.

A huict cent hommes de guerre à pied françoys, soubz quatre enseignes du nombre de cc hommes chacune de ceulx qui ont esté entretenus jusques à présent, à raison de VII^c XXXIII liv. par compagnie par mois. . . . . II^m IX^c XXXII liv.

A quatre cens hommes de guerre à pied françoys soubz quatre enseignes de ceulx du régiment de Cambray à raison de III^c liv. pour chacuné par mois. . . . . XVI^c liv.

A cinquante hommes de guerre à pied françoys estans en garnison dans la ville de Thalemon sur Gironde soubz la charge du s^r de Théon. 	II^c XL liv.

A quatre commissaires et quatre controlleurs qui feront les monstres et reveues des dittes compagnies, par mois.	IIII^{xx} XIII liv. I tz.

Etatz, pentions, gages d'officiers et parties innopinées.

Au sieur de La Vallette, tant pour son estat de gouverneur d'Angoulmois et Xainctonge, à raison de VIII^{xx} VI liv. II tz. par mois que pour sa pention, à la mesme raison par mois, la somme de	III^c XXXIII liv. I tz.

Au sieur de Tajan, lieutenant général au dit gouvernement en l'absence du sieur de La Vallette, pour son estat, par mois.	LXVI liv. II tz.

Au sieur Denis, aussi lieutenant au dit gouvernement d'Angoulmois, par mois.	LXVI liv. II tz.

Au sieur de St Gouart, cappitaine de la citadelle de Xaintes, pour son estat, par mois.	LXVI liv. II tz.

Au sieur de La Ferrière, commandant dans la ville de Coignac, pour son estat, par mois.	XXXIII liv. I tz.

Au sieur de Théon, commandant dans la ville de Tallemon, pour son estat, par mois.	XXXIII liv. I tz.

Au sieur des Bordes, pour son estat de maistre de camp, cy.	LXVI liv. II tz.

A ..... sergent major au dit pays

d'Angoulmois et Xainctonge, par mois.   xxxiii liv. i tz.

Mr .... controlleur provincial ès dits pays d'Angoulmois, Auvergne et Lymousin, par mois. . . . . . .   xvi liv. ii tz.

Aux deux trésoriers provinciaulx, ès dits pays, à raison de cinq cens escus à chacun d'eulx par an, cy pour ung mois.   iii^{xx}iii liv. i tz.

Pour parties inopinées, par mois. .   ii^c liv.

Ensemble viii^m ix_c xiii liv. liii s. iiii d. par mois. Et pour neuf mois iii_{xx} M. ii xxviii liv. Plus sera imposé la somme de trois mil escūz pour trois mois des estaz, pentions, gaiges d'officiers et parties inopinées, pour parfaire l'année entière, partant cy. . . . .   iii^m liv.

Pour les fraiz. . . . .   xc^e liv.

Ensemble iii^m v^c liv.

Somme totale de la despence du dict Angoulmois et Xaintonge iiii^{xx}iiii^m vii^c xxviii liv., sur laquelle se prendra sur le Roy xl^m liv. Et le reste montant xliiii^m vii^c xxviii liv. sera imposé sur les ellections d'Angoulesmes, Xainctes et St Jehan d'Angelly.

Brouage.

A cent hommes de guerre à pied françoys estans en garnison en Brouage soubz la charge du sieur de St Luc, gouverneur lieutenant général au dit pays, par mois :

Au cappitaine. . . . .   xxxv liv. i tz.
Au lieutenant. . . . .   xviii liv. ii tz.
A l'enseigne.. . . . .   xii liv.
A deux sergens, chascun viii liv. i tz. . . . .   xvi liv. ii tz.

A ung tabourin et ung fiffre, chascun iiii liv. . . . . viii liv.

A quatre capporaux, chascun vi liv. xxiiii liv.

A quatre lampsades, chascun v liv. . xx liv.

A vingt quatre hommes morionnez, chascun iiii liv. . . . . iiii^{xx}xvi liv.

A trente sept autres harquebuziers non morionnez, chascun iii liv. 1 tz. . vi^{xx} liv. 1 tz.

A treize picqueurs armez de corcelletz, chascun iiii liv. . . . . . lii liv.

A unze autres picqueurs, chascun iii liv. 1 tz. . . . . xxxvi liv. ii tz.

Revenant le payement de la ditte compagnye pour ung mois à la somme de. . . . . iiii^c xlii liv. ii tz.

A cent autres en garnison au dit Brouage soubz la charge du sieur de Pothonville, lieutenant au dict gouvernement. . . . . iiii^c xlii liv. ii tz.

A cent autres au dit lieu, soubz le cappitaine Guytault. . . . . . . iiii^c xlii liv. ii tz.

A cent autres aussi au dict lieu, soubz le cappitaine L'huillier. . . . . . iiii^c xlii liv. ii tz.

A cent autres, soubz le cappitaine Laplante, au lieu du cappitaine Lucher, mort au mois d'aoust dernier en l'armée conduitte par monsieur de Joyeuse. . . . . iiii^c xlii liv. ii tz.

A cent autres, soubz le cappitaine Lassinet, au lieu du cappitaine Tuchebert, mort à la bataille de Coutras. . iiii^c xlii liv. ii tz.

A ung commissaire et ung controlleur pour faire les monstres et reveues des dittes gens de guerre, par mois. . . xxiii liv. 1 tz.

Ensemble ii$_m$ vi^c lxxix liv. 1 tz.

Estatz, appoinctement et entretenement.

Au dit sieur de St Luc pour son estat de gouverneur au dit Brouage.	LXVI liv. II tz.
A luy pour la pension qu'il a acoustumé de prendre au dit Brouage a raison de XVI^c LXVI liv. II tz. par an et l'estat de mestre de camp qu'il soulloit avoir au dit Brouage par mois. . . .	II^c V liv. XXXIII s. IIII d.
Au sieur de Potonville, lieutenant au dit gouvernement. . .	XXXIII liv. I tz.
A luy, pour sa pension. . .	XXXIII liv. I tz.
Au cappitaine Sanson, sergent major.	XXXIII liv. I tz.
Au cappitaine Pierrefort, pour son estat de cappitaine entretenu au dit Brouage.	XXXIII liv. I tz.
A ..... ingénieur.	XVI liv. II tz.
A ung chappelain des bandes.	X liv.
A Pierre, chirurgien. . . .	X liv.
Au sieur de la Motte Fuzellier, commissaire ordinaire des guerres.	XXXIII liv. I tz.
A ung prévost, ung greffier et trois archers pour servir au dit Brouage, assavoir au dit prévost XX liv. et à chascun des autres cinq escuz, cy.	XL liv.

Ensemble V^c XV liv. XXXIII s. IIII d.

Somme de la despence du dit Brouage pour ung mois IIII^m CIIII^{xx}XIIII liv. LIIII s. IIII d.

Et pour l'année entière à dix mois de xxv jours xxx^m ix^c xviii liv. liii s. iiii d. sur le Roy.

A trente harquebusiers à cheval comprins ung cappitaine, ung lieutenant pour leur commander, que Sa Majesté a ordonnez pour demeurer à la suitte du dit s^r de St Luc, gouverneur au dit Brouage, à raison de ii_c xxxvi liv. ii tz. par mois, cy pour l'année entière. . . . . ii^m viii^c xl liv.

Ensemble ii^m ix^c xl liv. qui se levera sur les habitans des isles de Brouage, Olleron, Albert, Marennes et autres lieux du ressort du dit gouvernement de Brouage et qui sont de la baronye.

Poictou. — *Chasteau de Poictiers.*

Chasteau de Poictiers.

A ung sergent et quinze soldatz au chasteau de Poictiers, à raison de x liv. pour le dit sergent et iii liv. i tz. pour chascun soldat, cy. . . . . lx liv.

Nyort:

A ung cappitaine et vingt soldatz au chasteau de Nyort, à raison de dix escuz pour le dit cappitaine et iii liv. i tz. pour soldat, cy. . . . . lxxvi liv. ii tz.

St Maixant.

A ung cappitaine et vingt soldatz au chasteau de St Maixant, à la mesme raison que dessus. . . . . lxxvi liv. ii tz.

Mallezais.

A ung cappitaine et trente soldatz pour tenir garnison en l'isle et chasteau de Mallezais, à raison de x liv. pour le cappitaine et de III liv. I tz. pour chascun soldat, cy. . . cx liv.

Vouvans.

A ung cappitaine et trente soldatz, à raison de x liv. pour le cappitaine et III liv. I tz. pour chascun soldat. . . . cx liv.

Denan.

A ung sergent et dix soldatz au chasteau de Denan, à raison de dix escuz pour le dit sergent et III liv. I tz. pour chascun soldat. . . . . XLIII liv.

Chatellerault.

A cinquante hommes d'armes pour tenir garnison au dict Chatellerault soubz la charge du sieur de Rouchet, à raison de xxxIII liv. I tz. pour le dit sieur de Rouchet, xvI liv. II tz. pour son lieutenant, xx pour chascun des trois sergens qui commandent ès fortz du pont St Jacques et Ste Catherine, vI liv. II tz. pour chascun des vingt harquebusiers à cheval ordonnez pour battre la garenne et tenir garnison au dit Chatellerault et de III liv. I tz. pour chascun des xxv hommes de pied, cy par mois. . . . II^{c}IIII^{xx}xvI liv. II tz.

Parthenay.

A soixante hommes pour tenir garnison en la ville du dit Parthenay soubz la charge du sieur de la Briaudière, à raison de xxxiii liv. i tz. pour luy, à son lieutenant xvi liv. ii tz. ; à trente des dits soixante hommes à cheval portans cuirasses chascun vii liv. i tz. et à chascun des xxx autres hommes, trois escuz ung tiers, cy . . . . . iiic lxx liv.

A ung sergent et xv soldatz au chasteau du dit Parthenay, à raison de dix escuz pour le dit sergent et iii liv. i tz. pour soldat, cy . . . . lx liv.

Chasteau de la Roche sur Yon

A ung sergent et douze soldatz, à raison de x liv. pour le sergent et de iii liv. i tz. pour chascun soldat, cy. . l liv.

Bressuire.

A ung sergent et quinze soldatz au chasteau de Bressuire à raison de xvi liv. ii tz. pour le sergent et iii liv. i tz. pour chascun soldat, cy. . . . lxxvi liv. ii tz.

La Mothe Ste-Heraye.

A ung cappitaine et quinze soldatz au dict lieu, à raison de xvi liv. ii tz. pour le cappitaine et iii liv. i tz. pour soldat, cy . . . . lxvi liv. ii tz.

Chasteau du Blanc en Berry

A ung sergent et dix soldatz, à la sus
ditte raison . . . . XLIII liv. I tz.

Mortaigne [1].

A ung sergent et huit hommes, à pareille raison . . . . XXXVI liv. II tz.

Villeneufve la Comtesse

A ung sergent et dix hommes, à semblable raison. . . . . XLIII liv. I tz.

Gourville.

A ung sergent et quinze soldatz, à la
ditte raison . . . . LX liv.

Chasteau de la Chaulme.

A ung sergent et dix soldatz au dit
lieu, à la ditte raison . . . . . . XLIII liv. I tz.

Coué.

A ung sergent et vingt soldatz au dit
lieu et chasteau, à la dite raison, cy . . LXXVI liv. II tz.

---

1. Le 30 décembre 1585, Malicorne autorise Pierre Durcot, sr de l'Etang, capitaine du château de Mortagne, à y mettre huit hommes de pied. P. Durcot était en fonctions depuis le 28 juin 1580 ; il était encore capitaine de ce château en 1597.

Chasteau de Fors.

A ung sergent et quinze arquebusiers à cheval pour battre l'estrade entre Niort et S¹ Jehan D'angelly, à raison de xvi liv. ii tz. pour le dit sergent et xvi liv. ii tz. à chascun des dits harquebusiers, cy . . . . cxvi liv. ii tz.

Garde de Monsieur de Mallicorne.

A ung cappitaine et trente arquebusiers à cheval ordonnéz pour la garde du sieur de Malicorne, gouverneur et lieutenant général au dit pays, à raison de xvi liv. ii tz. pour le dit cappitaine et xvi liv. ii tz. pour chascun des dits trente soldatz, cy . . . . ii^c xvi liv. ii tz.

Commissaires et controlleurs.

A quatre commissaires et quatre controlleurs pour faire les monstres et reveues des dittes gens de guerre, à raison de xiii liv. i tz. pour chascun commissaire et x liv. pour controlleur, cy . . iiii^{xx}xiii liv. i tz.

Estatz et appoinctemens.

Au dit sieur de Mallicorne, gouverneur et lieutenant général sus dit, pour son estat et appoinctemens, par mois . . . viii^{xx}vi liv. ii tz.

Au sieur de Laverdin, lieutenant au dit gouvernement, pour son estat et appoinctement, par mois . . . . . . vi^{xx}xiii liv. i tz.

Au sieur de Boisseguin, commendant en l'absence du dit sieur de Malicorne en la ville et chasteau de Poictiers, pour son estat et appointement, par mois. . LXVI liv. II tz.

Gages et taxations.

A ung controlleur provincial au dit pays, par mois . . . . XVI liv. II tz.

Aux deux trésoriers provinciaulx au dit pays, pour leurs gages d'un mois, à raison de mil escuz chascun d'eulx par an, cy. . . . . VIII^{xx}VI liv. II tz.

Somme II^m VI^c LXXVI liv. II tz pour ung mois, et pour six mois XVI^m liv. sur le pays.

Plus, pour l'entreténement des compagnies de gendarmes des ordonnances du Roy des dits sieurs de Malicorne et Laverdin, pour ung quartier, à raison de II^m CLXXV liv., pour celle du dit sieur de Malicorne et de II^m XXXIII liv. I tz., pour celle du sieur de Laverdin, par quartier, cy . . . . IIII^m II^c VIII l. I tz.

Niort. Plus sera imposé l'entreténement de cent chevaulx légers et de XX harquebusiers à cheval du cappitaine Mercur pendant deux mois, de quatre qui luy sont deubz de l'année dernière M. V^c IIII^{xx}VII montant les dits deux mois à la somme de . . . . . . II^m V^c VI liv. II tz.

Somme VI^m VII^c XV liv.

Somme totale de la dicte despence de Poictou XXII^m VII^c XV liv. dont a esté dépesché commission sur le pays de XXII^m II^c XXXIII liv. I tz. seullement.

Autre despence à faire au dit pays de Poictou :

A cent hommes de guerre montez et armez à la légère, soubz la charge du cappitaine Mercur, par mois. . . . MLIII liv. I tz.

A cent harquebusiers à cheval, soubz le dit cappitaine Mercur . . . . . VII$_c$ XX liv.

Somme XVIIe LXXIII liv. I tz. par mois, et pour six mois X^m VI liv.

A cent autres hommes de guerre, aussy montez et armez à la légère, soubz la charge du cappitaine Alleran, par mois. . . . . VIII$_c$ XXX liv.

A cent harquebusiers à cheval, soubz la charge du cappitaine Buffé. . . . VII$_c$ XX liv.

Somme XVe L liv. par mois.

Et pour quatre mois VI^m IIe liv.

Somme total de la ditte autre despence de Poictou XVI$_m$ VIII liv.

Plus, par autre commission de Sa Majesté dattée du IIIe avril Ve VIII$_{xx}$ IIII, a esté mandé à messieurs les trésoriers généraulx de France à Poictiers, imposer et lever sur leur généralité la somme de XXXV^m V^e X liv. pour la solde et entretènement des garnisons du dict Poictou durant quatre autres mois de la présente année en laquelle commission, outre les forces ci-dessus pour le dict Poictou, est prinse une compagnie de cent chevaulx légers soubz le cappitaine La Tremblaye.

---

52. — 15 janvier 1588. — Lettre de Malicorne aux maire, échevins et pairs de Poitiers. (Arch. H. de V. de P., Reg. 47, p. 308.)

Messieurs, Le retour de monsieur le prince de Condé de deçà avecq toutes ses forces, me contrainct d'y demeurer et de retarder mon voiage de Poictiers jusques à ce que j'y voye la saison plus dispousée, désirant fort, puysque la commodité vous est par là encores plus facile, que de vous mesme vous fissiez eslection de mon logis sans me mectre en painne d'y envoyer pour cest effect, cela ne m'est qu'ung tesmoignage de maulvaise volunté qui ne se doibt pas estandre à ceulx qui ont avecq l'authorité du Roy, le service de Sa Majesté, le debvoyr de leur charge et vostre bien particullier en trop grande recommandation, priant Dieu, après m'estre affectueusement recommandé à voz bonnes grâces, vous donner, Messieurs, en santé, heureuse et longue vie.

A Nyort, ce xv° janvier 1588. Vostre bien affectionné amy. MALLICORNE.

Et sur la subscription est escript : A Messieurs, Messieurs les maire, eschevins et pairs de la ville de Poitiers.

---

53. — 4 février 1588. — Lettre de Malicorne au maire de Poitiers.
(Arch. H. de V. de P., Reg. 47, p. 340.)

Monsieur le maire, Voyant les longueurs dont Messieurs de Poictiers usent à me pourvoir de logis, je ne puys juger que par là qu'une très grande faulte d'affection au service du Roy n'y ayant que ce seul subget qui m'y convie pour le debvoyr de ma charge et le commandement de Sa Majesté et le bien propre de vostre ville et non mes commoditez particullières que je n'ay jamays davent les yeulx. J'ay advisé que l'archidiaconné de St-Pierre me pouvoict estre propre, ayant donné charge au gentilhomme porteur des présentes, qui est à moy, de vous pryer de luy faire veoyr et de luy dire ce de quoy je pouray estre accommodé, et ceste cy n'estant à auttre fin, je ne la tiendray davantaige longue pour prier Dieu, après m'estre affectueusement recommandé à voz bonnes grâces, vous donner, Monsieur le maire, en santé, longue et heureuse vie. A Nyort, ce iiii° febvrier 1588.

Vostre bien bon amy. MALLICORNE.

Et sur la subscription : A Monsieur, Monsieur le maire de Poictiers.

---

54. — 11 février 1588. — Lettre de Malicorne au maire de Poitiers. (Arch. H. de V. de P., Reg. 47, p. 344.)

Monsieur le Maire, J'ay congneu par vos lectres et entendu par le sieur de Haultefaye la peine que vous avez prinse pour le recouvrement et accommodement de mon logis dont je vous remercie de très bon coeur et vous prye de parachever comme vous me mandés, et croire que je n'ay pas désiré sela pour porter incommodité à personne mays pour satisfaire au commandement du Roy et au debvoyr de ma charge et pour despandre mon bien avecq vous tous pour vostre conservation particullière, ce que vous congnoistrés par effect, et vous en particullier, que je veulx à jamays demeurer vostre bien asseuré amy. MALLICORNE.

A Nyort, ce xi° febvrier 1588.

Et sur la subscription : A Monsieur, Monsieur le maire de Poictiers, à Poictiers.

---

55. — 6 avril 1588. — Commission de Henri III au sénéchal de Fontenay-le-Comte pour vendre des biens ecclésiastiques. (Bibl. de la ville de Niort, provenant très vraisemblablement des papiers de La Fontenelle de Vaudoré.)

DE PAR LE ROY.

Notre amé et féal, nous avons faict expédier noz lettres patentes pour le faict et alliénation de cinquante mil escuz de rente du temporel du clergé de nostre royaume suivant la permission de nostre Très Sainct Père et le département qui en a esté faict par les déléguez de Sa Saincteté.

A ceste cause, vous mandons de procedder dilligemment à l'exécution de nos dictes lettres selon leur forme et teneur, sans aulcune longueur ne remise, sur tant que désirez le bien de nostre service, usant en cella des voyes, moiens et contrainctes portées par nosd. lettres patentes et nous advertirez de ce qui aura esté faict selon les occurances qui se présenteront et donnerez au porteur de la présente certiffication de la réception d'icelle, car tel est nostre plaisir.

Donné à Paris le vie jour d'apvril 1588. HENRY. BRULART.

Au dos : Nostre amé et féal le sénéchal de Fontenay le Conte [1] ou son lieutenant à...... (trace de sceau).

56. — Chartres, 17 mai 1588. — Lettres de Henri III adressantes à Monseigneur de Boisseguin, gouverneur pour Sa Majesté en sa ville de Poitiers, sur l'émotion advenue à Paris [2].

Pareilles lettres furent adressées à la même date par Henri III à Malicorne, aux gouverneurs des autres provinces et à ceux des villes.

Chartres, 17 mai 1588. — Lettres de Henri III aux mairé, eschevins, manans et habitans de Poitiers [3].

Le roi écrivit à la même date une lettre analogue aux habitants des autres villes du royaume.

Nous avons compris sous le même no toutes ces lettres relatives à la journée des barricades.

---

1. Pierre Brisson, sénéchal de Fontenay et lieutenant particulier.
2. *Mém. de la Ligue*, Édon de 1758, t. II, p. 324, d'après le texte desdites lettres imprimé à Poitiers, chez P. de Marnef, 1588, in-8o. Cat. des impr. de la Bibl. nat., chap. 3, no 462, p. 321.
Pub. avec var. d'après 2 originaux. *Bull. de la Soc. des Antiq. de l'Ouest*, 2e trim. 1868, p. 75.
La lettre du duc de Guise est donnée à la suite dans les *Mém. de la Ligue*. Cat. de la Bibl. nat. 463-464.
3. *Mém. de la Ligue*, 1758, t. II, 329.

57. — 20 mai 1588. — Lettre de Malicorne aux maire, échevins, pairs et bourgeois de Poitiers. (Arch. H. de V. de P., Reg. 47, p. 457.)

Messieurs, La présence de mon nepveu m'empeschera vous faire plus long discours sur les occurances qui s'offrent et dont le Roy vous a tenuz particullièrement advertiz, avecq l'assurance que j'ay que quelques remuementz qu'ilz se puissent exciter en cest estat, la lumière de vostre antienne fidellité ne s'obcursira pas et que vous vous y sçaurez si bien maintenyr que Sa Majesté en aura le contantement et vous la félicité et l'honneur que vous en debvez attendre. Je vous prie donc plus que jamays avoyr l'eouil ouvert à vostre conservation sans vous laisser transporter aux passions particullières de ceulx qui la vouldroient alterrer par la division qu'on vouldroict introduire au préjudice de vostre repos et seuretté et me tenyr adverty à toutes occasions de voz comportemens et de ce qui surviendra important au service de Sa dite Majesté, attendant que je puisse estre là pour, avecq vous, y apporter tout ce que nous jugerons y estre nécessaire et me repousant sur vous, je finiray ceste cy pour me recommander affectueusement à voz bonnes grâces, et prie Dieu vous avoyr, Messieurs, en sa très saincte et digne garde. A Nyort, ce xxe may 1588.

Vostre bien affectionné et meilleur amy. MALLICORNE.

Et au dos est escript : A Messieurs, Messieurs les maire, eschevins, pairs et bourgeoys de la ville de Poictiers, à Poictiers.

---

58. — 24 août 1588. — Contract faict avec des rouliers, passé par le duc de Nevers pour le service des charrois de l'armée du Poictou fait au Conseil d'État. (Bibl. nat., mss. fr., anc. fonds 3411-35, f° 156.)

Par devant Jean Chesneau et Pierre Javyn, notaires et

tabellions du Roy en sa court et suitte soubzsignés, furent présens en leurs personnes, Claude Gaulcher de Daujon cappitaynes ordinaires du charoy de l'artillerye, Jean Broccard et Jean Marchais aussy cappitaines du charroy, demourans à Paris et Lucas Ravenel pareillement cappitaine du charroy, demourant à Orléans, estant de présent en ceste ville de Chartres, lesquelz volontairement recogneurent et confessèrent, et par ces présentes confessent avoir promis l'un pour l'autre et chascun d'eux seul et pour le tout sans division, ni discution, renonçans aux bénéfices et exemptions d'iceulx au Roy nostre sire, stippulans et acceptans pour Sa Majesté hault et puissant seigneur messire Ludovic de Gonzague, duc de Nivernois, pair de France, chevallier des ordres du Roy et lieutenant général pour Sa Majesté en son camp et service du pays de Poictou, messire Philippe Hurrault, sieur et vicomte de Chiverny, aussy chevallier des ordres du Roy, lieutenant général pour Sa Majesté ès pays et duché d'Orléans, Chartres et Estampes, chancelier de France, René de Villequier, aussy chevallier des ordres de Sa ditte Majesté, gouverneur de Paris et Isle de France, Pomponne de Belièvre, François d'O, pareillement chevallier des dites ordres, Pierre Brulart et Claude Pinart, secretayres d'estat de Sa Majesté, Adrien Petremol, s^r de Rozures, intendant des finances et Jacques Le Roy, sieur de La Grange, trésorier de l'espargne, tous conseillers au Conseil d'estat de Sa dicte Majesté, à ce présens, de fournir et livrer pour le service de Sa dicte Majesté et présenter en son arcenac de Paris la quantité de deux cens chevaulx bons, fors, rouliers et de traict, garnys de tous leurs harnoys et équipaige, servans à l'artillerye, pour, après la monstre et réception des dits chevaulx faicte et iceulx merquez, les faire achemyner en la ville de Saumur par bonnes et compétentes journées et la part où il leur sera ordonné par mon dit seigneur le duc de Nevers, lieutenant général en l'armée que Sa Majesté mect sus en son pays de Poictou, quinze jours après que les deniers qui leur sont promys par ce présent contract leur auront esté délivrez. Et affin de leur donner moyen de ce faire les dicts seigneurs sus nommez ès ditz noms, ont promis et promectent leur faire fournyr la somme de huict mil escuz sol qui sera pour chascun d'eux deux mil escuz qui leur sera payée par le trésorier général de l'artillerye, Anthoyne Bourderel, en la ville de Paris, laquelle somme de huict mil escuz tiendra lieu et leur sera deffalquée sur ce qu'ilz feront apparoyr leur estre deu pour le service par eux faict pour Sa dicte Majesté ès armées conduictes tant par monseigneur le duc de Mayenne, que par feu monseigneur le duc de Joyeuse et autres. Les ditz seigneurs sus nommez ont promis faire bailler et payer par le trésorier de la ditte artillerie, la somme de mil escuz d'or sol pour la solde de leurs ditz chevaux durant quinze jours qui commanceront au jour de la réception d'iceulx chevaulx, lesquelz, les dits Gaulcher, Brocard, Marchais et Ravenel ont promis faire rendre en la ville de Saumur huict jours après la ditte monstre et réception faicte on cas qu'ilz ne soyent chargez de faire aulcune voicture, et ce à raison de vingt solz par chascun cheval par jour comprins la nourriture des chartiers, comme aussy leur sera payé la somme de vingt escuz d'or sol pour quatre lieutenans qui auront l'œil sur les ditz deus cens chevaulx à raison de vingt soulz aussy par jour par chascun d'iceulx lieutenans durant le temps des ditz quinze jours, et de faire continuer de quinze jours en quinze jours le mesme payement pour les ditz deux cens chevaulx, cappitaines et lieutenans. Leur a aussi esté accordé que sur chacune cinquantaine des ditz chevaulx, ils auront chascun une charette tirée de deux chevaulx laquelle ilz fournyront, et ce pour leur donner moyen de faire porter les harnoys, fers et autres équipages requis à la suitte et pour entretenyr les ditz chevaulx. Et estant licentiez du jour de leur licentiement, leur sera payé le mesme sallayre jusques au retour en leurs maisons selon la distance qu'il y aura du lieu de leur licentiement, à raison de dix lieues par jour comme il est accoustumé, et advenant que aulcuns des ditz chevaux estans au service de Sa dicte Majesté fussent prins des ennemis, tuez ou bruslez par embrasement de munitions sans qu'il y ayt à leur faulte, de ce cas ilz seront tenuz en fournir d'autres estans deuement payez de leurs gages, ainsy qu'il est dit cy-dessus, affin que le service de Sa dicte Majesté ne demeure pas leur faulte. Et pour ceulx qui se trouveront ainsy prins, tuez ou bruslez, Sa dicte Majesté leur fera payer pour chascun des ditz chevaux vingt cinq escuz sol en rapportant par eux certiffication vallable de la perte d'iceulx chevaux ainsy qu'il est accoustumé. Et affin que les dits Daujon, Broccard, Jean Marchais et Ravenel, leurs lieutenans et chartiers ne s'exposent témérairement aux dangiers et périlz sus ditz, ilz ne pourront loger ne aller au fourrage en lieu qui ne leur soit permys et désigné par le dit seigneur de Nevers ou par le lieutenant du sieur de La Guische en la ditte armée sans que sur le comte que le dit trésorier général de la ditte artillerye aura à rendre en la chambre des comtes, il soit tenu raporter aulcune certiffication des ditz Daujon, Broccard, Marchais et Ravenel des payemens qu'ilz auront faictz aux lieux où ilz auront ensemble leurs ditz chevaulx et chartiers logé et séjourné, nonobstant les arrestz pour ce donnez en la dicte chambre des comtes promettans obligeans les ditz seigneurs sus nommez ès ditz noms et les ditz Daujon, Broccard, Marchais et Ravenel l'un pour l'autre et chascun d'eux seul et pour le tout sans division ni discution comme pour les propres deniers et affaires de Sa ditte Majesté, renunçans et mesmes iceulx Daujon, Broccard, Marchais et Ravenel au bénéfice de division, ordre de droict et de discution. Faict et passé au Conseil de Sa Majesté tenu en la ville de Chartres, le vingt quatriesme jour d'aoust l'an mil cinq cens quatre vingtz huict, avant midy, et ont les dits s^{rs} du

Conseil avecq les ditz cappitaines de charroy signé en la mynutte des présentes. Ainsy signé : Chesneau et Javyn.

Collation de la présente coppie a esté faicte par moy Loys Poirier, contrerolleur ordinaire des guerres, à l'original en parchemain contenant ce que dessus le dict original rendu. Faict le xxiie jour de novembre m v^c iiii^{xx} huict.
Poirier.

---

59. — 29 août 1588. — Estat de ce que pourra monter la despence que le Roy veut estre faicte par moys pour l'entretènement des gens de guerre tant de cheval que de pied françois et suisses dont il entend estre composée l'armée que Sa Majesté faict mectre sus au pays de Poictou, soubz la charge et conduite de Monsieur le duc de Nevers. (Bibl nat., mss. fr., anc. fonds 3363-80, fol. 186.)

PREMIÈREMENT.

A douze compagnies de gens d'armes des ordonnances du Roy dont deux de soixante lances chascunes, à raison de iii^m iii^c xli liv. ii tz. et dix de trente lances, à raison de ii^m xxiii liv. i tz. dont le payement monte pour ung quartier xxvii^m xvi' liv. ii tz. dont sera cy faict despence de la moictié pour ung mois, cy . . xiii^m v^c viii liv. i tz.

A une cornette de ii^c hommes de guerre à cheval montez et armez à la légière soubz la charge du s^r marquis de Maignelé [1], pour ung mois, cy. . . xiii^c lii liv. i tz.

---

1. Florimon d'Halluin, marquis de Maignelay, assassiné en 1592.

A deux aultres cornettes de gens de guerre à cheval montez et armez à la légière de cent hommes chascune soubz la charge des sieurs Charles de Birague [1] et de Bastenay, à raison de vii^c lxxvi liv. xlvi^s s. viii d. par mois pour chascun, cy. . xv^c liii liv. i^{tz} xiii s. iiii d.

A trois aultres cornettes de chevaulx légiers de cinquante hommes chascune soubz la charge des sieurs de Falandre, Doisieulx et de la Berguerye, à raison de iii^c xxxviii liv. xxxiii s. iiii d. pour cornette, cy. . . xiii^c xv liv. ii tz.

A deux compagnies d'arquebuziers à cheval de cent hommes chascune soubz la charge des cappitaines Bocheux et Sorouette [2] à raison de vi^c lxvii liv. pour compagnye, cy. . . xiii^c xxxiiii liv.

A douze bandes de gens de guerre à pied françois de deux cent hommes chascune, du régiment de Picardie dont est maistre

---

1. Dit Sacremore, fils naturel de René Birague, milanais réfugié en France, mort en 1583, conseiller au Parlement de Paris, chancelier de France, entré ensuite dans les ordres, évêque de Lavaur et cardinal.

2. *Aliàs* Serrouette, en réalité Jean de Sorhoette, écuyer, sgr de Pommerieux, élevé à la cour de Navarre, nommé gouverneur de Parthenay par Henri IV, qu'il avait fidèlement servi, en juin 1604.

de camp le sieur de Tajan à raison de vıı^c xxxııı liv. pour chascune bande, cy pour ung mois . . . . vııı^m vıı^c ııı^{xx} xvı liv.

Pour les estatz et appoinctemens des officiers dudit régiment par mois, cy . ıı^c ııı^x ı liv. ıı tz.

A huict aultres bandes de gens de guerre à pied françois de ıı^c hommes chascune du régiment du sieur de Saint-Pol [1] à raison de vıı_c xxxııı liv. pour chascune bande, cy par moys. v^m vııı^c lxıııı liv.

Pour les estatz et appoinctemens des officiers du dit régiment pour ung mois. ıı_c xxvııı liv. ı tz.

A huict autres bandes de gens de guerre à pied de ıı^c hommes chascune du régiment du sieur de Brivieulx, à la ditte raison de vıı^c xxxııı liv. pour chascune bande, cy pour ung mois, comprins les estatz et appoinctemens des officiers du dict régiment. . . . vı^m ııı^{xx} xıı liv. ı tz.

A huict aultres bandes de gens de guerre à pied de ıı^c hommes chascune du régiment du sieur de Rubempré, à la susdite raison

---

[1]. Léonor d'Orléans-Longueville, troisième époux de Marie de Bourbon, héritière du comte de Saint-Paul.

de viiᶜ xxxiii liv. à chascune, cy pour ung mois, comprins les estatz et appoinctemens des officiers d'icelluy régiment . . . . viᵐ iiiiˣˣ xii liv. i tz.

A huict aultres bandes aussy de iiᶜ hommes chacune du régiment du sieur de Jarzay, à la raison cy-dessus, pareille somme de viᵐ iiiiˣˣ xii liv. i tz.

A huict aultres bandes de iiᶜ hommes chascune du régiment du sieur de Lestelle [1], à la raison sus dicte, semblable somme de . . viᵐ iiiiˣˣ xii liv. i tz.

A dix aultres bandes aussy de iiᶜ hommes chascune soubz la charge du sieur conte de Grandpré à la ditte raison de viiᶜ xxxiii liv. pour bande comprins iiᶜ xxxviii liv. i tz. pour les estatz et appoinctemens des officiers du dit régiment par mois, cy . . viiᵐ vᶜ lviii liv. i tz.

A huict aultres bandes de gens de guerre à pied de iiᶜ hommes chascune du régiment du sieur de la Chastaigneraye [2], à raison

---

1. Ancien régiment de Villeluisant.
2. Charles de Vivonne, sgr de la Châtaigneraie, conseiller du roi, capitaine de 50 hommes d'armes de ses ordonnances, sénéchal de Saintonge, chambellan du duc d'Alençon, défendit Angoulême pour le roi et fut créé chevalier du Saint-Esprit en 1586.

de vii^c xxxiii liv. pour bande, comprins les estatz et appoinctemens des officiers servans au dict régiment, par moys la somme de. . . . . vi^m iiii^xx xii liv. i tz.

A quatorze enseignes de gens de guerre à pied suisses soubz la charge du collonnel Gallati, comprins les estatz du collonnel et officiers du dit régiment, par mois la somme de. . xxiii^m liv.

A vingt commissaires et vingt contrerolleurs ordinaires des guerres qui feront les relèves des susdictes gens de guerre, de sepmaine en sepmaine, et à la fin du moys les monstres pour lesquelles relèves et montre leur sera seullement payé par mois, assavoir à chascun commissaire xiii liv. i tz. et à chascun contrerolleur x liv., cy. . . iiii^c lxvi liv. ii tz.

Pour la despence du train et attirail de l'artillerye, nourriture de chevaulx, gaiges d'officiers et fraiz du comptable par mois suivant l'estat dressé par le sieur Grand Maistre de la ditte artillerye, cy. vi^m v^c liv.

Pour la despence de l'attirail des vivres, nourriture des chevaulx et mulletz et gaiges des officiers servans aus dits vivres suivant l'estat baillé par le sieur de Beaulieu, cy par mois la somme de. . . . . . . vi^m xxxx liv.

Pour les estatz et appoinctemens des officiers qui serviront en la ditte armée par mois suivant l'estat signé de la main du Roy, la somme de ii^m iiii^c xv liv. xlvi s. viii d. . . ii^m iiii^c xv liv. xlvi s. viii d.

Pour les parties extraordinaires et inopinées qui se payeront par les ordonnances du sieur de Nevers par moys. . . . . . xv^m liv.

Pour les fraiz du comptable par mois. . . . . m liv.

Somme totale de la despence contenue au présent estat par mois : cent treize mil trois cens soixante six escuz solz ung tiers.

Faict à Chartres le xxix jour d'aoust mil v^c quatre vingtz huict. HENRY. BRULART.

---

60. — 12 septembre 1588. — Ordonnance de M. de Malicorne aux habitants de Poitiers. (Arch. H. de V. de P., Reg. 48.)

De par le Roy et monseigneur de Mallicorne, gouverneur et lieutenant général pour Sa Majesté en Poictou,

Il est enjoinct à tous manans et habitans de ceste ville de quelque quallité et condition qu'ilz soient, d'assister et vacquer aux gardes aux jours et ainsi qu'il leur sera ordonné, ou en cas de maladie ou légitime empêchement d'y envoyer homme capable avec armes nécessaires et à ceux qui s'y sont retirés et réfugiés qui y tiennent maison, d'y envoyer sur peine de vingt sols d'amende pour chacun deffaut et aux intendans d'y vaquer à leurs tours et ordre, sur peine de deux écus d'amende payable par toutes voies et rigueurs accoutumées et requises en tel cas.

Et à ceux à qui les rondes seront ordonnées, de les faire en personne soigneusement et par chacun matin venir à neuf heures au couvent des Cordeliers rendre compte au maire de l'état et deffaut qu'ils auront trouvé aux dites gardes pour y être par lui pourvu ainsi qu'il appartiendra, lequel s'il connaît en être besoin nous en advertira ou le sieur de Boisseguin, pour donner ordre aux abus qui s'y commettront ainsi et selon que la nécessité le requerra, sur peine aux défaillans aux dites rondes de deux écus sol d'amende payable comme dessus et applicables les dites amendes aux fortifications et réparations de cette ville.

Et pour toujours continuer et entretenir cette ville en son repos et tranquillité accoutumée et éviter les divisions qui la pourroient altérer, il est expressément commandé et enjoint à tous les manans et habitans étant sous la charge des capitaines d'icelle et tous autres de se maintenir paisiblement ensemble, selon les édits et intention du Roy, sans se provoquer par contentions ni injures les uns contre les autres, et en cas qu'il survint quelque dispute, occasion de querelle ou de plainte entre ceux qui sont sous la charge des dits capitaines, d'avoir recours à leurs dits capitaines pour composer leurs différends si faire se peut, si non nous en avertir ou le dit sieur de Boisseguin ou maire pour y être pourvu ainsi et par les voies qu'il sera requis et aux dits capitaines, leurs lieutenans, enseignes, sergens, caporaux et autres ayans charge, d'admonester chacun en son regard les dits habitans de se comporter avec telle revérence, modestie et respect envers leurs supérieurs et magistrats tant en paroles qu'en effets, et de se saisir de ceux qu'ils sauront y contrevenir et passer insolemment les limites de leur devoir, les représenter à justice pour estre punis ainsi que le fait le requerra.

Inhibé aussi et défendu à tous les dits manans et habitans de non se assembler et convoquer en armes sans commandement de nous ou du sieur de Boisseguin ou maire ou de leurs capitaines, et en cas d'alarme ou tumulte de se retirer chacun en son quartier et endroit à lui ordonné, sur peine de la hard, pour éviter à toute confusion et désordre et de non tirer aucuns coups d'arquebuses ou pistolles indiscrétement et aux heures indues.

Fait à Poitiers, le douzieme jour de septembre 1588 de l'avis de M. de Boisseguin. Ainsi signé : Mallicorne et au dessous : Par mon dit sieur, Garraud.

---

61. — 8 octobre 1588. — Lettre de Malicorne aux maire, bourgeois et échevins de Poitiers. (Arch. de l'H. de V. de P., Reg. 48.)

Messieurs, Encores que le service du Roy et votre particulliére conservation vous soict en si spécialle recommandation qu'il ne faille poinct vous y exciter pour vous y rendre daventaige disposez, le désir toutesfoys que j'ay d'en veoyr la continuation et de votre bien et repoux, a faict vous en faire ceste cy pour vous pryer de vous y entretenyr tousjours et en si bonne union et intelligence que rien ne puisse altérer l'obéissance dhue à Dieu et au Roy et le bon estat auquel jusques icy vous avez esté si heureulx d'estre maintenuz, à quoy en tout ce que je me pourray jamays rendre utile vous pouvez vous assurer que je ne délaisseray chose que vous puissiez désirer de moy qui n'ay encores rien sceu au vray des dessaings du roy de

Navarre que j'ay envoyé recongnoistre ; si tost que j'en seray esclarcy je les vous communiqueray et priray Dieu cependant, Messieurs, vous avoyr en sa saincte et digne garde. A Nyort ce viiie jour d'octobre 1588.

Votre plus affectionné et meilleur amy. MALLICORNE.

Et sur la suscription : A Messieurs les maire, bourgeois et eschevins de la ville de Poictiers.

---

62. — 18 octobre 1588. — Double du pouvoir de lieutenant général en l'armée de Poictou pour Mons. de Nevers, donné à Blois. (Bibl. nat., mss. fr., anc. fonds 3366-38, f° 97.)

---

63. — 22 octobre 1588. — Double de la commission de M. Rapin [1] de prévôt général de camp de l'armée de Poictou. (Bibl. nat., mss. fr., anc. fonds 3304-33.)

---

64. — 3 novembre 1588. — Estat des recepte et despence faictes par Mrs Germain Lecharron et Jehan du Tremblay, trésoriers de l'extraordinaire de la guerre, et Anthoine Bourderel, trésorier de l'artillerie, des deniers par eulx reçus de Monsieur le duc de Nevers, du s[r] Sipion Sardini [2] et de Mre Claude Lhoste, commis à

---

1. Le poète Nicolas Rapin, vice-sénéchal de Fontenay et prévôt des maréchaux, était aussi homme de guerre ; il se signala notamment à la bataille d'Ivry. Il mourut de passage à Poitiers en décembre 1608. Rapin hésita à accepter la commission de prévôt dans l'armée envoyée en Poitou à la fin de 1588, pour laquelle il ne paraît pas avoir été consulté et qui sans doute ne lui fut connue que quelques jours après la signature. Dès le 29 octobre 1588, il écrit au duc de Nevers qu'il ne peut, *faute d'argent,* se rendre à son armée. (Bibl. nat., mss. fr. 8908, fol. 97.) Cette lettre a été reproduite dans l'*Annuaire de la Soc. d'émulation de la Vendée,* 25e année, p. 189.

2. Scipion Sardini, baron de Chaumont-sur-Loire, avait épousé Isabelle de Limeuil, ex-maîtresse de Louis de Condé et fort mêlée aux négociations de Catherine de Médicis avec ce prince. L'hôtel « Scipion » existe encore près de l'ancien cimetière de Clamart. C'est la boulangerie centrale de l'Assistance publique de Paris installée dans un splendide palais du xvie siècle.

la recepte des deniers du marc d'or, suivant la vériffication sommaire qui en a esté faicte au conseil avecq le sieur de Corbes. (Bibl nat., mss. fr., anc. fonds 3404-34, f° 53.)

PREMIÈREMENT.

Recepte.

Le sieur Sardini a paié la somme de xx^m liv. de laquelle néantmoins ledit Lecharron n'a receu que xvi^m vi^c liv. pour employer au paiement des prestz du mois d'aoust. On trésorier de l'espargne Le Roy ii^m vi^c et on trésorier du Tremblay pour employer au paiement des Suisses de Guyenne viii^c liv., cy. . . . . . xx^m liv.

Plus encores icelluy Sardini a paié au dit Lecharron sur une rescription du dit trésorier de l'espargne Le Roy de la somme de lix^m vii^c iii liv. ii tz, la somme de. . . . . l^{m}vi^c xliii liv. ii tz.

Au dit Lecharron pour la levée de quatre bandes de gens de guerre à pied soubz la charge du sieur conte de Grantpré par autre rescription du dit trésorier de l'espargne. . . . viii^c liv.

Somme des deniers paiez par le dit Sardini au dit Lecharron : lxxi^m iiii^c xliii liv. ii tz.

Le dict du Tremblay a receu de Monsieur le duc de Nevers des deniers par luy prestez à Sa Majesté. . . . xl^m vi^c liv.

Du dit Sardini la somme de xxxvi^m vii^c xl liv. qui luy a esté paiée tant en la ville de Paris que en celles de Bloys et Tours, cy. . . . . xxxvi^m vii^c xl liv.

Plus sera fait recepte par le dict du Tremblay des deniers qui doibvent

estre empruntez d'auçungs receveurs
généraulx de la somme de. . . . . xxii^m liv.

Somme de deniers reçus par le dict
du Tremblay : cvii^m iii^c xl liv.

Le dict Sardini a paié au dict Bourderel sur une rescription de la somme de xxiii^mvii^c lv liv. la somme de. . xxi^m v^c liv.

Somme par fon qui a esté receue du dit Sardini.

Somme totale de la ditte recepte :
ii^{cm} ii^c iiii^{xx}iii liv. ii tz.

Assavoir.

De Monsieur le duc de
Nevers. . . . . xl^m vi^c liv.

Du dict Sardini sur les
vii^{xx}x^m liv. qu'il doibt paier
dans la fin du présent mois de
novembre . . . . vi^{xx} ix^m vi^c iiii^{xx} iii liv. i tz.

Du dict Lhoste des deniers
du dict marc d'or. . . . viii^m liv.

Et des receveurs généraulx. xxii^m liv.

Despence sur ce faicte par
le dict Lecharron. Sera cy
employé en despence semblable somme de xx^m liv. dont
recepte est faicte cy dessus
pour les prestz faictz durant
le dict moys d'aoust, cy. . xx^m liv.

Pour les prestz faictz durant
le moys de septembre par
icelluy Lecharron aux gens
de guerre à pied françois. . xxii^mlxvii liv. xlii s. ix d.

Les prestz faictz aux compagnies de chevaulx légers et harquebusiers à cheval durant le dit moys, la somme de. . . . ɪɪᵐ ɪɪɪᶜ ɪɪɪɪˣˣ ɪ liv.

Pour achaptz nécessaires pour les vivres et pour la levée des chevaulx et muletz, des dicts vivres, entretènement d'iceulx et gages d'officiers pour le dit moys de septembre suivant ce qui en avoit esté arresté à Chartres. . . . . xɪᵐ ɪɪᶜ ʟxvɪɪ liv. ɪɪ tz.

Pour la levée desdittes quatre compagnies du comte de Grantpré. . . . . vɪɪɪᶜ liv.

Pour les intérestz des deniers emprunctez à la dilligence du sieur Sardini. . . . . ɪɪᵐ vɪɪɪᶜ liv.

Pour les prestz faictz et paiez par le dict Lecharron aux colonnel et cappitaines suisses sur xxɪɪɪɪᵐ liv. pour l'ung des deux moys qui leur ont esté promis auparavant que de passer la rivière de Loyre. . . . . vɪɪɪᶜ vɪɪɪᶜ ɪɪɪɪˣˣxvɪɪ liv. xɪɪ s.

Plus au capitaine Baltazard sur la somme de ɪɪᵐ ɪɪɪᶜ ʟv liv. xxxɪɪɪ s. ɪɪɪɪ d. que monte le paiement de sa compagnie pour l'ung des dits deux mois faisant partie de la somme de xxɪɪɪᵐ liv. pour l'ung des dessus dits premiers mois . . . . . . xvɪᶜ liv.

Plus par ordonnance de Monsieur le duc de Nevers pour voiages. . . . . . ɪɪɪɪˣˣ xɪɪɪɪ liv.

Pour les frais du comptable   м liv.

Somme de la despence faicte par le dict Lecharron : Lxx^m ix^c vii liv. xxxv s. ix d.

Ainsi reste en ses mains : v^c xxxvi liv. iiii s. iii d.

Autre despence faicte par le dict du Tremblay. Pour le port, conduicte et voiture de la dicte somme de xL^m vi^c liv. despuis la ville de Lyon jusques à celle de Chinon, la somme de. . .   v^c xx liv.

Pour les intéretz de la somme paiée aux banquiers à cause de l'advance de quinze jours à raison de deux tiers d'escu pour cent. . . . .   ii^c Lxx liv.

Pour les prestz faictz aux régimens de Picardye, Saint Pol, Brivyeulx, Rubenpré, Lestelle et Lachastaigneraye pour les huict premiers jours du moys d'octobre. . . . . .   vii^m iiii^c i liv. xx s.

Les prestz faictz aux chevaulx légiers et harquebusiers à cheval pour mesme temps.   м Lxxix liv. L s.

Pour les prestz faictz pour les huit jours subséquens à aucungs des dits régimens. . . . .   vii^m vi^c x liv.

Aux chevaulx légiers et harquebuziers à cheval pour les seconds huict jours du dict moys. . . . .   xii^c liv.

Plus sera employé pour les prestz qu'il fault paier pour les dits second huict jours aux régimens de Saint Pol et Jarzay, lesquelz n'ont peu estre paiez pour s'estre embarquez pour aller trouver Monsieur le duc de Nevers, par estimation. ⟶ II^m IIII^c liv.

Pour les prestz faictz aux colonnel et cappitaines suisses sur ce qui leur reste des deux moys qui leur ont esté promis. ⟶ XXVIII^m IIII^c XXXVI liv.

A esté paié par le dict du Tremblay au trésorier de l'armée de l'artillerie sur son assignation de VI^m V^c liv. pour le dit moys d'octobre : assavoir pour la nourriture et entretènement des chevaulx et gages d'officiers de la ditte armée, VI^c liv.; pour la voiture par eaue de la ditte armée despuis la ville de Tours jusques à Saumur, VII^{xx} X liv.; pour les parties extraordinaires, C liv. et pour l'achapt de cent lances pour les compagnies de Messieurs les ducz de Nevers et Rethelois, LXVI liv. II tz. faisant en somme VI^m III^c L liv. cy. ⟶ VI^m III^c L liv.

Pour l'entretènement des chevaulx et muletz servans pour les vivres et gages d'officiers sur la somme de VI^m CXXX liv. destynée pour les dits vivres pour le dit mois d'octobre. . . . . . ⟶ III^m liv.

A esté aussy par luy paié au capitaine des sapes et mynes par advance sur ses estatz des mois d'octobre et novembre. . . . . II^c XL liv.

Plus sera cy employé en despence la somme de II^m II^c liv. soubz le nom du dit Sardini pour les intérestz des deniers emprunctez pour parfaire le paiement des VII^{xx} X^m liv. qu'il est tenu paier dans la fin du présent moys de novembre, et ce oultre les II^m VIII^c liv. cy devant emploiez pour autres intérestz, cy. . II^m II^c liv.

Somme des deniers par le dit du Tremblay : LX^m VII^c VII liv. X s.

Par ainsi reste ès mains d'icelluy sieur du Tremblay. XLVI^m VI^c XXXII liv. L s.

Autre despence faicte par le trésorier de l'artillerie. Est cy employé en despence soubz le nom dudit Bourderel la somme de XXI^m V^c liv. sur XXIII^m VII^c LV liv. qui luy a esté donnée d'assignation pour employer au faict de sa charge suivant l'estat faict par Sa Majesté en la ville de Chartres, cy. . . . . . XXI^m V^c liv.

Somme par fon.
Somme totalle de la despence cy dessus contenue : VII^{xx} XIII^m CXIIII liv. XLV s. IX d.

Et la récepte monte II^{om} II^{c} IIII^{xx}III liv. II tz.

Partant reste ès mains des dits Lecharron et du Tremblay la somme de XLVII^{m} CLXVIII liv. LIIII s. III d.

Assavoir :

Le dit Lecharron V^{c} XXXVI liv. IIII s. III d.

Et le dit du Tremblay XLVI^{m} VI^{c} XXXII liv. L s.

De laquelle somme de XLVII^{m} CLXVIII liv. LIIII s. III d. le Roy estant en son conseil a ordonné que mon dit sieur le duc de Nevers en fera faire le paiement et distribution ainsi qu'il sera par luy advisé, et néantmoins Sa Majesté estime que la distribution s'en doibt faire,

Assavoir :

Aux colonnel et capitaines suisses pour l'entier et parfaict paiement de ce qui leur reste à paier des XLVI^{m} liv. à quoy montent les dits deux moys à eulx promis, VII^{m} LXVI liv. XLVIII s.

A eulx qui leur sera donné par prest sur le moys d'octobre dernier, V^{m} V^{c} liv.

Pour les prestz de quinze jours des gens de guerre à pied françois, chevaulx légiers et harquebuziers à cheval, XX^{m} liv.

Pour six compagnies de gens d'armes qui peuvent estre à présent en la ditte armée, en icelles comprinse celle du sieur de La Chastre, VII^{m} liv.

Somme de la despence à faire sur les deniers estans ès mains des dits trésoriers, XXXIX^{m} V^{c} LXVI liv. XLVIII s.

Par ainsi restera encore en leurs mains, VII^{m} VI^{c} II liv. VI s. III d.

Et contre la somme de XX^{m} III^{c} XVI liv. I tz. que doibt le dit Sardini pour le parfaict des CL^{m} liv. qu'il est tenu paier dans la fin du présent mois de novembre, sur laquelle sera desduict la somme de iii^m viii^c xx liv., assavoir : iii^m v^c liv. pour la pourtion des vi^m liv. dont Sa Majesté a voulu descharger les grands maistres et chevalliers de Malte et iii^c xx liv. au cardinal Montealde sur vii^c liv. qu'il debvoit paier pour semblable et par ainsy ne restera plus à paier par le dict Sardini que xvi^m iiii^c iiii^{xx}xvi liv. 1 tz. desquelles sus dittes sommes sera faict paiement tant pour les estatz et appointemens des officiers de la ditte armée que pour la continuation des prestz aux gens de guerre à pied françois, suisses, gendarmerie, chevaulx légiers et harquebuziers à cheval, artillerie et vivres que pour autre despence survenante selon et ainsi que particullièrement pour le mieulx en sera advisé par mon dit sieur le duc de Nevers.

Mais est à noter qu'il est cy devant faict recepte des xxii^m liv. d'aucungs receveurs généraulx laquelle somme ne se pourra recevoir que sur la fin du présent mois de novembre.

Faict au conseil privé du Roy tenu à Bloys le troisiesme jour de novembre 1588.

Envoyé à Monsieur de Nevers par Monsieur le général Corbet.

---

65. — 22 novembre 1588. — « Instruction du roi Henri III au s^r de La Courbe, mareschal de camp en l'armée de Poictou, s'en retournant vers M. le duc de Nevers qui l'avoyt dépesché vers le Roy. » (Bibl. nat., mss. fr., anc. fonds 3363-83, f° 190.)

Premièrement.

Dira au dit s^r duc de Nevers le contentement que le Roy a de la diligence dont il a usé à l'acheminement de son armée si tost qu'il l'a peu faire, de sa prudence en l'élection de ce qu'il a entreprins pour le service de Sa Majesté, valleur et sage conduicte en l'exécution de son entreprinse comme la plus utile qu'il pouvoit faire pour les raisons escrittes par le dit s^r duc de Nevers et représentées par icelluy s^r de La Courbe de sa part, lesquelles Sa Majesté a bien considérées et trouvées très raisonnables s'asseurant bien que sa mesme prudence, valleur et conduicte apporteront au bien de ses affaires la suitte d'un si beau commencement à l'honneur de celluy qui l'aura mérité.

Et comme Sa Majesté dès lors qu'elle a donné le commandement de son armée au dit s^r de Nevers ça esté sans aucune prescription de ce qu'il debvoit entreprendre ains seullement en général pour exécuter ce qu'il jugeroit estre le plus à propos pour son service et le bien de son estat, Sa Majesté remect encores aujourdhuy au dict s^r de Nevers pour les mesmes considérations qui le meusrent alors, d'assiéger Beauvais sur mer, La Garnache ou Montagu, lequel il verra estre le plus à propos et le plus nécessaire selon les moyens qu'il en a.

Que Sa Majesté a commandé que tout ce qui fut promis et arresté avecques le sieur de Corbes [1] à son dernier partement feust envoyé pour le secours de son armée si desja il n'a esté faict à quoy le trésorier du Tremblay use de toute diligence et pour prévenir la longueur de ses assignations, il a desjà envoyé de son crédit une rescription de dix mil escuz à Nantes et en envoye encores présentement une aultre de pareille somme de dix mil escuz pour en tirer promptement secours et s'en servir en tout ce que le dict s^r de Nevers les pourra employer, cependant que l'on essaye de trouver quelqu'un qui veuille entrer en party sur derniers cent mil escuz que doibt le sieur Sardini, qui est tout ce qui se peult espérer maintenant de deçà, comme le dit sieur de Nevers l'a très bien recongneu luy mesme estant sur les lieux et icelluy sieur de Corbes [2], bien

---

1-2. La Courbe.

marrye Sa dicte Majesté qu'elle n'a moyen de faire davantage.

Pour le regard de la gendarmerie, la compagnye du sieur marquis de Bellisle qui a faict monstre depuis trois jours va trouver le dit sieur de Nevers et Sa Majesté choisira et ordonnera d'aultres compagnies pour aller rafreschir celles qui auront servy en son armée de Poictou, cependant qu'elle fera chercher les moyens de la faire paier, s'il luy est possible.

Et quant aux vivres, Sa Majesté escrit à M. de Nevers pour s'employer envers ceux de son païs de Bretaigne qu'ilz en secourent son armée attendu que c'est pour leur utilité et leur propre conservation, et oultre cela le sieur duc de Rectz pour l'affection qu'il porte au service de Sa Majesté, escrit à ses gens à Machecoul qu'ilz fournissent aux commissaires des vivres de la dicte armée cent cinquante muidz de bled mesure de Paris aux prix que le dit s^r de Nevers en fera par le cours du marché du pays. HENRY.

Faict à Bloys le xxiie jour de novembre 1588. RUZÉ [1].

66. — 15 novembre 1588. — Lettre relative aux succès obtenus dans le Poitou par le duc de Nevers. (Bibl. nat., mss. fr., anc. fonds 3405-27, f° 56.)

Monsieur, Je penseroys de faire tort à l'amytié que je vous porte et l'affection que je sçay que vous avez au bien général et particullier de cest estat et surtout à la restauration de la relligion catholique, ne vous faisant part de ce que j'ay remerqué depuis l'acheminement de l'armée en ce

---

1. Martin Ruzé, sgr de Beaulieu, de Chilly et de Longumeau, secrétaire des commandements de Henri duc d'Anjou, qui, devenu roi, le fit secrétaire des finances et, en 1588, secrétaire d'Etat, se rallia ensuite à Henri IV, fut trésorier de ses ordres, grand maitre des mines de France, et conserva jusqu'à sa mort, survenue le 16 nov. 1613, les fonctions de secrétaire d'Etat.

païs de Poictou qui m'a aultant pleu et à tous les gens de bien et bons serviteurs du Roy comme ceste armée commandée par ung prince dont la vertu et l'action ne peut à mon advis trouver de second, a esté par eulx désiré et est même très nécessaire, car je vous diray avec toute la sincérité que vous pouvez espérer de personne despouillée d'affection et de passion que l'on veoit en mon dit seigneur de Nevers ung désir très ardant de servir à Dieu et à son Roy qui a faict qu'il a porté très impatiamment la longueur du temps qui est passé auparavant que de pouvoir faire cheminer son armée, tant pour la saison qui s'est escoulée que pour ce que aulcuns ont voulu prendre ung subject de la calompnie et dire que son intention n'estoit conforme à ses actions passées et au désir qu'il a tousjours eu de veoir et pourchasser la ruyne des hucquenotz aultant que bon catholique zélé à l'honneur de Dieu et au service de son prince le peut et doibt faire, ne voullant telles choses recongnoistre ce retardement provenir de la nécessité des affaires du Roy, lesquelles, comme vous avez peu sçavoir, mon dit seigneur de Nevers a secouru de xl^m l. qu'il avoit, cuydant modérer ceste nécessité et servir d'exemple aux aultres catholiques zellés d'y apporter du leur, affin de la faire cesser entièrement, et ce faisant accroistre le moyen de faire la guerre aulx hucquenotz. Mais ce chemain a esté trouvé si difficile que aultre ne l'a voulu suivre, et pour le jourdhuy il n'y a espérance de pouvoir entretenir ceste armée jusques à la fin de ce mois si Sa Majesté n'y pourveoit. Or pour vous faire congnoistre l'affection que mon dit seigneur de Nevers a à l'extirpation de l'hérésie et restablissement de l'obéissance deue au Roy comme il n'a retardé ung seul jour à faire marcher l'armée, aussy tost qu'il y a eu argent pour faire seullement deux prestz aux gens de guerre d'icelle durant xv jours, il commença à cheminer la veille de Toussainctz comme plutost il eust faict n'eust esté la difficulté que les Suisses feirent de desloger de Chinon sans estre payez, au moins asseurez de leur payement des deux mois à eulx promis à Chartres et des prestz des mois d'octobre et novembre pour lesquelz il a fallu que mon dit seigneur de Nevers ayt faict sa propre debte parce que aultrement ilz estoient résoluz de ne desloger. Le vi du dit mois, il feit la reveue de son armée et le landemain commença à la faire cheminer comme il a faict et continue jusques à ceste heure, nonobstant les grandes pluyes et mauvais chemins, et a remis en l'obéissance du Roy huict chasteaulx et places fortes qui servoient de retraicte à ceulx de la relligion après les courses qu'ilz faisoient sur les catholicques et après qu'ilz avoient contrainct le peuple de payer au roy de Navarre les tailles qui sont deues au Roy, et dadvantage a remis ces derniers jours en l'obéissance de Sa dicte Majesté le chasteau et fort de La Forest et la ville de Mauléon dans laquelle y avoit quatre cens hommes commandez par cappitaines du roy de Navarre experimentez au faict de la guerre, et par ce moien a desgaigé quasi tous les villages qui estoient occuppez par ceulx de la relligion dépendants des retraictes de Touars, Monstreul Belloy et Tabliers, de Mauléon, de Lodun et de Saumur, et outre rendus libres tous le païs depuis Poictiers jusques à Angers et osté toutes les retraictes qu'ils avoient depuis Fontenay jusques à Montagu au grand contentement de la noblesse et du pauvre peuple qui loue infiniment Dieu que ceste conduicte d'armée ayt esté baillée à mon dit seigneur, car oultre les exploicts qu'elle a faict et qu'ilz en espèrent, elle vit avec tant de règle et ordre qu'ils n'en ressentent point de charge et d'oppression, qui plus est, mondict seigneur n'a acception de ceulx de la relligion de quelque qualité et condition qu'ils soient, ny pour alliance qu'ilz ayent, ny recommandation qu'il luy soit faicte par ses plus inthimes amys, pourchassant la ruyne du général et du particullier dont chascun espère que Dieu parachevera ce qu'il a encommancé en luy, restablissement en ceste province de la relligion catholique qui en plusieurs endroictz est anéantie et si avant que depuis xxv et xxx ans il n'en a esté faict aulcun exercice, chose pitoiable d'entendre et merveilleusement lamentable de veoir comme je puis dire aiant veu ung peuple vivant en ceste misère qui se disant catholicque ne sçait en quoy consiste la relligion. Je vous envoie le traicté faict entre mon dit seigneur de Nevers et ceulx de Mauléon à l'endroict desquels il a porté aultant d'humanité et de clémence comme la recongnoissance prompte de leur faulte et leur submission ensemble le méritent affin que d'ailleurs d'aultres à leur exemple ne s'opiniastrent à se rebeller et désespérez de leur bien et de leur vie, facent les exploicts ordinaires à ceulx de leur condition et d'aultant affaiblir les forces de Sa dicte Majesté qui se doibvent conserver pour les assaulx des places plus importantes et par ce que par ce traicté vous sçaurez juger la prudence et sagesse qui accompaigne mon dit seigneur de Nevers, je ne vous en diray dadvantage affin que ne pensiez que aulcune affection outrepasse la vérité, combien que me congnaissant et qui je suis, je m'asseure que vous ne le vouldriez croire aultre que c'est, chose que vous pourrez entendre de beaucoup d'autres et ainsi j'espère que me jugerez aussi véritable que je doibs estre et pour mon affection et pour la chose que je ne vous discoureray plus avant affin que d'ailleurs vous ne concepviez que je sème la doctrine de ceulx qui d'une mouche font un éléphant car ce n'est de ma profession ny de mon intention. Et pour faire fin je vous prie me conserver en voz bonnes grâces faisant estat de moy comme de vostre très humble et affectionné serviteur. Du camp devant Montaigu ce xv° jour de novembre 1588.

67. — **26 novembre 1588.** — Lettre du duc de Nevers au roi de Navarre. (Bibl. nat., mss. fr., anc. fonds 3405-21, f° 45.)

Monsieur, J'ay entendu par la lectre qu'il vous a pleu m'escrire comme vous désirez que les sieurs de La Tremblaye et Campet et le cappitaine Plessis vous aillent treuver suivant l'obligation qu'ils y ont par la foy et promesse qu'ils vous ont donnée, et à faulte qu'ils n'ont satisfait à la délivrance des sieurs de Lycramont, Corbon et Bareil comme ils s'estoient promis de faire, ce que je leur conseilleray tousjours d'effectuer comme chose que tous gentilshommes doivent avoir en singulière recommandation que l'observation de leur foy et promesse, et pour ce j'ay fait entendre au dit Campet vostre volunté qui seul est en ceste armée afin qu'il y satisface de sa part, car autrement je ne l'endurerois demeurer en lieu où je aye commandement. Et si les sieurs de La Tremblaye et Le Plessis estoient icy, je leur eusse fait pareil commandement. Quant à ceux qui estoient dans Moléon, ils ne se peuvent plaindre avec rayson de moy, car s'estans remis à la discrétion du Roy, je les ay receus à telle adjournement et non autre, sachans bien que je n'ay voulu entrer en aulcune capitulation avec eulx, ny moings leur promectre de leur sauver la vie qu'ils ne se soient souhzmis du tout à la discrétion de Sa Majesté. Si despuis je leur ay uzé de plus grande gratieuseté, elle ne doit estre comptée pour capitulation mais pour grâce pure et simple, et s'ils ont volu se fier plustost sur aulcuns soldatz et cappitaines que sur ce que je leur avois accordé et se jecter par dessus les murailles et retirer par des pertuis faits soubz terre [avec] noz soldatz dans le chasteau, sans actendre que je les fisse sortir comme j'eusse fait de là à une demy heure comme ils sçavoient bien que je m'y acheminois en toute dilligence, ils se sont mis en grand danger et fait beaucoup de tort à moy et donné beaucoup de peyne à les retirer des mains des cappitaines et soldatz comme enfin je l'ay fait de gratieuseté et non d'obligation, nonobstant que plusieurs se fussent desjà mis à rençon, parce que je fis déclarer par Monsieur de La Chastre qu'ils estoient mes prisonniers et qu'ils ne pouvoient se obliger deux fois, et pour parachever la courtoysie entière, je fis achepter deux fois aultant de petis chevaulx pour les monter que je leur avois promis, et puis je les ay fait conduyre en toute seurté jusques dans Fontenay avec recognoissance d'eux d'avoir receu fort bon traictement de moy, et que le malheur advenu à eulx n'estoit provenu de moy ains de leur crainte et précipitation. C'est pourquoy, Monsieur, ils ne peuvent ny doibvent justement prendre aulcune occasion d'avoir esté mal traictez par moy, ains estans gens d'honneur recognoissant le fait comme il s'est passé, advouer que je n'ay obmis aulcun debvoir pour les rachepter comme j'ay fait de la misère qu'ils s'estoient pourchassés, et partant qu'ils ne peuvent mectre en doubte ce qui est trop clair sans faire tort à leur foy et honneur. Au moyen de quoy, Monsieur, il n'est point de besoing de mectre ceste affaire en doupte, ny en dispute comme je ne prétans pas de faire, qui est tout ce que je vous diray par la présente après vous avoir baisé très humblement les mains et supplié Dieu vous donner,

Monsieur, tout ce qui vous est nécessaire. Du camp soubz Montaigu, ce xxvi novembre 1588.

---

68. — 2 décembre 1588. — Articles de la capitulation faite par le duc de Nevers à ceux de Montaigu. (Bibl. nat., mss. fr., anc. fonds 3976-105, f° 212.)

Articles accordez par Monseigneur le duc de Nevers, prince de Mantoue, pair de France, gouverneur pour le Roy en Picardie et lieutenant général pour Sa Majesté ès armée de Poictou aux sieurs de Coulombières [1], commandant député par le roy de Navarre en la ville et chasteau de Montaigu, des Préaux, maistre de camp des gens de pied estans en icelle, et de La Courbe [2], Beauvois, Gardel, Chafaut, Cachery, Monternault, Mustière, Boucherie, Lauriguays, Corbejollières [3], Cadusière et de Rosye, tous cappitaines et gentilzhommes remectans la dicte ville et chasteau de Montaigu, entre ses mains pour et au nom du Roy, suyvant la sommation à eulx faicte le dernier jour du mois passé par le hérault de Sa Majesté.

Premièrement ont les dessus dits promis et se sont obligez sur leur foy et honneur de remectre la ditte ville et chasteau de Montaigu entre les mains du Roy, pour lequel mon dit seigneur de Nevers représentant sa personne en ceste armée, les recepvra.

Mais d'autant que les sus dits gentilzhommes et cappitaines ont remonstré à mon dit seigneur qu'ilz espèrent estre bien tost secouruz du roy de Navarre et que à cest effet l'ont supplié de leur donner temps et délay de huict jours à exécuter la ditte reddition pour advertir le dit roy de Navarre de leur résolution, mon dit seigneur de Nevers

---

1. Colombières passa aux catholiques en sortant de Montaigu.
2. Il suivit Colombières dans sa défection.
3. 5 avril 1597, René Grignon, sgr de La Pellissonnière, envoie Le Bois, son serviteur, à sa maison de La Belotière (paroisse de Saint-Michel-Montmercure), afin d'en faire sortir le sr de La Corbe-Jollière et ses complices qui s'y sont mis par force le 27 mars, lesquels refusent d'en sortir. — 7 avril 1597, ledit René Grignon dépêche Le Bois à Parthenay porter ses lettres à Malicorne pour lui faire entendre la violence de La Corbe-Jollière et lui faire commandement de lui remettre La Belotière. A cette occasion, Le Bois est en outre adressé au procureur de son maître à Poitiers, pour lui faire présenter une requête au présidial relativement à cette affaire. Un peu plus tard, Grignon adresse une seconde requête au présidial qui rend enfin une ordonnance dont La Corbe-Jollière ne tient aucun compte. Il se décide enfin à rendre La Belotière sur l'ordre de Malicorne, le 18 mai, et René Grignon fait aussitôt occuper cette maison par six soldats. La garnison fut par lui bientôt réduite à trois soldats. Dans la nuit du 25 novembre 1595, Lagrange-Marronnière et de La Rivoire, ligueurs, avaient déjà fait une tentative sur La Belotière qui n'avait pas réussi. (Livre de comptes de R. Grignon. *Annuaire de la Vendée*, 1860.)

a esté bien aise de telle nouvelle et leur a accordé très volontiers le dit délay commençant le jour d'hier jeudi premier de ce mois que les sus dits sont venuz le trouver et finissant à pareil jour à soleil couchant viiie de ce présent mois non pour autre effect que pour donner le loisir et occasion au dit roy de Navarre de venir au combat avec ceste armée s'il aura telle volonté, de laquelle il leur accorde davantaige que au cas qu'il en demourast victorieux et maistre du camp et de l'armée ou qu'il le contraignist de lever le siège de ceste ville et se retirer de devant luy, mon dit seigneur de Nevers quicte dès à présent la foy et promesse que les sus dits luy ont donné de luy rendre la ditte ville et chasteau entre ses mains. Ce que mon dit seigneur de Nevers leur a accordé tant seulement pour donner occasion au dit roy de Navarre de les venir secourir selon l'asseurance que les sus dicts luy ont dict qu'il leur a promis de faire et en ce faisant luy livrer la bataille car sans ceste attente il n'eust accordé le dit délay.

Mais le dit viiie de ce présent mois venu sans que le dit roy de Navarre ayt donné et gaigné la bataille ou contrainct mon dict seigneur de lever le siège de ceste ville et se retirer de devant luy, les sus dits gentilzhommes et cappitaines avec tous les gens de guerre sortiront le dit jour de la ditte ville et chasteau et les remectront à l'instant ès mains de mon dit seigneur sans user d'aucune difficulté, ny délay, nonobstant que par surprinse il peut entrer dans la ditte ville durant le dit temps quelque secours de gens de guerre contre et au préjudice de la suspension d'armes cy après accordée, par ce que mon dit seigneur n'entend point que les sus dicts gentilzhommes, cappitaines et soldatz puissent estre exempts de la foy et promesse de luy remectre la dicte ville et chasteau entre ses mains le dict viiie de ce mois pour aucun secours qui peust entrer dans la ditte ville durant le dit temps ains seulement au cas sus dit que le dit roy de Navarre demourast victorieux par une bataille du champ et arrivée de ceste armée ou qu'il le contraignit de lever le siège et se retirer de devant luy, à quoy les sus dits gentilzhommes et cappitaines tant en leur nom que pour leurs soldatz, se sont obligez par leur foy et honneur.

Et pour ce que l'artillerie n'a point encores commancé à tirer en batterie et que les tranchées n'estoient encores point advancées jusques sur la contrescarpe, mon dit seigneur a accordé que les ditz gentilzhommes, cappitaines, lieutenans et enseignes sortiront hors de la ditte ville et chasteau sur ung courtault avec les armes qu'ilz auront sur eulz ou feront porter par leurs valletz à pied, desquelles à cest effect ilz bailleront ung roolle à mon dit seigneur affin que aultres que ceulx de la qualité sus dicte ne abusent de la sus ditte permission, et pour le regard des soldatz ilz sortiront avec leurs espées et harquebuzes qu'ilz tiendront soubz le bras la mèche estaincte sans que aucuns des sus dicts soient fouillez, ny recherchez de ce qu'ilz porteront sur eulx.

Et en cest équipaige mon dit seigneur les fera conduire en toute seureté par monsieur de Laverdin, lieutenant général pour Sa Majesté au gouvernement de Poitou, ainsi qu'ils ont désiré, jusques à six lieues loing de la ditte ville de Montaigu et de là mon dit seigneur leur baillera le héraut du Roy et ung trompette pour les accompaigner jusques à Fontenay, pendant et durant lequel temps de la ditte conduite et jusques à ce qu'ilz soient en la ditte ville de Fontenay, les dessus dits ont promis de ne faire aulcun acte d'hostilité.

Et quand à ceulx qui se trouveront estre sortiz volontairement des régimens de ceste armée pour rentrer en leur party comme aussi ceulx qui sont sortiz de Moléon, ilz ne seront comprins au nombre des dessus dits nommez.

Et pour le regard des malades et blessez, mon dit seigneur leur baillera toute seureté pour les conduire au lieu où tous s'accorderont d'aller moiennant qu'il ne soit plus esloigné de six lieues de ceste ville.

Et parce que Monseigneur le duc de Mercur a desiré que La Chesnaye, cappitaine de chevaux légiers establiz en son gouvernement de Bretaigne, soit mis en liberté, mon dit seigneur de Nevers veult et entend que les sus dits gentilzhommes et cappitaines s'obligent de délivrer le dit cappitaine La Chesnaye en la ville de Nyort en toute liberté dans le xxme de ce mois, quicte de toute rançon et de toute autre despence comme aussi feront en semblable dans le dit temps le sieur de La Fresnaye Merrin qui est leur prisonnier. A quoy les sus dits gentilzhommes et cappitaines par leur foy et honneur se sont obligez.

Pareillement mestront en liberté tous les prisonniers qu'ilz trouveront en la ditte ville de quelque qualité qu'ilz soient.

Et quand au surplus des armes, chevaux et équipage, munitions de guerre et vivres, ilz les délaisseront en la ditte ville et chasteau sans qu'il en soit rien gasté, dissippé, ny caché pour en estre faict et disposé ainsi qu'il plaira à mon dit seigneur entre les mains duquel ilz représenteront et mectront le dit viiie jour de ce mois toutes les cornettes et enseignes de cavalerie et infanterie qu'ilz ont, comme aussi les quaisses et tambours spécialement celles faictes de cuivre.

Et pour seureté et accomplissement des choses promises par les sus dits gentilzhommes et cappitaines demoureront en ostaige entre les mains de mon dit seigneur les sieurs de Chaffaut, le filz aisné de La Ferté, escuiers, La Courbe-Jolliers, Beauvais, Mussetière, La Courbe Daujon, lieutenant du sieur de Colombières, Cadusière et Loriguay jusques à ce que la ditte ville et chasteau soient entre ses mains, auquel temps mon dit seigneur les laissera aller avec les aultres gentilzhommes et cappitaines à Fontenay soubz la conduicte à eulx cy dessus promise.

Pendant et durant lequel temps du jeudi vııı^e de ce mois y aura suspension d'armes entre les soldatz de ceste armée et les assiégez et ne pourront les dits assiégez faire besongner et travailler aux fortiffications de leurs ravelines, fossez, ville et chasteau. Et pour cest effect mon dict seigneur envoiera les sieurs Doisonville et Beauregard, gentilzhommes de sa maison, dans la ditte ville et chasteau, pour avoir l'œil et prendre garde à ce qu'il n'y soit contrevenu, l'un desquelz viendra une fois le jour advertir mon dit seigneur s'il y auront faict travailler ; aussi mon dit seigneur leur a promis que durant le dit temps il ne fera advancer les tranchées et approches de la ditte ville plus avant qu'elles sont à présent.

Faict au camp prez Montaigu le ıı^e jour de décembre 1588. Coulombieres. Lacourbe. Préau. Gardedeuly. Beauvois. de Rosye. Cachery. Chaffault. Monternault. Boucherie. Lauriguays. Mussetière. Cadusière. Corbeiollière.

Collation a esté faicte à l'original par moy soubsigné, secrétaire de mon dit seigneur le duc de Nyvernois, ce xxıı^e décembre 1588.

---

69. — 3 décembre 1588. — « Mémoire du duc de Nevers servant d'instruction à Monsieur de Gesvres [1] concernant la reddition de la ville et chasteau de Montaigu et l'estat de son armée. » (Bibl. nat., mss. fr., anc. fonds 3411-79, f° 163.)

S'il estoit au pouvoir de M. de Nevers d'extirper en ung jour tous les hérétiques, il le feroit de très bon cueur, car ce seul désir accompaigné du commandement du Roy luy a faict entreprendre la charge de ceste armée sans avoir esgard à son indisposition et incommodité de sa personne en saison si fâcheuse qu'est ceste cy et pour entreprises si

---

1. Louis Potier marquis de Gesvres, secrétaire d'État.

contraires à l'hiver que sont les sièges des villes. C'est pourquoy il auroit très agréable qu'il fut en son pouvoir de tailler en pièces tous les huguenotz de ce royaume sans perte de bons catoliques et serviteurs de Sa Majesté, ny consommer si peu de munition de pouldre et boulletz que à grand peine l'on luy a faict fournir pour tirer seulement iiii^m coups qui ne sont que soixante milliers de pouldre. Lesquelz pour le moment se consomment en une ville tant soit peu forte et garnye d'artillerie, ce qui luy a donné occasion de prendre plustost par composition les villes de Moléon et de Montégu que par la force et par conséquant contrainct de laisser aller les huguenotz qui estoient en icelles, chose qu'il a toutesfois faict à grand regret, ne désirant espargner la vie des dits huguenotz non plus qu'il a consommé tous les dits biens qu'il peult avoir en sa puissance, car aultant de chevaulx ou maisons de gentilzhommes ou autres qu'il peult attraper, il les mect toutes en la main du Roy, et les meubles qui y sont, en baille partie aux soldatz qui les preignent et l'aultre partie la réserve pour le Roy, qui est bien loing de leur bailler des sauvegardes et conserver leurs maisons, ce que aucune armée n'a poinct encore faict jusques à présent.

Toutesfois si Sa Majesté trouve mauvais ceste forme de redition que mon dict seigneur de Nevers a gardé pour remectre ses deulx places en son obéissance, et qu'il luy commande de ne faire plus aucune capitulation avec les dits huguenotz sans avoir esgard à la perte des gentilzhommes bons cappitaines et soldatz qui se pourra faire et au danger qu'il y a de faire perdre le courage aux soldatz estans une fois rebutez d'un assault, ny à la longueur de temps qui se pourra employer, mon dit seigneur de Nevers promect bien à Sa Majesté sur sa foy et honneur qu'il ne fera plus aucune capitulation, ains seullement qu'il mectra peine de les faire tailler tous en pièces, à quoy il n'y espargnera sa propre vie, mais il ne veult pas promectre qu'après que les soldatz auront donné quelque assault, qu'ilz preignent plaisir de continuer longuement se mestier et qu'en fin ilz ne s'en rebutent, chose que mon dit seigneur de Nevers tâche d'éviter tant qu'il peult, recognoissant que la prise des villes ores qu'elle soit faicte par composition, conserve et accroist le courage aux soldatz, donne grande réputation à l'armée de Sa Majesté, et dyminue celle de ses ennemis, et pour cest esfect, il a tousiours conduict les approches des dictes deux places avec toute la seureté et conservation des soldatz qu'il luy a esté possible pour ne les perdre mal à propos et leur donner occasion de croyre qu'il désire de les conserver pour entreprise signallée, ce que les dits cappitaines et soldatz ont desjà très bien remarqué et faict prendre grande créance au commandement que mon dict seigneur de Nevers leur faict, toutes lesquelles considérations mon dit seigneur de Nevers ne ballancera aucunement avec le commandement qu'il plaira à Sa Majesté de luy faire de ne capituler plus avec les huguenotz, si telle sera sa vollonté, laquelle pourtant il supplie très humblement de la luy voulloir déclarer affin de ne faire chose qui luy puyse desplaire.

Bien veult-il supplier très humblement Sa Majesté de considérer que ceste ville de Montégu n'a esté aucunement desmantelée, mais bien le chasteau, et quelque peu les ravelins qui estoient hors de la dicte ville, lesquelz les huguenotz ont remis en bon et suffisant estat comme ilz en ont eu le loisir depuis le jour de St Pierre, 29 juing, qu'ilz se saisirent de la dicte ville jusques à maintenant qui sont cinq mois entiers, et en oultre ont curé les fossez où il en a esté besoing, et relevé et reparé les brèches du dit chasteau sur les ruynes d'icelluy et faict des retranchemens tant dans la ville que chasteau lequel est imprenable du costé hors de la ville à cause de la quantité d'eaue qui y est et difficulté de monter jusques à la brèche tant pour la grande haulteur que pour les pierres qui y sont advenues à cause de la susdicte desmolition, ce qui a contrainct mon dict seigneur de Nevers, après avoir recognu par plusieurs fois la dicte ville et chasteau, de faire les approches vers le ravelin de la porte Nostre Dame pour gaigner le dict ravelin auparavant que de faire la brèche qu'il prétendoit faire à la ditte ville en ung pan de muraille dessendant vers l'estang que faict le petit ruisseau, parce qu'il estoit battu par courtyne dans la ville, qui estoit ung grand advantage pour les soldatz de ceste armée en donnant l'assault. Vray est que les ennemis recognoissant la foiblesse du lieu et se doubtant d'estre attaquez de ce costé là ilz avoient faict quelques retranchemens par le dedans, mais mon dict seigneur de Nevers aiant pris le dit ravelin il estimoit venir à bout de la prise de la dicte ville par la dicte brèche, mesmes par ce que les deux fossez de la ditte ville qui sont en cest endroict ne sont guères malaisez pour donner l'assault; toutesfois à la prise dudit ravelin et de la ditte ville il estimoit estre impossible d'empescher qu'il ne se perdist bon nombre de gens de bien, particullièrement au dict ravelin, pour estre lededans batu à plomb du portail et autres tours et murailles de la ditte ville, de sorte que pour prendre la dicte ville par force il luy eust convenu faire donner deux assaulx, l'un au dit ravelin l'autre à la courtine de la ville, ainsi qu'a esté dit cy dessus.

Et pour le regard du chasteau du costé de la ville il n'en peult parler sinon de ce qu'il a recognu d'un costé, qui est ung grand fossez à fondz de cuve qui y est demeuré et bien que la muraille au dessus du fossé ait esté ruynée, qui donne argument de croyre que l'on eust prou de peine à passer oultre au dit fossez et fondz de cuve pour les forcer dans les dictes ruynes qui eust esté le IIIe assault possible plus fâcheux et hazardeulx que les deux aultres sus dictz, ausquelz trois assaulx ne fault doubter qu'il ne feust mort ou blessé un grand nombre de cappitaines et soldatz, si la résolution eust esté prise de ne voulloir recevoir les assiégez à aucune composition, oultre le temps qu'il y eust fallu employer, que mon dit seigneur de Nevers estime pas moins de quinze jours encores sans la pouldre et boulletz qui y eussent esté consommez.

Lesquelles raysons et considérations mon dit seigneur de Nevers, mesme par l'advis de tous ses seigneurs qui sont auprès de luy, de recevoir la dicte ville par la voye de la dicte composition plustost que de hazarder celle de l'assault.

Et parce que aucuns pourroient trouver estrange qu'il laissast aller les cappitaines et soldatz qui se seroient mis entre ses mains à la miséricorde du Roy sans les faire tailler en pièces, il supplie très humblement Sa Majesté de luy déclarer si elle a eu agréable qu'il ait faict paroistre sa miséricorde à ceulx qui estoient dans Moléon qui se sont soubmis à sa discrétion ou aultrement ne l'ayt trouvé mauvais, car en ce cas, il ne recevra plus aucun à discrétion ou aultrement ains par assault il mectra peine de les faire tailler en pièces parce que il luy seroit impossible de souffrir non que de commander de faire tailler en pièces les pauvres misérables qui se seroient renduz à discrétion, suppliant et requerrant à joinctes mains que l'on leur pardonnast et sauvast la vie, estant chose du tout contraire à son naturel et que son cueur abhorre trop, c'est pourquoy plustost que de venir à telle action cruelle et inhumaine, il aymera cent fois mieux de les faire tailler en mil pièces par ung assault lorsqu'ilz auront les armes à la main pour se deffendre combien que les hommes désespérez de trouver mercy sont coustumiers de vendre leurs vye bien chère à ceulx qui la leur pourchassent.

Et parce que l'on a faict entendre à Sa Majesté que ceste place de Montégu estoit du tout desmentelée et hors de la puissance des hommes de la garder, mon dit seigneur de Nevers auroit bien agréable qu'il pleust à Sa Majesté d'envoyer icy quelque bon cappitaine pour la recognoistre et justiffier les assurances que l'on luy a cy devant donné de la feblesse de ceste forteresse et de l'incommodité grande qu'il y a à faire les approches, parce que du costé de la ditte porte Nostre Dame ce n'est que tout roq, sur lequel n'y a pas ung pied de terre, au moien de quoy il a fallu commancer et continuer tous les dits approches par le moien de gabions, bariques et facines, desquelz gabions l'on en a eu faulte pour la difficulté de trouver bois propre à une lieue icy autour pour en faire, comme aussi des tonneaux ou pippes, qui fut cause d'empescher monsieur de La Chastre de pouvoir la nuict du premier jour de ce mois se loger sur la contrescarpe du ravelin comme sans doute il eust faict si les gabions et bariques ne luy eussent failly à mynuict parce qu'il en estoit près de quinze ou xx pas, qui peult tesmoigner l'yncommodité grande que l'on avoit et auroit encore eu davantage à parachever les dittes approches, jusques à donner l'assault et conséquemment la longueur du temps qu'il eust fallu y emploier.

Car de diligence il n'en a jamais manqué, parce que mon dit seigneur de Nevers a mis toute la peine à luy possible pour faire amener toutes les bariques et cuves qui se sont trouvées aux villages circonvoisins comme aussi à faire coupper tous les pieux et verges qui se sont trouvez propres icy autour pour faire des petits gabions, en actendant que l'armée qu'il a amenée et celle de Nantes fut arrivée, et depuis les premiers aproches que monsieur de Mercur[1] et luy avec messieurs de La Chastre et de Laverdin feirent la première nuict, les dits sieurs de La Chastre et de Laverdin n'ont failly chascune nuict à leur tour de faire travailler et advancer de tout leur pouvoir les dits approches, non sans grand peine et hazard d'eulx et de ceulx qui estoient en leur compagnie, car il n'a jamais passé aucune nuict qu'il n'ait esté blessé des sergens ou

---

1. Mercœur.

caporaulx des compagnies, des commissaires de l'armée et tué des pionniers tant parce que la lune esclairoit comme le jour, pour la proximité des approches de leur contrescarpe et de leur ravelin.

De la part aussi de M. de Nevers il n'y estoit rien obmis car depuis le matin jusques au soir il alloit à cheval d'une part et d'autre où il estoit de besoing pour faire diligenter les choses nécessaires pour faire les aproches la nuict ensuivant, et n'a failly aucun jour d'aller aus dits approches veoir la besongne qui auroit esté faicte la nuict précédente et arrester ce qui estoit nécessaire de continuer en la subséquante.

Mon dict seigneur de Mercur, prince valleureux, a trouvé bon de venir servir Sa Majesté en ce siège et de s'y employer comme il a faict hardiment et de tout son pouvoir, mesme voullut prendre la peine de veiller toute la nuict du premier jour de ce mois à faire loger toutes les pièces de l'artillerie de là l'eaue pour battre dans la ville comme il feit et fort bien nonobstant la pluye et mauvais temps qu'il fit ceste nuict là, de sorte que Sa Majesté se peult asseurer que chacun faict tout ce qu'il peult pour la servir bien fidellement, mesme messieurs le comte de Crissé, de La Roche Bariteau et Landreau se présentent icy tous les jours pour le service de Sa Majesté, et la nuict travaillent aux tranchées avec monsieur de Laverdin. Monsieur de Bort, lieutenant de l'armée, travaille aussi beaucoup sellon le deub de sa charge pour advancer ce qui luy est ordonné. Quand à messieurs d'Armentières et de La Chastre le jeune, mon dit seigneur de Nevers leur a ordonné de ne bouger de leur quartier pour battre la campagne du costé des ennemis comme aussi monsieur de Paulvé et de Chastillon, lieutenant de sa compagnie, et enseigne de monsieur le duc de Réthellois, son fils, et de mesme monsieur de Sagonne aiant charge de la cavallerie légière avec tous les cappitaines d'icelle, affin de se tenir préparez et empescher que le roy de Navarre ne puisse faire surprise sur aucune de leur trouppes ainsi qu'il pourroit faire si l'on faisoit mauvaise garde.

Quand aux maistres de camp de viii qu'ilz debvoient estre il n'y en a que trois qui sont Breignieux, Grandpré et Chasteneraye [1], les autres oncq n'y sont poinct et plusieurs compagnies sans cappitaines, qui rend une grande incommodité à commander aus dits régimans, desquelz régimans celluy de Picardye emporte l'honneur de obéissance et reigle combien que ce soit le plus petit et desgarny de maistre de camp et de cappitaines ; celluy de S¹ Pol rend aussy grande obéissance et faict fort bien son debvoir, et quand à Breigneux et comte de Grandpré, Monseigneur de Nevers reçoit grand contentement de tous deulx pour estre fort obéissans et affectionnez à leur charge et méritent que Sa Majesté ayt souvenance d'eulx aux occasions qui se présenteront ; il désireroit que La Chastaineraye feit de mesme, et quand aux aultres trois régimens de Rubempré, de Lestelle et de Jarsay n'aiant leur maistre de camp, ni tous les cappitaines, ils ne peuvent faire le debvoir qu'aultrement ilz feroient, c'est pourquoy mon dit seigneur de Nevers désireroit bien fort qu'il pleust à Sa Majesté si sa vollonté est de entretenir ceste armée qu'il luy pleust commander aus dits cappitaines et maistre de camp absans de venir exercer leur charge en personne.

Quand aux Suisses à la vérité ils gardent une pollice fort grande parmy eulx en sorte qu'il ne vient aucune plaincte d'eulx et en oultre sont fort obéissans à effectuer tout ce que mon dit seigneur de Nevers leur commande.

Mais la faulte d'argent accompaigné de l'injure du temps et incommodité que journellement chascun reçoit, rafroidit la vollonté de plusieurs, particullièrement des soldatz,

---

1. Chastaigneraie.

officiers de l'armée et des vivres, comme aussi les cappitaines des chevaulx et muletz de deux équipaiges, de sorte qu'il ne fault nullement espérer de pouvoir tirer aucun service d'eulx tous si Sa Majesté n'a le moien de les pouvoir paier et continuer le pain de munition, au moien de quoy il plaira à Sa Majesté de résouldre promptement ou de donner les moiens sus dits pour entretenir ceste armée debout si elle la cognoist utile pour son service ou bien la licentier en partie et l'autre la mectre en garnison où elle le jugera plus à propos, car il est impossible de la retenir plus longtemps ensemble pour les pilleries et volleries qu'ilz ont commencé à faire au pauvre peuple catolique, n'estant en la puissance de mon dit seigneur de Nevers de les engarder d'empescher qu'ilz ne facent telles pilleries, n'estant paiez comme il leur a esté promis, et pour ceste mesme occasion n'a pas encore ozé faire publier les ordonnances nécessaires pour la conduicte d'une armée craignant de ne les rendre illusoires pour n'avoir moien de les faire garder, de sorte que la craincte qu'il a de veoir réduicts tous ceulx de ceste armée en une liberté efrénée par faulte de leur donner argent, vivres et par conséquent de se veoir réduict à estre chef des volleurs et non poinct des soldatz et de ruyner les bons subjectz de Sa Majesté au lieu de les rachepter et conserver, luy faict grandement désirer plustost que le malheur advienne, de se retirer hors d'icelle non pour se mectre en reppos par ce qu'il ne le désire aucunement, toutesfois et quantes qu'il pensera pouvoir faire tant soy peu de service à Sa Majesté ainsi qu'il le désire et est obligé, mais pour ne perdre si peu d'honneur qu'il a desjà acquis innutillement et sans faire aucun service à Sa Majesté, laquelle pour conclusions sera très humblement suppliée de déclarer au plustost son bon plaisir sur la conservation ou licentiement de ceste armée, et suivant icelluy donner les moyens pour effectuer ses commandemens ainsi que mon dit seigneur de Nevers fera de tout son pouvoir jusques à la dernière goutte de son sang qu'il a desdié pour le service de son Dieu et de son Roy souverain et maistre. Faict ce iii° décembre 1588.

---

70. — 5 décembre 1588 — 5 janvier 1589. (Bibl. nat., mss. fr., anc. fonds 3411-82, f° 167.)

Roolle des châteaux, maisons fortes et autres appartenans à ceulx de la nouvelle oppinion assises au pays de Poictou ès environs des villes de Moléon et de Montaigu, et depuis le dit Moléon jusques au dit Montaigu, lesquelles Monseigneur le duc de Nevers, lieutenant général de Sa Majesté en son armée de Poictou, a faict prendre, et baillé partie des dits chasteaux en garde à des gentilzhommes catholicques et serviteurs de Sa Majesté, lesquelz prenans la garde d'iceulx se sont obligez à mon dit seigneur de Nevers de les mectre entre les mains du Roy, et en faire ainsi qu'il leur sera ordonné par Sa Majesté ou par messieurs de Malicorne et de Laverdin, gouverneurs et lieutenans généraux du dit pays et de tenir main forte aux commissaires qui seront envoyez de la part de Sa Majesté sur les lieux pour faire inventaire des biens meubles et disposer des fruictz selon qu'il leur sera ordonné pour son service. Et pour le regard des autres mon dit seigneur de Nevers y a envoyé des commissaires des guerres accompagnez des commis des vivres pour faire inventaire des biens estans en iceulx et voir s'il y auroit des bledz et vins pour s'en servir soit pour ceste armée ou autrement pour le service de Sa Majesté et pour les bailler en garde aux gentilzhommes catholicques qui seront nommez par les dits sieurs de Malicorne et de Laverdin.

Et premièrement.

Le chasteau de Cursé [1] qui estoit occuppé par aucuns marchans de la ville de Loudun, huguenotz, a esté baillé en garde au sieur de (*sic*) tuteur des enfans mineurs ausquelz appartient le dit chasteau.

La maison de Bouillé Sainct Paul [2], appartenant au sieur de La Musse, gentilhomme huguenot, a esté prinse et baillée en garde au s^r de Bastenay, cappitaine de cent chevaulx légiers, aux charges et conditions sus dittes.

Le chasteau de La Garenne, maison forte près La Musse, a aussi esté prinse et baillée en garde au baron de La Rocheboussault avec le nombre de six soldatz pour la garde d'icelluy à raison de III liv. 1 tz. et le dit cappitaine x liv. par mois qui seront prins sur les fruictz de la terre.

A esté dépesché commission au s^r des Treilles pour la garde du chasteau de Beaurepaire [3] et luy a esté aussi accordé quatre soldatz et ung cappitaine pour la garde d'icelluy.

Et pareillement pour la garde du chasteau de Montfermier baillé au cappitaine Challenton avec le nombre de VI soldatz, à la mesme raison.

Les maisons du Parc [4] et Vandrene, appartenans à la dame de Rohan [5], baillées en garde au sieur des Roches Bariteaux [6] et à luy accordé six soldatz et ung cappitaine pour leur commander, à la mesme raison que dessus.

Le chasteau des Herbiers aussi baillé en garde au sieur de Landreau [7].

---

1. Près Loudun, commune de Curçay, canton des Trois-Moutiers.
2. Deux-Sèvres.
3. Commune de Beaurepaire, canton des Herbiers.
4. Parc-Soubise.
5. Catherine de Parthenay.
6. Gabriel de Chateaubriand, sgr des Roches-Bariteaux.
7. Charles Rouault, sgr du Landreau; David Mesnard, gentilhomme ordinaire de la chambre du roi, était sgr de Toucheprès, des Herbiers et de Roye.

Le chasteau de Boisfichet [1] près Moléon baillé en garde au cappitaine Buffé.

A esté dépesché commission à mon dit sieur de Laverdin pour faire ruiner entièrement la forteresse du chasteau de La Forest sur Sèvre [2] et le mectre en tel estat qu'elle ne puisse plus servir de retraicte aux volleurs du dict pays.

La maison de Doré en Anjou baillée en garde au sr conte de Crissé [3].

Aultre commission aux sieurs de la Vérie et du Vert pour la garde du chasteau de La Vadiolle [4] et permis de tenir quatre soldatz et ung cappitaine pour leur commander, à la mesme raison que dessus.

Aultre commission au sieur de Boisrenault pour la garde de la maison de La Boucherie des Landes Genusson appartenans à sa seur.

Autre au sieur de La Plissonnière [5] pour la garde du chasteau ou maison forte de L'Estang [6].

A esté dépesché commission à quatre commissaires des guerres et quatre commis aux vivres pour se transporter ès maisons de ceulx de la nouvelle opinion et faire inventaire des biens estans en icelles.

En la parroisse de Boufers [Boufféré],

Les Boulières,
Le Halay,
La Villenière,
Les Corneris,

En la paroisse de St André [Goule d'Oie],

La Droulinière,
La Boutardière.

En la paroisse de Vieillevigne,

---

1. Antoine Petit, écuyer, sr de Boisfichet et des Défens.
2. Le duc d'Uzès (Antoine de Crussol duc d'Uzès) était sgr de la Forêt-sur-Sèvre en 1573.
3. Charles Turpin, comte de Crissé.
4. Château de La Badiole près La Limousinière, commune de La Limousinière, appartenant aux Saligné, sgrs de La Limousinière, de La Lardière et de Badiole.
5. Pierre Grignon, sr de La Pellissonnière, mort le 1er juin 1597, avait eu commission de Malicorne pour ce château, le 10 janvier 1586.
6. Paroisse de Chavagnes-en-Paillers, aux Durcot.

La Dougnière.
En la parroisse de la Boissière,
La Fortesaigère,
La Rallière.
En la parroisse de la Lande Genusson,
La Boucherie.
En la parroisse de Sainct Georges [de Montaigu],
La Goyère,
La Clufrelière,
La Limosinière.
En la paroisse de Rochetermens [Rochetrejou],
La maison St Estienne.

En la paroisse St Denis,
La Roussière St Denis,
Le Chantenay,
Bugnon Lestang.
En la paroisse Saint-Hilaire de Loulay,
Le Landebier,
La Mussetière,
La Bouginière.
En la parroisse de Chavaignes [en Paillers],
Lestang,
La Gratière,
Lhulière,
En la parroisse St Sulpice.
La Chabotière.

La maison forte de Mermande près Fontenay [1], apartenant au sieur du dit lieu, a esté accordée au cappitaine Allerant s'il s'en peult sésir, ce 4 décembre 1588.

Les maisons de Ville Dot en la parroisse de Nieuil le Dolant et Le Fougerou [2] qui est de la baronnie de Bournezault ont esté [3] accordées au sieur de Bournezault fils de monsieur de Landreau s'il s'en peult sésir, ce 5 décembre 1588.

La maison de La Vergne Chauvignière en la parroisse de Beaufou apartenant au sieur du dit lieu [4] a esté accordée au cappitaine Jehan Corso s'il s'en peult sésir, le 5 décembre 1588.

Et monsieur de La Roussière [5] a demandé le 7 du dit

---

1. Paroisse de Mareuil.
2. Fougère.
3. Louis, baron de Bournezeau, fils de Charles Rouault, sgr du Landreau, huguenot passé aux catholiques, et de Charlotte de la Trémouille, baronne de Bournezeau.
4. Paul Robineau, de la famille des Robineau Saint-Martin.
5. René Girard, sgr de La Roussière et de Culdebray.

mois les meubles estans en la ditte maison qui sont 2 jours après qu'ilz ont esté à faire selon.....

En la paroisse de Mouchant

La maison de l'évesque de Mouchans.
La maison de Boilinière.
La maison de Sannit.

Les 7 maisons cy encloses et les 2 au dessus ont esté baillées par mémoire par M. le baron de Bournezault le 5 janvier 1589.

La maison de la Bixconnière sise en la paroisse de Dampierre.
La maison de Marmande en la paroisse de Mareuil.
La maison de Girence en la paroisse de Mareuil.
La maison de la Ginne Mandière (Guinemaudière) en la paroisse de St Martin.
La maison de la Chaboterye en la paroisse de... à six lieues de La Garnache est au sieur du dit lieu catolique, mais sert de retraite aux huguenots et monsieur de Sagone y a mis des soldats dedans.
La maison de... en la paroisse de... a deux lieues de La Garnache en laquelle y sont... soldats qui l'ont prise et est bien [1].

---

[1]. Le reste est coupé.
Les documents de cette nature ne sont pas communs. On peut conférer avec ceux que nous publions [*], outre l'intéressante pièce donnée par notre collègue M. E. Cesbron, à la fin du volume, le mandement donné le 4 février 1528-1529 par François de La Trémouille vte de Thouars, prince de Talmont, lieutenant pour le roi en Poitou, Xge et La Rochelle pour le logement et mise en garnison de la compagnie de Guy cte de Laval, beau-père dudit vte de Thouars, trouvé par feu Paul Marchegay dans les archives du châ-

[*] V. ci-dessus, n° 51.

71. — 9 décembre 1588. — Lettre de Monsieur de Nevers [1] au roi Henri III. (Bibl. nat., mss. fr., anc. fonds 3405-12, f° 28.)

Sire, Ceulx de Montaigu viennent de sortir et ont remis la ville entre les mains de Vostre Majesté, laquelle suivant le commandement que je viens de recevoir d'elle, je permecteray à ceulz de Nantes de la faire razer, pouvant bien assurer Vostre Majesté que ceste place se feust faicte avec fort peu de fraiz une des fortes de son royaume, mais sur ce subject je ne lui en diray aultre chose parce que le sieur de Miraumont, présent porteur, suppléera à tout ce que Vostre Majesté pourra désirer de savoir, comme celluy qui s'est grandement employé à vous faire service, et qui mérite d'estre bien veu par Vostre Majesté pour le regard de ceste armée. Je supplie très humblement Vostre Majesté de ne trouver mauvais si je luy dis que je me trouve eschoué ne sachant plus que faire, ny que dire, car dès hier commença le IIIIe prest qui est deub aux soldatz et le IIe duquel ilz ont faict la reveue ne leur a pas encore esté paié ce qui leur sera toutesfois fait demain. Ilz ont esté deux jours et demy sans pain par faulte que ceulx de Nantes n'ont voullu ne secourir de plus de CL^m pains et ceulx d'Angiers pas ung seul, cependant les pauvres soldatz estoient à la boue jusques au genou, la plus part sans chaus-

---

teau de Beauvais, commune de Saint-Léger de Montbrun (Deux-Sèvres), et publié par lui dans l'*Annuaire de la Vendée*, XVIe année, 1868-69, p. 176.

Les localités qui reçoivent alors garnison sont les suivantes: Fontenay-le-Comte, Beauvoir-sur-Mer, la Garnache, les Herbiers, Luçon, Mouchamps, Mouilleron, Puybelliard et Chantonnay, Argenton-Château, Menigoute, Parthenay, Saint-Maixent.

Ce mandement était la conséquence d'une ordonnance donnée par François Ier à Saint-Germain-en-Laye le 31 décembre 1528, visant en outre le logement de la compagnie de Claude de Rieux, autre gendre du comte de Laval; cette dernière répartition ne nous est pas parvenue.

1. Cette lettre porte évidemment à tort le nom de M. de Miromont. De pareilles erreurs sont fréquentes dans les annotations des pièces de l'ancien fonds.

ses et soulliers parce que pour entrer en garde il falloit qu'ilz passassent ung ruisseau où il n'y avoit pont ni commodité d'en faire et en ce misérable estat demeurer toute la nuict et tout le lendemain avec une continuelle pluye sur le dos, de sorte, Sire, que quand j'aurois la patience de Job pour supporter les crys, que toutes sortes de gens font contre moy, il seroit impossible de pouvoir plus longtemps retenir les soldatz ensemble, et deffaict les compagnies commencent fort à ce dyminuer tant à cause des blessez et mallades que pour le travail qu'ilz ont enduré sans proffict, par ce que le pilliage de ces deux villes ne leur a pas vallu 5 s. et n'en espèrent pas davantage des autres, disant que ung pauvre maneuvre reçoit bien huit et x s. par jour, et retourne coucher chez lui bien à son aise et que eux n'ont que six solz et quelquefois deux pains et sont harassez infiniment et mal couchez, de façon que je ne pense pas que ceste vostre armée ne soit deffaicte de la moitié dans ung mois qui est le temps que le roy de Navarre actend pour la venir lors combatre; voilà pourquoy je supplie très humblement Vostre Majesté de considérer tout ce que dessus et ordonner ce que bon luy semblera, et si elle prétend de maintenir ceste armée. J'estimerois très nécessaire de donner commission aux cappitaines du régiment de Picardye de faire leur reveue jusques à deux cens hommes qui viendront bien à propos dans ung mois ou six sepmaines, aussi pour dire la vérité, ce régiment garde une fort belle pollice et mérite d'estre bien traicté, ainsi que plus particullièrement Vostre Majesté le pourra entendre du dit sieur de Miraumont comme celluy qui congnoist l'ordre que tous les régimans gardent, lequel en oultre fera entendre aussi à Vostre Majesté la faulte qu'il y a ausdits régimens des maistres de camp et cappitaines au temps qu'ilz debvroient y courir en poste pour avoir l'honneur de commander. Il vous auroit pleu de faire lever vi^c pionniers desquelz il ne s'en est trouvé à la reveue que avant hier je voullus faire moy mesme, que cini^{xx}xi desquelz de grande partie je n'en puis faire estat parce qu'ilz auront bientost servy les deulx mois qu'ilz sont obligez, au moien de quoy il seroit nécessaire d'en avoir ung vii ou viiie s'il fault continuer ce fâcheux mestier d'assiéger villes spécialement au cueur d'hiver. Le sieur de Coullombier se résould de quitter le roy de Navarre et de servir Vostre Majesté comme font aussi plusieurs autres huguenotz se voians chastouillez sur le vif, lesquelz je n'ay ozé recevoir ne saichant l'intention de Vostre Majesté, laquelle partant il luy plaira de me déclarer et me prescripre la forme que je auray à tenir pour les recevoir à pénitence, car je la garderay inviollablement comme je feray tout aultre commandement qu'il plaira à Vostre Majesté de me faire comme l'ung des plus obéissans et très fidel subject et serviteur qu'elle ait, lequel pour fin supplie le Créateur vous donner,

Sire, très longue et très heureuse vie avec l'accomplissement de tous voz désirs. Au camp de Montaigu ce ix décembre 1588.

---

72. — 13 décembre 1588. — Lettre de Henri III au duc de Nevers, lieutenant général de Poitou. (Bibl. nat., mss. fr., anc. fonds 3339-42, f° 94.)

Mon cousin, Ayant entendu qu'il n'y a aucun qui ayt à présent cet honneur de porter l'enseigne de la première compagnie du régiment de Picardie comme collonnel du dit régiment, j'ay advisé de la donner au sieur de La Ferrière, frère du sieur..., chevallier de mes deux ordres pour l'asseurance que j'ay qu'il se saura dignement et valleureusement acquiter de ceste charge et qu'il me fera fidel service en icelle comme tous ceux de la maison dont il est m'ont tousjours bien et fidellement servy, qui me fait vous escripre la présente pour vous prier de mander le dit sieur La Ferrière qui est à présent en mon armée de Poictou et luy commander de ma part de prendre la ditte enseigne comme aussy vous ferez sur ce entendre ma volonté au capitaine Roger, lequel commande à la ditte compagnie, et n'estant la présente à autre effect, je prieray Dieu, mon cousin, qu'il vous ayt en sa sainte et digne garde. De Blois ce xiii décembre mil cinq cens quatre vingt huict. Signé, HENRY et plus bas, RUZÉ.

Subscription : A mon cousin le duc de Nevers, pair de France, gouverneur de Picardie et mon lieutenant général en mon armée de Poictou.

---

73. — 13 décembre 1588. — Lettre de Monsieur de Nevers[1] au roi Henri III. (Bibl. nat., mss. fr. anc., fonds 3405-11, f° 26.)

Sire, Aiant monsieur de Laverdin veu le commandement que Vostre Majesté m'a faict par sa lectre du v° de ce mois de faire razer non seullement ceste place de Montégu, mais toutes les autres que je prendray en sorte que voz ennemis ne s'en puissent plus servir ny prévalloir, il a estimé ce commandement bien général vu que pour telle occasion il debvoit se achemyner, comme il faict présentement, vers elle, pour luy remonstrer de quelle importance telles desmolitions seront à Vostre Majesté et au bien de son dit païs mesme celle qui se faict de ceste dicte place qui à la vérité semble estre bien considérable, tandis que voz ennemis tiendront Marans et spécialement Fontenay, estant nécessaire d'avoir en ce bas Poictou quelques villes pour y tenir garnison afin d'empescher que voz ennemis ne se saisissent plus cy après d'autres places et les fortiffient

---

1. Cette lettre ne peut être que du duc de Nevers. Le copiste a écrit à tort le nom de Miraumont, alors sergent-major de bataille du duc de Nevers.

comme ilz ont faict cy devant mais d'aultant que le dit sieur de Laverdin est son lieutenant général au gouvernement de ce païs et bien instruict des affaires d'icelluy et qu'il pourra faire entendre de bouche bien particullièrement à Vostre Majesté le tout, je ne luy en diray aultre chose, sinon que suivant vostre commandement ceste ville se desmantelle en grande diligence, à quoy ceulx de Nantes ne se espargnent. Je vouldrois qu'ilz n'eussent non plus espargné le pain que je leur avois demandé dès le commencement de ce siège, car voz soldatz ne feussent demeurez trois jours et plus sans en avoir, qui les a grandement afligez et faict cryer contre moy-mesmes pour n'estre paiez de trois prestz qui leur sont deubz. Les officiers de l'artillerie et des vivres, et particullièrement les cappitaines des chevaulx et muletz n'en font pas moins, ne me laissent en repos et preignent occasion de mal servir par faulte d'estre paiez, tellement, Sire, qu'il n'est plus possible de faire rien qui vaille, mesme en ceste saison si rigoureuse que l'on est coustumier de mectre les armées en garnison, et non de les faire assiéger des places parce que au lieu de donner aux gens de guerre ung traictement bon et plus que de l'ordonnance afin de leur donner occasion de pacienter le mal qu'ilz endurent, l'on les traicte plus mal que l'on ne leur a promis et qu'ilz s'attendoient, de quoy je n'en ose plus importuner Vostre Majesté, et seullement la supplieray que si les moiens d'entretenir ceste armée luy défaillent qu'il luy plaise de se servir de moy en tout aultre occasion tant soient elles misérables que de ceste cy, pour ne pouvoir plus souffrir à estre la butte à toutes les injures et mesdisances que journalement l'on invante contre moy sans que j'aye le moien de vous pouvoir faire le service que désirois et désirerois encores de faire si j'en avois les moiens, et au contraire estre forcé à mon très grand regret de laisser ravager vos bons subjectz catoliques au lieu de les soullager et délivrer de la tyrannie des huguenotz, si j'eusse eu argent pour paier ceste vostre armée, je serois party d'icy dès le lendemain de la redition de ceste place au lieu que j'ay esté contrainct d'y séjourner sans rien faire et perdre le temps innutillement au lieu que si j'eusse eu l'argent nécessaire pour contanter chascun et empescher que vostre armée ne se débandast comme elle a commencé bien fort à faire, je feusse allé attaquer Fontenay et m'asseure que dans caresme prenant j'en feusse venu à bout veu les ruynes qui sont advenues aux fortz qu'ilz ont faict, de laquelle prise, Sire, s'en feut ensuivy plus facilement celles de Beauvoir, de la Garnache et de Talemont, au lieu que aians le loisir de remparer ce qui est tumbé comme ilz avoient y faisant travailler tous les jours sept ou viii^c païsans, la prise de la ditte ville se rendra très difficile et d'aultant plus parce que dans peu de jours, estant ce fâcheux mestier d'assiéger places en ceste saison d'hiver, vostre armée sera tellement affoiblye qu'il sera bien malaisé d'en pouvoir plus tirer le service qui seroit nécessaire sans la rafraischir et quasy renouveller pour avoir esté par trop harassée et ruynée de l'oraige du temps et fatigues qu'elle a enduré et du maulvais traictement. Ce n'est pas, Sire, pour m'excuser ce que j'en dys, car je tireray au collet tant qu'il me sera possible, moiennant que Vostre Majesté donne le moien de pouvoir contanter chascun et de empescher ma ruyne pour l'obligation faicte en mon propre et privé nom des xx^m liv. qui sont deubz aux Suisses à la fin de novembre, sans laquelle ilz ne fussent deslogez de Chinon comme Sa Majesté sçait. Je suis contrainct de dire aussi à Vostre Majesté comme vostre gendarmerie se dyminue bien fort, et tellement que si à ce mois de janvier elle n'est renouvellée, il n'y aura que les chevaulx légers. Les six cens pionniers qu'elle a faict lever sont réduictz à pres de ii^c au lieu de vi ou viii^c qu'il fauldroit pour attaquer Fontenay; quand à la pouldre, si ceulx de Beauvoir et des autres places se laisseront battre, il y en sera consommé bonne partie des

60ᵐ de pouldre que Vostre Majesté m'a donné et par conséquent il en demeurera peu de reste pour Fontenay lequel endurera bien ɪɪɪᵐ coups de canon, de quoy j'ay estimé en debvoir adviser de bonne heure Vostre Majesté afin que suivant sa vollonté et moiens elle puisse disposer ses affaires avant que le mal et inconvénient plus grand arrive. Monsieur de Laverdin, Sire, en dira plus amplement à Vostre Majesté comme celluy qui en est amplement informé, ne faisant rien que luy et monsieur de La Chastre ne sachent, pour les cognoistre très affectionnez à vostre service et anymés contre les huguenotz, et lequel ne espargne sa vye ny son bien pour vous rendre le très fidelle service qu'il vous doibt ; de quoy, bien que Vostre Majesté en soit asseuré j'ay estimé mon debvoir luy en toucher ce mot. Sire, monsieur de Malicorne m'a escrit que Vostre Majesté m'a donné la charge de faire paier les garnisons du Poitou, et me presse de ce faire, je la supplie très humblement de se ressouvenir qu'elle ne m'a donné aucun moien pour ce faire, et aussi peu pour paier ceste armée et pour ce ordonner qu'il soit donné quelque contantement aux garnisons du dit Poitou, comme il me semble très nécessaire parce que celles de voz ennemis sont fort bien paiées a ɪɪɪɪ liv. pour soldat par mois sans qu'ilz perdent rien, qui pourroit donner occasion à voz soldatz de faire quelque lâchetées comme bien souvant la nécessité achemyne et contrainct les hommes à faire, qui sera l'endroit où je feray fin en suppliant Dieu vous donner,

Sire, en très parfaicte santé, heureuse et longue vie. Du camp à Montaigu le xɪɪɪᵉ décembre 1588.

---

74. — 18 décembre 1588. — Lettre du sieur de Malicorne au duc de Nevers. (Bibl. nat., mss. fr., ancien fonds 3623-40, fol. 59.)

Monsieur, La miene lectre n'est que pour déguiser le sugect du voiage de ce porteur portant qu'il fust surpris par les chemins, qui est pour vous porter la lectre que le roy de Navarre escrit au comte de La Rochefoucault dont le porteur a esté pris par des soldatz de ma suicte près S¹ Jehan. Ne vous pouvant donner advis plus certain de ses dessaings que par là j'ay mandé à ceulx de Lusson de vous mander à toutes occasions ce qu'ilz aprendront de ceste part là, ce sera très à propos, Monsieur, que vous leur en faciez une recharge car estant le lieu du passage c'est d'où vous pouvez estre le plus seurement adverty. Je ne manqueray, Monsieur, pour mon regard, à vous rendre en ce qui regardera le service du Roy et le vostre particullier les effectz de l'obéissance que vous sçauriez désirer.

A Nyort le 18ᵉ jour de décembre 1588. Vostre très humble serviteur. MALICORNE.

---

75. — 19 décembre 1588. — Lettre du sieur d'Aumont au duc de Nevers, gouverneur en Picardie et lieutenant-général pour Sa Majesté en l'armée du Poitou. (Bibl. nat., mss. fr., anc. fonds 3336-56, fol. 115.)

Monsieur, Nous avons receu ces jours passez et voz lectres et les heureuses nouvelles de la reddition de Montagu, autant agréables à moy qu'à serviteur des vostres à qui elles ayent peu parvenyr, et à vray dire l'exploit n'a pas esté petit que la réduction d'une telle place en si peu de temps, car sans vostre providence et bon ordre je croy que cela eust pris plus de longueur, et y eust esté un autre bien empesché. De sorte que si vous estes secouru de moyens comme il est requis, il fault espérer une heureuse continuation de voz entreprises, à quoy je recongnoys le Roy si affectionné et qu'il vous soyt envoyé argent, qu'on rompt en vostre endroict la coustume de la court, qui est de ne se soucyer, ny se souvenyr des personnes quant elles en sont partyes, parce que Sa Majesté en prend tout le soing et peyne qu'il est possible. Monsieur de Retz et moy vous y servons de soliciteurs au mieux qu'il nous est possible. Le temps vous est encore assez favorable jusques icy, mais la rigueur de l'hyver s'approchant désormais, et après avoir establi de fortes garnisons, je croy que nous aurons cest honneur après cela de vous revoyr icy, où vous estes non moins désiré que nécessaire, car estant tel que vous estes, Monsieur, et prince si zélé au service du Roy et bien de cest estat, vous y pouvez extrémement servir, mesmes en la saison où nous sommes, où l'on recongnoist en ceste assemblée d'Estatz tant de partiz, brigues et menées qu'il n'en fault pas espérer grand fruict, car au lieu de requérir et pourchasser la restauration de l'Estat, ilz semblent qu'ilz en demandent la dissipation, ne tenant compte de secourir le Roy d'argent et d'autres moyens qu'ilz luy avoient promys pour satisfaire à la guerre contre les hérétiques, il leur a suffy de luy faire jurer l'union, et après ilz le laissent au besoing. Beaucoup d'autres choses se passent qui sont encore plus préjudiciables et ausquelles l'opposition des gens de bien est très nécessaire, car sans cela, ou que Dieu ne preigne compassion de noz maulx, je prévoy que la ruyne de ce pauvre royaulme est inévitable, je le prye que par sa bonté il veuille destourner ce malheur de nous. Il est temps qu'il nous monstre quelque rayon, car sans son secours, celluy des hommes semble bien petit. Monsieur, je finiray ceste-cy pour vous suplyer me vouloir tousjours honnorer de vostre bienveillance et bonne grâce, et croyre que vous n'y pouvez donner lieu à personne du monde qui soyt plus vostre serviteur que moy, qui en ceste vérité vous baise très humblement les mains et prye Dieu,

Monsieur, vous donner en très parfaicte santé heureuse et longue vie.

A Bloys ce XIX° décembre 1588. Vostre très humble et plus affectionné serviteur. DAUMONT.

76. — 22 décembre 1588. — Lettre du sieur de Malicorne au duc de Nevers. (Bibl. nat., mss. fr., ancien fonds 3623-41, fol. 60.)

Monsieur, J'ay cy devant commis la garde de la maison de Marmande[1] près Nueil[2] au sieur de Chateau Guibert[3], gentilhomme fort catholicque et affectionné serviteur du Roy, comme il en a faict preuve par la retraicte qu'il a donné en sa maison à ceulx qui sont allez recevoir les deniers du Roy au bas Poictou poursuivys par les ennemys. J'ay sceu toutesfois, Monsieur, que le cappitaine Aleran a obtenu de vous commission pour mesme effect et laquelle comme je pense vous luy avez accordée ignorant que j'eusse donné la mienne au dict sieur de Chateau Guibert, lequel je vous suplie très humblement permettre qu'il en joysse comme j'espère que vous ferez et que vous me ferez cest honneur de maintenir en cella et toutes aultres choses le pouvoir que j'ay du Roy. Je vous ay ces jours passez envoyé ung de mes lacquais et par luy escript ce que j'avoys appris des desseings du roy de Navarre. Présentement ung gentilhomme et de créance me vient de donner advis que messieurs de Chastillon[4] et le vicomte de Gourdon arrivèrent hier au soir à St Jehan avec bien deux ou troys cens chevaulx et monsieur de La Force qui y arriva fort tard et le vicomte de Thuraine[5] est à Tonnay Boutonne et que le roy de Navarre vient joindre tout cella au dict St Jehan, et que c'est pour quelque entreprise ou sur vous ou sur quelqu'une des places de deçà que j'ay envoyé advertir en toute dilligence n'ayant pas voullu faillir, Monsieur, de faire le semblable en vostre endroict comme je feray de tout ce

---

1. Paroisse de Saint-Christophe-du-Ligneron.
2. Nieuil-le-Dolent.
3. Paroisse de Mareuil-sur-le-Lay.
4. Henri de Coligny, plus tard amiral de Guyenne.
5. Henri de la Tour d'Auvergne, vicomte de Turenne, plus tard duc de Bouillon et maréchal de France.

que j'en pourray apprendre pour tousjours vous faire preuve du très humble service que je vous veulx rendre à celluy qui sera pour jamais soubzscript vostre très humble serviteur. MALICORNE. De Nyort le xxii° jour de décembre 1588. A costé est escript :

Monsieur, depuis ma lettre escripte, j'ay sceu que les seigneurs de Chastillon et de Gourdon sont passez à La Rochelle trouver le roy de Navarre qui y est encores et qu'ilz a ung desseing sur ceste ville que j'espère luy rompre.

---

77. — 25 décembre 1588. — Lettres du duc de Nevers à Messieurs les officiers du Roi, maire et échevins de Niort. (Bibl. nat., mss. fr., ancien fonds 3405-23, fol. 49.)

Messieurs, Tant s'en fault que j'aye trouvé mauvais l'advertissement que vous m'avez donné par la vostre du xix de ce moys que au contraire je m'en sens obligé à vous, congnoissant le zelle que vous portez à la gloire de Dieu, l'affection au service du Roy et bonne vollonté en mon endroict, par quoy je vous mercie de toute affection, Messieurs, de l'advertissement que m'avez donné combien que par trois autres divers endroictz, j'en aye eu presque le semblable advertissement ; toutesfois parce que la cavallerie et les gens de pied ne se peuvent amasser sans que l'on le voye quelques jours auparavant que de s'acheminer, combien que je ne doubte qu'il se face avec toute l'industrie qu'il sera possible, si est-ce que tel amas de gens de guerre ne se peult faire qu'il ne se congnoisse bien clairement, je sçois qu'il fault qu'ilz ayent plus de six ou huict mil hommes de pied s'ilz doibvent estre plus fortz que nous, il fault aussy qu'ilz ayent plus de six ou viii^c chevaulx s'ilz doibvent ozer venir m'attaquer, dont luy sera bien malaisé d'assembler toutes ses forces sans que l'on s'en apperçoive plusieurs jours devant, car il ne les peult tenir dans les villes clauses et à la campaigne l'on en est adverty, et d'aultant plus aysément puisque l'on sait le passaige par où ils doibvent passer. Je vous prie donc, Messieurs, vouloir soigneusement veiller à tel amas de gens de guerre et d'heure en heure m'envoyer messagers doubles afin que au moins l'un puisse eschapper comme il pourra faire tenant deux chemins. Monsieur de Malicorne aussy de son costé, ne délaissera de m'advertir le plus diligemment qu'il pourra comme je luy en escriptz de rechef par ceste cy, luy ayant le jour d'hier faict autre despêche par le retour d'un des siens. Si tel amas est véritable et qu'il se face il sera nécessaire de vostre costé que chacun monte à cheval afin de venir se rallier avec nous. J'escriptz à monsieur de Chemerault [1] et à monsieur de Sansac [2] et à monsieur de Saint Luc pour cest effect, vous priant de leur faire tenir seurement mes lectres. J'escrips aussi à monsieur d'Aubeterre que j'ay addressées au dit sieur de Chemerault et vous prie, Messieurs, de me faire avoir responce des susdictz trois paquetz. Au demeurant, je vous prie de m'envoyer le roolle des gentilzhommes ausquelz vous serés d'advis que j'escripve pour les faire tenir prestz à me venir treuver s'il en sera besoing ce ralliant avec messieurs de Malicorne et de St Luc, aussy je vous prie de m'envoyer le roolle des gentilzhommes huguenotz de Poytou et le nom des parroisses et endroictz d'icelles parroisses ausquelles et les catholicques et les huguenotz se tiennent pour me servir à mander les ungs et chastier les aultres comme j'ay très bien commencé à faire. J'ay faict bailler II v[3] escuz à ce messager et paieray tous les

---

1. Aimeri de Barbezières, sgr de la Roche-Chemerault, chargé en 1575 par le duc de Montpensier de la démolition du château de Lusignan, mission très enviée à cause des profits qui devaient en résulter.
2. Louis Prévost, s^r de Sansac.
3. Cela veut dire *deux écus*, ce qui n'a pas empêché de répéter le mot escuz à la suite.

autres que vous m'envoyerés ne désirant de vous charger que de soing d'esprit que je m'asseure recevrez de très bon cueur. Quand à nostre armée je me désespere tous les jours de voir la longueur de noz affaires. L'armée partit le lundy xii de Montégu et n'est pas encore arrivée aujourdhuy, tellement qu'elle aura mis quinze jours à faire huict lieues. J'attendz aussy celle de Nantes qui j'espère sera icy dans trois ou quatre jours, laquelle estant arrivée, je n'arresteray guères à mettre en besongne m'estant advancé expressément pour perdre le moins de temps qu'il me sera possible en espérance d'avoir pris ceste ville auparavant que l'on s'achemine pour nous venir combattre. Qui est tout ce que je vous diray par la présente que je vous prie de communiquer seullement à monsieur de Malicorne, afin que tous ensemble vous puissiez prendre telle résolution que vous adviserez plus expédiante pour le service du Roy, comme je m'asseure que vous ferés et pour ce je finiray me recommandant de bien bon cueur à voz bonnes grâces, suppliant le Créateur vous avoir, Messieurs, en sa saincte et digne garde. Du camp devant La Garnaiche ce xxv décembre 1588.

J'ai asseuré le messager que s'il vous apporte le pacquet bien seurement que luy quitterez les 50 sous qu'il dit luy avez donné sur les ii v [1] que luy avez promis.

---

78. — 25 décembre 1588. — Lettre du duc de Nevers à M. de Malicorne. (Bibl. nat., mss. fr., ancien fonds 3405-23, fol. 49.)

Monsieur de Malicorne, Combien que je vous ay escript avant hier au soir par vostre laquais, je ne veulx laisser vous faire ce petit mot par ce porteur pour vous prier de toute affection de voulloir soigneusement veiller les actions du roy de Navarre et à toutes heures m'en advertir, et

---

1. 2 écus.

quant et quant mander à ceux de vostre compagnie et vos amis et enfin tous les gentilshommes catholicques du païs, de se tenir pretz à monter à cheval pour vous venir trouver au premier mandement que vous leur en ferez et leur mander que l'occasion est que le roy de Navarre a déliberé d'assembler ses forces pour me venir donner la bataille, car ce sera un tel coup d'esperon à un chascun que n'ayant maintenant beaucoup affaire chez eulx, il ne pourra honnestement exempter de vous venir trouver, mesme qu'ilz s'apperceveront bien si les huguenotz leurs voisins montent à cheval, de sorte que j'estime que pour rassembler un bon nombre de chevaulx j'escriptz aussy à monsieur de St Luc [1] pour le prier en telle occasion de se venir rallier avec vous, de mesmes à monsieur de Chemerault et de Sansac et si je sçavois à qui escripre encore, je le ferois. J'espère que s'ilz se jouent de venir donner la bataille qu'il sera le très bien venu et qu'il n'en aura si bon [marché] qu'il a eu des aultres mesme estant assisté par vous autres, Messieurs, avec lesquelz je me ralieray tousjours en despit des ennemis. Voilà pourquoy ne vous mettez en peyne [que] de vous assembler et de marcher à leur costé et m'advertir du chemin que vous tiendrés car de ma part je n'oublieray à faire tout ce qui sera en mon pouvoir pour rendre le debvoir que nous debvons à Dieu et à nostre Roy qui sera tout ce que je vous escripray par la présente après m'estre recommandé de toute affection à vostre bonne grâce et supplier le Créateur vous avoir, Monsieur de Malicorne, en sa très saincte et digne garde. Du camp devant La Grenaiche ce xxve décembre 1588.

Vostre très affectionné et parfaict amy.

---

1. François d'Espinay de Saint-Luc, gentilhomme normand, mignon de Henri III, gouverneur de Saintonge, suivit le duc d'Anjou dans les Pays-Bas, servit ensuite Henri IV, qui le fit grand maitre de l'artillerie ; tué devant Amiens en 1597.

L'on vient de me dire que le pont n'est dressé au Brotz[1] mais bien qu'il est tout faict, je vous supplye de me faire sçavoir souvant de voz nouvelles et des trouppes qui passeront vers Lusson.

---

79. — 28 décembre 1588. — Lettre des officiers du Roy, maire et échevins de Saint-Maixent au duc de Nevers. (Bibl. nat., mss. fr., ancien fonds 3405-47, fol. 88.)

Monseigneur, Nous très humbles et fidelles subjectz et serviteurs du Roy ayans esté présentement advertiz que la ville de Nyort a ceste nuict dernière esté surprinse par le moien de certains pétardz et escalles, ainsi que le bruict encor nouveau nous a donné à entendre, avons incontinent dépesché ce porteur pour vous en bailler advertissement affin qu'il vous plaise nous prescripre ce que nous avons à faire sur une telle occurrence estans voisins de quatre petites lieues du dict Nyort où il y a canons et munitions de guerre desquelz on se pourra servir et ayder à nostre préjudice si promptement ne sommes secouruz comme nous espérons de vous ayans la force et le moien en la main. Vous sçaurez, Monseigneur, trop mieulx juger l'importance de la prinse de ceste ville pour tout le païs de Poictou, laquelle nous avons au mieulx qu'il nous a esté possible fortiffié, de sorte qu'aves[2] secours, nous esperrons pouvoir heureusement résister à tous ceulx qui vouldroient entreprendre quelque chose au préjudice du Roy comme aussi ceulx là y estans seroient très malaisés à en chasser. La longueur du discours retarderoit le courir (*sic*) de ce porteur qui nous faict remettre le présent à son rapport priant Dieu vous donner,

---

1. Braud.
2. Pour *avec*.

Monseigneur, en parfaicte santé longue et heureuse vie.
A S¹ Maixent ce xxviiiᵉ décembre 1588.

Est le sieur de Pontevès ¹ gouverneur dans ceste ville.

Vos très humbles et très obéissans serviteurs les officiers du Roy, maire et eschevins de la ville de Sainct Maixent. Coutineau, secrétaire.

---

80. — 29 décembre 1588. — Lettre de M. de Chemerault ² au duc de Nevers (Bibl. nat., mss. fr., ancien fonds 3411-35, fol. 54.)

Monseigneur, Messieurs de ceste ville vous escripvent la mauvaise nouvelle de la surprinse de Nyort par le sieur de Chastillon et qu'il ne reste plus que le chasteau, dedans lequel est M. de Malicorne, s'ilz ne l'ont desjà prins parce qu'ils ont trouvé l'artillerie en la ville. Je n'ay voullu faillir d'accompaigner leur dépesche de la présente d'aultant qu'après vostre bon advys il me semble estre très nécessaire de pourvoir aux aultres villes les plus proches du dit Nyort le plus promptement que faire ce pourra et partout alieurs dedans le pays affin qu'ilz ne s'agrandissent davantage, estimant qu'aurés pour agréable ce que je vous en dict et que le fidelle service que je doibtz au Roy m'y invite avec celluy que je vous ay voué et voue d'aussi bonne voullonté et affection que je prie Dieu,

---

1. Le chevalier de Courcelles, dans son *Hist. généal. et héraldique des pairs de France*, ne donne que des renseignements fort incomplets sur la famille de Pondevès pour laquelle il renvoie à l'*Hist. héroïque et universelle de la noblesse de Provence* d'Artefeuille, dont il y a eu deux éditions. La généalogie des Pondevès se trouve aux tomes II desdites deux éditions, toujours p. 233-36. Soit que la conduite du gouverneur de Saint-Maixent eût paru peu héroïque, soit que l'auteur fût mal renseigné, il est difficile de le reconnaître dans cette sèche nomenclature.

2. Aimeri de Barbezières, sgr de la Roche-Chemerault, chargé par le duc de Montpensier de la démolition du château de Lusignan en 1575, chevalier du Saint-Esprit, grand maréchal des logis de la maison du roi.

Monseigneur, vous mainctenir et avoir en sa saincte garde. De Poictiers ce xxixe décembre 1588.

Vostre très humble et très obéyssant affectionné serviteur. Chemerault.

---

81. — 30 décembre 1588. — Lettre des maire, pairs et échevins de la ville de Poitiers à Monseigneur de Nevers. (Bibl. nat., mss. fr., ancien fonds 3405-38, fol. 74.)

Monseigneur, Ayant esté advertys de la surprinse de la ville de Nyord, nous en avons eu grand ennuy et pansé que pareil malheur nous pourroyt suyvre si nous ne pourvoyons songneusement à noz gardes qui est la cause que nous les avons redoublées. Cependant nous avons advisé vous escripre pour recepvoyr voz commandemens et vous supplyer très humblement avoir ceste ville en vostre protection et sauvegarde, laquelle nous maintiendrons tousjours en l'obéissance du Roy jusques au dernyer soupyr de noz vyes et vous ferons particulièrement service. Sans le danger des chemins nous eussions envoyé vers vous des principaulx de ceste ville pour vous fayre la revérance et n'eussions sy longtemps attendu, qui nous fera vous supplyer très humblement nous avoir pour excusés priant Dieu, après avoir salué voz bonnes grâces de noz très humbles recommandations, vous donner,

Monseigneur, en santé très heureuse et longue vie. De Poictiers ce xxxe décembre 1588.

Voz très humbles et obéissans serviteurs. Les maire, pairs et eschevins de la ville de Poictiers. J. Bascle [1]. Morin, secrétaire de la ville de Poictiers.

---

1. Joseph Le Bascle, maire en 1569 et en 1588.

82. — 30 décembre 1588. — Lettre des gouverneur et habitants de la ville de Saint-Maixent au duc de Nevers. (Bibl. nat., mss. fr., ancien fonds 3405-39, fol. 76.)

Monseigneur, Je croy qu'estes à présent adverty de la surprinse de la ville de Nyort despuis laquelle et ce jourdhuy puis une heure en çà, le roy de Navarre a envoié par son trompette sommer ceste ville de se rendre en son obéissance à quoy nous avons différé de respondre parce que le dit trompette n'avoit créance aucune, fors sa parolle seulle. Cependant nous avons advisé dépescher ce porteur vers vous, comme ayant le charge de l'armée du Roy, parce que nous sommes eslongnez beaucoup plus de Sa Majesté ; ce sera doncques pour vous supplier, Monseigneur, nous donner et adviser de ce que nous avons à faire sur une telle occurrence. Et consideré de près de quel préjudice est la ditte prinse de Nyort pour les villes circonvoisines si promptement et en toutte dilligence elles ne sont secourues comme vous sçavez trop mieulx juger que ne le pourrions escripre qui nous gardera d'estendre davantage la présente sinon pour prier Dieu,

Monseigneur, augmenter vostre prospérité. A St Maixent ce xxxe jour de décembre 1588.

Voz très humbles et obéissans serviteurs les gouverneur et habitans de la ville de St Maixent. COUTINEAU, secrétaire.

---

83. — 30 décembre 1588. — Instruction de Henry III au s^r Dubuy, dépesché par le Roy devers Monseigneur le duc de Nivernois, son lieutenant général en son armée de Poictou et de Xaintonge. (Bibl. nat., mss. fr., ancien fonds 3363-93, fol. 209.)

Premièrement.

Fera entendre au dit s^r duc ce qui s'est passé en ceste

ville depuis quelques jours oultre ce qu'il en peult avoir apris par le sieur de Gesvre.

Que depuis ce temps là ceux d'Orléans [1] ont envoyé de leurs depputez devers Sa Majesté pour luy offrir et asseurer toute fidélité et obéissance la supliant de deux choses, l'une que la citadelle feust razée, l'autre qu'il luy pleust leur donner ung autre gouverneur que le dict sieur d'Antragues [2] pour les inimitiez particulières qu'il a dans la ville et la crainte qu'ilz ont de luy par quelques ressentimens, toutesfois ilz ne laissent pas cependant de battre la citadelle et se retrancher contre icelle.

Sur quoy Sa Majesté leur a donné par le retour de leurs mesmes depputez toute asseurance pour les choses passées et protection contre la peur qu'ilz pourroient avoir contre le s[r] d'Antragues et son frère pourveu que par effect ilz feissent preuve de leur fidélité et de l'obéissance qu'ilz offroient. Mais quant à la citadelle, Sa Majesté voulloit qu'elle demeurast pour leur propre conservation et furent renvoiez toute la nuict.

Toutesfois ilz n'ont pas laissé de continuer leur batterie contre la ditte citadelle et leur retranchement.

L'évesque d'Avranches, Péricare [3], ariva depuis le partement des dits depputez avecques pareilles offres et demanda les sieurs de La Guische et de Beauvais pour traicter avecques eulx pour ce qu'ilz sont fort amis des sieurs de

---

1. Après l'assassinat des Guises, Henri III avait envoyé d'Antragues s'assurer d'Orléans. Le gouverneur entra dans la citadelle, mais le sieur de Rossieux, serviteur de Mayenne, arrivé en même temps que lui, engagea les habitants à résister et à négocier pour permettre à Mayenne d'arriver.

2. François de Balzac d'Entragues.

3. François Péricard, évêque d'Avranches, secrétaire du duc de Guise et tout dévoué à la Ligue, s'était rendu à Orléans après l'assassinat de son maitre. François Péricard avait été conseiller au Parlement, il prit part à la conférence de Suresnes en mai 1593 et mourut en 1639. Un autre François Péricard, mort en 1646, parent du précédent, fut maitre des requêtes, chanoine et doyen de la cathédrale de Rouen et évêque d'Évreux en 1614.

Trémont et de S⁺ Maurice qui commandent en la dicte ville, lesquelz tout aussitost y furent envoiez.

Et pour ce qu'il estoit à craindre que durant telz pourparlers la citadelle feust forcée, Sa Majesté y envoia le sieur mareschal d'Aumont, le sieur grand prieur son nepveu, accompagné des sieurs de Bellegarde et de Loingnac et de ce qu'elle peut assembler icy de la noblesse avec huit compagnies de ses gardes depuis et ce matin Sa dicte Majesté l'a encores renforcé des quatre cens suisses qui estoient auprès d'elle soubz la charge du cappitaine Baltazar et faict assembler tout ce qu'elle peult de cavalerie et gens de pied pour luy envoier.

Icelluy mareschal est logé dans le faulxbourg avecques les dictes trouppes et les sieurs d'Antragues et de Buy sont dans la citadelle, et le chevallier d'Aumalle est entré dans la ville. Cependant les sieurs de La Guische et de Beauvais sont dans la dicte ville. Mais Sa Majesté n'a encores aucun advis de leur négociation et y a tout présentement envoié Longuet, mareschal des logis de la Royne sa mère, cousin du maire d'Orléans et du mesme nom.

L'évesque d'Avranches doibt arriver ce jourd'huy, qui en pourra apporter quelques nouvelles.

Sa Majesté presse autant qu'il luy est possible la remise de ceste ville d'Orléans en son obéissance, estant de telle importance qu'elle servira d'exemple et de loy à toutes les aultres de ce royaume. C'est pourquoy elle n'y veult rien obmettre de la doulceur et de la force aultant qu'elle en a de moyens [1].

Le sieur d'Aumalle [2] est dans Paris, mais Sa Majesté n'a

---

1. Le maréchal d'Aumont, ne pouvant résister à l'artillerie de la ville, fut obligé de se retirer avec les royalistes.
2. Charles de Lorraine, duc d'Aumale, l'un des chefs de la Ligue, né en 1556. Condamné à mort par le Parlement pour avoir livré aux Espagnols plusieurs places de Picardie (1595), il se réfugia à l'étranger et mourut à Bruxelles en 1631. Nommé par les Seize gouverneur de Paris (1589), il fut défait près de Senlis et perdit avec Mayenne les batailles d'Arques et d'Ivry. Il força Henri IV de lever le siège de Paris. Aumale était cousin germain des Guise.

poinct jusques à ceste heure entendu qu'il y ait esté faict aucune violence et n'ayant poinct de responce de tous ceulx qu'elle y a envoiez, elle y renvoye encores présentement le sieur de Bouricque, son maistre d'hostel, devers icelluy sieur d'Aumalle et cependant les estatz continueront en leurs charges.

Ce matin nouvelles sont arivées à Sa Majesté que la ville de Nyort a esté prise par le roy de Navarre.

Estans les affaires de Sa Majesté en ces termes elle envoie le sieur du Buy devers le dit sieur duc pour deux ou trois effectz.

L'un pour luy représenter tout ce que dessus et avoir son advis de ce que Sa Majesté peult et doibt faire maintenant.

Ce que le dit sieur de Nevers peult et délibère faire pour son service sur la dicte prise de Nyort.

S'il y a apparence de la pouvoir reprendre ou si pour la conservation du païs, il se logera à Saint Maixant et là aux environs ou s'il pense pouvoir et debvoir assaillir Fontenay ou autre place sachant bien que le dit sieur duc fera tout ce qu'il jugera estre le meilleur et plus à propos pour le service de Sa Majesté et le bien de ses affaires.

Et pour ce que les sieurs de La Chastre, Sagonne, La Chastaignerais au régiment de St Paul et quelques aultres sont entrez à ce que l'on a dict à Sa Majesté ou pourroient entrer en quelque deffiance pour les choses passées, elle a donné charge au dict sieur du Buy de leur dire et promettre en foy et parolle de Roy que pourveu qu'ilz veullent demeurer en son service, et luy garder la fidélité qu'ilz luy doibvent sans aucune ligue, ny association particulière, non seulement elle veut oublier toutes les choses passées et leur continuer leurs charges, mais elle les veult recevoir en ses bonnes grâces et les gratifier plus que jamais elle n'a faict et pareillement au dict sieur de La Chastre.

Que s'il veult demeurer en son armée comme ce seroit

bien l'intencion de Sa Majesté qu'il y continuast le bon debvoir qu'il y a commencé, ou s'il ayme mieux d'aller à Bourges ou y envoier son filz pour la conserver en l'obéissance de Sa dicte Majesté, elle le remect à son choix et son élection de faire lequel des deux il voudra n'aiant autre volonté que de se servir de luy et le gratiffier en tout ce qu'elle pourra, comme le dit sieur duc de Nevers l'en pourra encores assurer de sa part ensemble les dits sieurs de Sagonne, Chastaignerais cappitaines au régiment de St Pol, et tous aultres servans en son armée et qui se rengeront en leur debvoir en l'obéissance que justement ilz doibvent à Sa dicte Majesté.

Je croy que Tachy est auprès de vous qui commande au régiment de St Paul. Vous le pourrez asseurer que faisant ce qu'il doibt pour mon service, il se peult asseurer de mes bonnes grâces et je feray pour luy tout ce qui se présentera pour son advancement. HENRY. RUZÉ.

---

84. — 1er janvier 1589. — Lettre des maire et échevins de la ville de Poitiers au duc de Nevers (Bibl. nat., mss. fr., anc. fonds 3614-1, fol. 1.)

Monseigneur, Envoyant monsieur de Chemerault [1] vers vous et porteur, nous n'avons vollu faillir vous advertir que présentement avons eu advis par les gens de monsieur de Lansac de sa maison de la Mothe St Heraye [2] près St Maixant que le dit St Maixant fut hier rendu au roy de Navarre [3] qui tient la ville et chasteau de Nyort [4] comme

---

1. Aimeri de Barbezières avait été envoyé à Poitiers avec François du Plessis de Richelieu, capitaine des gardes et grand prévôt de France, pour déjouer les projets de la Ligue.
2. Louis de Saint-Gelais-Lusignan, sgr de Lansac, baron de la Mothe-Saint-Héraye et de Précy, mort en octobre 1589.
3. C'est-à-dire le 31 décembre 1588. L'acte de la capitulation est daté du 2 janvier 1589.
4. Niort fut pris dans la nuit du 27 au 28 décembre 1588.

plusieurs des habitans qui se sont icy reffugiés nous ont dict, de quoy vendredy dernier eustes advis de nostre part par deux messagers. Et faict l'ennemy estat de nous visiter souvent. Bien résoluz avec la grâce de Dieu, de nous bien deffendre et seroit très nécessaire que pour conserver le païs d'icy autour, mesmes Parthenay et Bressuire, qu'il vous pleust les renforcer de crainte qu'il n'en adviene comme de Nyort et St Maixant. Vous suppliant nous faire cest honneur de nous deppartir voz commandements par ce dit porteur, priant Dieu vous donner,

Monseigneur, en parfaicte santé, sa très saincte et très digne grâce. A Poictiers le premier janvier après midy 1589.

Voz très humbles et très obéissans serviteurs. Les maire et échevins de la ville de Poictiers. J. MORIN, secrétaire de la ville de Poitiers.

---

85. — 2 janvier 1589. — Capitulation pour la ville de Saint-Maixent. (Bibl. nat., mss. fr., ancien fonds 3977-4, fol. 7. — Bibl. publ. de la ville de Poitiers, c^{on} dom Fonteneau, t. XVI, p. 491, copie prise dans les Archives de la ville de Saint-Maixent.)

Le roy de Navarre, premier prince du sang et premier pair de France, aiant faict sommer par son trompette, le vandredy trentiesme décembre derrier, le sieur de Pontevez[1], cy devant ordonné par le sieur de Malycorne pour commander en la ville de Saint Maixant, de luy randre et remettre la ditte ville en son obéissance comme gouverneur et lieutenant général pour le Roy en Guyenne et païs de Poictou, et le landemain derrier jour du dict moys d'abondant envoya le sieur de Marolles, mareschal de camp de son armée, avec partie d'icelle qui ce seroit advancé jusques

---

1. Peut-être Jean de Pondevès de la famille des comtes de Carces, desquels il n'est pas parlé dans Artefeuille (*Hist. héroïque et universelle de la noblesse de Provence*, Avignon, 1757-59). Jean de Pondevès, comte de Carces, chevalier des ordres du Roi, se rendit célèbre dans les guerres de la Ligue (de Courcelles).

près le cimetyère de la ditte ville pour icelle sommer de rechef et envoyé lettres au mesme effect de la part du dit seigneur Roy au dict de Pontevez et sur ce les habitans de la ditte ville ayans envoyé à Niort, par devers le dict sieur Roy, leurs députez pour luy faire leurs humbles remonstrances et le supplier leur voulloir octroyer délay pour attendre la vollonté du Roy par devers la Majesté du quel ilz avoyent envoyé, ce qu'il n'auroit voullu leur accorder et faict entendre s'ilz ne voulloyent promptement luy remettre la ditte place entre les mains qu'il feroit incontinent acheminer son artillerye pour iceux forcer, et en ce cas feroit user de telles rigueurs que méritent ceux qui témerayrement résistent à la force qu'il a en main. Et de faict ce seroit le lundy, second jour du présent moys de janvier, acheminé en sa personne avecques sa noblesse vers la ditte ville, au devant duquel seroyent allez les ditz députez pour le supplier divertyr son armée et les voulloir recepvoir à quelque grâtieuse et honorable composition qu'il leur a accordé comme il s'ensuit :

Premièrement que à l'arrivée de Sa Magesté le dit sieur de Pontevez partira et sa compaignie avecques leurs chevaux, armes, ardes et bagage, la mèche allumée et drapeau ployé,

Qu'il luy sera baillé passeport et aux soldatz de sa ditte compaignie pour ce retirer, là ou bon luy semblera, durant trois jours, sans qu'il leur soit faict mal, desplaisir, ne descourtoisie quelconques,

Que Sa Magesté prend en sa géneralle et particullière protection et sauvegarde tous et chascuns les habitans de la ditte ville, de l'une et de l'autre religion, leurs familles et biens quelque part qu'ilz soyent, pour estre conservez et maintenuz en l'obéissance du Roy, son souverain seigneur, et soubz son aucthorité, et mesmement les gens ecclésiastiques, officiers du Roy, tant ordinaires qu'extraordinaires, ensemble tous réfugiez en la ditte ville,

Que les habitans catholicques et gens d'église de la ditte ville auront l'exercice libre de leur religion et jouissance de tous leurs biens, fruictz et revenus,

Les previllèges des dits officiers du Roy, maire et eschevins de la ditte ville, leur seront gardez et maintenuz,

Que tous les habitans auront seur et libre accès pour leur traficq, commerce et autres affaires parmy toutes les troupes et dedans toutes les villes et places de l'obéissance du Roy où l'authorité du dit sieur roy de Navarre est recongneue,

Pourront aussi tous et chascuns les dits officiers, gens d'église et autres habitans catholicques, aller et venir, si bon leur semble, ès autres places et villes pour leurs affaires particullières, ou soy y retirer, sans pour ce estre privez de l'effect des dessus dittes conditions, à la charge toutesfois de non porter les armes et ne rien entreprandre contre le service du Roy et aucthorité du dit seigneur roy de Navarre,

Que les gens de guerre, tant de cheval que de pied, que Sa Magesté pourroit cy après envoyer en la présente ville n'y logeront qu'en paiant de gré à gré et suivant le reiglement de Sa Magesté, sans oppression quelconque.

Et parce que de ces présentes les dits habitans pourront avoir affaire en plusieurs endroictz, voullons et ordonnons que foy soit ajouxtée aux coppies qui seront collationnées et signées de l'ung de noz secrettaires ou de notaires royaux. Et leur permettons mettre et aposer noz panonceaux et armoyries à toutes les portes de leurs maisons et mestairyes en foy et tesmoignage de ce que dessus, et ad ce que aucuns n'en prétende cause d'ignorance.

Faict à St Maixant ce IIe janvier 1589. Signé : Henry, et plus bas : de Loménye.

86. — 2 janvier 1589. — Capitulation pour le château de Saint-Maixent faite par Henri de Navarre. (Bibl. nat., mss. fr., ancien fonds 3977-3, fol. 5.)

Le roy de Navarre, premier prince du sang et premier pair de France, gouverneur et lieutenant général pour le Roy en Guyenne, aiant remys en l'obéissance du Roy et soubz son aucthorité la ville de Nyort dès le mercredy vingt huictiesme du mois passé, envoya ung de ses trompettes le landemain en la présente ville de Sᵗ Maixant pour sommer le sieur de Pontevez, gouverneur d'icelle, de le recongnoistre et recepvoir en la ditte ville, et despuis, le derrier du dit mois envoya le sieur de Marolles, mareschal de camp, avecq les régimens des sieurs de Vatan et de Sᵗ Jehan, pour sommer de rechef le dit sieur de Pontevez, officiers, mayre, juratz de la ditte ville, d'icelle remettre soubz l'aucthorité du roy de Navarre.

Sur laquelle sommation les dicts habitans auroyent envoyé vers Sa Magesté en la ditte ville de Nyort, trois des principaux officiers et bourgeois d'icelle pour entendre de sa bouche la résolution de Sa Magesté; au retour desquelz auroit esté advisé que Sa Magesté et ses troupes seroyent receues en la ditte ville comme de faict elle ce seroit rendue ce jourdhuy, et dès son arrivée auroyt envoyé le sieur de Valliros, maistre de camp du régiment de ses gardes, avecq ung de ses trompettes pour sommer le sieur de la Manaissière, cappitaine du chasteau de la dicte ville, d'iceluy remettre en l'obéissance de Sa Magesté.

Lequel sieur de la Manaissière, après avoir retiré hostages suffisans, auroit offert d'aller parler à Sa Magesté, et après avoir receu commandement d'icelle de remettre la place ou autrement qu'il seroit traité par la rigueur des armes, auroyt esté accordé les articles suivans :

Que le dit sieur de la Manaissière, son lieutenant et soldatz y estans en garnison, sortiroyent avecques leurs armes, chevaux, hardes et équipages,

Que l'artillerie et munitions de guerre, si aucunes y en a, demeureront dans le dict chasteau,

Que le dict cappitaine pourra sortir ses meubles, vivres et autres denrées qui ce trouveront luy appartenir en particullier,

Qu'il sera expédié passeport au dit de la Manaissière et ses soldatz pour ce retirer où bon leur semblera.

Faict en la ditte ville de S‍‌ᵗ Maixant le 11ᵉ jour de janvier 1589. Ainsi signé : Henry, et plus bas : de Loménye.

---

87. — 2 janvier 1589. — Lettre du sʳ de Malicorne à M. le duc de Nivernois. (Bibl. nat., mss fr., ancien fonds 3422-42, fol. 62.)

Monsieur, Vous avez peu entendre le malheur où la désobéissance et mauvaise garde des habitans de Nyort et la trayson d'aucuns m'a précipité, la ville aiant esté surprise par le roy de Navarre la nuict de mardy à mercredy dernier nonobstant la résistance que je me mis en devoir d'y apporter avecques les soldatz de ma garde et sept ou huict gentilzhommes que j'avois avecq moy dont je me trouvay seullement accompaigné pour combattre quatre cens harquebuziers choisis et cent cuyraciés la plus part entrez par escalade et par l'ouverture de deux pétars, premier que ceux de la ville les eussent découvertz et en eussent pris l'alarme et m'aiant tous habandonné quand il falut rendre combat qui me contraignit de me retirer dans le chasteau, d'où par faulte de vivres et de munitions il a falu que je sois sorty par capitulation la plus honorable que homme sans moyens de ce deffendre et de tenir peust avoir ; cela a esté suivy et premier que je fusse sorty de deux aultres malheureux évènemens le sieur de S¹ Ponpain¹, dès la première sommation, aiant rendu Maillezais et les habitans de S¹ Maixent, plus fors que la garnison qui n'estoit plus par faulte de payement que d'environ trente hommes, aians capitulé dès hier avecques ceux par qui le roy de Navarre les avoit envoyé investir, combien que j'eusse trouvé moyen de leur mander de ne le faire pas; cela m'a faict retirer icy, Monsieur, où j'ay sceu les advis qu'on vous avoit donné, vous aiant incontinant voullu très humblement supplier d'adviser aux moyens de pouvoir conserver ceste ville fort abatue et tout le païs, de tant de sinistres occurrences et des mutations de la court pour les diverses passions dont chascun est aujourdhuy possédé. Je rasseureray devant que me retirer à Poictiers le mieux qu'il me sera possible les habitans et pourveoyray à ce que la nécessité et le défault de toutes choses me pourra permettre, aiant mandé a Buffé² de m'amener la compaignie icy qui est à Mauléon attendant ce que vous me commanderez, vous n'ignorez pas, Monsieur, les infinies instances que j'ay faict au Roy et à vous pour avoir moyen de pourveoir à ses inconvéniens que je prévoys inévitables veu l'obstiné resfuz qu'on m'a despuis un an faict à Nyort de recevoir des garnisons et Sa Majesté de me donner le moyen de les entretenir et l'outrecuidance des dictz habitans de m'avoir empesché de retirer le canon dans l'enceinte du chasteau et les munitions, qu'ilz tenoyent en la maison de ville, dans le donjon. Il ne fault pas doubter, Monsieur, que le roy de Navarre n'estende son advantage le plus qu'il pourra et qu'il n'apelle toutes ses forces pour

---

1. François de Liniers, écuyer, sgr de Saint-Pompain, s'était fait remarquer à la reprise de Maillezais le 20 nov. 1586 et en avril 1588 avait suivi Lavardin, lorsqu'il attaqua avec succès l'île et le château de Marans. Il fut gouverneur de Marans pour Henri IV.

2. Sous les ordres de Lavardin, en novembre 1595, figure alors au nombre des capitaines mandés par Duplessis-Mornay pour être envoyés au siège de Tigny.

donner sur ceste ville ou sur vous, s'il ne reçoit aultre commandement du Roy ausquelz il m'a dict qu'il obéyra mais l'asseurance en est telle que vous savez. Vous me tiendrez s'il vous plaist, Monsieur, vostre très humble serviteur.
MALYCORNE.

Monsieur, je me resoult à quelque péril que ce soit d'attendre icy de voz nouvelles, vous suppliant très humblement m'en voulloir faire entendre le plustost qu'il vous sera possible.

A Parthenay le 11° janvier 1589.

---

88. — 4 janvier 1589. — Lettre de M. de Malicorne à M. le duc de Nevers. (Bibl. nat., mss. fr., ancien fonds 3414-11, fol. 18.)

Monsieur, Le sieur de La Courbe arriva hyer icy avecques six compagnies qu'il vous a plu y envoyer mais nous nous trouvons si empeschez pour les faire vivre que nous ne sçavons quel ordre y pouvoir donner, si ce n'est, Monsieur, par les moyens que vous en pouvez avoir du Roy, au moins si vous en estes assisté, parce que les habitans ayment mieux tout abandonner que de soufrir ceste despence. Je vous suplye doncq très humblement, Monsieur, d'y aporter quelque remède, le dict sieur de La Courbe et moy en escrivons présentement au Roy affin qu'il luy playse d'y pourvoir. Rocquefort est arrivé avecq le billet dont vous l'aviez chargé. Nous n'avons icy aucuns magazins de bled et avez peu entendre par la lettre que je vous escrivy hier la lascheté et perfidie de ceux de Saint Maixant et leur redition. Je ne suys encores au vray asseuré de celle du chasteau estant si travaillé de l'ennuy de tant de malheurs que je ne puys prendre aucune résolution si ce n'est celle que m'y peut aporter l'impossible puyssance de l'avoir peu empescher, priant Dieu en cest endroit, vous donner,

Monsieur, en parfaicte santé très longue et très heureuse vie. A Partenay ce iiii° jour de janvier 1589.

Vostre très humble serviteur. MALICORNE.

Monsieur, l'estat du chasteau de S' Maixant me fait croyre, avecq ce qu'on m'en a dict, qu'il est en pareille condition que la ville.

---

89. — 5 janvier 1589. — Discours du sieur de Pontevez, gouverneur de Saint-Maixent, sur la reddition qu'il a faite de ladite ville. (Bibl. nat., mss. fr., ancien fonds 3977-5, fol. 9.)

Le cinquiesme jour de janvier 1589, Nous, sieur de Pontevez, commandant en la ville de S' Maixant pour le service du Roy en absence de Monseigneur de Malycorne, gouverneur et lieutenant général pour Sa Majesté en Poictou, estans sortiz de la ditte ville de S' Maixant suivant la capitulation faicte avecques le roy de Navarre, vinsmes trouver le dit seigneur en celle de Partenay pour luy faire entendre ce qui c'est passé à la redition de la ditte ville de S' Maixant entre les mains du dit seigneur roy de Navarre, auquel dit seigneur de Malycorne en présence des dicts sieurs de La Courbe et de La Briaudière aurions déclairé :

Que après la surprise de la ville de Nyort, le roy de Navarre, le jeudy vingt neufiesme décembre dernier, l'envoya sommer par ung trompette et les habitans du dit S' Maixant, de ce rendre à luy. Sur quoy les officiers de Sa Magesté, le mayre, eschevins et principaux habitans, s'assemblèrent au logis du dit sieur de Pontevez pour délibérer de la responce qu'ilz auroyent à faire à la ditte sommation, lesquelz espouvantez de la ditte surprise de Nyort et voulans éviter la rigueur de la guerre, ce résolurent d'envoyer vers le dict roy de Navarre pour savoir son intention et pour traicter et capituler avecques luy, et députèrent pour cela trois eschevins de leur corps, savoir les procureur du Roy, sieurs de Crezesse et de Breuilbon [1], nonobstant les remonstrances que le dict sieur de Pontevez leur fit de ne ce moustrer si faciles et que de sa part il estoit résolu avecques trante ou quarante soldatz qu'il avoyt d'exposer sa vie pour le service du Roy et garde de la ditte ville, qu'ilz ce missent seullement sur leurs armes et qu'ilz attendissent ung plus grand effort premier que d'entrer en capitulation.

Nonobstant cela, il luy fut impossible de les divertir, tout le peuple tendant d'une voix à la ditte redition, luy disans qu'il n'estoit le plus fort et qu'ilz ne laisseroyent pour luy de passer oultre.

De faict, le vendredy xxxe du dict mois, les dessus dicts partent du dict St Maixant pour aller à Nyort vers le dict roy de Navarre pour traiter les conditions de la capitulation qui fut cause que, ce voyant désesperé de l'assistance des dicts habitans, il envoya avecques eux le sieur de Frisquet, de sa compaignie, pour savoir aussi du dict roy de Navarre la capitulation qu'il luy voudroit faire.

Le dict jour et devant le retour des dessus dicts, le sieur de Marolles, l'ung des mareschaux de camp du roy de Navarre, avecques deux régimens et quelque troupe de cavalerye, ce vinst présenter devant la ditte ville, sommèrent de rechef le dict sieur de Pontevez et ceux de la ville de ce randre et luy ouvrir les portes, auquel fut faict responce qu'on attendoit la responce du roy de Navarre vers lequel on avoit envoyé; sur quoy le dict Marolles et ses forces ce retirèrent dans ung village, le plus près de la ville, où les habitans luy envoyèrent des vivres et les commoditez qui luy estoyent nécessaires sans que le mayre ne aucuns d'eux, quelque instance et prière que fist le dict sieur de Pontevez, voulust ce présenter sur la muraille, ne prandre les armes lorsque le dict de Marolles vinst aux

---

1. Ces trois échevins étaient Charles Marchant, sieur de Russay, procureur du roi au siège royal; François Gerbier, sieur de Crezesse, avocat du roi en l'Election, et François Masson, sieur de Breuilbon, alors maire.

portes, persistant tousjours en leur redition et menassant les soldatz du dict sieur de Pontevez qui ce voulloyent mettre en deffence et desfendant que la cloche ne sonnast. Leurs députez et le dict Frisquet retournèrent de Niort donner l'alarme au dit S‍t Maixant le sabmedy derrier du dict moys, qui rapportèrent que le roy de Navarre estoit résolu d'avoir la ditte ville soubz les conditions telles qu'elles ont esté signées et accordées despuis, qui furent receues et acceptées par les dicts officiers, mayre, eschevins et habitans en l'assemblée génerale qu'ilz firent au retour des dicts députez, en laquelle le dit sieur de Pontevez essaya de rechef de les dissuader de ce randre, à quoy ils ne voullurent aucunement entendre, qui contraignit le dit sieur de Pontevez, aiant si peu d'hommes qu'il avoit et encores aucuns d'eux pratiquez, de recepvoir les conditions qui luy estoient offertes pour son regard, qui estoit de sortir luy et ses soldatz avecques leurs armes et équipaige, la mèche allumée et le drapeau ployé et ce retirer la part qu'il voudroit.

Et là-dessus, dès le mesme jour, ilz envoyèrent l'ung des dits habitans, appellé Guérinet, vers le roy de Navarre, à Nyort, luy porter l'acceptation des dittes conditions.

Le premier jour de janvier présent, le dit sieur de Pontevez sachant que monsieur de Malycorne passoit par Chandenier pour se retirer au dict Partenay, luy envoya ung homme et eschevin pour l'advertir de la mauvaise vollonté des dicts habitans, de la contraincte dont ilz avoient usé sur luy et de tout ce que dessus, le suppliant luy mander ce qu'il auroit à faire, auquel le dict sieur escrivoit qu'il empeschast s'il pouvoit l'effet de la ditte redition et capitulation, qu'il attendist pour le moings une brèche et qu'il essayast de rassurer les habitans et qu'ilz seroyent secouruz, lesquelz aiant veu la ditte lettre dirent qu'ilz ne voulloyent attendre ceste extrémité, qu'ilz avoyent donné leur parolle et qu'ilz estoyent résoluz de l'exécuter; de faict, devant que le dit sieur de Pontevez fust encore assuré de sa capitulation, le mayre fit entrer plusieurs gens de guerre dans la ville et bailla les clefs des portes à ung sergent sans attendre mesmes la venue du roy de Navarre.

Et sur ce, le dict sieur de Pontevez s'est retiré au dict Partenay avecques dix huict de ses soldatz, qui l'ont voullu suyvre, pour recepvoir les commandemens du dict sieur de Malycorne, le dict Frisquet et autres soldatz estans demeurés au dict St Maixant.

Les habitans du dict St Maixant envoyèrent incontinant après la surprise de Nyort vers Mr de Nevers l'ung d'entre eux, nommé La Grange Boute-Aboyer [1], auquel le dit sieur de Pontevez, pour faire plus grande dilligence, donna l'ung de ses chevaulx affin d'en advertir le dict sieur et pour avoir de luy secours, lequel malitieusement raporta n'avoir peu veoir ne parler au dict sieur parce qu'il y avoit quatre jours qu'il n'estoit en l'armée et qu'on ne sayt qu'il estoit devenu ne le sieur de La Chastre aussi.

Faict au dit Partenay, les jour et an et en présence comme dessus. Signé : DE PONTEVÈS.

---

90. — 5 janvier 1589. — Lettre du sieur de Malicorne à M. le duc de Nivernois. (Bibl. nat., mss. fr., ancien fonds 3422-43, fol. 64.)

Monsieur, Ce m'a esté un grand honneur et soulagement que de m'estre trouvé assisté du secours des compagnies qu'il vous a pleu envoyer icy par monsieur de La Courbe et de la diligence dont il a uzé et du contentement et consolation extrême que sa présence m'a aporté dont je vous remercye très humblement ; luy et moi avons establi deux compagnies en ceste ville des six que par luy vous aviez envoyé, que nous avons estimé pouvoir maintenant suffire à la seureté de ceste dicte ville ; il s'en va loger les autres

---

1. Séraphin Sacher, sieur de la Grange-Péroger, échevin de Saint-Maixent, dont le nom a été défiguré par l'auteur du mémoire.

à Bresuyre et à Airon. Mais parce que les pauvres habitans ont esté fort travaillez, je vous suplye très humblement, Monsieur, les tant gratifier et moy aussy, que de vouloir ordonner le payement des dictes compagnies affin qu'on les puisse faire vivre et comporter ès dictes villes. Ceux d'icy ont monstré beaucoup d'obéissance et de bonne affection pour les accommoder à ce commandement, mais s'ils ne sont aydez, la confusion s'y metra incontinant et beaucoup d'eux se retireront qui pourroye estre cause de quelque notable préjudice, ce qu'il vous playra d'empescher, Monsieur, et pour mon malheur ne priver pas de l'honneur de voz bonnes grâces celuy qui sera pour jamais, Monsieur, vostre très humble serviteur. MALYCORNE.

A Partenay ce 5 de janvier 1589.

91. — A Partenay, le 6 de janvier 1589. — Lettre de Malicorne aux maire et échevins de Poitiers. (Arch. mun. de Poitiers. Reg. 48, f° 240. Pub. par M. B. Ledain, *La Gâtine*, 271-72.)

Le gouverneur se montre reconnaissant des sentiments que l'échevinage lui a témoignés après la prise de Niort.

92. — 6 janvier 1589. — Articles accordez par Monseigneur le duc de Nivernois et de Rethellois, prince de Menthoue, pair de France, gouverneur pour le Roy en Picardye et lieutenant général pour Sa Majesté en son armée de Poitou, au sieur du Plessis de Jetté, commandant pour le roy de Navarre en la ville et chasteau de La Grenache et aux cappitaines gentilzhommes et soldatz commandans en icelle sur la délivrance de la ditte ville et chasteau entre les mains de Sa Majesté. (Bibl. nat., mss. fr., anc. fonds 3977-6, fol. 11.)

Premièrement.

Les susdits sieurs du Plessis Jetté, gentilzhommes et cappitaines estans dans la ditte ville et chasteau de La Grenache, ont promis sur leur foy, parolle et honneur de remectre la dicte ville et chasteau entre les mains de mon dit seigneur de Nevers pour les recevoir au nom de Sa Majesté le quatorziesme de ce mois sans aultre faute pourveu toutesfois que le roy de Navarre après avoir gaigné la bataille et le champ d'icelle avec l'artillerie sur l'armée de Sa Majesté que mon dit seigneur de Nevers commande, ne les secoure dans le treiziesme de ce mois en personne ou aultre pour luy avec toute son armée et non pas de quelque nombre de soldatz qu'il pourroit, durant la tresve cy après accordée, faire entrer dans la ditte ville, car en ce cas que le roy de Navarre ou aultre pour luy fist fuire ou retirer l'armée dont a la charge mon dit sieur de Nevers et non pour aultre cause ou occasion que ce soit, les dits du Plessis, gentilzhommes et cappitaines, seront libres de leur promesse sus dicte de mectre la ditte ville et chasteau entre les mains de mon dit sieur de Nevers comme dict est, lequel terme mon dit seigneur leur accorde vollontiers pour l'occasion sus ditte.

Et en ce faisant, mon dit seigneur de Nevers a promis sur sa foy et honneur aus dits sieurs du Plessis, gentilzhommes, cappitaines et soldatz sortans de la ditte ville et chasteau, de les faire conduyre en toute seureté jusques à Lusson par les sieurs comte de Grandpré, maistre de camp de l'un des régimens de ceste armée, baron de Palluau et de Bastenay, cappitaine de cent chevaulx légers de Sa Majesté, et ce pendant et durant six jours seullement qu'ilz pourront mectre à aller au dit Lusson, lesquelz passez ne seront plus soubz la sauvegarde de mon dit seigneur de Nevers.

Aussi mon dit seigneur de Nevers a accordé au dit sieur du Plessis, gentilzhommes ou cappitaines, qu'ilz sortiront de la ditte ville et chasteau avec leurs armes, chevaulx et bagaiges sans estre recherchez, ny molestez.

Et aux soldatz, il leur accorde qu'ilz sortiront avec leurs armes et bagaiges sans estre pareillement foullez, ny molestez, la mesche touteffois estaincte et sans sonner le tambour et les enseignes ploiées.

Et quand aux habitans de la ditte ville de La Grenache, tant hommes que femmes, de quelque condition qu'ilz soient, se pourront retirer seurement où bon leur semblera sans qu'il leur soit donné aucun trouble ou empeschement, si mieux n'ayment demeurer en leurs maisons ausquelles ilz pourront estre en toute seureté vivans sellon les édictz et ordonnances de Sa Majesté.

Pendant et durant lequel temps du xiiii. de ce mois sera faict suspension d'armes d'une part et d'aultre à commancer de ce soir jour des Roys sixiesme jour de janvier 1589.

Et ne sera durant icelle suspension besongné ny réparé dans la ville et chasteau, ny hors les fossez d'iceulx, en quelque sorte et manière que ce soit.

Et pour cest effect, mon dit seigneur de Nevers envoira dans la ditte ville et chasteau deulx personnages, tel que bon luy semblera, pour avoir l'œil que durant le dit temps il n'y soit travaillé, l'un desquels sortira tous les jours pour faire entendre à mon dit seigneur comme il n'aura aucunement esté travaillé, de mesme aussi mon dit seigneur de Nevers a promis de ne faire advancer les tranchées ny les aproches durant le dit temps.

Pendant lequel temps les cappitaines et soldatz, d'une part et d'autre, ne oultrepasseront leurs corps de gardes ausquelz ilz sont de présans sans le congé et permission des cappitaines qui commanderont d'une part et d'aultre, et en ce cas qu'ilz voulussent familièrement parler les ungs avec les aultres.

Pour seureté de laquelle promesse, les sus dits sieurs du Plessis, gentilhommes et cappitaines estans en la ditte ville et chasteau, ont baillé à mon dit seigneur de Nevers pour ostaige oultre leur foy et honneur cy dessus promise, les sieurs de. . . . .
. . . .
qui demeureront près de mon dit seigneur jusques à la redition de la ditte place qui se fera le xiiie jour de ce mois

comme dict est et lors pourront s'en retourner avec les aultres gentilzhommes et cappitaines, leurs compagnons, en la mesme façon et manière cy-dessus dicte.

Les prisonniers catholiques qui sont en la ditte ville et chasteau seront mis en liberté le dict quatorziesme jour.

Pour seureté et asseurance des choses sus dictes les sus dits sieurs du Plessis de Jetté, gentilzhommes et cappitaines, ont signé de leur main ces présans articles avec sermant solennel de les entretenir et garder inviolablement sans y user d'aucune longueur ni apporter aucune difficulté.

Fait à La Grenache le sixiesme jour de janvier 1589. — SAINCT GEORGES. A. FENIERE. S. COSME. VIGNOLES. M. DE LA BRUNETIÈRE. LAVIGNODE. BEAUREGARD. FORESTERIE. LE BARON OBIGNY [1]. LAIOUMENT. S. MALYVERNE. LACOULLÉE. HERBELOTIERE.

---

93. — Janvier 1589. — Lettre du sr de Malicorne à M. de Sagonne [2].
(Bibl. nat., mss. fr., anc. fonds 3633-46, fol. 66.)

Monsieur, Vous avez peu entendre le malheur qui m'est arrivé par la perfidie d'aucuns habitans de Nyort et comme j'en escry plus amplement à monsieur de Nevers, et pour ce que le roy de Navarre a contrainct monsieur de La Roussière [3] de luy donner sa foy pour la délivrance du cappitaine Gardoeil et l'aultre que vous pristes à St Aulbin, je vous ay bien voulu suplier, Monsieur, les luy accorder affin de l'en descharger. Et je vous en auray avecq luy obligacion pour vous demeurer à jamais vostre bien aubéissant compagnon à vous fère servisse. MALYCORNE.

---

1. Agrippa d'Aubigné.
2. Sagonne avait, comme maître de camp de la cavalerie légère, fait partie de l'armée envoyée en Poitou sous le commandement de Biron, en 1586; il passa à la Ligue et fut tué devant le château d'Arques, le 13 septembre 1589.
3. René Girard, sgr de La Roussière et de Culdebray.

94. — 7 janvier 1591. — Minute de lettre du duc de Nevers à M. de La Courbe. (Bibl. nat., mss. fr., ancien fonds 3409-47, fol. 122.)

Monsieur de La Courbe, Ceste après disner j'ay receu la vostre du IIIIe de ce mois que le messager m'a apporté par laquelle j'ay esté très ayse d'entendre que soiez arrivé à bon port dans Partenay et par mesme moyen de l'espérance que me donnez de départir les forces que vous avez amenées ès villes où vous cognoistrez y avoir plus de besoing afin de les conserver en l'obéissance du Roy, car par ceste assurance je m'arresteray icy jusques à samedy prochain que l'on me doit rendre ceste ville entre les mains sellon la capitullation qu'en avons faicte aujourdhuy ensemblement, si dans vendredy prochain le roy de Navarre ne me faict fuir ou retirer de devant luy, à quoy je mettray toute la peine qu'il me sera possible pour ne tomber en ceste inconvénient et de perdre la commodité de mettre ceste ville en l'obéissance du Roy. J'estime que si le roy de Navarre part d'où il est que vous en pourriez sçavoir des nouvelles et que m'en adverteriez comme je vous prie voulloir faire. L'on me vient de me dire qu'il c'estoit advancé quelques trouppes du roy de Navarre vers St George proche de Montaigu, mais je ne sçay à quoy faire ny par quelle intencion, de quoy maintenant demain j'espère en estre plus amplement esclaircy. J'ay bien la doubte, en laquelle vous estes encores, que le chasteau de St Maixant ne soit rendu. Je voudrois de bon cœur que cela [ne] fust vray car j'espérerois que le secourrez, qui seroit ung service très grand et signalé que viendrez à faire au Roy ; mais je me deffye bien fort qu'il n'ait faict le sault quant et quant la ville sans attendre vostre secours, qui aura esté une lâchetté bien grande [1]. Et parce que j'espère de m'acheminer bientost en

---

[1]. Le château de Saint-Maixent ne résista pas plus que la ville et se rendit le même jour.

voz quartiers pour employer ceste armée où il sera de besoing pour le service du Roy et bien du païs. Je vous prie de ne bouger de là affin de vous getter dans telle ville que vous verrez en avoir plus de besoing au cas que le roy de Navarre la voulust assaillir, car je ne retarderay guères à vous secourir et vous prie de le croyre. Pour le regard des vivres des soldatz qui sont en garnison vous avez très bien faict d'en avoir escript au Roy par ce que j'en ay faict tout de mesme et donné advis à Sa Majesté de destiner les tailles des villaiges circonvoisins des villes pour entretenir les garnisons sellon le taulx et prest qui se faict en ceste [armée] en attendant que d'ailleurs il puisse faire quelque bon fondz pour ce payer, car aussy bien il ne recepvra pas ung double des dictes tailles s'il ne les employe à tel usaige; qui est tout ce que vous diray en la présente.

Du camp devant La Guernache, le vii janvier 1589.

---

95. — 7 janvier 1589. — Minute de lettre du duc de Nevers aux échevins de Parthenay. (Bibl. nat., mss. fr., ancien fonds 3409-47, fol. 123.)

Messieurs, Vous avez désiré que je vous envoyasse du secours je l'ay faict, maintenant j'ay entendu que faictes difficulté d'entretenir les soldatz que l'on a mis dans vostre ville, qui est bien loing du désir qu'aviez eu d'estre secouru, ce que toutesfois je ne veux pas croyre. Et néantmoins je vous prie ne faire aucune difficulté d'entretenir les soldatz qui y sont au mesme taulx qu'ilz sont payez en ceste armée, car je m'asseure que le Roy vous remboursera des dits fraiz, lesquelz je veux espérer ne continueront guère longtemps sans que le Roy ne mette quelque bon ordre pour le payement des dits soldatz et par ce moyen vous descharge de telz fraiz. Par quoy, de rechef, je vous prie ne faire difficulté d'entretenir les ditz soldatz affin de ne tomber en l'inconvénient de ceulx de Niort, espérant aussy d'estre bientost en voz quartiers pour les assister de tous les moyens que je pourray, tant pour le service du Roy que pour le respect de monsieur de Longueville [1] mon beau filz, vostre seigneur, m'estant les subjectz duquel aussy recommandez que les miens propres, ce que je le prie de croyre pour fin de la présente où je supplieray le Créateur vous avoir, Messieurs, en sa saincte garde. Du camp de La Guernache, le vıı^e jour de janvier 1589.

---

96. — 7 janvier 1589. — Minute de lettre du duc de Nevers à M. de Malicorne (Bibl. nat., mss. fr., ancien fonds 3409-47, fol. 122.)

Monsieur de Malicorne, L'espérance que j'ay eue de vous donner quelque bonne nouvelle de la reddition de ceste ville en l'obéissance du Roy, m'a faict retarder à faire responce à la vostre du ıı^e de ce mois plustost que maintenant qu'il a pleu à Dieu de acheminer ceulx qui sont dans La Guernache à se remettre en l'obéissance du Roy, comme ilz m'ont promis de faire par les articles que avons signé ce jourdhuy, mesmement toutesfois que dans vendredy prochain xııı^e de ce mois le roy de Navarre ne me face fuyr et retirer de devant luy, chose à quoy je mettray peine qu'elle n'advienne. Cependant je suis très ayse que Mons. de La Courbe [ait] son armée à Partenay avec les six compagnies qui ont tousjours esté en ceste province, car j'espère que par le moyen d'icelles l'on pourra pourvoir que ce malheur n'augmente davantaige de par de là en attendant ma venue que je dilligenteray le plus qu'il me sera possible affin d'exploicter ceste armée où il est plus expédiant pour le service du Roy. Je plains infiniment vostre malheur pour estre fort grand m'asseurant qu'y avez très

---

1. Henri d'Orléans, duc de Longueville, sgr de Parthenay, époux de Catherine de Gonzagues-Nevers.

grand regret congnoissant qu'il apporte la perte de ce pays. Mais la vérité est que celluy qui a affaire à des habitants de villes qui ne le veullent ouyr parler de garnison et se garder à leur fantaisie n'a pas peu affaire, comme vous aviez à Niort, car toutes les forces du monde ne leur eussent rien servy en la ditte ville puisqu'ilz estoient résoluz de ne recepvoir garnison. J'ay trouvé bien estrange qu'ilz n'ayent voulu vous permettre de mener les convois et munitions dans vostre basse cour du chasteau, voire dans les faulces brayes d'icelluy, car le roy de Navarre n'eust eu le moyen de vous forcer dans icelluy de long temps pendant lequel j'eusse eu la commodité de vous secourir si toutesfois eussiez eu des vivres dans le dict chasteau comme il semble que en eussiez faulte et desfect, quidans[1] que les canons feussent retirez à la faveur du chasteau et par conséquant qu'il ne se rendist si tost. J'envoyé monsieur de Sagonne avecq la cavallerie légère le samedy dernier de l'an au mesme instant que monsieur de La Courbe partit pour aller à Partenay affin de conduyre les cent harquebuziers du cappitaine Serquete dans Mallesaye pour le garder ou pour les vous envoyer selon l'advis que monsieur de St Ponpin recepvroit de vous. Mais ayant receu par les chemins nouvelles certaines de la perte de l'un et de l'autre, il s'en est retourné me trouver. Je voudrais qu'il pleust à Dieu que le chasteau de St Maixant tinct encore bon et que le puissiez secourir de quelque compagnie de celles que monsieur de La Courbe a amené, car je ne tarderois guerres à estre là pour secourir la dicte ville comme estant de très grande importance, de quoy je veulx espérer que vous m'en donnerez advertissement de jour à autre comme je vous prie de voulloir faire et mettre peine au moins de conserver ce peu de villes qui restent maintenant par delà en l'obéissance du Roy. Et pour

---

1. Cuidant, pensant.

ce que je ne doubte aucunement que les habitans des villes ne se fâchent de recepvoir garnison et encores plus à entretenir les soldatz, je vous prie asseurer les habitans des villes ausquelles vous y mettrez des garnisons qu'ilz ne craignent à fournir ce qui sera de besoing pour l'entretenement des ditz soldatz selon l'estat que le Roy a faict et qui se payent aux soldatz de la présente armée, car je me fais fort de les en faire rembourser, ayant desjà escript au Roy qu'il me sembloit à propos pour entretenir les dittes garnisons sans la faulte des hommes des villes de destiner les tailles qui se lèvent aux villages circonvoisins d'icelles pour le payement et entretènement, car aucunement le Roy aussi bien n'en recepvra rien. Ce que je veux estimer qu'il trouvera bon qu'il soit faict en attendant qu'il puisse faire ung bon fondz d'argent pour les entretenir, qui est tout ce que je leur puis dire pour le présent sinon que je les prie de me faire sçavoir souvent des nouvelles de voz quartiers et spécialement du roy de Navarre et de ma part j'en feray de mesme des miennes. Partant ne saichant plus que vous dire présentement je finiray par mes très affectionnées recommandations à vostre bonne grâce et suppliant le Créateur vous donner, Monsieur de Malicorne, en sa saincte et digne garde, etc. Du camp à La Grenache le viie janvier 1588.

Je vous prie d'en advertir monsieur de Laverdin[1] que

---

1. Jean de Beaumanoir, pour lequel Henri IV érigea la terre de Lavardin en marquisat le 4 juillet 1601, était fils de Charles de Beaumanoir, sgr de Lavardin ou Laverdin, qui prit part à la bataille de Saint-Denis et au siège de Poitiers et fut tué à la Saint-Barthélemy, et de Marguerite de Chourses, dame de Mangey, puis de Malicorne au décès de son frère le gouverneur du Poitou. Jean de Beaumanoir prit part avec son père au siège de Poitiers ; il se convertit au catholicisme après la Saint-Barthélemy, passa aux huguenots sur le refus d'Henri III de le nommer capitaine de ses gardes du corps, revint aux catholiques lorsque son oncle Malicorne fut nommé gouverneur du Poitou, combattit à Coutras en 1587, ligueur en 1589 ; il composa enfin en 1595 avec Henri IV qui le fit maréchal de France.

j'ay donné advis au Roy de ne démolir ceste ville affin qu'il me face commander de luy remettre la dicte ville entre ses mains, comme je luy ay promis de faire et que je feray l'ayant, si le Roy ne me commande le contraire. J'ay receu ceste après disner la vostre du 4ᵉ de ce mois par le messaiger que m'a envoyé monsieur de La Courbe à laquelle j'ay faict cy dessus responce. Je ne suis pas d'advis que tirions hors de Moléon la compagnie de Bresse car la ville et chasteau seroient en trop grand hazard de se perdre.

---

97. — 7 janvier 1589. — Lettre du sʳ de Malicorne à M. le duc de Nivernois. (Bibl. nat., mss. fr., ancien fonds 3422-47, fol. 70.)

Monsieur, Vous sçavez par le sieur de La Courbe et ce que je vous ay par luy escrit, l'ordre que nous avons peu donner pour la garde et conservation de ceste ville qui ne peult continuer s'il ne vous plaist et si vous n'avez le moyen de favoriser et les garnisons pour les y contenir et les habitans pour leur donner sugect de n'abandonner leurs maisons et au sieur de La Briaudière d'y demeurer, ce qu'il ne ce délibère s'il n'y voit ung bon establissement, auquel, Monsieur, il vous plaira et vous supplie très humblement d'aporter ce vous congnoissez y estre nécessaire et que le dict sieur de La Briaudière [1] ; si je m'envoys à Poictiers comme j'espère bientost, y puisse continuer les effectz de ses bons services. Le roy de Navarre est allé à Fontenay

---

[1]. X. Farnoulx, sgr de La Briaudière, avait été élu pour chef par des troupes de gentilshommes levées en Poitou pour la Ligue en 1585; il fut gouverneur de Parthenay de 1586 à 1589 et rejoignit alors les ligueurs de Poitiers qui le firent membre du conseil de la Sainte-Union. Le 12 août 1591, il prit part à la défense du faubourg de la Cueille contre les troupes du prince de Conti qui furent repoussées. En 1591, Charles de La Forêt-Montpensier, sire de Vaudoré, huguenot, était gouverneur de Parthenay.

avecques toute sa cavalerye en entencion de vous fatiguer de tout ce qu'il pourra. J'y ay donné advis au dict sieur de La Courbe à Bressuyre affin qu'il s'en prenne garde. Le chasteau de S¹ Maixant ce rendit dès le mesme jour que la ville, le sieur de Pontevez m'est venu trouver que j'ay retenu affin qu'il ce représente à vous pour ce justiffier de la reddition de la dicte ville qu'il maintient telle, comme j'ay veu par le double de la capitulation qu'elle est contenue par l'instruction que j'ay donnée au dict sieur de La Courbe que je vous supplie très humblement me faire cest honneur de veoir et de la croyre véritable comme elle est et m'honorer tousjours de voz bonnes grâces comme celuy qui vous sera pour jamais, Monsieur, vostre très humble serviteur. MALYCORNE.

---

98. — 11 janvier 1589 [1]. — Lettre de Louis de Gonzague, duc de Nevers, au roi de Navarre. (Bibl. nat., mss. fr., ancien fonds 3977-12, fol. 26.)

Monsieur, Je receuz hier au soir, à nuict fermée, la lettre qu'il vous a pleue m'escripre par le sieur de La Raynville le lundy au soir ix⁰ de ce mois, escripte au camp de S¹ Père, à laquelle je ne puis faire responce que auparavant il ne vous plaise m'advertir si prétendez entretenir la capitulation que j'ay faicte avec les gentilzhommes et cappitaines estans dans La Grenaiche pour la reddition de la ditte place en l'obéissance de Sa Majesté comme il m'a expressément commandé de la luy réduire par plusieurs lettres que j'ay d'elle, tellement que si désirez, Monsieur, de vous conformer au voulloir de Sa ditte Magesté comme vous me le mandez, vous debvez trouver bon que j'effectue son commandement. Il n'a tenu à moy

---

1. Catalogué au 2 janvier, ce qui est forcément une erreur.

que soudainement je n'aye dépesché le dit sieur de Rainville pour vous apporter responce à ce matin de bonne heure ainsi que le me escrivez, mais il ne la voullu faire, néantmoins je l'ay aussitost laissé aller coucher dans La Grenache, comme il a désiré, pour conférer avec les gentilzhommes et cappitaines estans en icelle qui ont capitulé avec moy et promis de remectre la dicte ville entre les mains de Sa Majesté samedy prochain affin qu'il vous puisse plus clairement rapporter ce qui en est; luy aiant baillé l'extraict de la ditte capitulation qui les oblige dans le dict jour de remectre la dicte ville entre mes mains pour la recevoir au nom du Roy et m'asseuré, Monsieur, que quand l'aurez veu, que jugerez non seullement ilz ne pourront refuzer la ditte redition mais la délayer sans estre parjures et perfides, et sur ce, après vous avoir très humblement baisé les mains, je supplieray le Créateur vous donner,

Monsieur, très heureuse et très longue vie. Du camp de La Grenache ce xi⁰ janvier 1589.

---

99. — 12 janvier 1589. — Lettre du s⁰ de Malicorne à M. le duc de Nivernois. (Bibl. nat., mss. fr., ancien fonds 3422-49, fol. 80.)

J'ai veu par les dernières qu'il vous a pleu m'escrire la capitulation de La Garnache [1] et vostre résolution icelle exécuter et par ce que comme je vous ay par deux dernières voyés adverty, le roy de Navarre s'est mis à chemin pour en empescher l'effect. Je vous supliray très humblement, Monsieur, me mander si autre occasion vous aura faict changer de dessain. J'ay veu aussy par icelles l'advis que vous avez donné au Roy pour le payement des garnisons qu'il faut establir aux villes qui sont encores en

---

1. La Garnache se rendit le 14 janvier 1589.

l'obéissance de Sa Majesté. Mon nepveu de Lavardin m'a mandé s'en aller vous trouver pour quelques particularitez dont il m'escrit estre chargé, possible a t il quelque autre expédient [1], mais de quelque façon que ce soit, Monsieur, je vous suplye pourvoir à la seureté des dictes villes puys que le Roy, à ce que m'a mandé mon dict neveu, s'en remect du tout sur vous et sur vostre pouvoir ; cest cy est la frontière et en laquelle à peine ay-je peu réduire le sieur de La Briaudiere de continuer sa charge pour n'avoir plus de pouvoir d'y soustenir la despence n'ayant point esté payé, si toutesfois il est secouru de quelque moyen et du contenu au mémoire cy enclos, il s'y résouldra s'il en sort. Je voy tout désespéré car les hommes telz que luy ne sont pas communs, mesmes que les principaux habitans font estat de se retirer à Poictiers quand je m'y en iray, suyvant ce que le Roy le m'a ce jourdhuy commandé et ceux de la ville suplyé de faire promptement s'ils ne voyent quelque réglement pour les garnisons et un ordre pour leur seureté. Vous sçavez à peu prez les forces des ennemys, les places qu'ilz occupent et les intentions et moyens de Sa Majesté, pour plus clairement que moy juger les compagnies qui sont nécessaires estre ordonnées pour ses quartiers et conservation de ce qui y reste en l'obéissance du Roy et m'asseurant, Monsieur, que vous y apporterez les effectz de vostre bonne volonté et pouvoir je n'estendray ceste cy que pour pryer Dieu vous conserver,

Monsieur, en parfaicte santé, très longue et très heureuse vie. A Parthenay ce xii° janvier 1589. Vostre très humble et très obéissant serviteur. MALYCORNE.

---

1. Lavardin allait bientôt passer aux ligueurs « par le changement ». Il suivit Mercœur en Bretagne où il surprit le comte de Soissons qui put s'échapper.

100. — A Parthenay, 23 janvier 1589. — Lettre de Malicorne au Roi. (Bibl. nat., mss. fr., ancien fonds 2945, fol. 39. Publiée par M. B. Ledain, *La Gâtine*, 272-73.)

Au sujet de la prise de Niort.

---

101. — 15 janvier 1589. — Lettre du s^r de Malicorne à M. le duc de Nivernois. (Bibl. nat., mss. fr., ancien fonds 3422-51, fol. 84. Cfr. n°s 42 et 51.)

Monsieur, Je vous ay escrit par diverses foys despuys les vostres dernières, le désespoir où je me trouve par le refuz que aucuns des villes font de recevoir les garnisons si elles ne sont payées et la résolution que les habitans de ceste cy et le sieur de La Briaudière mesmes ont pris de l'abandonner s'il n'est pourveu à l'entretènement des compagnies qui y sont et au contenu du mémoyre que je vous ay derrenièrement envoyé, ce qu'ilz heussent desjà exécuté si ma demeure ne les heust retenus. Mais estant, par celles que le Roy m'a escrit commandé et par les prières des bons serviteurs de Sa Majesté, contrainct de m'en aler à Poictiers pour rompre ce que les mauvaises humeurs de ce tans y préparent contre son service. Je vous ay encores par ceste cy voulu très humblement suplyer, Monsieur, maintenant que je croye que vous estes asseuré de La Garnarche, d'y voulloir promptement aporter le remède nécessaire estimant que monsieur de La Courbe vous aura assez faict entendre la peine où il est à Bresuyre et qu'il vous aye fait tenir l'instruction véritable de ce qui s'est passé à Nyort dont je l'avois chargé ; toutesfois, Monsieur, par vos dictes dernières j'ay congneu que vous vous estes réservé quelque opinion que si j'eusse retiré le canon dans la basse court du chasteau ou dans les fauses brayes que cela m'eust donné le moyen d'atendre vostre secours. S'il vous a pleu me faire l'honneur de voir la dicte instruction vous aurez apris que les habitans ne voulurent aucunement permectre que je le retirasse de dessous la halle n'ayant rien si en horreur que de voir quelque force opposée à la leur, trop séparée de l'obéissance du Roy. Le cappitaine Chanson, commissaire de l'artillerie, que je pense estre prèz de vous, vous pourra davantage tesmoigner que luymesme fust d'advis, aprez qu'ilz heurent esté remontez, qu'ilz demeurassent au couvert sous la halle pour conserver les effectz qui se fussent gastez à l'er et quand encores je les heussent peu retirer dans la dicte basse court, ilz eussent esté incontinant gagnez par les ennemys, tant par ce que la dicte basse court est veue et commandée de tous costez des maisons de la ville et mesmement du cimetière de l'églize S¹ André et ouverte en plusieurs endroitz, tant par les bresches qui y furent faites pour le passage de la Royne mère du Roy lorsqu'elle y estoit, que les officiers n'ont oncques voulu faire réparer despuys, que par celles qu'on y avoit fait pour la commodité des rondes [1], de la retirer dans les fausses brayes, il estoit impossible à cause que le pont n'estoit capable de les porter, ni la porte, ni l'espace assez large pour les faire entrer et les tourner, à cause aussy des degrez qu'il y a pour monter aux fausses brayes. Croyez, Monsieur, que s'il y heust heu artifice aucun par lequel j'eusse peu prévenir le mal et en pouvoir empescher l'entier évènement que je ne l'eusse pas oublié car je le prévoyois et vous en ay assez prédit les menasses par plusieurs de mes lettres que je croy que vous avez receues. Il n'y avoit moyen de me secourir dans le chasteau, la rivière n'estant point guéable et n'y ayant point de pontz et les fauxbourgs et advenues ayant esté incontinant

---

1. Dans un mémoire au roi du 20 septembre 1577, Guy du Lude, gouverneur du Poitou, déclare déjà qu'il est urgent de faire réparer le château de Niort dont on ne peut faire état dans l'état de ruine où il se trouve. (*Arch. hist. du Poitou*, XIV, p. 91.)

gagnées par les ennemys. Ces raisonnables considérations me font croyre, Monsieur, qu'ung prince tel que vous et qui sçait la misérable condition de ceux qui sont en ces temps divisez, sujetz à un peuple diverty de créance, ne voudra pas faire le jugement de ce malheur non plus qu'à fait Sa Majesté informée de la vérité, au préjudice de mon honneur et de ma réputation, encores qu'on m'aye adverty de Poictiers que monsieur de Chemerault y publie une lettre qu'il dit que vous luy avez escrit par laquelle vous me condamnez comme coupable en et cela de quelque faute qui sert de sujet à ceux qui ne désirent que la ruyne des affaires du Roy d'y semer de mauvais bruitz et à mon désavantage et contre vostre intention comme je m'asseure et l'affection que je sçay que vous avez à ceux qui n'ont jamais hut leurs desseins tenduz qu'à la seule fidélité du service de Sa Majesté en laquelle je suis résolu de terminer le reste de mes jours et de rendre au vostre particulier toute l'obéissance que vous saurez désirer, Monsieur, de celuy qui sera à jamais vostre très humble serviteur. MALYCORNE.

A Parthenay le xve janvier 1589.

Monsieur, je n'oublieroys de vous dire que quand la basse court du chasteau se fust peu garder qu'il m'eust esté impossible de le faire n'ayant pas trante hommes de combat avecq moy dans le chasteau et vous sçavez combien elle est grande, aussy que les poudres estoyent en la maison de ville parce que le Roy en avoit fait don aux habitans. Je vous envoye, Monsieur, le double des capitulations des ville et chasteau de St Maixant et de ce que le sieur Pontevez m'en a déclaré m'estant venu trouver, lequel je retiens près de moy et le capitaine du chasteau aussy pour obéyr au jugement qu'il vous playra d'en faire ou les vous envoyer la part que vous me commanderez pour les ouyr plus amplement. Ce où je les trouve plus différens c'est que Pontevez interrogé par moy en présence des sieurs de La Courbe et de La Briaudière pourquoy il ne s'estoit ralié avec le cappitaine du chasteau pour se retirer dedans avecques ses soldats et le tenir, dit qu'à la verité il ne luy en parla pas, et le cappitaine du chasteau asseure l'en avoir pryé, mais qu'il luy dist que la place du costé de la ville ne valoyt rien et qu'il n'y avoit point de munitions pour le pouvoir garder. Je n'ay point sceu de nouvelles du sieur de St Ponpain despuys la faute qu'il a faite, je désireroys fort le vous pouvoir représenter.

---

102. — Janvier et février 1589 [1]. — Mémoire sur l'estat et les dispositions de l'armée chargée d'opérer contre les huguenots dans le Poitou sous les ordres du duc de Nevers et du sieur de Malicorne. (Bibl. nat., mss. fr., anc. fonds 3616-36, fol. 42.)

Faire bien recognoistre et remerquer les peines soufertes faulte d'argent et de vivres et à cause de l'injure de l'hivert,

Et des sièges des villes sans espérance d'avoir aucun proufict à leur prise,

Dont toute l'armée cryoit et se despitoit,

Tellement que l'on a eu prou à faire à les tenir jusques à la prise de La Grenache pour avoir perdu l'affection de bien servir,

Et à l'assault, ilz l'ont bien faict congnoistre pour n'y avoir voullu aller, ny aux ravellins,

Que ceste armée est en décadence et ruyne, la fault renouveller et se résouldre de la mieux paier à l'advenir,

Qu'il la fault mectre en garnison partie et leur donner moien de les paier sur les villages circonvoisins, aussi bien le Roy n'en retire rien et les huguenotz les preignent,

---

1. On a tenu compte de la disposition du texte.

Que la défaicte de ceste armée a apporté grand courage aux huguenotz et affaiblit celluy des catholicques qui sont désespérez, voiant retirer monsieur de Nevers et n'y demeurer que monsieur de Malicorne,

Que l'on a faict plus qu'il ne se pouvoit et que jamais je ne me remettray en tel hazard de perdre la bataille, l'honneur, la vie par faulte de courage des soldatz,

Que ce n'a pas esté peu de service d'avoir conservé La Grenache au Roy et l'armée sans ceste desfaicte et que Dieu seul y a oppéré,

Que le Poictou s'en alloit réduict dans avril en l'obéissance du Roy sans ce malheur de Niort, Maillesaye et Saint Maixant,

Car Beauvoir n'eust demeuré 15 jours en l'estat qu'il est mais aians le loisir de la fortiffier, il sera très malaisé de le reprendre et l'on espéroit de le prendre dans la fin de ce mois si l'armée eust été bien paiée et puis la rafraischir et dans la my mars aller assaillir Fontenay lequel il espéroit de prendre en six sepmaines et ce pendant par les grandes gelées ou grande marée, prendre Marans et puis Tallemont n'eust guères duré,

Mais que tous les malheurs sus dicts et l'obéissance que je porte aux commandements de Sa Majesté m'a faict luy envoier tous les harquebuziers à cheval et les 2 régiments dont l'armée s'est desfaicte,

Et aussy je n'ay osé me arrester davantage pour obéyr a l'expres commandement que Sa Majesté m'a faict de l'aller trouver,

Que telle obéissance m'a mis en grand danger ou de perdre La Grenache avec dyminucion de ma réputation et honneur, ou bien la voullant conserver, me mectre en évidant danger d'estre batu comme l'apparance y est grande,

Mais que l'affection que je porte au service de Sa Majesté m'a faict rechercher tous les moiens pour luy conserver la dicte ville et l'armée quant et quant, comme j'ay faict par la bonté de Dieu seullement et non des hommes,

Estant chose malaisée la capitulation de la dicte ville,

Comme aussi la reddition que l'on ne pouvoit espérer soit pour être combattus, on peut se mettre entre la ville et l'armée ou entre Machecoul et La Grenache et entraver l'armée; s'il n'y a quelque argent pour bailler aux officiers de l'artillerie, des vivres et chevaux légers, tout est perdu,

Qu'il luy plaise de désiner le gouverneur de La Grenache et luy donner moien de s'entretenir et ses soldatz,

Quelles forces il veult qu'il entretienne en Poictou et quelle je luy envoyeray.

Je me suis par trop harassé et tourmanté et suis en danger de me trouver bien mal.

Caussée vient dans La Grenache,

Sans la provision de 50 mille pains, il étoit perdu [1].

---

103. — 18 février 1589. — « Instruction à M. Estienne Péan, sr du Saulger, secrétaire de la chambre du Roy et de la Royne sa mère, que Dieu absolve, envoié par Sa Majesté à Poictiers pour l'ordre des paiements des gens de guerre entretenuz en Poictou pour son service suyvant le département qui en sera faict par M. de Malicorne, gouverneur de la province, appellez les trésoriers de France au bureau de Poictiers pour l'ordre et levée des deniers selon l'intention de Sa Majesté qui est telle. » (Bibl. nat., mss. fr., anc. fonds 3414-23, fol. 39.)

Que les garnisons et tous les gens de guerre que Sa Majesté veult entretenir en la province de Poictou soient paiez des deniers de ses tailles et corvées sans porter préjudice aux charges qui sont sur les receptes particullières,

---

1. Ce mémoire non signé ne peut être attribué qu'au duc de Nevers.

Et afin que ce qui doibt revenir en sa recepte géneralle y soit et le poiement faict des dittes garnisons, sera estably et gardé l'ordre qui ensuyt :

Premièrement suivant l'estat signé de Sa Majesté de tout ce que doibt monter la despence et poiement de tous les ditz gens de guerre tant des garnisons que autres, sera faict département en chacune ellection ou sénéchaussée et selon le fondz sera advisé et résolu pour combien de mois elles seront paiées en toute l'année, pour départir ce que en montera le paiement esgallement par chascun quartier et puis par chascun mois s'il est besoing,

Verra avec les sieurs trésoriers généraulx d'icelle génerallité le département qui a esté faict par les ellections et sénéchaussées, les levées comprises au brevet de la taille, ensemble l'estat des charges qui sont sur chacune des dictes receptes particullières et celluy des descharges et remises si aucunes ont esté accordées par Sa Majesté,

Suyvant icelluy estat conservera les paiemens des dittes garnisons, les charges estans sur icelles receptes particullières, les dictes charges desduictes si aucuns en y a pour veoir ce qui debvra revenir bon à la dicte recepte génerale par chascun quartier,

Enjoindra aux receveurs particulliers de porter à la recepte génerale ou réserver ce qui sera des dictes charges ordinaires s'il leur est ordonné, auparavant que de pouvoir rien prendre des deniers de leurs receptes pour leurs dictes garnisons,

Et que le surplus à mesure qu'il se recevra soit destiné à icelle garnison selon le département qui en aura esté faict par le dict sieur de Malicorne et trésoriers de France,

Et affin que les officiers et cappitaines qui seront en garnison soient plus soigneux de faire lever les deniers de Sa Majesté, elle veult et entend que la levée faicte préallablement des charges ordinaires, le surplus qui est affecté au paiement des garnisons ne soit poinct porté à la recepte genéralle, ains que les receveurs particulliers en baillent leurs quictances aux cappitaines pour recevoir des parroisses resortissantes à leur garnison ce qui leur aura esté ordonné pour leur paiement selon le département qui en aura esté faict comme dessus est dict par icelluy sieur de Malicorne, en la générallité de Poictiers.

Et s'il se trouve qu'en telles ellections ou sénéchaussées le poiement des charges et des garnisons qui seront establyes excède ce qui doit estre levé, sera faict fondz du surplus en la plus prochaine en la mesure desusdicte.

Veult et entend Sa dicte Majesté que des plus clairs deniers de la recepte généralle de Poictou les gens de guerre estans en garnison ès places de Partenay, Mauléon et La Grenache soient paiés par préference et avant toutes autres assignations. Faict à Bloys le xviii° jour de février 1589.

---

104 — 29 mars 1589. — Ordonnance faite par M. de Malicorne, gouverneur et lieutenant général pour le Roy en Poitou, par l'avis du Conseil, publiée, imprimée et affichée ès places, cantons et autres endroits de cette ville de Poictiers. (Pub. par Thibaudeau, *Abr. de l'Hist. du Poitou*, V, 136-8.)

---

105. — 24 mai 1589. — Lettre de Henri III au duc de Nivernois. (Bibl. nat., mss. fr., ancien fonds 3414-5, fol. 11.)

Mon cousin, J'ay receu voz lettres et entendu par le sieur de Launay ce qu'il avoit à me dire de vostre part. Vous sçavez l'occasion pour laquelle je vous ay cy devant dépesché le s^r Myron, maistre des requestes de mon hostel, m'ayant par plusieurs foys auparavant sur ce déclaré vostre volonté et depuis encores par le retour du dit s^r Myron qui me faict demourer en la mesme résolution, laquelle je m'asseure que vous suivrez, comme vous avez tousjours faict, ce qu'avez congnu estre de mon intention. Vous pryant encores que vous aurez tousjours telle part en mes bonnes grâces que vous méritez pour la singulière affection que vous m'avez tousjours portée et au bien de mon service, et laquelle vous sçaurez bien conserver continuant à l'advenir en la mesme volunté et affection comme je m'asseure que vous ferez, et que de ma part s'offrant les occasions je vous en feray sentir les effectz en ce que je pourray, pour vostre contantement. Et sur ce je prye Dieu, mon cousin, qu'il vous ayt en sa sainte garde. Escrit à Chastellerault le xxiiiie may 1589. HENRY. POTIER.

106. — 2 septembre 1589. — Commission de Jean de Chourses, gouverneur de Poitou, au s^r de Combes, pour mettre garnison dans l'abbaye de la Réau [1], afin de la garantir de la surprise des ennemis. (Dom Fonteneau, t. XXIV, p. 327 [2].)

Jehan de Chourses, seigneur de Malycorne, chevalier des ordres du Roi, conseiller en son conseil d'Etat et privé, capitaine de cent hommes d'armes de ses ordonnances, gouverneur et lieutenant général pour Sa Majesté en Poitou, au sieur de Combes, salut. Désirant en tant que nous sera possible pourvoir à la garde et conservation des villes, châteaux et places fortes estans en notre gouvernement et empêcher que les ennemis de Sa Majesté les surprennent et lèvent les tailles et facent actes d'hostilité sur les sujets de Sa dite Majesté, estans avertis que iceux ennemis ont intention de se saisir de la maison et abbaye de la Réau, estant de notre gouvernement, qui est place forte et qui apporteroit beaucoup de préjudice au service de Sa dite

---

1. Commune de Saint-Martin-l'Ars (Vienne).
2. L'original de cette pièce était dans les archives du château de La Guéronnière, près d'Usson, dans le Haut-Poitou.

Majesté, et au repos de ses dits sujets ; à ces causes et à plain confians de vos sens, suffisance, fidélité, vaillance et expérience du fait des armes, vous avons par ces présentes commis et ordonné, commettons et ordonnons qu'au plutôt que faire se pourra vous vous transportés en la dite abbaye de la Réau avec le nombre de vingt soldats des mieux aguerris que vous pourrés choisir, lesquels nous vous permettons de lever et mettre sus, afin de tenir garnison en la dite abbaye, la garder de surprinse, empescher les courses des dits ennemis, et leur faire la guerre au mieux que pourrés, au payement et entretènement desquels et vôtre sera par Sa Majesté pourvu sur la remontrance que nous lui en ferons. De ce faire vous donnons pouvoir en vertu du nôtre, mandons à tous les officiers et sujets de Sa dite Majesté, qu'à vous en ce faisant obéissent, prestent main forte et toute l'assistance dont aurés besoin. Donné à Partenai le deuxième septembre mil cinq cent quatre vingt neuf. Signé de main originale, MALYCORNE, et plus bas : Par mon dit seigneur, MESLIER.

---

107. — Mars 1590. — Quittance d'une somme de 600 écus pour frais de missions secrètes, donnée par Malicorne à Jean du Tramblay, trésorier général de l'extraordinaire des guerres. (Bibl. de Poitiers, catal. mss. 453-42, provenant de la collection du baron de Joursanvault.)

Nous Jehan de Chourses, seigneur de Malicorne, chevalier des ordres, conseiller du Roy en son conseil d'estat, capitaine de cent hommes d'armes de ses ordonnances, gouverneur et lieutenant général pour Sa Majesté en Poictou, confessons avoir receu contant de monsieur le trésorier général de l'extraordinaire des guerres, M° Jehan du Tramblay, par les mains de maistre Auguste Prevost, son commis près de nous, la somme de six cens escuz que nous luy avons commandé de mettre en noz mains pour notre remboursement de plusieurs voyages qu'avons fait faire à diverses personnes par nous envoyez secrettement en plusieurs et divers lieux pour le service du Roy dont nous ne voulions que personne fust adverty, durant les mois de janvier, février et ce présant de mars et à nous ordonnés par Sa Majesté pour cest éfet, de la quelle somme de vi$_c$ escuz nous nous tenons contans et bien payé et en avons quitté et quitons le sus dit sieur du Tramblay, trésorier général sus dit et tous autres.

Faict à Parthenay, le [1] jour de mars mil cinq cents quatre vingt dix [2]. MALICORNE. GOREAUD.

---

108. — 14 juin 1590. — Lettre de Henri IV au duc de La Trémouille. (Chartrier de Thouars. Doc. hist. et gén. (1877), 113.)

La Trémouille, déjà mandé près du roi, différera son départ ; il réunira ses troupes à celles de Malicorne et veillera à la bonne intelligence de ceux qui ont charge du roi.

---

109. — Juin 1590. — Lettre de Louis Chasteigner, sgr d'Abain et de La Rochepozay, chev. des ordres du Roi, capitaine de 50 hommes d'armes de ses ordonnances, à Malicorne [3]. (Cette lettre a été publiée par André Duchesne, *Hist. gén. de la maison des Chasteigners*, 353, 354.)

Monsieur, Depuis les lettres que je receus dernièrement

---

1. En blanc.
2. A cette place se trouve la sceau plaqué de Malicorne, qui est un burelé entouré des colliers de Saint-Michel et du Saint-Esprit.
3. Le s^r d'Abain suivit Henri III en Pologne et fut son ambassadeur à Rome. Il servit ensuite très utilement Henri IV qui l'avait nommé gouverneur de la Marche, en 1591, et lieutenant en Poitou au delà de la Vienne, en 1592. Il combattit avec des succès variés le vicomte de La Guierche, gouverneur de la Marche et de Poitiers pour la Ligue, et finit par le vaincre au combat du château d'Ile, au passage de la Vienne, où le vicomte périt (février 1592). Abain mourut à Moulin en 1595, au retour d'une expédition dans la Franche-Comté.

de vous, j'ay esté infiniement empesché à prochasser du secours pour la ville du Blanc, laquelle j'eusse peu secourir sans la trahison d'un nommé Guillotrie, qui avoit esté mis dans le chasteau par feu monsieur de Lancosme[1], et l'y avois laissé pensant qu'il seroit plus fidelle qu'il n'a esté. Car il avoit délibéré de vendre ledit chasteau, auquel il ne voulut, quoy qu'il m'eust promis, jamais recevoir monsieur de Pasdeloup, que j'avois envoyé pour soustenir ledit siège, avecques environ de cent ou six vingts arquebuziers et quelques capitaines pour les commander. Qui fut cause que le dit sieur de Pasdeloup voyant l'artillerie arrivée, où il y avoit un canon, fut contraint de sortir avec la capitulation qu'il fist voyant qu'il ne pouvoit nullement tenir, puisque la retraite du chasteau luy estoit desniée. Et sans cela j'eusse eu moyen de secourir le dit Blanc, aussi bien comme ay fait depuis La Rocheposay, où l'on avoit mis le siège, avec les forces que monsieur d'Arquien[2], frère de Monsieur de Montigny, m'avoit fait ce bien de m'envoyer, qui estoient bonnes. Car elles estoient de sept à huit cents harquebusiers et de deux cents chevaux, avecques ce que je pus aussi amasser de ma part. Et allasmes avecques bonne résolution de bien combattre et de tailler premièrement en pièces ceux qui estoient logez en quelques maisons de deçà l'eau, puis aller par la ville droit aux autres. Mais ils ne nous attendirent ny les uns, ny les autres, ayant eu advertissement de nostre venue : et se retirèrent la nuit avecques tel efroy et telle confusion qu'il n'est possible de plus. Et s'ils n'eussent bruslé le bout du pont, premier que de partir, ou que l'on eust peu passer aux guez de la rivière, ce que l'on ne peut faire à cause qu'elle estoit trop grande pour lors, l'on eust fait une belle défaite et pris toute

---

1. Jacques Savary de Lancosme, maître de camp du régiment de Picardie.
2. Antoine de La Grange, sgr d'Arquien, gentilhomme d'Auvergne.

leur artillerie qui demeura fort long temps embourbée et presque abandonnée de toutes leurs troupes. Et enfin se retirèrent à Chauvigny. Et pensant qu'ils deussent après revenir vers nous, nous passâmes le lendemain la rivière de Creuse pour aller au devant d'eulx et allasmes loger à Ligné les bois [1], où sachant qu'ils s'estoient tous retirez à Poictiers, hormis leur infanterie qu'ils avoient laissée dans les villes qu'ils avoient prinses et que par faulte de plus grandes forces ne pourrions faire davantage, nous retirasmes. Et dès hier commença mon dit sieur d'Arquien à se retirer avecques ses troupes. Lequel m'a promis que quand il vous plaira l'asseurer de faire trouver de bonnes forces entre la rivière de Vienne et de Creuse vers Chastellerault ou ailleurs qu'il vous plaira d'adviser, il ne faudra de s'y rendre avecques ses dites forces et deux canons et deux couleuvrines, pour reprendre toutes les places dont ils se sont emparez. Et m'asseure qu'en moins de huit jours elles seroient reprinses. Mais le plustost à cela seroit le meilleur. Et s'il vous plaist vous me manderez la responseque désirerez que je luy en fasse. Et me manderez aussi le jour et lieu où adviserez de faire trouver vos dites forces. A quoy il ne faudra s'il vous plaist manquer, si c'est chose que ayez agréable. Et vous en feray après sçavoir sa response. S¹ Savin, Montmorillon et Angle se sont aussi rendus en la façon que avez peu entendre. Sur ce je vous baise humblement les mains.

---

110. — 19 juin 1590. — Lettre de Malicorne au s¹ d'Abain. (Cette lettre a été publiée par André Duchesne, *Hist. gén. des Chast.* 354. C'est la réponse de Malicorne à celle qui précède.)

Monsieur, Je suis très marry que les ennemis ne voulu-

---

1. Aujourd'hui Leigné-les-Bois, canton de Pleumartin (Vienne).

rent vous attendre à La Roche de Pouzay, et monsieur d'Arquien, pour le bon traictement que vous aviez moyen de leur donner et qui fust revenu à un très grand service au Roy. Nous aurons plus de moyen de prendre nostre revanche sur eux par la venue de monsieur le vicomte de Turenne [1] avec toutes les forces de Guienne, qui seront dans le huitiesme du mois prochain, à ce que m'a mandé monsieur de S¹ Gelais [2], de Parabel [3] et quelques autres des chefs de deçà, de venir icy, pour adviser et résoudre ce à quoy nous le pourrons prier de nous ayder. Sa Majesté m'a aussi mandé par monsieur Meslier, qu'au passage des dites forces nous en usions aux occasions qui s'offriront. Je voudrois, Monsieur, que vous peussiez estre de la partie parce que vostre bon avis nous seroit très utile. Je vous donneray advis de tout, affin que vous en faciez part à mon dit sieur d'Arquien auquel j'ay beaucoup d'obligation des honnestes offres que vos lettres m'ont tesmoigné de luy. Je les recompenseray en tout ce que j'auray moyen de le servir. Je suis très aise dont monsieur de Maleval vostre filz va trouver le Roy. Il luy sçaura bien représenter nos nécessitez et misérable estat. Si j'eusse eu de plus honorables occasions pour luy départir, je luy eusse fait congnoistre, comme je feray toute ma vie, combien je suis à vous, Monsieur, et à luy, votre obéissant parent à vous faire service. MALICORNE.

A Partenay, le 19ᵉ jour de juin 1590.

---

1. Henri de la Tour d'Auvergne, vicomte de Turenne, duc de Bouillon (1555-1623), maréchal de France en 1592, suivit non sans écarts la fortune de Henri de Navarre.
2. Louis de Saint-Gelais-Lusignan, sgr de Saint-Gelais, Cherveux, Saint-Jean-d'Angles, Chiré, Puyjourdain, La Gilbertière, maréchal de camp et capitaine de 50 hommes d'armes, amiral de la flotte protestante, lieutenant-général en Poitou, mort le 27 mai 1592. Saint-Gelais s'était emparé de Niort en 1588, dans la nuit du 27 décembre.
3. Jean de Baudéan, comte de Parabère, gouverneur de Niort.

111. — 17 mars 1591. — Lettre de François de Bourbon, prince de Conti [1], à M. de La Tremblaye [2].

Monsieur de La Tremblaye, J'envoye ce gentilhomme, présent porteur, en quelque part pour le service du Roi et mon particulier et vous prie le faire assister de bons guides et de tout ce qu'il vous demandera, et me donner avis des actions et déportements des ennemis que vous avez bien moyen de sçavoir, et me semble que c'est chose à quoi vous devriés prendre peine et m'envoyer le plus d'infanterie que vous pourrés ausquels je ferai donner argent incontinent qu'ils seront arrivés ; m'assurant que vous satisferés au contenu de cette lettre, je prierai Dieu, M. de La Tremblaye, vous avoir en sa sainte et digne garde.

Au camp devant Mauléon ce dix septième jour de mars mil cinq cent quatre vingt onze.

Votre bien affectionné et assuré ami. FRANÇOIS DE BOURBON.

---

112. — 28 avril 1591. — Ordre de prise de corps donné à Françoys Guillon, écuyer, sgr de Combourg, homme d'armes de la compagnie du feu comte de La Rochefoucauld, par Charles de

---

1. Lieutenant-général en Poitou pour Henri IV.
2. Capitaine d'une compagnie catholique en Poitou en 1585, paraît avoir exercé un commandement important en 1591 ; sans doute Robert Robin, écuyer, sgr de La Tremblaye-Robin, près Mortagne en Bas-Poitou.

L'original de cette pièce était dans les archives de M. le chevalier de La Tremblaye, près Mortagne en Bas-Poitou. (Dom Fonteneau, t. XVII, p. 345. Cfr. *Arch. hist. du Poitou*, XX, 413-428.) — Mauléon avait été pris par le roi de Navarre en juin 1587, il le quitta sans laisser de garnison. Survint peu après Mercure, capitaine d'Albanais, qui le fit occuper. La Boulaye surprit la place au mois d'août 1588. Au mois de novembre dudit an, Nevers la reprit pour les catholiques. En avril 1589, Châtillon la rendit aux protestants. Puy du Fou surprit encore Mauléon en octobre 1590 ; il en fut chassé par le prince de Conti en mars 1591.

Villedon, chev., sgr de La Chevrelière et de Gournay, gouverneur de Civray, au nom du Roi, contre le nommé Berjonneau, de Gençay, ligueur, qui « resselle et retyre en sa maison soldatz et gens de guerre, particippe et butine avecque eulx ».

Suivie d'une ordonnance de bonne prise, du 3 mai, rendue par ledit Charles de Villedon contre Berjonneau, « selon la puissance et commission particullyère et géneralle qu'il en a de monseigneur de Malicorne, gouverneur et lieutenant général pour le Roy en Poictou, en date du 15e jour d'apvrilh 1591 », avec permission de le traiter comme prisonnier de guerre. (*Doc. inéd. pour servir à l'hist. du P.* pub. par la Soc. des Antiq. de l'Ouest, 1876, VIII, 13-15, d'après une copie vidimée aux Arch. de la Vienne, E.)

---

113. — Mai 1591. — Formule de serment de fidélité à prêter au roi Henri IV, envoyée à Lidoire de Massougne, écuyer, sgr de La Jarrie. (Or. pap. appart. à M. Fortuné de Massougne, reprod. dans les *Doc. inéd. pour servir à l'hist. du Poitou,* publ. par la Soc. des Antiq. de l'Ouest, 1876, p. 208.)

Je [Lidoire] *de Massougne, escuier, sieur de La Jarrye* [1], demeurant *aud. lieu, paroisse de Saint Romain sur Vienne,* ressort de Chastelleraudl, aagé... ou environ, suyvant l'édict du huictiesme jour du mois de mars dernier publyé en parlement le... jour... aussy dernier, déclaire que pour ne dégénérer du debvoyr de noblesse, suyvre le chemin de mes ensestres et continuer en la fidélitté qu'ilz ont juré et gardé envers la couronne de France, je suys et seray tousjours en bonne et ferme résolution de servir fidellement le roy de France et de Navarre, mon prince légitime, et promectz en tout ce que je pourray, sans condition ne exception, employer biens et vye pour la conservation de son estat, deffense de ce royaulme envers et contre tous, mesmes contre les rebelles, estrangiers et tous aultres. En

---

1. Les mots en italique sont d'une autre écriture que la formule.

tesmoings de quoy j'ay faict ceste présente escripte et signée de ma main et faict signer à ma requeste aux notaires soubzcriptz jurez soubz la court de...

Le [1].

---

114. — 21 juin 1592. — Attestation pour bons services en temps de guerre, donnée par Malicorne à Louis de Tusseau, s^r de Maisontiers. (Arch. du château de Maisontiers.)

Jehan de Chourses seigneur de Malycorne, chevalier des deux ordres, conseiller du Roy en son conseil d'estat et privé, capitaine de cent hommes d'armes de ses ordonnances, gouverneur et lieutenant général pour Sa Majesté en Poictou, certifions que nous avons recogneu Louys de Tusseau, s^r de Maison le Tiers [2], pour très bon et fidèle serviteur de Sa Majesté, et qu'il nous a assisté avec armes et chevaux et équipaige nécessaire, tant en l'armée commandée par monseigneur le prince de Conty [3] en ceste province l'année dernière que autres occasions qui se sont présentées que nous avons monté à cheval pour le service de Sa Majesté, mesmes qu'il nous assiste et accompaigne présentement au voyage que nous faisons au bas pays de

---

1. A cette pièce était jointe la lettre d'envoi suivante :
Monsieur, je vous envoye la coppye de la déclaration et affirmation qu'il fault que faciez au greffe de ceste ville suyvant l'édict du Roy ; par quoy, il vous plaira l'escrire de vostre main et la signer et faire signer à des notaires de vostre pays, et me l'envoier par les paniers pour que je la fournisse par devant monsieur le lieutenant général de ceste ville et en obtienne ung certificat. C'est ce que je vous puis escrire quant à présent, salluant vos grâces et de Mlle, priant Dieu, Monsieur, vous avoyr en sa garde.
De Chastellerault, ce x^e may 1591. Votre serviteur obéissant : HONORAT BELON.
Au dos : Monsieur, Monsieur de La Jarrye.
2. Maisontiers.
3. François de Bourbon, prince de Conti, lieutenant général du roi avec mission de chasser les ennemis depuis l'Anjou jusqu'à la Marche et au Limousin (avril-octobre 1591).

Poictou pour la reprise des places et châteaux que les ennemis y occupent. Faict à Partenay le vingt uniesme jour de juing mil cinq cens quatre vingtz douze. MALYCORNE.

---

115. — 1ᵉʳ septembre 1592. — Lettre de Malicorne aux maire, eschevins et bourgeois de la ville de Poictiers. (Arch. de l'H. de V. de P. Reg. 53, p. 26.)

Messieurs, Incontinent que j'ay esté adverti que le sieur de Préau [1] c'est emparé de la maison de Furigné [2] je luy est mandé et ordonné et à ceulx qui sont dedans d'en sortir, attendu que c'est une maison en laquelle je ne veulx ni n'entends pas qu'on face la guerre et aulcun acte d'hostillité. Je vous en ay bien voulu donner advis afin qu'il n'y soit rien entreprins comme je m'assure que vous ne vouldrez. Ceste cy n'estant à autre fin je finiray et prieray Dieu vous avoir, Messieurs, en sa saincte et digne garde.

A Vouzailles, ce premier jour de septembre 1592. Vostre bien et obéissant et assuré amy. MALICORNE.

Et sur la subscription est escript : A Messieurs les maire, eschevins et bourgeois de la ville de Poictiers.

---

116. — 25 septembre 1592. — Laissez-passer donné par Malicorne à la dame de Mortagne. (Arch. de la Vienne, E², de Mortagne.)

Le seigneur de Malicorne, gouverneur et lieutenant général pour le Roy en Poictou,

A tous cappitaines, chefs et conducteurs des gens de

---

1. Hector de Préau, gouverneur de Châtellerault.
2. Aujourd'hui Furigny, château et village, commune de Neuville (Vienne,)

guerre, tant à cheval que de pied, estant sous nostre charge et pouvoir,

Nous vous mandons et ordonnons, prions et requérons tous autres laisser librement et seurement passer la dame de Mortagne avec ses gens et serviteurs jusques au nombre de huict chevaux, leurs hardes et équipage, allant et retournant de Poictiers à Aunac faire ses couches, sans luy faire ne donner pendant deux mois aulcun arrest, ny empeschement, ains toutte ayde et faveur à la charge touttes fois de n'entreprendre aucune chose contre le service du Roy.

Donné à Parthenay le vingt cinquieme jour de septembre 1592. MALYCORNE. Par Monseigneur, GOREAUD.

Petit cachet ovale burellé de 10 pièces avec le collier du St-Esprit.

---

117. — 16 juin 1594. — Edit et déclaration du Roy sur la réduction de la ville de Poitiers en son obéissance. (Pub. par Filleau, *Décisions catholiques*, 868, et par Thibaudeau, *Hist. du Poitou*, V, 192. Arch. de la V. de Poitiers, carton 7, Reg. 16, p. 156, incomplet, et carton 43, Reg. 169, p. 156. Inventaire Rédet, 182 et 1312. Bibl. nat., mss. fr., anc. fonds 3990-59, f° 132 pièce imprimée.)

Henry, par la grâce de Dieu, roy de France et de Navarre, à tous présens et à venir salut.

Dieu, qui par ses secrets jugemens souffre le mal pour un temps, a permis sous le nom de la Ligue et prétexte de la religion catholique, depuis quelques années, une puissante faction en ce royaume, en laquelle, outre la plupart des peuples d'icelui, et mesme les habitans des meilleures villes de ce royaume, sont entrés plusieurs princes étrangers, anciens ennemis de la grandeur de la France, qui l'ont tellement ébranlée qu'elle a été fort proche de sa cheute et entière ruine : mais la providence divine qui gouverne toutes choses avec une justice et sapience incompréhensible, après avoir souffert par l'espace de six ans les désordres, meurtres, ruines, saccagemens, pilleries et autres espèces de maux dont a été comblé ce royaume, et rendu du plus beau et plus florissant de l'Europe qu'il étoit, l'un des plus difformes, confus et misérables de toute la terre, a converti à la confusion et ruine des étrangers, ce qu'ils tenoient pour plus assuré fondement de leur imaginaire prétention ; c'est la faveur et assistance des peuples et bonnes villes de ce royaume, lesquels ayant finalement, au moyen de notre conversion à la religion catholique, apostolique et romaine, les yeux désillés, pour voir que tels desseins ne tendoient qu'à l'usurpation et démembrement de cet état et y établir les dominations nouvelles, étrangères et tyranniques, à l'oppression et ruine des dites villes et au grand scandale et préjudice de la vraye piété et religion catholique, elles ont pris pour la pluspart une bonne et salutaire résolution de se départir de leur association, de reconnoitre leur devoir, à quoy Dieu et Nature les obligent envers nous et se réduire en nostre obéyssance, du nombre desquelles a été notre bonne ville de Poitiers, l'une des premières de notre royaume, non seulement par la grandeur et antiquité d'icelle, mais aussi par la célèbre université qui la décore et fidélité qu'elle a toujours gardée aux roys nos prédécesseurs, dont la mémoire reluit aux beaux privilèges qui l'obligent de tant plus à son devoir envers cette couronne. Ce que les habitans d'icelle, tans eclésiastiques que nos officiers, maire, eschevins et bourgeois, ayant bien reconnu, ont envoyé leurs députez vers nous pour nous apporter le témoignage de leur bonne volonté et prester le serment de la recoignoissance et fidélité qu'ils nous doivent ; à quoy les ayant reçus de très bon cœur avec tout amour et affection, désirant leur en faire ressentir les effets, nous, par l'avis de notre Conseil où étoient les princes de notre sang, bon nombre de prélats et autres grands notables personnages, avons dit, déclaré, statué, disons, déclarons, statuons et ordonnons ce qui s'ensuit.

I. — Que l'exercice de la religion catholique, apostolique et romaine, sera remis et rétably ès villes de Nyort, Fontenay, Châtellerault [1] et autres lieux du diocèse de Poitou où il peut avoir été intermis ; Enjoignons au gouverneur et au lieutenant général au gouvernement, sénéchal de la province et autres nos officiers, tenir la main à ce que cela soit ponctuellement exécuté : n'entendons qu'en la dite ville et faulxbourgs de Poitiers ne se fasse aucuns autres exercices que la dite religion catholique, ny en tous autres lieux, prohibés par l'édit fait sur la pacification des troubles en l'année 1577.

II. — Défendons très expressément à toutes personnes de quelque état et qualité qu'elles soient, de troubler ou empêcher les ecclésiastiques en la célébration du service divin, jouissance de leurs bénéfices, droits, revenus, franchises et immunitez ; comme aussy nous voulons et entendons qu'ils jouissent des arrérages de leurs dits revenus pour ce qui se trouvera en nature, sans qu'ils puissent répéter ce qui en a été pris sur eux pendant les troubles, comme étant du party contraire.

III. — Les promotions et autres provisions ecclésiastiques, faites par l'évêque de Poitiers, dépendantes de sa charge, seront valables ; et pour le regard des bénéfices non consistoriaux qui ont vaqué en la dite ville de Poitiers pendant les dits troubles et dont les provisions et nominations nous appartiennent, auxquels néanmoins il a été pourveu par le duc de Mayenne, en rapportant par le pourveu des dits bénéfices les provisions du dit duc de Mayenne, leur en sera par nous expédié d'autres, en vertu desquelles jouiront desdits bénéfices.

---

1. Il y a dans les *Décisions catholiques* La Rochelle, ce qui parait une erreur.

IV. — Voulons aussy et ordonnons que toutes les maisons des ecclésiastiques qui sont occupées, leur soient restituées, pour en avoir d'oresnavant l'entière et libre jouissance, mesme celles de Chauvigny et d'Angle, appartenant au dit évêque de Poitiers ; et pour le regard de l'abbaye de St Maixent, attendu qu'il y a procez en nostre conseil d'état, nous leur en ferons faire bonne et briefve justice ; et pour celle de Breuil-Herbault et prieuré de Ligugé, voulons que, s'il n'y a contention sur le titre, que les pourveus y soyent restituez et pour le regard de ce qui avoit été pris et perçu par les chanoines et autres bénéficiers absens des chapitres, sous couleur de dons ou autrement, se pourvoirons les complaignans à la chambre du domaine, pour leur être fait droit ainsy qu'il appartiendra.

V. — Et ayant égard aux grandes pertes souffertes par les dits ecclésiastiques, et que la plupart n'ont jouy de leurs bénéfices, nous les avons quittez et déchargez de tout ce qu'ils peuvent devoir de tout le passé pour raison des décimes et jusqu'à ce jourd'huy, sans qu'ils en puissent être recherchez ou poursuivis par nos receveurs des décimes ny autres.

VI. — Voulons aussy, et nous plait, que la mémoire de toutes choses passées en notre dite ville de Poitiers depuis le commencement des présens troubles, soit et demeure éteinte et assoupie, tant en la prise des armes, forcement et démolition, et tout ce qui a été fait par ceux de la dite ville et autres qui ont été employez par eux, lesquels doivent jouir de notre présente grâce, tant au dit Poitiers qu'en les autres villes et châteaux, forteresses et maisons et démolitions d'icelles, prises de deniers de nos receptes générales et particulières, décimes et toutes impositions et levées de deniers, pyonniers, magasins, par forme, commission et recepte faite tant en la dite ville et généralité de Poitiers, que sur les prochaines élections et généralités, impositions foraines sur les denrées et marchandises, vivres, fabrication de monnoye, fonte d'artillerie et boulets, confection de poudres et salpestre, prises de mitrailles et sacs de toiles, équipage de l'artillerie et autres munitions, vente de biens meubles, baux à ferme des immeubles, distribution de logis et meubles aux dits gens de guerre, coupe de bois taillis et haute futaye, rançons, butins, jugemens, déclarations de prises, et tout ce qui a été géré, négocié, écrit, parlé ou presché, et généralement tous les actes d'hostilité faits en quelque forme et manière que ce soit, en public ou en particulier, dedans ou dehors le royaume, depuis et durant les présens troubles, sans qu'il en puisse à l'avenir estre fait aucune poursuite et recherche ; et en ce, avons imposé et imposons silence à nos procureurs généraux et tous autres ; et afin que nos sujets puissent vivre en bonne union, paix et concorde, nous leur défendons très expressément de se provoquer l'un l'autre par injure, outrage et reproches de ce qui s'est passé. Et enjoignons de vivre paisiblement comme frères, amis et concitoyens, sur peine d'être punis comme perturbateurs du repos public.

VII. — Les greffiers, leurs clercs et commis, de quelques cour et jurisdiction qu'ils soyent, jouyront de leurs états et offices selon leur établissement et lettres de provisions.

VIII. — Les échevins et bourgeois de la dite ville, reçus depuis les dits troubles au corps d'icelle, jouiront des mêmes droits et privilèges que les autres échevins et bourgeois reçus auparavant, à la charge toutefois que, vacation advenant par la mort des uns ou des autres du dit corps, ils seront réduits au nombre ancien.

IX. — Et ayant égard aux ruines et pertes souffertes par nos sujets du dit pays de Poitou, et pour le désir que nous avons de les soulager, les avons quittez et déchargez de toutes tailles et impositions qu'ils peuvent devoir des années passées jusqu'au dernier décembre passé : et pour le regard des dettes des receveurs ci-devant commis par les dits habitants en la dite ville et ailleurs, après vérification faite de leurs états, nous accordons qu'ils les puissent prendre sur les receptes par eux faites des deux derniers quartiers de cette dite année ; et quant aux obligations faites par nos sujets pour les dites tailles, crues et impositions à ceux du dit party, voulons qu'elles demeurent nulles, réservé celles qui auroient été créées depuis la publication de la trève faite au mois d'août dernier, étant des quartiers accordez par icelle et des deux quartiers de cette dite année, néanmoins sursoiera le payement d'iceux jusqu'à trois mois et les prisonniers détenus pour raison de ce seront mis en liberté.

X. — Voulons et ordonnons que tous arrest, commission et exécution d'icelles, décrets, sentences, jugemens, grâces et rémissions, contracts et autres actes et exploits de justice, donnez entre personnes de mesme party, et tous autres qui auroient volontairement comparu et contesté, tant ès cours souveraines, siège présidial, qu'autres justices subalternes de la dite ville de Poitiers et pays de Poictou, durant les dits troubles, sortent leur plein et entier effet. Ne sera fait aucune recherche des exécutions de mort et autres faites durant iceux troubles par authorité de justice ou par droit de guerre, commandemens et adveus des gouverneurs et autres ayant eu charge et pouvoir au dit pays. Et pour le regard des arrêts, sentences et jugemens donnez contre les absens, tenant divers partys, soit en justice criminelle ou civile, en toutes les cours de parlement de notre royaume et autres juridictions d'iceluy, demeureront nuls et sans effet pour quelque cause et occasion que ce soit et puisse être, sans que pour raison d'iceux, les habitans de la dite ville de Poictiers, qui réfugiés et retirés en icelle, soit bénéficiers, officiers ou autres, leurs enfans et héritiers, ou ayans cause, en puissent être aucunement recherchés à l'avenir ou notés à leur honneur, ny tenus d'en prendre aucune décharge. Et seront les parties remises au premier état et les bénéficiers, officiers et autres en leurs bénéfices, dignités, états, offices, biens, droits, noms, raisons et actions, comme ils étoient auparavant les dits troubles, nonobstant prescriptions quelconques.

XI. — Les habitans de la dite ville et fauxbourgs seront maintenus en tous et chacuns leurs privilèges, franchises et immunités, pour en jouir comme ils en ont ci-devant bien et dument jouy et pareillement en leurs octrois desquels nous leur accordons la continuation pour six ans. Et pour leur aider à s'acquitter des dettes qu'ils ont créées, nous leur avons fait et faisons don de la somme de dix mille écus dont levée en particulier sera faite sur la généralité de Poictou, ès deux derniers quartiers de la présente année et ès deux premiers de la prochaine par égales portions.

XII. — Promettons aussi en parole de roy qu'il ne sera par nous fait construire ny bâtir aucune citadelle ny fort en la dite ville, ny en icelle mis aucune garnison de gens de guerre, sous quelque prétexte que ce soit.

XIII. — Tous degrés de bachelerie, licence, doctorat et autres quelconques conférés par les docteurs régents et tous actes faits en l'université du dit Poictiers par les recteurs ou autres officiers et supposts d'icelle, auront lieu et les déclarons bons et valables et avons levé et ôté, levons et ôtons toutes suspensions, transactions, interdictions et défenses au contraire.

XIV. — Voulons aussi que les siège présidial, Bureau des finances, Cour Conservatoire, Officialité et tous autres offices et dignitez, tant de justice que de finance, qui ont été transferrez ailleurs pendant les présens troubles, soient remis et rétablis en la ville de Poictiers, avecq leurs anciens ressorts, pour demeurer d'oresnavant comme ils étoient auparavant des dits troubles.

XV. — Les Officiers pourveus des estats et offices de judicature, finances et autres, qui ont vacqué par mort ou résignation ès dites villes et qui ont été reçeus et non supprimez par l'ordonnance de Blois, jouyront de leurs estats et offices, auquels nous ferons expédier nos lettres de provision à cet effet en rapportant celles qui leur ont été baillées par le feu cardinal de Bourbon et le duc de Mayenne, pour estre cancellées.

XVI. — Et néanmoins pour certaines causes et considérations à ce nous mouvant, avons rétabli et rétablissons et de nouveau créé et érigé, créons et érigeons par ces mesmes présentes, l'estat et office de président au siège présidial du dit Poictiers cy-devant supprimé et réuny à celui de lieutenant général, pour y estre par nous pourveu de personne suffisante, digne et capable, aux mêmes honneurs, authoritez, prérogatives, prééminences, franchises et libertés, gages, droits, profits, revenus et émolumens qui luy sont attribuez par l'édit de création fait par le feu roy Henry, notre très honoré seigneur et frère, du mois de juin, l'an 1557, nonobstant la dite suppression et réunion et tous autres édits, déclarations, arrests et ordonnances à ce contraires.

XVII. — Tous officiers, tant anciens que reçeus depuis ces troubles, seront confirmés en leurs offices, sans pour ce payer aucune finance, de laquelle nous leur avons fait et faisons don.

XVIII. — Voulons aussi que ce qui a été payé aux officiers du siège présidial du dit Poictiers de l'augmentation et gages à eux accordez par le duc de Mayenne, soit passé et alloué aux comptes des receveurs pour le passé seulement, et sans conséquence à l'avenir, ensemble les gages, taxation et droits qui ont été payés à ceux qui, par commission, ont exercé les offices des absens.

XVIIII. — Les ordonnances faites par le sénéchal de Poictou, ou son lieutenant et gens tenant le siège présidial au dit Poictiers, sur le fait et frais de justice, tant sur le receveur du domaine que greffe de la dite cour ordinaire, auront lieu pour ce qui en a été exécuté. Aussi nous voulons que toutes expéditions des lettres royaux faictes en la chancellerie du siège présidial du dit Poictiers, durant les dits troubles, soyent valables en ce qui concerne leur effet.

XX. — Toutes saisies, baux à ferme, exécutions, dons et arrêts des biens meubles et immeubles appartenant aux dits habitans de Poictiers, à ceux qui auront tenu leur party et se seront retirez en icelle, et pour lesquels ils nous ont fait serment de fidélité, en quelques lieux qu'ils soient situez et assis, cesseront et n'auront aucun effet pour l'avenir, leur en avons fait et faisons pleine et entière main-levée, et demeureront quittes de ce qui pourroit estre dû, à cause des dites saisies et les commissaires déchargez, nonobstant tous dons qui en pourroient avoir esté faits ; Pourront les dits habitans, propriétaires et autres, contraindre leurs debteurs au payement des deniers à eux dûs en leurs noms privés, ou en qualité de curateurs, soit par cédules, sentences, obligations, transports, ou autrement ; ensemble des intérêts selon nos édits et ordonnances ; comme aussi seront les dits habitans contrains pour les dettes par eux dues par les voies accoutumées.

XXI. — Tous payemens faits des deniers, magazins et choses imposées par les receveurs de la dite ville et lieux susdits, en vertu des mandemens, ordonnances et contraintes des dits duc de Mayenne, gouverneurs, maires et du dit Conseil, seront allouez et passez pour le passé et pareillement les ecclésiastiques et leurs receveurs déchargez pour ledit temps de tous les deniers de décimes payez par le commandement des dessus dits.

XXII. — Comme pareillement les officiers, bénéficiers, gentilshommes et autres personnes de quelque ordre, profession, qualité et condition, ville et province qu'ils soyent, qui se sont retirez en la dite ville à l'occasion des guerres, ou y étans de présent et s'y sont trouvez lors de la réduction d'icelle, pourront retourner librement ès villes de leur domicile et jouiront du contenu ès articles contenus en ces présentes.

XXIII. — Sera aussi exécuté ce qui a été convenu et accordé par le traité fait entre le duc d'Elbeuf et le sieur de Malycorne sur le réglement des tailles du quartier d'octobre de l'année dernière et la somme de huit mil trois cents écus restant régalée et imposée sur les élections de la généralité de Poictou, si fait n'a esté, et les deniers ayant été reçeus par les commissaires et officiers de Sa Majesté, mis ès mains du receveur à ce commis et dénommé par ledit traité, sy donnons en mandement aux amés et féaux les gens tenant nos cours de parlement, chambres de nos comptes, cours de nos aides et tous nos autres juges et officiers qu'il appartiendra, que ces présentes ils fassent lire, publier et registrer et le contenu garder et faire garder, observer, entretenir de point en point en sa forme et teneur, contraignant à ce faire et souffrir tous ceux qu'il appartiendra et pour ce seront à contraindre, nonobstant oppositions ou appellations quelconques, lettres, déclarations et révocations qui pourroient avoir été faites par le feu roy, notre très honoré seigneur et frère, et par nous depuis le renouvellement des troubles, arrêts, jugemens, lettres, mandemens, défenses et autres choses à ce contraires, auxquelles nous avons pour ce dérogé et dérogeons, ensemble au dérogatoire des dérogatoires y contenus, car tel est notre plaisir; et afin que ce soit chose ferme et stable à toujours, nous avons fait mettre notre scel à ces dites présentes, sauf en autre chose notre droit et l'autruy en toutes.

Donné à Paris l'an de grâce mil cinq cent quatre-vingt-quatorze et de notre règne le cinquième. Ainsi signé : Visa, et plus bas, Par le roy en son conseil, Forget.

Régistré, ouy le procureur général du roy, sans que du contenu en ycelle se puissent aider ceux qui se trouveront coupables du très cruel et inhumain parricide commis en la personne du défunt roy, d'avoir attenté à la personne du roy à présent régnant et d'autres volleries et autres faits punissables entre les personnes du même party ; à Paris, en parlement, le quatorze juillet mil cinq cent quatre-vingt-quatorze. Signé, Du Tillet.

Régistré semblablement à la Chambre des comptes, ouy le procureur général du roy pour jouir par les impétrans du contenu en ycelles aux charges portées par l'arrêt de la cour de parlement et que Sa Majesté sera suppliée d'ordonner le remplacement des deniers dus par le clergé de la dicte ville de Poictiers pour partie de rente constituée à l'hôtel-de-ville de Paris sur le clergé de ce royaume, qui y sont destinés ; le dix huitième jour de juillet l'an mil cinq cent quatre-vingt-quatorze. Ainsi signé : De la Fontaine.

Lues, publiées et régistrées et ce requérant le procureur général du roy, suivant l'arrêt d'aujourd'hui, à Paris, en la Cour des aides, le vingtième jour de juillet mil cinq cent quatre vingt quatorze. Ainsi signé : Poncet.

---

118. — 16 juin 1594. — Lettre de Henri IV à la ville de Poitiers, au camp devant Laon. (Publ. par Thibaudeau, *Abrégé de l'hist. du P.*, V, 208-210, réimpr. dans les *Lettres missives de Henri IV*, t. IV, 169. Copie collection Auguis.)

Félicitations à la ville au sujet de sa réduction.

---

119. — 16 juin 1594. — Lettre de Henri IV au présidial de Poitiers, au camp devant Laon. (Arch. de la ville de Poitiers, carton 7, reg. 16, p. 169 ; carton 43, reg. 16-9°, p. 169. Inventaire Rédet, *Mém. de la Soc. des Antiq. de l'Ouest*, 2ᵉ série, V, nᵒˢ 181 et 1312. Publ. par Thibaudeau, *Abr. de l'hist. du Poit.*, V, 210-212, réimpr. dans les *Lettres missives de Henri IV*, t. IV, 170. Copie collection Auguis.)

Une autre lettre royale qui fut adressée sous la même date au clergé de Poitiers se trouve dans les mêmes cartons sous les mêmes numéros. (Invent. Rédet, 181 et 1312.)

Félicitations du roi au sujet de la réduction de la ville de Poitiers.

---

120. — Amiens, 21 août 1594. — Lettre de Henri IV au maire et aux habitans de Poitiers. (Publ. par Thibaudeau, V, 212, réimpr. *Lettres missives de Henri IV*, t. IV, 208.)

Henri IV annonce la reddition d'Amiens et l'arrivée des députés de Beauvais. Il profite de ces heureuses nouvelles pour engager les habitants de Poitiers à se réconcilier les uns avec les autres et à s'efforcer d'oublier le passé.

---

121. — Paris, 6 octobre 1594. — Lettre de Henri IV au duc d'Elbeuf. (Pub. par Thibaudeau, V, 214, réimpr. dans les *Lettres missives de Henri IV*, t. IV, 221. Copie collection Auguis.)

Le duc d'Elbeuf est mandé à Paris et est prié de diriger son régiment sur Lyon.

---

122. — Paris, 18 octobre 1594. — Lettre de Henri IV au duc d'Elbeuf. (Pub. par Thibaudeau, V, 217, réimpr. dans les *Lettres missives de Henri IV*, t. IV, 233. Copie collection Auguis.)

Le duc est prié une seconde fois de venir à Paris et de diriger son régiment sur la Bourgogne. Le roi voudrait profiter de la présence de Malicorne pour régler entre eux leurs charges respectives. Il a été averti que plusieurs gentilshommes anciens ligueurs ne lui ont pas encore prêté le serment de fidélité; le duc d'Elbeuf est prié d'y donner ordre.

123. — Paris, 19 octobre 1594. — Lettre de Henri IV à la ville de Poitiers. (Publ. par Thibaudeau, V, 216. Copie collection Auguis.)

Henri IV recommande aux habitants de veiller à la sécurité de la ville en l'absence du duc d'Elbeuf et de faire retirer les gentilshommes qui se refuseraient à prêter le serment dû au roi.

---

124. — Amiens, 14 décembre 1594. — Lettre de Henri IV au duc d'Elbeuf. (Publ. par Thibaudeau, V, 220, réimpr. *Lettres missives de Henri IV*, t. IV, 279. Copie collection Auguis.)

Le roi invite encore le duc d'Elbeuf à se rendre près de lui ; il se refuse à ajouter foi aux rapports faits sur sa conduite.

---

125. — Amiens, 14 décembre 1594. — Lettre de Henri IV à Malicorne. (Publ. par Thibaudeau, V, 219, réimpr. *Lettres missives de Henri IV*, t. IV, 280.)

Malicorne aura à veiller à ce que personne ne soit reçu pour commander à Poitiers en l'absence du duc d'Elbeuf, qui ne s'est pas encore décidé à se rendre auprès du roi.

---

126. — 1er avril 1595. — Ordonnance de Malicorne pour les corps de garde établis à Bressuire. (Arch. du château de Saint-Loup.)

Le seigneur de Malicorne, gouverneur et lieutenant général pour le Roy en Poictou.

Il est permis, mandé et enjoint au sénéchal et officiers de Bressuire de procéder incontinent sans délay au département et esgaillerie du bois et chandelle nécessaires pour fournir les corps de garde ordonnés en la ditte ville et chasteau ; et ce sur tous les manans et habitans d'icelle et des paroisses qui en dépendent, sur les privilégiés et non privilégiés ainsi et en la manière qu'il a été cy devant faict, pour le temps seulement que la nécessité requerra ou que par Sa Majesté ou par nous y aura esté autrement pourveu.

Fait à Partenay ce premier jour d'avril mil cinq cens quatre vingt quinze. MALYCORNE. Par mon dit seigneur. DEFAINS.

---

127. — Paris, 7 avril 1595. — Lettre de Henri IV à la ville de Poitiers. (Publ. par Thibaudeau, V, 221. Copie collection Auguis.)

Le roi ordonne qu'aucun changement ne soit apporté dans le gouvernement de la ville en l'absence du duc d'Elbeuf, qui s'est enfin décidé à se rendre près de lui.

---

128. — Paris, 7 avril 1595. — Lettre de Henri IV au duc d'Elbeuf. (Publ par Thibaudeau, V, 222, réimpr. *Lettres missives de Henri IV*, t. IV, 336. Copie collection Auguis.)

Le roi lui donne rendez-vous à Fontainebleau, à bref délai.

---

129. — Camp de Romazin, 4 juillet 1595. — Lettre de Henri IV à la ville de Poitiers. (*Lettres missives de Henri IV*, t. IV, 383. Copie collection Auguis.)

Le roi cède à de nouvelles exigences de Mercœur pour le maintien de la trêve.

---

130. — 7 mars 1596. — Lettre de Charles de Lorraine, duc d'Elbeuf, au Roi. (Bibl. nat., mss. fr., anc. fonds 3577-28, f° 58.)

SIRE,

Monsieur le connestable m'ayant escript que ma compaignie estoit destinée pour servir près de Vostre Majesté durant le quartier d'avril, j'ay voulu supplier très humblement Vostre Majesté de m'honorer de ses commandemens pour le temps qu'il luy plaira que je me rende auprès d'elle, affin que selon que j'en seray esclaircy par le retour de ce porteur, je me dispose au plustost à l'effect de vos dits commandemens. Je vous supplieray aussy très humblement, Sire, ordonner que ma ditte compaignie soict payée pour deux quartiers, m'estant impossible aultrement de la mectre en bon équipaige pour les grandz fraiz et pertes que j'ay souffert cy-devant. Plus elle [sera] bien montée et armée, mieulx elle vous rendra preuve et moy aussi, Sire, du très humble service que je doibz à Vostre ditte Majesté, comme celuy qui est

Vostre très humble et très fidelle serviteur et subject.
Charles de Lorraine, duc d'Elbeuf.

De vostre ville de Poictiers, ce 7 mars 1596.

131. — Sans date (1596). — Lettres du roi Henri IV à M. de Parabère. (Bibl. nat., mss. fr., anc. fonds 3456-64, f° 77.)

Monsieur de Parabère, J'envoye de par delà le président de Thou pour ung affaire qu'il vous fera entendre, lequel n'importe pas moins à la seureté et tranquillité de mon païs de Poictou en particullier qu'il faict en général à tout cest estat et parce qu'il est à propos de coupper chemin aux praticques que l'on faict au dict païs avant qu'elles passent plus ouvertement, je vous prie d'assister le dict président de Thou en ce qui deppendra de vous et employer toutes les forces que vous pourrez assembler pour favoriser l'exécution du commandement que je luy ay faict et je le tiendray à service très agréable. Me remectant au surplus sur le dict président auquel vous adjousterez entière foy [1].

---

1. L'assemblée de Loudun (1596) et la retraite de Claude de la Trémouille et du duc de Bouillon rendirent manifestes les défiances des réformés. Ils demandaient surtout l'envoi de commissaires. On chargea d'abord de cet emploi Jacques-Auguste de Thou, nouvellement revêtu de la charge de président au Parlement de Paris, et on lui donna à ce sujet des pouvoirs fort étendus. Comme il se défen-

132. — Octobre 1596. — Lettre de Henri IV à Malicorne. (*Lettres missives de Henri IV*, IX, 186. Bibl. nat. fonds de Béthune, mss. 3456, f° 76 v° [copie.])

Cette lettre est relative à une mission en Poitou confiée à Schomberg, dont Malicorne est prié de vouloir bien favoriser l'exécution.

---

133. — 30 octobre 1596. — Copie de l'accord entre M. de Mercœur et le sieur de Malicorne, gouverneur et lieutenant général pour le Roy en Poictou, pour le château de Tiffauges. (Bibl. nat., mss. fr., anc. fonds 3579-8, f° 14.)

Sur ce qui nous a esté proposé par le sieur de La Guinemaudière de la part de monsieur de Malicorne touchant la place de Tiffauges, avons accordé que toutes les difficultés intervenues pour le subject de la dicte place seront remises au jugement qui en sera donné par messieurs les depputés assemblés à la conférence à Chenonceau près la Majesté de la Royne [1], d'ung et d'aultre party, les advis desquels pour ce faict seront obligés de suyvre, et cependant rappelleront de la dicte place auprès de nous, le sieur de Champigny [2], pour la conservation de laquelle y

---

dait d'accepter une mission qui lui déplaisait par bien des endroits, il reçut des ordres réitérés de partir sans aucun délai. Enfin par le moyen de Sancy * qui avait encore alors beaucoup de crédit auprès du roi, il en fut déchargé et l'on nomma à sa place Emery de Vic et Soffroy de Calignon, chancelier de Navarre, tous deux conseillers d'Etat. (J.-A. de Thou, *Histoire universelle.* Londres, 1734, XIII, 9.)

1. Louise de Lorraine Vaudemont, veuve de Henri III. La reine douairière servait alors d'arbitre entre le duc de Mercœur, son frère, et Henri IV, pour arriver à la conclusion de la paix. La conférence avait commencé à Ancenis en décembre 1594; rompue le 15 mai 1595, elle avait été reprise à Chenonceaux le 23 oct. 1596.

2. Champigny avait occupé Tiffauges avec les troupes de Mercœur depuis le mois de février 1592. Il y resta malgré la capitulation, qui ne fut pas tenue par Mercœur. Il ne se retira qu'à l'approche de l'armée royale, au commencement de 1598.

* Nicolas Harlay de Sancy (1546-1629) occupa successivement, sous Henri III et Henri IV, les fonctions de conseiller au Parlement, M° des requêtes, capitaine des Cent-Suisses, ambassadeur en Angleterre et en Allemagne, et de surintendant des finances.

mectront cinq de mes gardes et ung pour leur commander, sans que durant le temps intermédiaire qu'il sera besoing pour attendre le dict jugement, il se fasse aucune levée sur le peuple, soubz quelque pretexte que ce puisse estre, ou soit innové en la dicte place pour la fortiffication, ny munition ains demeurera en l'estat où elle est, si entre temps n'est aultrement convenu entre nous et mon dict sieur de Malicorne.

Lequel, en conséquence de ce, sera obligé d'en retirer incontinent apprès le retour du sieur de Guynemaudière, les troupes et forces estans au dict siège et empescher tous actes d'hostilitez lesquelz cesseront, d'une et d'aultre part, et la trefve par cy devant accordée, entre les provinces de Bretaigne et Poictou, sera maintenue jusques à la fin de ceste année 1596, dont par ce moyen jouyroit la dame de Beauvoir [1] des fruictz et revenus de la seigneurie de Tiffauges selon les articles généraulx de la dicte trefve avecq liberté aux siens de demeurer en la dicte ville pour la négociation de ses affaires domestiques, comme aussi en cas que dans la tenue de la dicte trefve, il ne se feust rien résolu par messieurs les députés de la ditte conférence, touchant ce présent faict, sur ce commis par nous et mon dict sieur de Malicorne, quinze jours durant qu'elle finisse, quatre gentilzhommes, deux de chascun costé, pour y estre donné tel ordre que par eux sera déterminé.

Tout ce que le dit sieur de la Guynemaudière a présentement promis faire ratiffier à mon dict sieur de Malicorne comme ayant pouvoir de luy, dans troys jours apprès la datte des présents articles. Faict à Nantes le xxviii° d'octobre 1596, signé : Philippe Emmanuel de Lorraine, et plus bas : Emerot, et scellé en placart du cachet de ses armes.

Nous seigneur de Malicorne, gouverneur et lieutenant

---

1. Béraude de Ferrières, épouse de Jean de La Fin, sgr de Beauvais-Lanocle.

général pour le Roy en Poictou, avons ratiffié et approuvé, ratiffions et approuvons ce que dessus comme ayant esté faict et accordé par le sieur de La Guynemaudière suyvant la charge et pouvoir que nous luy avons donné, avecq monsieur le duc de Mercœur, promectant de le garder et entretenir en faisant les semblables de la part de monsieur de Mercœur. Faict aux Herbiers, le xxx d'octobre 1596.

Collationné à l'original par moy soubzsigné. Meslier.

---

134. — Vers la fin de mars 1597. — Lettre de Henri IV à Malicorne. (Berger de Xivrey, *Lettres missives de Henri IV*. Paris, Impr. nat. 1848, t. IV, 727-29. Or. Bibl. nat. Fonds de Béthune, mss. 8955, fol. 77 r°. Copie Bibl. nat., mss. fr., anc. fonds 3456-65, fol. 77.)

A Monsieur de Malicorne.

Monsieur de Malicorne, J'ay receu en ce lieu vos contre-lettres des xie et xviie du mois passé et apprins par icelles les maux et misères que supporte mon pays de Poictou, mais cette calamité publique est maintenant si commune en mon royaume qu'elle est quasy tournée comme en habitude partout, dont je porte un extrême et incroyable regret et d'autant plus qu'il m'est malaisé de remédier, selon mon désir, aux afflictions des provinces si esloignées que la vostre, ne pouvant vacquer à toutes choses si ce n'est que ceulx qui ont charge et commandement de moy en mes dictes provinces entreprennent la protection de mon peuple, chose pour quoy je commenceray ceste lettre pour vous prier d'en avoir soing et y apporter les meilleurs et plus salutaires remèdes qu'il vous sera possible, selon la fiance que j'ay en vous, cependant que de ma part je feray sonder le duc de Mercœur pour sçavoir si nous y continuerons la trefve ou retournerons à nos hostilitez accoustumées, dont je ne suis pas encore esclaircy et lorsque nous le serons, nous nous préparerons à l'une ou à l'aultre. J'ay bien esté informé par le s^r de Schomberg des prétextes que prend le dict duc pour excuser les contraventions qui se commettent par les siens contre les articles de la trefve et crois fermement que se sont couleurs, recherches contre la vérité, ne doubtant point aussy que vous n'en ayez adverty le dict s^r de Schomberg pour le représenter où besoin sera, mais je désire que vous sçachiés de luy en quels termes il est maintenant pour le regard de la dicte trefve pour que vous l'advertissiés des contraventions pour s'en plaindre et souvenir si la dicte trefve s'y renouvelle ; et différés de faire payer le dict duc de Mercœur de l'argent qui luy a esté promis jusques à ce que vous soyés asseuré du renouvellement d'icelle et que le dict duc ayt fait raison des levées de tailles, magasins, munitions, fortifications et aultres contributions qu'il a exigées en vostre gouvernement, sans avoir esgard aux plainctes que vous lui en avés faictes. Quant à l'excuse que font les prévots des mareschaux et vice séneschaux de courir sus à ceulx qui tiennent les champs, sans mes lettres de commission, pour n'estre pas assez forts, ils ont véritablement quelque raison, et ne puis faire augmenter le nombre de leurs archers, pour ne surcharger mon peuple qui en porte le payement et entretènement et qui est d'ailleurs assez foulé, mais c'est à vous et au s^r de Parabère à les assister et leur donner moyen de faire des captures nécessaires pour repurger le pays de ces picoreurs, ce que je vous prie de faire et par vostre exemple et auctorité disposer le reste de la noblesse de la province à faire le semblable.

Pour commencer à remédier en ce qui despend de moy, je mande à mon cousin le mareschal de Brissac qu'il retire près de luy ce baron de Ste Geme et ay faict le semblable commandement au s^r de La Rochepot pour le regard de La Crousille, nepveu de Villebois et suis bien marry que l'un et l'aultre ayent tant faict de ravage en mon dict pays de Poitou sans mes lettres de commission. S'il s'en présente à l'advenir de ceste qualité qui veuillent faire le semblable, il me semble qu'il vous sera bien aisé de les tailler en pièces sans vous excuser sur les connivences de la noblesse du pays qui vous doibt assister et qui ne veult monter à cheval, car s'il y en a aucuns refusans de ce faire, je veulx que vous m'envoyés leurs noms affin d'en ordonner ce que j'adviseray raisonnable. Je ne désire en cela rien d'eulx que pour leur propre conservation et pour le salut et utilité publique à laquelle il me semble que leur honneur et debvoir les obligent de ne défaillir quand il est nécessaire de servir à sa patrie. Je n'ay poinct encore veu Beaulieu ny La Corbinière et les attends néantmoins bien tost près de moy. Quant ils y seront arrivez, je m'informeray d'eulx de ce que vous leur avés donné charge de me représenter touchant l'exécution qui a esté faicte par le prévost de Fontenay sur ceulx de la garnison de La Garnache. Au demeurant, après la surprise et occupation de ma ville d'Amiens, je suis accouru en ceste frontière pour la sauver du péril dont elle estoit menacée et pour réparer si je puis la faulte que je n'ay pas faicte. J'y ai trouvé les habitans fort disposez à la continuation de leur obéissance et fidélité, mais plus d'alarme que d'effroy de l'occupation de la dicte ville d'Amiens et croy que si je ne me fusse présenté, il fut possible arrivé pis. J'espère que Dieu me fera la grâce d'empescher les progrès de mes ennemys et regaigner encore sur eux quelques unes des places qu'ils occupent, n'obmettant aulcune chose qui despende de moy pour y parvenir. Je vous prie aussy, de vostre part, veiller à la conservation de mon pays de Poictou, car je m'en repose entièrement sur votre soing et sollicitude, priant Dieu, Monsr de Malicorne, qu'il vous ayt en sa saincte et digne garde. HENRY.

135. — 6 juillet 1597. — Commission donnée par Monsieur le duc de Mercœur à Monsieur de La Guierche, pour prendre le château de La Flocellière. D'après l'original qui était dans les Archives du château de La Guierche-Saint-Amand en Bas-Poitou, aujourd'hui commune de Saint-Amand-sur-Sèvre (Deux-Sèvres). (Dom Fonteneau, t. IX, p. 485.)

Filippe Emmanuel de Lorraine, duc de Mercœur et de Peinthièvre, pair de France, prince du St Empire et de Martigues, gouverneur de Bretaigne, au s^r de La Guierche [1], salut. Notre intention a toujours été de fortifier le parti de la sainte union des catholiques de plus de places fortes que nous aurions peu, tant en notre gouvernement de Bretaigne que ès provinces circonvoisines, c'est pour quoi nous vous aurions par cy devant mandé d'avoir l'œil à celles que vous jugeriés pouvoir apporter quelque avancement au dit parti en vostre païs du bas Poictou et tascher à vous en emparer, pour toujours rompre les desseins des ennemis d'icelui. Nous avons depuis peu eu plusieurs bons et véritables advis qu'en la maison et place forte de La Flossellière se retire un nombre d'Huguenots et autres ennemis de notre dit parti qui sourdement trament tout ce qu'ils peuvent au désavantage d'icelui, mesmement donnent retraite aux gens de guerre de parti contraire et monopolent ordinairement sous des assemblées clandestines au grand préjudice et détriment de notre dit parti. A quoi désirans remédier et ruiner tous ces mauvais desseins, pour l'assurance que

---

1. Jean Petit, écuyer, sgr de La Guierche, La Roussière, Marchais, Sauzière, Artenais, reçut le 4 mars 1595 un certificat de Charles de Lorraine, duc d'Elbeuf, qui témoignait de sa fidélité au service du roi, et le 16 mai 1595, des lettres de Henri IV qui le justifiaient des mauvais desseins qu'on lui prêtait à cause des intelligences qu'il avait eues avec les ennemis et qu'il n'avait pratiquées que par ordre du duc d'Elbeuf. (Dom Fonteneau, IX, p. 479, 481. Arch. du chât. de La Guierche-Saint-Amand.)

nous avons de la fidélité et de l'affection que vous avez toujours portées à cette sainte cause, pour les preuves de tant de bons et signalés services que vous y avés été et continués encore journellement, aussi pour la coignoissance que nous avons de votre suffisance, expérience, capacité au fait des armes. A ces causes, nous vous mandons qu'incontinent et sans délai, vous vous accompagniés de tel nombre de gens de guerre soit de cheval, soit de pied de quelque garnison et soubz tel capitaine qu'ils puissent être, que vous jugerés bon et à propos, que vous vous transportiés avec iceux à la dite maison de La Flossellière, tachiés par quelque voyage que ce soit, de ruse ou bien de guerre ad vous en emparer, et vous y rendre comme pour le service de la dite sainte union des catholiques sous notre autorité et la commandiés comme gouverneur, y faciés ou faciés faire la guerre à cheval comme à pied, preniés des personnes que saurés être des ennemis du dit party à la charge de les nous représenter, faciés faire les contraintes pour les levées de deniers imposés sur les paroises circonvoisines de la dite Flossellière, les contraignés se trouver au dit lieu à certains jours que vous leur ordonnerés, pour travailler aux fortifications que verrés y être nécessaires et généralement vous disposerés de tout ce que vous trouverés être raisonnable pour la seureté de la dite place. Sy mandons à tous gouverneurs de places, capitaines de chevau-légers, arquebusiers à cheval et gens de pied qui sont sous notre auctorité, leurs lieutenants, enseignes et tous autres ayant quelque commandement, prions tous ceux qui sont à requérir que pour ce faire ils vous assistent de tel nombre de leurs soldats qu'aviserés être nécessaire, auxquels ils commanderont de vous obéir en ce cas là, et même vous assistent de leurs propres personnes si besoing en est, à ce que cest notre volonté soit accomplie, de ce jour, vous donnons tout pouvoir, puissance et authorité par ces présentes. Donné à Nantes le sixieme jour de juillet l'an mil cinq cent quatre vingt dix sept. PHILIPPE EMMANUEL DE LORRAINE. Par Monseigneur, BOURDEREUL.

---

136. — 31 juillet 1597. — Don fait par le duc de Mercœur au s^r de La Guierche de ce qui avait été pris dans la place de La Flocellière forcée comme place ennemie [1]. (D. Fonteneau, t. IX, p. 487, d'après l'original qui se trouvait dans les archives du château de la Guierche-Saint-Amant.)

Philippes Emmanuel de Lorraine, duc de Mercœur et de Peinthièvre, pair de France, prince du St Empire et de Martigues, gouverneur de Bretaigne, le s^r de La Guierche nous a remonstré que suivant nos commissions et mandemens du 6e jour de juillet de cette présente année 1597, il se seroit transporté ès environs de la maison et place forte de La Flosselière au bas Poitou, assisté d'un nombre de gens de guerre de cheval et de pied, que nous lui aurions commandé prendre, pour cet effet auroit un matin surpris la dite maison et en icelle entré de force comme en place ennemie au party de la sainte union des catholiques et pour les causes plus à plain contenues dans notre dite commission, à laquelle prise se seroient voulu opposer les armes à la main ceulx qui étoient dedans, desquels quelques uns y avoint été tués, d'autres blessés et d'autres retenus prisonniers, auroit en outre esté butiné par les soldats qui l'assistoient plusieurs armes, sommes de deniers, habits, bagues et meubles, dissipé quantité de vivres comme justement acquis sur ennemis, et par ce que le dit s^r de La Guierche a été averti que quelques gens malveillans se prommetoient l'en rechercher à l'advenir, il nous a supplié luy survenir de nos lettres nécessaires, n'estant

---

[1]. La Flocellière fut surprise par La Guierche le 25 juillet 1597, au point du jour.

comme il nous a représenté et n'est pas raisonnable que pour avoir obéy à nos dits commandemens, et pour l'affection qu'il a porté aux bons et signalés services qu'il a été audit saint party de l'Union, en tumbast par cy après en peine. A ces causes, mémoratif de nos dites commissions, nous avons déclaré et déclarons que tout ce qui a été commis, fait, géré et négotié par le dit s^r de La Guierche ou ceulx [qui l'ont] adcisté tant en général qu'en particulier en la prise de la dite maison de La Flosselière, qu'il a esté fait par notre exprès commandement et l'avons approuvé, autorisé et advoué, approuvons, autorisons et advouons par ces présentes, comme aussi la mort de ceux qui auroient été tués, toutes rétentions de prisonniers, prises d'armes, chevaux, bagages, équipages, deniers, bagues, meubles, habits, vivres, desquels, en tant que besoing est, nous en avons fait et faisons don au dit sieur de La Guierche et à ses compagnons et généralement avons validé et validons tout ce qui s'est passé lors de la dite prise de la dite maison de La Flosselière, sans qu'il en puisse, ni ceux qui lui ont adcisté, être inquiété en façon quelconque à l'advenir. En tesmoing de quoi nous avons commandé les présentes lui estre expédiées que nous avons signées de nostre main et icelles fait contresigner à l'un de nos secrétaires et apposer le cachet de nos armes. A Nantes, le dernier jour de juillet 1597. PHILIPPE EMMANUEL DE LORRAINE. Par Mgr, BOURDEREUL.

---

137. — 3 août 1597. — Lettre de Malicorne au s^r de Parabère [1]. (Pub. par B. Fillon dans la *Revue des prov. de l'Ouest*, 1re année, 1853, 2e partie, p. 160.)

Jehan de Chources, sgr de Malycorne, gouverneur et

---

1. Jean de Baudéan, comte de Parabère, marquis de La Mothe-Saint-Héraye, sgr de Saint-Sauvant et de la Roche-Ruffin, de Salles

lieutenant général pour le Roy en Poictou, au sʳ de Parabère, gouverneur et lieutenant général au dict gouvernement en mon absence, salut.

Comme depuis peu de jours le chasteau de La Flocelière ayt esté surprins par les ennemis de Sa Majesté qui sont dedans, et que, dès lors, nous ayons faict mettre le siège pour leur oster et reprandre, estant de fort grande importance pour le service du Roy et bien de ceste province, et qu'il soyt nécessaire de conduire et mener le canon, sans lequel il est impossible d'en pouvoir retirer consentement, et pour cest effect, il soyt besoing de prandre des deniers du Roy pour la despence qu'il conviendra faire pour la conduicte et atirail d'icelle [artillerie] nous vous mandons et ordonnons de prendre en la recepte de Nyort ou Fontenay les deniers nécessaires pour la dicte despence de deux pièces de canon que prandrez auxdits lieux de Nyort et de Fontenay, pour iceulx conduire et mener jusques au dict lieu de La Flocelière ; et les quels deniers seront mis ès mains du trésorier général de l'artillerie ou son commis, ou en celles du sʳ de Certany [1], trézorier provincial des guerres en Poictou, pour faire la dicte dépence et en tenyr bon et loyal compte.

De ce faire vous donnons plein pouvoir et mandement spécial.

Faict à Parthenay, le troiziesme jours d'aougst 1597.

MALYCORNE.

---

et de Faugeray, avait épousé en 1591 Louise Gillier, veuve de François de Sainte-Maure, fut lieutenant-général du Haut et du Bas-Poitou et gouverneur de Niort. Maréchal de France en 1622, il mourut en 1631.

1. Pierre de Certany, écuyer, sʳ de La Barbelinière, conseiller du roi, trésorier de France à Poitiers en 1600.

138. — Paris, 22 janvier 1598. — Lettre de Henri IV aux habitants de Poitiers. (Thibaudeau, *Histoire du Poitou*, V, 226.)

Demande d'une contribution en blé pour la subsistance de l'armée qu'il dirige contre Mercœur.

---

139. — 28 janvier 1598. — Lettre de Henri de Rohan [1] à M. de Puyraveau [2]. (Copie, papiers de La Fontenelle, à la bibl. de Niort.)

Monsieur de Puyravau, Me promettant que vous ne me voudrez refuser de m'assister en une occasion en laquelle vous me rendrez beaucoup votre redevable, je vous écris la présente pour vous en supplier bien affectionnement, c'est que faisant état d'aller bientôt en Poitou pour assembler le plus de mes amis qu'il me sera possible, pour mener une troupe au Roi, lorsque Sa Majesté sera en ces quartiers là ; je vous supplie me vouloir faire ce bien de vouloir être du nombre et croire que ce me sera un office que je n'estimerai point peu et dont je vous demeurerai obligé pour le reconnoitre de très bon cœur en tous les autres endroits où j'aurai moyen de m'employer pour vous et faire chose qui vous puisse servir. Faites moi donc ce bien de ne me refuser cette requête et je demeurerai en récompense votre bien affectionné et serviable ami. HENRI DE ROHAN. A Paris, ce 28 de janvier 1598.

A Monsieur, Monsieur de Puyraveau.

---

1. Henri duc de Rohan, fils de René de Rohan, comte de Porhoët, et de Catherine de Parthenay.
2. Le sr de Puyraveau avait été créé par le roi capitaine de 100 arquebusiers à cheval, le 18 septembre 1592. Philippe Chabot, écuyer, sgr de Puyraveau, était lieutenant du château de La Roche-sur-Yon, il vivait encore en 1604. Puyraveau était paroisse de La Boissière.

140. — 1ᵉʳ février 1598. — Lettre du duc de Bouillon [1] aux maire et échevins de Poitiers.

A Messieurs, Messieurs les maire et échevins de la ville de poitiers..

Messieurs, J'ay receue vostre lettre. Je vous puis asseurer que je n'ay aucunes trouppes qui tienent la campagne, ayant il y a longtemps licencié celles que le Roy m'avoit commandé metre sus pour son service. Je tiens fort raisonnable que les environs de vostre ville soit conservés et exemptés du passage et logis de toutes trouppes de gens de guerre, et que vous soyés soulagés de telles incomodités et ruynes, et désire voir naistre les occasions pour vous pouvoir servir et procurer ce contentement, à quoy je vous tesmoigneray les effects de mon affection en vostre particulier, lorsque vous la voudrez expérimenter, et en général à tous les subjectz du Roy que je verray que mes soings et mes peines pourront servir à leur bien et soulagement. J'espère qu'à l'advenir les souffrances du paouvre peuple ne seront plus sy rigoreuses qu'elles ont esté, par le bon ordre que Sa Majesté metra en ses affaires, et particulièrement au paiement de ses gens de guerre; à quoy [elle] travaille autant qu'elle désire le bien et le repos de ses bons subjectz. Asseurez-vous, je vous supplie, que vous n'avés

---

1. Henry de la Tour, vicomte de Turenne, duc de Bouillon, né en 1555, gentilhomme de la chambre de Henri IV, puis maréchal de France, épousa : 1º Charlotte de la Marck, duchesse de Bouillon, princesse souveraine de Sedan, morte en 1594 sans enfants; 2º Isabelle de Nassau, dont il eut 2 fils, Frédéric et Henry, et 5 filles, dont l'une, Marie, s'unit à Henri de la Trémoille, duc de Thouars. Il fut mis à la tête de l'armée huguenote en Guyenne, se distingua à Coutras, suivit Henri IV devant Paris et alla chercher du secours à l'étranger. Son succès lui valut le bâton, ce qui ne l'empêcha pas d'entrer dans la conspiration de Biron. Réfugié ensuite en Allemagne, il obtint sa grâce et rentra en France en 1606. Henri de la Tour mourut en 1623.

amy en ce monde quy s'employe plus volontiers que moy en chozes où vous aurés de l'intérest. Et sur cest vérité, après vous avoir humblement baisé les mains, je prieray Dieu, Messieurs, qu'il vous tienne en sa saincte garde.

A Chastellerault, ce premier février 1598. Vostre humble et affectionné amy à vous fère service. HENRY DE LA TOUR.

Messieurs, encores que je n'aye aucunes trouppes sus, je ne laisse de vous envoyer une lettre qui vous pourra faire service pour ceulx quy commandent celles qui sont ès environs de vostre ville [1].

Voici cette lettre [2] :

Messieurs, je scey combien le Roy affectionne la ville de Poictiers et combien il désire le repos et soulagement de ses subjectz quy y sont. C'est pour quoy ayant sceu que vous estiés logés avec des trouppes ez environs, je vous ay bien vouleu faire cellecy pour vous donner cest advis de l'intention de Sa Majesté; vous asseurant qu'elle n'entend qu'aucunes trouppes quy se lèvent et marchent pour son service aprochent de la dicte ville ny prenent aucuns logis ez environs d'icelle, et que vous luy ferez ung service fort agréable de vous en esloigner le plus que vous pourrés, et de ma part, je vous en prie de toute mon affection. Et me voulant promettre que ma prière et recommandation aura quelque pouvoir en cela sur vous, je ne vous ferai plus longue lettre. Me recommandant à voz bonnes

---

1. Ces troupes étaient destinées à agir contre les villes qui tenaient encore pour Mercœur en Anjou et en Poitou. Ces villes se hâtèrent de faire leur soumission. Henri IV avait écrit aux habitants de Poitiers le 22 janvier. La ville était frappée d'une contribution assez forte, pour la nourriture de l'armée et envisageait que la présence des troupes consommerait sa ruine.

2. Publiée d'après les originaux du chartrier de Thouars, par M. H. Imbert, dans la *Revue de l'Aunis, de la Saintonge et du Poitou*, livr. d'août 1869, 113-116.

grâces, je suis, Messieurs, votre très humble et afectionné amy. Henry de la Tour.

A Chastelerault ce iie febvrier 1598.

---

141. — 16 février 1598. — Lettre de Catherine de Parthenay [1] à M. de Puyraveau [2]. (Copie, papiers de La Fontenelle, à la bibliothèque de Niort.)

Monsieur de Puyraveau, L'état que je fais de la bonne volonté de mes bons voisins et amis de ce pays a donné sujet à mon fils d'entreprendre d'en faire une troupe pour mener vers le Roi lorsque Sa Majesté sera en ces quartiers et d'autant que je m'assure que vous êtes du nombre de ceux qui nous désirent du bien, je vous envoye ce gentilhomme présent porteur pour vous prier bien affectionnément de vouloir obliger mon dit fils en cette occasion et à la prière qu'il vous en fait par la lettre qu'il vous écrit, vous priant croire que nous ne demeurerons nullement ingrats en cette obligation et qu'en tous endroits où nous le pourrons reconnaître et nous employer pour votre contentement, vous nous y trouverez très disposés, comme ce dit gentilhomme vous dira plus particulièrement, sur lequel me remettant, je ne vous ferai la présente plus longue que pour vous prier faire état de moi comme votre très affectionnée et serviable amie. Catherine de Parthenay.

Des Isles de Monts, ce 16 février 1598 [3].

A Monsieur, Monsieur de Puyraveau.

---

1. Catherine de Parthenay, fille de Jean de Parthenay-Soubise et d'Antoinette Bouchard d'Aubeterre, née en 1554, morte en 1631 au Parc Soubise, épousa : 1° Charles de Quellenec, baron du Pont en Bretagne, tué à la Saint-Barthélemy, avec lequel elle eut un procès pour cause d'impuissance ; 2° René de Rohan, comte de Porhoët, dont elle eut Henri duc de Rohan (1579-1638), et Benjamin duc de Soubise, né en 1583.
2. Philippe Chabot, écuyer, sgr de Puyraveau, lieutenant du château de la Roche-sur-Yon, capitaine de 100 arquebusiers à cheval.
3. Près Saint-Jean-de-Monts (Vendée).

142. — 20 février 1598. — Lettre de Charles de Bretagne [1] à M. de Puyraveau. (Papiers de La Fontenelle, à la bibl. de Niort.)

Monsieur, Le Roi m'a commandé m'en revenir promptement et d'amasser le plus de mes amis que je pourrois et le venir trouver auprès de Nantes où j'ai mon rendez-vous et sachant qu'il vous a plu m'assurer de votre assistance sur la prière que je vous en ai faite, cela me conduit à vous prier comme je fais de tout mon cœur, de vous trouver à Clisson [2] le 5ᵉ du mois prochain, avec vos armes et vos chevaux et le plus de vos amis que pourrez où je ne faudrai de me trouver pour vous recevoir et faire la meilleure chère qu'il me sera possible et vous témoigner par effet, comme je ferai toujours, l'obligation que je vous ai, de laquelle je ne manquerai de reconnaitre en tout ce qu'il vous plaira vous servir de moi comme de la personne sur qui vous avez plus de puissance et qui veut vous demeurer, Monsieur, votre affectionné et meilleur ami à vous servir. CHARLES DE BRETAGNE.

A Angers, ce 20 février 1598.

A Monsieur, Monsieur de Puyraveau [3].

---

1. Baron d'Avaugour.
2. Pierre de la Previère, encore capitaine du château de Clisson, le 14 mars 1589, fut remplacé par le sgr d'Avaugour en charge dès 1591.
3. Voyez la lettre de Henri de Navarre au receveur de Beauvoir-sur-Mer, écrite à Niort, le 28 janvier 1589, lui intimant l'ordre de payer chaque mois à Charles d'Avaugour du Bois de Kergrois, gouverneur de Beauvoir, la somme de 783 écus 6ˢ 8ᵈ pour la solde et dépense de la garnison. (Ordonnances de Henri, roi de Navarre, ms. 2379 de la bibl. Mazarine, fol. 43 rᵒ.)

143. — 16 mars 1598. — Décharge donnée par Malicorne au sujet d'une prise effectuée en temps de trêve sur ses ordres, quoiqu'il eût fait rendre ladite prise. (Arch. de M. Chaigneau-Thoiré.)

Nousseigneur de Malicorne, gouverneur et lieutenant général pour le Roy en Poictou, suyvant le commandement que nous aurions faict cy devant à Alexandre de Mondésir, capitaine commandant à trente harquebuziers à cheval, que nous avons ordonné demeurer près de nous pour le service de Sa Majesté, pour courir sus, tailler en pièces et prendre prisonniers les ennemis de Sa dite Majesté, de la garnison de Mirebeau et autres nonobstant que nous soyons en tresve, à cause des volleries, désordres et ruynes qu'ils commettent en cette province au préjudice d'icelle, et d'aller en la maison de La Renaudière prendre le nommé La Crouzille du dict Mirebeau que nous avions heu advys y estre retiré et autres qui estoient avecq luy du nombre des dits ennemis infracteurs de la dite tresve, lequel capitaine Mondésir et ses compagnons affectans notre commandement auroient trouvé moien d'entrer en la dicte maison d'où se seroit à l'instant sauvé le dict de La Crouzille et nous auroient amené icy troys chevaux apartenans au dict de La Crouzille que nous luy aurions pour certaynes bonnes considérations, faict randre, advouhant et aprouvant par ces présentes ce qui par le dit de Mondésir, et ses soldats auroist esté faict en la dicte prinse de maison et en l'exécution de ce que dessus dit, pourquoy nous aurions accordé le présent adveu de descharge à David Chaigneau, dit Toyré, soldat du dict de Mondésir, pour luy servir où il en pourroit estre recherché, n'ayant en cela esté rien faict que par mon commandement comme dict est cy dessus. En tesmoing de quoi nous avons signé ces présentes de notre main et faict contresceller du scel de nos armes et oultre faict signer par l'ung de nos secrétaires. A Partenay, le seiziesme jour de mars mil cinq cens quatre vingt dix huict. MALYCORNE. Par mon dict seigneur, DEFAINS.

---

144. — 30 mars 1598. — Lettre de Henri de Rohan à M. de Puyraveau. (Copie, papiers de La Fontenelle, à la bibl. de Niort.)

Monsieur, Ce me sera un extrême contentement si j'ai pouvoir de vous servir et reconnaitre l'affection que vous me témoignez en me promettant votre assistance. Je vous supplie extrêmement de croire que je m'en sentirai toute ma vie extrêmement votre obligé et que vous ne la pouvez départir à personne moins ingrate ni plus désireuse de s'en revencher et vous servir. Puis donc que vous me faites ce bien de m'octroyer la requête que je vous ai faite, je vous supplie de vous tenir prêt et faire état assuré qu'en tous endroits où vous me jugerez propre à vous servir, vous me trouverez aussi affectionnement disposé que je suis votre humble et affectionné à vous servir. HENRI DE ROHAN.

Au Parc, ce 30 mars 1598.

A Monsieur, Monsieur de Puyraveau.

---

145. — Angers, 30 mars 1598. — Lettre de Henri IV aux trésoriers de France de Poitiers. (Thibaudeau, V, 230.)

La soumission de Mercœur ayant rendu inutile l'expédition de Bretagne, Henri IV renonce à la contribution en blé demandée aux habitants de Poitiers. (Voy. lettre du 22 janvier 1598.)

---

146. — Paris, 29 mai 1599. — Lettre de Henri IV aux habitants des villes du Poitou. (Thibaudeau, V, 231.)

Le roi notifie qu'il a chargé Parabère, lieutenant-général en Poitou, Langlois, conseiller d'Etat, et Malicorne d'assurer l'exécution de l'Edit de Nantes en Poitou, et ordonne de se conformer à leurs décisions.

147. — 21 juillet 1600. — Lettre de Henri IV à Malicorne. (*Affiches du Poitou*, 1788, n° 5, p. 17-18. 63° lettre de Moisgas, avocat feudiste à Mortagne en Bas-Poitou [1].)

Monsieur de Malicorne, Je m'attendois à mon arrivée en ceste ville de Lion d'y trouver toutes choses prestes pour l'exécution de ce qui fut dernièrement accordé et arresté à Paris avec le duc de Savoye : mais depuis que j'y suis, j'ai reçu des advis bien esloignés de cela et semble que le dict duc se vueille départir du dict accord et en venir à la guerre, qui est cause que j'ay résolu pour n'estre surpris de m'y préparer aussi de mon costé, et assembler des forces par mes provinces, n'estant raisonnable ny convenable à la dignité de cest estat que je souffre qu'un inférieur me rompe ainsi sa parolle, en détenant ce qui m'appartient. Mais pour plusieurs bonnes considérations j'ay advisé de ne faire point de nouvelles levées, ains seulemens de faire des creues aux compaignies des anciens régimens, et affin qu'elles soient conduites par deçà sans aucune foule de mes subjectz, j'ay ordonné que de deux en deux compaignies, il y aura un commissaire pour les conduire, à chacun desquels commissaires j'ay faict délivrer argent pour bailler aux dicts soldats, afin qu'ils payent leurs vivres de gré à gré, de sorte que mes dicts subjectz n'en recevront aucun intérest, ni incommodité. Et d'autant que sous couleur des dites creues, il se pourroit faire d'autres levées en mes dites provinces à l'oppression des habitants d'icelles, je vous ai bien voulu escrire la présente pour vous ordonner de voir et descouvrir si dans l'estendue de vostre gouvernement de mon pays de Poictou

---

[1]. Dans les notes prises dans le chartrier d'Aiffres (près Niort), M. Bardonnet a signalé une lettre écrite par Henri IV, le 31 décembre 1607, à Philippe Laurens, écuyer, lieutenant-général au siège de Niort par résignation de Jean Magnen, sr d'Aillé, mort en 1619. Il ne nous en a malheureusement pas laissé la copie.

il se fait des gens de guerre autres, que ceux qui me doivent servir pour les dites creues; et au cas que vous en trouviez aucuns tenant les champs, je vous enjoints de lés dissiper et rompre et faire châtier par justice ceux que vous pourrez appréhender : ordonnant à ceste fin aux prévôts des maréchaux de faire leurs chevauchées par vostre dit gouvernement.

Vous sçavez l'importance et la conséquence de telle affaire, et n'est point besoin que je vous en die icy davantage. Sur ce, je prie Dieu, Monsieur de Malicorne, vous avoir en sa saincte et digne garde.

Escrit à Lion, le vingt uniesme jour de juillet mil six cens. Signé : Henry. Et plus bas : Forget.

LETTRES

ADRESSÉES

A MARIE DE BASTARNAY,

COMTESSE DU BOUCHAGE, SA MÈRE,

PAR

ANNE DE JOYEUSE

EN 1587, PENDANT SES CAMPAGNES DU POITOU,

PUBLIÉES

Par Léo DESAIVRE

INTRODUCTION

I

Le Fonds français à la Bibliothèque nationale renferme plusieurs lettres d'Anne de Joyeuse à sa mère antérieures à ses deux dernières expéditions et qu'à ce titre, nous avons dû négliger. Il en a fourni treize pour la première chevauchée du Poitou en 1587, mais fort malheureusement une seule subsiste pour la seconde ; elle est datée de Vouzailles, le 8 octobre, douze jours avant la mort de l'amiral.

Claude de Joyeuse, sgr de Saint-Sauveur, le plus jeune des sept frères, son *petit*, comme l'appelait leur ami commun Desportes, l'avait suivi aux pays d'outre-Loire et périt avec lui à Coutras. Il ne mettait pas moins d'empressement que son aîné à adresser des messages à Marie de Bastarnay ; deux lettres ont été trouvées dans le même fonds.

On reconnaît aisément, à la lecture de plusieurs de ces diverses missives, que la comtesse du Bouchage entretenait, de son côté, une correspondance fort active avec ses enfants. Toutes ses lettres sont perdues, et avec elles, sans doute, de précieux renseignements sur ce qui se passait à la cour. La pauvre mère avait lieu cependant de se montrer fort réservée, car les billets envoyés du Poitou, perdus ou interceptés en route, n'arrivaient pas toujours à destination, et elle pouvait craindre pour les siens un sort semblable.

C'est à l'aide d'un chiffre que les amis de l'amiral restés près du roi le tenaient au courant des sourdes menées de d'Epernon. Deux frères, les Desportes, figurent parmi ces zélés correspondants.

Le poète Philippe Desportes avait suivi le duc d'Anjou en Pologne ; toutefois c'est surtout à Joyeuse que Tallemant des Réaux attribue la grande faveur dont il jouissait près de Henri III.

Il en obtint quatre abbayes valant plus de 40.000 liv. de revenu et prit une part active aux affaires. C'était en outre, lit-on encore dans les *Historiettes*[1], « tout le conseil » de l'amiral.

On comprendra que Benjamin Fillon ait cru, quoique tout prénom fît défaut dans la mention de la signature, devoir restituer audit Philippe une lettre en partie chiffrée adressée à Joyeuse à la date du 11 août 1587. Elle a déjà été publiée dans ce recueil[2] et, malgré son grand intérêt, nous n'avons pas à la reproduire.

On en trouvera l'analyse en son lieu ; nous n'en retenons ici que l'indication de lettres de l'amiral à la Reine mère et à Villeroi, secrétaire d'Etat, aujourd'hui perdues. Il y est aussi parlé des rapports envoyés à Joyeuse par l'autre Desportes.

Une autre lettre avait été adressée de Paris à Joyeuse le même jour 11 août 1587. Cette lettre se trouve en original à la Bibliothèque de Poitiers[3], parmi d'autre lettres adressées à Du Plessis-Mornay. Ce dernier, qui avait réussi à mettre la main sur cette pièce importante, a inscrit au dos cette note : « Lettre deschiffrée de Desportes à feu M. de Joyeuse. »

Ces deux messages du même jour disent assez que l'amiral ne négligeait rien pour être exactement informé.

Ce dernier rapport excepté, notre publication ne comprend que seize lettres des deux Joyeuse à leur mère. On pensera peut-être qu'il eût été plus rationnel de fondre cette série incomplète dans les documents consacrés à Malicorne. Si ces nouvelles missives n'ont rien d'officiel, elles n'en offrent pas moins, en effet, des informations dont la sincérité ne saurait être mise en doute.

On en eût, à notre avis, singulièrement amoindri l'importance en les mêlant à ce vaste ensemble ; les réunir, c'est au contraire mieux mettre en relief leur caractère intime et augmenter d'autant leur intérêt.

Aucune des lettres échangées entre Joyeuse et Malicorne ne nous est parvenue. Ces personnages se trouvaient être d'assez proches parents. Marie de Bastarnay était issue de René de Bastarnay et d'Isabelle de Savoie-Tende ; Anne de Bastarnay, sœur de

---

1. Historiette 8.
2. T. II, p. 336. L'un de ces Desportes fut secrétaire d'Etat pour la Ligue et passa au service de Henri IV. Il écrit deux lettres de Rome le 6 avril 1591. On a encore une lettre de lui, s. d., adressée à Mayenne. (Bibl. nat. mss. fr. anc. fonds 5045-127, 128, 129.) Il avait pour correspondant en France un cousin resté inconnu.
3. Vol. 73, p. 221.

René, avait épousé Jean de Daillon du Lude, père de la seconde femme de Malicorne, devenu ainsi par alliance l'oncle breton du lieutenant-général de l'armée du Poitou.

On remarquera qu'il n'est jamais parlé de Guillaume vicomte de Joyeuse dans les lettres de ses enfants. Il mourut fort âgé, au mois de janvier 1592, dans son château de Covissac en Languedoc, au diocèse d'Aleth, actuellement département de l'Aude, où il s'était retiré depuis plusieurs années. Son éloignement de Paris ne permettait pas à la comtesse du Bouchage de servir d'intermédiaire entre le père et ses deux fils.

II

Joyeuse quitta Paris au mois de mai 1587. On l'envoyait en Poitou pour arrêter les progrès des huguenots et l'on espérait le voir arriver à temps pour faire lever le siège de Fontenay.

Son armée commençait à peine à se concentrer à Saumur, ville située dans le gouvernement de son frère Henri, comte du Bouchage, lorsqu'il apprit la reddition de la capitale du Bas-Poitou (1er juin) et le retour du Béarnais à La Rochelle.

Les réformés occupaient Saint-Maixent. Pour ménager cette ville, le roi de Navarre laissait à La Mothe-Saint-Héraye les régiments de Charbonnière et de Desbories, destinés à en renforcer la garnison. On avait négligé de s'assurer du château de La Mothe à la prière de Saint-Gelais, parent du capitaine catholique, qui avait cru pouvoir en répondre. Les huguenots, pensant à tort pouvoir s'y retirer en cas d'attaque, se gardaient mal [1].

Joyeuse, averti par Saint-Pompin, n'hésita pas à se mettre en campagne avec peu de forces, espérant peut-être qu'un premier succès hâterait l'envoi de nouvelles troupes. Malicorne et Lavardin recevaient l'ordre de le rejoindre à La Mothe.

L'amiral entra en Poitou par Thouars, laissa ses bagages à Saint-Loup et tomba à l'improviste sur les malheureux régiments. Les réformés, attaqués de deux côtés à la fois et sans moyen de retraite, ne se rendirent cependant qu'au bout de deux jours, après avoir fait éprouver aux assaillants des pertes sensibles.

Le duc ordonna de passer tous les prisonniers au fil de l'épée.

---

[1]. Gabriel Prévôt de Charbonnière, colonel de l'un des régiments cantonnés à La Mothe, se trouvait à Saint-Maixent au moment où ils furent assaillis par l'amiral.

Malicorne put à peine en sauver quelques-uns à son insu. Tel fut le début de ces cruautés inutiles, que les deux frères devaient expier si cruellement à Coutras [1].

Ce triste exploit avait encore affaibli la petite armée. Elle se grossit de quelque noblesse pendant que l'amiral allait loger à Pamproux, Lusignan (28 juin) et Jazeneuil, d'où il annonce, le 3 juillet, son intention de se rendre à Niort près de Malicorne pour aviser à prendre Saint-Maixent.

Cette ville défendue par Saint-Gelais, Jean Chevaleau de La Tiffardière et Charbonnière, fit une belle résistance, car on voit par une lettre du 10 juillet que le siège durait déjà depuis plusieurs jours, et elle ne se rendit que le 13. Joyeuse, toujours cruel, la livra au pillage et fit pendre le ministre Antoine Hilairet de La Jarriette, malgré les protestations des seigneurs de sa suite.

Le 17, il date de Boisragon des lettres de sauvegarde pour l'abbaye de Saint-Maixent; on le trouve le 19 au pont de Chizé.

Le 23 juillet, la comtesse du Bouchage est informée de Tonnay-Boutonne, de la prise de deux places « qui ne l'ont laissé approcher d'une lieue » [2] ; l'une, située à deux lieues de Saint-Jean, nous paraît être Chizé [3] ; l'autre, à trois lieues de La Rochelle, est Tonnay-Boutonne.

Dans la lettre suivante, datée de Mauzé, le 28 juillet, il est parlé de la défaite de la meilleure compagnie d'arquebusiers à cheval du roi de Navarre [4], à une lieue de La Rochelle. C'est l'affaire de La Croix-Chapeau, qui aboutit encore à un massacre attribué, il est vrai, à Lavardin par d'Aubigné [5].

Le 7 août, l'amiral est à Saint-Maxire, attendant toujours des troupes de renfort sans lesquelles il ne peut songer à se rendre maître de Fontenay. Le siège en sera long, dit-il ; sa femme pourra venir le rejoindre à Niort.

Le 11, il campe à Benet, où il a appris que Condé était arrivé devant Tonnay-Charente. Il va partir pour dégager ce petit fort, s'il en est temps encore. On sait qu'il avait été surpris et qu'à son tour, il le réoccupa sans peine.

De la dernière lettre écrite pendant cette campagne nous n'a-

---

1. Claude de Joyeuse écrit de La Mothe à sa mère, le 23 juin, pour lui annoncer ce premier succès. Il est probable que ce fut le dernier jour de la lutte ou tout au plus le lendemain.
2. C'est-à-dire qui se sont rendues aux sommations de l'avant-garde.
3. Ce serait autrement Dampierre.
4. Commandée par d'Epeuille, gentilhomme du Nivernais.
5. *Hist. univers.*, t. III, livre I, chap. XI.

vons plus qu'un fragment sans date. Joyeuse déplore le triste état de son armée cruellement éprouvée par la maladie [1]. Il espère cependant prendre cinq ou six forts au cours de la semaine suivante. Tout cela devait se réduire à la prise de Maillezais.

Les soldats encore valides, fatigués par des marches continuelles et sans argent depuis trois mois, commençaient à se débander. L'amiral, toujours sans ordre et las d'attendre les secours promis, se décida à se rendre près du roi « avec les principaux de son armée, fors Laverdin, maréchal de camp, qui resta pour la conduire et la commander » [2]. De Thou fixe ce départ au 15 août, date qui nous semble bien hâtive, le duc étant encore à Benet le 11 avant d'avoir réoccupé Tonnay-Charente et pris Maillezais dont le siège dura quatre jours, si l'on s'en rapporte au même historien.

Grâce à de nombreux amis restés à la cour, Joyeuse savait sa situation fort compromise par les sourdes menées de son rival. Alors que pour complaire à d'Epernon, le roi l'avait laissé manquer de tout, on le rendait responsable de l'insuccès de l'expédition.

Son retour ne lui permit même pas de se justifier.

III

Le départ de l'amiral affaiblissait encore l'armée catholique, déjà « complètement ruinée ». Le roi de Navarre, trop bien servi jusqu'alors par les événements pour tenter la fortune des armes, saisit ce moment pour lui donner le coup de grâce. Ce fut une autre retraite de Mercœur. Lavardin, poursuivi jusqu'à la Haye en Touraine, n'échappa que faute de canon pour l'assiéger.

Sur ce, on accusa Joyeuse d'avoir fui pour éviter une rencontre. Henri III en serait même venu jusqu'à lui dire publiquement que la cour le tenait pour un poltron et qu'il aurait bien de la peine à se laver de cette tache [3].

Quoi qu'il en soit, l'amiral obtenait la promesse, cette fois effective, d'une armée assez nombreuse pour être opposée à celle des huguenots et volait au secours de ses compagnons d'armes avec ce qu'il pouvait réunir de troupes disponibles.

---

1. La peste sans doute, on sait que cette maladie sévissait alors à Fontenay.
2. Villegomblain.
3. P. Anselme, *Hist. gén.* VII, 886.

Cette seconde campagne s'ouvrit et se termina hors du Poitou ; il nous suffira d'en rappeler les principales phases.

Tout d'abord le roi de Navarre se borna à se loger fortement sur la Loire, afin de permettre au comte de Soissons de venir le rejoindre avec de nouvelles levées. Turenne, parti à sa rencontre, enlevait aux Rosiers l'arrière-garde de Mercœur en marche vers Joyeuse, déjà rallié par Lavardin.

L'amiral arriva trop tard au gué de l'Authion pour arrêter les bandes du comte de Soissons qui traversèrent la Loire sans encombre le lendemain. Il se rendit ensuite près du roi, alors à Saint-Aignan, pour presser l'envoi d'autres troupes qui le rejoignirent enfin à Poitiers.

Le duc en partant avait dirigé son armée sur Loudun.

Le 8 octobre, il est à Vouzailles, évidemment en marche sur Poitiers, et il adresse à sa mère la seule lettre écrite au cours de cette seconde campagne qui nous soit parvenue.

Arrivé à Loudun le soir, il en était reparti dès le lendemain, fort mécontent des habitants qui, si on l'en croit, n'échappèrent à une punition exemplaire que grâce à la protection de la comtesse du Bouchage. Il craint de ne pouvoir atteindre le roi de Navarre avant son retour en Guyenne. S'il est déjà délogé, comme on dit, il ira avec toutes ses troupes retrouver Henri III.

Navarre était, il est vrai, rentré à La Rochelle, mais il en sortait bientôt pour aller au-devant de l'armée envoyée en France par les réformés de l'Allemagne et de la Suisse, offrant ainsi à son adversaire l'occasion désirée.

Joyeuse avait rallié les contingents du Poitou, de l'Angoumois et du gouvernement de Brouage ; il se jugeait assez fort pour refuser les secours promis sous trois jours par le maréchal de Matignon, gouverneur de la Guyenne, désirant s'assurer ainsi tout le bénéfice d'une victoire dont il se croyait sûr.

Cette folle présomption le conduisit à la triste aventure de Coutras (20 octobre). Pris après avoir vaillamment combattu, il fut tué de sang-froid, en représailles du massacre de La Mothe-Saint-Héraye, malgré l'offre d'une énorme rançon.

LETTRES

ADRESSÉES

A MARIE DE BASTARNAY, COMTESSE DU BOUCHAGE,

SA MÈRE,

Par Anne de JOYEUSE,

EN 1587, PENDANT SES CAMPAGNES DU POITOU.

---

150. — 14 juin [1587]. — Lettre d'Anne de Joyeuse à la comtesse du Bouchaige. (Bibl. nat., mss. fr., anc. fonds 3392-38, fol. 43.)

Madame, Les ennemis n'ont pas envie de me faire courre grand fortune ayant quyté les campaignes dès qu'il m'ont santy aprocher. Je suis icy atandant l'esquypaige d'artillerie qu'on me doict envoyer de la court, cependant je recueilles les troupes quy arrivent tous les jours et pour fin je suplie le Créateur vous donner,

Madame, heureuse et longue vie. A Saulmur le x4^{me} jour de juin [1587].

Monsr de Lavardin desfit encores avant hier deus compaygnies d'arquebusiers à cheval aus ennemis dans le mitan de leur armée; s'il continue, la punition qu'ils luy donnent sera mal amployée [1].

Vostre très humble, très obéissant, très obligé fis et serviteur. ANNE DE JOYEUSE.

---

1. Lavardin venait de se rallier aux catholiques.

151. — [Juin (?) 1587]. — Lettre d'Anne de Joyeuse à la comtesse du Bouchaige. (Bibl. nat., mss. fr., anc. fonds 3392-49, fol. 57.)

Madame, Le porteur me presse tant de le faire partir que je n'ay pas seulement loyzir de respirer, jouinct que je suis ycy assès ampaiché à recueillir mon artillerie et à mile autres affaires. Cela m'ampaichera de vous faire cestessy plus longue que pour vous suplier de me tenir tousjours en vos bonnes grasses.

Madame, je suplie le Créateur vous donner se que désirés. Vostre très humble, très obéissant, très obligé fis et serviteur. ANNE DE JOYEUSE.

Je ne vous ranvoyeray que demain vostre laquay.

---

152. — 23 juin [1587]. — Lettre de Claude de Joyeuse à Madame la comtesse du Bouchaige. (Bibl. nat., mss. fr., anc. fonds 3316-69, f° 77.)

Madame, C'est à ceste heure que je croy bien pour tout certain qu'il faut que ce soit vos bonnes prières quy ont bien aydé M⁽ʳ⁾ votre cher fils de deffaire le régiment de Debory et une partie de celui de Charbonnières. M⁽ʳ⁾ de Fumel quy a tout veu et vous contera au long comme tout est alé ; cela est cause que je ne vous fais ce mot que pour vous randre tousjours le devoir que je vous dois et vous supplier de me tenir en vos bonnes grâces et supplie Dieu qu'il vous donne,

Madame, en parfaite santé, heureuse et longue vie et ce que vous désirés. Vostre très humble, très obéissant, très obligé fils et serviteur. CLAUDE DE JOYEUSE.

A la Motte S⁽ᵗ⁾ Eloy ce 23ᵉ iour de juing [1587][1].

---

1. On disait alors La Mothe-Saint-Eloy pour La Mothe-Saint-Héraye. C'est aux cris de *Saint Eloi* que Joyeuse fut massacré à Coutras.

153. — [Juin 1587.] — Lettre d'Anne de Joyeuse à la comtesse du Bouchaige. (Bibl. nat., mss. fr., anc. fonds 3392-41, f° 49.)

Madame, Vous entendrez par Mʳ de Fumel le commenssement de nostre guerre quy passoit assès bien sans le malheur de Mus auquel je n'ay pouinct d'éspéransse et cela m'afflige infiniment [1]. Madame, permetés moy de finir ma letre et de dormir car j'en ay bon bezouin. Je suplie Dieu vous donner ce que dézirés, Madame. Vostre très humble, très obéissant, très obligé fis et serviteur. ANNE DE JOYEUSE.

---

154. — 28 juin [1587]. — Lettre d'Anne de Joyeuse à la comtesse du Bouchaige. (Bibl. nat., mss. fr., anc. fonds 3392-46, f° 54.)

Madame, Je suis bien ayse que vous ayés eu quelque contentement de nostre effaict. J'espère auvec l'aide de Dieu qu'il sera bientost suivy de quelque autre. Je suis au désespoir de la longueur dont l'ons va à m'anvoyer se qui m'aict nécessaire mesme pour le reguard de l'artillerie, car j'eusse prins Sᵗ Mexant en quatre jours au lieu qu'il m'en coustera bien davantage. J'euzeray de toute la diligensse qu'il me sera possible pour n'y perdre pouinct de tamps. Madame, vous fetes trop d'honneur à ma fame quy

---

1. Mus, capitaine des gardes d'Anne de Joyeuse, mourut de ses blessures. Voy. Villegomblain (*Voyage de M. le duc de Joyeuse en Poictov et sa mort en l'année 1587*, in *Mém. des troubles arrivés en France sous les règnes des rois Charles IX, Henri III et Henri IV*. Paris, René Guignard, 1667, t. II, 91). A ce combat, le capitaine Colombière, pour lors commandant au régiment de Picardie, fut fortement blessé. (*Id. ibid.*) Villegomblain écrit le nom du capitaine des gardes avec un z, *Muz*. Une autre lettre de Joyeuse à sa mère, antérieure à sa malheureuse expédition du Poitou, mais sans date, nous apprend que Mus avait reçu sept arquebusades en voulant forcer un vilage près de Beaugency (1585, vers la mi-juin). Mus eut pour remplaçant le sieur de La Bastide, tué à Coutras.

ne bougera de là tant que vous l'aurés agréable. Je suplieray le Créateur vous donner,

Madame, en parfaicte santé, très heureuse et très longue vie. A Luzignan ce xx8ᵉ jour de juin. Vostre très humble, très obéissant, très obligé fis et serviteur. ANNE DE JOYEUSE.

---

155. — 3 juillet [1587]. — Lettre d'Anne de Joyeuse à la comtesse du Bouchaige. (Bibl. nat., mss. fr., anc. fonds 3392-24, fol. 29.)

Madame, C'est à mon grand regret que j'ay demeuré sy lonc temps oysif; le peu de secours qu'on me donne en est cause. Je m'an vays voir Mʳ de Malicorne à Niort pour me résoudre avec luy sur toutes nos affaires et de là nous résoudre au sieyge de Sᵗ-Mexant.

Madame, je suplie le Créateur vous donner heureuse et longue vie. A Jazenueil le 3ᵉ jour de juillet. Votre très humble, très obéissant, très obligé fis et serviteur. ANNE DE JOYEUSE.

---

156. — 10 juillet [1587]. — Lettre d'Anne de Joyeuse à la comtesse du Bouchaige. (Bibl. nat., mss. fr., anc. fonds 3392-44, fᵒ 52.)

Madame, Je ne vous puis encores mander la prinse de ceste plasse pour avoir esté sy mal assistés de tout se quy m'estoict nécessaire qu'il a faillu aprandre de faire la guerre à la huguenote, cet à dire sans aucun moyen. J'espère auvec l'aide de Dieu que tout cela ne m'ampaichera pouinct de les prandre antressy et sis jours au plus tart. Cependant, Madame, je vous suplie très humblement de n'estre en aucune peine de moy car c'est ycy un sieyge sans péril ou pour le mouins sy petit qu'il faudroict que se fust un myracle s'il m'y arrivoit mal, vivés en donc à repos.

Je vous suplie, Madame, de m'aymer tousjours s'il vous

plaist comme vostre très humble, très obéissant, très obligé fis et serviteur. ANNE DE JOYEUSE.

Camp devant S¹ Mexant, vandredy au soir, xᵉ de juillet.

---

157. — 14 juillet [1587]. — Lettre d'Anne de Joyeuse à la comtesse du Bouchaige. (Bibl. nat., mss. fr., anc. fonds 3392-8, f° 12.)

Madame, S¹ Mexant me fust hier randu. Je ne suis pas résolu d'ataquer aucune plasse que je n'aye plus de moyens, jouint que je veus voir se que deviendra le roy de Navarre quy ne se dispose pas pour encores de s'acheminer au devant de ses reitres. Quant à ma fame, elle est à vous, Madame, pour en disposer ainsy qu'il vous plaira. Je suplie le Créateur vous donner,

Madame, en parfaicte santé, heureuse et longue vie. Au camp de S¹ Mexant, le x4ᵉ jour de juillet. Vostre très humble, très obéissant, très obligé fis et serviteur. ANNE DE JOYEUSE.

---

158. — [14 juillet 1587.] — Lettre de Claude de Joyeuse à la comtesse du Bouchaige [1]. (Bibl. nat., mss. fr., anc. fonds 3332-14, f° 20.)

Madame, Vous sçaurés par ce porteur particulièrement, comme tout ce siège de S¹ Messan c'est passé, quy me gardera de le vous conter. Et vous diray seulement, Madame, que M¹ votre cher filz ne ce porta, Dieu mercy, jamais mieus ny tout ce de quy vous vous sossiés. Je pance que pour quelque temps encore il ne sçauroit rien faire quy cera cause que je vous baiseray très humblement les mains et vous supplieray de me tenir pour vostre très humble servi-

---

1. La prise de Saint-Maixent est du lundi 13 juillet 1587.

teur et prie Dieu qu'il vous donne, Madame, en parfaite santé heureuse et longue vie, et ce que vous désirés. CLAUDE DE JOYEUSE.

A S¹ Messan, ce mardi au matin.

---

159. — Boisragon [1], 17 juillet 1587. — Sauvegarde par le duc de Joyeuse pour l'abbaye de Saint-Maixent. (D. Fonteneau, t. LXVI, p. 373, d'après l'original. Pub. dans les *Chartes et documents pour servir à l'histoire de l'abbaye de Saint-Maixent*, dans les *Arch. hist. du P.* t. XVIII, 310-311 [2].)

---

160. — 19 juillet [1587]. — Lettre d'Anne de Joyeuse à la comtesse du Bouchaige. (Bibl nat., mss. fr., anc. fonds 3392-25, f° 30.)

Madame, Je suis encores atandant icy les commendemens du Roy et des moyens plus grans que ceus qu'il m'a donné pour entreprandre de plus grandes choses. Je tamporyzeray cependant, vous n'avez que faire de vous mettre en peine pour moy car je n'espère pas de courre grand fortune. Il vient d'arriver un homme de Languedoc sans letres, elles luy ont esté volées à Pons. Je suis en grande crainte qu'il n'y ayt quelque chose d'importansse. Tout le monde s'y porte fort bien, Dieu merssy, que je suplie vous donner,

Madame, heureuse et longue vie. Au pont de Chizé, le x9ᵉ jour de juillet. Vostre très humble, très obéissant, très obligé fis et serviteur. ANNE DE JOYEUSE.

---

1. Alors pˢˢᵉ de Sᵗ-Carlais, aujourd. cⁿᵉ de Brelou (Deux-Sèvres).
2. De Boisragon comme de Saint-Maxire où nous trouverons Joyeuse le 7 août, l'amiral était à proximité d'un gué de la Sèvre sur le trajet de la Bissêtre, ancienne voie romaine que suivit encore Soubise après la bataille de Rié en 1622. Ce vieux chemin mettait en communication le haut et le bas Poitou et servit souvent aux armées de l'un et l'autre parti.

161. — 23 juillet [1587]. — Lettre d'Anne de Joyeuse à la comtesse du Bouchaige. (Bibl. nat., mss. fr., anc. fonds 3392-30, f° 35.)

Madame, Je suis bien ayse que vous ayés eu quelque contentement de la prinse de S¹ Mexant, vous n'avés que fère que d'estre en peine pour moy car je ne vis jamais de cy pauvres jehans que ceus à quoy j'ay à faire. Je suis venu pour faire paroytre leur impuissance; au mitan de tous eus prandre deus plasses, l'une à deus lieues de S¹ Jehan, l'autre à trois de La Rochele, quy ne m'ont laissé aprocher d'une lieue. Pour tout cela je n'ay pas eu pour encores une alarme. Ils me feront plézir s'ilz continuent. Je vous assure, Madame, que sy le Roy me veut tant peu ranforsser d'hommes et de moyens, qu'avec l'aide de Dieu je prandray S¹ Jehan que tant d'armées n'ont pas seulement ozé ataquer. J'atans encores les commendemens de Sa Majesté. Je supliray le Créateur vous donner, Madame, heureuse et longue vie. A Tonné-Boutonne, le xx3ᵉ jour de juillet. Vostre très humble, très obéissant, très obligé fis et serviteur. ANNE DE JOYEUSE.

---

162. — 28 juillet [1587]. — Lettre d'Anne de Joyeuse à la comtesse du Bouchaige. (Bibl. nat., mss. fr., anc. fonds 3392-14, f° 13.)

Madame, Despuis vous avoir escrit j'ay desfaict la meilleure compaignie d'arquebusiers à cheval qu'eut le roy de Navarre à une lieue de La Rochele sans qu'il m'aye faict paroytre de le trouver mauvais. Je ne say pas encores au vray, Madame, se que je feray pour l'advenir mais je ne faudray pas de vous en advertir à toute heure. Atandant, je supliray le Créateur vous donner, Madame, heureuse et longue vie. A Mauzé, le xx8 de juillet. Vostre très humble, très obéissant, très obligé fis et serviteur. ANNE DE JOYEUSE.

163. — 7 août [1587]. — Lettre d'Anne de Joyeuse à la comtesse du Bouchaige. (Bibl. nat., mss. fr., anc. fonds 3316-46, fol. 53.)

Madame, Vous antandrés par ce porteur l'occasion de son voyaige et comme j'atans à son retour de voir quelque résolution à mon sesjour ou à mon retour qui s'en suivra nécessairement sy l'on ne me donne d'autres moyens, aussy si le Roy m'anvoys de quoy assiéger Fontenay. Je prévois que le siège en sera lonc, de sorte, Madame, que je mande à ma fame qu'ele s'en peut venir jusques à Niort, sy vous avés agréable de luy permettre ; atendant je suplie le Créateur vous donner, Madame, heureuse et longue vie.

A S¹ Massire[1], le 7ᵉ jour d'aoust. Votre très humble, très obéissant, très obligé fis et serviteur. ANNE DE JOYEUSE.

Au dos est écrit : A Madame la comtesse du Bouchaige.

---

164. — 11 août [1587]. — Lettre d'Anne de Joyeuse à la comtesse du Bouchaige. (Bibl. nat., mss. fr., anc. fonds 3392-23, f° 28.)

Madame, Je suis infiniment marry de la perte des lettres que je vous escris car cela faict que vous m'accusés de négligence. Au reste les annemis ont jusques ycy faict samblant de me combatre, et pour dire la vérité je l'ay tenu jusques icy pour certain, mais j'en doubte maintenant fort; voire je tiens pour certain qu'ils ne le feront pouinct. Ils ont assiesygée une petite plasse que j'ay prins parssy

---

1. Joyeuse fut sans doute conduit à Saint-Maxire par des considérations purement stratégiques ; il est à remarquer cependant que le sgr du lieu, issu de Guy de Daillon du Lude, gouverneur du Poitou avant Malicorne, était le cousin issu de germain de l'amiral, Jean de Daillon du Lude, père de Guy, ayant épousé Anne de Bastarnay, sœur de René comte du Bouchage, grand-père de Joyeuse.

Il n'y avait, il est vrai, à Saint-Maxire, ni château, ni maison forte, mais le pays n'était pas sans ressources et la petite armée de l'amiral pouvait aisément s'y loger et s'y ravitailler.

devant, nommée Tonnay-Charente. Je m'aprocheray d'eus en espérance de leur faire lever le sieyge, se que je say bien qu'ils feront si elle n'aict desjà prinze et que celuy quy est dedans ne se soict estonné, mais je vous assure bien que se sera sans péril comme vous le pourrés jujer puisque se porteur s'en va. Au reste, Madame, pour ne vous importuner pouinct je mande à ma fame l'occasion quy m'ampêche de pouvoir satisfaire au commandement que vous me fetes pour le reguard du s^r du Courbat. Vostre très humble, très obéissant, très obligé fis et serviteur. ANNE DE JOYEUSE.

Au camp de Benet, le xie jour d'aoust.

---

165. — 11 août 1587. — Lettre de Desportes au duc de Joyeuse l'avertissant de ce qui se passe à la cour.

En partie chiffrée, pub. par B. Fillon dans le t. II, p. 336, des *Arch. hist. du P.*, d'après une copie du temps, de sa collection, provenant des papiers de Duplessis-Mornay [1].

Cette lettre écrite de Paris avait été interceptée par les calvinistes. Elle a été attribuée sans preuves certaines par le savant fontenaisien au poète Philippe Desportes. « M. de Joyeuse, lit-on dans les *Historiettes* [2], le mit si bien avec Henri III qu'il avait grande part aux affaires. »
Le poète avait un frère auquel, à son tour, « il fit du bien » lorsqu'il jouit de la faveur royale. La lettre nous les montre prenant part tous les deux aux délibérations de la cour, puis adressant leurs rapports à l'amiral, et si nous avons bien compris, ce n'est pas à Philippe que la lettre doit être restituée.
Joyeuse est soutenu par la Reine mère, le maréchal de Biron et le secrétaire d'Etat Villeroi. Le roi lui-même n'est pas mal disposé, des prières ont été faites par ses ordres dans les églises, mais pour ce qui est d'envoyer en Poitou des hommes et de l'argent, il n'ose le faire, ne voulant pas contrarier d'Espernon toujours plein de haine contre son rival. Joyeuse recevra cependant vers la fin du mois une partie de la solde de son armée.
Villeroi reconnait que l'amiral est fort mal assisté. Son armée a servi depuis près de trois mois sans avoir été payée. Il lui faut d'autres forces pour assiéger Fontenay, et il est d'avis qu'il s'y

---

1. Il a publié la lettre sans chiffres, grâce à la traduction trouvée en marge de la copie.
2. Tallemant des Réaux, Historiette 8.

refuse « sans les moyens qui lui sont nécessaires », dont il devra envoyer un état. On sait que Joyeuse devait sagement se ranger à cet avis.

---

166. — 11 août 1587. — Lettre adressée de Paris à M. de Joyeuse, non signée et en partie chiffrée [1]. (D. Fonteneau, t. LXXIII, p. 221.)

Je vous ay escrit par des Noyers tout ce qui se passoit par deçà. Depuis il n'est rien survenu. Monsieur de Guise escrit toutes les heures pour estre secouru et donne les meilleures espérances du monde de pouvoir combatre les estrangers, qui sont fort piètres comme il dit et fort divisés. Leur nombre est seulement de six mille reitres, six mille lansquenets et 12 mille Suisses. Monsieur de Bouillon veut qu'ils passent par Sédan et par la Champagne. Guitri et Clavaut sont d'avis contrère et les veulent faire passer par la Bourgogne. Monsieur de Mandelot escrivit hier que les 4 mille qui sont ordonnés pour le Languedoc ne sont pas encores en Dauphiné, mais on tient que monsieur de Chastillon est passé le Dauphiné avec 800 arquebuziers, pour les aller quérir. Voilà comment toutes choses sont encores en la balance. *La Reine mère s'est remise* avec *le Roy* et crie maintenant des plus haut contre la *Ligue ; vous en connoissés l'humeur, elle ne laisse* toutes fois de se monstrer tousjours plus affectionnée en *vostre endroit que de tout autre ; vous verrés* par cette despéche comme on *vous veut embarquer à Fontenai.* Je croy que c'est que pour les occasions que je vous ai mandées. Le *Roi* dont *vous connoissés l'humeur* fait tousjours assés connoistre *sa haine contre la Ligue et si leurs afaires vont mal on se rangera de l'autre costé. Mais si les... succedent* on fera le contrère. Tant y a que toute nostre conduite et nostre prudence est appuiée sur les nouvelles et le succès des

---

1. On a imprimé en italique les passages qui étaient chiffrés dans l'original et dont la traduction est interlignée.

affaires d'autrui et de ceus qui ne débattent que de nostre robbe. Vous estes fort en la bonne grâce de ceus de cette ville universellement et y prouvés maintenant plus par le nom et la faveur que toute la Ligue ensemble. C'est un vant populaire qui passe en un instant et duquel il ne se faut resjouir sinon d'autant que vos actions sont approuvées de tout le monde ; *on ne veut pas* comme desjà je vous ai mandé que *vous suiviez le roi de Navarre*, mais si me samblé-il que cela fust venu fort à propos pour la continuation de vostre réputation, joint que pour vostre particulier avec vos forces et celles de monsieur de Mandelot vous eussiés peu empescher aus IIII mille Suisses, qui vont en Languedoc. C'est à vous à résoudre ce que vous connoiterés pour le mieus pour le service du Roy et *pour vostre fortune* sans vous arrester aux résolutions *de deçà car eles viennent de personnes qui vous portent envie qui seroient bien aises de vous atacher à quelque* difficulté *qui vous arestast deus ou trois mois.* Considérés s'il vous plaist la résolution que vous prandrés qui sera tousjours trouvée bonne ou mauvaise par le succès, et ne vous arrestés à rien du monde qu'à la raison et au service du Roy *et non aux commandemans qui vous sont faits.* Car tout cela n'est que drollerie. *Le Roy aime furieusement le petit bastard*, c'est chose connue de tout le monde ; *toute la faveur va là* ; *Chenaillés, le médecin* et cetera. *D'Espernon n'en veut courier la fascherie et voit bien que* la maladie est incurable. Toutes ses occurrences vous doivent faire penser à vous et à bon escient et *ménager* désormais *vostre fortune pour vous.* Il en est tems je vous assuré. Guepean a veu de nouveau *le chancelier.* Il vous escrira comme il m'a dit toutes nouvelles. Les fiansailles de monsieur de Nemours sont remises à jeudy. Je vous baise bien humblement les mains. Je vous ai desjà escrit comme monsieur de Montpensier avoit la charge de l'avangarde en l'armée du Roy. De Paris ce XI d'aoust 1587.

167. — Fragment sans date d'une lettre d'Anne de Joyeuse à la comtesse du Bouchaige. (Bibl. nat., mss. fr., anc. fonds 3392-29, f° 34.)

..... du Roy. Madame, je suis tousjours atandant les commendemans qu'il plaira au Roy de me faire s'il luy plaict que je continue à luy faire servisse, car cestessy est entièrement ruinée par le mauvais temps, les incomodités du païs et nécessités extrêmes que nous recepvons et par les maladies incroiables quy s'y sont mises. Cepandant je tasche d'employer se peu quy me reste de sain espérant auvec l'aide de Dieu de prandre sinc ou sis fors dans toute la sepmaine où nous entrons et sans tirer un seul coup de canon, delà je continuray le moins mal qu'il me sera possible atandant ce qu'il plaira au Roy d'ordonner de nous. Madame, j'ay receu la faveur qu'il vous a pleu nous envoyer, sy elle fust venue un jour plus tost s'eut esté mieux à propos car le chevalier à quy elle s'adresse estoit à la guerre où j'estime qu'il eust bien désiré de l'avoir. Il n'aict pouinct encores de retour et ne sçay se qu'ils feront. . .

En marge on lit ceci : Prie Dieu vous donner ce que vous désirez, à Guaillac..... fis..... humblement me permetre que je baise très humblement les..... Vostre très humble, très obéissant, très obligé fis et serviteur. ANNE DE JOYEUSE.

---

168. — 8 octobre [1587]. — Lettre d'Anne de Joyeuse à la comtesse du Bouchaige. (Bibl. nat , mss. fr., anc. fonds 3392-47, f° 55.)

Madame, Je fais tout se qu'il m'aict possible pour jouindre le roy de Navarre avant qu'il praigne son chemin de Guyene mais j'ay grand peur d'y arryver bien tart. S'yl est desjà délogé comme l'on dict, je m'an retorneray auvec toutes mes troupes trouver le Roy et auray, Dieu aydant, l'honneur de vous voir. Quant à vostre fermier de Loudun, Madame, vous pouvés sçavoir que je n'y arrivay que le soir d'apparavant que l'armée en deslogeat. Il fut sy mal advisé que de ne dire pouinct jusques alors qu'il fut à vous. Quant au général des habitans et des offyssiers, il n'y a pouinct de punytion assés grande pour esgualer leur meschansseté quy est tant avéerée, le seul respect de vostre recommadatyon a faict que je ne les ay pas ruynés de font en comble comme ils le mérytoict. Madame, auvec vostre permyssion, je bayzeray très humblement les mains de toute vostre compaygnie et suplieray le Créateur vous donner, Madame, se que désirés.

Vostre très humble, très obéissant, très obligé fis et serviteur. ANNE DE JOYEUSE.

A Vouzaylle, le 8ᵉ jour d'octobre.

ÉTATS DE DÉPENSES

DES GARNISONS PROTESTANTES

DES PROVINCES DE

POITOU, SAINTONGE, ANGOUMOIS, GUYENNE ET LANGUEDOC
EN 1598 ET 1599

PUBLIÉS

Par M. CESBRON

ÉTATS

DE DÉPENSES DES GARNISONS PROTESTANTES

DES PROVINCES DE

POITOU, SAINTONGE, ANGOUMOIS, GUYENNE ET LANGUEDOC EN 1598 ET 1599

PUBLIÉS PAR M. CESBRON

---

148. — Etat de dépenses des garnisons protestantes des provinces de Poitou, Saintonge et Angoumois, Guyenne et Languedoc, pendant les mois de janvier, février et mars 1598. (Pièce en papier de dix feuillets in-folio, dont deux en blanc. Copie collationnée par M. de Murat, conseiller et trésorier général de l'extraordinaire des guerres du roi Henri IV, sur l'original, revêtue de la signature autographe dud. s^r de Murat, et appartenant à M. E. Cesbron.)

Estat de la despense que le Roy veult et entend estre faicte par son conseiller trésorier général de l'extraordinaire de ses guerres et cavalerie légère au département de dela les monts, Me Jehan Demurat, pour le payement durant deux mois et demy de xxxvi jours chacun, commençant le premier jour de janvier dernier passé, et finissant le dernier jour de mars ensuivant, des gens de guerre estant en garnison ès villes, chateaux et places fortes gardées par ceulx de la religion prétendue réformée, et des estats et appointemens des gouverneurs d'icelles, le tout, selon qu'il en suit :

PREMIÈREMENT.

POICTOU.

Nyort.

A trois compagnies de gens de guerre à pied françois de quatre vingts hommes chacune, en garnison en la ville de Niort, soubs la charge des cappitaines Parabère, Joncquières et..... pour leur solde et appointements à raison de IIII^c escus chacune par mois, la somme de douze cens escus sol, qui est à raison des appointemens qui ensuivent, assavoir:

Au cappitaine. . .	XXXIII^{esc} I t.
Au lieutenant. . .	XVIII^{cs} II t.
A l'enseigne. . . .	XII^{cs}
A deux sergens, chacun VI escus deux tiers.	XIII^{cs} I t.
A deux caporaux chacun V^{cs}.	X
A quatre lanspessades, chacun IIII^{cs}. . .	XVI^{cs}
Et à quatre vingt neuf soldats, chacun III^{cs} I t.	II^c XCVI^{cs} II t.
Pour cecy pour lesd. trois compagnies, lad. somme de.	XII$^{c\ esc}$
Au s^r de Parabère, gouverneur de lad. ville de Nyort, pour sond. estat et appointement par mois.	XXXIII^{cs} I t.
Au s^r de Joncquières, maistre de camp.	XXXIII^{cs} I t.
Au s^r de Vallerault.	XXXIII^{cs} I t.

M. III^c.

St-Maixant.

A ung cappitaine, ung lieutenant et trente hommes de guerre à pied françois, en garnison en la ville de Saint Maixant, pour leur solde par mois, la somme de VIII^{xx} X^{cs} I t. assavoir : au cappitaine XXXIII^{cs} I t. au lieutenant XVII^{esc} et à chacun soldat IIII^{esc} par mois, cy. . . . . . VIII^{xx}X^{cs} I t.

Au s^r de Montglat, gouverneur de lad. ville pour sond. estat par mois. . . . XXXIII^{cs} I t.

A vingt hommes de guerre en garnison au chasteau de lad. ville de St-Maixant, sous la charge de..... pour leur solde et appointemens par mois, la somme de CXIII^{cs} I t. qui est pour led. cappitaine XXXIII^{cs} I t. et pour chacun soldat IIII^{esc}, cy. CXIII^{cs} I t. III^c XVII^{esc}.

Chastellerault.

A cent hommes de guerre à pied, françois, en garnison en la ville de Chastellerault, sous la charge du sieur de Préaux, la somme de IIII^c LIV^{cs} II t. par mois, assavoir :

Aud. s^r de Préaux, cappitaine. . . . . XXXV^{cs} I t.
A son lieutenant. . XVIII^{cs} II t.
A l'enseigne. . . . XIIes
A deux sergens, chacun VIII^{cs} I t. . . . . XVI^{cs} II t.
A ung fourrier, un tambour et ung fiffre, chacun IIII^{cs} . . . . . XII^{cs}
A deux capporaulx, chacun VI^{cs} II t. . . . XIII^{csc} I t.
A quatre lanspessades, chacun V^{cs} I t. . . . . XXI^{cs} I t.

A quatre aultres chacun v^{cs}. . . . . . . xx^{cs}

A quinze picquiers armés de corselets, chacun iiii^{cs}. . . . . . . Lx^{cs}

A trente cinq aultres, chacun iii^{cs} ii t. . . . cxvi^{cs} ii t.

A deux capporaulx d'arquebusiers morionnés, chacun vi^{cs} ii t. . xiii^{cs} i t.

A quatre lanspessades chacun v^{cs}. . . . . xx^{cs}

A treize arquebuziers morionnés, chacun iiii^{cs}. Lii^{cs}

Et à treize aultres, chacun iii^{cs} i t. . . . xliii^{cs} i t.

Pour cecy, lad. première somme de. iiii^c liv^{cs} ii t.

A cinquante aultres hommes de guerre à pied, françois, en garnison en lad. ville de Chastellerault, soubs la charge de....... la somme de ii^c lxxiii^{cs} i t. par mois, qui est à raison des appointemens qui ensuivent, assavoir :

Aud. cappitaine. . xl^{cs}
A son lieutenant. . xxv^{cs}
A l'enseigne . . . xv^{cs}
A deux sergens, chacun vi^{cs} ii t. . . . xiii^{cs} i t.
Et à quarante cinq soldats, compris le tambour, chacun iiii^{cs}. . ix^{xxcs}

Pour cecy. . . . . ii^c lxxiii^{cs} i t.

A cent cinquante aultres hommes de guerre à pied françois en garnison en lad. ville, soubs deux compagnies, l'une de cent et l'autre de cinquante hommes, la somme de VII^c XLVII^{cs} II t. par mois, aux appointemens ci dessus spéciffiés, cy . . VII^c XLVII^{cs} II t.

Au s^r de Préaux gouverneur de lad. ville, pour sond. estat et appointement par mois. . . . . XXXIII^{cs} I t.

A... sergent major, par mois.... . XXXIII^{cs} I t.
MV^c XLII^{cs} I t.

Touars.

A quatre vingts hommes de guerre à pied françois en garnison en lad. ville de Touars, sous la charge de..... la somme de IIII^c escus sol par mois, aux appointemens cy-devant spéciffiés, cy. . . IIII^c

A soixante dix aultres hommes de guerre en garnison en lad. ville de Touars, soubs la charge de..... la somme de III^c LIV^{cs} I t. par mois, assavoir :

Aud. cappitaine. . XXXV^{cs} I t.
A son lieutenant. . XVIII^{cs} I t.
A l'enseigne . . . XV^{cs}
A deux sergens, chacun VIII^{cs} I t. . . . XVI^{cs} II t.
A deux capporaux, chacun VI^{cs}. . . . . XII^{cs}
A quatre lanspessades, chacun V^{cs}. . . XX^{cs}
Et à cinquante neuf soldats, chacun IIII^{cs}. . II^c XXXVI^{cs}
Pour cecy. . . . . III^c LIII^{cs} I t.
Au s^r de Montataire, gouverneur de ladite ville. . . . . XXXIII^{cs} I t.
VII^c IIII^{xx} VI^{cs} II t.

Chauvigny.

A quatre vingts hommes de guerre à pied françois, en garnison au chateau de Chauvigny, soubs la charge du cappitaine....... par mois, la somme de IIII^c escus sol, aux appointements dessus, cy. . . . . IIII^c

Au s^r de Nesde commandant aud. lieu pour son estat et appointement par mois. XXXIII^{cs} I t.
IIII^c XXXIII^{cs} I t.

Fontenay-le-Comte.

A cent hommes de guerre à pied françois en garnison en la ville de Fontenay-le-Comte, soubs la charge du s^r de Tabarrière, la somme de IIII^c LIV^{cs} II t. par mois, cy. . . . . IIII^c LIV^{cs} II t.

A soixante dix aultres hommes de guerre à pied françois, en garnison au chasteau de lad. ville, soubs la charge du s^r de la Boulaye, la somme de III^c XLV^{cs} II t., cy. . . . . III^c XLV^{cs} II t.

Au s^r de la Tabarrière, commandant en lad. ville de Fontenay, par mois. . LXVI^{cs} II t.

A..... sergent major. . . . . . . XXXIII^{cs} I t.
IX^c esc. I t.

Maillezais.

A soixante hommes de guerre à pied françois, estant en garnison à Maillezais, soubs la charge du s^r d'Aubigny, la somme de III^c IIII^{cs} I t. pour leurs gages et solde par mois, cy. . . . . III^c IIII^{cs} I t.

Au s^r d'Aubigy, commandant aud. lieu de Maillezais, par mois. . . . . . xxxiii^cs i t.

A luy, par forme de pension par mois. xxxiii^cs i t.

III^c LXXI^cs.

Talmont.

A quarante hommes de guerre à pied, françois, en garnison à Talmont, sous la charge de... ix^xx xiii^cs i t. par mois, ci. ix^xx xiii^cs i t.

Au s^r de Saint-Estienne, commandant aud. lieu, pour son estat et appointement par mois. . . . . xxxiii^cs i t.

II^c XXVI^cs II t.

Marans.

A quatre vingts autres hommes de guerre à pied, françois, en garnison à Marans, soubs la charge du s^r de Constans, la somme de iii^c lxx escus sol par mois, cy. . . . . III^c LXX^cs

A dix arquebusiers à cheval, ordonnés en garnison en lad. ville de Marans, la somme de iiii^xx x^cs, savoir est à celluy qui leur commande xvi^cs ii t. et à chacun des dix arquebusiers à cheval, vii^cs i t. cy . . . . IIII^xx X^cs

Au s^r de Constans, commandant aud. lieu, pour son estat et appointement par mois. . . . . xxxiii^cs i t.

IV^c IIII^xx XIII^cs I t.

Beauvoir-sur-Mer.

A cent hommes de guerre à pied françois, en garnison à Beauvoir-sur-Mer, sous la charge du s^r de Cargroy, pour leur solde par mois. . . . . IIII^c LIV^{cs} II t.

Aud. s^r de Cargroy, commandant aud. lieu. . . . . XXXIII^{cs} I t.

IIII^c IIII^{xx} VIII^{cs}.

Somme des garnisons de Poictou. VI^m VIII^c LVIII^{cs} II t. par mois, et pour deux mois et demy : XVII^m CXLVI^{cs} II t.

XAINCTONGE ET ANGOULMOIS.

Pons.

A quatre vingts hommes de guerre à pied françois, estant en garnison en la ville de Pons, soubs la charge du s^r de Bretauville, par mois, IIII^c escus sol II t., assavoir :

Au cappitaine. . .	XXXV^{cs} I t.
Au lieutenant . . .	XVIII^{cs} II t.
A l'enseigne. . . .	XII^c
A deux sergens, chacun VIII^{cs} I t.	XVI^{cs} II t.
A six capporaulx, chacun VI^{cs}.	XXXVI^{cs}
A six lanspessades, chacun V^{cs}.	XXX^{cs}
Et à soixante treize soldats, compris le tambour et les fiffres, chacun IIII^{cs}.	II^c IIII^{xx} XII^{cs}
Pour cecy.	IIII^c esc II t. [1].

---

1. L'addition de la colonne donne un total de. . 440^{esc}
Dans le texte original, le total est ainsi indiqué :
IIII^c esc II t. soit. . . . . 400^{cs} II t.
D'où erreur en moins dans le texte original. . 39 1/3

A soixante aultres en garnison en lad. ville de Pons, soubs la charge du cappitaine Lagorse, par mois. . . . . III^c XX^{cs} II t.

A pareil nombre d'hommes estant en garnison en lad. ville de Pons soubs la charge du cappitaine Disans, la somme de. . . . . III^c XX^{cs} II t.

A cinquante aultres hommes de guerre à pied françois en garnison en lad. ville, soubs la charge du cappitaine Mauvoysin, par mois. . . . . II^c LXVIII^{cs} II t.

M III^c X^{cs} II t.

Estats et appointements.

Au s^r de Bretauville, gouverneur de lad. ville de Pons, par mois. . . . . LXVI^{cs} II t.

Au cappitaine Calais sergent major aud. Pons. . . . . XX^{cs}

IIII^{xx} VI^{cs} II t.

St Jehan d'Angély.

A quatre compagnies de gens de guerre à pied françois, de soixante hommes chacune, estant en garnison en lad. ville de St Jehan d'Angély, soubs la charge des cappitaines........ la somme de douze cent trente six escus sol à raison de III^c IX^{esc} pour chacune compagnie par mois, suivant les appointements qui ensuyvent, assavoir :

    Au cappitaine.' . . . XXXV^{cs} I t.
    Au lieutenant . . . . XVIII^{cs} II t.
    A l'enseigne. . . . . XII^{cs}
    A un sergent. . . . VIII^{cs} I t.

A deux capporaulx, chacun vi^{cs} ii t. . . . . xiii^{cs} i t.

A quatre lanspessades, chacun v^{cs} i t. . . . xxi^{cs} i t.

Et à cinquante soldats harquebusiers morionnés et picquiers, chacun iiii^{cs}. . . . . . . ii^c

Partant cy, pour lesd. quatre compagnies, par mois. . . . . xii^c xxxvi^{cs}

A cent aultres hommes de guerre à pied françois, en garnison en lad. ville de St Jehan d'Angély, soubs la charge du s^r de Beaulieu, par mois. . . . . iiii^c liii^{cs} ii t.

XVI^c IIII^{xx}X^{cs} II t.

Estats et appointemens.

Au s^r de Saint-Mesme, gouverneur de lad. ville de St Jehan d'Angély, pour sond. estat et appointement par mois. . c^{cs}

Au s^r de Beaulieu, lieutenant dudit gouverneur. . . . . xxxiii^{cs} i t.

Au cappitaine Dorin sergent major. . xxxiii^{cs} i t.

Au s^r de..... commissaire de lar^{on}. . . xiii^{cs} i t.

A....... chirurgien. . . . . . . x^{cs}

A Pasquier Bichiot maitre fondeur. . viii^{cs} i t.

A deux canonniers, chacun v^{cs}. . . x^{cs}

A Pierre Lussault, sentinelle publique. vi^{cs}

II^c XIIII^{cs} I t.

Montendre.

A quarante hommes de guerre à pied françois, en garnison au chateau de Montendre, soubs la charge du cappitaine Certault, la somme de. . . . . IX^{xx} IX^{cs} I t.

Et par soy.

Taillebourg.

A cent hommes de guerre à pied françois, en garnison en lad. ville de Taillebourg, soubs la charge de....... la somme de IIII^c L^{cs} sol par moys. . . . . . . IIII^c L^{cs}

Au s^r de la Trimouille, gouverneur de lad. ville de Taillebourg, pour sond. estat et appointement par moys. . . . XXXIII^{cs} I t.

Au cappitaine Lapoincte sergent major. XX^{cs}

Au cappitaine Bastien, pour la pension qu'il plaist au Roy luy donner par chacun moys. . . . . XX^{cs}

A Arnault de Casenove, garde du magasin de lad. ville, par moys, ci. . . . . V^{cs}

V^c XXVIII^{cs} I t.

Somme desd. garnisons de Xainctonge et Angoulmois, IIII^m XIII^{cs} par mois.

Et pour deux mois et demy, X^m XXXII^{cs} XXX s. [1].

---

1. Dans le texte, le total des dépenses afférentes aux garnisons de Xaintonge et Angoulmois est ainsi désigné : IIII^m XIII^{cs}, soit. . . . . 4 013^{esc}
En faisant l'addition des divers totaux des dépenses afférentes à ces deux provinces, on trouve que la somme réelle est de. . . . . 4 020^{cs}
D'où erreur en moins dans le texte original. . 7^{cs}
Pour avoir le total réel des dépenses afférentes aux provinces de Xaintonge et Angoulmois, il faut ajouter à la somme de 4,020 escus ci-dessus. 4 020
Celle de 39 escus 1/3, résultant de l'erreur en moins dans l'addition de la colonne à l'article Pons. 39 1/3
Total des dépenses des garnisons de Xaintonge et Angoulmois (par mois). . . . . 4 059^{esc} 1/3
Par suite pour 2 mois 1/2. . . . . 10 147^{esc} 50 sols
Au lieu du chiffre erroné de. . . . . . . 10 032^{esc} 30 sols
porté dans le texte original.

Royan.

A cent hommes de guerre à pied françois estant en garnison aud. lieu soubs la charge du s^r de Caudéran, par moys. . . IIII^c IIII$^{xx\,cs}$

Aud. s^r de Cauderan, commandant aud. lieu, par moys. . . . . LXVI^{cs} II t.

Au cappitaine Naudin, sergent major XX^{cs} V^c LXI^{cs} II t.

Somme : v^c LXVI^{cs} II t.

Et pour deux mois et demy, XIV^c XVI^{cs} II t.

GUYENNE

Castillon.

Au s^r de Saint-Ouyn, commandant à Castillon par mois. . . . . XXXIII^{cs} I t.

A cinquante hommes de guerre à pied, tenant garnison aud. lieu, soubs la charge de....... à raison de III^{esc} I t. pour chacun soldat par mois. . . . . VIII^{xx} VI^{cs} II t.

II^c escus.

Casteljalloux.

A trente hommes de guerre à pied, soubs la charge du s^r de Favas, la somme de VII^{xx} XIII^{cs} I t. par moys, assavoir : aud. s^r de Favas, XXXIII^{cs} I t. et à chacun soldat III^{cs} I t. par mois, ci. . . . . VI XIII^{cs} I t.

Et par soy.

Nérac.

Au s^r de la Porte, commandant à Nérac, pour son estat et appointement par mois. XXXIII^{cs} I t.

A douze soldats en garnison au chateau dud. lieu, soubs la charge dud. s^r de la Porte, par mois. . . . . XL^cs

Au cappitaine de Lanne, sergent major. XVI^cs II t.
IIII^xx X^cs.

Caumont.

Au s^r de Vivans, commandant à Caumont, pour son estat et appointement par mois. . . . . XXXIII^cs I t.

A ung sergent et trente harquebusiers à pied, en garnison aud. lieu, la somme de CVIII^cs I t. par mois, assavoir : aud. sergent VIII^cs I t. et a chacun desd. soldats III^cs I t. . . . . CVIII^cs I t.
VII^xx I^cs II t.

Montheurt.

Au s^r de la Boèsse commandant à Montheurt, pour sond. estat et appointement par mois. . . . . XXXIII^cs I t.

A ung sergent et à cinquante harquebusiers à pied estant en garnison aud. lieu, la somme de VIII^xx XIII^cs I t. par mois, assavoir : aud. sergent VI^cs II t. et à chacun desd. cinquante soldats, III^cs I t. cy. . VIII^xx XIII^cs I t.
II^c VI^cs II t.

Meillau-sur-Garonne.

Au s^r de Pancharmault, commandant aud. lieu, pour son estat et appointement par mois. . . . . XXXIII^cs I t.

A ung sergent et vingt harquebusiers en garnison aud. lieu, la somme de LXXIII^{cs} I t. par mois, savoir : aud. sergent VI^{cs} II t. et à chacun desd. vingt soldats, III^{cs} I t. LXVI^{cs} II t. cy. . . . . LXXIII^{cs} I t.
    CVI^{cs} II t.

Puymerol.

Au s^r de Lezignan, commandant à Puymerol, pour sond. estat et appointement par mois. . . . . XXXIII^{cs} I t.

A cinquante hommes de guerre à pied françois estant en garnison aud. lieu, sous la charge du cappitaine... la somme de II^c escus sol, assavoir : aud. cappitaine XXXIII^{cs} I t. et à chacun soldat III^{cs} I t. par mois, cy. . . . . II^c
    II^c XXXIII^{cs} I t.

Bergerac.

Au s^r de la Force, gouverneur de Bergerac et de Ste Foy, pour son appointement par mois. . . . . XXXIII^{cs} I t.

A ung sergent et quinze harquebusiers à pied, en garnison aud. lieu, la somme de LVIII^{cs} I t. par mois, savoir : aud. sergent VIII^{cs} I t. et à chacun desd. soldats III^{cs} I t. . . . . LVIII^{cs} I t.
    VI^{xx} V^{cs} [1].

---

1. Le total des dépenses indiquées est de. . .   125^{cs}
En faisant l'addition, on voit que le total réel ne s'élève qu'à.   91   2/3
Erreur en trop.   33   1/3

Figeac.

Au s^r de Chambarat, commandant à Figeac, pour son estat par mois. . . .   xxxiii^{cs} 1 t.

A soixante hommes de guerre à pied françois estant en garnison aud. lieu, qui seront commandés par ung lieutenant, la somme de ii^c xvi^{cs} ii t., assavoir : aud. lieutenant, xvi^{esc} ii t. et chacun desd. soldats iii^{cs} 1 t., cy. . . . .   ii^c xvi^{cs} ii t.

II^c L^{cs}.

Capdenac.

A ung sergent et quinze harquebusiers, en garnison à Capdenac, la somme de lviii^{cs} 1 t. par mois, sçavoir : aud. sergent, viii^{cs} 1 t. et à chacun desd. quinze soldats. iii^{cs} 1 t., cy. . . . .   lviii^{cs} 1 t.

Et par soy.

Tournon.

Au s^r de Gisquart, commandant à Tournon, pour son estat et appointement par mois. . . . .   xxxiii^{cs} 1 t.

A trente hommes de guerre à pied françois, en garnison aud. lieu, à raison de iii^{cs} 1 t. chacun, par mois. . . . .   c.

VI^{xx}XIII^{cs} 1 t.

Leytoure.

Au s^r de Fontrailles, commandant à Leytoure, pour son estat et appointement par moys. . . . .   xxxiii^{cs} 1 t.

A luy comme sénéchal commandant, pareille somme de. . . . . xxxiii^{cs} i t.

Au cappitaine Laffargue, sergent major. xvi^{cs} i t.

A quarante hommes de guerre à pied, françois, en garnison aud. lieu de Leytoure, soubs la charge du s^r de Fontrailles, pour leurs gages et solde par mois : viii^{xx}vi^{cs} ii t. viii^{xx}vi^{cs} ii t.

A trente aultres hommes de guerre à pied, françois, en garnison aud. lieu, soubs la charge du s^r de Balliron, la somme de . . . . vii^{xx}xiii^{cs} i t.

A trente aultres hommes en garnison aud. lieu, soubs la charge du s^r de Corne, semblable somme de. . . . . . . vii^{xx}xiii^{cs} i t.

Aud. s^r de Corne, commandant au chateau de lad. ville de Leytoure, pour son estat et appointement par mois. . . . xxxiii^{cs} i t.

A trente cinq soldats, ung lieutenant et trois capporaulx en garnison en lad. ville, soubs la charge du cappitaine Corne, par mois. . . . . vii^{xx cs}

VII^c XXX^{cs}.

Cauze.

Au s^r du Paujac, commandant à Cauze, pour son estat et appointement par mois. xxxiii^{cs} i t.

A vingt hommes de guerre à pied françois, en garnison aud. lieu, la somme de lxxxiii^{cs} i t. par mois, assavoir : à celuy qui leur commande xvi^{cs} ii t., et à chacun soldat iii^{cs} i t. . . . . lxxxiii^{cs} i t.

CXVI^{cs} II t.

Mauvezin.

Au s^r de Maranac commandant à Mauvezin, pour son estat et appointement par mois. . . . . XXXIII^{cs} I t.

A ung sergent et vingt harquebusiers en garnison aud. lieu de Mauvezin, la somme de LXXIII^{cs} I t. par mois, assavoir : aud. sergent, VI^{cs} II t. et à chacun soldat III^{cs} I t., cy. . . . . LXXIII^{cs} I t.
CVI^{cs} II t..

Mont de Marsan.

Au s^r de Castelnau, commandant au Mont de Marsan, pour son estat et appointement par mois. . . . . XXXIII^{cs} I t.

A ung sergent, et vingt harquebusiers à pied, en garnison aud. lieu, la somme de LXXIII^{cs} I t., assavoir : aud. sergent, VI^{cs} II t. et à chacun soldat III^{cs} I t. par mois, cy. . . . . LXXIII^{cs} I t.
CVI^{cs} I t.

Tartas.

Au s^r de Panjades, commandant à Tartas, pour son estat et appointement par mois. . . . . XVI^{cs} II t.

A ung sergent et douze arquebusiers à pied, en garnison aud. lieu, la somme de XLVI^{cs} II t. par mois, assavoir : aud. sergent VI^{cs} II t. et à chacun des d. soldats IIII^{cs} I t., cy. . . . . XLVI^{cs} II t.
LXIII^{cs} I t.

Lille Jourdan.

Au sʳ du Bourg, commandant à Lille Jourdan, pour son estat et appointement par mois. . . . . XXXIII^{cs} I t.

A vingt hommes de guerre à pied françois, estant en garnison aud. lieu, soubs la charge du cappitaine Joatan, la somme de c escus sol, assavoir : aud. cappitaine XXXIII^{cs} I t. et à chacun des soldats, III^{cs} I t. par mois, cy. c

A quatre vingt aultres hommes de guerre en garnison aud. lieu, soubs la charge de...... la somme de. . . . . III^c XXV^{cs} I t.
III^c LVIII^{cs} II t.

Mas de Verdun.

Au sʳ de Montbartier, commandant du Mas de Verdun, pour son estat et appointement par mois. . . . . XXXIII^{cs} I t.

A soixante hommes de guerre à pied, françois, en garnison aud. lieu, sous la charge du cappitaine Rappin, pour leur solde et appointement par mois. . . . II^c LXII^{cs}
II^c XCV^{cs} I t.

Somme desd. garnisons de Guyenne III^m V^c LV escus II t. par mois

Et pour deux mois et demy, VIII^m VIII^c LXXXIX^{cs} [1].

---

[1]. La somme des garnisons de Guyenne étant de III^m V^{cs} II t., soit. 3 555 2/3

Il y a à en retrancher la somme portée en trop au chapitre Bergerac, soit. 33 1/3

Le total réel n'est plus que de. . . . . 3 522^{cs} 1/3

Par suite, le total de 2 mois 1/2 porté dans le texte original à VIII^m VIII^c LXXXIX^{esc} n'est plus que de VIII^m VIII^c V^{cs} (8 805^{cs}).

LANGUEDOC

Chateau de Gignac.

A quinze harquebusiers à pied, estant en garnison au chateau de Gignac, soubs la charge du s^r de la Bastide, par mois. . LX

Et par soy.

Clermont.

A trente aultres hommes en garnison au chateau de Clermont, soubs la charge du cappitaine Mondon, par mois. . . VI^{xx} XVI^{cs} II t.

Et par soy.

Lunel.

A vingt aultres en garnison dans la citadelle de Lunel soubs la charge du s^r de St-Just., par mois. . . . . C^{cs}

Et par soy.

Aymargues.

A douze aultres en garnison à Aymargues, soubs la charge du cappitaine Douac, par mois. . . . . XLVII^{cs}

Et par soy

Sommyères.

A dix aultres en garnison au chateau de Sommyères, soubs la charge du cappitaine Malbrie, par mois. . . . . . XL^{cs}

Et par soy.

Mernyeu.

A quinze aultres hommes à pied en garnison au chateau de Mernyeu, soubs le s^r du Bebyon, par mois. . . . . LX^{cs}
Et par soy.

Ste Anastasie

A six aultres harquebusiers en garnison à Ste Anastasie soubs le s^r de Goudin, pour leur solde par mois, la somme de XXIV^{cs}
Et par soy.

Marvejoux.

A vingt aultres hommes en garnison à Marvejoux, soubs la charge du s^r du Siorne, pour leur solde par mois. . . LXXX^{cs}
Et par soy.

Castres.

A soixante hommes de guerre à pied françois, en garnison en la ville de Castres, soubs la charge du s^r du Ferreiras, la somme de II^c XCVII escus sol par mois, assavoir :

Au cappitaine. . . XXXIII^{cs} I t.
A son lieutenant. . XVIII^{cs} I t.
A l'enseigne. . . . XII^{cs}
A deux sergens, chacun VI^{cs} II t. . . . . XIII^{cs} I t.
Et à cinquante cinq soldats, compris le tambour, chacun IIII^{cs}. . . II^c XX^{cs}
Pour cecy. . . . . II^c XCVII^{cs}
Et par soy.

Montpellier.

A six vingt hommes de guerre à pied, françois, en garnison en la ville de Montpellier, soubs deux compagnies commandées par les s^{rs} de Chastillon, François, et Gaspard de Coligny frères, par mois.   v^c xxxvi^{cs} ii t.

Au s^r de Chastillon gouvern^r de lad. ville.   lxvi^{cs} ii t.

Au s^r du Pujol-Dufour ordonné pour commander en lad. ville, pendant la minorité dud. s^r de Chastillon, pour son appointement par mois.   c

Au cappitaine Ollivier, sergent major en lad. ville de Montpellier, par mois.   xiii^{cs} i t.

VII^c XVI^{cs} II t.

Aiguesmortes.

A six vingt cinq aultres hommes de guerre à pied françois, en garnison à Aiguesmortes, soubs la charge des s^r de Bertichères et cappitaine Corbières, compris l'estat et appointement du cappitaine Symon, sergent major en lad. garnison, de xvi^{cs} ii t. par mois. . . . .   vi^c x^{cs} ii t.

Au s^r de Bertichères, gouverneur de lad. ville. . . . .   lxvi^{cs} ii t.

VI^c LXXVII^{cs} I t.

Pecquaiz

A vingt cinq hommes de guerre à pied, françois, en garnison au fort de Pecquaiz, soubs la charge du cappitaine Gaultier, pour leur solde par mois. . . . . .   iiii^{xx} xvi^{cs} ii t.

Et par soy.

Tour Carbonnière.

A trois hommes harquebusiers, en garnison à la tour de Carbonnières, soubs le s^r de Saint Germain, par mois. . . . XII^{cs}
Et par soy.

Aubenas.

A six vingt hommes de guerre à pied françois, en garnison en la ville et chateau d'Aubenas, soubs le s^r de Martirot, par mois. . . . . IIII^c
Et par soy.
Somme desd. garnisons du Languedoc : II^m VII^c XLVIII^{cs} I t. par mois [1].

Et pour deux mois et demy VI^m VIII^c LXX^{cs} L^s.

Général desd. garnisons par mois : XVII^m VII^c XLII^{cs} I t.

---

1. Somme des garnisons de Languedoc.
Le texte porte II^m VII^c XLVIII^{cs} I t., ci. . . 2 748 1/3
L'addition des totaux des dépenses afférentes à chaque garnison de la province ne donne que. . 2 746 1/3
Erreur en trop dans l'original. . . . . 2^{esc}
Par suite, le total de 2 mois et demi indiqué à VI^m VIII^c LXX^{cs} 50 sols. . . . . 6 870^{cs} 50 sols
n'est plus que de. . . . . 6 868^{cs} 50 sols
Général des garnisons XVII^m VII^c XLII^{esc} I t. 17 742^{cs} 1/3
Ce total d'après les rectifications ci-dessus est en réalité de. 17 753 1/3
Ainsi au surplus qu'il résulte de l'addition ci-dessous :
  Poitou. 6 858 2/3
  Xaintonge 4 059 1/3
  Royan. 566 2/3
  Guyenne. 3 522 1/3
  Languedoc. 2 746 1/3
    Total. . . . . 17 753^{cs} 1/3 pour un mois.
Et pour deux mois et demi. . . . . 44 382^{cs} 50 sols
au lieu de : XLIV^m III^c LV^{esc} L^s . . . . . . 44 355^{cs} 50 sols

Et pour deux mois et demy : XLIV^m III^c LV^{cs} L^s.

Faict à Nantes, le IIIe jour de may 1598. Signé : HENRY, et plus bas : DE NEUFVILLE.

Collationné à l'original par moy, conseiller et trésorier général de l'extraordinaire des guerres, soubsigné.

DEMURAT.

---

149. — 1599. — Etat de dépenses des garnisons protestantes des provinces de Poitou, Saintonge et Angoumois, Languedoc et Guyenne, pendant ladite année. (Pièce originale de six feuillets en papier, dont un blanc, appartenant à M. E. Cesbron.)

Estat de la despense, que le Roy veult et entend estre faicte, par son conseiller et trésorier général à l'extraordinaire de ses guerres et cavallerie légère, au déppartement de dela les monts, Me Jehan Demurat, pour le paiement durant sept mois et demy de xxxv jours chacun commencés le premier jour d'avril dernier passé, des gens de guerre que Sa Majesté a ordonnéz pour tenir garnison ès villes, chasteaux et places fortes gardées par ceux de la relligion prétendue refformée; ensemble des estats et appointemens des gouverneurs d'icelles, et en oultre et par dessus, ce qui lui a esté par sad. Majesté ordonné pour deux mois et demy de l'année presente commençant le premier jour de janvier dernier passé et finissant le dernier jour de mars ensuivant, le tout selon qu'il en suit :

PREMIÈREMENT

POICTOU

Nyort.

A deux compaignies de gens de guerre à pied françois de quatre vingts hommes chacune, en garnison en lad.

ville de Nyort, sous la charge des cappitaines Parabère et Joncquières, la somme de huit cent escus sol qui est à raison de IIII^c escus pour chacune desd. companies par mois, suivant les appointemens qui ensuivent ;

Assavoir :

Au cappitaine. . .	XL^{esc}
A son lieutenant. .	XXV^{esc}
A l'enseigne. . .	XVes
A deux sergents chacun VIII.	XVI^{esc}
A quatre lanspessades chacun V.	XX^{esc}
Et à soixante onze soldats compris le tambour, chacun IV^{cs}. .	II^c LXXXIV^{sc}

Pour cecy pour lesd. deux companies.   VIII^c

Au s^r de Parabère gouverneur de lad. ville de Nyort pour sond. estat et appointemens par mois. . . . .   XXXIII^{os} I t.

Au s^r de Vallières sergent major. . .   XX^{cs}

VIII^c LIII^{esc} un tiers.

St Maixant.

A un sergent et vingt neuf arquebusiers à pied, en garnison en la ville de Saint-Maixant, la somme de six vingt quatre escus un tiers, qui est à raison de VIII^{esc} un tiers pour led. sergent et de IIII^{esc} pour chacun soldat et par mois. . . . .   VI^{xx} IIII^{cs} I t.

Au s^r de Monglas gouverneur de la ville de St Maixant pour sond. estat et appointement par mois. . . . . . .   XXXIII^{ecs} I t.

VII^{xx}XVII^{esc} II t.

Chastellerault.

A cinquante hommes de guerre à pied françois en garnison aud. Chastellerault, sous la charge de... la somme de deux cent soixante treize escus un tiers,

Assavoir :

Au cappitaine. . .	XL^{esc}
A son lieutenant. . .	XXV^{esc}
A l'enseigne. . . .	XV^{esc}
A deux sergents chacun VI escus deux tiers.	XIII^{cs} I t.
Et à quarante cinq soldats compris le tambour, chacun IIII escus. . .	CLXXX
Pour cecy.	II^c LXXIII^{cs} I t.

Au s^r de Préaux gouverneur de lad. ville de Chastellerault pour sond. estat et appointement par mois. . . . . . XXXIII^{cs} I t.

Au s^r de Chambaran sergent major. . XX^{cs}
III^c XXVI^{cs} II t.

Fontenay.

A cinquante aultres hommes de guerre à pied françois en garnison au chateau de Fontenay-le-Comte, sous la charge du s^r de La Boullaye, par mois. . . II^c LXXIII^{cs} I t.

A trente quatre aultres hommes de guerre à pied françois, en garnison en la ville de Fontenay, sous la charge du s^r de La Tabarrière, la somme de neuf vingt quatre escus deux tiers par mois, assavoir :

Aud. cappitaine. . .	XXXIII^{cs} I t.
Au lieutenant . . .	XVIII^{cs}

A deux sergens, cha-
cun vi escus deux tiers.   xiii^{cs} i t.
   Aux trente soldats cha
cun iiii escus. . . . .   cxx^{cs}
   Pour cecy la somme de. . . . . . .   ix^{xx}iiii^{cs} ii t.
   Au s^r de La Boullaye commandant aud.
chateau de Fontenay, par mois. . . .   xxxiii^{cs} i t.
   Au s^r de La Tabarrière gouverneur de
ladite ville. . . . .   xxxiii^{cs} i t.
   Au s^r de La Touche, sergent major. .   xx^{cs}
V^c XLIIII^{cs} II t.

Maillezais.

   A un sergent et vingt neuf arquebusiers
à pied en garnison à Maillezais la somme
de vi^{xx} iiii escus un tiers, qui est pour
led. sergent viii escus un tiers et pour
chacun des vingt neuf soldats, iiii escus,
cxvi, pour cecy. . . . .   vi^{xx} iiii^{cs} i t.
   Au s^r d'Aubigny, gouverneur dud.
lieu . . . .   xxxiii^{cs} i t.
   VII^{xx}XVII^{cs} II t.

Beauvoir sur Mer.

   A un sergent et vingt neuf arquebusiers
à pied, en garnison à Beauvoir sur Mer,
la somme de vi^{xx} iiii^{esc} un tiers pour leur
solde par mois, cy. . . . .   vi^{xx} iiii^{cs} i t.
   Au s^r Cargrois, gouverneur dud. lieu.   xxxiii^{cs} i t.
   VII^{xx}XVII^{cs} II t.

Marans.

A un sergent et vingt neuf arquebusiers à pied en garnison en la ville de Marans, pour leur solde, par mois. . . VI^{xx} IIII^{cs} I t.

Au s^r de Constant, gouverneur de lad. ville. . . . . XXXIII^{cs} I t.

VII^{xx}XVII^{cs} II t.

Somme desd. garnisons de Poictou, par mois : II^m III^c LV escus un tiers.

XAINCTONGE ET ANGOULMOIS

Pons.

A soixante dix hommes de guerre à pied françois en garnison en la ville de Pons, sous la charge du s^r de Bretauville, la somme de trois cent trente sept escus sol par mois, assavoir :

Au cappitaine. . . XXXIII^{cs} I t.
A son lieutenant . . XVIII^{cs} I t.
A l'enseigne. . . . XII^{cs}
A deux sergents chacun VI^{cs} II t. . . . . . XIII^{cs} I t.
Et à soixante cinq soldats compris le tambour, chacun IIII escus. . . II^c LX^{cs}

Pour cecy . . . . III^c XXXVII^{cs}
Au s^r de Bretauville, gouverneur de lad. ville. . . . . XXXIII^{cs} I t.
Au cappitaine Calais, sergent major. XX^{cs}
III^c IIII^{xx}X^{cs} I t.

St Jehan d'Angely.

A quatre companies de gens de guerre à pied françois de quarante hommes chacune en garnison en lad. ville de St Jehan d'Angelly, sous la charge des cappitaines Beaulieu, Sauvage, La Tour et Gaulois, la somme de huit cent soixante cinq escus un tiers par mois, qui est à raison de IIe XVI escus deux tiers pour chacune desd. companies aux appointemens qui ensuivent, assavoir :

Au cappitaine....	XXXIII^{cs} I t.
Au lieutenant ...	XVIIII^{cs} I t.
A l'enseigne....	XII^{cs}
A un sergent....	VI^{cs} II t.
A deux lanspessades, chacun v.....	X^{cs}
Et à trente quatre soldats, chacun IV...	VI^{xx} XVI^{cs}

Pour cecy pour lesd. quatre compaignies   VIII^c LXV^{cs} I t.

Au sieur de Saint-Mesme, gouverneur de la ville, pour son estat et appointement, par mois............   XXXIII^{cs} I t.

Au s^r de Beaulieu, lieutenant aud. gouverneur...........   XXXIII^{cs} I t.

IX^c XXXII^{cs}.

Somme desd. garnisons de Xainctonge et Angoulmois, XIII^c XXII^{cs} I t. par mois.

Royan.

A un sergent et vingt quatre arquebusiers à pied, en garnison à Royan, pour leur solde, par mois.........   CIIII^{cs} I t.

Au s* de Caudeley, gouverneur dud.
lieu . . . . xxiii^{cs} ɪ t.
VI^{xx} XVII^{cs} II t.

LANGUEDOC

Castres.

A soixante hommes de guerre à pied françois, en garnison en la ville de Castres, sous la charge du s^r de Ferrières, la somme de II^c IIII^{xx}XVII escus sol par mois, assavoir :

Aud. de Ferrières, cappitaine . . . . . . xxxiii^{cs} ɪ t.
A son lieutenant. . . xviii^{cs} ɪ t.
A l'enseigne. . . . xii^{cs}
A deux sergents, chacun vi^{cs} ii t. . . . . xiii^{cs} ɪ t.
Et à cinquante soldats compris le tambour, chacun iiii escus. . . . ii^c xx^{cs}
Pour cecy . . . . ii^c iiii^{xx} xvii^{cs}
Et par soy.

Lunel.

A un sergent et neuf arquebuziers à pied en garnison aud. lieu de Lunel, la somme de xliv escus un tiers, qui est pour led. sergent viii^{cs} ɪ t. et pour chacun desd. neuf soldats, iiii escus. . . . . . xliv^{cs} ɪ t.
Et par soy.

Sommières.

A un sergent et vingt six arquebuziers à pied en garnison à Sommières, la somme de cxii escus un tiers pour leurs gaiges et solde par mois. . . . . CXII^{es} I t.

Au s^r de Bertichères, gouverneur dud. lieu, pour sond. estat par mois. . . XXXIIIes I t.
VII^{xx}V^{es} II t.

Montpellier.

A six vingt cinq hommes de guerre à pied françois sous deux compaignies en garnison en lad. ville de Montpellier sous la charge des s^{rs} de Chastillon, François et Gaspard de Colligny frères, la somme de v^c xxxvi escus deux tiers par mois, cy. V^c XXXVIes II t.

Au s^r de Chastillon gouverneur de la lad. ville, pour son estat et appointement par mois, cy. . . . . LXVIes II t.

Au s^r de Pujol-Dufour, ordonné pour commander en lad. ville pendant la minorité dud. s^r de Chastillon. . . . . C^{es}

Au cappitaine Ollivier, sergent major. XIIIes I t.
VII^c XVIes II t.

Aiguesmortes.

A six vingt cinq aultres hommes de guerre à pied françois, sous deux compainies en garnison en lad. ville sous la charge du s^r de Goudin et cappitaine Corbières la somme de v^c xxxvi escus deux tiers pour leurs gaiges et solde par mois, cy. . . . . V^c XXXVIes II t.

Au sieur de Goudin, gouverneur de lad. ville d'Aiguesmortes, LXVIes II t. . . . LXVIes II t.

Au cappitaine Simon, sergent major. . XIIIes I t.
VI^c XVIes II t.

Fort de Pecquais.

A dix huit hommes de guerre à pied françois, en garnison aud. fort sous le cappitaine Gaultier, la somme de IIII^{xx} IIII escus deux tiers pour leurs gaiges et solde par mois, qui est à raison de XVI^{cs} II t. pour led. cappitaine et de IIII escus pour chacun soldat par mois, cy. LXXXIV^{cs} II l. [1].

Par soy.

Tour Carbonnière.

A trois soldats en garnison aud. lieu, sous la charge de...... pour le solde par mois, douze escus. . . . . XII^{cs}

Sommes des garnisons de Languedoc par mois, XIX^c XVII escus [2].

GUYENNE

Castillon.

A vingt neuf soldats et un sergent en garnison à Castillon, la somme de VI^{xx}IIII escus un tiers qui est pour led. sergent VIII^{cs} I t. et pour chacun desd. soldats IV escus. . . . . VI^{xx}IIII^{cs} II l.

---

1. Le total des dépenses afférentes à la garnison de ce fort est ainsi indiqué dans l'original LXXXIV^{cs} II t. 84 2/3
Il est en réalité de. 88 2/3
Différence en moins dans l'original. . . . 4^{esc}
2. Somme des garnisons du Languedoc XIX^c XVII^{esc}. 1 917
Il faut y ajouter les 4^{cs} ci-dessus. 4
  Total réel. . . . . . . 1 921^{esc}

Au s^r de Saint Ouyn commandant en lad. ville. . . . . xxxiii^cs ɪ t.
 VII^xx X VII^cs II t.

Figeac.

A soixante hommes de guerre à pied françois en garnison aud. lieu, qui seront commandés par un lieutenant, la somme de ɪɪ^c LVI escus deux tiers par mois, assavoir : aud. lieutenant xvɪ escus deux tiers, et à chacun desd. soixante soldats ɪɪɪɪ escus. . . . . ɪɪ^c LVI^cs II t.

Au sieur de Beaumont-Chambarès, commandant aud. lieu. . . . . . . xxxiii^cs ɪ t.
 II^c IIII^xx X^cs

Puimerol.

A cinquante aultres hommes de guerre à pied françois en garnison aud. lieu qui seront commandés par un lieutenant, par mois. . . . . ɪɪ^c XVI^cs II t.

Au s^r de Lezignan, gouverneur dud. lieu. xxxiii^cs ɪ t.
 II^c L^cs.

Leytoure.

A cinquante hommes de guerre à pied françois en garnison aud. lieu, sous la charge du s^r de Fontrailles, leur cappitaine, la somme de ɪɪ^c LXXIII escus un tiers par mois, assavoir :

 Au cappitaine. . . XL^cs
 A son lieutenant . . xxv^cs
 A l'enseigne. . . . xv^cs

A deux sergens, cha-
cun vi escus deux tiers.   xiii^{cs} i t.

A quarante cinq sol-
dats compris le tambour,
chacun iiii escus. . .   ix^{xxcs}

Pour cecy. . . . .   ii Lxxiii^{cs} i t.

A quarante aultres hommes de guerre à
pied françois, en garnison aud. lieu de
Leytoure sous la charge du s^r de La
Corne, la somme de ii^c viii escus deux
tiers, par mois, assavoir:

Au s^r de Corne, cap-
pitaine. . . . . . .   xxxiii^{cs} i t.

A son lieutenant. .   xviii^{cs}

A deux sergents, cha-
cun vi escus deux tiers.   xiii^{cs} i t.

Et à trente six soldats,
chacun iiii escus. . .   vii^{xx} iiii^{cs}

Pour cecy. . . . .   ii^c viii^{cs} ii t.

Au s^r de Fontrailles, gouverneur dud.
lieu. . . . .   Lxvi^{cs} ii t.

V^c XLVIII^{cs} II t.

Caumont.

A un sergent et quatorze arquebusiers
en garnison à Caumont, par mois. . .   Lxiv^{cs} i t.

Au s^r de Vivans, gouverneur dud. lieu.   xxxiii^{cs} i t.

IIII^{xx} XVII^{cs} II t.

Mont de Marsan.

A un sergent et quatorze arquebuziers
à pied, en garnison aud. lieu, par mois.   Lxiv^{cs} i t.

Au sʳ de Castelnau de Chalosses, gouverneur dud. lieu . . . . xxxiii^{cs} ɪ t.
IIII^{xx} XVII^{cs} II t.

Tartas.

A un sergent et six arquebuziers en garnison aud. lieu, par mois. . . . . xxviii^{cs} ɪ t.

Lisle-Jourdan.

A un sergent et vingt quatre arquebuziers en garnison aud. lieu, par mois. cɪv^{cs} ɪ t.
Au sʳ du Bourg, commandant en lad. place, pour son appointement par mois. xxxiii^{cs} ɪ t.
VI^{xx} XVII^{cs} II t.

Mas de Verdun.

A soixante hommes de guerre à pied françois, en garnison aud. lieu, sous la charge du capitaine Rapin, la somme de deux cent soixante deux escus par mois, assavoir :

Aud. Rappin. . . . . xxxv^{cs} ɪ t.
A son lieutenant. . xviii^{cs}.
A l'enseigne. . . . xii^{cs}
A deux sergents, chacun vɪ escus deux tiers. xiii^{cs} ɪ t.
Et à cinquante cinq soldats compris le tambour, chacun ɪɪɪ escus un tiers. . . . . . . ɪx^{xx} ɪɪɪ^{cs} ɪ t.
Pour cecy. . . . . ɪɪ^{c} ʟxɪɪ^{cs}

Au s^r de Montbartier, gouverneur dud. lieu, pour son estat, par mois. . . . XXXIII^{cs} I t.

II^c IIII^{xx} XV^{cs} I t.

Sommes des garnisons de Guienne, XIX^c III escus par mois.

Total des garnisons de la relligion, par mois, VII^m VI^c XXXV escus un tiers.

Et pour sept mois et demy, LVII^m II^c LXVI escus [1].

Fait à Rénes le XIIe jour de may 1599.

HENRY.

DE NEUFVILLE.

---

[1]. Total des garnisons de la Religion par mois VII. VI^c XXXV^{cs} I t. . . . . 7 635^{cs} 1/3
Il faut y ajouter l'erreur en moins de 4 fr. signalée ci-dessus. 4
        Total réel. . . . . 7 639^{cs} 1/3
Et pour 7 mois 1/2. . . . . 57 296 1/3
Soit LVII. II^c XCVI^{cs} au lieu de LVII. II^c LXVI^{cs}.

TABLE

DES NOMS DE PERSONNES ET DE LIEUX [1].

A

Abain. Chasteigner (Louis), sgr d'Abain et de la Roche-Pozay, gouverneur de La Marche 272, 273 n. 1, 468 n. 3, 470.
Abergement (L'), 229. *Vendée*.
Aigues-Mortes, garnison protestante, 555, 564. *Gard*.
Aimargues, garnison protestante, 553. *Aimargues, Gard*.
Airvault, 176, 177. *Deux-Sèvres*.
Allègre (Sr de Vivreaux d'), 169.
Alençon (duc d'), 199, 242 n.
— (Hercule-François duc d'), puis duc d'Anjou, 255, 284 n. 1, 373 n. 2.
Alleran, *aliàs* Aleran, capitaine d'une compagnie de chevau-légers, 362, 410, 421.
Allonneau (Jean), 65.
Amaillou, 237, 240, 242. *Deux-Sèvres*.
Amboise, 83, 85, 95. *Indre-et-Loire*.
Amiens, 274, 277, 487, 488, 495. *Somme*.
Ancenis, 491 n. 1. *Loire-Inférieure*.
Angers, 258, 259, 296 n. 1. *Maine-et-Loire*.
— Château, 252, 287, 288, 290, 412, 505, 507.
Angle-sur-l'Anglin, 470, 479. *Vienne*.

Angoulême, 63, 150, 266, 336, 351, 372 n. 1. *Charente*.
Angoumois, garnisons protestantes, 536, 542, 545, 561, 562.
Anjou (duc d'), 131, 135, 136, 137, 138, 143, 145, 146, 148, 166, 167, 229, 230, 232, 233.
Arembert (Philippe), 56.
Argentières, 159. *Vge, c^{ne} de Prailles, Deux-Sèvres*.
Argenton, 77, 78. *Argenton-Château, Deux-Sèvres*.
Argy (S^r d'), 239.
Armentières (S^r d'), 404.
Arpentilz (Louis Dubois, seigneur des), gouverneur de Touraine, 288.
Arquien (Antoine de La Grange, seigneur d'), lieutenant au gouvernement de Metz, gouverneur de Calais, de Sancerre et Gien, lieutenant-colonel des gardes françaises, 272, 469 n. 2, 470, 471. Voy. Montigny.
Artenay, 28.
Arzac, capitaine, 151, 152.
Aspymon, capitaine, 125 n.
Aubenas, garnison protestante, 556. *Ardèche*.
Aubert (François), 5, 6, 8, 10, 43, 45, 46.
— (Bonav.), 56.

---

1. Les noms latins et les anciennes formes françaises ont été recueillis et placés à leur ordre alphabétique, avec renvois aux noms français modernes, sauf pour un petit nombre qu'il a été impossible d'identifier.

Aubeterre (François Esparbès de Lussan vicomte d'), plus tard maréchal de France, 423.

Aubigné, *aliàs* Aubigny et Obigny. (Le baron d'). Théodore Agrippa d'Aubigné, 262 n. 1, 265 n. 1, 267 n. 1-2, 272, 448 n. 1, 540, 541, 560.

Aubigny, châtellenie, 251 n. 4-5, 253, 260. *C*ⁿᵉ *d'Exireuil, près Saint-Maixent, Deux-Sèvres.* Voy. Faye.

— Seigneurs. Voy. Jean de Vivonne, Malycorne, Louis de Rochechouart, seigneur de Montpipeau, René de Villequier.

Audebert (Nicolas), 56.

Auguis (P.-R.), 486, 487, 488, 489.

Aumalle, *aliàs* Aumale (Chevalier d'). Claude de Lorraine, frère du duc d'Aumale, 431, note de la ligne 13.

Aumale(Charles de Lorraine duc d'), gouverneur de Paris, 431 n. 2.

Aumont (Jean d'), maréchal de France, lieutenant-général en Bretagne, 419, 431 n. 1.

Aunac (Charente), 274, 476. Voy. Dame de Mortagne-sur-Gironde.

Aunay, 69, 85. *Charente-Inférieure.*

Aunis (Pays d'), 196.

Aunoux ou Honoux, capitaine, 136, 141.

Auré (Marie), veuve de Madelon de Brie-Sérant, première femme de Jean de Chourses, seigneur de Malicorne, 253.

Auzances (Jacques de Montberon, sʳ d'), 20, 39, 42.

Avantigny (Sʳ d'), 338 n. 1.

Ayron (s. d. Oyron), 444. *C*ᵒⁿ *de Thouars, Deux-Sèvres.* Voy. Oyron.

B

Baignolet, capitaine huguenot, 263, 326, 327.

Balliron (M. de), capitaine d'hommes de guerre à Lectoure, 550.

Baltazard, capitaine de Suisses, 381, 431.

Bardonnet (Abel), 508 n. 1.

Bareil, capitaine huguenot, 392.

Barillet (Nicolas), 56.

Bascle (Joseph Le), maire de Poitiers en 1588, 270, 428.

Bastarnay (Marie), épouse de Guillaume vicomte de Joyeuse, maréchal de France, 545, 546, 547, 550-558, 562.

Bastenay, capitaine de chevau-légers catholique, 371, 408, 446.

Bastide (M. de La), commandant du château de Gignac, 553.

— (Sʳ de La), capitaine des gardes de l'amiral Joyeuse, 553 n. 1.

Bastien, capitaine en garnison à Taillebourg, 545.

Batardin, capitaine, 191.

Batresse (Chevalier de), 62, 127.

Bazoges (M. de), 21.

Beaucé (Jean), 64.

Beaulieu, 145.

— (Sʳ de), 160, 161, 375, 495.

— (M. de), capitaine lieutenant du gouverneur de Saint-Jean-d'Angély, 544, 562.

Beaumanoir (Charles de), seigneur de Lavardin, époux de Marguerite de Chourses, 253.

— (Jean de), lieutenant de Malicorne, marquis de Lavardin, maréchal de camp de l'armée de Joyeuse en 1587, plus tard maréchal de France, 253, 261, 264 n. 2, 266 n. 1, 269, 272, 280, 287 n. 4, 325 n. 2, 343 n. 3, 360, 361, 396, 403, 404, 407, 409, 415, 416, 418, 439 n. 2, 454 n. 1, 457 n. 1, 548, 549, 550, 551 n. 1.

Beaumont-Chambarat (M. de). Voy. Chambarat.

Beauregard, gentilh. cath. de la suite du duc de Nevers, 398.

Beauregard, capitaine huguenot, défenseur de La Garnache, 448.

— 573 —

Beaurepaire (château de), en 1588, 408. C^{on} des Herbiers, Vendée.
Beauvais, 274, 487. Oise.
— (S^r de), 200.
— (S^r de), gentilh. cath., 430, 431.
Beauvais-Lanocle. Voy. Ferrières (Béraude de).
Beauvais-sur-Mer, Beauvoir-sur-Mer, 387, 417, 462, 505, 541, 560. Beauvoir-sur-Mer, Vendée.
Beauvois, capitaine huguenot de la garnison de Montaigu, 394, 397, 398.
Bebyon (M. du), commandant de Mernyeu, 554.
Bégaudière (La), 191 n. Auj. Boivre, c^{ne} de Vouneuil-sous-Biard, Vienne.
Bellegarde (M. de), 28, 30.
— (Roger de St-Lari, duc de), grand écuyer de France, 431.
Belle-Ile (Marquis de). Voy. Gondi.
Belleville (S^r de), 50, 145.
Belotière (maison de La), 277, 341 n. 4, 394. C^{ne} de St-Michel-Mont-Mercure, Vendée.
Benet, 548, 549, 559. Vendée.
Bergerac, 18, 317 n. 2. Dordogne.
— Garnison protestante, 548, 552.
Berguerye (S^r de La), cap. de chevau-légers cath., 371.
Berjouneau, de Gençay, ligueur, 273, 473.
Berland (Bernard), 10.
— (Phelipes), 10.
Bertichères (M. de), gouverneur d'Aigues-Mortes, 555, et de Sommières, 564.
Béthune (Maximilien de), plus tard duc de Sully et ministre de Henri IV, 280.
— (Fonds Hippolyte de), à la Bibl. nat., 343 n. 2, 491, 493.
Bichiot (Pasquier), maître fondeur à Saint-Jean-d'Angély, 544.
Birague (Charles de), dit Sacremore, cap. de chevau-légers cath., 371 n. 1.
Biron (S^r de), 159, 167.
— (Armand de Gontaut, baron de), maréchal de France, 262, 304, 308, 310, 313, 317, 321 n. 1, 322 n. 2, 329, 336 n. 1, 559.
— (Charles de Gontaut duc de),
maréchal de France, 280, 502 n. 1.
Blanc (Le), 69, 272, 469. Château, 359, 469. Indre.
Blois, 57, 58, 61, 123, 206, 207, 208, 209, 267, 289 n. 2, 294 n. 1, 378, 386, 388, 415, 420, 465, 483. Loir-et-Cher.
Bocheux, cap. d'une c^{ie} d'arquebusiers à cheval cath., 371.
Boesse (M. de la), commandant à Montheurt, 547.
Bois de Chollet (S^r du), 120, 145.
Boisfichet, près Mauléon, 409. C^{ne} de Saint-Jouin-sous-Châtillon, Deux-Sèvres.
Boisragon, 548, 556 n. 1-2. Village et château, p^{sse} de Saint-Carlais, aujourd'hui c^{ne} de Brelou, Deux-Sèvres.
Boisrenault (S^r de), gentilhomme breton cath., 329, 409.
Boisseau, s^r de la Borderie, 126.
Boissec (S^r de), 81.
Boisseguin (de), 171, 172, 173, 175, 187, 188, 189, 195, 200, 216, 217.
— (Jean Jay, s^r de), gouverneur de Poitiers, 270, 271, 274, 275, 347 n. 1, 361, 365, 376, 377.
Boissière (maisons huguenotes dans la paroisse de), 410.
Boissy (S^r de), 131.
Bonnevau (Abbaye de), 101. C^{ne} de Marçay Vienne.
— capitaine, 210, 211.
Bordeaux, 20, 63, 98, 125 n., 222. Gironde.
Bordes, maître de camp, 352.
Bort (de), lieutenant de l'armée du duc de Nevers, 404.
Bouchage (Comte du). V. Joyeuse.
Bouchard (Amaury), 42.
Boucherie (Maison de La), 409, 410. C^{ne} des Landes-Genusson, c^{on} de Mortagne-sur-Sèvre, Vendée.
— (S^r de La), capitaine hug. de la garnison de Montaigu, 394, 398.
Bouchet (Antoine), 56, 60, 61, 62.
Bouffers (Boufferé), 409. C^{on} de Montaigu, Vendée.
Bouillé-Saint-Paul (maison de), 408. Deux-Sèvres.
Boulaye (M. de la), capitaine du

château de Fontenay-le-Comte, 540, 559, 560.
Boulaye (Charles Eschallard, seigneur de la), gouverneur hug. de Fontenay, 229, 345 n. 1, 472 n. 3.
Bourbon (François de), prince dauphin, 121, 122, 123.
— (Charles de), cardinal, 323 n. 2, 483.
— (Jeanne de), abbesse de La Règle, 342 n. 4.
Bourdaisière (S^r de La), 125 n.
Bourdeille (S^r de), 51, 170.
Bourderel (Antoine), trésorier général de l'artillerie à Paris, 368, 378, 380, 384.
Bourdereul, secrétaire du duc de Mercœur, 498, 499.
Bourg (M. du), commandant de l'Ile-Jourdain, 552, 568.
Bourges, 433. *Cher.*
Bourgneuf (M. de), 90, 92, 93, 97, 142.
Bourg-Nouveau, 79.
Bourguignon (Amaury), munitionnaire des armées, 160, 165, 166, 177.
Bouricque (S^r de), maître d'hôtel du roi, 432.
Bourneau (M^e), 115.
Bournezeau (Louis Rouhault baron de), fils de du Landreau, 410, 411.
Boutault (François), 69.
Breignieux, maître de camp du duc de Nevers devant Montaigu, gouverneur de Beaugency, 405.
Breille (Jean Bernegoyau, s^r de La), 62, 63, 217.
Brémond (François-Salomon de), cap. hug., seigneur de Vaudoré, 338 n. 3.
Bresse (Compagnie de) en garnison à Mauléon, 454.
Bressuire, 53, 154, 269, 275, 434, 444, 488. *Deux-Sèvres.*
— Château, 358, 444, 455. Voy. de La Courbe.
Bretagne (Charles de), baron d'Avaugour, 505 n. 1-2.
Breuilbon (François Masson, s^r de), envoyé par la ville de Saint-Maixent près le roi de Navarre, 442.
Breuil-Herbault, abbaye, 479. *C^{ne} de Falleron, c^{on} de Palluau, arrondissement des Sables-d'Olonne, Vendée.*
Bretauville (M. de), capitaine de Pons, 542, 543, 561.
Briaudière (Farnoulx, seigneur de La), capitaine du château de Parthenay, 262, 269, 271, 319, 320, 358, 441, 454 n. 1, 457, 458, 461.
Brilhac (Jean de), 43, 45, 46.
Briou, 42. *Deux-Sèvres.*
Brissac (Timoléon de Cossé, comte de), 136, 147, 151, 153, 154.
— (Charles comte, puis duc de Cossé), gouverneur du château d'Angers, de Poitiers, puis de Paris, maréchal de France, 274, 277, 287 n. 4, 494.
Brisson (Pierre), sénéchal de Fontenay, 365 n. 1.
Brivieulx (Régiment de), 272, 382.
Broccard (Jean), capitaine du charroi de l'artillerie, 367.
Brochard (Michel), 65, 108.
— (Pierre), maire de Poitiers, 271.
Brotz (Le), le Braud, passage ordinaire des troupes entre Marans et la mer, 426 n. 1. *Charente-Inférieure.*
Brouage, 220, 258, 259, 297, 353, 355, 356, 550. *Hiers-Brouage, Charente-Inférieure.* (V. Saint-Luc, Pothonville-Guytaut, L'Huillier, Laplante, Lucher, Lassinet, Tuchebert.)
— Baronnie, 356.
Brulart (Nicolas), maître des requêtes, 336 n. 3, 367, 375.
Brunet (Claude), 56.
Buffé, capitaine catholique, 362, 409, 439 n. 1.
Burie (M. de), 18, 19, 76, 97.
Busseau (Méry), 56.
Busserolles, 63, 126. *Vienne.*
Bussy (Louis de Clermont d'Amboise, s^r de), 213, 214, 215, 216.
Buy (S^r de), 431, 432.

C

Cachery (Sr de), capitaine huguenot de la garnison de Montaigu, 394, 398.

Cadusière (Sr de), capitaine huguenot de la garnison de Montaigu, 394, 397, 398.

Calais, capitaine, sergent-major de Pons, 543, 561.

Calignon (Soffroy de), chancelier de Navarre, 490 n. 1.

Cambout (Sr de), gouverneur du château de Nantes, 331, 332, 333. Voy. Nantes.

Cambray (Régiment de), 309, 351.

Campagnac, capitaine, 129.

Campet, capitaine catholique, 392.

Capdenac, garnison protestante, 549. *Lot.*

Capitaine grec natif d'Angouri, tué lors de la prise du château d'Angers par les huguenots, 287 n. 3.

Carbonnières (Tour de), garnison protestante, 556, 565.

Cargroy (M. de), commandant de Beauvoir-sur-Mer, 542, 560.

Casteljaloux, garnison protestante, 546. *Lot-et-Garonne.*

Castelnau de Chalosses (M. de), commandant de Mont-de-Marsan, 551, 568.

Casenove (Arnault de), garde-magasin à Taillebourg, 545.

Castillon, garnison protestante, 546, 565. *Gironde.*

Castres, garnison protestante, 554, 563. *Tarn.*

Catherine de Médicis, 84, 109, 125, 142, 151, 156, 205, 221, 230, 238, 239.

Cathus (Guillaume), 70.

Caudeley (M. de). Voy. Caudéran.

Caudéran (M. de), commandant de Royan, 546, 562.

Caumont, garnison protestante, 547, 567. *Tarn-et-Garonne.*

Caussée, 463.

Cauze, garnison protestante, 550. *Tarn-et-Garonne.*

Celles (Abbaye de), 17. *Deux-Sèvres.*

Cercy (Sr de), 182.

Certany (Pierre de), trésorier des guerres, 278, 500 n. 2.

Certault, capitaine de Montendre, 545.

Chafaut (Sr de), capitaine huguenot en garnison à Montaigu, 394, 397, 398.

Chaigneau (David), dit **Toyré**, soldat royaliste, 506.

Challandray. Voy. Fontaine-Challandray.

Challenton, capitaine catholique, 408.

Chambaran (M. de), sergent-major de la garnison de Châtellerault, 558.

Chambarat (M. de), commandant de Figeac, 549, 566.

Champdeniers, 143, 258, 443. *Deux-Sèvres.*

Champ-Saint-Père, 269. *Vendée.*

Chamonceaulx (Sr de), 168.

Champigny, 182.

Champigny, *aliàs* Champagnac, capitaine ligueur, 276, 278, 491 n. 2.

Chandon (de), maître des requêtes, premier président des Aides, 261, 234 n. 1.

Chanson, commissaire de l'artillerie à Niort, 267, 459.

Chantonnay, 145. *Vendée.*

Charbonnière, *aliàs* Cherbonnière (Gabriel Prévôt de), capitaine huguenot, gouverneur de Loudun, 266, 547, 548, 552.

Charles IX, roi de France, 83, 100, 144, 150, 151, 153, 154, 159, 168.

Charroux, abbaye de Bénédictins, 264, 335, 336. *Vienne.*

Chartres, 123, 266, 212, 365, 366, 370, 375, 390. *Eure-et-Loir.*

Chassée (La), 155, 157. Cne des Aubiers, *Deux-Sèvres.*

Chasteigneraye (Charles de Vivonne, seigneur de La), sénéchal de Saintonge, 373 n. 2, 382, 405, 432, 433.

Chastillon (Claude de), seigneur d'Argenton-Château, La Grève,

Moncontour, Chantermerle, lieutenant de la compagnie du duc de Nevers, 404.

Chastillon (Henri de Coligny, sr de), fils de l'amiral Coligny, 421 n. 4, 422, 427, 460, 472 n. 3.

— (François de Coligny, Sr de), gouverneur de Montpellier, 555, 564.

Chastre (Claude de La), gouverneur du Berry et d'Orléans, lieutenant du duc de Nevers, maréchal de France, 289 n. 2, 385, 393, 403, 418, 432, 444.

— le jeune (Sr de La), dit le baron de La Chastre, fils de Claude, 404.

Châtaigneraie (La), 11. *Vendée.*

Château, contrôleur, 262, 334, 335, 337.

Château-Garnier, 75.

Château-Guibert (Sr de), 421. *Cne de Mareuil-sur-Lay, Vendée.* Voy. Marmande, paroisse de Mareuil-sur-le-Lay.

Château-Larcher, 172. *Vienne.*

Châteaumur, 120. *Vendée.*

Châteliers (Les), abbaye, 334 n. 1. *Cne de Fontpéron, Deux-Sèvres.* Voy. René de Daillon du Lude.

Châtellerault, 8, 23, 26, 27, 28, 31, 35, 40, 53, 54, 55, 69, 72, 74, 85, 90, 91, 92, 93, 95, 96, 106, 108, 109, 167, 226, 272, 276, 278, 279, 357, 466, 478, 503, 504. *Vienne.*

— Garnison protestante, 537, 559.

— Gouverneurs. Voy. de Rouchet, de Préau.

Chatellier (Le), 120. *Vendée.*

Chatellier-Portault (Sr du), 106, 107, 127.

Châtre (Claude de la), 216.

Chaulnes (Sr de), 237.

Chaume (La), château près les Sables-d'Olonne. 359. *Vendée.*

Chaurray, 13. *Deux-Sèvres.*

Chauvigny, 68, 272, 470, 479. *Vienne.*

— Garnison protestante, 540.

Chavagnes-en-Paillers (paroisse de), 410. *Vendée.*

Chavigny, 54.

Chemerault (Sr de), 198, 200, 203, 204, 226. *Cne de Brux, Vienne.*

Chemerault (Aimeri ou Mery Barbezières, seigneur de La Roche), 268, 270, 271, 294 n. 4, 423 n. 1, 424, 427 n. 2, 428, 433, 460.

Chenaillés, 561.

Chenay (Pierre), 65.

Chenonceaux, 277, 332, 337 n. 2, 491. *Indre-et-Loire.*

Chesnaye (La), capitaine de chevau-légers en Bretagne, 397.

Chesneau (Jean), tabellion du roi, 366.

Chevalleau (Jean), sr de la Tiffardière, gouverneur de Saint-Maixent, 548.

Chevallerie (Sr de La). N. des Escortais, seigneur de La Chevalerie au Maine, 309 n. 1.

Chinon, 20, 53, 389, 417. *Indre-et-Loire.*

Chiré (Curé de), 64, 74, 75, 88, 89. *Chiré-en-Montreuil, Vienne.*

— (Pierre des Prés, sr de La Court de), 64, 89.

Chiverny (Philippe Hurault vicomte de), lieutenant-général aux duchés d'Orléans, Chartres et Estampes, chancelier de France, 367.

Chizé, 39, 41, 69, 264, 341 n. 3, 343 n. 2, 548, 556. *Deux-Sèvres.* Voy. Cossard.

Chopiniere (Sr de La), 208.

Chouppes (Pierre de), seigneur de Chouppes, Availles, lieutenant-général en Limousin, gouverneur de Loudun, 272.

Chourses, château, aujourd'hui Sourches, 251 n. 1. *Cne de Saint-Symphorien, con de Conlie, Sarthe.*

— (Payen de), 251.

— (Guy de), seigneur de Malicorne, époux de : 1° Marie de Beaumont, 2° Andrée de Varèze, 251; eut de son premier mariage :

— (Jean de), seigneur de Malicorne, qui épousa Marie de Vivonne, dame de Faye et d'Aubigny, 252, dont :

— (André de), seigneur de Malicorne, de Faye et d'Aubigny, épousa Jeanne de Feschal, 252, dont :

Chourses (Pierre de), seigneur de Malicorne, de Faye et d'Aubigny, épousa Jaquine de la Chapelle, 252, dont :
— (Félix de), seigneur de Malicorne, de Faye et d'Aubigny, épousa Madeleine de Baïf, 252, 280, 281, dont :
— (Jean de), seigneur de Malicorne, de Faye et d'Aubigny, gouverneur du Poitou, 1585-1603, épousa : 1º Marie Auvé, 2º Françoise de Daillon du Lude, 251, 252, 253, 254, 255, 256, 257, 258, 259, 260, 261, 262, 263, 264, 265 n. 1, 266, 267, 268, 269, 270, 271, 272, 273, 274, 275, 276, 277, 278, 279, 280, 281, 283, 284 n. 1, 286, 287 n. 1, 289, 290, 291, 292, 293, 294, 298, 300, 302, 303, 314, 316, 317 n. 1, 318, 321, 324, 325, 326, 327, 329, 333, 334, 335, 338, 340, 346, 348, 349, 359 n. 1, 360, 361, 362, 363, 364, 365, 366, 375, 377, 407, 418, 421, 423, 424, 425, 438, 440, 441, 443, 444, 445, 448, 451, 454, 456, 458, 464, 465, 466, 467, 468 n. 2, 470, 471, 473, 474, 475, 476, 485, 487, 488, 489, 491, 492, 493, 495, 499, 500, 506, 507, 508, 509, 546, 547, 548, 554; dont :
— (Jean de), 280.
— (Péronnelle de), épousa Jean de Saint-Père, 280.
— (Antoine de), seigneur de Magné, Echiré, St-Maxire, Ste-Pezenne, etc., gouverneur du château d'Angers, fils de Guy de Chourses, seigneur de Malicorne, et d'Andrée de Varèze, épousa Catherine de Coëtivy, dont :
— (Antoine de), 252.
— (Marie de), épousa Jean d'Illiers, aussi fille de Guy de Chourses et d'Andrée de Varèze, 252.
— (Marguerite de), épousa Charles de Beaumanoir, seigneur de Lavardin, sœur de Jean de Chourses, seigneur de Malicorne, gouverneur du Poitou, 252, 280, 281.
— (Catherine de), abbesse du Pré au Mans, deuxième sœur de Jean de Chourses, 253.

Chourses (Jeanne de), épousa : 1º Gille, *aliàs* Louis de Bailleul, seigneur de Longpont ; 2º Claude du Breuil, maître des requêtes, troisième sœur de Jean de Chourses, 253.
Civray, 473. Voy. Villedon. *Vienne.*
— 69, 75, 85, 173, 174 n., 175, 187, 195.
Clabat (Hélie), 56.
— (Pierre), sr de la Route, 65.
Clavaut, capitaine huguenot, 560.
Clermont, garnison protestante, 553. *Clermont-de-l'Hérault, Hérault.*
Clervaut (Sr de), 246.
Clisson, 505 n. 2. *Loire-Inférieure.*
Cognac, Coignac, Congnac, 150, 263, 264, 321, 335, 337 n. 2, 352. *Charente.* Voy de la Ferrière.
Coligny (François de) gouverneur de Montpellier, 555, 564.
— (Gaspard de), capitaine, en garnison à Montpellier, 555, 564.
Combes (Sr de), garde de l'abbaye de La Réau, 466.
— (Jean de Meslon, seigneur de), capitaine au régiment de Navarre, 272.
Condé (Henri de Bourbon, prince de), 258, 259, 263, 264, 265, 291, 296 n. 1, 327 n. 1, 328, 336, 341 n. 2, 342 n. 2, 344, 362, 548.
— (prince de), 52, 57, 58, 88, 112 note, 129, 135 note, 204, 208, 211, 242.
Conti (François de Bourbon, prince de), lieutenant-général en Poitou, 272, 472 n. 1-3, 474 n. 3.
Corbeiollière, ou plutôt Corbe-Jollière et Courbe-Jolliers, lieutenant de Coulombières à Montaigu, 277, 394, 397-398. Voy. Coulombières.
Corbet, général (des finances ?), 386.
Corbières, capitaine, en garnison à Aigues-Mortes, 555, 564.
Corbinière (Sr de La), 495.
Corbon, capitaine huguenot, 138, 139, 392.
Corne (M. de), commandant du

château de Lectoure, 550, 567.
Corneille, 64.
Cosme (S.), capitaine huguenot, 448.
Constant (M. de), commandant de Marans, 541, 561.
Cossard, capitaine catholique, 139, 264, 326 n. 1, 341.
Cossé (maréchal de), 151, 153, 154, 156, 157, 210.
Coste-Mésières (Sr de La), 215, 216, 217.
Couhé, 68, 76. *Vienne.*
— Château, 359.
Coullée (La), capitaine huguenot, 448.
Coulombières ou Coulombier (Sr de), capitaine huguenot, commandant à Montaigu, 394 n. 1, 398, 414, 553 n. 1.
Coulonges, 10, 14, 16, 17, 18.
Coulonges-les-Royaux, aujourd'hui Coulonges-sur-l'Autise, 258. *Deux-Sèvres.*
Courbat (Sr du), 559.
Courbe (Sr de La), alias de Corbes, maréchal de camp en l'armée du duc de Nevers, 386, 387, 440, 441, 444, 449, 451, 452, 454, 455, 458, 461.
Courbe-Daujon, lieutenant de Coulombières, 394 n. 2, 397, 398.
Courcelles (Sr de), 169, 170.
Coutineau, secrétaire de la maison de ville de St-Maixent, 427, 429.
Coutras (bataille de), 265, 545, 548, 550. *Gironde.*
Cratz, colonel de lansquenets, 309.
Crezesse (de), envoyé par la ville de St-Maixent près le roi de Navarre, 442.
Crissé (Charles Turpin comte de), 404, 409 n. 3.
Croix-Chapeau (La), 548, 557. *Charente-Inférieure.*
Crouzille (Ciestre de La), neveu de Villebois, gouverneur de Mirebeau, 279, 494, 506.
Curzay, 214. *Vienne.*
— Château, 251, 408. C^{ne} de Curçay, c^{on} des Trois-Moutiers *Vienne.*

D

Daillon (Jacques de), baron du Lude, 252; père de :
— (Jean de), comte du Lude, gouverneur du Poitou, 252, père de :
— (Guy de), comte du Lude, gouverneur du Poitou, 251, 252, 254, 255, 258, 283, 284 n. 1, 459 n. 1, 558 n. 1.
— (Françoise de) du Lude, épouse de Jean de Chourses, seigneur de Malicorne, gouverneur du Poitou, 252, 255, 258, 287 n. 1.
— (René de), abbé des Châteliers, 253, 258, 263, 334 n. 1.
— (François de), seigneur de Briançon, 253.
— (François de), seigneur du Soultray, 253.
— (Françoise de), épouse de Jacques Matignon, maréchal de France, 253, 258.
— (Anne de), épouse de Philippe de Volvire, marquis de Ruffec, 253.
Daillon (François de), comte du Lude (fils de Guy), 258 n. 1.
Dampierre, 264, 342, 343 n. 2. *Charente-Inférieure.*
Davila (H. C.), auteur de l'*Histoire des guerres civiles de France*, 254 n. 4, 255 n. 4, 274 n. 3.
Defains, secrétaire de Malicorne, 489, 507.
Dehors (Jacques), 65.
Denan, château, 357. *Vendée.*
Denis, lieutenant-général du gouverneur d'Angoumois et de Saintonge en son absence, 352.
Desboriés ou Débory (régiment de), 547, 552.
Desplats (Sr), 52.
Desportes (Philippe), poète, 545, 546 n. 1-2, 559.
— (N.), frère du poète, 545, 546 n. 2, 559.

Diego (Don), capitaine espagnol, 254.
Disans, capitaine, en garnison à Pons, 543.
Dissay, 90. *Vienne.*
Dorin, capitaine, sergent-major de Saint-Jean-d'Angély, 544.
Doisonville, gentilhomme de la suite du duc de Nevers, 398.
Doré (maison de) en Anjou, 409.
Douac, capitaine, commandant à Aymargues, 553.
Doyneau (Joseph), seigneur de Sainte-Soline, 284, 285 n. 2.
Doysieulx (Sr de), capitaine de chevau-légers, 371.
Dreux (Méry), 56, 65.
Dreux, 255, 284 n. 1. *Eure-et-Loir.*
Droux (Sr de), 216.
Dubuy (Sr), 268, 429.
Duchesne (André), auteur de l'*Hist. gén. de la maison des Chasteigners*, 468, 470.
Dupain (Sr), 191.
Duplessis-Mornay. Philippe de Mornay, seigneur du Plessis-Marly, gouverneur de Saumur, 275, 439 n. 2, 546, 559.
Duras (Sr de), 76.
Durcot (Pierre), sr de l'Etang, capitaine de Mortagne, 359 n. 1.
Duval (Antoine), 56, 60.

E

Elbœuf (Charles de Lorraine, duc d'), gouverneur de Poitiers, 273, 274, 275, 276, 485, 487, 488, 489, 490, 496 n. 2.
Eléonore d'Autriche, sœur de Charles-Quint, seconde femme de François Ier, 338 n. 2.
Emerot, secrétaire du duc de Mercœur, 492.
Ensigné, 14. *Deux-Sèvres.*
Entraigues (François de Balzac d'), gouverneur d'Orléans, 289 n. 2.
— (Henriette d'), sa fille, maîtresse d'Henri IV, 289 n. 2, 430 n. 2, 431.
Epernon (J.-L. Nogaret de La Valette, duc d'), amiral de France, 280, 351, 352, 545, 549, 559, 561.
Epeuille, gentilhomme du Nivernais, capitaine de la Croix-Chapeau, 548 n. 4.
Escars (Sr d'), 151, 170.
Esprunes (Etienne Chevalier, sr d'), 51.
Estissac (Louis d'), 10, 14, 15, 16, 17, 18.
Estivalle (Jean), 60.

F

Falandre (Sr de) capitaine de chevau-legers, 371.
Faure (Le), 193.
Favas (M. de), commandant de Casteljaloux, 546.
Faye, châtellenie, 251 n. 4-5, 253. Cne *de Nanteuil, près Saint-Maixent, Deux-Sèvres.* Voy. Aubigny.
Fenestre (La), prévôt de Poitiers, 314.
Féria (Comte de), 19.
Ferrare (Renée de France, duchesse de), fille de Louis XII, 254.
Ferreiras (M. du), commandant de Castres, 554, 563.
Ferrière (A.), capitaine huguenot, 448.
— (Sr de La), gouverneur de Cognac, 352.
— (Sr de La), peut-être Jean de Ferrières, seigneur de Tiffauges, 414. Voy. 352.
Ferrières (Béraude de), épouse de Jean de La Fin, seigneur de

Beauvais-Lanocle, 492 n. 1.
Ferrières (M. de). Voy. Ferreiras.
Ferté (La), fils aîné, écuyer, capitaine huguenot, 397.
Figeac, garnison protestante, 549, 666. *Lot.*
Fillon (Benjamin), 259 n. 2, 278 n. 3, 315, 316, 334 n. 1, 345 n. 1, 499, 546, 559.
Fin (Jean de La), seigneur de Beauvais-Lanocle, 492 n. 1.
Fleix. Traité, 328 n. 3. *Dordogne.*
Flocelière (La), 272, 278, 496, 497, 498 n. 1, 499, 500. *Vendée.*
Fontaine (de La), greffier de la Chambre des comptes, 486.
Fontaine-Chalandray. Voy. Brémond et Vivonne.
Fontainebleau, 276, 489. *Seine-et-Marne.*
Fontenay-le-Comte, 14, 15, 16, 50, 51, 68, 85, 115, 129, 131, 143, 145, 149, 170, 178, 208, 212, 231, 234, 237, 247, 258, 262, 264, 265, 277, 278, 317, 321, 322, 323, 334 n. 1, 337 n. 2, 340 n. 3, 341 n. 2, 342, 345 n. 1, 364, 393, 396, 397, 415, 417, 418, 432, 462, 478, 495, 500, 547, 548, 558, 559, 560. *Vendée.*
— Garnison protestante, 540, 559.
— Gouverneur. Voy. La Boulaye.
— Sénéchal. Voy. Brisson.
— Vice-sénéchal, 293. Voy. Rapin.
— Peste en 1567, 549 n. 1.
Fonteneau (Dom), Bénédictin. Collection à la bibl. de Poitiers, 466 n. 2, 472 n. 3, 496 n. 1-2, 560.
Fontenelle de Vaudoré (Armand de La), conseiller à la Cour de Poitiers, 260 n. 2. Voy. Le Riche.
— Papiers donnés à la bibl. de Niort, 364, 501, 504, 505, 507, 508.
Fontfroide, 64, 75. *C^{ne} de Vasles, Deux-Sèvres.*
Fontrailles (M. de), commandant à Lectoure, 549, 550, 566, 567.

Force (La). X. Nompar de Caumont, 421.
— (M. de la), gouverneur de Bergerac et de Sainte-Foy, 548.
Foresterie, capitaine huguenot, défenseur de La Garnache, 448.
Forest-sur-Sèvre (La), 390, 409 n. 2. *Deux-Sèvres.*
Forget, secrétaire d'Etat, 486, 509.
Fors, 258, 264, 316, 341 n. 1. *Deux-Sèvres.*
— Château, 360.
Forteau, capitaine, 128.
Fou (Le), 29, 35. *C^{ne} de Vouneuil-sur-Vienne, Vienne.*
— (François du), s^r du Vigear, 112.
Fougerou (Le), maison forte de la baronnie de Bournezeau, 410.
Fouquerolles, capitaine huguenot, 341 n. 4.
Fourquevaux (Raimond de Beccarie de Pavie, baron de), ambassadeur en Espagne. 254.
Foye-Monjault, 262, 323 n. 1, 343 n. 2. *Deux-Sèvres.* Voy. La Gautrie.
Fresnaye-Merrin (S^r de La), capitaine catholique, 397.
Fresne (ou De), capitaine huguenot, 287 n. 2.
Frezelière (Philippe Frézeau de La), guidon de la compagnie du Lude, gouverneur de Niort, lieutenant-général en Poitou en l'absence de Malicorne, 258, 263, 333 n. 1.
— (S^r de la), 149, 150, 160, 166, 196, 220, 224, 228, 234, 236, 238, 239, 241.
Frisquet, de la compagnie de Pontevès, gouverneur de Saint-Maixent, 442, 443, 444.
Frouart (Louis), 15 note.
Fumé (Nicolas), 56, 60.
Fumel (de), 552-553.
Furigné, château, 273, 475 n. 2. Aujourd'hui Furigny, *C^{ne} de Neuville, Vienne.*

G

Gadaigne (Jean de), 171, 172.
Galati, colonel des suisses de l'armée du duc de Nevers, 374.
Gardel, *alias* Gardoeil et même

Gardedeulx (Sʳ de), capitaine huguenot. 394, 398, 448.

Garenne (Château de La), près La Musse, 408.

Garnache (La), *aliàs* Grenache, 267, 269, 277, 387, 417, 424, 425, 445, 446, 448, 450, 451, 453, 456, 463, 465, 495. *Vendée.*

Garraud, *aliàs* Goreau, Goroaud, secrétaire de Malicorne, 377, 468, 476.

Garrault, receveur général, 176.

Gaucher de Daujon, capitaine ordinaire du charroi de l'artillerie, 367.

Gaulois, capitaine, en garnison à Saint-Jean-d'Angély, 562.

Gaultereau (Et.), 56.

Gaultier, capitaine, commandant à Pecquaiz, 555, 565.

Gautrie (La), capitaine huguenot de la Foye-Montjault, 323 n. 1.

Gençay, 273, 473. *Vienne.*

Généroux, notaire à Parthenay (Journal de), publié par M. B. Ledain, 254 n. 3, 255 n. 2.

Genessoil ou Génissac (Sʳ de), 239.

Gerbais (le sʳ), 234, 237.

Gervain (Jean), 65.

Gesvres (Louis Potier marquis de), secrétaire d'Etat, 398 n. 1, 430.

Gignac, château, garnison protestante, 553. *Hérault.*

Girard (René), seigneur de La Roussière et de Culdebray, capitaine catholique, 269, 410 n. 2.

Gisquart (M. de), commandant de Tournon, 549.

Gitonnière, capitaine, 81.

Godefroy (Fonds) à la bibliothèque de l'Institut, 317 n. 2.

Goguet (Hilaire), maire de Fontenay, 344 n. 2, 345 n. 1.

Gondi (Albert de), duc de Retz, *aliàs* Raiz, marquis de Belle-Ile, amiral de Bretagne, maréchal de France, 255, 330 n. 1, 233, 388, 420.

— Compagnie du marquis de Belle-Ile, 388.

Gonnort (M. de), 63.

Goudin (M. de), gouverneur d'Aigues-Mortes, 564.

— (M. de), commandant de Sainte-Anastasie, 551.

Goueslier (P.), du Mans, auteur d'un épithalame en l'honneur des secondes noces de Jean de Chourses, 255 n. 6.

Gourdon (vicomte Antoine de), huguenot, 421, 422.

Gourgues, 222.

Gourville, 359. *Charente.*

Grammont (le sʳ de), 71, 76.

Grandpré (Claude de Joyeuse comte de), maître de camp du duc de Nevers, 373, 379, 381, 405, 446.

Grange-Boute-Aboyer ? (La), envoyé par les habitants de Saint-Maixent vers le duc de Nevers, 444.

Grange-Marronnière (Jean Jaillard, seigneur de La), capitaine catholique, gouverneur de Talmond, 264, 341 n. 4. Voy. Talmond.

Gravelle (La), capitaine catholique, gouverneur de Dampierre-sur-Boutonne, 264, 342. Voy. Dampierre.

Grève (La), 145. *Vendée.*

Grignon (René), seigneur de La Pellissonnière, 278 n. 1, 285 n. 2, 341 n. 4, 394 n. 3, 409 n. 5, Voy. La Belotière.

Grossetière (La), 261, 274 n. 2. *Vge c de Pouzauges, Vendée.*

Guepean, 561.

Guérinot, habitant de St-Maixent, envoyé vers le roi de Navarre, 443.

Guierche (vicomte de La). Voy. Villequier (Georges de).

— (Sʳ de La). Jean Petit, seigneur de La Guierche St-Amand et de La Roussière, 278, 496 n. 1-2, 498 n. 1, 499.

— (Sʳ de la), 5, 9.

— (Georges de Villequier, vicomte de La), 216.

Guillon (François), écuyer, seigneur de Combourg, 273, 472.

Guilloterie (La), gouverneur du château du Blanc, 272, 469.

Guinemandière (Benjamin de Bernon, seigneur de l'Isleau, de La Bernonière et de La Guillemaudière, capitaine huguenot, 491, 492, 493.

Guische (Sr de La). Philibert de La Guische, seigneur de La Guische et de Chaumont, grand maître de l'artillerie, gouverneur de Lyon, du Beaujolais et du Forez, 369, 430, 431.
Guise (François duc de), 291 n. 1.
— (duc de), 6, 17, 18, 19, 20, 25, 26, 28, 30, 37, 38, 39, 41, 52.

Guische (Henri duc de), 265, 266, 268, 365, 560.
Guitri, capitaine huguenot, 560.
Guyenne, garnisons protestantes, 536, 546, 552, 556, 565, 568.
Guymenière, capitaine, 170.
Guyonniere (La), 222, 229.
Guytault, capitaine catholique, 354.
Guyvreau (Louis), 60.

H

Haillan (Bernard Girard, sr du), secrétaire et intendant des finances de l'armée de Biron, 310, 313.
Hallot (Michel Bourronge, sr du), capitaine huguenot, 287 n. 2.
Haultefaye (sr de), 265, 364.
Haye (La), 53. *Indre-et-Loire.*
— (Jean de La), 45, 46, 131, 160, 166, 191 n., 214 n., 215.
Henri III, duc d'Anjou, roi de France, 188, 189, 190, 193, 194, 198, 199, 200, 201, 203, 204, 205, 206, 207, 208, 209, 211, 218, 220, 221, 224, 225, 234, 235, 236, 240, 241, 243, 244, 246, 247, 258, 267, 269, 270, 274, 283, 284 n. 1, 287, 288, 290, 294, 298, 299, 300, 302, 304, 308, 313, 330, 343, 350, 364, 365, 366, 370, 378, 384 n. 1, 386, 398, 412, 414, 415, 429, 463, 465, 466, 468 n. 3, 483, 485, 486, 491 n. 1, 545, 547, 549, 550, 556, 557, 558, 559, 560, 561, 562.
Henri de Bourbon, roi de Navarre sous le nom de Henri III de 1572 à 1589, puis de France et de Navarre sous le nom de Henri IV, 262, 264, 265, 266, 267, 268, 269, 270, 271, 272, 273, 274, 275, 276, 278, 279, 280, 291 n. 1, 296, 316, 317 n. 2, 322, 323, 324, 334, 335, 336, 341 n. 1, 342, 343 n. 2, 344, 345 n. 1, 346, 377, 390, 392, 394, 395, 413, 414, 419, 421, 422, 424, 425, 429, 432, 433, 434, 437, 438, 446, 448, 449, 450, 451, 452, 453, 454, 456, 468 n. 3, 471, 472 n. 3, 473, 476, 486, 487, 488, 489, 490, 491 n. 1, 493, 495, 496 n. 2, 501, 502 n. 1, 503 n. 1, 504, 505, 507, 508 n. 1, 509, 536, 547, 549, 550, 555, 557, 561, 562; 568.
Herbelotière, capitaine huguenot, 448.
Herbert (Jacques), 56.
Herbiers (Les), 119, 120, 493. *Vendée.*
Hereulles (M. de), 223.
Hilairet de la Jarriette (Antoine), ministre à St-Maixent, 548.
Hugueteau (Jean), 14, 15.
Hunaudaie (René de Tournemine, sr de La), lieutenant général en Bretagne, 284 n. 1.
Hunaudaye (Sr de la), 226, 228.

I

Ile (affaire du château d'), 274, 347 n. 1, 468 n. 3.
Ile-Jourdain, garnison protestante, 552, 568. *Gers.*
Imbert (Hugues), 302, 503. Voy. P. Marchegay.

J

Jallais (Simon), 56, 65.
Jamet (Léon), 15.
Jarnac (M. de), 39, 40, 41, 42, 68.
— (bataille de), 254. *Charente.*
Jarzay (Régiment de), 372, 383, 405.
Javyn (Pierre), tabellion du roi, 366.
Jay (Louise), fille de Boisseguin, gouverneur de Poitiers, épouse du vicomte de la Guierche, et en secondes noces de Jacques d'Escars, comte de Beaufort. Voy. Boisseguin, La Guierche et d'Escars.
Jazeneuil, 135 n., 554. *Vienne.*
Joatan, capitaine, en garnison à l'Ile-Jourdain, 552.
Joubert (P.), 56.
Joncquières (M. de), capitaine de gens de guerre à Niort, 536, 558.
Joyeuse (Anne de), baron d'Arques, puis duc de Joyeuse, amiral de France, beau-frère du roi Henri III, 258, 264 n. 2, 265, 278 n. 4, 288 n. 3, 289, 291 n. 1, 317, 348 n. 1, 349, 354, 368, 545, 560 562, 563.
— (Claude de), seigneur de St-Sauveur, 545, 552, 555. Voy. Grandpré (comte de).
— (François), cardinal, 280.
— (Guillaume de), comte du Bouchage, maréchal de France, époux de Marie de Bastarnay, 259, 288 n. 3, 547.
— (Henri de), comte du Bouchage, gouverneur de l'Anjou, 258, 259, 287 n. 4, 290 n. 1, 547.

L

Lacroix, capitaine catholique, 351.
Laffargue, capitaine, sergent-major de Lectoure, 550.
Lagorse, capitaine, en garnison à Pons, 543.
Laguillier (Christophe), 10.
Laioument, capitaine huguenot, 448.
Lamarque (Régiment de), 261, 294.
Lanne (M. de), capitaine, sergent-major de Nérac, 546.
Lancosme (Sr de), 225, 226, 228, 236.
— (Jacques Savary, sr de), maitre de camp du régiment de Picardie, 469 n. 1.
Lande (Yves de la), 247, 248.
Landebrix, *alias* Landebires, Laudebires, Landevires, Laudeveres, Laudebrix, 345 n. 1. Voy. 410.
Lande de Genusson (paroisse de La), 410. *Cne du con de Mortagne-sur-Sèvre, Vendée.*
Landereau (Sr de), 145, 222.
Landreau (Charles Rouhault, sr du), lieutenant pour le roi en Bas-Poitou, 404, 408.
Langlois (Martin), conseiller d'État, 279, 507.
Languedoc, garnisons protestantes, 536, 553, 556, 562, 565.
Lanoue (François de), dit Bras de fer, 254.
Lansac (Louis de St-Gelais-Lusignan, sr de), 224.
— baron de la Mothe-St-Héraye, 255, 433 n. 2.
Laon, 274, 486. *Aisne.*
Laplante, capitaine catholique, 354.
Lapoincte, capitaine, sergent-major de Taillebourg, 545.
Lassiner, capitaine catholique, 354.
La Tour, capitaine, en garnison

à Saint-Jean-d'Angély, 562.
Laulbray (Sr de), 260, 293.
Launay (Pierre de), seigneur baron d'Onglé-Hérault, La Côte-Mezières, Bouliers et du Fresne d'Authon, capitaine de 50 hommes d'armes, époux d'Urbaine de La Haye, gentilhomme ordinaire de la chambre de Henri III, 465.
Laurens (Jacques), sr de la Chaignaie, 160, 166.
— (Louis), seigneur de La Mort-Martin, conseiller du roi, maire de Niort, 315, 316, 339 n. 2.
— (Noé), sr d'Ecuré, 315 n. 1.
— (Philippe), écuyer, lieutenant-général au siège de Niort, 339 n. 2, 508 n. 1.
Lauriguays (Sr de), aliàs Loriguay, capitaine huguenot en garnison à Montaigu, 394, 397, 398.
Laval (Guy-Paul de Coligny comte de), 260.
Lavardin (Sr de), 193. Voy. Jean de Beaumanoir, marquis de Lavardin.
Lavauguyon (Sr de), 170.
Leberruyer (Jacques), 108.
Lecharron (Germain), trésorier de l'extraordinaire des guerres, 378, 379, 380, 381, 382, 385.
Lectoure, garnison protestante, 549, 566. Gers.
Ledain (Bélisaire), 251, 269 n. 1-2, 326 n. 1, 445, 458. Voy. Généroux.
Leigné-les-Bois, aliàs Ligné-les-Bois, 470 n. 1. Vienne.
Le Riche (Michel), chroniqueur de St-Maixent, 258 n. 2, 293 n. 1, 316, 321 n. 3, 325 n. 3, 326 n. 1, 337 n., 2.
— (François), fils de Michel, commandant la compagnie de Tillac, 321 n. 3, 325 n. 3.
L'Estang, maison forte, 409 n. 5-6, 410. Cne de Chavagnes-en-Paillers, Vendée.
Lestelle, capitaine catholique, commandant l'ancien régiment de Villeluisant, 326 n. 1, 373 n. 1, 382, 405.
Le Sueur (Christophe), 65.
Le Vau, 127.

Lezignan (M. de), commandant de Puymerol, 548, 566.
Lhoste (Claude), commis à la recette des deniers du marc d'or, 378, 380.
Lhuilier ou Lulière (Gilbert Darrot, écuyer, seigneur de), capitaine catholique, 354, 410.
Liège (Jean du), 65.
Ligugé, prieuré de Bénédictins, 479. Vienne.
Limoges, 130. Haute-Vienne.
Loches, 21, 23, 24, 53, 317. Indre-et-Loire.
Loingnac (Sr de), 431.
Loménie (Antoine de), secrétaire du roi de Navarre, 436, 438.
Longuet, maréchal des logis de Catherine de Médicis, 431.
Longueville (duc et duchesse de), 194, 195.
— (Henri d'Orléans, duc de), seigneur de Parthenay, gendre du duc de Nevers, 323 n. 3, 451 n. 1.
—.(Duchesse de). Voy. Nevers.
Lorraine (cardinal de), 35, 36, 37, 79.
Lorraine de Vaudemont (Louise de), femme de Henri III, 277, 491 n. 1.
— (Marguerite de), sœur de la reine, femme de l'amiral Joyeuse, 288 n. 3, 555, 558.
Lorrand, secrétaire de Malicorne, 320.
Loubigny (Sr de), 349.
Loudun ou Lodun, 53, 251, 272, 302, 490 n. 1, 550, 563. Vienne.
— Gouverneur. Voy. Chouppes.
Luché, capitaine, 182.
Lucher, capitaine catholique, 354.
Luçon, 80, 122, 124, 316, 419, 426, 446. Vendée.
— (René de Daillon, évêque de), 21, 36, 37, 70.
Lude (Guy de Daillon, sr du), 20, 22, 37, 38, 41, 46, 47, 48, 49, 50, 51, 66, 69, 70, 74, 76, 77, 80, 81, 83, 85, 86, 88, 89, 94, 97, 98, 99, 100, 101, 103, 106, 107, 108, 109, 110, 111, 112, 113, 114, 115, 116, 119, 120, 121, 124, 125, 126, 136, 137, 138, 139, 140, 141, 143, 145, 148, 151, 152, 153, 157, 158, 159,

— 585 —

160, 166, 167, 169, 170, 171, 172, 187, 190, 191, 192, 193, 194, 195, 196, 197, 198, 200, 203, 204, 206, 207, 209, 211, 212, 218, 219, 220, 221, 224, 225, 228, 229, 230, 231, 234, 240, 243, 244, 246, 247.

Lude, alias Ludde, château, 256, 286. *Sarthe.*

— Jacques, Jean, Guy, René, François, Françoise, Anne du Lude. Voy. Daillon du Lude.

Lunel, garnison protestante, 553, 563. *Hérault.*

Lusignan, 68, 76, 77, 112, 125, 129 n., 170, 172, 173, 179, 180, 181, 184, 185, 186, 187, 259, 261, 292, 303 n. 2, 554. *Vienne.*

Lussac (S^r de), 127.

Lussan, capitaine, 192.

Lussault (Pierre), sentinelle publique à Saint-Jean-d'Angély, 544.

Lusse (Charles comte de), 182.

Lycramont (de), capitaine huguenot, 392.

Lyon, 274, 279, 508, 509. *Rhône.*

M

Machecoul, 338, 462. *Loire-Inférieure.*

Magnan (S^r du), 173, 174.

Maignelé (marquis de). Florinond d'Halluin, 370 n. 1.

Maignen (Maurice), 56, 60.

Maillezais (évêque de), 11, 12.

— 80, 262, 263, n. 1, 265 n. 1, 267, 272, 322, 323, 224 n. 1-2, 325 n. 1-2, 326, 342, 345 n. 1, 348 n. 1, 439 n. 1, 452, 462, 549. *Vendée.*

— garnison protestante, 540, 560. *Vendée.*

Maisontiers, château et commune. Voy. Tusseau. *Deux-Sèvres.*

Malbrie, capitaine, commandant à Sommières, 553.

Malicorne (S^r de), gouverneur du Poitou. Voy. Jean de Chourses.

— Sagarde, 360, 361.

— Château, 251, 255, 280, 284. *Sarthe.*

Malte (Ordre de), grands maîtres et chevaliers, 386.

Malval (baron de), fils de Louis Chasteigner, s^r d'Abain, 471. Voy. Abain.

Malyverne (S.), capitaine huguenot, défenseur de La Garnache, 448.

Mandelot, exempt des gardes de Henri III, 288, 560, 561.

Maranac (M. de), commandant de Mauvesin, 551.

Marans, 149, 150, 161, 167, 262, 266 n. 1, 316, 321, 325 n. 2, 415, 439 n. 1, 462. *Charente-Inférieure.*

Marans, garnison protestante, 541, 561. *Charente-Inférieure.*

Marbeuf, 223.

Marchais (Jean), capitaine du charroi de l'artillerie, 367.

Marchegay (Paul), archiviste de Maine-et-Loire, 252 n. 1, 256, 302, 411 n. 1, 468.

Marcousse (S^r de la), 41.

Mareuil-sur-le-Lay, 232. *Vendée.*

Marmande, alias Mermande, maison forte, 410, 411, 421. C^{ne} de Mareuil-sur-le-Lay, *Vendée.*

— (Maison de), près Richelieu, 252. *Indre-et-Loire.*

Marolles (S^r de), maréchal de camp de l'armée du roi de Navarre, gouverneur de Janville, 434, 437, 442.

Maroteau, 34.

Marquet (Valentin), 10, 11, 12, 13.

Martigues (Sébastien de Luxembourg, vicomte de), gouverneur de Bretagne, 254.

Martirot (M. de), commandant d'Aubenas, 556.

Marvejoux, garnison protestante, 554. *Marvejols, Lozère.*

Marzelay ou Marzellé (Florent), 193.

Masparault (M. de), 90, 92, 93, 97, 98, 99, 142.

Massougne (Lidoire de), seigneur de La Jarrie, 273, 473.

Mas de Verdun, garnison protestante, 552, 568. *Mas-Grenier, Tarn-et-Garonne ?*

Matha, 76. *Charente-Inférieure.*

— 586 —

Matignon (Jacques), maréchal de France, 253, 258, 297, 550.
Mauléon, aujourd. Châtillon-sur-Sèvre, 390, 391, 392, 396, 399, 402, 439, 454, 465, 472 n. 3. *Deux-Sèvres.*
Mauvezin, garnison protestante, 551. *Gers ?*
Mauvissière (Olivier Couhé, s^r de), capitaine catholique du château de Saint-Maixent, 260, 437, 460.
Mauvoysin, capitaine, en garnison à Pons, 543.
Mauzé, 548, 557. *Deux-Sèvres.*
Mayenne (duc de), 207, 209.
— (Charles de Lorraine, duc de), frère de Henri de Guise, 259, 261, 274, 288 n. 3, 294 n. 1, 297, 321 n. 1, 322 n. 2, 326 n. 1, 368, 478, 483, 484.
Médicis (Catherine de), reine douairière, 254, 262, 263 n. 1, 264, 284 n. 1, 285 n. 2, 316, 321 n. 1, 324, 325 n. 1, 327, 334, 335, 337 n. 1, 338, 339 n. 1, 340 n. 3, 459, 560.
Meilhan-sur-Garonne, garnison protestante, 547. *Lot-et-Garonne.*
Melle, 17, 69. *Deux-Sèvres.*
Ménardière (S^r de la), 168.
Mercœur, *aliàs* Mercure (Philippe-Emmanuel de Lorraine duc de), beau-frère d'Henri III et d'Anne de Joyeuse, gouverneur de Bretagne, 258, 272, 274, 275, 276, 277, 278, 331 n. 1, 332, 341 n. 2, 348 n. 1, 397, 403, 404, 457 n. 1, 489, 491 n. 2, 492, 493, 494, 496, 498, 499, 501, 503 n. 1, 507, 550.
Mercure, capitaine de la Cie d'Albanais, 259, 292 n. 1, 324, 362, 472 n. 3.
Mernyeu, garnison protestante, 554.
Meschinet, contrôleur, 300.
Meslier, secrétaire de Malicorne, 467, 471, 493.
Messelière (S^r de La), 74, 76.
Migné, géographe, 302.
Mignonville, capitaine huguenot, 341 n. 4.
Mirambeau (Baron de), 20.
Miraumont, *aliàs* Miromont (Pierre de), sergent-major de bataille du duc de Nevers, 412 n. 2, 413, 415 n. 1.

Mirebeau, 141, 144, 145, 182, 272, 275, 278, 279, 506. *Vienne.*
— Gouverneurs. Voy. Villebois.
Miron, *aliàs* Myron, médecin de Henri III, maître des requêtes de son hôtel, 266, 275, 465, 561.
Moisgas, avocat feudiste à Mortagne en Bas-Poitou, 256, 508.
Momont ou Maumont (S^r de), capitaine de chevau-légers, 351.
Moncontour, 144. *Vienne.*
Mondésir (Alexandre de), capitaine catholique, 279, 506.
Mondon, capitaine, commandant à Clermont, 553.
Montaigu, *aliàs* Montégut, 69, 145, 222, 223, 224, 225, 227, 228, 229, 230, 232, 233, 236, 237, 242, 261, 263, 264, 298, 328, 329, 331, 387. *Vendée.* — Camp devant Montaigu, 391, 393, 396, 398, 399, 400, 412, 414, 415, 418, 419, 424.
Montargis, 254. *Loiret.*
Montataire (M^r de), gouverneur de Thouars, 539.
Montbartier (M. de), commandant du Mas de Verdun, 552, 568.
Montbron. Voy. Brémond, Vivonne.
Montcalde, cardinal, 386.
Mont-de-Marsan, garnison protestante, 551, 567. *Landes.*
Montendre, garnison protestante, 544. *Charente-Inférieure.*
Montestruc (capitaine de), 30.
Monternault (S^r de), capitaine huguenot, 294, 298.
Montfermier, château, 408. *C^{ne} de la Chapelle-Gaudin, Deux-Sèvres.*
— (S^r de), 182.
Montglat (M. de), gouverneur de Saint-Maixent, 537, 558.
Montgommery (S^r de), 221.
Montheurt, garnison protestante, 547.
Montigny (François de La Grange, seigneur de), gouverneur de Paris, 469. Voy. Arquien.
Montluc (S^r de), 121, 125 n.
Montmorency (Jeanne de), veuve de Louis de la Trémoille, duc de Thouars, 259, 260, 293 n. 1,

— 587 —

302 n. 1, 328 n. 2, 329, 330. Voy. Trémoille et Méru.
Montmorillon, 75, 85, 225, 470. *Vienne.*
Montpellier, garnison protestante, 555, 564. *Hérault.*
Montpensier (Louis de Bourbon duc de), 52, 53, 68, 76, 96, 167, 169, 170, 175, 176, 177, 178, 180, 181, 185, 186, 192, 199, 226.
— Prince Dauphin d'Auvergne, lieutenant-général en Poitou, 284 n. 1, 303 n. 2.
— (François de Bourbon duc de), fils de Louis, duc de Châtellerault, lieutenant-général en Poitou, 262, 294 n. 5, 295, 296 n. 1, 317 n. 2, 321 n. 1, 342 n. 3, 343 n. 2, 564.
— (Henri de Bourbon, duc de), époux de Catherine de Lorraine, 280, 296 n. 1.
Montpezat (S^r de), 6, 8, 22, 25, 28, 29, 30, 35, 36, 43, 45, 46, 47, 48, 49, 54, 72, 91, 92, 95, 104.
Montreuil-Bellay, 272. *Maine-et-Loire.*
Montreuil-Bonnin, 136, 214. *Vienne.*
Montrichard, 123. *Indre-et-Loire.*
Montsoreau (S^r de), 145, 185.
Moreau, receveur de Poitou, 140, 141 note.
Morin, secrétaire de la ville de Poitiers, 429, 434.

Mortagne, 228, 229, 359. *Vendée.*
— Capitaine. Voy. Durcot.
Mortagne-sur-Gironde (Dame de), 274, 475, 476. *Charente-Inférieure.*
Mortemart (S^r de), 226.
Mothe-Freslon (La), château, 267. *Vendée.*
Mothe-Saint-Héraye (La), *aliàs* La Mothe-Saint-Eloi, 224, 261, 264 n. 1, 348 n. 1, 358, 433, 547, 548 n. 1, 550, 552 n. 1, 553 n. 1. *Deux-Sèvres.*
Motte-Fuzellier (La), commissaire ordinaire des guerres, 355.
Mouilleron, 36. *Vendée.*
Moysen, s^r de la Guionnière, 302.
Murat (Jean de), trésorier général de l'extraordinaire des guerres, 536, 557.
Mus, *aliàs* Muz, capitaine des gardes de l'amiral Joyeuse, 553 n. 1.
Musse (Chauvin baron de la Muce-Ponthus, seigneur de Bouillé-Saint-Paul), gentilhomme huguenot, sergent-major de la garnison de Fontenay, 408, 553 n. 1.
Mustière (S^r de La), capitaine huguenot de la garnison de Montaigu, s. d. Mussetière, sergent-major au siège de Fontenay en 1574, 294, 297, 298, 440.
Myron (Gabriel), 108, 112.

N

Nantes, 272, 279, 328, 330, 331, 332, 387, 403, 412, 416, 424, 492, 497, 499, 505, 557. *Loire-Inférieure.*
— (Edit de), 507.
Naudin, capitaine, sergent-major de Royan, 546.
Navarre (Antoine de Bourbon, roi de), 20, 24, 26, 27, 28, 29, 45, 46, 47, 49, 52, 53, 55, 56, 57, 58, 59, 60, 61, 62, 67, 69.
— (Henri de Bourbon, roi de), 157, 203, 204, 223, 224, 229, 233, 235, 239, 242, 246.
— (Reine de), 156.
— (Catherine de), sœur du Béarnais, épousa Henri de Lorraine, duc de Bar, 274.
Navarre (roi de). Voy. Henri de Navarre.
Nemours (Henri de Savoie, marquis de Saint-Sorlin, puis de).
Nérac, garnison protestante, 546. *Lot-et-Garonne.*
Nesde (M. de), gouverneur de Chauvigny, 540.
Neufville, secrétaire d'Etat, 313.
— (M. de), 557, 568.
Neuvil. Régiment de Sorlu et de Neuvil, huguenot, en garnison à Maillezais, 324 n. 2.

Nevers (Catherine de Gonzague), épouse de Henri d'Orléans, duc de Longueville, seigneur de Parthenay, 323 n. 3.
— (Louis de Gonzague, duc de), gouverneur de Picardie, lieutenant-général en Poitou, 255, 262, 263, 264, 266, 267, 268, 269, 270, 283, 284 n. 2, 294 n. 1, 321 n. 1, 324, 325, 326, 327, 333, 335, 366, 367, 370, 375, 378, 386, 387, 388, 392, 393, 397, 398, 407, 412, 414, 415, 418, 419, 421, 422, 424, 426, 427, 428, 429, 433, 438, 440, 444, 545, 448, 449, 450, 451, 454, 455, 456, 458, 461, 465, 472 n. 3. Voy. duc de Rethelois.
Niort, 10, 11, 13, 14, 15, 22, 37, 38, 39, 41, 42, 50, 51, 68, 120, 122, 125, 128, 130, 143, 144, 148, 149, 151, 153, 157, 160, 161, 165, 166, 188, 191, 196, 197, 198, 223, 227, 229, 231, 238, 239, 258, 259, 260, 261, 262, 264, 265, 266, 267 n. 1, 268, 269, 270, 272, 274, 276, 278, 279, 290, 292, 301, 302, 304, 315, 316, 317, 318, 322 n. 3, 324, 325, 326, 327, 333 n. 1, 335, 337 n. 1, 339 n. 1-2, 340 n. 2, 346, 348, 349, 362, 363, 364, 366, 377, 397, 418, 421, 422, 426, 427, 428, 429, 432, 433 n. 1, 435, 437, 438, 439, 441, 442, 443, 448, 451, 452, 458, 459 n. 1, 462, 478, 500, 548, 554, 558. *Deux-Sèvres.*
Niort, château, 264, 267, 339 n. 1, 340 n. 2, 356, 439, 441, 459 n. 1, 460.
— Gouverneurs. Voy. La Frézelière, Parabère.
— Garnison protestante, 536, 557, 558.
Norsay (Sr de), gentilhomme huguenot, 317.
Noue (François de La), 214.
Noyers (Sr des), 560.

O

O (François, marquis d'), surintendant des finances, 367.
Ollivier, sergent-major de la garnison de Montpellier, 555, 564.
Orléans, 24, 41, 49, 50, 51, 52, 75, 84, 123, 268, 430 n. 1, 431. *Loiret.*
Ouvré (Henri), auteur de l'*Essai sur l'histoire de la Ligue à Poitiers*, 259 n. 1, 263 n. 2.
Oyron, 269, 444. *Deux-Sèvres.*

P

Palluau (Baron de), capitaine catholique, 446.
Palustre (Jean), seigneur de Montifaut, trésorier de France, maire de Poitiers, 104, 217, 270, 285 n. 2.
Pancharmault (M. de), commandant de Meilhan, 547.
Pandin (François), 65.
Panjades (M. de), commandant de Tartas, 551.
Papavoyne (Jean), 56.
Parabère (Jean de Baudéan), gouverneur de Niort, lieutenant-général des Haut et Bas-Poitou, maréchal de France, 276, 278, 279, 490, 494.
— (Charles de Baudéan), gouverneur de Niort, 270 n. 1, 471 n. 3, 499 n. 1, 500, 507.
Parabère (M. de), capitaine de gens de guerre, gouverneur de Niort, 536, 558.
Parc-Soubise, 408, 507. *Con de Mouchamps, Vendée.*
Pardaillan, capitaine, 130.
Paris, 266, 274, 285, 288, 289, 291, 294, 298, 299, 300, 303, 304, 308, 313, 364, 486, 487, 488, 489, 501, 559, 561.
Parthenay, 39, 41, 68, 129 note, 171, 192, 193, 194, 255, 262, 268, 269, 271, 272, 273, 274, 275, 278, 287, 303 n. 1-2, 314, 318, 358, 371 n. 2, 434, 438, 440, 441, 443, 444, 445, 449, 450, 451, 452, 454

n. 1, 457, 458, 460, 465, 467, 468, 471, 476, 489, 500, 507. *Deux-Sèvres.*
Parthenay, château. Voy. Briaudière et Serrouette, *aliàs* Sorhoette.
— (Jean de) Soubise, 303 n. 2.
— (Catherine de) Soubise, 303 n. 2, 408, 501 n. 1, 504 n. 1. Voy. Rohan (René) et Soubise.
Pasdeloup, capitaine royaliste, 272, 469.
Paujac (M. du), commandant de Cauze, 550.
Pastureau (Guillaume), 143, 144.
Paulvé (de), capitaine catholique de l'armée du duc de Nevers, 404.
Péan (Estienne), s^r du Saulger, secrétaire de la chambre du roi et de la reine-mère, 463.
Pecquaiz (Fort de), garnison protestante, 555, 565.
Pelletier (Nicolas), 65.
Pellissonnière (La). Voy. Grignon (René). *Vendée.*
Perdondalle (Château de), près Parthenay, 326 n. 1. Aujourd'hui *Chalandeau*, c^{ne} *de Châtillon-sur-Thouet, Deux-Sèvres.*
Pericare ou Péricard (François), évêque d'Avranches, 430 n. 3, 431.
Petit (Louis), 56.
— (René), s^r de la Guierche, 197, 198.
Petremol (Adrien), s^r des Rozures, intendant des finances, 367.
Picardie (Régiment de), 309, 371, 382, 405, 413, 414, 415. Voy. Colombières.
Pierre, chirurgien, 355.
Pierrefort, capitaine catholique, 355.
Pillardière (Claude-France, s^r de La), 65.
Pilles, capitaine, 130.
Pimodays (S^r de La), 232.
Pinart (Claude), secrétaire de Catherine de Médicis et secrétaire d'Etat, 367.
Pineau (François), 50, 54, 62, 63.
Plenne, capitaine huguenot, 345 n. 1.
Plessis (Le), capitaine catholique, 392.

Plessis de Jetté (Mathurin de La Brunetière), seigneur du Plessis de Jetté en Anjou, gouverneur huguenot de La Garnache, 445, 446, 448.
Poirier (Loys), contrôleur ordinaire des guerres, 370.
Poitiers, 6, 7, 8, 10, 13, 19, 20, 22, 23, 24, 26, 28, 31, 35, 36, 37, 38, 39, 40, 43, 45, 46, 47, 49, 50, 53, 54, 56, 58, 59, 61, 62, 63, 64, 65, 66, 67, 68, 69, 70, 72, 77, 81, 83, 84, 85, 86, 87, 88, 89, 92, 94, 97, 101, 102, 104, 106, 107, 108, 110, 111, 112, 113, 114, 115, 116, 119, 125, 126, 129 n., 132, 133, 134, 135, 136, 137, 139, 140, 141, 143, 148, 168, 169, 170, 172, 175, 176, 177, 188, 189, 191, 192, 196, 198, 199, 200, 201, 203, 205, 206, 207, 210, 212, 213, 214, 216, 218, 219, 244, 256, 257, 259, 260, 261, 264, 265, 266, 268, 269, 270, 271 n. 1, 272, 273 n. 1, 274, 275, 276, 278, 279, 280, 284, 285 n. 2, 286, 287 n. 1, 291 n. 1, 292, 293 n. 1, 296 n. 1, 299, 300, 302, 303, 314, 340, 346, 348, 349, 361, 362, 363, 364, 365, 366, 375, 377, 427, 433, 439, 454, 457, 463, 465, 467, 470, 475, 476, 477, 478, 479, 481, 482, 483, 484, 486, 487, 488, 489, 490, 501, 502, 503, 507, 550. *Vienne.*
— Château, 356, 361. Voy. Boisseguin, Puyguillon, Trémouille.
— Maires. Voy. Rat, Le Bascle, Jean Palustre, Pierre Brochard.
— Prevôt. Voy. La Fenêtre.
Poitou, garnisons protestantes, 536, 537, 542, 556, 557, 561.
Pomponne de Belièvre, 367.
Poncet, greffier de la Cour des Aides, 486.
Ponpadour (S^r de), 170.
Pons (Antoine de), 121.
— 556. *Charente-Inférieure.*
— Garnison protestante, 542, 561.
Pontcarré (Geoffroy Camus de), conseiller au Parlement de Paris, maître des requêtes, premier président du Parlement de Provence, conseiller d'Etat, 262, 317 n. 2, 336 n. 2, 337.

Pontevès ou Pondevez, capitaine catholique, gouverneur de Saint-Maixent, 267, 270, 427 n. 1, 434 n. 1, 435, 437, 441, 444, 460, 461.
Portagnière, aliàs Pastaginère, capitaine royaliste, 275.
Portaise ou Protaise, 215.
Porte (Jean de La), 160, 165, 166.
— (M. de la), commandant de Nérac, 546.
Pothonville (Sr de), capitaine catholique, 354, 355.
Potier, secrétaire d'Etat, 466.
Pouzauges, 36, 69, 77. *Vendée.*
Préau ou Préaux (Hector de ou des), maître de camp à Montaigu, gouverneur de Châtellerault, capitaine huguenot, 272, 273, 278, 394, 398, 475 n. 1, 537, 539, 559. Voy. Furigny.

Précigny, 74, 96. *Indre-et-Loire.*
Previère (Pierre de La), capitaine du château de Clisson, 505 n. 2.
Prévost (Auguste), commis de Jean du Tremblay, trésorier général de l'extraordinaire des guerres, 467.
Puguillon (Sr de), 216.
Pujol-Dufour (le sr), commandant de Montpellier, 555, 564.
Puy-Béliard, 80, 82, 145. *Vendée.*
Puygaillard (Sr de), 149, 151, 207.
Puymerol, garnison protestante, 548, 566. *Puymirol, Lot-et-Garonne.*
Puyraveau (Philippe Chabot, écuyer, seigneur de), 501 n. 1, 504 n. 2, 505, 507.
Puyrasou (Sr de), 172.
Pynaud (Jacques), 10, 11, 13.

Q

Quellenec (Charles de), baron du Pont en Bretagne, premier mari de Catherine de Parthenay, 303 n. 2.

Quélus (Sr de), 213.
Quinsé (Sr de), 152, 153, 154, 156, 157, 232.

R

Rabustellerie (La), capitaine, 145.
Raiz (de). Voy. Gondi.
Rambouillet (Nicolas d'Angennes, seigneur de), lieutenant-général des armées, capitaine des gardes, capitaine de 100 gentilshommes de la maison du roi sous Henri IV, 337 n. 1.
Randan ou Rendan (Jean-Louis de La Rochefoucauld, comte de), ligueur, 343, 344 n. 1.
Rapin (Nicolas), vice-sénéchal de Fontenay, prévôt général de l'armée du duc de Nevers, prévôt des maréchaux, 378 n. 1.
Rappin, capitaine, en garnison au Mas de Verdun, 552, 568.
Rat (Pierre Le), maire de Poitiers, 285 n. 1.

Ravenel (Lucas), capitaine du charroi de l'artillerie, 367.
Rayneteau (Jacob), receveur des tailles à Fontenay, 278.
Rayneville (Sr de La), huguenot, 455, 456.
Réau (Abbaye de La), 101, 272, 466 n. 1-2, 467. *Cne de Saint-Martin-l'Ars, Vienne.*
Rechignevoisin (Gabriel de), écuyer, seigneur de Guron et des Loges, capitaine catholique, 337 n. 2.
Rédet, archiviste de la Vienne, 487.
Regnaudières (Denis des), 14.
Renaudière (La), 279. *Vienne.*
Rethelo s (Charles de Gonzague-Clèves, duc de), fils de Louis de

Gonzague, duc de Nevers, duc de Nivernois et pair de France, puis duc de Mantoue et de Montferrat et gouverneur de Champagne et de Brie, 383, 404. Voy. Nevers (duc de).
Richelieu, capitaine, 76.
— (François du Plessis de), grand prévôt de France, 271 n. 1.
Rieux (Guy de), capitaine catholique, seigneur de Chasteauneuf et vicomte de Donges, gouverneur de Brest et lieutenant-général en Bretagne, 261, 294 n. 3.
Rivau, capitaine, 225.
Rivière (Sr de La), 123, 149.
Roche (Sr de La), 328.
— (de La), fils de Philippe Frézeau de La Frézelière, gouverneur de Niort, 333 n. 1.
Rocheboussault (Baron de La), gentilhomme catholique, chargé de la garde du château de La Garenne, 408.
Rochechouart (Louis de), seigneur de Montpipeau, de Faye et d'Aubigny, 253.
Rochefort (René de), lieutenant-général du comté de Blois, 289 n. 1.
Rochefoucauld (François comte de La), prince de Marsillac, capitaine de compagnie huguenot, 419, 472.
— (M. de La), 54, 74, 76, 88, 91, 127, 128, 129 n., 130, 239.
— (La), 139. Charente.
Rochelle (La), 79, 98, 121, 122, 125 n., 126, 128, 130, 131, 149, 150, 152, 156, 158, 159, 160, 161, 180, 186, 190, 222, 227, 247, 255, 259, 266 n. 1, 290, 291 n. 1, 316, 317, 422, 547, 550. Charente-Inférieure.
Rochepot, capitaine royaliste, 277, 494.
Rochepozay (Roch Chasteigner, sr de La), 23, 25, 26, 27, 39, 41, 42.
— (La), 272, 468, 469, 471. Vienne.
Roche-sur-Yon (La), 358, 501 n. 2, 504 n. 2. Vendée.
Roches-Baritaud (Sr des), 208, 212 n., 234.
Roches-Bariteau (Philippe Chasteaubriant, seigneur des), 404, 408.
Rochetermens (paroisse de), Rochetrejou, 410. Con de Chantonnay, Vendée.
Rocquefort, gentilhomme catholique, 440.
Rocquerolles, capitaine huguenot, 323.
Roger, capitaine de la compagnie colonelle du régiment de Picardie, 415.
— valet de chambre de Henri III, 290.
Rohan (René de), 171, 172, 222.
— (René de), comte de Porhoët, 303 n. 2.
— (Henri de), duc et pair, 303 n. 2, 501 n. 1, 504 n. 1, 507.
— (Benjamin de), duc de Soubise, 303 n. 2.
— (Dame de), Catherine de Parthenay, 303 n. 2.
Romazin (Camp de), localité restée indéterminée dans les *Lettres missives de Henri IV*, 489.
Romette le jeune, huguenot, 260.
Rommegou, 127.
Rosiers (Les), 254. *Maine-et-Loire*.
Rosye (Sr de), capitaine huguenot, en garnison à Montaigu, 294, 298.
Rouchet (Sr de), gouverneur de Châtellerault, 357.
Rousseau (René), 108.
Roussière (La), 220, 221.
— (La), René Girard, seigneur de La Roussière et de Culdebray, gentilhomme catholique, 269, 448 n. 3.
Roy (Jacques Le), sr de La Grange, trésorier de l'épargne, 367, 379.
Royan (Gilbert de la Trémoille, sr de), 216.
—, garnison protestante, 546, 556, 562. *Charente-Inférieure*.
Royer, 65.
Royère (La), 65.
Rubempré (Régiment du sr de), 372, 382, 405.
Ruffec, 69. *Charente*.
— (Sr de), 146, 193, 228.
Ruzé (Martin), secrétaire d'Etat, 388 n. 1, 433.

S

Sables-d'Olonne (Les), 238. *Vendée.*
Sacremore (Charles de Birague, capitaine de cavalerie catholique, dit le capitaine), 271 n. 1.
Sagonne (Jean Babou, s^r de), maître de camp des chevau-légers du duc de Biron et du duc de Nevers, 269, 310, 313, 404, 432, 448, 452.
Saint-André (maréchal de), 63, 64, 66, 67, 68.
— (p^{sse} de), 409.
Saint-Belin (Geoffroy de), évêque de Poitiers, 214, 270, 274.
Saint-Brice ou Saint-Bris, près Cognac, 263, 334 n. 1. *Charente.*
Saint-Cyr (S^r de), 127, 129.
Saint-Denis (p^{sse} de), 410.
Saint-Etienne (S^r de), 242.
Saint-Etienne (M. de), commandant de Talmont, 541.
Saint-Gelais (Louis de Saint-Gelais-Lusignan), seigneur de Cherveux, gouverneur de Niort, maréchal de camp de Condé, 214, 215, 224, 236, 267, 272, 471 n. 2, 548.
Saint-Georges (Guichard de), 101, 104.
— (Ponthus de), 60, 101, 104.
— capitaine huguenot, défenseur de La Garnache, 448.
Saint-George de Montaigu, 410, 449. *Vendée.*
Saint-Germain (M. de), commandant de la tour Carbonnières, 556.
Saint-Gilles, 152.
Saint-Gouart, *alias* Saint-Goard (Jean de Vivonne), seigneur de Saint-Goard et de Pisane, gouverneur de Saintes, 351, 352.
Saint-Hilaire-de-Loulay (p^{sse} de), 410. C^{on} de *Montaigu, Vendée.*
Saint-Jean-d'Angély, 74, 76, 97, 121, 127, 146, 152, 211, 221, 222, 228, 327 n. 1, 419, 421, 557. *Charente-Inférieure.*
— garnison protestante, 543, 544, 562.

Saint-Jehan (Régiment de), huguenot.
Saint-Just (M. de), commandant de Lunel, 553.
Saint-Lô, 255. *Manche.*
Saint-Loup, 145, 488. *Deux-Sèvres.*
Saint-Luc (S^r de), 220, 221.
— (François d'Espinay de), gouverneur de Brouage, 353, 355, 356, 423, 424 n. 1.
Saint-Maixent, 94, 97, 138, 140, 141, 149, 159, 160, 203, 255, 260, 261, 262, 263 n. 1, 264 n. 1, 265, 267, 268, 270, 321 n. 1-3, 324, 327, 337 n. 2, 342 n. 1, 343 n. 1-2, 348 n. 1, 356, 426, 429, 432, 433 n. 3, 434 n. 1, 437, 439, 440, 441, 449 n. 1, 452, 455, 460, 462, 479, 547, 548, 553, 554, 555 n. 1, 556, 557. *Deux-Sèvres.*
— Lieutenant, 301.
— Gouverneur de la ville. Voy. Pontevès.
— Gouverneur du château. Voy. Mauvissière, Chevalleau de la Tiffardière.
— Garnison, 356.
— Garnison protestante, 536, 558.
Saint-Martin de la Couldre, 64.
Saint-Maurice, capitaine catholique, 431.
Saint-Maxire, 548, 558 n. 1. *Deux-Sèvres.*
Saint-Mesmes (S^r de), 222.
Saint-Mesme (M. de), gouverneur de Saint-Jean-d'Angély, 544, 562.
Saint-Michel de Montmercure, 120. *Vendée.*
Saint-Michel (bataille navale de), îles Açores, 285 n. 2.
Saint-Michel-en-l'Herm, 262, 321, 322, 323. *Vendée.*
Saint-Ouyn (M. de), commandant de Castillon, 546, 565.
Saint-Pol (Régiment de), 372 n. 1, 382, 383, 405, 432, 433. Voy. La Chastre, Sagonne, La Chasteigneraye, Tachy.
Saint-Pompin, Pompain ou Pompoint (François de Liniers, sei-

gneur de), catholique, gouverneur de Maillezais, 263 n. 1, 267, 270, 325 n. 2, 439 n. 1, 453, 461, 547.
Saint-Savin, 68, 226, 470. *Vienne.*
Sainte-Flaive, 146. *Vendée.*
Sainte-Anastasie, garnison protestante, 554. *Gard.*
Sainte-Foy (gouverneur de), 548. *Gironde.*
Sainte-Gemme (Lancelot du Bouchet, sʳ de), 37, 58, 59, 60, 61, 62, 64, 124, 129 n., 494.
Sainte-Jasmes, 64.
Sainte-Marthe (Scévole de), président et trésorier de France à Poitiers, 64, 274.
Sainte-Soline (Joseph Doyneau, sʳ de), 212, 213, 214, 215, 216, 217.
Saintes ou Xaintes, 76, 221, 351, 352. *Charente-Inférieure.*
— Gouverneur. Voy. Saint-Goard.
Saintonge, garnisons protestantes, 536, 542, 545, 556, 562.
Salle-Montmorillon (Sʳ de La), 215, 216.
Salle-Vounan (Sʳ de La), 136. Cⁿᵉ de Vivonne, *Vienne.*
Salles (Sʳ de), 158.
Salviati (Fabien), 158, 159.
Sancy (Nicolas Harlay de), Mᵉ des requêtes, 490 n. 1.
Sansac (M. de), 39, 63.
— (Louis Prévost, sʳ de), 423 n. 2.
Sanson, capitaine catholique, sergent-major à Brouage, 355.
Sanzay (René, sʳ de), 77, 78, 79, 80, 98, 99, 121, 150.
Sardini (Scipion), baron de Chaumont-sur-Loire, banquier venu d'Italie, 378 n. 2, 379, 380, 384, 385, 387.
Sarlabos (Sʳ de), 151.
Sarrazon (Antoine), 139, 140.
Saumur, 53, 115, 123, 264 n. 2, 274, 348 n. 1, 367, 368, 547, 551. *Maine-et-Loire.*

Sauvage, capitaine, en garnison à Saint-Jean-d'Angély, 562.
Savaillan, capitaine, 157.
Savoye (Charles-Emmanuel, duc de), 508.
Sayette (Sʳ de La), 61, 62, 207, 208.
Sazay, 343 n. 2. Cⁿᵉ de Saint-Hilaire-la-Palud, *Deux-Sèvres.*
Scelle, 293. *Celles-sur-Belle, Deux-Sèvres,* ou *Celles-Lévesquault,* cᵒⁿ de Lusignan, *Vienne.*
Schomberg (Gaspard de), 276, 277, 491, 494.
Serriore (M.), 192, 193.
Serrouette, *aliàs* Soronette, en réalité Sorhoette, écuyer, seigneur de Pommerieux, capitaine dans l'armée du duc de Nevers, gouverneur du château de Parthenay, 371 n. 2, 452.
Sigournay, 145. *Vendée.*
Siorne (M. de), commandant de Marvejoux, 554.
Siron (Dame de), 107.
Soissons (Charles de Bourbon, comte de), fils de Louis Iᵉʳ de Condé, 457 n. 1, 550.
Sommières, garnison protestante 553, 563. *Gard.*
Sorlu. Régiment huguenot en garnison à Maillezais, 324 n. 2.
Soubise (Sʳ de), 107.
Souldin, 81.
Sourdis (François d'Escoubleau, seigneur de), connu sous le nom de La Chapelle-Bertrand, gouverneur de Melun, archevêque de Bordeaux, 289 n. 2.
Souvray, *aliàs* Souvré (Gilles de), baron de Courtenvaux, gouverneur de Touraine, maréchal de France, 289.
Strozzi (Philippe), colonel des gardes françaises, 284 n. 1, 285 n. 2.
Surgères (Sʳ de), 190.
Symon, capitaine, sergent-major de la garnison d'Aigues-Mortes, 555, 564.

T

Tabarrière (M. de la), gouverneur de Fontenay-le-Comte, 540, 559, 560.
Tachy, colonel du régiment de Saint-Paul, 433.
Taillebourg, 74, 75, 127, 150, 259, 260. *Charente-Inférieure.*
— Garnison protestante, 545.
Tajan (Sr de), lieutenant-général du gouverneur d'Angoumois et de Saintonge en son absence, 351, 352, 372.
Talmont, 69. *Vendée.*
— Garnison protestante, 541.
Talmond - sur - Gironde ou Thalemon, 352. *Charente - Inférieure.*
Talmond, *aliàs* Tallemont, 264, 341 n. 4, 417, 462. *Vendée.* Voy. La Grange-Marronnière.
Tartas, garnison protestante, 551, 568. *Landes.*
Théligny (Sr de), 154, 156.
Théon (Sr de), maître de camp, gouverneur de Talmond-sur-Gironde, 352.
Thermes (Paul de la Barthe, maréchal de), 22, 25, 26, 27, 28, 30, 31, 37, 38, 39.
Thibaudeau (Antoine-René-Hyacinthe, auteur de l'*Abrégé de l'histoire du Poitou,* 260 n. 1, 273, 274 n. 1-2-4, 275 n. 1-2-4-5, 276 n. 1, 277 n. 1, 278 n. 4-5-8, 279 n. 1, 296 n. 1, 465, 476, 486, 487, 488, 489, 500, 501, 507.
Thifauges, 69, 119, 272, 276, 277, 278, 491, 492. *Vendée.*
Thilladet, capitaine, 123.
Thoré (Guill. de Montmorency, seigneur de), colonel général de la cavalerie légère du Piémont, 284 n. 1.
Thou (Jacques-Auguste), président au Parlement de Paris, auteur de l'*Histoire universelle,* 254 n. 1, 276, 490 n. 1, 549.
Thouars, 53, 55, 79, 209, 210, 231, 260, 302, 468. *Deux-Sèvres.*
— Garnison protestante, 539.

Tiercelin (Baptiste), 124.
Tigny, 439 n. 2. Con *de Vihiers, Maine-et-Loire.*
Tillac, capitaine de cavalerie de la Ligue en Poitou, 321 n. 3, 322, 325 n. 3.
Tillet (du), greffier du Parlement, 486.
Tilly (Sr de), 229, 232, 233, 235, 236.
Tonnay-Boutonne, 421, 548, 557. *Charente-Inférieure.*
Tonnay-Charente, 348 n. 1, 548, 549, 559. *Charente-Inférieure.*
Touche (M. de la), sergent-major de la garnison de Fontenay-le-Comte, 560.
Tournon, garnison protestante, 549. *Lot-et-Garonne.*
Tours, 53, 124, 285. *Indre-et-Loire.*
Touches (Sr des), commissaire des guerres, 286.
Treilles (Sr des), gentilhomme catholique, chargé de la garde du château de Beaurepaire, 408.
Tremblay, *aliàs* Tremblay (Du), trésorier de l'extraordinaire des guerres, 378, 379, 380, 382, 383, 384, 385, 387, 467.
Tremblaye (La), capitaine catholique d'une compagnie de chevau-légers, sans doute Robert Robin, écuyer, seigneur de La Tremblaye-Robin et des Hommes, 326 n. 1, 362, 392, 472 n. 2-3.
Trémont (Sr de), capitaine catholique, 431.
Trémouille (Louis III de La), duc de Thouars, 293 n. 1.
— (Claude de La), duc de Thouars, 259 n. 1, 272, 278, 328 n. 2, 329, 330, 341 n. 4, 468, 490 n. 1.
— (Catherine-Charlotte de La), épouse de Henri I de Condé, 259, 276, 337 n. 3, 341 n. 2.
Trémouille (Henri de La), 502 n. 1.

Tricherie (La), 28, 30. *Vienne.*
Trimoille (M. de La), 23, 39, 55, 111, 143, 144, 205, 206, 208, 209 n., 223, 230, 231, 233, 235. Voy. Trémoille.
Trimouille (M. de La), gouverneur de Taillebourg, 545.
Tuchebert, capitaine catholique, 354.

Turenne (Henri de la Tour d'Auvergne, vicomte de), plus tard duc de Bouillon et maréchal de France, 264, 272, 279, 340 n. 3, 421 n. 5, 471 n. 1, 490 n. 1, 502 n. 1, 503 n. 1, 504, 550, 560.
Tusseau (Louis de), s' de Maisontiers, 273, 474 n. 2.

U

Usson, 75. *Vienne.*
Uzès (Antoine de Crussol duc d'), seigneur de La Forêt-sur-Sèvre, 409 n. 2.

Uzès (Jacques Crussol duc d'), seigneur d'Acier, colonel général de l'infanterie, 284 n. 1.

V

Vacherie (René Mouraud, s' de La), 215.
Vadiole, *alias* Badiole, 409 n. 4. C^{ne} de La Limousinière, c^{on} de La Roche-sur-Yon, *Vendée.*
Valence (abbaye de), 101. C^{ne} de Couhé, *Vienne.*
— (l'abbé de), 60, 64, 99.
Vallerault (M. de), capitaine de gens de guerre à Niort, 536.
Vallières (M. de), sergent-major de la garnison de Niort, 558.
Valliros, *alias* Vallirault (S' de), maître de camp du régiment des gardes du roi de Navarre, 437.
Varèze (Andrée de), épouse : 1º Jean de Vivonne, seigneur d'Aubigny et de Faye ; 2º Guy de Chourses, seigneur de Malicorne, 251, 252.
Vassé (Antoine Grognet de), 255, 289.
Vatan (Régiment Dupuy), huguenot, 437.
Vaudoré (Louis de La Forest, seigneur de), 338 n. 4. — Louise de La Forest, dame de Vaudoré, 338 n. 4.

— François de Brémond, seigneur de La Forest, capitaine calviniste, 338 n. 4.
Vauguyon (Jean de Pérusse des Cars, seigneur de La), capitaine catholique, 255.
Ventadour (Gilbert de Lévy, comte de), gouverneur du Limousin, 255.
Vérac (S^r de), 64, 81, 82, 99.
Vergne-Chauvignière (La), maison forte, 410. *Paroisse de Beaufou, C^{on} du Poiré, Vendée.*
Vérie (S^r de La), gentilhomme catholique, 409 n. 4.
Vert (S^r du). René Gazeau, s^r du Vert, 409 n. 4.
Verteuil, 130, 137. *Charente.*
Vic (Emery de), conseiller d'Etat, 490 n. 1.
Vicose (de), *alias* Bissoux, secrétaire du roi de Navarre, 346.
Vidard, 217.
Vieilleville (Maréchal de), 126, 127, 129.
Vieillevigne (paroisse de), maison huguenote, 409. *Loire-Inférieure.*
Vigen (S^r du), 23, 112.
Vignode (La), capitaine huguenot,

défenseur de La Garnache, 48.
Vignoles (Jacques de), capitaine huguenot, gouverneur de Tartas, 448.
Villaines (Sr de), 144.
Villars (Honorat de Savoie, comte de), 53, 54, 55, 56, 57, 62, 106, 212 n.
Villebois, gouverneur de Mirebeau pour la Ligue, 278, 494.
Villedon (Charles de), seigneur de La Chevrelière et de Gournay, gouverneur de Civray, 273, 473.
Ville-Dot, maison forte, 410. C*ne* de *Nieul-le-Dolent*, c*on* de *La Mothe-Achard, Vendée.*
Villeluisant, alias Verluisant, maître de camp des gens de pied français dans l'armée de Biron, 261, 308.
— (Régiment de), 322 n. 2, 326 n. 1. Voy. 373 n. 1.
Villeneuve-la-Comtesse, 359. *Charente-Inférieure.*
Villequier (George de), vicomte de La Guierche, gouverneur de La Marche, gouverneur du Poitou et de La Marche pour la Ligue, époux de Louise Jay, fille de Boisséguin, gouverneur de Poitiers, 270, 271, 272, 274, 289 n. 2, 347 n. 1, 468 n. 3.
Villequier (René de), baron de Faye et Aubigny, gouverneur de Paris et Ile-de-France, 251 n. 5, 367.
Villeroy (Nicolas de Neufville, seigneur de), secrétaire d'Etat, 317 n. 2, 546, 559.
Vincent (Fr.), 56.
Vivans (M. de), commandant de Caumont, 547, 567.
Vivonne (Jean de), seigneur d'Aubigny et de Faye, 251.
— (Heliette de), épouse de Louis de Montbron, seigneur de Fontaine-Challandray, 338 n. 2.
Vouvent, 262, 321, 322, 323, 357. *Vendée.*
Vouzailles, 273, 475, 545, 550, 563. *Vienne.*
Vynet (Bart.), 56.

X

Xainctonge. Voy. Saintonge.

ADDITIONS ET ERRATA

A LA PUBLICATION

DE LA CORRESPONDANCE DE M. DE MALICORNE

ADDITIONS

BROCHURES RELATIVES A LA CAMPAGNE DE 1588.

— Advertissements de l'armée que dresse le Roy de France contre les hérétiques du pays de Poictou. Ensemble ce qui s'est passé en la ville d'Angoulesme entre les habitans d'icelle et monsieur le duc d'Epernon. A Paris, par Pierre Des-Hayes, rue du Bon Puis à l'Escreuisse, MDLXXXVIII. In-8°, pièce.

— La prise de Beauvais sur mer, par la Garnache dit Geneuois, le 4 de ce présent mois de janvier, et comme le capitaine Ichan commendant au chasteau, luy ayant rendu, le reprit le mesme iour avec le susdit Geneuois, et deffait toute sa trouppe, ainsi que pourrez entendre par le fil de ce discours digne d'estre veu. Paris, Vve F. Plumion, MDLXXXVIII. In-8°, pièce.

— Des inhumanitez et cruaultez de l'armée du Roy de Navarre en Poictou, conduicte par le seigneur de la Trémouille, s. l., MDLXXXVIII. In-8°, pièce.

— Le passage heureux de l'armée du Roy en Poictou,

à la barbe de ses ennemis, qui n'y ont sceu donner aucun empeschement. Paris, P. Mercier, MDLXXXVIII. In-8°, pièce.

— La prinse et réduction en l'obéissance du Roy, des places et forteresses des Egaux et Charrières, en Limosin, et de la ville et chasteau d'Angle en Poictou, occupez par les Huguenots, par monsieur le vicomte de la Guierche... Avec les noms des capitaines qui y sont demeurez, et le nombre des soldats qui ont esté tuez. Paris, par P. Des-Hayes, MDLXXXVIII. In-8°, pièce.

— Discours et traicté de la prise des ville et chasteau de Mauléon, par monsieur le duc de Nevers. Paris, G. Périchet, MDLXXXVIII. In-8°, pièce.

— La prise de la ville et chasteau de Montagu par le duc de Nevers, avec la capitulation par lui faicte à ceux qui occupoient la dicte ville. Ensemble le roolle des chasteaux, maisons fortes, et autres places, assises au dit pays de Poictou, estant ès environs des villes de Mauléon et Montagu, les quelles mon dit seigneur duc de Nevers a baillé en garde à gentilshommes catholiques. Paris, P. Hury, MDLXXXVIII. In-8°, pièce.

ERRATA

Page 285, n. 2. — *Au lieu de* René Gignon, *lire* René Grignon.

Page 339, n. 2. — Louis Laurens, etc., *lire* Philippe Laurens, lieutenant général au siège de Niort, mort en 1619.

Page 408, n. 6. — Gabriel de Chasteaubriand, *lire* Philippe de Chasteaubriand.

Page 414. — Fenière (sr de La), *lire* Ferrière.

Page 421, n. 1. — Paroisse de Saint-Christophe-du-Ligneron, *lire* paroisse de Mareuil-sur-le-Lay.

Page 431. — Mettre à la note relative au chevalier d'Aumale le n° 1, avec renvoi à ce mot, 3e ligne du 3° alinéa.

Id. — Mettre à la note relative au maréchal d'Aumont le n° 2.

Id. — et le n° 3 à la note relative au duc d'Aumale.

Page 453. — Reporter la n. 1 à la p. 454, en mettant le renvoi après le mot Lavardin, 1re ligne du texte.

TABLE DES MATIÈRES

CONTENUES DANS CE VOLUME

	Pages.
Liste des membres de la Société des Archives historiques du Poitou.	I
Extrait des procès-verbaux des séances de la Société pendant l'année 1894.	v
Lettres du comte du Lude et autres personnages relatives à l'administration du Poitou de 1559 à 1580.	1
Lettres missives de Jehan de Chourses, seigneur de Malicorne, gouvernenr du Poitou, de 1585 à 1603. Lettres missives à lui adressées et autres documents relatifs à l'histoire du Poitou pendant cette période.	249
Lettres adressées à Marie de Bastarnay, comtesse du Bouchage, sa mère, par Anne de Joyeuse en 1587, pendant ses campagnes du Poitou.	511
État des dépenses des garnisons protestantes des provinces de Poitou, Saintonge, Angoumois, Guyenne et Languedoc en 1598 et 1599.	533
Table des noms de personnes et de lieux.	571
Additions et Errata.	597

www.ingramcontent.com/pod-product-compliance
Lightning Source LLC
Chambersburg PA
CBHW060301230426
43663CB00009B/1546